1 : 20 000 000

0 100 200 300 400 500 km

Legende

Siedlungen

■ mehr als 1 000 000 Einwohner
■ 500 000 – 1 000 000 Einwohner
■ 100 000 – 500 000 Einwohner
○ 50 000 – 100 000 Einwohner
◉ 10 000 – 50 000 Einwohner

Staatsgrenze
Bundesstaatengrenze
MÉXICO Landeshauptstadt
Culiacán Bundesstaatenhauptstadt

MÉXICO Bundesstaatengrenze
Culiacán

Sinaloa (Culiacán)
Sonora (Hermosillo)
Tabasco (Villahermosa)
Tamaulipas (Ciudad Victoria)
Tlaxcala (Tlaxcala)
Veracruz (Jalapa)
Yucatán (Mérida)
Zacatecas (Zacatecas)

Mexiko

Hauptstadt: Ciudad de México

Fläche: 1 967 183 km²

Bevölkerung:
Zählung 1990:   81,25 Mio.
Schätzung 1995: 89,40 Mio.

Verwaltungsgliederung:
31 Bundesstaaten und der
Bundesdistrikt der Hauptstadt

Bundesstaat(Hauptstadt)
Aguascalientes (Aguascalientes)
Baja California (Mexicali)
Baja California Sur (La Paz)
Campeche (Campeche)
Chiapas (Tuxtla Gutiérrez)
Chihuahua (Chihuahua)
Coahuila (Saltillo)
Colima (Colima)
Distrito Federal (Ciudad de México)
Durango (Durango)
Guerrero (Chilpancingo)
Guanajuato (Guanajuato)
Hidalgo (Pachuca)
Jalisco (Guadalajara)
México (Toluca)
Michoacán (Morelia)
Morelos (Cuernavaca)
Nayarit (Tepic)
Nuevo León (Monterrey)
Oaxaca (Oaxaca)
Puebla (Puebla)
Querétaro (Querétaro)
Quintana Roo (Chetumal)
San Luis Potosí (San Luis Potosí)

Erdmann Gormsen

Mexiko

Perthes
Länderprofile

Geographische Strukturen, Entwicklungen, Probleme
(vormals Klett/Länderprofile)

Wissenschaftliche Beratung:
Prof. Dr. Gerhard Fuchs, Universität-Gesamthochschule Paderborn

Perthes Länderprofile

Geographische Strukturen, Entwicklungen, Probleme

Erdmann Gormsen

Mexiko

Land der Gegensätze und Hoffnungen

mit einem Anhang von Dieter Bloch:
Fakten – Zahlen – Übersichten

77 Karten und Abbildungen sowie 96 Tabellen

Justus Perthes Verlag Gotha

Die Deutsche Bibliothek – CIP-Einheitsaufnahme

Gormsen, Erdmann:
Mexiko : Land der Gegensätze und Hoffnungen ; 96 Tabellen /
Erdmann Gormsen. Mit einem Anh. von Dieter Bloch:
Fakten – Zahlen – Übersichten. –
1. Aufl. – Gotha : Perthes, 1995
  (Perthes Länderprofile)
  ISBN 3-623-00668-8

ISBN 3-623-00668-8

1. Auflage
© 1995, Justus Perthes Verlag Gotha GmbH
Alle Rechte vorbehalten.
Fotomechanische Wiedergabe nur mit Genehmigung des Verlages
Gesamtherstellung: Druckhaus „Thomas Müntzer" GmbH, Bad Langensalza
Einbandgestaltung: Klaus Martin und Uwe Voigt, Arnstadt und Erfurt
Vignetten im Anhang: Katrin Kuhr, Gotha

Inhalt

Verzeichnis der Abbildungen

Vorderes Vorsatz
  Mexiko und Nachbargebiete – Relief
  Mexiko – Politisch-territoriale Übersicht

Hinteres Vorsatz
  Geologisch-tektonische Strukturelemente Mexikos
  Mexiko im System der Plattentektonik

Verzeichnis der Tabellen

Vorwort

Das Jahr 1994 war eines der unruhigsten in der jüngeren Geschichte Mexikos. Indio-Aufstände, Politiker-Morde, Korruptionsskandale und eine neue Schuldenkrise überstürzten sich, ganz abgesehen von der turnusmäßigen Präsidentenwahl und dem Regierungswechsel am 1. 12. 1994. Diese Ereignisse konnten im vorliegenden Band nicht mehr berücksichtigt werden, da das Manuskript im Frühjahr 1994 abgeschlossen wurde[1]. Statt dessen sollen einige der wichtigsten Daten kursorisch zusammengestellt und kurz kommentiert werden[2].

Als erster Schock hat der Aufstand der *Zapatistas* in Chiapas am 1. 1. 1994 ein weltweites Echo ausgelöst, denn er geschah selbst für die linke Opposition Mexikos völlig unerwartet und bildete eine ausgesprochene Provokation für die Regierung von Carlos Salinas de Gortari, die an demselben Tag das Inkrafttreten der Nordamerikanischen Freihandelszone (*NAFTA*) feiern wollte. Die nach dem Revolutionshelden Emiliano Zapata benannte *Zapatistische Armee der Nationalen Befreiung* (*Ejército Zapatista de la Liberación Nacional: EZLN*) unter dem *Subcomandante Marcos*, der wohl aus bürgerlichen Kreisen von Tampico stammt, strebt weder die Loslösung von Mexiko, noch die Übernahme der politischen Macht im Lande an, sondern eine Autonomie, die den Indios unter demokratisch gewählter eigenständiger Verwaltung ein selbstbestimmtes menschenwürdiges Dasein in ihrem angestammten Territorium ermöglicht ohne die seit jeher herrschende Ausbeutung und Unterdrückung (vgl. S. 289, 307, 311).

Bisher konnte der Konflikt weder durch Gewalt noch durch Verhandlungen gelöst werden. Die Zentralregierung befürchtete Störungen der am 21. 8. 94 bevorstehenden Wahlen, zumal auf einem durch die EZLN einberufenen *Demokratischen Nationalkonvent* (6.–9.8.94) in Chiapas fast 6000 linke Politiker, Vertreter der Zivilgesellschaft und Intellektuelle aus ganz Mexiko ihre Sympathie mit dem Programm der Aufständischen zu erkennen gaben, wobei sie sich mehrheitlich gegen den bewaffneten Kampf aussprachen. Immerhin erreichte die Opposition, daß der mit 59% gewählte PRI-Gouverneur von Chiapas am 14. 2. 95 zurücktrat, nachdem das Militär in einer überwiegend unblutigen Aktion die meisten EZLN-Gebiete wieder unter Regierungskontrolle gebracht hatte. Im März 1995 beschloß das Parlament eine Amnestie für alle Aufständischen, die ihre Waffen niederlegen.

Am 23. 3. 94 folgte die Hiobsbotschaft von der Ermordung des Präsidentschaftskandidaten des PRI Luis Donaldo *Colosio*. Sie ließ seinem Nachfolger Ernesto *Zedillo* Ponce de León nur fünf Monate bis zur Wahl am 21. 8. 94, die er mit 48,8% gewann, während Diego *Fernández* de Cevallos vom konservativen PAN 25,9% und Cuauh-témoc *Cárdenas* vom linksgerichteten PRD 16,6% erreichten, und zwar bei einer Rekordbeteiligung von 77,7%. Die damit gegebene Machtverteilung wird auch von kritischen Beobachtern anerkannt.

Doch die erhoffte ruhige Entwicklung wurde jäh unterbrochen durch den Mord an dem Generalsekretär des PRI, José Francisco *Ruíz* Massieu, am 28. 9. 94, in den offenbar einflußreiche PRI-Politiker verwickelt waren, darunter der Bruder des Ermordeten, Mario *Ruíz* Massieu, der als stellvertretender Generalstaatsanwalt mit der Aufklärung des Falles sowie mit der Bekämpfung der Drogenmafia betraut war, und Raúl *Salinas de Gortari*, der am 28. 2. 95 verhaftet wurde. Er ist ein Bruder des bisherigen Präsidenten, dessen Ansehen dadurch so weit gesunken ist, daß er seine Kandidatur für den Vorsitz der Welthandelsorganisation zurückgezogen hat. Am 6. 3. 95 forderte Mexiko von den USA die Auslieferung von Mario *Ruíz* Massieu, dessen Konten von mehreren Millionen Dollar auf US-Banken inzwischen gesperrt wurden.

Die strafrechtliche Verfolgung höchster Regierungskreise verdeutlicht einerseits die unvorstellbare Korruption, die zwar am Ende jedes *Sexenio* vermutet aber selten in ihrem ganzen Ausmaß nachgewiesen wurde; andererseits die Fortschritte im Demokratisierungsprozeß, der von der Regierung Salinas vorangetrieben wurde. Dadurch wurde u. a. die Ernennung des neuen Generalstaatsanwalts aus der Oppositionspartei PAN ermöglicht, der wesentlich an der Aufklärung der Mordfälle mitwirkt.

Kaum hatte der scheidende Präsident Salinas am 6. 11. 94 seinen letzten *Bericht zur Lage der Nation* vorgetragen, der u. a. die Wirtschaftslage äußerst positiv schilderte, und kaum hatte der neue Präsident Zedillo am 1. 12. 94 seine ebenso positive *Regierungserklärung* abgegeben, stürzte Mexiko erneut in eine *Finanzkrise*, die eine weltweite Beunruhigung auslöste. Als Hauptgrund gilt das von Salinas weit unterschätzte Leistungsbilanzdefizit, das u. a. mit den stark gestiegenen Importen und der Überbewertung des Peso als Folge der massiven Inflationsbekämpfung zusammenhing. Fehlbeträge wurden jahrelang durch steigende Kapitalimporte finanziert, die großenteils als kurzfristige Spekulationsgelder angelegt wurden (S. 312). Der Abzug von über 6 Mrd US-$ allein im Dezember 1994 und der Rückgang der Auslandsinvestitionen beruhten weitgehend auf dem Vertrauensverlust aufgrund der innenpolitischen Probleme. Im Hinblick auf die bedeutende Rolle Mexikos für den NAFTA-Vertrag wurde in kürzester Frist ein Hilfsprogramm von fast 53 Mrd US-$ zwischen den USA, dem IWF, der Weltbank u. a. beschlossen, das zu einer Stabilisierung geführt hat, allerdings auf Kosten einer rigorosen Kontrolle durch die internationalen Gläubiger. Äußerst kritisch erscheinen dabei die Folgen für große Teile der Bevölkerung, denn Inflation und allgemeine Rezession bedeuten für viele eine verschärfte Existenzbedrohung (S. 307).

Es bleibt abzuwarten, welche Konsequenzen sich daraus für die gespannte innen- und außenpolitische Lage Mexikos ergeben werden, dessen Image wieder einmal stark angekratzt wurde. Sie können im vorliegenden Band nicht diskutiert werden, der keinesfalls eine aktuelle Berichterstattung ersetzen kann.

Das Ziel dieser Länderkunde besteht vielmehr in der Vermittlung von natur- und kulturgeographischen Grundlagen, die zum Verständnis der heutigen Situation in Mexiko beitragen können. Darin eingeschlossen sind selbstverständlich die historischen Entwicklungslinien der politischen Geschichte sowie der Bevölkerungs- und Wirtschaftsstrukturen in ihrer regionalen Differenzierung und ihrem fortschreitenden Wandel.

Mainz im Juni 1995

Erdmann Gormsen

---

[1] Immerhin konnte eine Reihe von Veröffentlichungen aus den Jahren 1994/95 ins Literaturverzeichnis aufgenommen und im Text vermerkt werden.

[2] Vgl. LAUTH/HORN 1995; Ibero-Amerika Verein 1/1994–5/1995; Lateinamerika Jahrbuch 1995. Abkürzungen, Personen-Namen, Parteien u.a. Begriffe können im Sachregister nachgeschlagen werden.

Einleitung

Während viele Länder mit wenigen Stichworten gekennzeichnet werden können, gelingt dies bei Mexiko nicht. Das gilt schon für den politischen Bereich: Zwar hat das Land 1910–1917 eine blutige Agrarrevolution erlebt, doch im Vergleich mit dem übrigen Lateinamerika zeigt es bis heute eine erstaunliche Stabilität, und zwar trotz der politischen Unruhen des Jahres 1994. Die Mexikaner sind das größte Volk spanischer Sprache, aber mehr als 50 präkolumbische Sprachen sind noch lebendig, und die Volkskultur zeigt weit darüber hinausgehende Unterschiede. Eine vergleichbare Vielfalt alter Kulturen findet sich in Lateinamerika nicht wieder, doch auch an Zeugnissen der Kolonialarchitektur und der Kunst des 20. Jahrhunderts wird Mexiko in diesem Kontinent kaum übertroffen.

Die Naturlandschaft reicht vom aktiven Vulkanismus bis zum ewigen Schnee, vom tropischen Regenwald über Kiefern- und Tannenwälder sowie ausgedehnte Trockengebiete mit vielgestaltigen Kakteen und Agaven bis zur Wüste; und dem entspricht die Fülle unterschiedlichster Agrarprodukte. Ständige Gefahr droht von Erdbeben und Wirbelstürmen. Zur Naturausstattung gehören aber auch das Silbererz und enorme Erdölvorräte sowie die Lage zwischen zwei warmen Meeren, wodurch Mexiko zum wichtigsten Touristenziel der Tropen wurde.

Als einziges Land der sogenannten Dritten Welt hat Mexiko eine Grenze mit dem höchstentwickelten Industriestaat. Für viele Mexikaner bleibt jedoch der Wunsch, diese Trennungslinie zu überschreiten und in den USA Arbeit zu finden, eine unerfüllte Hoffnung. Auch die wuchernden Städte bieten kaum noch Chancen für die rapide steigende Bevölkerung, deren Zuwachsraten lange Zeit zu den höchsten der Welt gehörten. Dabei ist die Hauptstadt zu einer der größten Metropolen überhaupt herangewachsen, während gleichzeitig große Waldflächen im Tiefland und im Gebirge zur Agrarkolonisation gerodet werden. Eine beachtliche Industrialisierung hat Mexiko zu einem „Schwellenland" gemacht und den Anschluß an die Nordamerikanische Freihandelszone NAFTA ermöglicht, aber die räumlichen und sozialen Gegensätze innerhalb des Landes nicht beseitigt, die schon Alexander von Humboldt mit frappierender Aktualität beklagt hat:

„Mexiko ist das Land der Ungleichheiten. Vielleicht ist die Verteilung von Hab und Gut, Zivilisation, Bodennutzung und Bevölkerung nirgendwo ungeheuerlicher ausgeprägt... Die Hauptstadt und viele andere Städte haben wissenschaftliche Einrichtungen, die mit denjenigen von Europa vergleichbar sind. Die Architektur der öffentlichen und privaten Gebäude, die Feinheit des Hausstandes der Frauen, der Anstand der Gesellschaft; alles zeugt von höchster Sorgfalt, die in einem außerordentlichen Widerspruch steht zur Nacktheit, Unwissenheit und Roheit des gemeinen Volkes. Diese unermeßliche Ungleichheit des Vermögens tritt nicht nur bei den Weißen (Europäern und Kreolen) in Erscheinung, sondern sie zeigt sich in gleicher Weise unter den Eingeborenen" (zit. nach CORDERA/TELLO 1984, S. 7; Übersetzung E. G.).

Das Schlagwort vom „Land der Gegensätze" ist demnach wohl gerechtfertigt.

Und dies gilt auch für Mexikos Lagebeziehungen, in denen einerseits eine
Übergangsstellung, andererseits scharfe
Abgrenzungen zwischen dem Norden und
dem Süden der Neuen Welt zum Ausdruck
kommen.

Aus diesen Erkenntnissen ergaben sich
einige Schwierigkeiten für den Aufbau des
Buches. Gerade weil die räumliche Verteilung jeglicher Phänomene in diesem Lande
so wesentlich ist, mußte die Darstellung
überwiegend nach dem länderkundlichen
Schema von Alfred Hettner erfolgen, denn
nur die landesweite Betrachtung nach
sektoralen Gesichtspunkten läßt die Unterschiede zwischen den Entwicklungsstadien
der einzelnen Teilgebiete deutlich erkennen, wobei eine größere Zahl von Übersichtskarten den Vergleich erleichtert. Als
ausgezeichnete Quelle hierfür erwies sich
u. a. der kürzlich in drei Bänden erschienene Atlas Nacional de México (1990),
eine hervorragende Gemeinschaftsarbeit
des Geographischen Instituts der Nationaluniversität (UNAM).

Unter diesem Konzept leidet freilich die
an sich wünschenswerte Beschreibung
individueller Landschaften. Da aber mehrere gute Reise- und Kunstführer aus
jüngster Zeit sowie ein glänzend aufge-
machter Luftbildband mit äußerst instruk-
tiven Landschafts- und Städtebildern von
CALDERWOOD u. a. (1992) greifbar sind,
schien mir ein Verzicht darauf gerechtfertigt. Andernfalls wäre entweder der Umfang des Bandes gesprengt worden, oder
der Überblick über die räumlichen Zusammenhänge in ihren zeitlichen Abfolgen
wäre verloren gegangen.

Gerade den letztgenannten Aspekt halte
ich aber für wichtig, zumal seit dem in-
haltsreichen Werk von GIERLOFF-EMDEN
(1970) keine geographische Länderkunde
über Mexiko in deutscher Sprache veröffentlicht wurde. Das soeben erschienene
Buch von EWALD (1994) hat seinen

Schwerpunkt in der Geschichte und den
vielfältigen Ausprägungen der Kultur.
Andererseits stehen in dem verdienst-
vollen Sammelband von BRIESEMEISTER/
ZIMMERMANN (1992) die einzelnen Beiträge – wie meist in solchen Publikationen
– mehr oder weniger unverbunden nebeneinander; dafür werden einige Fragen um
so ausführlicher ausgelotet, was sich wiederum in dem beträchtlichen Umfang
niederschlägt.

Das Hauptproblem bei der Abfassung
dieses Buches war nicht etwa die Beschaffung von ausreichendem Material an Literatur, Statistiken usw., obwohl es noch
manche Lücken gibt; größere Mühe berei-
tete vielmehr die Auswahl aus der kaum
überschaubaren Fülle an verfügbaren Unterlagen. Wenn man den Entwicklungsstand eines Landes an der Zahl und der
Qualität einheimischer Veröffentlichungen
von historischen und gesellschaftswissen-
schaftlichen Werken mißt, gehört Mexiko
zweifellos zu den fortschrittlichen Ländern, ganz abgesehen von den ausländischen Beiträgen. Das heißt aber auch, daß
mir die eine oder andere Arbeit entgangen
sein kann.

Selbstverständlich unterliegt die thema-
tische Auswahl und die Schwerpunktset-
zung auch im hier vorliegenden Buch einer
gewissen Willkür, obwohl ich mich – im
Rahmen der verfügbaren Unterlagen – um
eine ausgewogene Darstellung mit zahlreichen Querverweisen bemüht habe. In diesem Zusammenhang habe ich eine möglichst aktuelle Zustandsbeschreibung angestrebt, ohne aber einem unreflektierten
Aktualismus zu erliegen. Über die politische und ökonomische Situation informie-
ren regelmäßig die Wirtschaftlichen
Mitteilungen (WM) des Ibero-Amerika-
Vereins in Hamburg (monatlich) sowie die
Berichte zur Wirtschaftslage Mexikos der
Bundesstelle für Außenhandelsinformation
in Köln (halbjährlich).

Hätte ich das Buch vor 20 Jahren geschrieben, so hätten die Hoffnungen des *milagro mexicano* (des mexikanischen Wirtschaftswunders) einen größeren Raum eingenommen, und vor 10 Jahren hätte die Schuldenkrise stärker im Mittelpunkt gestanden. Heute dagegen wird man angesichts der Umwälzungen durch den Präsidenten Carlos Salinas de Gortari an die Zeit des *Porfiriats* vor hundert Jahren erinnert und von Zweifeln über Erfolg oder Mißerfolg der Reformpolitik und ihrer Folgen hin- und hergerissen.

Als Ausweg bleibt der Versuch, hinter dem Auf und Ab der Entwicklungslinien die einigermaßen gesicherten Grundlagen räumlicher Strukturen aufzuzeigen und auf dieser Basis nach den Raumbewertungen im historischen Wandel zu fragen, die zum heutigen Erscheinungsbild mit seinen vielfältigen Facetten geführt haben. Dabei haben mir 30 Jahre Mexiko-Erfahrung zwar den Blick für die krassen Gegensätze und inneren Widersprüche dieses Landes und seiner Bevölkerung geschärft, sie haben mir aber auch ihre erstaunliche Beständigkeit in vielen Lebensbereichen sowie ihre ausgeprägte Fähigkeit zur Bewältigung von Problemen auf allen Ebenen vor Augen geführt.

Trotz der unendlichen Nachrichtenflut unserer Informationsgesellschaft sind Meldungen über Mexiko mit wenigen Ausnahmen auf Katastrophen und Sensationen reduziert: Erdbeben, Smog, Korruption, Wirbelstürme, Indioaufstände, Politikermorde usw. Dies Image des „Mexi-Chaos" wird ergänzt durch einige Stereotypen der Tourismuswerbung: Acapulco, Pyramiden, Tequila, Mariachis usw. All das ist gewiß ein Teil der mexikanischen Realität. Ich hoffe allerdings, daß dies Buch dazu beitragen wird, die oft etwas eingeschränkte Sichtweise zu erweitern und Verständnis für das Land, seine Probleme und seine Chancen zu wecken.

Redaktionelle Anmerkungen

Im vorliegenden Buch sind fremdsprachige Ausdrücke *kursiv* gesetzt, auch wenn einige von ihnen in den deutschen wissenschaftlichen Wortschatz eingegangen sind. Sie sind ebenso wie häufig gebrauchte Abkürzungen bei der ersten Erwähnung im Text erläutert und finden sich im Register am Schluß des Buches. Die verwendeten Quellen sind im Literaturverzeichnis zusammengefaßt. Hinweise sind im laufenden Text in Klammern eingefügt. Dasselbe gilt für Querverweise, die lediglich durch die Seitenangabe (S. xxx) gekennzeichnet sind. Dagegen gilt die Bezeichnung (C. xxx) für Abbildungen im oben erwähnten Luftbildband von CALDERWOOD u. a. (1992).

Die Schreibweise geographischer Namen kann in Mexiko zu Mißverständnissen führen. So gilt die Bezeichnung *México* sowohl für das ganze Land, als auch für den im Zentrum gelegenen bevölkerungsreichsten Bundesstaat *(Estado de México)* und die Hauptstadt *(Ciudad de México* bzw. *México* D. F., da im Bundesdistrikt Distrito Federal gelegen). Ich verwende die deutsche Schreibweise (Mexiko) für das Land insgesamt, dessen offizieller Name übrigens *Estados Unidos Mexicanos* (Vereinigte mexikanische Staaten) lautet. Dagegen benutze ich Mexico (mit c) für den Einzelstaat (dessen Verwaltungssitz Toluca ist) und México für die Stadt (die international meist Mexico-City genannt wird), wobei ich zur Unterscheidung jeweils einen entsprechenden Zusatz beifüge. Unsicherheiten ähnlicher Art ergeben sich dadurch, daß die meisten Bundesstaaten den Namen ihrer Hauptstadt tragen. Abgesehen davon bestehen zahlreiche Ortsnamen aus zwei Bestandteilen, dem Namen eines Heiligen (San Luís, Santa María, Santiago usw.), an den ein vorspanischer Name angehängt ist, wobei im allgemeinen Sprachgebrauch sehr oft nur einer der beiden Bestandteile verwendet wird. Seit der Befreiung von Spanien und erneut nach der Revolution von 1910 haben viele Orte die Namen von nationalen Helden erhalten, was die Identifikation ebenso mühsam macht wie bei den Heiligen. In einigen Fällen ist es zu Änderungen der Schreibweise gekommen, etwa bei Jalapa (Hauptstadt des Bundesstaates Veracruz), das neuerdings häufig Xalapa geschrieben wird. Dies führt zu Unsicherheiten bei der Aufstellung von Listen, ist aber für die Aussprache ohne Belang, da J und X im Spanischen gleich lauten und etwa dem deutschen ch entsprechen.

Hinsichtlich der alphabetischen Einordnung von Autoren und anderen Persönlichkeiten ist die Tatsache wichtig, daß in Mexiko (wie im ganzen spanischen Sprachraum) doppelte Nachnamen üblich und in offiziellen Schriftstücken sogar vorgeschrieben sind. Dabei steht der Name des Vaters vor demjenigen der Mutter. Bei insgesamt drei Namen ist also der mittlere im allgemeinen der Familienname (z. B. José *López* Portillo) und nicht etwa der zweite Vorname, obwohl auch mehrere Vornamen nicht selten sind (z. B. José Clemente *Orozco*). Frauen behalten bei der Heirat ihren Geburtsnamen, d. h. sie hängen den Nachnamen ihres Mannes an den ihres Vaters mit „de" an (z. B. Sonia *Lombardo* de Ruiz), was nichts mit einem Adelstitel zu tun hat. Zu den seltenen Ausnahmen gehören die Namen der Präsidenten Miguel de la *Madrid* und Carlos *Salinas* de Gortari (vgl. SCHÜTZ 1992).

Statistische Angaben beruhen im allgemeinen auf Veröffentlichungen mexikanischer Behörden. Sie werden ergänzt durch andere Quellen, die ebenso an den jeweiligen Stellen vermerkt sind. Einwohnerzahlen und andere Daten zur Bevölkerungsstruktur stammen, sofern nichts anderes angegeben ist, aus der Volkszählung von 1990. Dabei muß man im Landesdurchschnitt mit einem jährlichen Zuwachs von etwa 2% rechnen, der aber regional sowie zwischen Stadt und Land äußerst verschieden sein kann. Zuverlässige Fortschreibungen existieren nicht, Schätzungen erscheinen häufig überhöht.

Der von Dieter Bloch verfaßte Anhang unterliegt ausschließlich der Verantwortung des Verlages.

Danksagungen

Für unendlich viele Anregungen, Informationen und Hinweise von Kollegen verschiedener Fachrichtungen sowie von öffentlichen und privaten Stellen in Mexiko, Deutschland und anderswo habe ich zu danken, nicht zu vergessen die Informanten aus allen Bevölkerungskreisen, die mir vor allem bei der Feldarbeit einen tieferen Einblick in die Probleme des Landes vermittelt haben. Dazu kommen zahlreiche Freunde und Bekannte, die mich mit den Lebensverhältnissen in Mexiko vertraut gemacht haben. Allein die Aufzählung aller Namen würde Seiten füllen. So beschränke ich mich auf wenige Persönlichkeiten und bitte alle Nichtgenannten um Verständnis.

Gottfried Pfeifer hat mich zur Mitarbeit im Mexiko-Projekt der Deutschen Forschungsgemeinschaft angeregt und mir dadurch den Weg in dieses faszinierende Land geöffnet. Paul Kirchhoff hat das Projekt initiiert, Franz Tichy hat wichtige Grundlagen geschaffen und Wilhelm Lauer hat es mit großer Flexibilität und einem hochentwickelten Verständnis für fächerübergreifende Zusammenarbeit durch viele Jahre geleitet. Mit der mehrjährigen Einbindung in dieses Projekt, das die interdisziplinäre Erforschung der Region Puebla-Tlaxcala zum Ziel hatte, hängt es zusammen, daß ich relativ häufig Beispiele aus diesem Raum heranziehe, zumal er von deutschen und mexikanischen Kollegen besonders intensiv bearbeitet und dokumentiert wurde. Bei der Interpretation habe ich mich allerdings um eine angemessene Verallgemeinerung der jeweiligen Fälle bemüht.

Der Deutschen Forschungsgemeinschaft und der Volkswagenstiftung danke ich für finanzielle Unterstützung verschiedener Teilprojekte innerhalb und außerhalb der Puebla-Tlaxcala-Region.

Auf mexikanischer Seite nenne ich stellvertretend mehrere Institutionen und einige ihrer führenden Vertreter, mit denen ich z. T. seit vielen Jahren persönlich verbunden bin: das Instituto de Geografía der UNAM mit seiner langjährigen Direktorin María Teresa Gutierrez de McGregor, dem derzeitigen Direktor Román Alvarez Béjar sowie vielen guten Kolleginnen und Kollegen; das Centro de Ciencias de la Atmósfera der UNAM mit Ernesto Jáuregui; das Instituto Nacional de Antropología e História (INAH) mit Guillermo Bonfil Batalla; das Colegio de México mit Rodolfo Stavenhagen; das Instituto Nacional de Estadística, Geografía e Informática (INEGI) mit Nestor Duch Gary; schließlich auch

Luís Sanchez de Carmona und Alberto Gonzalez Pozo sowie, in Puebla, Efraín Castro Morales und die Familie Theiss.

Zahlreiche Anregungen erhielt ich auch von Mexikoforschern aus Frankreich und anderen Ländern, darunter vor allem von Claude Bataillon und Daniel Hiernaux.

Für Unterstützung bei der Auswertung von Statistiken und Programmierarbeiten danke ich Annette Heusinger von Waldegge, Gabi Kitzler, Matthias Türk und Birgit Wienke, für die kartographische Gestaltung Horst Engelhardt und Karola Schmidt-Hellerau, für die mühsame Arbeit des Korrekturlesens Wilfried Görtler und für verständnisvolle Zusammenarbeit in der Redaktion des Justus Perthes Verlages Klaus-Peter Herr.

Der größte Dank gebührt aber meiner Frau Hannelore (1940–1978). Sie hat mir mit ihrer Familie in Puebla nicht nur das Einleben in die spanische Sprache und die mexikanische Lebensart erleichtert, sondern mich in den Anfangsjahren auch tatkräftig in der Feldforschung unterstützt. Ich widme dieses Buch ihrem Andenken.

Erdmann Gormsen

1 Elemente naturräumlicher Gliederung

Weder die Geschichte Mexikos noch seine wirtschaftliche und gesellschaftliche Situation in heutiger Zeit lassen sich ohne eine Kenntnis der Landesnatur verstehen, die allein schon im Zusammenspiel von Klima, Gebirgsbau und unruhiger Tektonik ein beträchtliches Maß an Kontrasten aufweist. (Siehe die Karten im Vorderen und Hinteren Vorsatz dieses Buches).

1.1
Grundstrukturen
des Landschaftsaufbaus

Zwischen dem Golf von Mexiko und dem Pazifischen Ozean setzt Mexiko die Strukturen des nordamerikanischen Kordillerensystems nach Süden fort. In seinen heutigen Grenzen umfaßt es 1,97 Mio. km², also etwa 5 1/2 mal die Fläche Deutschlands. Der größte Teil davon besteht aus einem Hochlandblock, der an markanten Bruchlinien im Osten und Westen herausgehoben wurde. Die Randgebirge unterscheiden sich beträchtlich: die *Sierra Madre Oriental* setzt sich aus parallel streichenden Faltenzügen und steil aufragenden Schichtrippen der Jura- und Kreideformation zusammen; die Sierra *Madre Occidental* ist dagegen aus flach lagernden vulkanischen Decken des Tertiärs aufgebaut (C. 154). Beide erscheinen von den hügeligen Küstentiefländern aus als hohe Gebirgsmauern. Sie ragen aber oft nur wenig über die ausgedehnten Hochflächen der *Altiplanicie Mexicana* empor. So gewinnt man bei der Fahrt vom Hochland zur Küste, die durch großartige Schluchten führt (Cumbres de Acultzingo, Cañón del

Cobre u. a.; C. 148, 10), gelegentlich den Eindruck, man stiege „ins Gebirge hinunter". Das Hochland selbst ist durch langgestreckte Bergrücken in weite, z. T. abflußlose Beckenlandschaften gegliedert (Bolsón de Mapimí), die an der Grenze mit den USA rd. 1200 m Meereshöhe erreichen (C. 161a), in der *Mesa central* dagegen auf gut 2000 m ansteigen. Im Kontrast mit den höchsten Vulkanen des Landes (Pico de Orizaba 5700 m, Popocatépetl 5452 m, Iztaccíhuatl 5286 m u. a.; C. 2) haben sich hier, im weiteren Umkreis der Hauptstadt, besonders charakteristische mexikanische Landschaften herausgebildet (Abb. 1a).

Zentralmexiko wird aber nicht nur durch solche Riesenvulkane geprägt, sondern durch eine Vielzahl von vulkanischen Kegeln und Kratern jeglicher Größenordnung aus der jüngeren Erdgeschichte (C. 64). Sie erstrecken sich als sogenannte *Cordillera Neovolcánica* (auch: *Sistema Volcánico Transversal*) vom Nevado de Colima (4330 m) am Pazifischen Ozean bis zu den Tuxtla-Vulkanen (1738 m) und dem Kratersee von Catemaco am Golf von Mexiko und bilden den Südrand des Hochlandblocks, der in einer Bruchstufenzone rund 1000 m tief zur Senke des *Río Balsas* abbricht, einer stark gegliederten trockenen Beckenlandschaft.

Es handelt sich um einen tektonisch besonders komplizierten Bereich, denn im Rahmen der Plattentektonik taucht die Cocos-Platte längs einer Subduktionszone an der Küste unter die Nordamerika-Platte und die Karibischen Platten ab, wodurch der über 6000 m tiefe Acapulco-Tiefseegraben entsteht. Dagegen wandert die Pazifische Platte von dem zergliederter-

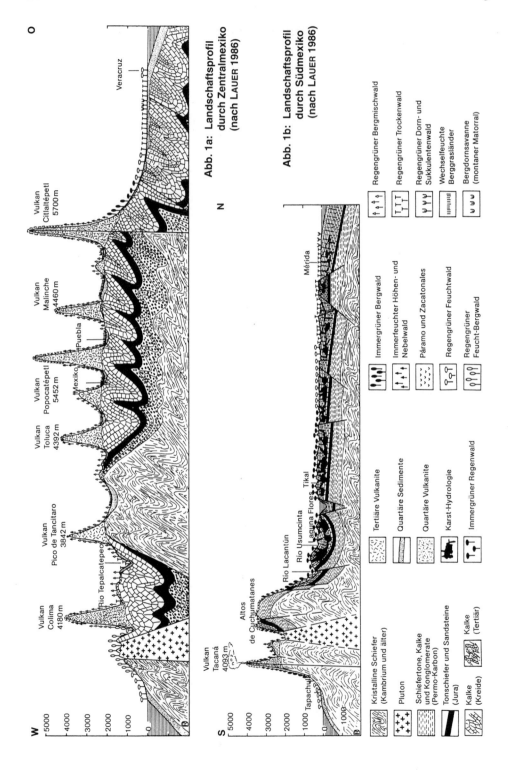

Abb. 1a: Landschaftsprofil durch Zentralmexiko (nach LAUER 1986)

Abb. 1b: Landschaftsprofil durch Südmexiko (nach LAUER 1986)

ten Ostpazifischen Rücken nach Nordwesten. Dies führt zu Störungen unter dem Golf von Californien *(Mar de Cortés)* sowie im nördlich anschließenden californischen Längstal mit der San-Andreas-Spalte und damit zur Abtrennung der Halbinsel *Baja California* vom Festlandssockel.

Unzählige Erdbeben jeder Stärke, bis hin zu verheerenden Ereignissen, wie sie am 19. September 1985 die Stadt México betroffen haben (S. 86), sind eine Folge dieser Lage in einer ausgeprägten Schwächezone der Erde, und dasselbe gilt für den aktiven Vulkanismus (C. 60, 76). So entstand am 20. Februar 1943 beim Dorf Parícutin in Michoacán ein ganz neuer Vulkan, der in den neun Jahren seiner Tätigkeit auf 460 m relative Höhe anwuchs, dabei rund 39 km^2 mit Lava bedeckte und darunter zwei Dörfer begrub. Von dem einen Dorf (Parícutin) erhielt er seinen Namen, die Kirchenruine des anderen (Parangaricútiro) ragt als einziger Rest aus den erstarrten Lavamassen hervor und dient heute als willkommenes Touristenziel. Noch größere Wirkung hatte der von der Weltöffentlichkeit kaum beachtete Ausbruch des El Chichón in Chiapas, der im April 1982 größere Aschen- und Aerosolmengen herausschleuderte als der berühmte Mount St. Helens in den USA. Etwa 2000 Menschen kamen um, 30000 wurden obdachlos (SCHMINCKE 1988; YARZA 1992; C. 38).

Der südliche und östliche Teil Mexikos wird durch drei Großlandschaften geprägt: die Bergländer von Guerrero-Oaxaca und von Chiapas sowie die Halbinsel Yucatán (Abb. 1b).

Das kompliziert aufgebaute, kleingekammerte Gebirgsland der *Sierra Madre del Sur* sowie der Berg- und Beckenlandschaften von Oaxaca besteht aus vulkanischen Ablagerungen, Sedimenten, metamorphen Gesteinen und Granitpluto-

nen verschiedenen Alters. Es fällt meist recht unvermittelt zur Küste ab und bietet in zahlreichen Buchten eine gute Grundlage für den Bade-Tourismus (S. 146; C. 108, 115).

Mit dem *Isthmus von Tehuantepec*, der nur 210 km breit und bis zu 250 m hoch ist, beginnen zentralamerikanische Strukturen: Die *Sierra Madre de Chiapas* (C. 34) erhebt sich als kristalline Pultscholle aus dem Pazifik und wird vor allem im südöstlichen Bereich von Vulkanen überragt (Tacaná 4117 m). Die zentrale Depression wird vom Rio Chiapa-Grijalva durchflossen, der zum Tiefland von Tabasco durchbricht. Gegen Norden folgt zunächst die rund 2000 m hoch gelegene *Meseta de San Cristóbal*, dann die *Sierra de los Lacandones*, deren mesozoische Kalke weithin zu tropischen Kegelkarstformen verwittert sind. Eindrucksvolle Schluchten (Cañón del Sumidero) und mehrere Wasserfälle mit Sinterterrassen (Agua Azul) weisen auf die junge Hebung hin (C. 24).

Nordöstlich vorgelagert ist die flache, stark verkarstete Kalktafel der Halbinsel Yucatán, die seit dem Tertiär aus dem Meer herausgehoben wurde und in ihren höheren südlichen Teilen zu einem Hügelland aufgelöst ist. Sie ist vor allem im Norden durch Einbruchsdolinen *(cenotes)* gekennzeichnet, die im Untergrund vielfach in einem karsthydrologischen System miteinander verbunden sind. Dieses dient mit zahlreichen Brunnen der Wasserversorgung (WILHELMY 1979). Im Osten bricht die Kalktafel großenteils in einem niedrigen Kliff zum Karibischen Meer ab (z. B. Tulúm; C. 14). Hier wird die Küste teilweise von Korallenriffen begleitet (z. B. Cancún). Am Golf von Mexiko hat sich dagegen auf dem Schelf eine flache Ausgleichsküste mit Nehrungen, Lagunen und Dünen herausgebildet (C. 147).

1.2
Klima und Vegetation
am Rande der Tropen

Entsprechend seiner Lage zwischen 14°30′ und 32°43′ nördlicher Breite gehört Mexiko in einen Übergangsbereich von den sommerfeuchten äußeren Tropen mit 8 bis 10 humiden Monaten im Südosten des Landes über die ganzjährig ariden Subtropen im Bereich des Wendekreises bis zum Winterregenklima Californiens, das im äußersten Nordwesten gerade noch wirksam wird. Dabei spielt die große Massenerhebung eine wichtige modifizierende Rolle, nicht nur wegen der Temperaturabnahme mit der Höhe bis in den Bereich der „kalten Tropen" (LAUER 1975), sondern auch weil das steil aufragende Hochland die Passatwinde zum Aufsteigen und Abregnen zwingt. Tatsächlich fallen die höchsten Jahresniederschläge (bis zu 5000 mm) an den Ostflanken der Gebirge von Veracruz bis Chiapas (Abb. 2; C. 6), und auch in der winterlichen Trockenzeit bilden sich oberhalb 1800 m Höhe häufig aufliegende Wolken, unter denen Nebelwälder mit hochwachsenden Baumfarnen sowie mit zahlreichen epiphytischen Bromelien und Orchideen, in größeren Höhen auch mit dichtem Flechtenbehang gedeihen (Abb. 1–4).

Dabei bestehen in Zentral- und Südmexiko auf kürzester Entfernung große Gegensätze zwischen der ständig feuchten Luvseite des Gebirgsrandes und den Binnenbecken, die mit 500–800 mm Niederschlag ungefähr den Durchschnittswerten von Mitteleuropa entsprechen, aber eine ausgesprochen xerophile Vegetation tragen. Das liegt am grundverschiedenen Jahresgang, denn in Mexiko dominieren Zenitalregen, die mit dem Höchststand der Sonne von Mai bis Oktober fallen. Der beste Reisemonat ist daher der November, in dem das Land bei angenehmen Temperaturen noch frisch grün ist, bevor in der Trockenzeit die Verdunstung immer stärker wird. Aber auch während der Regenzeit gibt es im Tagesablauf wesentliche Unterschiede: nach einem klaren, fast wolkenlosen Vormittag kommt es normalerweise am frühen Nachmittag zu außerordentlich heftigen, zeitlich und räumlich begrenzten Wolkenbrüchen, wie sie für die Tropen typisch sind. Sie bewirken oft starke Erosionsschäden (C. 74) oder auch großflächige Überschwemmungen. Insgesamt nehmen die Niederschläge nach Norden und Westen kontinuierlich ab, unterbrochen lediglich durch die *Sierra Madre Occidental*. Sie erreichen auf der wüstenhaften Halbinsel Baja California weniger als 100 mm (C. 8). Hinter diesen langjährigen Durchschnittswerten verbirgt sich freilich eine extreme Unregelmäßigkeit der Regenfälle von Jahr zu Jahr (vgl. die Klimadiagramme in Abb. 3).

Die Jahresmitteltemperatur geht nicht nur mit der Breitenlage von Süden nach Norden zurück, sondern auch mit zunehmender Meereshöhe. Gleichzeitig vollzieht sich der Übergang vom tropischen zum außertropischen Klima, das heißt, daß gegen Norden die Jahresschwankungen zwischen dem wärmsten und dem kältesten Monat größer werden als die Tagesschwankungen zwischen der tiefsten Nacht- und der höchsten Tagestemperatur (vgl. TROLL/PAFFEN 1964; LAUER 1975; LAUER/FRANKENBERG 1978; GIERLOFF-EMDEN 1970, S. 70). Dies wird in den „kalten Tropen" der Mesa central vor allem während der Wintermonate spürbar, wenn häufig Nachtfröste auftreten, um die Mittagszeit aber die Temperaturen je nach Höhenlage auf 20–30 °C ansteigen. Die etwa halbjährige Trockenzeit hat erhebliche Schwierigkeiten für die Wasserversorgung zur Folge. Außerdem kommt es über den brachliegenden Feldern und den weithin ausgetrockneten Binnenseen zu beträchtlichen Staubauswehungen bis hin zu Staubstürmen *(tolvaneras)*, die vor allem im April, dem wärmsten Monat des Jahres, sehr unangenehm empfunden werden. Sie gehen mit dem Einsetzen der Regenzeit im Mai ebenso zurück wie die Mittagstemperaturen aufgrund der Wolkendecke (GIERLOFF-EMDEN 1970, S. 544–545; JÁUREGUI 1973).

Unterbrochen wird die Trockenzeit in jedem Winter mehrmals durch den Einbruch von polaren Kaltluftmassen, die starke Bewölkung und heftige Niederschläge mit sich bringen, darunter Schneefälle bis auf das Niveau der obersten Siedlungen bei etwa 2700 m. Während aber eine Schneeballschlacht auf den Paßhöhen von rund 3000 m rings um México-Stadt für viele Städter eine willkommene Abwechslung darstellt, können Temperaturstürze bis unter den Gefrierpunkt erhebliche Frostschäden in der Landwirtschaft verursachen, sei es in den Orangenpflanzungen im Küstentiefland von Tamaulipas, sei es in den Kaffeekulturen der Sierra Madre Oriental, wie zuletzt im Dezember 1989. Ihren Ursprung haben diese *nortes* (engl. *northers*) in der nordamerikanischen Arktis, von wo sie als Schneestürme *(blizzards)* recht ungehindert über das Mississippitiefland hinwegfegen können. Über dem Golf werden sie zwar etwas erwärmt und nehmen Feuchtigkeit auf, doch treffen sie immer noch mit bis zu 10 °C Temperaturdifferenz auf das mexikanische Festland, wo sie die ergiebigsten Niederschläge am Gebirgsanstieg bringen.

Naturkatastrophen ganz anderer Art werden durch tropische Wirbelstürme (Hurrikane) hervorgerufen, die im Sommer und Herbst auftreten. Sie entstehen in der Regel über dem Karibischen Meer und ziehen mehrere Tage lang auf einer gebogenen Zugbahn nach Westen und Nordwesten. Dabei verursachen sie an den Küsten schwerste Schäden durch orkanartige Windgeschwindigkeiten (bis etwa 300 km/h), enorme Niederschlagsmengen und Flutwellen. Als eines der jüngsten Beispiele kann der „Lebenslauf" des Hurrikans *Gilbert* dienen, der allerdings einen ungewöhnlich geradlinigen Verlauf nahm: Er entstand am 9. September 1988 bei Barbados, überquerte am 12. mit etwa 185 km/h Jamaika, richtete am 14. in den mexikanischen Seebädern Cozumel und Cancún mit etwa 280 km/h schlimme Verwüstungen an und verursachte am 17. bei Monterrey Regenfälle von 210 mm, was zu großen Überschwemmungen und dem Verlust von 200 Menschenleben führte; Hunderttausende wurden binnen einer Woche obdachlos (EDEN 1988, S. 446–448).

Bei dem Gebirgscharakter des Landes sind die klimatischen Höhenstufen für die natürliche Vegetation und den Anbau von größter Bedeutung. Hier läßt sich ein stockwerkartiges Übereinandergreifen tropischer und gemäßigter Pflanzenformationen erkennen (Abb. 1a, 1b u. 4; vgl. KLINK/LAUER 1978; KLINK/LAUER/ERN 1973).

Die heiße unterste Stufe, die sogenannte *Tierra caliente*, hat Mitteltemperaturen von 28–24 °C bei sehr geringen jahreszeitlichen Schwankungen. Sie umfaßt Mangroven- und Palmenküsten sowie – in den Staaten Veracruz bis Quintana Roo – halbimmergrüne und laubwerfende Regen- und Bergwälder als nördlichste Ausläufer feuchttropischer Vegetation (C. 50). Große Flächen wurden allerdings zu Weideland gerodet und erscheinen als Savannen. Die trockenere West- und Südseite des Landes weist dagegen regengrüne laubwerfende Wälder und Trockenbuschlandschaften auf. Die Höhengrenze dieser Stufe wird bei etwa 800 m angenommen und mit derjenigen von Kakao und Vanille gleichgesetzt, die hier heimisch sind. In dieser Stufe finden sich die wichtigsten

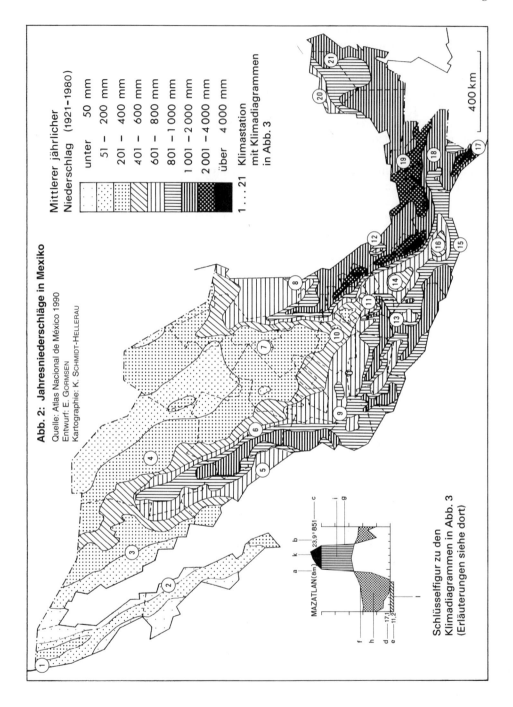

Abb. 2: Jahresniederschläge in Mexiko

Quelle: Atlas Nacional de México 1990
Entwurf: E. GORMSEN
Kartographie: K. SCHMIDT-HELLERAU

Mittlerer jährlicher
Niederschlag (1921–1980)

	unter 50 mm
	51 – 200 mm
	201 – 400 mm
	401 – 600 mm
	601 – 800 mm
	801 –1 000 mm
	1 001 –2 000 mm
	2 001 –4 000 mm
	über 4 000 mm

1 . . . 21   Klimastation
mit Klimadiagrammen
in Abb. 3

Schlüsselfigur zu den
Klimadiagrammen in Abb. 3
(Erläuterungen siehe dort)

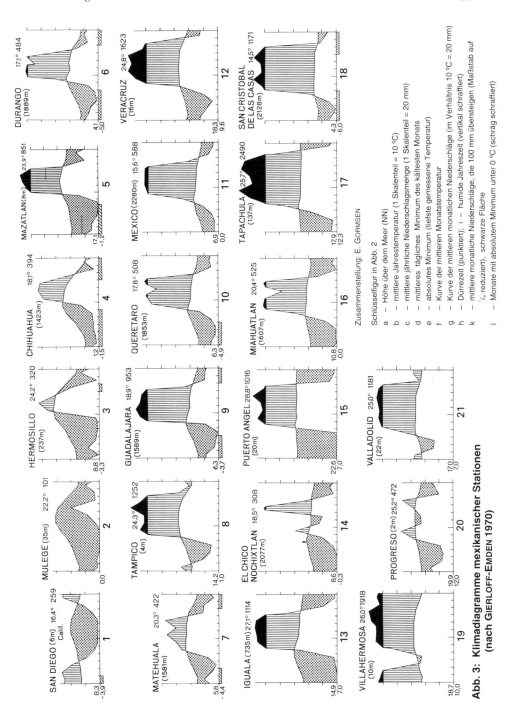

Abb. 3: Klimadiagramme mexikanischer Stationen (nach GIERLOFF-EMDEN 1970)

Zusammenstellung: E. GORMSEN

Schlüsselfigur in Abb. 2

a – Höhe über dem Meer (NN)
b – mittlere Jahrestemperatur (1 Skalenteil = 10 °C)
c – mittlere jährliche Niederschlagsmenge (1 Skalenteil = 20 mm)
d – mittleres tägliches Minimum des kältesten Monats
e – absolutes Minimum (tiefste gemessene Temperatur)
f – Kurve der mittleren Monatstemperatur
g – Kurve der mittleren monatlichen Niederschläge (im Verhältnis 10 °C = 20 mm)
h – Dürrezeit (punktiert); i – humide Jahreszeit (vertikal schraffiert)
k – mittlere monatliche Niederschläge, die 100 mm übersteigen (Maßstab auf ¹⁄₁₀ reduziert), schwarze Fläche
l – Monate mit absolutem Minimum unter 0 °C (schräg schraffiert)

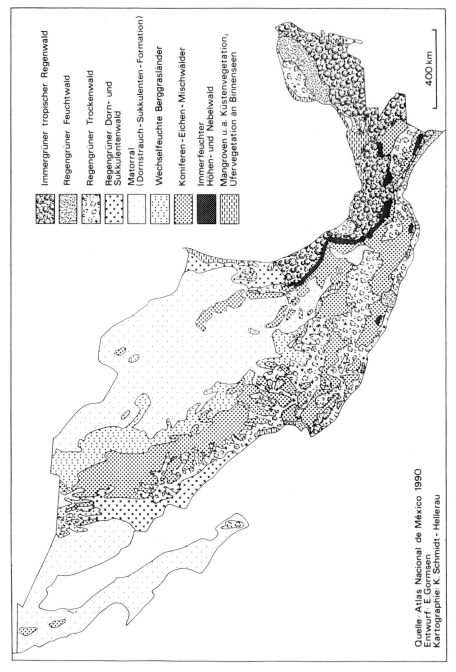

Quelle: Atlas Nacional de México 1990
Entwurf: E. Gormsen
Kartographie: K. Schmidt - Hellerau

Abb. 4: Vegetationsgliederung Mexikos

Immergrüner tropischer Regenwald

Regengrüner Feuchtwald

Regengrüner Trockenwald

Regengrüner Dorn- und
Sukkulentenwald

Matorral
(Dornstrauch-Sukkulenten-Formation)

Wechselfeuchte Berggrasländer

Koniferen-Eichen-Mischwälder

Immerfeuchter
Höhen- und Nebelwald

Mangroven u. a. Küstenvegetation,
Ufervegetation an Binnenseen

400 km

Anbaugebiete für Tabak, Baumwolle, Zuckerrohr, Bananen, Orangen und andere tropische Früchte wie Papayas, Mangos, Ananas.

Die warm gemäßigte Stufe der *Tierra templada* wird durch tropisch-immergrüne Bergmischwälder gekennzeichnet. Sie reicht mit 24–18 °C bis zur Obergrenze des Zuckerrohr- und Baumwollanbaus, die bei etwa 1800 m liegt. Hier ist das Hauptverbreitungsgebiet von Kaffee- und Avocadopflanzungen.

Die oben genannten besonders feuchten Nebelwälder bilden den Übergang zur kühlen Stufe der *Tierra fría*, zu der auch die *Mesa central* gehört. Diese ist seit vorgeschichtlicher Zeit dicht besiedelt. Daher ist ein großer Teil der ursprünglichen Kiefern- und Mischwälder (C. 29) zugunsten des Mais- und Bohnenanbaus gerodet worden, was erhebliche Erosionsschäden in Form von kastentalartigen Barrancas bis hin zu flächenhaften Badlands u. a. zur Folge hatte. Im Inneren der Hochbeckenlandschaften findet sich eine Gras- und Sukkulentenvegetation, mit Feigenkaktus (*Opuntia lasiacantha*, mex. *Nopal*), *Maguey*-Agaven (*Agave atrovirens*), deren Saft zur Herstellung des leicht alkoholischen Nationalgetränks *pulque* dient (S. 44) sowie verschiedenen Schopfblattlilien, vor allem hochwachsenden *Yucca*-Arten. In Höhen über 2400 m bis zur Anbaugrenze bei 2800 m wird der Mais von Weizen, Gerste und Kartoffeln abgelöst. An den oberen Hängen dieser Stufe sind neben Kiefern- und Eichenwäldern noch Reste von majestätischen Tannenhochwäldern (*Abies religiosa*) erhalten.

Die *Tierra helada* (über 3200 m) ist mit Gebirgskiefernwald bewachsen, wobei *Pinus hartwegii* bei 4000 m die Waldgrenze bildet. Oberhalb finden sich Hartgrasflächen (*zacatonales*) mit Büschelgräsern und hochandinen Kräutern, während die Gipfelzonen der höchsten Vul-

kane aus vegetationslosen Fels- und Aschenhängen bestehen und bei entsprechender Exposition mit ewigem Schnee bedeckt sind (*Tierra nevada*).

Die Binnenbecken im Regenschatten der Randgebirge, aber auch die Westküste, sind je nach der Niederschlagsmenge mit regengrünen Trockenwäldern bewachsen und durch fiederblättrige Leguminosenbäume (*Acacia, Mezquite* u. a. *Mimosoideae*) gekennzeichnet, oder sie tragen Dornstrauch-Sukkulentenformationen (*matorral, chaparral*). Letztere gehören mit ihren unzähligen Kakteen- und Agavenarten, den tiefen Erosionsrinnen und den ockergrau-olivgrün-staubigen Farbtönen während der langen Trockenmonate zu den typischsten Landschaften Mexikos. Sie gehen gegen Norden in *Mezquite*-Grasland und Wüstensteppen über. Um so erstaunter ist man über die vielfältigen Blüten, die zum Ende der Trockenzeit austreiben, und über das frische Grün, das diese Landschaften in der kurzen Regenzeit überzieht. Die Nutzung beschränkt sich hier auf die Früchte der Opuntien und ihre jungen Blätter, die als Gemüse verzehrt werden, auf bestimmte Agavenarten zur Schnapsgewinnung (*Tequila, Mezcal*; S. 44), auf Pflanzenfasern (*ixtle, palma pita*; S. 266) sowie auf extensive Weidewirtschaft, meist mit Ziegen und Schafen. Ackerbau lohnt nur bei künstlicher Bewässerung.

Die verkarstete Kalktafel von Yucatán trägt am Gebirgsrand tropischen Regenwald, der jedoch mit abnehmenden Niederschlägen und aufgrund edaphischer Trockenheit in regengrüne Feucht- und Trockenwälder mit einem zunehmenden Anteil an Sukkulenten übergeht (C. 32). Dieser nördliche Bereich ist noch immer durch ausgedehnte *henequén*-Pflanzungen (*Agave fourcroydes*; S. 44, 133) geprägt (vgl. MARTÍNEZ 1959; PENNINGTON/SARUKHAN 1968).

2 Gesellschaft und Staat als Folge historisch-politischer Prozesse

2.1 Zeugnisse präkolumbischer Kulturen

Die kulturelle Rolle Mexikos beschränkt sich durchaus nicht auf die Pyramidenbauten und andere großartige Zeugen präkolumbischer Hochkulturen, die heute weit berühmt sind und touristisch vermarktet werden. Mindestens ebenso bedeutsam ist die Tatsache, daß der Mais *(Zea mays)* und andere wichtige Nutzpflanzen hier zum ersten Mal in Kultur genommen wurden, von denen einige heute ihr Hauptanbaugebiet in anderen Kontinenten haben, darunter Kakao *(Theobroma cacao),* Vanille *(Vanilla planifolia),* Avocado *(Persea americana,* span. *aguacate),* Papaya *(Carica papaya),* Tomate *(Solanum lycopersicum),* Kürbis *(Cucurbita)* und Chilepfeffer *(Capsicum var.).* Dazu gehören auch die Dahlie *(Dahlia coccinea)* und die Ringelblume *(Tagetes patula),* die zum Totenfest *(Día de los muertos)* am 2. November in großer Zahl die Gräber schmückt (C. 75), sowie die Vielfalt von Kakteengewächsen und Agaven, die vor allem im Mittelmeergebiet als Zierpflanzen dienen, während sie in Mexiko wirtschaftlich genutzt werden (vgl. WEST/ AUGELLI 1966, S. 240).

2.1.1 Frühe Menschheitsgeschichte

Auch wenn nicht alle Einzelheiten der Einwanderung von Menschen aus Asien über die damals landfeste Beringstraße während verschiedener Phasen des Pleisto-

zäns geklärt sind, so kann doch anhand von Fundplätzen (Tlapacoya, Valsequillo) als gesichert gelten, daß eine Jäger- und Sammlerbevölkerung bereits vor 22 000 Jahren in Zentralmexiko gelebt hat. Gejagt wurden Bison, Mammut, Pferd, Antilope u. a. In diese frühe Epoche der Menschheitsgeschichte, von mexikanischen Archäologen als Känolithikum bezeichnet, gehört auch der Skelettfund des *Tepexpan*-Menschen, der, mit einer kaltzeitlichen Fauna vergesellschaftet, in die Endphase der Eiszeit um 7600 v. Chr. datiert wird. Der seitdem eingetretene Kulturwandel läßt einen deutlichen Zusammenhang mit den postglazialen Klimaschwankungen erkennen, die im Rahmen des Mexiko-Projekts der Deutschen Forschungsgemeinschaft untersucht wurden (LAUER 1981; 1986; LAUER/KLAUS 1983; vgl. S. 282). Dabei wurden geomorphologisch-pedologische Befunde (Erosions- und Akkumulationsphasen, *Barranca*-Bildung, Moränenformation, Bodenbildung) und Verfahren der Pollenanalyse mit den Erkenntnissen der Archäologie parallelisiert (Abb. 5).

Rückschlüsse auf die Veränderungen der Lebensweise und den Übergang zur Seßhaftigkeit konnten aus der Zusammensetzung fossiler Küchenabfälle in einer Wohnhöhle bei Coxcatlán im Tal von Tehuacán gewonnen werden (MAC NEISH 1964). Danach bestand noch um 7000 v. Chr. über 70% der Ernährung aus Fleisch von der Jagd. Doch mit dem Ende der Eiszeit und dem postglazialen Klimaoptimum, das zwischen 5000 und 3000 v. Chr. höhere Temperaturen und größere Feuchtigkeit bedeutete, starben die pleisto-

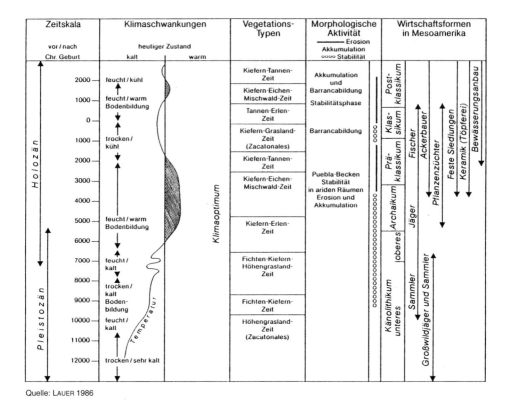

Quelle: LAUER 1986

Abb. 5: Klimaablauf und Kulturepochen im Hochland von Mexiko

zänen Großtiere aus. An ihre Stelle traten andere Jagdtiere wie Kaninchen, Weißschwanzhirsche, Schildkröten, Vögel usw. Außerdem nahm der Anteil wildwachsender Sammelfrüchte allmählich zu. Im 5. Jahrtausend v. Chr. erreichte er 60% der Nahrungsbestandteile gegenüber 32% Fleisch und immerhin schon 8% Anbauprodukten. In den folgenden 1000 Jahren blieb der Fleischkonsum etwa gleich; doch der Anteil an Sammelfrüchten ging auf 43% zugunsten von 25% Feldfrüchten zurück. In dieser Epoche begann neben dem Anbau von Nahrungspflanzen wie Avocado, Chilepfeffer und Kürbis die Kultivierung des Mais, dessen „Kolben" damals nur etwa 2,5 cm lang waren. Die Diskussion über die hier zusammengefaß-

ten Erkenntnisse ist noch im Gange. Sie können gewiß nicht ohne weiteres für den gesamten Raum verallgemeinert werden, zumal die Haltbarkeit pflanzlicher und tierischer Reste unterschiedlich ist und neuere Methoden der Altersbestimmung teilweise zu abweichenden Daten geführt haben (HABERLAND 1986).

Jedenfalls hatte sich um 2500 v. Chr. der Ackerbau, verbunden mit Dauersiedlungen und ersten Keramikgefäßen, weitgehend durchgesetzt. Als spezifische Anbauform entstand das *milpa-System*, das sich in der kleinbäuerlichen Landwirtschaft bis in unsere Tage erhalten hat. Es ist ein Brandrodungswanderfeldbau, der mit dem Pflanzstock betrieben wird. Dabei werden Bohnen zusammen mit dem Mais angebaut, an dem sie sich emporranken. Als Leguminosen reichern sie Stickstoff im Boden an, während der Kürbis mit seinen großen Blättern den Boden feucht hält und bis zu einem gewissen Grade vor Erosion schützt. Daneben sind auch Bewässerungskulturen seit über 2000 Jahren nachgewiesen. Gebackene Maisfladen *(tortillas)* und schwarze Bohnen *(frijoles)* mit scharfen Soßen bilden heute noch die Hauptbestandteile der Ernährung aller mexikanischen Bevölkerungsschichten.

Damit war die Grundlage für eine dreitausendjährige Kulturepoche gelegt, die bis zur Conquista durch die Spanier im Jahr 1519 dauerte und sich in drei Hauptperioden gliedern läßt: das Präklassikum, auch formative Phase genannt (etwa 1500 bis 200 v. Chr.), das Klassikum (200 v. Chr. bis 1100 n. Chr.) und das Postklassikum. In seiner äußeren Umgrenzung umfaßte dieser Kulturraum die ökologisch begünstigten Gebiete von der Vulkanzone Mexikos bis zur Westküste Costa Ricas. Da er nach der traditionellen Kontinentgliederung Teile von Nord- und Mittelamerika einschließt, wird er, nach einer Anregung des nach Mexiko emigrierten deutschen Ethnologen Paul Kirchhoff, in der Altamerikanistik als *Mesoamerika* bezeichnet. Trotz vieler Gemeinsamkeiten in religiösen Vorstellungen, in der Kunst, der gesellschaftlichen Organisation, der Wirtschaftsweise und im Städtebau sind in diesem Raum mehrere eigenständige Hochkulturen entstanden, die sich in ihrer zeitlichen und räumlichen Ausdehnung unterscheiden.

2.1.2
Mesoamerikanische Hochkulturen

Die früheste dieser Kulturen hat uns gleichzeitig die rätselhaftesten Zeugnisse hinterlassen. Ausgerechnet im feuchten Küstenschwemmland von Tabasco und Südveracruz wurden bei *La Venta* und *Tres Zapotes* kolossale Häupter von Göttern oder Herrschern mit eigenartig negroiden Zügen ausgegraben, zu denen keine Körper gehören. Sie sind bis zu 3 m hoch und 30 t schwer und wurden aus einem Basalt gehauen, der rund 100 km entfernt in den Tuxtla-Vulkanen ansteht, eine höchst erstaunliche Leistung nicht nur der Steinmetzkunst, sondern auch des Transportwesens, zumal in Mesoamerika das Rad unbekannt war. Diese sogenannte *olmekische* Kultur dauerte von etwa 1200 bis 400 v. Chr. und hat außer den spektakulären Monumenten eine ganze Reihe wichtiger Elemente der Kunst, der Architektur und der Raumordnung hervorgebracht, die in nachfolgenden Zivilisationen weiterentwickelt wurden. Hierzu gehört neben Ansätzen einer Hieroglyphenschrift und eines Kalendersystems auch die planvolle Anlage von Kultstätten sowie die hochkünstlerische Gestaltung von Kleinplastiken aus Obsidian, der aus dem Hochland beschafft wurde. Offenbar bestanden weiträumige Austauschbeziehungen bis zur *Mesa central* und bis nach El Salvador.

Nach dem Verfall der Olmekischen Welt, über deren Hintergründe fast nichts bekannt ist, bildeten sich in naturräumlich begünstigten Teilgebieten des Alten Mexiko eigenständige Kulturräume heraus, die nach ethnischen und gesellschaftlichen Besonderheiten ihrer Bewohner gegliedert werden, aber nur teilweise mit den großen Sprachgruppen übereinstimmen, die auch heute noch gesprochen werden. Aufgrund von Bevölkerungswanderungen, gegenseitigen Überlagerungen und Anpassungen erlebten sie ihren Aufstieg und ihren Niedergang zu unterschiedlichen Zeiten. Eine exakte Chronologie ist insofern schwierig, als sie sich – trotz teilweise beträchtlicher Kenntnisse der Astronomie, der Mathema-

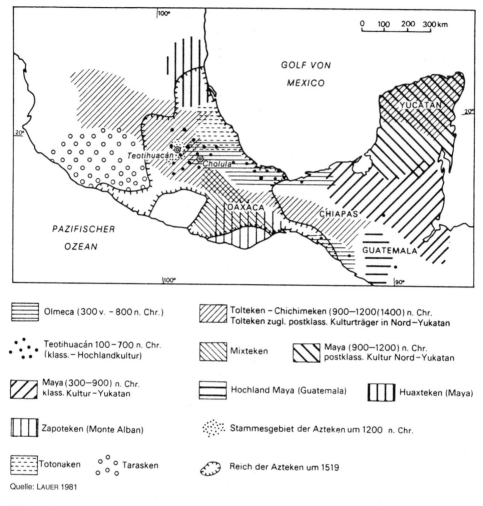

Abb. 6: Raum-zeitliche Ausbreitung vorspanischer Kulturen in Mesoamerika

tik und des Kalenderwesens – nicht auf eine einheitliche Zeitrechnung stützen kann und selbst bei der Anwendung der Radiokarbonmethode oder der Dendrochronologie erhebliche Unsicherheiten aufweist. Man ist also für die Datierung im wesentlichen auf archäologische Interpretationen anhand von Keramikfunden, Stilmerkmalen usw. angewiesen (HABERLAND 1986, S. 43). Abb. 6 gibt daher lediglich die Hauptverbreitungsgebiete der wichtig-

sten Kulturen wieder, verbunden mit einer ungefähren historischen Zuordnung (vgl. KRICKEBERG 1966).

In der dichtbesiedelten *Mesa central* mit mehreren kleinen Zentren erreichte *Teotihuacán* während des Klassikums eine dominierende Stellung als bedeutendste Metropole des gesamten mesoamerikanischen Raumes. Über die Anfänge dieser großartigen städtebaulichen Anlage, die insgesamt 25 km² umfaßte, ist nichts bekannt. Besonders erstaunlich ist die Tatsache, daß die beiden imposanten Pyramiden (sog. Sonnenpyramide 63 m, Mondpyramide 46 m hoch; C. 70, 71), schon lange vor der Blütezeit der Stadt errichtet wurden und auch die Planung des rechtwinkeligen Rastersystems auf die Frühzeit zurückgeht. Dies, wie auch die architektonische und künstlerische Gestaltung der Gebäude, läßt darauf schließen, daß es sich um eine streng hierarchisch gegliederte theokratische Herrschaftsstruktur und eine funktional differenzierte städtische Gesellschaft gehandelt hat, die in einem vielfältigen Austausch mit der landwirtschaftlichen Umgebung sowie mit entfernten Handelspartnern stand, wobei es wohl auch zu gewaltsamen Interventionen kam. Jedenfalls bestanden Beziehungen zur Golfküste, zu den Zapoteken und zu den Maya bis ins Hochland von Guatemala.

Die Macht Teotihuacáns verfiel um 600 n. Chr. unter bisher nicht geklärten Umständen. Etwa gleichzeitig stiegen *Xochicalco* (Morelos) und *Tula* zu wichtigen Zentralen Orten auf, verloren aber diese Position wieder um 900 bzw. um 1050. Dagegen war das im gut bewässerten Becken von Puebla gelegene *Cholula*, das unter starkem Einfluß von Teotihuacán gestanden hatte, das einzige bedeutende Handels- und Pilgerzentrum mit einer Siedlungs- und Funktionskontinuität seit dem Präklassikum, bis zum Eintreffen der Spanier, wenn auch zeitweise unter fremder Vorherrschaft. Dies galt z. B. während der Invasion der *Tolteken*, nachdem diese aus ihrer Hauptstadt *Tula* verdrängt worden waren. Über ihren hellhäutigen Priesterkönig *Quetzalcóatl* (gefiederte Schlange), der nach seinem Sturz von Veracruz aus in See gestochen und verschwunden war, ging die Weissagung, daß er eines Tages zurückkehren würde.

Eine ähnlich lange Nutzungsdauer hat *Monte Albán* bei Oaxaca erlebt (C. 118). Hier waren seit etwa 400 v. Chr. olmekische Einflüsse spürbar, wie z. B. die Flachreliefs der sog. *Danzantes*. Es folgten um die Zeitenwende Erscheinungsformen der Maya-Kultur. Seine große Bedeutung als Zentrum der Beckenlandschaften von Oaxaca erlangte es aber in der klassischen Zeit unter den *Zapoteken*, die offenbar in enger Beziehung zu Teotihuacán standen. Nach dem Niedergang ihrer Vorherrschaft (um 700) fiel Monte Albán auf den Status einer Provinzstadt zurück, bis es im Postklassikum nur noch als Nekropole der *Mixteken* diente, die aus dem nördlichen Bergland in die fruchtbaren Täler vordrangen. Diese dekorierten die Paläste ihrer Hauptstadt *Mitla* mit einmaligen Steinmosaikfassaden, entwickelten aber auch besondere Fähigkeiten der Töpferei, der Goldschmiedekunst und der Herstellung von Bilderhandschriften.

Auch *El Tajín*, das wichtigste Zentrum im Bereich der Golfküste, ist durch eine eigenständige Architektur gekennzeichnet, die besonders gut in der Nischenpyramide zum Ausdruck kommt. Dagegen sind von den Kulturen Westmexikos nur wenige feste Siedlungsplätze erhalten. Allerdings wurden in Gräbern zahlreiche kleinformatige Tonplastiken gefunden, die das tägliche Leben der klassischen Zeit sehr anschaulich darstellen.

Um so großartiger sind die Stadtanlagen der *Maya* auf der Halbinsel Yucatán. Sie erlebten ihre erste Blüte während der klassischen Periode im feucht-heißen Tiefland am Fuß der Gebirge von Guatemala *(Tikal)* bis Chiapas *(Yaxchilán, Bonampak, Palenque; C. 28)*, wo in späterer Zeit die vom tropischen Regenwald überwucherten Pyramiden kaum von den Kegelkarstbergen zu unterscheiden waren. Die bedeutenden Stadtstaaten teilten nämlich das Schicksal vieler mesoamerikanischer

Kulturen: Ohne klar erkennbaren Grund gingen sie im 9. Jh. innerhalb weniger Jahrzehnte unter, nachdem sie vorher unter einem lang andauernden Einfluß von Teotihuacán gestanden hatten. Immerhin kam es im Postklassikum zu einem erneuten Aufschwung, diesmal im trockeneren Norden Yucatáns *(Uxmal, Chichén Itzá, Mayapán, Tulúm; C. 44, 39, 14).* Auch hier spielten fremde Einflüsse aus dem Inneren Mexikos eine Rolle, wobei in Chichén Itzá toltekische Elemente unübersehbar sind. Doch dieses besonders eindrucksvolle Zeremonialzentrum wurde schon um 1200 von Mayapán überflügelt, das als letzte Maya-Metropole um 1450 ebenfalls zerstört wurde. Das Reich zerfiel in mehrere Territorien, unter denen die Küstenfestung Tulúm eines der wichtigsten war (vgl. WILHELMY 1981).

Die Spanier trafen zwar bei der Eroberung Yucatáns auf erheblichen Widerstand, doch die ehemals überragenden Errungenschaften der Maya wurden ihnen kaum bewußt. Diese hatten in ihrer Glanzzeit einen erstaunlichen Grad der Zivilisation erreicht, mit hochentwickelter Bau- und Handwerkskunst, Malerei, Bildhauerei und Jadebearbeitung, differenzierten ökonomischen, gesellschaftlichen und religiösen Strukturen sowie beachtlichen wissenschaftlichen Erkenntnissen, unter denen die Astronomie, das Kalenderwesen und eine Hieroglyphenschrift hervortreten. Ihre Mathematik beruhte auf dem Vigesimalsystem, schloß die Null sowie den Stellenwert ein und war ihrer Zeit weit voraus.

2.1.3
Die Welt der Azteken

Damit waren sie auch der letzten mesoamerikanischen Hochkultur überlegen, die sich auf der Mesa central in nur zwei Jahrhunderten entfaltet hatte. Träger waren die *Azteken,* die sich selbst *Mexica* nannten und als ärmliches, *Nahuatl* sprechendes Nomadenvolk erst um 1300 aus dem ariden Norden in das Becken von Mexico eingewandert waren. Da dieses bereits von mehreren Stadtstaaten *(Tenayuca, Azcapotzalco, Coyoacán, Tetzcoco u. a.)* rings um die abflußlosen Seen besiedelt war, wurden sie in die sumpfige Uferzone und auf eine flache Insel abgedrängt, wo sie um die Mitte des 14. Jhs. ihre Hauptstadt *Tenochtitlán* gründeten. Der Legende nach sollte das an einer Stelle geschehen, wo an einem Felsen ein Nopalkaktus wuchs, auf dem ein Adler saß und eine Schlange verzehrte, ein Bild, das später zum Staatswappen von Mexico erklärt wurde. Von diesem Stützpunkt aus machten sie sich weite Gebiete bis an die Golfküste und nach Guatemala tributpflichtig (S. 263).

Mit den dadurch erzielten Einnahmen, aber auch mit der Verpflichtung von Handwerkern und Künstlern der unterworfenen Völker konnten sie in rund 150 Jahren ihre Hauptstadt zu einer glänzenden Metropole mit Pyramiden, Tempeln, Palästen und Marktplätzen ausbauen. Dazu mußten sie beachtliche Leistungen im Wasserbau vollbringen, denn der nur wenige Meter tiefe See schwoll während der Regenzeit oft so stark an, daß große Teile der Inseln überflutet wurden. Zum Schutz wurde unter *Nezahualcóyotl,* dem Herrscher von Tetzcoco, um 1440 ein etwa 16 km langer Deich gebaut, der den westlichen Teil des Sees mit Tenochtitlán vom größeren und stärker salzhaltigen Ostteil trennte. Erst jetzt konnten zur Erweiterung der Inselfläche *chinampas* angelegt werden. Diese sogenannten „schwimmenden Gärten" sind nichts anderes als Beete aus Schlamm, die zwischen Bäumen und Flechtwerk aufgeschichtet werden. Sie haben sich bis heute in Xochimilco erhalten. Weitere Dämme und Aquädukte zur Trinkwasserversorgung verbanden die Stadt mit den älteren Städten am Ufer, die längst zu Stadtteilen von Groß-México geworden sind.

1521 verwüsteten die spanischen Eroberer die Stadt und das benachbarte Tlatelolco und setzten zum Zeichen ihrer Macht ihre Kirchen auf die zuvor gründlich eingeebneten Pyramiden, z. B. das Franziskanerkloster auf die Pyramide von Tlatelolco und die Kathedrale direkt neben die ehemalige Hauptpyramide des *Templo Mayor*. Die Zerstörung war so radikal, daß auch bei den intensiven archäologischen Grabungen seit 1978 die ursprünglichen Maße des Tempelanlage nicht mehr festgestellt werden konnten. Aber das war durchaus im Sinne der Eroberer. Sie wollten ganz bewußt die heidnische Götter- und Geisteswelt auslöschen, die in Verbindung mit kosmologischen Vorstellungen das Werden und Vergehen der alten Kulturen so stark geprägt hatte.

2.1.4
Das Ende
altmexikanischer Kulturen

Unter diesen Umständen war es vielleicht ein gütiges Schicksal, daß die meisten Hochkulturen zur Zeit der Conquista schon lange in Vergessenheit geraten waren und erst während der letzten hundert Jahre wissenschaftlich erforscht wurden. Dadurch waren sie zwar dem allmählichen Verfall und teilweise dem Kunstraub ausgesetzt, aber sie entgingen doch der systematischen Zerstörung durch die Eroberer. So blieben viele bedeutende Artefakte erhalten, die wesentlich zum Verständnis der früheren Lebensweise in ihrem historischen Wandel und in ihren räumlichen Unterschieden beitragen. Daß es sich insgesamt um einen übergreifenden Kulturraum mit einer hoch differenzierten Gesellschaftsstruktur handelte, läßt sich an einigen Grundelementen zeigen, die fast überall in ähnlicher Form vorhanden waren, nämlich regelmäßig geplante Kultzentren mit Pyramiden und rituellen Ballspielplätzen, ein außerordentlicher Reichtum an Kunst und Kunsthandwerk sowie eine einheitliche Ernährungsbasis, die auf dem Anbau von Mais und Bohnen im Milpa-System beruhte und je nach Klima- und Bodenverhältnissen durch ewigen Maisbau oder auch durch Bewässerungswirtschaft ergänzt wurde. Zu den erstaunlichen Phänomenen gehört, daß weder das Rad noch größere Haus- und Arbeitstiere bekannt waren und Metalle (Gold, Silber, Kupfer) fast nur für Schmuck verwendet wurden, nicht aber für größere Werkzeuge.

Im übrigen war Mesoamerika durchaus keine dauerhaft friedliche Welt. In der Religion spielten Menschenopfer eine große Rolle, und die Beziehungen zwischen den Völkern bestanden neben dem Handel häufig in kriegerischen Auseinandersetzungen, was z. B. auf den kürzlich entdeckten blutigen Schlachtengemälden von *Cacaxtla* (Tlaxcala) aus dem 8./9. Jh. in aller Deutlichkeit dargestellt ist. Dazu paßt auch die Unterwerfung großer Gebiete durch die Azteken, wodurch den Spaniern die Conquista erleichtert wurde, denn einige mit den Azteken verfeindete Stämme unterstützten sie bei der Eroberung von Tenochtitlán (vgl. SIMPSON 1961). Eine gewisse Konkurrenz bildete im Westen der expandierende Staat der *Tarasken* mit der Hauptstadt *Tzintzuntzán*. In den trockenen Hochflächen des Nordens lebten dagegen nomadisierende Stämme, die unter dem Namen *Chichimeken* zusammengefaßt werden und sich gelegentlich Übergriffe auf das Kulturland erlaubten.

Die Vernichtung der Zeremonialzentren und die schnelle, teilweise gewalttätige Missionierung haben die indianischen Hochkulturen tatsächlich bis ins Mark getroffen und damit der Bevölkerung entscheidende Merkmale der Identität genommen. Doch zahlreiche Ausprägungen des Zusammenlebens und der materiellen Kultur, wie Anbauformen, Ernährungsweise, Handwerkskunst, Gerätschaften, ländliche Haustypen, Marktwesen usw. blieben trotz erheblicher Eingriffe der Spanier in die gesellschaftliche und räumliche Ordnung bis heute erhalten. Sie wurden in vielfältiger Weise durch europäische Muster und Techniken ergänzt und überprägt, insbesondere im religiösen und städtischen Bereich, aber auch im ländlichen Raum, etwa durch neue Ackergeräte, durch Nutzpflanzen und Haustiere samt Leder und Wolle oder durch heute noch getragene bäuerliche Trachten, von denen nur wenige Bestandteile aus der vorspanischen Tradition stammen.

2.2
Die Conquista

Als *Hernán Cortés* – nach ersten Kontakten an der Küste von Yucatán – am 21. April 1519 mit 500 Mann und 16 Pferden nahe dem heutigen Veracruz gelandet war, sandte ihm der Aztekenherrscher *Moctezuma II.* eine Abordnung mit wertvollen Geschenken aus Gold, Silber und Jade. Er befürchtete nämlich, der legendäre *Quetzalcóatl* (S. 35) sei zurückgekehrt, und er hoffte, ihn mit dieser Geste zur Umkehr bewegen zu können. Damit erreichte er jedoch genau das Gegenteil: In der Hoffnung auf große Beute ließ Cortés seine Schiffe zerstören, um seinen Kriegern den Fluchtweg zu versperren, und machte sich auf den Eroberungszug ins Hochland.

Tatsächlich übertraf der Glanz der Stadt Tenochtitlán seine kühnsten Erwartungen, zumal er im November 1519 von Moctezuma mit pompöser Gastfreundschaft empfangen wurde. Aber unter einem Vorwand nahm er den Kaiser als Geisel gefangen. Anfang 1520 verteidigte er sich in

Veracruz mit Erfolg gegen eine Strafexpedition des Gouverneurs von Cuba. Doch während seiner Abwesenheit hatten die Spanier unter der aztekischen Elite ein Blutbad angerichtet und dadurch den Widerstand des Volkes mobilisiert. In der folgenden Auseinandersetzung wurde Moctezuma im Juni 1520 getötet. Bei der Flucht aus der Inselstadt in der *Noche triste* (30. Juni) kamen viele der mit Beute beladenen Spanier ums Leben. Cortés rettete sich mit wenigen Leuten zu den Verbündeten in Tlaxcala, die nie von den Azteken besiegt worden waren. Mit ihrer Hilfe begann er im Mai 1521 die Belagerung von Tenochtitlán, dessen Bewohner erbitterten Widerstand leisteten. Doch am 13. August wurde die Stadt besetzt, geplündert und zerstört. Der junge Herrscher *Cuauhtémoc* wurde gefangengenommen und auf einer Expedition nach Honduras 1525 hingerichtet. Innerhalb von nur zehn Jahren wurde das gesamte Gebiet der mesoamerikanischen Hochkulturen erobert mit Ausnahme der Halbinsel Yucatán, wo sich die Maya bis ins 19. Jh. der zentralen Herrschaft widersetzten (S. 273).

Die kurz gefaßte Eroberungsgeschichte macht deutlich, daß es den spanischen Conquistadoren nicht etwa um Gewinn durch friedlichen Handelsaustausch ging, sondern um territorialen Besitz und seine Ausbeutung. Dies bedeutete die Unterwerfung der verschiedenen Völker und die Einrichtung eines hierarchisch organisierten Verwaltungssystems, in dem die Städte als zentrale Orte eine wichtige Rolle spielten. Da zur Finanzierung der Expeditionen keine öffentlichen Mittel verfügbar waren, mußte ein System gefunden werden, mit dem man an privates Vermögen zur Bestreitung der Kosten kommen und doch die neuen Gebiete unter die Herrschaft der Krone stellen konnte. Dies geschah mit Hilfe der *encomienda*, einer Art Lehnsherrschaft, die dem Eroberer das Recht verlieh, von den Bewohnern eines ihm zugeteilten Gebiets Tributleistungen in Form von Naturalien oder Geld einzuziehen, wovon er den Fünften an die Krone abführen mußte. Außerdem konnte er auch Arbeitskräfte zugeteilt bekommen *(repartimiento)*. Dafür war er verpflichtet, für die Bekehrung der Indios zum katholischen Glauben zu sorgen. Entgegen der landläufigen Meinung gelang es übrigens nur wenigen der ersten Conquistadoren, sich auf diese Weise zu bereichern. Die anderen kehrten in ihre angestammten Handwerksberufe zurück, was zweifellos für die Entwicklung einer städtischen Gesellschaft wichtig war. Doch der Streit um ihre Anteile zog sich lange hin (DÍAZ DEL CASTILLO 1965, S. 744ff; BERNAL u. a., S. 44).

Durch die *encomienda* sollte der indianische Landbesitz keinesfalls angetastet werden. Er bestand in einem Stück Land, das einer Sippe *(calpulli)* oder Siedlergemeinschaft gehörte. Das Ackerland wurde den Familienoberhäuptern zum individuellen Anbau zugeteilt, ging aber nicht in privates Eigentum über. Das Wald- und Buschland konnte dagegen als Allmende *(ejido)* von allen Sippenmitgliedern in gleicher Weise genutzt werden, etwa zum Sammeln von Brennholz oder Früchten. Allerdings bestand bei den Azteken schon ein gewisser Anteil an Großgrundbesitz in Form von Lehnsland, das dem Adel und der Priesterschaft zur Nutzung zustand, und zwar einschließlich der abhängigen Kleinbauern, die es für ihre Herren bearbeiten mußten.

2.3
Die Kolonialzeit als Grundlage räumlicher Ordnung

Das Tempo der Conquista und das Ausmaß territorialer Umgestaltung der eroberten Gebiete innerhalb weniger Jahrzehnte erscheinen als faszinierendes Panorama der Weltgeschichte, zumal wenn man die begrenzten Techniken des Transportwesens und der Kommunikation im 16. Jh. bedenkt. Dabei werden die tatsächlichen Abläufe meist viel zu direkt und eindeutig dargestellt, auf Fakten und Ergebnisse verkürzt und stark vereinfacht, ohne auf die oft langwierigen Diskussionen und Entscheidungsprozesse einzugehen, die sich z. B. bei der Frage nach der Menschenwürde der Indios, nach ihrer Unterdrückung und ihrem Einsatz als Arbeitskräfte im System des *repartimiento* ergeben haben (vgl. z. B. KONETZKE 1965, S. 165–219). Leider läßt sich dies Problem auch hier kaum umgehen, wo mit wenigen Strichen der außerordentliche Strukturwandel seit dem Beginn der Kolonialzeit angedeutet werden soll, der in erstaunlichem Maße die räumliche Ordnung Mexikos bis in unsere Tage geprägt hat. Dabei lassen sich mehrere Bestimmungsgründe ausmachen, die sich gegenseitig beeinflussen, z. B. im Bereich der wirtschaftlichen Produktion, des Handels, der Grundbesitzverteilung, der staatlichen Verwaltung und Raumgliederung, der Bevölkerungs- und Siedlungsstruktur sowie der naturgeographischen Rahmenbedingungen (vgl. CHEVALIER 1970; GIBSON 1964; GIERLOFF-EMDEN 1970, S. 802, Karte der Landnutzung im 17. Jh.).

2.3.1
Die Bevölkerungsentwicklung der frühen Kolonialzeit

Da es in den ersten Jahrzehnten an Kontrollen aus dem entfernten Spanien mangelte, kam es im Streben nach schnellem Reichtum zu erheblichen Ausschreitungen und zu Mißhandlungen der Ureinwohner, bis 1535 eine straffe Verwaltung für das neue Vizekönigreich *Neuspanien* eingeführt wurde. Der erste Vizekönig, Antonio de Mendoza, gründete die Münze *(Casa de Moneda)*, bemühte sich um die Erforschung des Landes und förderte die Bildung. So wurde schon 1538 die erste Druckerpresse aufgestellt, auf der auch viele Bücher in Indianersprachen gedruckt wurden. Damit wurde aber das Los der einheimischen Bevölkerung nicht nachhaltig verbessert. Innerhalb von fünf Jahrzehnten ging die Einwohnerzahl drastisch zurück, und zwar als Folge von aus Europa eingeschleppten Krankheiten, aber auch von Zwangsarbeit und Massakern. 1521 betrug sie wahrscheinlich 7–9 Mio., obwohl einige Schätzungen (z. B. BORAH/ COOK 1963) weit darüber hinausgehen. Bis 1570 sank sie auf etwa 3,4 Mio. sowie bis zur Mitte des 17. Jhs. auf weniger als 2 Mio. ab, um den präkolonialen Stand erst wieder im 19. Jh. zu erreichen, wenn auch vermischt mit europäischen Einwanderern (WEST/AUGELLI 1966, S. 267ff; NOLASCO 1988). Für das Gebiet von Tlaxcala berechnete TRAUTMANN (1983, S. 123) übrigens eine geringere Abnahme.

Zu den wenigen, die sich gegen die gewaltsame Missionierung und Ausbeutung der *Indígenas* (S. 60) wandten, gehörte der Dominikanerpater *Bartolomé de las Casas*, 1544–1550 Bischof von Chiapas, dem hauptsächlich ein Gesetz zum Schutz der Einheimischen zu verdanken war. Es verbot ihre Versklavung, erlaubte aber die Einfuhr von Sklaven aus Afrika. Ferner verlangte es eine räumliche Trennung der Rassen, d. h. Weiße durften sich in den geschlossenen Siedlungen und Stadtvierteln der Indios nur zu besonderen Zwecken aufhalten und keinesfalls dort wohnen. Das ließ sich freilich auf die Dauer nicht durchhalten, und so kam es rasch zur Bevölkerungsmischung *(mestizaje),* die übrigens in einer päpstlichen Bulle von 1537 bereits legalisiert worden war. Gesellschaftlich ergab sich allerdings eine über

lange Zeit bestehende Diskriminierung: der rein weißen städtischen Oberschicht standen eine wachsende Zwischenschicht von *Mestizen* und die Masse der Indios gegenüber (S. 59). Im Gegensatz zu den Karibischen Inseln blieb der afrikanische Anteil aber gering (WEST/AUGELLI 1966, S. 267ff; LIEHR 1971).

Die erheblich reduzierte indigene Bevölkerung wurde aufgrund einer Verordnung der Krone von 1547 aus ihren lockeren Siedlungen in schematisch angelegte Dörfer *(reducciones)* umgesiedelt, was zahlreiche Wüstungen zur Folge hatte (TRAUTMANN 1983). Hier konnte man sie besser kontrollieren und die Kopfsteuer bequemer eintreiben. Außerdem wurde so die Evangelisierung erleichtert. Nach Ankunft der ersten Missionare (1523) wurden bis 1570 schon 158 Klöster gegründet (TICHY 1966; História de México 4, S. 246ff.). Die Christianisierung vollzog sich innerhalb weniger Jahrzehnte, wobei die bildliche Darstellung von Heiligenlegenden als didaktisches Hilfsmittel ebenso eingesetzt wurde, wie vorher die Bilderschriften der präkolumbischen Religionen. Die Pracht der Kirchenbauten diente somit zur Demonstration der Überlegenheit gegenüber den zerstörten Tempeln und Pyramiden. Außerdem verstanden es die Mönche, christliches Gedankengut mit mythologischen Aspekten der indianischen Vorstellungswelt, etwa beim Totenkult, zu verbinden. Erscheinungen der Muttergottes, über die der getaufte Azteke Juan Diego am 12. Dezember 1531 berichtete, boten schließlich die willkommene Gelegenheit zum Aufbau des Wallfahrtszentrums *La Villa de Guadalupe* auf dem *Tepeyac*-Hügel nördlich der Stadt México, das dem Bedürfnis nach religiöser und nationaler Identität entgegenkam, nachdem die alten Kulturen untergegangen waren (C. 106).

2.3.2
Der koloniale Bergbau

Die Suche nach Edelmetallen hat überall die Erschließung der Neuen Welt beflügelt, wenn auch meist ohne Erfolg. Darin liegt einer der Gründe für die beträchtlichen wirtschaftlichen und kulturellen Disparitäten, z. B. auch im Städtebau, die sich bis heute zwischen den einzelnen Regionen Lateinamerikas abzeichnen. Tatsächlich ist Mexiko neben Peru/Bolivien, später auch Brasilien, die einzige Kolonie gewesen, in der diese Hoffnung auf schnellen Reichtum sich erfüllt hat. Das hat wesentlich dazu beigetragen, daß die Spanier sehr bald nach Norden und Westen über die Grenzen des mesoamerikanischen Kulturraums in die relativ ariden und dünn besiedelten Gebiete der Chichimeken vorgestoßen sind und damit ihre territorialen Ansprüche ausgeweitet haben. Abgesehen von den wenig ergiebigen, seit vorkolonialer Zeit ausgebeuteten Goldseifen im Süden finden sich nämlich fast alle Silberlagerstätten im Bereich des zentralen Hochlandes oder der Sierra Madre Occidental (Abb. 46).

Der Silberbergbau führte zu beträchtlichen Eingriffen in die Landschaft. Da das Metall in langgestreckten Erzgängen ansteht, liegen die einzelnen Minen mit den Abraumhalden über größere Gebiete verstreut. Hinzu kommen die Aufbereitungsbetriebe *(hacienda de beneficio)* mit Hammerwerken, Schmelzöfen und den Anlagen für die Amalgamierung. Für diesen 1556 eingeführten Prozeß waren außer Quecksilber, das anfangs aus Spanien und Peru importiert wurde, große Mengen Salz erforderlich, wodurch die Salzgewinnung im Lande erheblich gesteigert wurde (vgl. EWALD 1985, insbes. S. 223). Das Zyanidverfahren wurde erst Ende des 19. Jhs. eingeführt. Als Brennmaterial zum Schmelzen diente ausschließlich Holzkohle, wes-

halb ausgedehnte Flächen rings um die Bergwerke völlig entwaldet wurden. Zur Versorgung der schnell wachsenden Bevölkerung wurde die Agrarproduktion im näheren und weiteren Umkreis wesentlich gesteigert, wodurch auch der Handel und das Transportwesen gefördert wurden.

Im 17. Jh. gab es freilich einen Rückgang der Silbergewinnung gegenüber der Konkurrenz in Peru/Bolivien. Dies lag einerseits am Mangel an Quecksilber, andererseits an der Erschöpfung der älteren, leicht abbaubaren Minen. Doch gegen Ende des Jahrhunderts begann eine Steigerung der Ausbeute von 3,3 Mio. Pesos (1670) auf 13,7 (1750) und 27 Mio. Pesos (1804). Um 1800 förderte Mexiko mehr Silber als die ganze übrige Welt (BERNAL u. a., S. 62). Einige Minenorte wuchsen zu bedeutenden Städten heran, deren Reichtum an der hervorragenden Architektur von Palästen und Kirchen zum Ausdruck kommt (S. 75). Insgesamt bildete also der Silberbergbau der Kolonialzeit einen weit ausgreifenden Wirtschafts- und Kulturfaktor.

2.3.3
Strukturwandel der Landwirtschaft

Entscheidende Veränderungen erfolgten auch in der Landwirtschaft, da die Spanier ihre Nutzpflanzen und Haustiere ebenso mitbrachten wie Arbeitsmethoden, Anbaugeräte (Hacke, Axt, Pflug) und Bewässerungstechniken, wobei die Klöster, ähnlich wie bei der mittelalterlichen Kolonisation in Europa, vielfach die Träger der Innovationen waren. Doch mit Ausnahme von Zwiebeln und Knoblauch sowie einigen tropischen Früchten haben die Einheimischen den größten Teil dieser Neuerungen gar nicht oder erst mit einer gewissen Verzögerung übernommen. Andererseits sind im Laufe der Zeit *tortillas* mit Bohnen und scharfen Soßen aus Chilepfeffer auch für die weiße Stadtbevölkerung Mexikos ein wichtiger Teil der Ernährungsgrundlage neben dem Weizenbrot geworden. Im großen und ganzen hat sich aber mit der Marktproduktion der Spanier und der indianischen Subsistenzwirtschaft eine dualistische Agrarstruktur herausgebildet, die in unterschiedlichen Anteilen heute noch besteht.

Ein großes Problem, vor allem für den Weizenanbau im dichtbesiedelten Hochland, stellten die Grundbesitzverhältnisse dar, denn die Spanier durften kein Gemeindeland von den Indios erwerben. Doch aus größeren Besitzungen des aztekischen Adels und herrenlosen Ländereien wurde Nutzland *(mercedes de tierras)* an die Conquistadoren verliehen, das mittlere Größen nicht überschreiten sollte. Trotzdem lagen hier die ersten Ansätze für das Latifundienwesen, denn manchen Besitzern gelang es, sich ausgedehnte *haciendas* auf legale oder illegale Weise anzueignen. Dies wurde u. a. durch den Bevölkerungsrückgang und das damit verbundene Wüstfallen vieler *pueblos* erleichtert sowie durch die Übervorteilung indigener Grundbesitzer. Wie stark selbst in Tlaxcala solche Prozesse wirksam wurden, obwohl dieses Volk als Mitstreiter gegen die Azteken gewisse Sonderrechte genoß, hat TRAUTMANN (1983) nachgewiesen (vgl. KONETZKE 1965, S. 49–58).

Damit hing aber auch die Schwierigkeit zusammen, genügend Arbeitskräfte für die landwirtschaftlichen Großbetriebe zu finden. Die Indios wurden daher durch relativ gute Löhne zur Übersiedlung auf die *haciendas* veranlaßt, die oft mehrere hundert Bewohner hatten. Da aber die Löhne überwiegend nicht in Bargeld, sondern in Warenwert ausbezahlt wurden, den die Landarbeiter *(peones)* nur im *hacienda*-eigenen Laden *(tienda de raya)* einlösen konnten, kam es sehr schnell zu einer

lebenslangen Schuldknechtschaft, die häufig sogar auf die Nachkommen überging. Andererseits lebten die Arbeiter und ihre Familien auf der *hacienda* unter einem patriarchalischen Schutz. Sie konnten wenigstens ihre Grundbedürfnisse decken und waren vor Besteuerung und Übergriffen von außen gesichert. Im übrigen gab es zwischen den Flächengrößen, Produktionszielen, Betriebssystemen u. a. Aspekten der *haciendas* große Unterschiede in regionaler und historischer Hinsicht (vgl. MCBRIDE 1923; CHEVALIER 1970, S. 277ff; NICKEL 1978; STORCK 1986).

Um in Zentralmexiko genügend Weizen zu erzeugen, ließen die *encomenderos* das Getreide auch von den tributpflichtigen Indios anbauen (S. 38; WEST/AUGELLI 1966, S. 248). Damit ging eine zunehmende Nutzung des Hakenpfluges, auch in Hanglagen, einher. Dies hat unter dem wechselfeuchten Klima mit langer Trockenzeit und starken Sommerregen die bereits bestehenden Schäden der Bodenerosion mit *Barrancas* und harten Krusten (sog. *tepetate*) in verheerender Weise verstärkt (HEINE 1978; LAUER 1981). Dazu hat schließlich die von den Kleinbauern bald übernommene Beweidung durch Schafe und Ziegen ebenfalls beigetragen. Der indianische Mais- und Bohnenanbau mit dem Pflanzstock *(milpa)* ist dagegen ein vergleichsweise schonenderes Bodennutzungsverfahren. Erst später hat man leichte Terrassierungen vorgenommen, wobei *pulque*-Agaven zur Stabilisierung der Stufen beitragen (C. 66).

Schon in den ersten Jahrzehnten haben die Spanier eine beachtliche Weidewirtschaft in den Hochlandbecken entwickelt. Hauptproduktionsziele waren Rinderhäute und Talg (für Kerzen), daneben auch (Trocken-)Fleisch, während die leicht verderbliche Milch ohne Bedeutung war. Wichtig war außerdem die Pferde- und Maultierzucht. Die spanischen und mestizischen *vaqueros* nahmen wenig Rücksicht auf die nicht eingezäunten Felder der Indios. Mit dem starken Bevölkerungsrückgang sind freilich immer größere Flächen wüstgefallen, die sich dann manche Herdenbesitzer ohne Rechtsgrundlage aneigneten. So soll es um 1550 im Norden des Beckens von Toluca etwa 150 000 Stück Großvieh gegeben haben. Die Ausbreitung folgte den Erschließungsrouten des Bergbaus nach Norden. Dadurch wurden die schweifenden Indianerstämme immer weiter verdrängt. In den natürlichen Grasländern am Anstieg zur Sierra Madre Occidental von Aguascalientes bis Chihuahua sowie am Ostrand des Hochlandes nördlich von San Luís Potosí spielt die Weidewirtschaft heute noch eine Hauptrolle, einschließlich der Aufzucht von Kampfstieren für die verschiedenen spanischen Stierkampfarten (C. 65, 72). In den ariden Becken fand dagegen die Schaf- und Ziegenweide angemessene Voraussetzungen, wobei auch Herdenwanderungen zwischen Sommer- und Winterweiden nach spanischem Muster durchgeführt wurden.

Trotz des humiden Tropenklimas und der großen Zahl an Parasiten verbreitete sich die Rinderweide bereits um die Mitte des 16. Jhs. auch im Golfküstentiefland von Tamaulipas bis Tabasco. Das feuchte Schwemmland hinter dieser Ausgleichsküste bot während des ganzen Jahres genügend Futter. Außerdem war die Bevölkerung gerade im Tiefland besonders stark durch eingeschleppte Krankheiten dezimiert worden. Die aufgelassenen *milpa*-Flächen wurden in Weiden umgewandelt und jährlich gebrannt. So wurde der Regenwald mehr und mehr zugunsten ausgedehnter Vieh-*Haciendas* zurückgedrängt, die oft mehrere tausend Hektar umfaßten.

Wirtschaftlich bedeutender, wenn auch auf relativ kleineren Flächen, wurde aber der Anbau von Zuckerrohr, der um 1530 von den Antillen nach Südveracruz sowie in die Beckenlandschaft von Morelos und Puebla (Izúcar de Matamoros) übertragen wurde. Zwanzig Jahre später war Mexiko der größte Zuckerproduzent des spanischen Weltreichs. Aus den o.g. Gründen war Land relativ leicht zu haben. Es mangelte den Plantagen aber an einheimischen Arbeitskräften, weshalb Sklaven aus Afrika eingeführt wurden, die allerdings nie einen hohen Anteil der Bevölkerung erreichten. In den einfachen Zuckermühlen *(trapiches)* wurde der Saft *(agua miel)* mit Ochsenkraft in Göpelwerken ausgepreßt und als brauner Zucker in Form von Ziegeln *(panela)* oder kleinen Zuckerhüten *(piloncillo)* eingedickt, wobei das nur unvollkommen ausgequetschte Rohr zum Heizen der Kessel verwendet wurde, der Zuckersaft also teilweise verbrannte.

Andere Exportartikel der Kolonialzeit stammten aus heimischen Pflanzen. Der Kakao, der ein feucht-heißes Klima liebt, wurde in vorspanischer Zeit nicht nur als (ungesüßtes) Getränk genossen, sondern auch als Zahlungsmittel verwendet. Noch im 16. Jh. wurden indianische Landarbeiter mit Kakaobohnen entlohnt (WEST/ AUGELLI 1966, S. 283). Die Vanille, eine Kletterpflanze, die schon von den Totonaken in Kultur genommen wurde, erfuhr einen Aufschwung am Ende des 19. Jhs., der aber nicht von Dauer war (S. 160). Der Tabakanbau breitete sich im Tiefland von Nayarit und Veracruz aus, wurde aber von Cuba überflügelt.

In semiariden Gebieten, insbesondere im Becken von Oaxaca, wurde die Cochenille *(Coccus cacti)* gezüchtet, eine Schildlaus, die einen karminroten Farbstoff abgibt. Dieser war bis zur Erfindung synthetischer Ersatzstoffe im 19. Jh. sehr begehrt und findet bis heute in Lippenstiften sowie als Lebensmittelfarbstoff Verwendung. Die Laus gedeiht ausschließlich auf Opuntien, die zu diesem Zweck von den Indios angepflanzt wurden. Die Kultur, die außerordentliche Sorgfalt erfordert (SARTORIUS 1961, S. 171f.), wurde später auf die Kanareninsel Fuerteventura übertragen, wo sie noch in geringem Umfang existiert. Im 17. und 18. Jh. stand die Cochenille unter den Ausfuhrgütern Mexikos an zweiter Stelle hinter dem Silber und vor dem Indigo. Dieser blaue Farbstoff stammt von einem Strauch *(Indigofera suffroticosa),* der vor allem auf der südlichen Yucatán-Halbinsel angebaut wurde. Hier bestanden um 1600 über 50 Plantagen. Der große Wasserbedarf zum Auskochen der Blätter wurde mit Hilfe von Göpelrädern aus dem Karstwasserspiegel gedeckt (WEST/ AUGELLI 1966, S. 282ff; GIERLOFF-EMDEN 1970, S. 118ff u. 195).

In erster Linie dem Eigenbedarf diente der Anbau verschiedener Agaven. Die gut 2 m hohe *pulque*-Agave *(Maguey, Agave atrovirens)* braucht wenigstens sieben Jahre, bis der Blütenschaft sich bildet. Wenn dieser herausgeschält ist, sammeln sich täglich bis zu 8 Liter Saft, der mit Hilfe von länglichen Kalebassen aus der Höhlung gesaugt und einer sechs- bis zwölftägigen Hefegärung unterzogen wird. Nach einer Nutzung von 4 bis 8 Monaten stirbt die Pflanze ab. Bevor sich im 20. Jh. Bier und Coca Cola als wichtigste Getränke in Mexiko durchgesetzt haben, erzielten große *haciendas* im Hochland von Hidalgo, Tlaxcala u. a. beträchtliche Gewinne mit der *pulque*-Produktion, die 1923 294 Mio. Liter betrug, während 1925 erst 54 Mio. Liter Bier erzeugt wurden (Abb. 50). Da *pulque* nicht haltbar gemacht werden kann, wurden gegen Ende des 19. Jhs. spezielle Bahnlinien gebaut, mit denen z. B. 1923 101 000 t dieses Getränks in die Stadt México transportiert wurden (SAPPER 1928, S. 98 u. 135). Zur Herstellung von Agaven-Branntwein *(Tequila, Mezcal)* werden dagegen die nur 50–75 cm langen Blätter der *Agave tequi-*

lana abgeschnitten und dann das Herzstück zerkleinert, aufgekocht, vergoren und destilliert (S. 135).

Völlig anders ist die Verwendung von *henequén (Agave fourcroydes),* einer Faseragave, die den Klima- und Bodenverhältnissen der nördlichen Halbinsel Yucatán hervorragend angepaßt ist und das Landschaftsbild in der weiten Umgebung von Mérida bestimmt. Ihre 1 bis 1,5 m langen schwertförmigen Blätter werden zerquetscht, um die Fasern zu gewinnen, die zu Tauwerk, Säcken, Matten, Hängematten, Teppichen u. a. verarbeitet werden. Diese Erzeugnisse sind unter dem Namen des früheren Ausfuhrhafens *Sisal* an der Westküste Yucatáns besser bekannt, von dem übrigens die mit dem *henequén* verwandte *Agave sisalana* ihren Namen hat. Erst seit der Mitte des 19. Jhs. brachten diese Fasern beträchtlichen Reichtum in die Region von Mérida (S. 133).

Es mag erstaunen, daß zwei Agrarprodukte, die seit jeher zur spanischen Küche gehören, nämlich Wein und Ölbaum, in Mexiko nicht angebaut wurden, obwohl in den nördlichen Landesteilen günstige Naturvoraussetzungen bestanden. Der Grund dafür lag in der Monopolpolitik des spanischen Mutterlandes, das in den Kolonien einen wichtigen Absatzmarkt für Wein und Olivenöl aus einheimischer Produktion sah. Auch die Seidenraupenzucht wurde verboten, nachdem 1565 die Schiffsverbindung nach China über Acapulco und die spanischen Philippinen hergestellt war. Ähnliches galt für fast alle Industriewaren. So konnten während der Kolonialzeit nur wenige Manufakturen *(obrajes)* in México, Puebla und anderen Städten eingerichtet werden, z. B. für Baumwollstoffe und Wolldecken *(sarapes),* die auf spanischen Webstühlen hergestellt wurden. Dagegen benutzten die Indios für den Eigenbedarf weiterhin das vorspanische Hüftwebgerät, das auch heute noch in Gebrauch ist.

2.3.4
Kolonialverwaltung und Raumgliederung

Das vielgestaltige Wirtschaftsleben, das sich trotz der genannten Einschränkungen innerhalb weniger Jahrzehnte in dem großen Land mit seinen so unterschiedlichen Landschaftsräumen entwickelt hatte, forderte die Bildung von Austauschsystemen und räumlichen Organisationsformen heraus.

Das Verkehrswesen wurde durch die Einführung von Tragtieren und Wagen revolutioniert, denn vorher mußten sämtliche Güter von Trägern mit Hilfe eines Stirngurtes auf dem Rücken getragen werden. Anders als in den weiten Ebenen Argentiniens spielten die aus dem Mittelmeerraum stammenden zweirädrigen Karren mit Holzscheibenrädern in diesem Gebirgsland eine geringere Rolle. Sie wurden vor allem auf den Hochflächen eingesetzt, wo ein Karrenweg die Stadt México mit den Silberminen im Norden verband. Er wurde bis nach Santa Fé (New Mexico) verlängert. Eine zweite Route führte über San Luís Potosí nach Monterrey, und immerhin wurde schon im 17. Jh. eine Verbindung über den steilen Gebirgsabfall bei Orizaba nach Veracruz ausgebaut. In der bäuerlichen Landwirtschaft von Oaxaca sind die von einem Ochsenpaar mit einem Joch gezogenen Karren bis heute üblich. Der weit überwiegende Teil des Lastentransports geschah aber während der Kolonialzeit mit Hilfe von Esel- und Maultierkarawanen *(recuas),* wie sie im ländlichen Raum noch immer verbreitet sind.

Auf diese Weise wurde nicht nur der Binnenverkehr bewältigt, sondern auch der Transport von Porzellan, Seide, Gewürzen und anderen Gütern aus Ostasien, die von 1565 bis 1779 mit der jährlichen *Manila Galeone* aus den spanischen Philippinen in Acapulco eintrafen. Von dort wurden sie in 6 Wochen über das Hochland nach Veracruz gebracht und schließlich nach Spanien verschifft. Dieser umständliche Weg war nötig, da die Schiffsroute um Indien und Afrika nach dem Vertrag von Tordesillas von Portugal kontrolliert wurde (S. 207). Allein für den Seidenkauf sollen in dieser Zeit 4000 bis 5000 Tonnen Silber nach China gegangen sein (GIERLOFF-EMDEN 1970, S. 208).

Acapulco und Veracruz hatten wie alle bedeutenden Häfen der Kolonialzeit unter häufigen Übergriffen von Piraten zu leiden und wurden daher durch Festungen geschützt. Diese Gefahren waren auch der Grund dafür, daß die Schiffe nur zu bestimmten Terminen im Konvoi unter dem Schutz von Kriegsschiffen die Überfahrt antraten, wodurch die Kosten nicht unwesentlich erhöht wurden. Immerhin ging der gesamte Export von Silber und anderen wertvollen Waren über Veracruz nach Spanien, das für Handelslizenzen eine Steuer von 10% einbehielt und einige Güter unter Staatsmonopol gestellt hatte. Erst unter dem aufgeklärten Absolutismus Karls III. (1759–1788) wurde im Rahmen der *Bourbonischen Reformen* die staatliche Kontrolle gelockert und der Handel gesteigert: 1730–1740 landeten 222 Schiffe in Veracruz, 1790–1800 dagegen rund 1500; und von 1763 bis 1792 stiegen die Einnahmen der Krone von 5,5 auf 20 Mio. Pesos (BERNAL u. a., S. 62–63; PIETSCHMANN 1972).

Insgesamt unterstand Mexiko als Teil des riesigen Kolonialgebiets einer bürokratisch organisierten staatlichen Verwaltung. Schon 1503 wurde in Sevilla die *Casa de la Contratación* als zentrales königliches Handelshaus gegründet, das den gesamten Handels- und Reiseverkehr mit der Neuen Welt organisieren und kontrollieren sollte. Es wurde dem 1524 geschaffenen „Indienrat" *(Consejo Real y*

Supremo de las Indias) zugeordnet, einer Zentralbehörde, die für die Gesetzgebung, die Verwaltung und die Gerichtsbarkeit der amerikanischen Kronländer im Namen des Königs zuständig war. Um Eigenmächtigkeiten von Cortés und anderen Conquistadoren zu unterbinden, wurde in Neuspanien 1527 zunächst eine kollegiale *Audiencia* als Gerichts- und Verwaltungsbehörde eingerichtet und 1535 das Amt des Vizekönigs geschaffen, in das der König spanische Adlige jeweils für mehrere Jahre berief. Sie unterhielten einen großen Hofstaat und regierten recht selbstherrlich, waren aber dem Indienrat und letztlich der Krone verantwortlich.

Im Laufe der Kolonialzeit wurde das Land in ein mehrfach verändertes hierarchisches Verwaltungssystem von *Audiencias, Gobernaciones, Provincias, Alcaldías* etc. gegliedert. In einer Reform von 1786 wurden 12 *Intendencias* mit einer Unterteilung in *Partidos* oder *Subdelegaciones* geschaffen, aus denen später die heutigen Einzelstaaten und Gemeinden *(Estados, Municipios)* hervorgingen (Atlas Nacional 1990, S. II.5). Damit war eine gewisse Dezentralisierung im Hinblick auf eine effizientere Landesentwicklung und Wirtschaftsförderung verbunden, die teilweise zum Aufschwung beigetragen hat (PIETSCHMANN 1972). Chiapas gehörte übrigens bis 1822 zur Audiencia von Guatemala und wurde erst danach dem neuen mexikanischen Staat angegliedert.

Während die Conquista im Süden sehr schnell vor sich gegangen war, drangen die Spanier in den Norden, abgesehen von den Bergbaubezirken, erst im 17. und 18. Jh. vor, und zwar auf drei Hauptrouten: im Nordosten über San Antonio/Texas (1718) bis an die Grenze des französischen Louisiana, in der Mitte bis nach Santa Fé/New Mexico (1609) und am Pazifik bis nördlich von San Francisco, das 1776 als Missionsstation entstand. Gerade in Californien,

einschließlich der Halbinsel, wurde diese Landnahme im wesentlichen von Mönchsorden getragen, was an zahlreichen ehemaligen Klöstern deutlich wird (GIERLOFF-EMDEN 1970, S. 212ff.). Gegen Angriffe schweifender Indianerstämme wurden die Siedlungen befestigt *(presidios)*. Diese Expansion umfaßte ein Gebiet, das etwa den heutigen US-Staaten Texas, New Mexico, Arizona, California, Nevada, Utah und Teilen von Colorado entspricht und für Neuspanien eine Verdoppelung seines Territoriums bedeutete. Seine Nutzung beschränkte sich aber im wesentlichen auf Weideflächen in Texas und Californien (vgl. SANDNER 1992).

Wichtig für die Neuordnung der Territorialstruktur wurde die planvolle Anlage von Städten, die als zentrale Orte des Handels und der Verwaltung das Grundgerüst des heute noch bestehenden Siedlungssystems bilden. Von den 50 größten Städten des Landes wurden 28 bis 1573 und weitere 10 bis 1750 gegründet; und nur 5 von 32 Hauptstädten der Einzelstaaten entstanden nach 1750 (El sueño de un orden 1989). Ein erster Ansatz war der Neubau der Stadt México auf den Trümmern des zerstörten Tenochtitlán. „Dieser hoheitliche Akt war von größter politischer Bedeutung. Indem sich die Spanier in den Mittelpunkt des besiegten Reiches stellten, knüpften sie an dessen Symbolkraft an und begründeten ein neues Imperium." Die Symbole ihrer Macht – Kathedrale und Regierungspalast – wurden auf die Fundamente der eingeebneten Kultbauten gesetzt (GORMSEN/HAUFE 1992, S. 149). Bedeutende präkolumbische Zeremonialzentren wie Tlatelolco und Cholula mit der dem Volumen nach größten Pyramide wurden in ähnlicher Weise überbaut. Einige Städte, z. B. Guanajuato, Pachuca und Zacatecas (C. 144), entwickelten sich aus Minenorten, während Puebla, Oaxaca und andere bewußt als spanische Zentren neu gegründet wurden.

Der Reichtum aus dem Silberbergbau des Landes und aus den Überschüssen der großen *haciendas* ermöglichte eine großzügige Architektur der palastartigen *patio*-Häuser in den Stadtzentren. Dabei vollzog sich allmählich der Übergang vom Barock über den *Churrigueresco*-Stil, der dem Rokoko verwandt ist, zum Klassizismus. Die bedeutende Stellung der Kirche drückt sich im Stadtbild nicht nur in der Kathedrale des Bischofs und anderen Gotteshäusern aus, sondern auch in zahlreichen Klöstern. Viele von ihnen nehmen mit Wirtschaftsgebäuden, Schulen, Krankenhäusern und Gärten einen oder zwei ganze Straßenblocks ein. Ihre Wohlhabenheit beruhte auf dem Zehnten und auf karitativen Stiftungen. Im 18. Jh. bestanden in der Hauptstadt 41 Konvente, und die 1551 gegründete Universität unterstand ebenfalls kirchlicher Aufsicht. Doch auch von staatlicher Seite wurden Kunst und Wissenschaft gefördert, etwa durch die Einrichtung der Kunstakademie *San Carlos* (1785) und der Bergbauschule im *Palacio de Minería* (1797). Um 1600 hatte die Stadt bereits 60 000 Einwohner und am Ende der Kolonialzeit rund 140 000 (HAUFE 1990, S. 39–43; GIERLOFF-EMDEN 1970, S. 526).

Die städtische Gesellschaft orientierte sich an französischen Vorbildern. Es wurden nicht nur Luxusgüter aus Frankreich importiert, sondern auch Köche, Friseure und Schneider. Der aufwendige Lebensstil kam aber nur einer sehr kleinen weißen Oberschicht zugute. Sie bestand um 1800 aus etwa 20 000 sog. *Gachupines*, Regierungsbeamten und Kaufleuten, die direkt aus Spanien zugewandert waren und häufig wieder dorthin zurückkehrten, sowie rund 10 000 *Criollos* (Kreolen), d. h. im Lande geborenen Nachkommen ehemals europäischer Einwanderer. Diese besaßen die meisten Silberminen und großen *haciendas*, doch sie lebten in den Städten und bevorzugten die Hauptstadt. Ihre Betriebe ließen sie von Verwaltern *(mayordomo)* bewirtschaften. Diese waren, wie die städtischen Handwerker und kleinen Kaufleute, weniger vermögende Weiße. Aus ihnen formierte sich eine langsam wachsende Mittelschicht, zu der neben Priestern auch Anwälte, Ärzte und Offiziere gehörten. In ihren Kreisen entwickelten sich unter dem Einfluß der Aufklärung sowie der amerikanischen Unabhängigkeit und der französischen Revolution Überlegungen zu einer Loslösung von Spanien. Solche Ideen waren bereits um 1760 unter Jesuiten wie *Francisco Xavier Clavijero* aufgetaucht, die auch die Gleichwertigkeit aller Rassen postuliert hatten. Dies trug 1767 zum Verbot des Jesuitenordens im spanischen Weltreich bei. Im Jahr 1810 hatte das ganze Land rund 5,8 Mio. Einwohner, von denen etwa 1,7 Mio. Mestizen und 0,4 Mio. Weiße, der größte Teil aber Indios waren (vgl. LIEHR 1971).

2.4
Die ersten hundert Jahre der Unabhängigkeit

Mit der Eroberung Spaniens durch Napoleon (1808) schien für die unzufriedenen Kreolen die Gelegenheit gekommen, sich vom Mutterland loszusagen. Tatsächlich wurde der Vizekönig Iturrigaray gestürzt, doch der Putsch scheiterte. Erst am 16. September 1810 kam es erneut zum offenen Aufstand einer Gruppe von Verschwörern, nachdem *Miguel Hidalgo*, der Priester von Dolores bei Guanajuato, die Sonntagsglocke geläutet und seine Gemeinde zum Kampf für die Unabhängigkeit aufgerufen hatte. Dieser *Grito de Dolores* (Aufruf von Dolores) führte schnell zu einer Volksbewegung unter Hidalgo und dem Hauptmann *Ignacio de Allende*, die nach Anfangserfolgen vom spanischen Heer niedergeschlagen wurde. Beide Führer wurden 1811 hingerichtet. Es folgten zehn Jahre politischer und kriegerischer Auseinandersetzungen, bei denen zunächst die Aufständischen unter dem Priester *José Maria Morelos* erfolgreich waren. Sie erklärten 1813 in *Chilpancingo* die Unabhängigkeit und verkündeten 1814 in *Apatzingán* eine Verfassung, die u. a. das allgemeine Wahlrecht, die Gewaltenteilung, die Abschaffung von Sklaverei, Folter und Staatsmonopolen sowie die Anerkennung der katholischen Kirche als Staatsreligion zum Prinzip erhob aber nie in Kraft trat, denn Morelos wurde 1815 erschossen.

Erst 1820 wurde im Zusammenhang mit liberalen Unruhen in Spanien die Unabhängigkeitsbewegung wieder gestärkt. Dabei fürchteten die kreolische Oberschicht und der hohe Klerus um ihre Vorrechte. Sie betrieben ihrerseits die Trennung vom Mutterland und gewannen den Obersten *Agustín de Iturbide* zum Führer. Dieser verkündete zusammen mit dem Rebellen *Vicente Guerrero* den *Plan de Iguala*, der den Katholizismus als Einheitsreligion, die Gleichberechtigung aller Bürger und die Unabhängigkeit Mexikos in der Form einer konstitutionellen Monarchie vorsah. Im August 1821 konnte Iturbide mit dem soeben aus Spanien eingetroffenen Vizekönig O'Donojú in Córdoba das Abkommen über die Souveränität Mexikos unterzeichnen, das allerdings von Spanien erst 1836 anerkannt wurde.

Damit war zwar das Hauptziel der meisten Mexikaner erreicht. Doch an Stelle gewisser sozialer Reformen, die Hidalgo und Morelos vorgeschwebt hatten, blieben die Privilegien der oberen Schichten erhalten; ja sie wurden durch das Postulat der Gleichheit aller Rassen noch gestärkt, denn damit verloren die Indios den besonderen Schutz, den ihnen die Kolonialgesetzgebung zugebilligt hatte.

Im Vollgefühl seines Erfolges ließ sich Iturbide 1822 zum Kaiser ausrufen, ein Zwischenspiel, das nur elf Monate dauerte und doch eine Signalwirkung hatte, denn damit hatte zum ersten Mal ein ehrgeiziger General in Lateinamerika die Macht übernommen. Er wurde zwar hingerichtet, und eine neue Präsidialverfassung nach dem Muster der USA wurde 1824 verkündet; aber bis 1853 erlebte das Land einen Putsch nach dem anderen und insgesamt 33 Regierungen. Allein elf mal erkämpfte sich General *Antonio López de Santa Anna* das Präsidentenamt.

Zu den inneren Unruhen zwischen liberal-antiklerikalen und konservativen Kräften kamen Konflikte mit den USA. Seit 1821 hatten sich in Texas angloamerikanische Siedler niedergelassen, die bald die Mehrheit der spärlichen Bevölkerung bildeten und sich von Mexiko lossagen wollten. 1836 zog Santa Anna gegen sie zu Felde und wurde nach einigem Hin und Her vernichtend geschlagen. Texas wurde unabhängig und 1845 in die USA aufgenommen, was 1846 zum Krieg zwischen Mexiko und dem nördlichen Nachbarn führte. Während sich in der Hauptstadt México die Generäle um die Präsidentschaft stritten, eroberten amerikanische Truppen große Teile des Landes. So endete der Krieg 1848 (ein Jahr vor dem californischen *Gold-rush*!) mit dem Vertrag von Guadalupe Hidalgo, wonach Mexiko die nördlichen Territorien von Californien bis Texas abtreten mußte, die es großenteils erst im Laufe des 18. Jhs. gewonnen hatte. Dafür zahlten die USA 18,25 Mio. Dollar, die freilich unter den chaotischen Verhältnissen keinesfalls ausreichten, um die Staatsfinanzen zu sanieren. Im Gegenteil: um seine Generäle bei Laune zu halten, verkaufte Santa Anna während seiner letzten Regierungszeit (1853–1855) im sog. *Gadsden Purchase* für 10 Mio. Dollar einen Teil der Gila-Wüste an die USA, die dort eine Eisenbahnlinie nach Californien bauen wollten (vgl. SANDNER 1992).

Die Regierung wurde nun von einer Gruppe liberaler Intellektueller übernommen, deren führender Kopf der aus Oaxaca stammende Zapoteke *Benito Juárez* war. Sie verabschiedeten 1857 eine neue Verfassung, nach der Mexiko ein föderalistischer Staat mit repräsentativ-demokratischer Regierungsform war. Er garantierte zahlreiche Rechte (Bildung, Vereinigung, Wahl des Arbeitsplatzes usw.), die noch längst nicht überall selbstverständlich waren. 1859 wurden die für die damalige Zeit radikalen Reformgesetze *(Leyes de la Reforma)* beschlossen. Diese betrafen die Aufhebung der Privilegien von Militär und Kirche, darunter die Schließung der Klöster, die Einführung der Zivilehe und vor allem die Abschaffung von körperschaftlichem Landbesitz. Die riesigen kirchlichen Besitztümer wurden enteignet und zur Aufbesserung der Staatsfinanzen an Privatleute veräußert. Dadurch wurde die Bildung extrem großer Latifundien gefördert, und zwar leider auch auf Kosten der Indios. Denn auch das gemeineigene Land wurde nun zu gleichen Teilen an die Mitglieder eines *calpulli* verteilt, denen es die *hacendados* leicht zu ungünstigen Bedingungen „abkaufen" konnten. Viele Indios mußten sich anschließend als Landarbeiter bei eben denselben Grundherren verdingen.

Aus der Auseinandersetzung um diese Gesetze entstand erneut ein dreijähriger Bürgerkrieg (1858–1861), der das Land in den finanziellen Ruin trieb. Juárez beschloß daher, die Rückzahlung der Schulden an Großbritannien, Spanien und Frankreich für zwei Jahre auszusetzen. Während die beiden ersteren sich auf Verhandlungen einließen, benutzte Napoleon III. die Gelegenheit zu einer Invasion, mit deren Hilfe er auch die Einflußsphäre der USA begrenzen wollte. Zwar erlitten die französischen Truppen bei Puebla am 5. Mai 1862 eine empfindliche Niederlage, doch das konnte die Eroberung der Hauptstadt auf Dauer nicht verhindern. Am 10. Juli 1863 wurde in México die Monarchie ausgerufen. Konservative mexikanische Kreise boten dem Habsburger Erzherzog *Maximilian* die Kaiserkrone an, die dieser nach einer für ihn positiven Volksabstimmung annahm. Am 28. Mai 1864 traf er mit seiner Frau Charlotte in Veracruz ein. Er war gewiß ein wohlmeinender Herrscher, der die Reformgesetze nicht abschaffte, sich für die Besserstellung der Landarbeiter und der Indios einsetzte und eine zeitgemäße Stadtplanung von México betrieb. Doch offenbar unterschätzte er die Machtverhältnisse im Lande. Und als 1867 die französischen Kontingente aus Furcht vor einem Krieg mit Preußen nach Europa zurückbeordert wurden, war sein Schicksal besiegelt. Unter Führung des jungen Generals *Porfírio Díaz*, ebenfalls ein Zapoteke aus Oaxaca, rückten liberale Truppen, die sich in entlegenen Bergregionen neu formiert hatten, auf das Landeszentrum vor und schlugen die kleine Streitmacht Maximilians am 15. Mai 1867 bei Querétaro, wo er am 19. Juni standrechtlich erschossen wurde.

Die Liberalen setzten anschließend ihre Politik bis 1876 fort, wobei sie vor allem die Förderung der Wirtschaft und die Reform des Bildungswesens im Auge hatten. So wurde der 1850 begonnene kühne Eisenbahnbau von Veracruz nach México 1873 von einer britischen Gesellschaft fertiggestellt. Zu den großen Problemen zählte aber die Arbeitslosigkeit der 40000 entlassenen Soldaten, die marodierend durch das Land zogen. Juárez wurde 1871 noch einmal als Präsident bestätigt, mußte aber eine Rebellion seines Gegenkandidaten Porfírio Díaz niederschlagen und starb 1872.

1876 griff *Porfírio Díaz* erneut mit Waffengewalt in die Präsidentenwahl ein, diesmal mit Erfolg. Und mit Ausnahme der Periode 1880–1884 hat er bis 1911 die Macht nicht wieder aus der Hand gegeben. Dieser

4 Mexiko

lange Zeitraum einer auf politischer Unterdrückung beruhenden Wirtschaftsentwicklung wird als *Porfiriat* bezeichnet, denn tatsächlich gelang es *Don Porfírio*, wie er allgemein genannt wurde, mit Hilfe ausländischer Investitionen den Bergbau, die Industrie, den Eisenbahnbau, das Fernmeldewesen u. a. zu fördern und einen beachtlichen Aufschwung in Gang zu setzen, der Mexiko an der allgemeinen Expansion der Weltwirtschaft teilhaben ließ. Gleichzeitig kam es zu einer weiteren Konzentration des landwirtschaftlichen Grundeigentums, an dem jetzt neben der mexikanischen Oberschicht auch Gesellschaften aus den USA beteiligt waren. Die Indios wurden in unzugängliche Rückzugsgebiete der Gebirge verdrängt oder wanderten in die Städte ab, die eine Phase des Wachstums und der Modernisierung durchmachten. 1910 besaßen 96% der Landbevölkerung kein Land (WEST/AUGELLI 1966, S. 319; vgl. SIMPSON 1961).

2.5
Die Revolution und ihre Folgen

So fortschrittlich und stabil Mexiko im Jahr 1910 erschien, genau hundert Jahre nach dem *Grito* der Unabhängigkeit, so sehr gärte es im Untergrund. Denn der einst liberale Politiker *Porfírio Díaz* hatte sich immer mehr auf die Seite der Konservativen geschlagen. Aber der Widerstand gegen den Diktator ging zunächst nicht von den seit jeher unterdrückten Bauern aus. Sie stifteten nur in wenigen Fällen Unruhe, wie etwa die Totonaken bei Papantla (Veracruz), die die Aufteilung ihres Gemeindelandes verhinderten, bis Regierungstruppen im Jahr 1905 eingriffen (S. 160). Eine politische Opposition gegen das erstarrte System mit seinen Scheinwahlen formierte sich unter Angehörigen des gebildeten Mittelstandes. Ihr Wortführer war *Francisco I. Madero*, Sohn eines *hacendados*, der eine Partei der *Antireeleccionistas* (Gegner der Wiederwahl) gegründet hatte, die auch das Los der Landbevölkerung verbessern wollte. Nachdem Díaz ihn anläßlich der Wahlen 1910 verbannt hatte, rief er am 20. November 1910 von den USA aus zur Rebellion auf. Gemeinsam mit dem Bauernführer *Francisco („Pancho") Villa* brachte er schnell den Staat Chihuahua unter Kontrolle, während sich im Süden *Emiliano Zapata* erhob. Im Mai 1911 dankte Díaz ab und ging außer Landes. Er starb 1915 in Paris (vgl. hierzu und zum folgenden MOLS/TOBLER 1976; MOLS 1981).

Die Revolution hatte gesiegt, doch es folgte ein Chaos. Madero, der zum Präsidenten gewählt worden war, suchte einen Kompromiß mit der bisherigen Führungsschicht. Doch Zapata hatte den Aufstand unter der Parole *Tierra y Libertad* (Land und Freiheit) geführt und begann tatsächlich in Morelos mit einer Landreform. Dagegen putschte 1913 der konservative General *Victoriano Huerta* mit amerikanischer Unterstützung. Madero wurde ermordet, doch 1914 wurde Huerta durch *Venustiano Carranza* in die Flucht geschlagen. Aber Villa und Zapata vertrieben die *Constitucionalistas* unter Carranza, die dem Land wieder eine Verfassung geben wollten, aus der Hauptstadt, die in Anarchie versank. General *Alvaro Obregón* konnte schließlich mit seiner *División del Norte* Pancho Villa nach Norden vertreiben. Als aber Carranza 1916 den größten Teil des Landes befriedet hatte und von den USA als Präsident anerkannt worden war, ließ Villa 16 Amerikaner ermorden und fiel nach New Mexico ein, was eine Strafexpedition unter General John Pershing zur Folge hatte. Zapata kämpfte bis zu seiner Ermordung im Jahr 1919 weiter, und auch Pancho Villa wurde 1923 erschossen, nachdem er sich eigentlich schon zur Ruhe gesetzt hatte.

Jahr	Bevöl-kerung (in 1.000)	Zu-wachs (%)	Zu-wachs pro Jahr (%)	Geburten (in 1.000)	Gebur-tenrate (‰)	Sterbe-fälle (in 1.000)	Sterbe-rate (‰)	Gebur-tenüber-schuß (‰)	Säug-lings-sterb-lichkeit (‰)
1790	4 636								
1803	5 765	24,3	1,9						
1810	6 122	6,2	0,9						
1820	6 204	1,3	0,1						
1831	6 382	2,9	0,3						
1842	7 016	9,9	0,9						
1854	7 853	11,9	1,0						
1861	8 174	4,1	0,6						
1871	9 176	12,3	1,2						
1882	10 002	9,0	0,8						
1895	12 632	26,3	2,0	384	30,4	391	31,0	−0,6	376,7
1900	13 607	7,7	1,5	496	36,4	457	33,6	2,8	286,8
1910	15 160	11,4	1,1	466[1]	30,8	471[1]	31,1	−0,3	k. A.
1921	14 335	−5,4	−0,5	454[2]	31,6	365[2]	25,5	6,2	223,1
1930	16 553	15,5	1,7	820	49,5	442	26,7	22,8	131,6
1940	19 654	18,7	1,9	875	44,5	459	23,3	21,2	124,5
1950	25 791	31,2	3,1	1175	45,6	418	16,2	29,3	101,3
1960	34 923	35,4	3,5	1608	46,0	403	11,5	34,5	73,8
1970	48 225	38,1	3,8	2133	44,2	486	10,1	34,2	66,5
1980	66 847	38,6	3,9	2428	36,3	434	6,5	29,8	38,8
1990	81 250	21,5	2,2		26,0		5,2	20,8	23,9

[1] Wert für 1907
[2] Wert für 1922
k. A.= Keine Angaben
Quellen: Estadísticas Históricas; Censo 1990; Anuario 1992

Tab. 1: Bevölkerungsentwicklung 1790–1990 und demographischer Übergang 1895–1990 in Mexiko

Am 5. Februar 1917 trat die neue Verfassung in Kraft, die im wesentlichen noch heute gültig ist. Sie geht in ihren antiklerikalen und sozialistischen Grundsätzen über die Verfassung von 1857 hinaus. Zu ihren wichtigsten Artikeln gehörte eine Bodenreform, nach der die Enteignung des indianischen Grundbesitzes rückgängig gemacht und der Großgrundbesitz aufgelöst werden sollte. Außerdem wurden alle Bodenschätze zum Nationaleigentum erklärt. Fortschrittlich für jene Zeit waren u. a. die Bestimmungen über den Arbeitsschutz und die Beschränkung der Präsidentschaft auf eine Wahlperiode. Diese umfaßt heute einen Zeitraum von sechs Jahren *(Sexenio)*, der auch für alle Minister sowie für die Amtszeit der Gouverneure *(Gobernador)* in den Einzelstaaten gilt, während die Bürgermeister *(Presidente Municipal)* nur drei Jahre im Amt bleiben dürfen. Eine Wiederwahl ist in jedem Fall ausgeschlossen, aber die Übernahme eines anderen Postens (als Minister, Gouverneur usw.) ist erlaubt.

Nach einem Jahrzehnt des Schreckens, in dem Mexiko über 800 000 Einwohner verloren hatte (vgl. Tab. 1), brachten die zwanziger Jahre unter den Präsidenten *Alvaro Obregón* (1921–1924) und *Plutarco Elias Calles* (1924–1928) eine gewisse Konsolidierung. Allerdings gab es noch einige Aufstände sowie Massenerhebungen der sog. *Cristero-Bewegung*, in denen sich die fromme Landbevölkerung gegen die kirchenfeindlichen Gesetze auflehnte, insbesondere das Verbot katholischer Schulen. Die drei folgenden Präsidenten amtierten jeweils nur zwei Jahre. Wichtiger wurde aber das Wirken von Calles im Hintergrund. Ihm gelang 1929 eine Konzentration der auseinanderstrebenden politischen Kräfte in einer Nationalen Revolutionspartei (PNR), die unter *Lázaro Cárdenas* (s. u.) reorganisiert und 1946 in *Partido Revolucionario Institucional (PRI)* umbenannt wurde. Mit diesem widersprüchlich erscheinenden Namen sollte angedeutet werden, daß man sich zwar nach wie vor mit den Zielen der Revolution identifizierte, daß man ihre endgültige Durchsetzung aber im institutionellen Rahmen der Partei anstrebte. Diese stellte also nicht den Staatsbürger *(ciudadano)* in den Mittelpunkt politischer Auseinandersetzung, sondern Institutionen und breite im Volk verankerte Gruppierungen, nämlich den Arbeitersektor *(Sector obrero),* den ländlichen Sektor *(Sector campesino)* und den Sektor des städtischen Mittelstandes *(Sector popular)* zu denen jeweils auch die Gewerkschaften gehören. Der *Sector militar* wurde im Rahmen einer Politik der Entmilitarisierung unter *Manuel Avila Camacho* (s. u.) abgeschafft (vgl. LAUTH 1991, S. 355–356). Diese Partei hat bis heute alle Staatspräsidenten gestellt und in entscheidender Weise zur politischen Stabilität des Landes beigetragen, wobei es in den sechsjährigen Amtsperioden der einzelnen Präsidenten sehr wohl zu abweichenden Schwerpunkten gekommen ist.

Eine bedeutende Rolle im Sinne der Umsetzung der revolutionären Ziele spielte *Lázaro Cárdenas* (1934–1940). Er hat nicht nur 20 Mio. Hektar Land als *ejidos* verteilt und damit erstmals mit der Bodenreform ernst gemacht, sondern auch

die Eisenbahnen und die Erdölwirtschaft verstaatlicht, damals ein unerhörter Affront gegenüber den britischen und amerikanischen Eigentümern, die später entschädigt wurden. Mit diesen Maßnahmen erreichte er beim Volk große Zustimmung im Sinne einer nationalen Identität. Dies Gemeinschaftsgefühl der *mexicanidad* (S. 60 ff.) hatte eine zweite Wurzel in der Kunst, vor allem im *muralismo*. Eine ganze Generation von Künstlern hatte sich durch die Revolution zu dieser monumentalen, realistischen Wandmalerei inspirieren lassen, mit der sie auch das politisch-didaktische Ziel verfolgte, dem Volk seine Geschichte nahezubringen, ähnlich wie dies durch Bilderschriften an vorspanischen Tempeln und durch Heiligenlegenden in den Kolonialkirchen geschehen war. Dabei glorifizieren sie das indianische Erbe und die Revolution und prangern die Herrschenden der Kolonialzeit und des Porfiriats an, häufig in einer karikierenden Weise. Die bekanntesten Muralisten, *José Clemente Orozco* (1883–1949), *Diego Rivera* (1886–1957) und *David Alfaro Siqueiros* (1896–1974), erhielten zahlreiche staatliche Großaufträge, aber auch in der Provinz gab es Vertreter dieser Richtung, die öffentliche Gebäude in entsprechender Art ausgestalteten.

Die folgenden drei Jahrzehnte brachten eine weitere Konsolidierung der politischen Lage verbunden mit einem jährlichen Wirtschaftswachstum von 6%. General *Manuel Avila Camacho* (1940–1946) schloß sich im Krieg notgedrungen enger an die USA an, was für die Wirtschaft durch Importsubstitutionen, Industrie-Aufträge und Agrarexporte von Vorteil war. Außerdem gründete er das *Instituto Mexicano de Seguro Social (IMSS)* als soziale Pflichtversicherung für Arbeitnehmer. *Miguel Alemán* (1946–1952), der erste Zivilist im Präsidentenamt, förderte die Industrie, begann mit der

Entwicklung des Tourismus durch den Ausbau von Acapulco und errichtete die großzügigc Universitätsstadt *(Ciudad Universitária)* auf einem Lavafeld im Süden der Stadt México. *Adolfo Ruíz Cortines* (1952–1958) setzte die Wirtschaftsförderung einschließlich des Tourismus fort und bemühte sich um die Entwicklung der Infrastruktur. *Adolfo López Mateos* (1958–1964) verteilte erstmals seit Cárdenas wieder größere Landflächen im Rahmen der Bodenreform. Er verstaatlichte die Telefongesellschaften und die Elektrizitätswirtschaft, wobei er die Anlage von Wasserkraftwerken vorantrieb. Er ließ die ersten Autobahnen bauen, sowohl über die hohen Pässe, als auch innerhalb der Stadt México, und er weihte 1964 das großartige Anthropologische Museum ein. Außenpolitisch widerstand er dem Druck der USA, die Beziehungen zu Cuba abzubrechen.

Gustavo Díaz Ordaz (1964–1970) setzte die Landverteilung aber auch die Wirtschaftsförderung fort. So nahm das Pro-Kopf-Einkommen mit 3,8% im Jahresdurchschnitt immer noch stärker zu als die inzwischen bedrohlich angestiegene Zuwachsrate der Bevölkerung mit 3,3%. Dieser Modernisierungsprozeß wurde im In- und Ausland als *milagro mexicano* (mexikanisches Wunder) bezeichnet. Unter seiner Regierung wurden die ersten Metrolinien in der Stadt México eröffnet sowie 1968 die Olympischen Spiele und 1970 die Fußballweltmeisterschaft durchgeführt, was dem Land viel Anerkennung eingebracht hat und dem Tourismus neue Impulse verlieh. Doch mit seiner Amtszeit verbindet sich auch das Trauma von *Tlatelolco,* d.h. das Blutbad auf dem *Platz der drei Kulturen* (C. 102), bei dem kurz vor der Olympiade hunderte von Demonstranten niedergeschossen wurden. Hier zeigte sich eine Krise des Systems, das Mühe hatte, mit den Widersprüchen der

Gesellschaft fertigzuwerden, nämlich mit dem immer krasseren Auseinanderklaffen zwischen dem Fortschritt des *milagro mexicano* und einer rapide anwachsenden Bevölkerung, die an den Segnungen dieses „Wunders" keinen Anteil hatte.

Vor diesem Hintergrund betrieb *Luís Echeverría* (1970–1976) eine populistische Politik mit dem Ziel, die sozialen, sektoralen und regionalen Disparitäten zu vermindern. Dazu gehörten z. B. eine deutliche Erhöhung des Mindestlohnes, die Gründung des staatlichen Wohnbaufonds *INFONAVIT* (S. 87), ein Ausbau des Bildungs- und Gesundheitswesens sowie das sehr wirkungsvolle Programm zur Erschließung des ländlichen Raumes durch *Caminos de mano de obra,* d. h. den Bau von Fahrwegen bis in die entlegensten Dörfer „in Handarbeit" durch die Bauern, die dafür entlohnt wurden und gleichzeitig den Nutzen davon hatten (S. 205). Doch die expansive Ausgabenpolitik führte zu erheblichen Defiziten im Staatshaushalt. Damit verbunden war ein Vertrauensverlust der Privatwirtschaft und eine zunehmende Kapitalflucht. Die Weltwirtschaftsrezession 1973 trug ebenfalls ihren Teil zur Problematik bei. Die Stärkung des Tourismus durch die Anlage großer neuer Seebäder wie Cancún unter der Regie von *FONATUR* (S. 231) und der massive Ausbau der Erdölförderung vergrößerten zwar die Rolle des Staates in der nationalen Ökonomie, verminderten aber gleichzeitig seinen Handlungsspielraum, da sie zunächst umfangreiche Investitionen erforderten, die nur durch eine entsprechende Kreditaufnahme möglich waren. So ging 1976 zum ersten Mal seit Jahrzehnten das Pro-Kopf-Einkommen zurück, und die Abwertung des Peso gegenüber dem Dollar um 70% nach 22jähriger fester Parität war ein deutliches Zeichen einer Krisensituation (vgl. LAUTH 1991, S. 86ff.).

Unter *José López Portillo* (1976–1982) wurden die Schwächen des Importsubstitutionsmodells immer deutlicher. Weil Mexikos Industrieprodukte kaum konkurrenzfähig waren, mußte das Land seinen gestiegenen Devisenbedarf vorrangig mit Rohstoffexporten verdienen. Aber selbst die nun stark steigenden Erdölausfuhren reichten dafür nicht mehr aus, so daß der Staat in zunehmendem Umfang auf ausländische Kredite angewiesen war. Der Peso wurde dreimal abgewertet und die Inflationsrate stieg auf 100%, während Reallöhne und Sozialausgaben zurückgingen. 1982 sank der Weltmarktpreis für Erdöl drastisch ab. Gleichzeitig stieg das internationale Zinsniveau an. Mexiko war also plötzlich mit schrumpfenden Deviseneinnahmen und höheren Zinszahlungen konfrontiert. Beide Faktoren lösten eine schwere Wirtschaftskrise aus. Die Auslandsverschuldung erreichte über 80 Mrd US-$. López Portillo verordnete daher 1982 eine strenge Devisenbewirtschaftung und die Verstaatlichung aller Banken. Dies führte jedoch zu einer Verschärfung der Krise durch verstärkten Vertrauensverlust und wachsende Kapitalflucht.

Die Ursachen dafür waren aber nicht nur wirtschaftlicher Art: Die erstaunlich lange Periode politischer und sozialer Stabilität des Landes, gerade auch im Vergleich zu anderen Ländern Lateinamerikas, war gewiß großenteils der jahrzehntelangen Alleinherrschaft des PRI zu verdanken; doch nun zeigte sich auch ihre Kehrseite. Nicht nur daß die politische Opposition durch die Beschneidung ihrer demokratischen Rechte von der Macht ferngehalten wurde, so daß es der konservativen Partei *PAN (Partido de Acción Nacional)* nur in wenigen Fällen gelang, Einfluß auf die Gemeindepolitik bis hin zur Wahl eines Bürgermeisters zu gewinnen; zunehmend machten sich auch auf allen Ebenen der Parteihierarchie Korruption und Vettern-

wirtschaft breit. Einflußreiche PRI-Leute, wie der Vorsitzende der Erdölarbeitergewerkschaft, verfügten über eigene Privatarmeen und häuften illegal erworbene Milliardenbeträge auf Bankkonten in den USA an.

So mußte *Miguel de la Madrid* (1982–1988) sein Amt unter äußerst schwierigen Bedingungen antreten. Da die bisherige Wirtschaftspolitik fehlgeschlagen war, einigte sich die Regierung mit den Unternehmern, den Gewerkschaften und den Bauernverbänden auf die Umwandlung der von oben gelenkten, staatlich-privaten Mischwirtschaft in einen wirtschaftlichen Solidaritätspakt zur Preis- und Lohnkontrolle im Sinne einer „konzertierten Aktion", wodurch tatsächlich das beängstigend angestiegene Inflationstempo von 159% (1987) auf 52% (1988) gesenkt werden konnte. Allerdings gingen auch die Sozialausgaben mit Ausnahme des Wohnungsbaus zurück, und die Arbeitnehmer mußten sinkende Reallöhne in Kauf nehmen. Der Staatssektor wurde von 1155 auf 362 Unternehmen abgebaut. Die Steuerreform von 1988 ordnete die Staatseinnahmen neu, die bisher vom Erdöl und damit von den Zufällen der Ölpreisbewegung abhingen. Die Abschottung des Binnenmarktes gegen ausländische Konkurrenz wurde beendet: 1987 trat Mexiko dem Freihandelsabkommen GATT bei (vgl. LAUTH 1991, S. 108ff.).

Doch Miguel de la Madrid setzte auch politische Veränderungen in Gang, etwa die Kommunalreform, die den Gemeinden erheblich höhere Entscheidungsbefugnisse, z. B. bei der Planung, einräumt und damit einen Beitrag zur Dezentralisierung leistet. Wichtig wurde außerdem das neue Wahlrecht, das den Oppositionsparteien größere Möglichkeiten der Partizipation eröffnet. So entstand aus einer linken Protestbewegung innerhalb des PRI die neue Partei PRD *(Partido de la Revolución Demo-*

crática). Sie stellte Cuauhtémoc Cárdenas, den Sohn des früheren Präsidenten, als Kandidaten für die Wahlen von 1988 auf, der in breiten Bevölkerungsschichten beachtliche Zustimmung erhielt.

Carlos Salinas de Gortari wurde daher nur mit 50,4% für den *sexenio* 1988–1994 gewählt, und selbst dieses knappe Ergebnis wurde vielfach als Wahlfälschung angeprangert. Unter seiner Präsidentschaft wurde 1990 ein neues Wahlgesetz beschlossen, das allen Parteien Kontrolle über die Stimmenauszählung verschafft. Damit sollte die Macht bestimmter PRI-Politiker gebrochen werden, die sich aus Sorge um ihre Ämter gegen die Demokratisierungsbestrebungen der Regierung getellt hatten. Außerdem wurde eine Kampagne zur Korruptionsbekämpfung eingeleitet, und in diesem Zusammenhang wurden prominente PRI-Unternehmer wegen Steuerhinterziehung festgenommen. Immerhin konnte 1989 in Baja California erstmals ein Oppositionspolitiker (PAN) Gouverneur eines mexikanischen Bundesstaates werden. Dasselbe gilt inzwischen auch für die Staaten Chihuahua, Jalisco und Guanajuato sowie für eine größere Zahl von Municipios.

In der Wirtschaftspolitik wurde die Reprivatisierung der Banken und eine weitgehende Erleichterung der Auslandsinvestitionen verfügt. Mit den internationalen Gläubigerbanken konnte Salinas de Gortari eine spürbare Verminderung des Schuldenproblems vereinbaren. Die meisten Staatsbetriebe wurden verkauft, und die Inflationsrate konnte auf 13% (1992) gesenkt werden. Außerdem wurde 1993 der Neue Peso *(Nuevo Peso, N. P.)* eingeführt, der dem Gegenwert von 1000 alten Pesos entspricht. Einen wesentlichen Entwicklungsschub erhofft man sich von dem Vertrag über eine Nordamerikanische Freihandelszone mit den USA und Canada (NAFTA), obwohl vor allem von Kleinunternehmern die Konkurrenz billiger Importgüter befürchtet wird (S. 206). Kritik an der Liberalisierung kommt auch von mittleren und unteren Schichten, die seit 1980 einen Kaufkraftverlust von rund 40% hinnehmen mußten. Unter Lohnabhängigen wächst deshalb die Unzufriedenheit über ihre soziale Lage. Die entscheidende Frage lautet daher, ob und wie es gelingen wird, angemessene Lebensbedingungen für die immer noch schnell wachsende, äußerst heterogene Bevölkerung aus städtischen Unterschichten, *campesinos* und Indios zu schaffen.

Zur Bewältigung dieses Problems wurde das Konzept des „Sozialen Liberalismus" entwickelt. Es beruht auf dem weit gespannten *Programa Nacional de Solidaridad (PRONASOL)* und umfaßt drei Maßnahmenbündel: 1. Sicherung der Grundversorgung (Wohnung, Bildung, Ernährung, Elektrizität, Wasser, Bodenbesitzverhältnisse); 2. Arbeitsbeschaffung und Existenzgründung; 3. Regionalentwicklung. Unter dem neuen Superministerium für Sozialentwicklung *(Secretaría de Desarrollo Social: SEDESOL),* das für Städtebau, Umweltfragen und Regionalplanung zuständig ist, wird vor allem die Infrastruktur im weitesten Sinne ausgebaut (Unternehmerhandbuch Mexiko 1993). Dementsprechend verfügt SEDESOL über mehr als ein Drittel des Investitonshaushalts, wobei die Regionalentwicklung die größte Steigerung seit 1982 verzeichnen konnte. Dazu kommen konkrete Maßnahmen der Sozialfürsorge und der Erziehung, die von anderen Ministerien im Rahmen von *PRONASOL* durchgeführt werden (GABBERT 1993; Solidarity in national development 1993).

Am 1. Dezember 1994 trat der neue Staatspräsident *Ernesto Zedillo Ponce de Leon* sein Amt an (vgl. das Vorwort).

3 Bevölkerungsstrukturen im Wandel

3.1
Kulturelle Vielfalt und Streben nach Einheit
(Indigenismo y Mexicanidad)

Mit etwa 90 Mio. Einwohnern (Volkszählung 1990: 81,3 Mio) ist Mexiko das bei weitem größte Land spanischer Sprache. Und wer von mexikanischen Eltern abstammt oder auf mexikanischem Territorium geboren wurde, hat die mexikanische Staatsbürgerschaft. Doch diese Feststellungen sagen wenig aus über die kulturelle Identität der mexikanischen Bevölkerung, für die seit jeher extreme Gegensätze und eine große Vielfalt charakteristisch sind. Schon das präkolumbische Mesoamerika war gekennzeichnet durch den Aufstieg und Verfall mehrerer hoch organisierter Staaten mit blühenden städtischen Kulturen, die häufig ihre Nachbargebiete unterworfen hatten. Ihre frühere Bedeutung kann nur noch in Museen und archäologischen Stätten bewundert werden. Dabei wird oft vergessen, daß die Hochkulturen ohne eine landwirtschaftliche Grundlage nicht existieren konnten. Die bäuerlichen Lebensformen haben zwar keine imposanten Bauwerke hinterlassen, aber als lebendige Volkskulturen eine erstaunliche Stabilität bewiesen, obwohl sie in der frühen Kolonialzeit dezimiert und danach durch die spanische Kultur und die moderne Zivilisation überprägt wurden (S. 59–60).

Zur Differenzierung spielt die Sprache eine wesentliche Rolle, vor allem in ehemaligen Kolonialgebieten wie Mexiko, in denen mehrere eigenständige Sprachen neben einer offiziellen Nationalsprache bestehen. Obwohl die Fremdherrschaft nicht auf eine Überlagerung durch eine dünne Schicht von Verwaltungsbeamten und Militärs beschränkt blieb, sondern eine tiefgreifende Akkulturation und Vermischung mit der angestammten Bevölkerung nach sich zog, gibt es noch immer über 50 altmexikanische Sprachen, die zu 25 Sprachfamilien und 6 Großgruppen zusammengefaßt werden. Sie unterscheiden sich voneinander z. T. ebenso stark wie vom Spanischen. Abb. 7 zeigt ihr Verbreitungsmosaik in generalisierter Form. Das Nahuatl, die Sprache der Azteken, wird von 1,2 Mio. Menschen gesprochen und ist Teil der uto-aztekischen Gruppe. Zu den *Otomangue*-Sprachen gehören u. a. die *Otomí* (280000) im nördlichen Zentralmexiko sowie die *Mixteken* (384000) und die *Zapoteken* (381000) im Süden. Ein geschlossenes Sprachgebiet bilden die *Maya* in Yucatán (714000) und im anschließenden Guatemala. Mit ihnen verwandt sind die *Huasteken* (12000) im nördlichen Veracruz, und neuerdings werden ihnen auch die benachbarten *Totonaken* (208000) zugerechnet. Für das *Taraskische* oder *Purépecha* (95000) im Westen konnte bisher keine Verwandtschaft festgestellt werden. Nach der Volkszählung von 1990 benutzten rund 5,3 Mio. (7,5%) der über vierjährigen Mexikaner eine dieser Sprachen und 836000 (1,2%) kannten kein Spanisch. Mit der starken Bevölkerungszunahme hat sich ihre Zahl entsprechend erhöht, d. h. die Prozent-Anteile haben sich trotz der Alphabetisierungsprogramme seit 1970 kaum verändert, vor allem wenn man die ungeklärten Fälle nicht berücksichtigt (Tab. 2; vgl. SPRANZ 1986; ZIMMERMANN 1992).

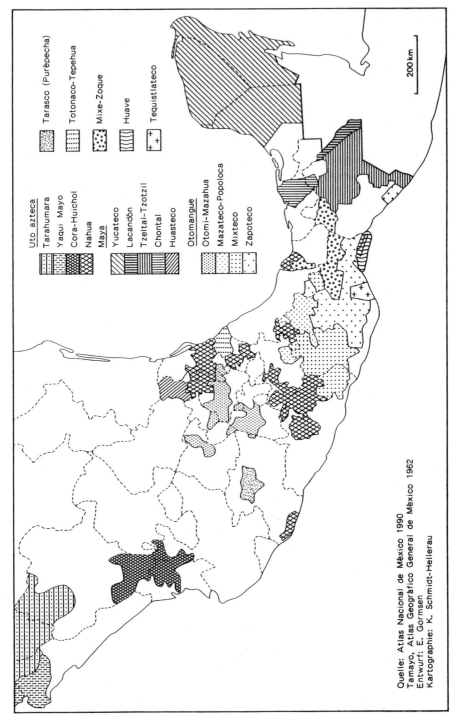

Quelle: Atlas Nacional de México 1990
Tamayo, Atlas Geográfico General de México 1962
Entwurf: E. Gormsen
Kartographie: K. Schmidt-Hellerau

Abb. 7: Verbreitung ausgewählter Sprachgruppen in Mexiko

	1970	%	1990	%
Bevölkerung über 4 Jahre	40 057 728	100,0	70 562 202	100,0
Indianische Sprachkenntnisse insgesamt	3 111 415	7,8	5 282 347	7,5
mit spanischen Sprachkenntnissen	*2 251 561*	*5,6*	*4 237 962*	*6,0*
ohne spanische Sprachkenntnisse	*859 854*	*2,2*	*836 224*	*1,2*
Nicht spezifiziert	*–*	*–*	*208 161*	*0,3*
Keine indianischen Sprachkenntnisse	36 946 313	92,2	64 104 668	90,8
Ohne Angabe	–	–	1 175 187	1,7

Quelle: Censo 1990

Tab. 2: Indianische Sprachkenntnisse in Mexiko 1970 und 1990

Zweifellos ist die Kenntnis und vor allem der tägliche Gebrauch einer solchen Sprache ein Hauptkriterium für die Zugehörigkeit zur indigenen Bevölkerung. Zur Unterscheidung von den *Mestizen* (S. 60) wurde in früheren Volkszählungen außerdem gefragt, ob man Weizenbrot als Hauptnahrungsmittel aß und ob man normalerweise Schuhe oder Sandalen (*huaraches*) trug oder barfuß ging. Aber derartige Indikatoren reichen nicht aus für die Charakterisierung einer regionalen Kultur. Die Eigenständigkeit einer Volksgruppe, d.h. das Bewußtsein der Übereinstimmung der Mitglieder untereinander und mit ihrer Umwelt, beruht in hohem Maße auf ihrer sozio-ökonomischen Situation und nicht nur auf kulturellen Aspekten im engeren Sinne. Unter „Kultur" wird daher hier „die Gesamtheit der typischen Lebensformen einer Bevölkerung in einem historisch und regional abgrenzbaren Raum verstanden, einschließlich der sie tragenden Geistesverfassung und kollektiven Wertvorstellungen, der materiellen Gestaltungsformen der Umwelt, der Verhaltensnormen sowie der Methoden und Institutionen des Zusammenlebens" (GORMSEN 1987c, S. 64).

Beispiele für regionale oder lokale Identität in diesem Sinne sind die indianischen Dorfgemeinschaften (*comunidad indígena = calpulli*) mit ihren traditionellen Formen sozialer Organisation und ihrer stammespolitisch-religiösen Hierarchie, in welcher die Männer für einen bestimmten Zeitraum Gemeinschaftsaufgaben (*cargos*) übernehmen. Sie passen sich in einem Entwicklungsprozeß der natürlichen und kulturellen Umwelt an oder verändern diese nach ihren Bedürfnissen, wobei Anregungen von außen in unterschiedlichem Maße aufgenommen werden, man sich aber auch der Grenzen gegenüber anderen Regionen bewußt ist. Zur Identifikation dienen überlieferte Symbole, Verhaltensweisen und Gesten, die ebenfalls einen Bedeutungswandel durchmachen können.

Dabei kommt es innerhalb von Sprachgruppen oder Ethnien zu sehr kleinräumigen Differenzierungen, selbst zwischen benachbarten Dörfern oder Stadtteilen (*barrio*), je nachdem welche Merkmale man zu ihrer Kennzeichnung heranzieht: den Grundbesitz, das Bodennutzungssystem oder die wirtschaftlichen Tätigkeiten, die Siedlungs- und Hausformen, die gesellschaftlichen Normen, Rituale und Herrschaftsformen, die religiösen Vorstellungen und Feste, die Musik, die Trachten, Gerätschaften und Gebrauchsgegenstände sowie ihre künstlerische Gestaltung. Im nachhinein lassen sich die historischen

Veränderungen oft gar nicht so leicht erkennen. Doch die Missionierung durch die spanischen Mönche hat nicht nur die Geisteswelt entscheidend überprägt, sondern auch starke Eingriffe in die materielle Kultur nach Form und Funktion mit sich gebracht bis in alle Lebensbereiche der Indiogesellschaften hinein. Zurecht werden heute die aus Spanien übertragenen Muster und Techniken als authentische Bestandteile mexikanischer Volkskultur und damit als Merkmale regionaler Identität bewundert (vgl. BENNHOLDT-THOMSEN 1976; GORMSEN 1991b, S. 29).

In vieler Hinsicht gilt dies auch für spätere Einwirkungen, die aufgrund moderner Kommunikationsmittel selbst in entlegensten Rückzugs- oder Reliktgebieten spürbar werden, obwohl andererseits wenig veränderte Erscheinungsformen noch in nächster Umgebung der modernen Metropolen zu finden sind (vgl. SANDER 1976). Bei der Diskussion um die soziokulturellen Strukturen der mexikanischen Bevölkerung müssen also die ökonomischen Grundlagen ebenso berücksichtigt werden wie die im engeren Sinne kulturellen Überlieferungen, die sich aus einer mehr oder weniger langen historischen Entwicklung herleiten; und daran muß sich die Frage nach dem gesamtgesellschaftlichen Kontext anschließen. Die offizielle Indianerpolitik *(indigenismo)*, die seit 1948 vom *Instituto Nacional Indigenista (INI)* betrieben wird, hatte lange Zeit eine Integration der Indios in die Mestizengesellschaft zum Ziel, obwohl man seit der Revolution gerade ihre angestammte Kultur als wichtigen Bestandteil der nationalen Identität – der *mexicanidad* – betrachtete. Heute versucht man ihre Eigenständigkeit im ländlichen Raum durch erweiterte Partizipation, Förderung genossenschaftlicher Programme, auch in nichtlandwirtschaftlichen Bereichen, sowie Verbesserung der Infrastruktur u. a. zu

stärken, teilweise immer noch unter paternalistischen Vorzeichen (vgl. AGUIRRE BELTRÁN 1973; BONFIL BATALLA 1985; 1990; MAIHOLD 1986; STAVENHAGEN/NOLASCO 1988; HARRIES 1992; GARZÓN VALDÉS 1994).

Das Wort *Indio* hat im heutigen Mexiko einen abwertenden Klang, weshalb meist von *Indígena* gesprochen wird. Da hierfür aber im Deutschen der ebenfalls negativ besetzte Begriff *Eingeborener* gilt, wird in diesem Buch im allgemeinen die Bezeichnung *Indio* verwendet, zumal sie nach wie vor von ernstzunehmenden Forschern benutzt wird. Zu den *Einheimischen* gehören dagegen auch *Mestizen* und eingewanderte Europäer (vgl. NOLASCO 1988; STAVENHAGEN 1988).

Die Abgrenzung zwischen Indios und Mestizen außerhalb der *comunidades indígenas* läßt sich bei der heutigen Mobilität der Mexikaner kaum noch eindeutig bestimmen. Sie alle gehören zur großen Mehrheit der *clase popular*, und es macht kaum einen Unterschied, ob sie Kleinbauer oder Landarbeiter *(campesino)*, Saisonarbeiter in den USA *(bracero)*, Hilfsarbeiter *(peón)* oder auch Dienstmädchen *(sirvienta, muchacha)* in der Stadt sind. In der Selbsteinschätzung der Indios besteht wohl häufig die – nicht ganz unbegründete – Sorge, von den *ladinos* übervorteilt zu werden, vor allem wenn man die spanische Sprache nicht beherrscht und nach hergebrachter Art ein zurückhaltendes bis unterwürfiges Verhalten an den Tag legt. Entscheidend ist die Einordnung in die gesellschaftliche Hierarchie. Das kommt u. a. darin zum Ausdruck, daß eine Familie schon beim Erklimmen der untersten Sprosse der sozialen Leiter eine Hausgehilfin einstellt; und das ständige Lamentieren über die fehlende oder unzuverlässige *muchacha* ist ein nie endender Gesprächsstoff der Hausfrauen aller Schichten.

Die Übergänge sind fließend und die Statistiken wenig aussagekräftig, obwohl zweifellos die meisten Mexikaner sowohl rassisch, als auch kulturell zu den Mestizen zählen. Doch ihr Anteil ist in den oberen Schichten gegenüber den Kreolen und den später eingewanderten Europäern immer noch gering, während er bei den Studenten der Universitäten schnell zunimmt.

Trotzdem kann man von einer klassenübergreifenden *mexicanidad* sprechen. Sie beruht weniger auf den Symbolen der offiziellen Kultur (von den Pyramiden über die Kolonialarchitektur bis zu Juárez und den Revolutionshelden), als vielmehr auf einer einheitlichen Lebenseinstellung. Sie umfaßt Rituale, Gesten und Mimik sowie eine freundliche Unbekümmertheit im täglichen Leben ebenso wie gegenüber dem Tod, bei offiziellen Anlässen und inoffiziellen Festlichkeiten. Dazu gehören der Familiensinn und der *machismo* aber auch die eigenständige Musik und die – scharfe – mexikanische Küche sowie die Eßgewohnheiten und die Trinksitten, nicht zu vergessen die große Gastfreundschaft. Es ist eine Volkskultur im umfassenden Sinne, in der sich altmexikanische, mediterrane, nordamerikanische und andere Einflüsse verbinden und zu der weder der Indio, noch der Ausländer ohne weiteres einen Zugang findet, selbst wenn er die Sprache einigermaßen erlernt hat (vgl. PAZ 1961; SCHÜTZ 1992).

Auf dieser Basis besteht in allen Bevölkerungskreisen ein ausgeprägtes Nationalbewußtsein. Es richtete sich in der Unabhängigkeitsbewegung zunächst gegen die Kolonialherrschaft der *Gachupines*. Unter dem Eindruck der Konflikte mit den USA im 19. Jh. und während der Revolution fand es neuen Nährboden in der Auseinandersetzung mit dem nördlichen Nachbarn. Der Stolz auf die viel ältere eigene Kultur, das Mißtrauen gegenüber der politischen

und wirtschaftlichen Übermacht sowie der Wunsch, an deren Fortschritt teilzuhaben, und schließlich auch die oben skizzierte *mexicanidad* verbinden sich in der etwas despektierlichen Bezeichnung *Gringo*, mit der alle Angloamerikaner belegt werden, wobei man sich über den Unterschied zu den Europäern oft nicht klar ist. Ausgerechnet *Porfírio Díaz*, der das Land dem amerikanischen Einfluß geöffnet hatte, soll gesagt haben: „Armes Mexiko, so weit von Gott und so nah bei den USA".

3.2
Bevölkerungsverteilung und Wanderungen als Ausdruck räumlicher Differenzierung

3.2.1
Entwicklung und Verteilung der Bevölkerung

Mexiko gehört zu den Ländern Lateinamerikas, in denen schon früh die sog. „Bevölkerungsexplosion" spürbar wurde (Abb. 8; vgl. BÄHR 1987). Zu Beginn des Jahrhunderts sah es danach noch nicht aus. Der jährliche Zuwachs war mit 1,14% gering, und als Folge der Revolution ging die Einwohnerzahl 1910–1921 um 825 000 zurück (–5,4%). So hat die Bevölkerung von 1900 bis 1940 nur um 50% zugenommen. Doch im folgenden Jahrzehnt war der Anstieg fast ebenso groß, denn nach dem Zweiten Weltkrieg wurde ein Programm zur Bekämpfung der Malaria und anderer Seuchen eingeleitet, das auf landesweiten DDT-Spritzungen und Impfungen beruhte. Sie wurden durch ländliche Gesundheitsstationen, Trinkwasseranlagen u. a. ergänzt (S. 213).

Die Folgen lassen sich am demographischen Übergang ablesen (Tab. 1). Dabei

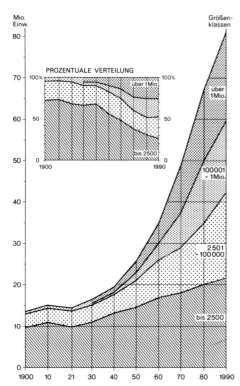

Abb. 8: **Bevölkerungsentwicklung und Verstädterung in Mexiko 1900–1990**

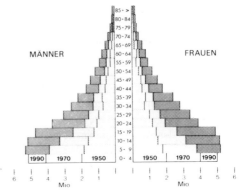

Abb. 9:   **Alterspyramide Mexikos 1950–1990**

sind offenbar die Geburten- und Sterberaten vor 1930 im Verhältnis zu den folgenden Jahren zu niedrig. Dies erklärt sich nach TAMAYO (1962, III., S. 424) damit, daß vor allem auf dem Lande die Änderungen des Familienstandes nicht, wie vorgeschrieben, dem Standesamt, sondern nur der Kirche gemeldet wurden. Erst eine Vereinbarung des Präsidenten Portes Gil mit dem katholischen Klerus 1929 führte dazu, daß ohne amtliche Registrierung keine kirchlichen Trauungen, Taufen und Beerdigungen mehr vollzogen wurden. So ist die Geburtenrate für 1930 gewiß überhöht, weil viele Kinder nachgemeldet wurden, die schon vorher geboren waren.

Seit 1930 sank die Sterberate von 26,7‰ auf 5,2‰, wobei der stärkste

Rückgang zwischen 1940 und 1960 erfolgte. Im gleichen Zeitraum stieg die Geburtenrate von 44,5‰ auf 46‰ und ging erst in jüngster Zeit mit einer Politik der Familienplanung auf 26‰ zurück. Damit ist der jährliche Geburtenüberschuß von 21‰ (1940) auf fast 35‰ (1960) angestiegen – damals einer der höchsten der Welt – und neuerdings wieder auf 21 ‰ gefallen. In entsprechender Weise hat sich die Fruchtbarkeitsziffer seit 1960 von 200‰ auf 132‰ (1990) vermindert, und die Lebenserwartung hat 1930–1990 von 37 auf 70 Jahre zugenommen.

Als Ergebnis dieser Prozesse zeigt sich eine Verdoppelung der Bevölkerungszahl in immer kürzeren Zeiträumen: in 70 Jahren (1860–1930) von 8,2 auf 16,5 Mio., in 30 Jahren (bis 1960) auf 34,9 Mio. und in 20 Jahren (bis 1980) auf 66,4 Mio. Die Volkszählung von 1990 ergab einen weiteren Zuwachs auf 81,3 Mio., was der sechsfachen Einwohnerzahl von 1900 (13,6 Mio.) entspricht. Der Anstieg des letzten Jahrzehnts war übrigens geringer als die vorausgeschätzten 86 Mio. Tatsächlich läßt der Rückgang der jüngsten Stufe in der Alterspyramide seit 1980 eine gewisse

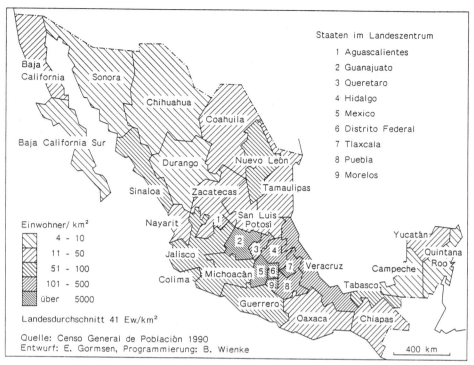

Abb. 10: Bevölkerungsdichte in Mexiko 1990

Tendenzwende erkennen, während vorher eine immer stärkere Verbreiterung unvermeidlich schien (Abb. 9). Doch insgesamt ist über die Hälfte der Bevölkerung jünger als 20 Jahre, und 1995 muß man mit 90 Mio, zur Jahrhundertwende mit gut 100 Mio., Mexikanern rechnen. So bleibt auf längere Sicht das Problem bestehen, wie für den enormen Zuwachs wenigstens die Grundbedürfnisse an Lebensmitteln, Kleidung, Behausung und Arbeitsplätzen zu beschaffen sind.

Bezogen auf das gesamte Staatsgebiet Mexikos von 1,97 Mio. km^2 ergibt die Einwohnerzahl von 81,3 Mio. eine relativ geringe Bevölkerungsdichte von 41 Einw. pro km^2, die freilich die extremen Unterschiede ihrer Verteilung im Raum nicht erkennen läßt (Abb. 10). Diese war in ähnlicher Weise schon im präkolum-

bischen Siedlungsmuster angelegt, das seinerseits ganz wesentlich von den naturgeographischen Bedingungen abhing. Im Gegensatz zu den klimatisch begünstigten Beckenlandschaften der zentralen und südlichen Hochländer waren die ausgedehnten Trockengebiete im Norden kaum bevölkert. Aber auch die feucht-tropischen Tiefländer auf der karibischen Seite waren für eine dichte und dauerhafte Besiedlung nur teilweise geeignet. Diese Grundstruktur prägt noch heute die Bevölkerungsdichte mit einem annähernd zentralperipheren Gefälle von über hundert bis unter fünf Ew./km^2. Wie groß die Unterschiede auf relativ kleinem Raum sein können, zeigt das Beispiel des Gebirgsabfalls von der Sierra Madre Oriental zur Golfküste im Gebiet von *Teziutlán* (Abb. 40; vgl. auch SEELE/WOLF 1976).

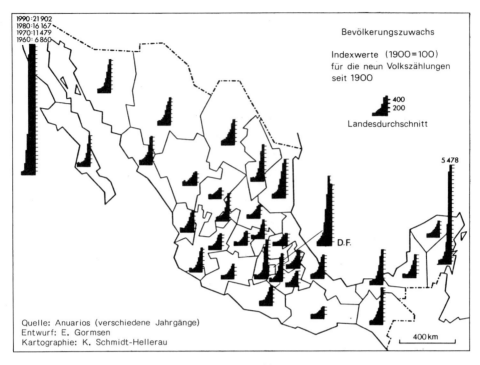

Abb. 11: Bevölkerungszuwachs in Mexiko 1900–1990

Weniger selbstverständlich erscheint demgegenüber die Verbreitung der Zuwachsraten in den verschiedenen Landesteilen. Abb. 11 ergibt nämlich ein völlig konträres Bild. Überdurchschnittliche Indexwerte weisen nicht nur die zentralen Regionen auf, sondern auch die Randgebiete; und die Extreme finden sich in den äußersten Peripherien. Die Hauptstadt (D. F.) hat seit der Jahrhundertwende mehr als die fünfzehnfache Einwohnerzahl erreicht (Index: 1520). Sie beansprucht den zweifelhaften Ruhm, Zentrum des größten Verdichtungsraumes der Dritten Welt zu sein und mit den Agglomerationen von New York und Tokio zu konkurrieren. México-Stadt erscheint damit als herausragendes Beispiel für besonders starke Pull-Faktoren, d. h. für die weit verbreitete Hoffnung, mit dem Zuzug in die Metro-

pole einen sozialen Aufstieg zu erreichen oder mindestens eine Verbesserung der Lebensverhältnisse (vgl. CORNELIUS 1975; KEMPER 1977; MUÑOZ u. a. 1977).

Die höchsten Zuwachsraten – wenn auch bei sehr niedrigen Ausgangswerten – hatten aber Baja California von 7600 bis 1,66 Mio. (Index 21900) und Quintana Roo (1910–1990) von 9000 bis 493000 (Index 5478). Es folgen weitere periphere Staaten einschließlich Chiapas, das seine Zunahme allerdings den hohen Geburtenüberschüssen zu verdanken hat. Dazu kommt der Staat Mexico, der bis 1950 unter dem Landesdurchschnitt lag, weil damals eine starke Abwanderung in die benachbarte Hauptstadt vorherrschte. Seitdem hat er aber die Spitzenstellung vor dem D. F. erreicht, und zwar als direkte Folge der ausufernden Verstädterung der

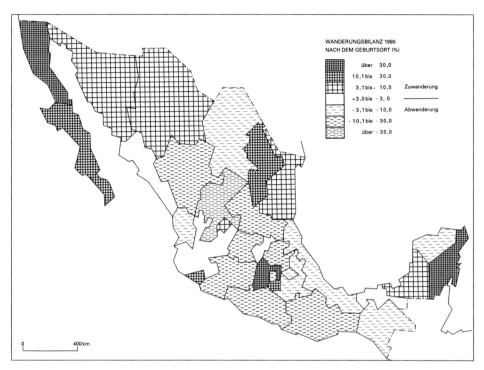

WANDERUNGSBILANZ 1990
NACH DEM GEBURTSORT (%)

über 30,0	
10,1 bis 30,0	
3,1 bis 10,0	Zuwanderung
+3,0 bis -3,0	————
-3,1 bis -10,0	Abwanderung
-10,1 bis -30,0	
über -30,0	

Quelle: Censo General de Población 1990

Abb. 12: Wanderungsbilanz in Mexiko nach Staaten 1990

Hauptstadt-Agglomeration, d. h. einer Umkehrung der Migrationsrichtung über die Nord- und Ostgrenzen des D. F. hinaus (S. 67).

Demgegenüber haben die früher volkreichsten Gebiete des zentralen und südlichen Hochlandes durchweg unter dem Mittelwert des Landes zugenommen. Ihr ehemals hoher Anteil an der Bevölkerung ist kontinuierlich zurückgegangen, obwohl ihr natürlicher Zuwachs immer noch deutlich über 30‰ beträgt, wenn auch mit sinkender Tendenz. In diesen Staaten haben die Modernisierungsvorgänge und damit der demographische Übergang relativ spät eingesetzt, doch inzwischen hat die Sterberate überall minimale Werte unter 9‰ erreicht. In der nördlichen Peripherie hat sie dagegen relativ früh abgenommen

und lag schon um 1930 bei etwa 20‰. Aber auch die Geburtenrate ging dort bereits um 1960 zurück, so daß der Geburtenüberschuß heute unter dem Landesdurchschnitt liegt.

3.2.2
Bevölkerungswanderungen und ihre Hintergründe

Offenbar hängen diese Unterschiede im generativen Verhalten mit bedeutenden Wanderungsbewegungen zusammen. Abb. 12 stellt den Migrationssaldo dar, d. h. die Differenz zwischen Zu- und Abwanderungen ausgedrückt in Prozent der Einwohnerzahl des betreffenden Staates im Jahr 1990. Als Migranten erfaßt wurden dabei fast 14 Millionen Personen (17,4% der Gesamtbevölkerung), die in einem anderen Bundesstaat geboren waren, unabhängig vom Zeitpunkt der Wohnsitzverlegung und von weiteren Umzügen, die zwischen dem Geburtsort und dem Wohnort am Tag der Volkszählung stattgefunden haben.

Die höchsten Werte weist wieder die Peripherie auf. In Quintana Roo (54%) handelt es sich um eine Folge der staatlichen Fremdenverkehrspolitik, die 1970 zur Gründung des Seebades Cancún führte und mit dem Tourismusboom einen entsprechenden Zustrom von Arbeitskräften in das kaum besiedelte Gebiet ausgelöst hat (S. 233).

Der Wanderungsgewinn von Baja California (41%) und anderen Staaten Nordmexikos hängt dagegen mit der Grenzlage zusammen. Seit Beginn des Jahrhunderts sind zahllose Mexikaner in die USA übergewechselt, wo sie den Farmern als billige Erntearbeiter hoch willkommen waren. So wurde ein erster Höhepunkt in den 20er Jahren mit 459000 legalen und rund einer Million illegalen Einwanderern aus Mexiko erreicht. Nach einem Rückgang während der Wirtschaftskrise wurde 1942 wegen des kriegsbedingten Arbeitskräftemangels in den USA eine zwischenstaatliche Vereinbarung getroffen, nach der mehrere hunderttausend Mexikaner pro Jahr als sog. *braceros* in der nordamerikanischen Landwirtschaft arbeiten durften. Insgesamt haben an diesem Programm 5,2 Mio. Mexikaner teilgenommen, die meisten allerdings als Saisonkräfte. Starker Widerstand der US-Gewerkschaften führte 1964 zur Kündigung des Vertrages. An seiner Stelle wurde 1965 das sog. *Border Industrialization Program* beschlossen. Sein Hauptziel bestand in der Gründung von Lohnveredelungsfabriken (*maquiladoras*) durch US-Unternehmen auf der mexikanischen

Seite der Grenze, um damit Industriearbeitsplätze an Stelle der Beschäftigungen in der Agrarwirtschaft der USA zu schaffen (S. 189).

Doch mit dem zunehmenden Bevölkerungsdruck im ländlichen Mexiko stieg die Zahl der illegalen Grenzgänger rapide an. Von etwa einer Million im Jahr 1976 wurden immerhin 800000 aufgegriffen und abgeschoben, und der bisherige Höchststand wurde 1986 mit 1,5 Millionen Deportierten erreicht. Die meisten bleiben in der Grenzregion, um bei nächster Gelegenheit erneut ihr Glück zu versuchen; doch schließlich läßt sich ein immer größerer Teil auf Dauer in den Hüttenvierteln am Rande der Grenzstädte nieder, was zum explosionsartigen Bevölkerungszuwachs in Tijuana (1940: 165000 Ew., 1990: 745000 Ew.), Ciudad Juárez (1940: 48900 Ew., 1990: 789500 Ew.) u. a. geführt hat. Trotz aller Probleme soziokultureller Art bieten sich hier den Migranten, auch abgesehen von den maquiladoras, vielfach bessere Möglichkeiten zu einem auskömmlichen Lebensunterhalt als in den armen Heimatgebieten. Es handelt sich großenteils um formelle und informelle Dienstleistungen, die mit dem außerordentlichen Tagestourismus aus den USA, der Produktion und dem Verkauf von Kunsthandwerk sowie – eng damit in Verbindung – der Einrichtung einer Zollfreiheitszone zusammenhängen (JONES 1982; BURKARD 1988; NOLASCO 1989; NOLASCO u. a. 1990; ACEVEDO 1990; vgl. S. 257).

Hohe Wanderungsgewinne haben neben anderen Periphergebieten die Staaten Mexico (34%) und Morelos (18%) im Zentrum. Abwanderungsüberschüsse finden sich vor allem in den Gebirgsregionen, wobei Zacatecas (–34%) eindeutig an der Spitze steht. Chiapas zeigt insgesamt die geringste Mobilität (+3,3% Zuwanderer –7,3% Abwanderer = –4% Saldo), z. B.

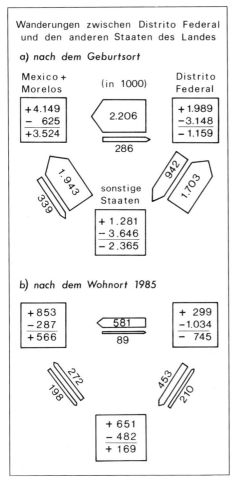

**Abb. 13: Migrationssaldo
des Distrito Federal 1990**

Die Abweichungen vom nationalen Mittelwert der Wanderungen während dieser Fünfjahresperiode sind beträchtlich. Überdurchschnittliche Zuzüge, d. h. eine steigende Dynamik, verzeichneten neben der äußeren Peripherie (Quintana Roo 18,1%, Baja California 12,9%, Baja California Sur 6,5%, Chihuahua 3,7%, Colima 3,5%) auch einzelne Staaten im Hochland, die in den letzten Jahren einen wirtschaftlichen Aufschwung erlebt haben (Mexico 6,1%, Morelos 5,0%, Queretaro 4,3%, Aguascalientes 4,3%). Starke Verluste hatte dagegen außer den ländlich geprägten Bergländern (Oaxaca –2,5%, Zacatecas –3,0%, Guerrero –3,3%, Durango –3,6%) vor allem der Distrito Federal (–10,1%, vgl. Abb. 13). Alle übrigen Staaten lagen zwischen +2% und –2%.

Viele Einzelheiten können leider nicht dargestellt werden, z. B. der hohe Anteil an Wanderungen, die in einen direkt benachbarten Staat gehen, etwa von Yucatán nach Quintana Roo. Und bedauerlicherweise sind keinerlei Statistiken über Wanderungen zwischen einzelnen Gemeinden innerhalb eines Staates verfügbar, also auch nicht zwischen den großen Städten und ihrem Umland.

Bemerkenswert ist allerdings die Situation des *Distrito Federal* (D. F.). Dieser Bundesdistrikt wurde 1824 aus dem Staat Mexico herausgeschnitten und unter die Verwaltung der Zentralregierung gestellt. Er umfaßt mit 1479 km² den Hauptteil des Beckens von Mexico, das von hohen Vulkanketten umgeben ist und nur im Norden in relativ flache Hochebenen übergeht. Außer México-Stadt im engeren Sinne *(Ciudad de México)* schließt der D. F. mehrere alte Städte und Dörfer ein. Das gesamte Gebiet ist heute in 16 *Delegaciones* gegliedert. Es wurde inzwischen bis an die im Süden und Westen ansteigenden Gebirgshänge bebaut, weshalb eine städtische Expansion nur noch nach Norden

auch im Gegensatz zu Veracruz (+9,4% –14,1% = –4,7%), das in der Bilanz unter dieselbe Rubrik fällt.

Dieses Verteilungsmuster hat sich in seinen Grundzügen seit einigen Jahrzehnten kaum verändert. Um aber einen Eindruck über Tendenzen der Wanderungsdynamik zu gewinnen, wurde im Zensus von 1990 auch nach dem Staat gefragt, in dem man 1985 gewohnt hatte, denn immerhin waren 5% der Bevölkerung in einen anderen Staat umgezogen.

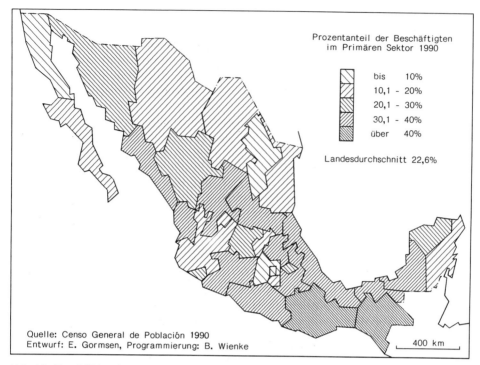

Prozentanteil der Beschäftigten
im Primären Sektor 1990

bis   10%
10,1 - 20%
20,1 - 30%
30,1 - 40%
über   40%

Landesdurchschnitt 22,6%

Quelle: Censo General de Población 1990
Entwurf: E. Gormsen, Programmierung: B. Wienke

400 km

Abb. 14: Beschäftigte im Primären Sektor Mexikos 1990

und Osten auf Flächen außerhalb des D. F. möglich ist. Daher wurde 1970 eine Planungskommission für die erweiterte Hauptstadtregion gebildet. Diese *Zona Metropolitana de la Ciudad de México (ZMCM)* umfaßte 1990 gut 15 Mio. Einwohner, von denen schon mehr als ein Drittel in den 27 Municipios wohnten, die zum Staat Mexico gehören (Abb. 28).

Erst in den 1950er Jahren begannen einige nördliche Nachbarorte (z. B. Naucalpan, Tlalnepantla, Ecatepec) stärker zu wachsen, die heute jede für sich Großstädte mit bis zu 1,2 Mio. Einwohnern sind. 1960 wohnten schon 73 682 Personen im Staat Mexico, die im Distrito Federal geboren waren, davon 67 765 im Bereich der heutigen Zona Metropolitana. Doch die Wanderungsbilanz gegenüber dem D. F. war negativ. Unterdessen haben sich

die Richtungen umgekehrt; es ist zu einer immer stärkeren Abwanderung aus der Hauptstadt, insbesondere aus ihren zentralen Stadtteilen, in die benachbarten Staaten Mexico und Morelos gekommen, während der Zustrom aus den übrigen Landesteilen noch anhielt. Seit zwei Jahrzehnten weist aber der Migrationssaldo insgesamt eine deutlich abnehmende Tendenz auf, von +1,53 Mio. (+22%) 1970 über +372 000 (+4%) 1980 auf einen negativen Wert von −1,16 Mio. (−14%) 1990, was in absoluten Zahlen einen Verlust von 1,14 Mio. Einwohnern (9,37–8,23 Mio.) zwischen 1980 und 1990 bedeutet (Abb. 27).

Aufschlußreich erscheint die Position des Landeszentrums im Rahmen der jüngsten Bevölkerungsverschiebungen (Abb. 13). Bezogen auf die Geburtsorte konnte die enorme Abwanderung aus dem

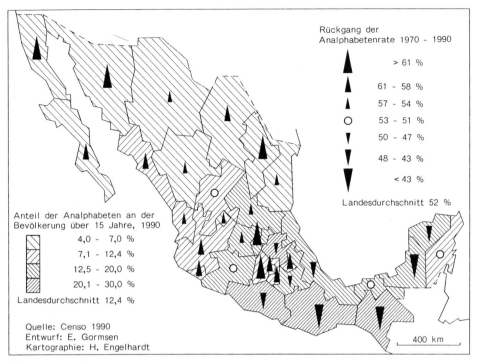

Rückgang der
Analphabetenrate 1970 - 1990

▲ > 61 %

▲ 61 - 58 %

▲ 57 - 54 %

O 53 - 51 %

▼ 50 - 47 %

▼ 48 - 43 %

▼ < 43 %

Landesdurchschnitt 52 %

Anteil der Analphabeten an der
Bevölkerung über 15 Jahre, 1990

4,0 - 7,0 %

7,1 - 12,4 %

12,5 - 20,0 %

20,1 - 30,0 %

Landesdurchschnitt 12,4 %

Quelle: Censo 1990
Entwurf: E. Gormsen
Kartographie: H. Engelhardt

400 km

Abb. 15: Analphabeten in Mexiko 1990 und Veränderung der Analphabetenrate seit 1970

D. F. in die Staaten Mexico und Morelos selbst durch den beträchtlichen Wanderungsgewinn von außen nicht mehr ausgeglichen werden (s. o.). Von den 14 Millionen Wanderungen im ganzen Land spielten sich 2,6 Mio. (19%) innerhalb der Zentralregion ab, 4,9 Mio. (35%) geschahen im Austausch mit allen übrigen Staaten und immerhin 6,5 Mio. (46%) betrafen Umzüge zwischen eben diesen Staaten. Damit wird deutlich, daß die Hauptstadt nicht mehr der einzige Magnet für Migranten ist. Und dieser Trend hat sich seit 1985 noch verstärkt, denn in diesem Zeitraum war ein negativer Migrationssaldo des D. F. auch mit den restlichen Teilgebieten des Landes zu verzeichnen und die Wanderungsintensität war sowohl innerhalb der Zentralregion als auch außerhalb größer als zwischen beiden Staatengruppen.

3.3
Sozio-kulturelle und ökonomische Disparitäten der Bevölkerungsstruktur

Mexiko hat in den letzten Jahrzehnten erhebliche Schritte von einem Agrarland zu einem Industrieland durchgemacht (s. u.). Daher können zum Verständnis der regional differenzierten Bevölkerungsbewegungen in erster Linie einige Angaben über die Wirtschafts- und Verhaltensweisen der traditionellen Agrargesellschaft herangezogen werden. Beschäftigte im primären Sektor (Abb. 14) sind aus klimatischen Gründen in den nördlichen Trokkengebieten am geringsten vertreten, wobei Nuevo León mit dem bedeutenden Schwerindustriezentrum Monterrey eine Sonderstellung einnimmt. Selbstverständlich fällt die Hauptstadtregion heraus,

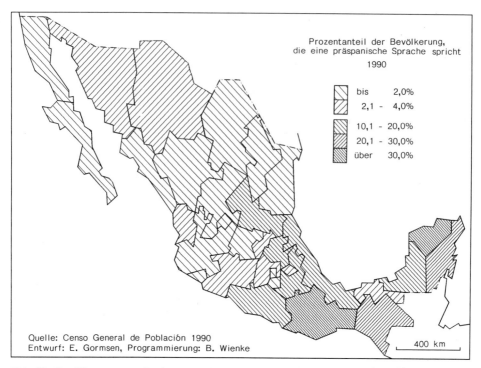

Abb. 16: Bevölkerungsanteil mit vorspanischen Sprachkenntnissen in Mexiko 1990

ebenso Jalisco, wo die Millionenstadt Guadalajara dominiert. Dagegen treten mit über 30% mehrere Staaten in den zentralen und südlichen Teilen des Landes hervor, in denen noch viele Kleinbauern eine Subsistenzwirtschaft betreiben. Die höchsten Werte erreichen Chiapas mit 58% und Oaxaca mit 53%.

Der Anteil der Analphabeten hat in den letzten zwei Jahrzehnten von 25,8% (1970) über 20,9% (1980) auf 12,4% (1990) abgenommen (Abb. 15). Ihre absolute Zahl ist jedoch bis 1980 von 6,7 auf 8,1 Mio. angestiegen und erst danach auf 6,1 Mio. gefallen. So hatten 1990 immerhin neun Einzelstaaten mehr Analphabeten als 1970. Darunter sind wichtige Zuwanderergebiete, wahrscheinlich weil sie viele ungelernte Kräfte aufgenommen haben. Die Unterrichtsprogramme konnten also

mit dem enormen Bevölkerungsanstieg nur mühsam Schritt halten (vgl. GORMSEN 1986a, S. 159f.). Die praktische Lese- und Schreibfähigkeit dürfte ohnehin geringer sein, da viele Kinder die Schule vorzeitig verlassen (S. 210). Im übrigen gibt es starke Abweichungen vom landesweiten Rückgang der Analphabetenrate, der 52% betrug. Die nach oben gerichteten Pfeile in Abb. 15 bedeuten stärkere, die nach unten gerichteten geringere Abnahmen, d. h. eine ungünstige Entwicklung von 1970 bis 1990. Sie finden sich in den mittleren und südlichen Staaten.

Die Bevölkerung mit indianischen Sprachkenntnissen (Abb. 16) zeigt ein ähnliches Verteilungsmuster wie die Beschäftigten im primären Sektor und die Analphabeten. Ihre Zahl ist von 1970 bis 1990 um 1,2 Mio. gestiegen, weshalb ihr

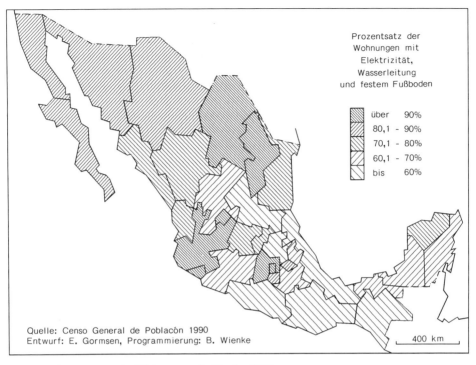

Abb. 17: Ausstattung der Wohnungen in Mexiko 1990

Prozent-Anteil fast unverändert blieb. Dies ist ein weiteres Indiz für traditionelles Verhalten, das in der gegebenen Situation erhebliche Probleme für eine wirtschaftliche Entwicklung der rapide zunehmenden Bevölkerung mit sich bringt.

Trotz beträchtlicher Maßnahmen des Staates zur Verbesserung der Lebensverhältnisse im ländlichen Raum lassen zahlreiche Indikatoren der materiellen und kulturellen Versorgung der Bevölkerung noch große Disparitäten zwischen den verschiedenen Landesteilen erkennen, deren Determinanten im Kap. 11 zusammenhängend diskutiert werden. So zeigt sich bei der Ausstattung der Wohnungen mit Elektrizität, Wasserleitung und festem Fußboden insgesamt ein Nord-Süd-Gefälle sowie eine Bevorzugung der Gebiete mit hohem Anteil großstädtischer Bevölkerung (Abb. 17; Tab. 3).

Unter solchen Aspekten erscheint die Umsiedlung in die Stadt für viele ein erstrebenswertes Ziel, obwohl einige gravierende Folgen mit der explosionsartigen Verstädterung der jüngsten Zeit verbunden sind. 1990 lebten bereits 20 Millionen Menschen (25% der Gesamtbevölkerung) in den drei größten Stadtregionen México-Stadt (15,1 Mio.), Guadalajara (2,9 Mio.) und Monterrey (2,3 Mio.). Sie hatten also mehr Einwohner als 1940 das ganze Land mit 19,7 Mio., darunter 1,8 Mio. (9%) im *Distrito Federal*. Insgesamt ist die Bevölkerung der zehn größten Städte mit ihren Agglomerationen von 2,9 Mio. (1940) auf 26 Mio. (1990) angewachsen. Extrembeispiele sind Tijuana (s. o.) und Acapulco (23 000–563 000 Ew.). Ihre Randzonen sind von unzähligen Hütten besiedelt, denen zum großen Teil ein Anschluß an das städtische Versorgungssystem fehlt.

	Haushalte (1000)	Elektrizität %	Wasser- leitung · %	Abwasser %
Mexiko 1970	8 286	59	61	42
Mexiko 1990	16 035	88	79	64
Ausgewählte Staaten und Städte 1990				
Chiapas, ländlich	490	61	54	32
San Cristóbal	14	90	77	78
Distrito Federal	1 789	99	96	94
Guerrero	502	78	57	38
Jalisco, ländlich	403	88	84	66
Guadalajara	331	98	97	97
Tlaquepaque	59	91	70	77
Tonalá	29	86	53	72
Zapopan	139	92	82	88
Staat México, ländlich	604	86	78	47
Chalco*	43	95	14	18
Chimalhuacan*	43	89	79	43
Ecatepec*	238	97	87	86
Ixtapaluca*	23	90	66	59
Naucalpan*	157	99	97	97
Nezahualcóyotl*	240	99	96	98
Nicolas Romero*	28	97	83	78
Toluca	66	98	91	91
Oaxaca	587	76	58	30
Puebla, ländlich	497	78	63	27
Puebla-Stadt	213	97	87	90
Cholula	10	97	67	67
Quintana Roo	106	82	78	56
Cancún	40	77	74	68
Tabasco	285	85	58	63
Veracruz	1 263	74	60	53
Yucatán	274	90	72	46

* Gemeinden der ZMCM

Quelle: Censo 1990

Tab. 3 Anschluß der Haushalte in Mexiko an Elektrizität, Wasserleitung, Kanalisation

4 Die mexikanische Stadt

Städte sind allerdings in Mexiko keine Errungenschaft der modernen Zeit. Vielmehr gab es schon vor der Conquista eine bedeutende Stadtkultur, und die Gründung von Städten hatte eine hohe Priorität in der spanischen Kolonialpolitik. Von diesen Stützpunkten aus sollte eine kleine Zahl von Europäern in der Lage sein, die eroberten Gebiete zu beherrschen, zu missionieren und neu zu ordnen; sie sollten Zentren der wirtschaftlichen Erschließung und Ausbeutung sein.

4.1 Entwicklung und Erscheinungsbild der Kolonialstadt

Das heutige Erscheinungsbild fast aller mexikanischen Städte läßt erkennen, daß die Spanier hier, wie in ihrem ganzen Kolonialreich, einem einheitlichen Konzept gefolgt sind. Tatsächlich hat Philipp II. im Jahr 1573 ein umfassendes Gesetzeswerk zur Stadtplanung erlassen: Die *Ordenanzas de Descubrimiento y Población* (Anordnungen zur Entdeckung und Besiedlung) sollten der Universalmonarchie eine gültige Form verleihen. In Anlehnung an das Handbuch *De architectura* des römischen Städtebauers Vitruvius regeln 36 Artikel Form und Struktur der Stadt. Hauptanliegen waren die Ortswahl, eine ausreichende Ventilation, die Lage der zentralen Institutionen am Hauptplatz *(plaza)* und die geometrische Raumgliederung (vgl. STANISLAWSKI 1947; WILHELMY/BORSDORF 1984). Der seit der Antike für Kolonialstädte bevorzugte Schachbrettgrundriß wurde vorgeschrieben. Da hierbei meist keine Rücksicht auf das Relief genommen wurde, führen in manchen Städten schnurgerade Straßen an extrem steilen Hängen hinauf. In der Kolonialzeit spielte dies allerdings eine untergeordnete Rolle, da Wagen als Transportmittel gegenüber Tragtieren kaum verbreitet waren.

Die *plaza* sollte einen Straßenblock *(manzana)* im Zentrum einnehmen. Hier sollten die Kirche, der weitgehend unabhängige Stadtrat *(cabildo)* sowie andere zentrale Funktionen und die städtische Oberschicht ihren Standort finden. Daher wurden lateinamerikanische Plätze weitaus monumentaler gestaltet als vergleichbare Räume im mittelalterlichen Spanien. So gab es Rückwirkungen auf Europa, etwa bei der rigorosen Neugestaltung der Plätze in Madrid und anderen spanischen Städten, die als *plaza mayor* in das unregelmäßige Netz der engen Gassen „hineingerodet" wurden. Doch das Erscheinungsdatum der *Ordenanzas* weist darauf hin, daß gewisse Grundprinzipien schon Jahrzehnte vorher bestanden. Sie hatten sich aus Idealstadt-Ideen der Renaissancezeit, Erfahrungen bei der *Reconquista* in Spanien und den Mustern vorspanischer Städte wie Tenochtitlán (S. 102) geformt. Insofern hatten die neuen Gesetze einen sanktionierenden und regulierenden Charakter der bisherigen Entwicklung (vgl. NEWIG 1977; GORMSEN/HAUFE 1992; GORMSEN 1994).

Trotz der einheitlichen Stadtplanung zeigen die Kolonialstädte in Mexiko einige Besonderheiten. So wurde in México-Stadt und einigen anderen Städten das rechtwinkelige Straßenraster nicht quadratisch,

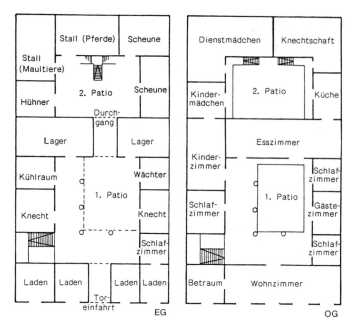

Quelle: BÜHLER 1990a

Abb. 18: Nutzungsschema eines mexikanischen Patio-Hauses

sondern rechteckig (80×160 m) ausgelegt, was die Grundstücksgliederung der *manzanas* erleichterte. Häufig ließ die Genauigkeit der Vermessung in der Frühzeit etwas zu wünschen übrig, während andererseits auch Dörfer regelmäßig angelegt wurden.

Im übrigen wird die Geschlossenheit der Straßenfronten durch die einheitliche Bauweise des *patio*-Hauses betont, das vom römischen Atrium abgeleitet ist, d. h. alle Räume öffnen sich auf einen oder mehrere Innenhöfe mit Arkaden, während die Außenfassade nur durch das Eingangsportal und wenige vergitterte Fenster gegliedert ist. Diese Grundform bestimmte, unabhängig von der Größe und Funktion eines Hauses, das Stadtbild durch annähernd vier Jahrhunderte und schloß prächtige Klöster und Paläste ebenso ein wie geteilte *patio*-Häuser am Stadtrand (Abb. 18).

Große Unterschiede von Stadt zu Stadt hängen hauptsächlich von der Wirtschaftskraft im historischen Wandel ab. So erklären sich die bescheidenen Stadtbilder in den Gebieten, die während der Kolonialzeit keine bedeutenden Exportprodukte anbieten konnten. Ihre Architektur beschränkt sich auf einfache Muster: einstöckige *patio*-Häuser mit verputztem Mauerwerk und einem leicht geneigten, wenig überstehenden Dach aus mediterranen Ziegeln, im Tiefland häufig mit Arkaden an der Straßenfront (C. 57). Auch die schlichten Kirchen treten kaum hervor.

Prunkvoll präsentieren sich demgegenüber die wohlhabenden Städte an Hauptverkehrswegen, in reichen Plantagenzonen und vor allem in Silberbergbaugebieten. Ihr Erscheinungsbild wird bestimmt durch regionale Ausprägungen der Renaissance, des Barock und des Klassizismus. Im

Quelle: BÜHLER 1990a

Abb. 19: Azulejo-Fassade eines Bürgerhauses aus dem 18. Jh. in Puebla

Hochland sind sie oft zwei- bis dreistöckig und tragen flache Dächer. Ihre Landschaftsverbundenheit kommt darin zum Ausdruck, daß nicht nur die Kirchen, sondern auch viele Bürgerhäuser aus Werksteinen der Umgebung aufgeführt wurden und allein schon durch Farbe und Textur des jeweiligen Gesteins eine Individualität ausstrahlen. Beispiele hierfür sind México-Stadt, Morelia, Oaxaca und San Luís Potosí. Eine Besonderheit im ehemals spanischen Herrschaftsbereich ist jedoch die ornamentale Fassadenverkleidung aus *azulejos* (farbigen Kacheln) und roten Ziegelplatten in Puebla (Abb. 19). Einige Minenorte sind eng in die Berglandschaft eingebunden. Guanajuato in seinem gewundenen Tal und Taxco, das aus mehreren Kernen zusammengewachsen ist, lassen keine planmäßige Anlage erkennen (C. 68, 69). Mit ihren winkeligen Gassen bilden sie heute bevorzugte Ziele für Touristen aus den USA, zumal die reichen Minenbesitzer aufwendige Bauten errichteten und großartige Barockkirchen stifte-

ten, z. B. Santa Prisca in Taxco, La Valenciana in Guanajuato und die Kathedrale in Zacatecas mit ihrer einmaligen Steinmetzfassade im Churriguerescostil, die jedem Vergleich mit Rokokofassaden in Europa standhält.

Überhaupt spielte die Kirche in der Kolonialzeit eine tragende Rolle. Neben Mission und Seelsorge umfaßte sie alle Bereiche der Bildung, des Sozial- und Gesundheitswesens. In manchen Orten besaß sie bis zur Hälfte des gesamten Grund und Bodens. Klöster wie San Francisco in México-Stadt oder Santo Domingo in Puebla und Oaxaca nahmen mit ihren Nebengebäuden und Gärten zwei oder mehr *manzanas* ein, und México-Stadt und Puebla erinnern mit ihren Kathedralen an den Typus der mittelalterlichen Bischofsstadt. Dabei stand das städtische Leben demjenigen im spanischen Mutterland nicht nach. Das zeigt schon der hohe Aufwand an damals moderner Infrastruktur, z. B. die Aquädukte zur Trinkwasserversorgung in Morelia, Querétaro u. a., die

z. T. heute noch die Barockbrunnen spei-
sen. Es gilt aber auch für die vielfältige
koloniale Kunst, die von den europäischen
Stilrichtungen inspiriert und doch eigen-
ständig weiterentwickelt wurde, und zwar
nicht nur in den Kirchen, sondern auch in
der bürgerlichen Wohnkultur. Das Thea-
tergebäude von 1759 in Puebla gilt als das
älteste auf dem amerikanischen Kontinent.

4.2
Städtischer Strukturwandel
seit dem 19. Jahrhundert

Das innere Gefüge der mexikanischen
Kolonialstadt entsprach bis weit ins 19. Jh.
hinein dem Modell, das J. G. Kohl 1841
für die vorindustrielle Stadt in Europa
entworfen hat (GORMSEN 1986, S. 209). Es
zeigt ein zentral-peripheres Gefälle aller
Lebensäußerungen, das von der *plaza*
ausgeht. Diese bildet als Marktplatz und
Versammlungsort den Kristallisations-
punkt des gesellschaftlichen und wirtschaftlichen Lebens (C. 104). Seit jeher
bietet sie den Rahmen für religiöse
Prozessionen, Militärparaden und akkla-
matorische Rituale, mit denen sich die
Mächtigen feiern lassen, aber auch für
Demonstrationen und Umsturzbewegun-
gen. Rings um die *plaza* konzentrieren sich
die monumentalen Gebäude der weltlichen
und der kirchlichen Macht sowie die großen Handelshäuser und die Palais der
Oberschicht. Gegen den Rand nehmen die
Gebäudegrößen und die Qualität der Fas-
sadengestaltung sowie die Bodenwerte, der
soziale Status und die Bevölkerungsdichte
kontinuierlich ab. Dieses Grundmuster läßt
sich bis heute in kleineren Städten beobachten, die in provinzieller Stagnation
verharren (GORMSEN 1966). Dynamische
Städte sind dagegen nicht nur durch starke
Erweiterungen am Rande gekennzeichnet,
sondern auch durch beträchtliche Eingriffe

in die Substanz der kolonialen Altstadt.
Die Veränderungen erfolgten in mehreren
Phasen und zu unterschiedlichen Zeiten
entsprechend der jeweiligen Bedeutung
der Stadt (Abb. 20; GORMSEN 1981a).

Zunehmende Weltmarktverknüpfung,
Ansätze zur Industrialisierung und der
Eisenbahnbau haben vor allem im *Porfiriat* wirtschaftliche Entwicklungen und
eine erhöhte Nachfrage nach Gütern und
Dienstleistungen angeregt und damit die
städtischen Zentren gestärkt. Dies bedeutete
Zuwanderungen und Stadterweiterungen
sowie einen wachsenden Flächenanspruch
für Geschäftsräume in zentraler Lage. Er
konnte anfangs durch Dächer über den
Innenhöfen erfüllt werden, dann durch
Aufstockung oder Neubau, bis hin zu
Hochhäusern. Früher oder später führte
dies zum Auszug der eingesessenen Bürger in neue Villen im europäischen Stil,
die zunächst am Rand der kolonialen Altstadt im Anschluß an Parkanlagen (*paseo,
alameda*) entstanden (C. 103). Mit fortschreitender City-Bildung wurden auch sie
von geschäftlichen Nutzungen überprägt,
weshalb ihr Wohnwert absank und sich die
Oberschicht in neuen Vierteln weiter draußen niederließ (vgl. AMATO 1970).

Dieser wirtschaftlich-administrative Konzentrationsprozeß vollzog sich, ausgehend
von der *plaza*, nicht flächenhaft ringför-
mig, sondern überwiegend in der durch
den *paseo* vorgegebenen Hauptrichtung,
die häufig in eine Prachtstraße überging
(Paseo de la Reforma in México-Stadt,
Av. Vallarta in Guadalajara, Av. Juárez in
Puebla). In vielen Städten ist erst seit den
50er Jahren die Hauptausfallstraße zu einer
breiten Avenida mit Grünstreifen und
Baumbestand ausgebaut worden. Sie dient
als Leitlinie für gute Wohngebiete,
Dienstleistungen, Autobetriebe, aber auch
moderne Fabriken (z. B. Paseo Tollocan in
Toluca). Wie in europäischen Altstädten
erhielt sich dagegen die überkommene

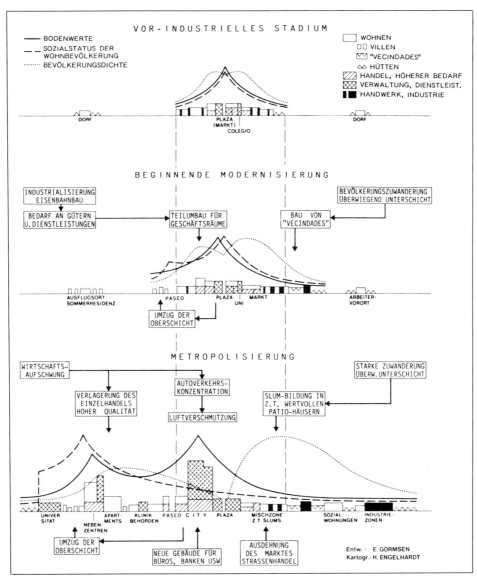

Quelle: GORMSEN 1990a

Abb. 20: Strukturwandlungen mexikanischer Städte seit der Kolonialzeit

Bausubstanz auf der entgegengesetzten, ökonomisch weniger interessanten Seite der Innenstadt (S. 81). Nach außen schlossen sich erste Fabriken und Wohngebiete der unteren Schichten an, darunter sog. *vecindades*. Das sind Einraumwohnungen mit Kochplatz, die an langen, offenen Gängen aufgereiht sind und meist nur einen Wasserhahn sowie unzureichende sanitäre Einrichtungen für 10 bis 20 Familien haben. Das Leben in solchen „Nachbarschaften" wurde von Oscar LEWIS (1963) eindringlich beschrieben.

	1910	1930	1950	1970	1990	Zuwachs pro Jahr (%)	Zentralität 1)	2)
Acapulco	6	7	29	179	515	108	−1	21
Aguascalientes H	45	62	93	184	440	11	−2	22
Campeche H	17	20	31	71	151	10	−7	53
Cancún (gegr. 1970)				(440)*	168	−	**	**
Cd. de México ZM	471	1049	3136	9211	15048	39	210	1
Cd. Juárez	11	40	123	415	790	92	5	6
Cd. Obregón	(38)*	8	31	117	220	7235	−2	25
Cd. Victoria H	12	18	32	86	195	19	−7	49
Celaya	23	24	34	81	215	10	−5	40
Chihuahua ZM H	40	46	87	263	531	15	4	9
Coatzacoalcos ZM	7	20	43	148	429	77	−1	20
Colima ZM H	25	21	33	70	117	5	−6	42
Córdoba ZM	10	16	33	80	168	19	−6	43
Cuernavaca ZM H	13	9	43	168	383	36	−1	19
Culiacán H	14	18	49	172	415	37	3	11
Durango H	32	36	60	157	348	12	−3	29
Ensenada	2	3	18	79	169	96	−5	37
Guadalajara ZM H	127	190	401	1382	2870	27	44	3
Guanajuato H	36	18	23	37	73	1	−8	55
Hermosillo H	15	20	44	180	406	34	0	17
Irapuato	21	29	49	118	265	14	−4	34
Jalapa ZM H	24	37	51	129	325	16	−4	33
La Paz H	6	8	13	47	138	30	−7	51
Lázaro Cárdenas				10	95	-	**	**
León ZM	58	69	123	386	920	19	4	10
Los Mochis	(1188)*	10	22	69	163	170	−3	32
Matamoros	7	10	46	141	266	44	−3	27
Mazatlán	21	29	42	126	263	14	−3	26
Mérida ZM H	62	95	143	217	592	11	2	14
Mexicali H	(462)*	15	65	263	438	1.185	4	8
Monclova ZM	7	7	19	80	263	47	−5	38
Monterrey ZM H	83	137	354	1096	2270	33	44	2
Morelia H	40	40	65	168	428	12	0	18
Nogales	3	14	24	53	106	40	−7	52
Nuevo Laredo	8	22	58	152	218	32	−3	30
Oaxaca ZM H	38	33	47	111	216	6	−4	36
Orizaba ZM	35	50	87	140	179	5	−7	45
Pachuca H	39	43	59	87	174	4	−6	41
Poza Rica (gegr. 1938)			15	133	152	−	−7	44
Puebla ZM H	96	115	227	513	1279	15	16	4
Querétaro ZM H	33	33	49	116	456	16	−2	24
Reynosa	(1475)*	5	34	140	266	224	−3	28
Saltillo H	35	45	70	164	421	14	−2	23
San Luís Potosí ZM H	68	74	132	254	659	11	2	13
Tampico ZM	19	90	135	277	516	33	2	12
Tapachula	9	13	30	62	139	18	−7	47
Tehuacán	7	11	23	48	139	22	−8	54
Tepic H	17	15	25	90	207	14	−5	39
Tijuana ZM	(733)*	8	60	341	745	1269	5	7
Toluca ZM H	31	41	53	150	604	23	2	15
Torreón ZM	59	99	247	432	792	16	7	5
Tuxtla Gutierrez H	10	15	28	68	290	34	−4	35

Fortsetzung Tabelle 4

	1910	1930	1950	1970	1990	Zuwachs pro Jahr (%)	Zentralität 1)	2)
Uruapan	13	17	31	84	188	17	−7	50
Veracruz ZM	49	68	101	223	473	11	2	16
Villahermosa H	12	15	35	104	261	25	−3	31
Zacatecas ZM H	26	19	24	51	115	4	−7	46
Zamora ZM	15	13	23	59	550	44	−7	48

1) Zentralitäts-Index nach KUNZ   H   Staatshauptstadt   *   absolute Zahl bei Werten <2000
2) Rangziffer der Zentralität   ZM Metropolitanzone   **   Cancún und Lázaro Cárdenas bei Kunz
                                                                         1992 noch nicht berücksichtigt

Quellen: UNKEL 1976; Censos; KUNZ et al. 1992

Tab. 4: Bevölkerungsentwicklung und Zentralität ausgewählter Städte 1910–1990 (1000 Einwohner)

Auch im Bereich der *plaza* wurden Um- und Neubauten für Behörden, Kaufhäuser, Hotels usw. in verschiedenen Stilrichtungen vorgenommen, die sich aber nach dem Bauvolumen in das vorhandene Gefüge einpaßten (BONET CORREA/DE LA MAZA 1980). Die oft aus ehemaligen Ordenskollegs *(colegio)* hervorgegangenen Universitäten wurden durch An- und Ausbauten modernisiert. Die *plaza* selbst wurde, meist schon im 19. Jh., mit Brunnen, Denkmälern, Bäumen und einem Musikpavillon *(Kiosko)* zu einem Schmuckplatz und abendlichen Treffpunkt der Bevölkerung umgestaltet. Daher verlegte man den Markt auf einen anderen Platz, in dessen Umgebung sich Geschäfte niederließen. Deren Angebot war auf die Ansprüche der unteren Schichten bzw. der Landbevölkerung ausgerichtet. So kam es allmählich zu einer sozio-ökonomischen Differenzierung des Hauptgeschäftsgebiets.

Etwa gleichzeitig wurde am Stadtrand ein regelmäßig gestalteter Park angelegt (in México-Stadt die Alameda, in Puebla der Paseo Bravo), in dem sich die Gesellschaft vor allem an den Sonntagen erging. Daran schlossen sich um 1900 die ersten Villenviertel im europäischen Stil an, d. h.

man stellte die herrschaftlichen Häuser in Gärten, ging also vom Prinzip des *patio* ab, umgab die Grundstücke aber meist mit einer hohen Mauer. Diese zunächst noch gering erscheinenden Folgen der beginnenden Modernisierung waren mit einer mäßigen Bevölkerungszunahme verbunden und bildeten die Basis für die fortschreitende asymmetrische Entwicklung der Stadt. Das zeigt die kaum merkliche Verschiebung der Bodenwerte ebenso wie der sekundäre Gipfel der „Statuskurve" über den neuen Wohngebieten und die damit zusammenhängende Veränderung der Bevölkerungsdichte (Abb. 20).

4.3 Großstadtentwicklung und Metropolisierung

Die enorme Bevölkerungszunahme der letzten fünf Jahrzehnte hat zahlreiche kleinere Städte zu Großstädten mit über 100 000 Einwohnern heranwachsen lassen. Sie werden jedoch nach mexikanischer Definition als Mittelstädte *(ciudad media)* bezeichnet, was in vielen Fällen ihrem Erscheinungsbild und ihrer funktionalen Bedeutung entspricht (vgl. KLEIN-LÜPKE

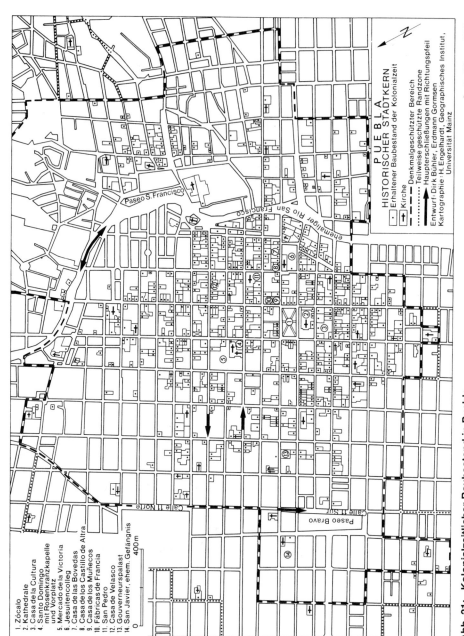

PUEBLA
HISTORISCHER STADTKERN
Erhaltener Baubestand der Kolonialzeit

☐ Denkmalgeschützter Bereich
Teilweise geschützte Randzone
✝ Kirche
········· Hauptschließungen mit Richtungspfeil

Entwurf: Dirk Bühler, Erdmann Gormsen
Kartographie: H.Engelhardt, Geographisches Institut,
Universität Mainz

Paseo S.Francisco
ehemaliger Rio San Francisco
Calle 11 Norte
Calle 11 Sur
Paseo Bravo

1. Zócalo
2. Kathedrale
3. Casa de la Cultura
4. Santo Domingo
   mit Rosenkranzkapelle
   und Vorplatz
5. Mercado de la Victoria
6. Jesuitencolleg
7. Casa de las Bóvedas
8. Casa de los Castillo de Altra
9. Casa de los Muñecos
10. Fábricas de Francia
11. San Pedro
12. Casa de Velasco
13. Gouverneurspalast
14. San Javier, ehem. Gefängnis

0   400 m

Abb. 21:   Kolonialzeitlicher Baubestand in Puebla

1991). Dabei war die Dynamik je nach Lagebeziehungen und wirtschaftlicher Grundlage sehr verschieden (Tab. 4). Geringe Zunahmen hatten Silberstädte wie Guanajuato und Zacatecas sowie mehrere Provinzstädte, die um 1900 schon relativ groß waren und nur langsam über ihre Funktion als Markt- und Verwaltungszentrum hinauswuchsen. Einige verzeichneten nach 1910 sogar absolute Verluste (z. B. Colima, Oaxaca, Querétaro). Starken Zuwachs hatten dagegen die Zentren aufstrebender Industrie-, Erdöl- und Agrarregionen sowie vor allem die Grenzstädte im Norden (vgl. UNIKEL u. a. 1976).

In jedem Fall kam es zu massiven Umstrukturierungen und Flächenerweiterungen, von denen die Altstädte nicht verschont wurden. Doch anders als in manchen Ländern Lateinamerikas blieb die Zahl der Hochhäuser im Inneren der mexikanischen Kolonialstädte relativ gering. In México-Stadt markieren sie die explosionsartig angestiegenen Grundstückspreise vom 44stöckigen Lateinamerikaturm am Westrand der Altstadt über mehrere Kilometer nach Westen (Paseo de la Reforma; C. 94) und Süden (Avenida de los Insurgentes). Mittlerweile sind sie in die dazwischen liegenden Flächen der sog. *Zona Rosa* eingedrungen. Die dortigen Villen der Jahrhundertwende wurden zunächst zu geschäftlichen und touristischen Zwecken umfunktioniert, bevor sie schließlich durch große Hotel- und Bürobauten ersetzt wurden. Es spielen sich also ähnliche Vorgänge ab wie in europäischen City-Erweiterungen (z. B. Frankfurter Westend).

Der Hauptplatz (in Mexiko überall *Zócalo* genannt) blieb im allgemeinen das Verwaltungszentrum mit Bischofspalast, Rathaus und Sitz der bundes- oder einzelstaatlichen Regierung. Hier wie im anschließenden Geschäftsgebiet lassen sich an der Bausubstanz und an verschiedenen Stilelementen die vielfältigen Umgestaltungen erkennen: Historische Gebäude wurden abgerissen und durch Neubauten ersetzt; außer den Kirchen sind relativ wenige Baudenkmäler aus der Kolonialzeit erhalten geblieben (Abb. 21). Da sie gewerblich genutzt werden, sind sie gut gepflegt. Vor allem die Banken betrachten sie gern als Prestigeobjekte für ihre Stammhäuser, während in Außenbereichen moderne Filialen gegründet werden. Die Einwohnerzahl in diesem zentralen Citybereich ist fast gleich Null; doch die Bodenpreise zählen nach wie vor zu den höchsten in der Stadt.

Im Gegensatz dazu blieben zwar auf der wirtschaftlich weniger florierenden Seite der Altstädte, nur wenige Schritte vom *Zócalo* entfernt, ganze Straßenzüge im Kolonialstil erhalten, und einzelne Gebäude dienen als Museum oder Sitz einer Behörde; doch häufig gelangt man durch kunstvolle Renaissance- oder Barockportale in völlig verwahrloste *patios* mit düsteren Wohnräumen und Werkstätten sowie kreuz und quer hängenden Wäscheleinen und Elektrokabeln. Diese ehemaligen Wohnpaläste wurden als *vecindades* an zahlreiche Familien vermietet und verkamen zu *slums*. Sie sind charakterisiert durch schwer geschädigte Bausubstanz, unzulängliche sanitäre Einrichtungen, schlecht belichtete und belüftete Räume, ein hohes Maß an Lärm und Luftverschmutzung und einen fast totalen Mangel an Freiräumen im Wohnumfeld.

Die Konzentration des tertiären Sektors im alten Zentrum führte in Verbindung mit den Unannehmlichkeiten des rapide zunehmenden Straßenverkehrs (S. 95) zum Auszug der letzten Familien der Bourgeoisie aus den Bereichen „jenseits der Kathedrale" und zur Verlagerung des gesellschaftlichen Lebens in die Außenbezirke (S. 76). Die Altstädte in den Metropolen sind trotz hoher Geschäftsdichte schon seit längerer Zeit keine Anziehungspunkte mehr für die Oberschicht. Folgerichtig ging das Niveau des Einzelhandels zurück. Bekleidungs- und Schuhläden entsprechen eher dem finanziellen Niveau der unteren bis mittleren Einkommensgruppen. Luxusgeschäfte sind dagegen mit Reisebüros, teuren Restaurants etc. in Subzentren umgezogen, deren Standorte sich mit den Villenvierteln immer weiter nach außen verschieben (S. 99). Schließlich hat auch die Aufblähung der Bürokratie zur Auslagerung von Behörden geführt. Sie finden sich z. T. in ehemaligen Wohngebäuden des *Porfiriats*, meist aber weiter draußen in Neubaukomplexen ähnlich wie moderne Krankenhäuser oder Schulen. Die Universitäten wurden ebenfalls ganz oder teilweise aus der Altstadt auf einen Campus *(Ciudad Universitária)* am Stadtrand verlegt.

Dagegen konnten sich die traditionellen Märkte lange Zeit im Zentrum behaupten, ja ihre Aktivitäten weiteten sich durch unzählige ambulante Händler des informellen Sektors in die benachbarten Straßen aus und verstärkten dadurch das Verkehrschaos und die damit verbundenen Umweltprobleme. Seit den 60er Jahren ist es in den meisten größeren Städte gelungen, die riesigen Marktplätze zu dezentralisieren. Das geschah einerseits in Hallen mit offenen und abschließbaren Ständen sowie hygienischen Einrichtungen, andererseits auf großen Betonflächen am Stadtrand, die vor allem für den Zustrom der ländlichen Bevölkerung an den traditionellen Markttagen gedacht sind, schließlich durch *mercados sobre ruedas* (Märkte auf Rädern; C. 95), die in einem festgelegten Wochenrhythmus mehrere Wohngebiete versorgen. Hinzu kam der Bau von Großmarkthallen, denn die alten Märkte hatten auch deren Funktion inne.

Tatsächlich haben diese Maßnahmen zu einer wesentlichen Entlastung der Stadtkerne geführt, wenn auch gelegentlich unter erheblichen Auseinandersetzungen zwischen den verschiedenen Interessengruppen und der Stadtverwaltung (vgl. MONNET 1990; La lucha de los vendedores ambulantes 1987). Offenbar nehmen Händler und Kunden nach einiger Zeit die neuen Märkte an, zumal sie von den einfachen Wohngebieten in den äußeren Stadtteilen und vom ländlichen Umland leichter zu erreichen sind. Doch der mehr oder weniger informelle Handel ist damit keineswegs verschwunden (S. 100).

Der Prozeß der Metropolisierung läßt sich in Abb. 20 nachvollziehen, wobei freilich die Profildarstellung einen hohen Grad der Generalisierung erfordert, der die flächenhafte Ausdehnung der verschiedenen Phänomene, insbesondere der Wohngebiete, nicht sichtbar machen kann. Die Nutzungsintensität nimmt nach außen allmählich ab, um erst in weiter entfernten unterschiedlichen Subzentren wieder zu kulminieren. Dem entspricht die Kurve der Bodenwerte, die außerhalb der City einen zweiten Gipfel im Bereich dieser Subzentren aufweist.

Die Asymmetrie kommt noch deutlicher bei der Verteilung des sozialen Status zum Ausdruck. Die oberen Schichten wohnen jetzt fast ausnahmslos in randlichen Villenvierteln (in México-Stadt und Puebla z. B. im W und S, in Guadalajara im Nordwesten und SW; vgl. HEINEBERG/ SCHÄFERS 1989). Die Kurve fällt von hier kontinuierlich zum anderen Extrem der Stadt ab: über neuere Apartmenthäuser, Mietwohnungen in den älteren Teilen der Innenstadt, degradierte Altstadtwohnungen, *vecindades* und Sozialwohnungen bis zu den randstädtischen Hüttenvierteln. Letztere kommen freilich auf besetztem Land auch in nächster Nachbarschaft zu den besten Villenvierteln vor. Hier spielen neben Lagepräferenzen die unterschiedlichen Grundbesitzverhältnisse eine Rolle. Die Bevölkerungsdichte ist dagegen in den

Cityrandgebieten jenseits der *plaza*, den anschließenden bescheidenen Wohnvierteln sowie in den Siedlungen des institutionellen Wohnungsbaus am höchsten. Sie geht nicht nur im Hauptgeschäftszentrum auf die niedrigsten Werte zurück, sondern auch am äußeren Stadtrand, und zwar in den großzügig durchgrünten Luxusvierteln ebenso wie in den noch nicht konsolidierten Spontansiedlungen und den großen Industriezonen.

4.4
Das Problem
der Stadterneuerung

Die einzelnen Phasen des oben geschilderten Strukturwandels können in Städten verschiedener Größe und Dynamik noch heute nebeneinander beobachtet werden. Nur in den Großstädten zeigt sich ein asymmetrisches Verteilungsmuster im oben beschriebenen Sinne. Daneben gibt es zahlreiche kleinere Städte, in denen derartige Veränderungen noch nicht oder nur in geringerem Maße eingetreten sind. Sie haben ihre ehemalige Bedeutung ganz oder teilweise verloren, weil zum Beispiel der frühere Bergbau erschöpft war (Real de Catorce; C. 132) oder Verkehrslinien verlegt wurden (San Miguel de Allende). Allgemein läßt sich also die Altstadtproblematik als Folge veränderter Lagebewertungen erkennen, denn ein bedeutender Städtebau kann nur in Blütezeiten der Stadt entstehen; diese kann aber ihre ursprüngliche Gestalt nur bewahren, wenn sie weder durch einen übermäßigen ökonomischen Aufschwung modernisiert, noch durch negative Einflüsse zerstört wird. In derartigen Städten leben heute noch einige Familien des alten Bürgertums in ihren angestammten Häusern mitten in der Stadt, z. B. in San Cristóbal de las Casas (Chiapas) und in Oaxaca. WHITE-

FORD (1964) konnte das in den 50er Jahren für Querétaro nachweisen, und in den 60er Jahren gab es noch einzelne Beispiele in Puebla (GORMSEN 1968, S. 181).

Entscheidend für die Unterschiede von Stadt zu Stadt und für die räumlichen Disparitäten in einem komplexen Stadtgefüge sind die wirtschaftlichen Kräfte einschließlich der Verteilung des Grundeigentums. Sie haben einerseits zur City-Entwicklung und Modernisierung, andererseits zum Verfall und zur sozialen Degradierung bis hin zur Bildung von *slums* geführt. Abgesehen vom Verlust historischer Gebäude war also die Wohnbevölkerung besonders betroffen. Sie wurde entweder verdrängt oder mußte immer schlechtere Lebensbedingungen in Kauf nehmen. Offenbar sind diese Prozesse vergleichbar mit denjenigen in Europa unter dem Einfluß der Industrialisierung des 19. Jhs., wo es zu einer ähnlichen Asymmetrie gekommen ist. Und dementsprechend besteht auch hier ein Erneuerungsbedarf. Er sollte sowohl die Pflege wertvoller Baudenkmäler einschließen, als auch die Sanierung der allgemeinen Bausubstanz und die Bewahrung des städtebaulichen Erscheinungsbildes bei gleichzeitiger tiefgreifender Verbesserung des sozio-ökonomischen Gefüges.

4.4.1
Rechtliche Grundlagen
der Stadterneuerung

Die Analyse des Strukturwandels läßt erkennen, daß bis in die jüngste Zeit wenig Verständnis für die aufgeworfene Problematik bestand. Historische Gebäude wurden nur dann erhalten, wenn es im Interesse der tragenden Schichten lag, etwa bei der Restaurierung eines Wohnpalastes oder eines Klosters für ein Museum, eine Bank oder ein Hotel. Eine noch geringere Rolle

6*

hat aber die Verbesserung der Lebens-
qualität für ihre Bewohner gespielt. Zwar
wurden in Mexiko schon im 19. Jh. mehrere Gesetze und Verordnungen zum Schutz
historischer Denkmäler erlassen. Doch
sie bezogen sich nur auf vorspanische
Ruinenstätten oder einzelne Monumente.
Immerhin ist bemerkenswert, daß mitten in
der Revolutionszeit, unter dem Interims-
präsidenten Victoriano Huerta (1914), eine
nationale Denkmalbehörde eingerichtet
wurde (GORMSEN/KLEIN/WÖLL 1988;
GORMSEN 1990a).

Schon 1928 wurde unter dem Einfluß
des Nordamerikaners William Spratling
die alte Minenstadt Taxco unter Schutz
gestellt, die seitdem zu einem beliebten
Touristenziel geworden ist. 1930 folgte ein
Denkmal- und Naturschutzgesetz, das aber
nur den Bundesbesitz betraf, d. h. außer
archäologischen Stätten auch alle kirchlichen Gebäude. 1934 wurde ein weiteres
Bundesgesetz erlassen *(Ley de Protección
y Conservación de Monumentos Arqueo-
lógicos e Históricos, Poblaciones Típicas y Lugares de Belleza Natural)*, das
u. a. die Erhaltung ganzer Ortschaften
vorsah, die als „typisch" im Sinne der
nationalen oder regionalen Geschichte
betrachtet wurden, z. B. Pátzcuaro im Staat
Michoacán, wo Lázaro Cárdenas damals
Gouverneur war. Dieser hat 1938 als
Staatspräsident das *Instituto Nacional de
Antropología e História (INAH)* gegründet, das weitreichende Vollmachten bei
der Erforschung und Restaurierung von
archäologischen, historischen und künstlerischen Denkmälern hat. Es hat wesentlich am Denkmalschutzgesetz von 1972
mitgewirkt, das erstmals ausdrücklich den
Ensembleschutz ganzer Viertel vorsieht.
Auf dieser Basis wurden mehrere Stadtzentren, darunter San Cristóbal de las
Casas, Oaxaca, Puebla, Morelia, Querétaro, Pátzcuaro und México-Stadt, zur
Zona monumental erklärt, in der nicht nur

alle Einzeldenkmäler katalogisiert werden,
sondern auch Vorschriften über Gebäudehöhen, Gestaltungsprinzipien und Nutzungsarten bestehen. Erst damit kann von
einer Politik der Stadterhaltung und Stadterneuerung gesprochen werden. Für die
Bewußtseinsbildung unter Fachleuten und
insbesondere in der öffentlichen Meinung
hat die Aufnahme einiger Altstädte
(México, Puebla, Oaxaca, Guanajuato) in
die UNESCO-Liste des Weltkulturerbes
eine wichtige Rolle gespielt (GORMSEN
1990a; BÜHLER 1990b).

Insgesamt ist die einschlägige Gesetzgebung Mexikos auch im internationalen
Vergleich häufig recht fortschrittlich gewesen. Wichtige Impulse sind einerseits
von exogenen Einflüssen ausgegangen,
d. h. von Leitbildern und Stilrichtungen,
die sich über den europäischen Kulturkreis
hinaus verbreitet haben, andererseits von
nationalen politischen Umbrüchen, die auf
den ersten Blick keinen Zusammenhang
mit dem Städtebau erkennen lassen. Jedenfalls kann man daraus kaum eine Aussage
über tatsächlich erfolgte Erneuerungsmaß-
nahmen ableiten, denn leider stößt man
weithin auf das Phänomen mangelnder Kooperation zwischen verschiedenen staatlichen und kommunalen Behörden. Positive Entwicklungen beruhen vielfach auf
der besonderen Initiative privater Stiftungen oder einzelner Personen, die in ihrer
jeweiligen Position als städtische Akteure
wirksam werden.

4.4.2
Maßnahmen der Stadterneuerung und ihre kritische Bewertung

Schon seit Jahrzehnten leistet das *INAH*
hervorragende Restaurierungsarbeiten an
zahlreichen Gebäuden der Kolonialzeit im
Sinne der Denkmalpflege. Als Grundlage
für die erweiterten Aufgaben der Stadter-

neuerung und insbesondere für die Festlegung von *Zonas monumentales* wurde kürzlich ein Katalog sämtlicher Baudenkmäler, auch in abgelegenen Dörfern, zusammengestellt. Viel seltener sind noch konkrete Planungen zur Erneuerung ganzer Altstadtbereiche. Hier geht es um die Gestaltung von Plätzen, Straßen oder auch Stadtvierteln, d. h. es kommen Aspekte einer ganzheitlichen Ensembleplanung zum Ausdruck, während bislang noch kaum nach den sozio-ökonomischen Hintergründen des Verfalls gefragt wird. Fast überall fehlen Bestandsaufnahmen der aktuellen Situation hinsichtlich der Grundbesitzverhältnisse, der Dichte und Sozialstruktur der Bevölkerung, der Nutzung und des Erhaltungszustandes der Gebäude.

Bisher beschränken sich die Maßnahmen großenteils auf Bemühungen, das Erscheinungsbild einzelner Straßenfronten oder Plätze zu verbessern, einschließlich der Pflasterung sowie der Verlegung von Strom- und Telefonkabeln im Boden. Kritische Urbanisten bewerten diese Maßnahmen als *fachadismo* (Fassadenkosmetik), wobei freilich eingeräumt werden muß, daß der Umfang der Problematik im Verhältnis zu den verfügbaren Mitteln außerordentlich groß ist. Außerdem wurden in einigen Städten Fußgängerbereiche eingerichtet. Sie werden zwar häufig geplant, lassen sich aber gegen vielfältige Widerstände nur schwer durchsetzen. Ein positives Beispiel ist Guadalajara; aber auch in León, Tlaquepaque und Oaxaca konnte der Hauptplatz von Autos freigehalten werden. In Oaxaca wurde außerdem die Hauptstraße vom *Zócalo* bis zum ehemaligen Kloster *Santo Domingo* über eine Entfernung von fünf Straßenblocks für Fußgänger reserviert, was zur völligen Umgestaltung durch Kunsthandwerksgeschäfte, Boutiquen, *patio*-Restaurants usw. geführt hat.

Auch anderswo spielt der Fremdenverkehr eine Rolle bei der Neubewertung der historischen Bausubstanz, die nicht nur in Hotels und weitere touristische Einrichtungen umfunktioniert wird, sondern in steigendem Maße auch in Zweitwohnungen. Damit verbunden ist eine allgemeine Pflege des malerischen Stadtbildes einschließlich der teilweise fragwürdigen Ergänzungen im historisierenden Stil.

Die an sich begrüßenswerte Stadterneuerung ist also weitgehend fremdbestimmt, zumal dadurch auch ein Wandel der Bevölkerungsstruktur zugunsten einer großstädtischen, z. T. ausländischen Oberschicht eingeleitet wird. Solche Wirkungen sind besonders spürbar in relativ kleinen abgelegenen Städten wie Taxco oder San Miguel de Allende. Beide wurden in den 30er Jahren von Nordamerikanern „entdeckt". Diese gründeten in San Miguel eine Kunstschule. Inzwischen haben viele US-Bürger sanierte Altstadthäuser oder Neubauten im kolonialen Stil als Zweitwohnungen bezogen. Ähnliches gilt für Taxco (C. 68). Sein Erscheinungsbild wird belebt durch zahlreiche zur Talseite offene Galerien. Sie entsprechen einer städtischen Bauvorschrift, haben aber nichts mit der kolonialspanischen Architektur der geschlossenen *patios* zu tun (S. 239–242).

Äußerst gravierend ist die Situation im historischen Zentrum der Stadt México, das 1980 zur *Zona monumental* erklärt wurde. Von rund 1500 kolonialzeitlichen Baudenkmälern waren 70% in privatem Besitz, 25% in der Hand von privatrechtlichen Institutionen und nur 5% im Eigentum der öffentlichen Hand. Ein Sonderproblem besteht ferner darin, daß seit den 40er Jahren die Mietpreise von 17% aller Wohngebäude eingefroren sind, so daß bei der hohen Inflation nur noch Nominalmieten gezahlt werden (vgl. MONNET 1989; WARD 1990, S. 35ff.). Die Hauseigentümer haben folglich kein Interesse an Instandhaltungsarbeiten, weshalb der Verfall zunimmt.

Die Erdbebenkatastrophe am 19. September 1985 hat die Lage zusätzlich verschärft, allerdings auch erstaunliche Kräfte zum Wiederaufbau der rund 95 000 zerstörten Wohnungen freigesetzt. 48 800 davon wurden für rund 210 000 Einwohner innerhalb von nur 19 Monaten im nördlichen Randbereich der kolonialen Altstadt errichtet, wobei die Kosten etwa zur Hälfte durch Kredite der Weltbank aufgebracht wurden. Vor allem in der schwierigen Anfangsphase bildeten sich Solidaritätsgruppen unter den Betroffenen, die durch Kritik und Engagement wesentlich zum Erfolg des Programms beitrugen. Mit Hilfe einer variablen Typenbauweise konnte die durchschnittliche Wohnfläche von 22 m^2 vor der Zerstörung auf 40 m^2 fast verdoppelt werden, wobei jede Einheit mit 3 Zimmern, einem Bad und einer Kochnische im Mittel 4,3 Bewohner aufnimmt.

Beachtliches Einfühlungsvermögen zeigte sich beim Wiederaufbau von rund 200 Häusern, die vom INAH als Baudenkmal eingestuft wurden. Hier wurde gezeigt, daß es durchaus möglich ist, in historischen Gebäuden Sozialwohnungen zu angemessenen Kosten unterzubringen. Sie gehen nach einer Tilgungszeit von 8–10 Jahren in das Eigentum der Bewohner über, wobei die Monatsraten 20 bis 30% des Mindestlohnes betragen bei einem durchschnittlichen Einkommen von 2 Mindestlöhnen. Derartige Programme könnte man mit Hilfe von *INFONAVIT* oder anderen Wohnungsbaufonds durchführen, die bisher nur Neubaugebiete am Stadtrand fördern (S. 88). Doch entsprechende Überlegungen wurden noch nicht verwirklicht (Renovación habitacional 1987; Gonzalez Pozo 1991; Gormsen 1990a).

Insgesamt hat sich bestätigt, daß zwar schon recht einheitliche Vorstellungen über die architektonische und städtebauliche Gestaltung von Einzelbauwerken und *Zonas monumentales* bestehen, aber nur sehr begrenzte Kenntnisse über die tatsächlich dabei ablaufenden sozioökonomischen Prozesse in bezug auf Alters-, Berufs- und Einkommensstruktur der Bevölkerung, Wohnungstypen, Grundbesitzverhältnisse, Funktionswandlungen usw. Es fehlt somit noch weitgehend an ausgewogenen Konzepten für eine integrierte Entwicklungsplanung der Stadtkerne unter Einbeziehung der Wohnraumversorgung für die dort ansässige Bevölkerung.

Im übrigen stellt die Altstadt kein isoliertes Problem dar. Sie muß vielmehr im Kontext der enormen Urbanisierung an den Stadträndern beurteilt werden. Lösungen hängen nicht nur von finanziellen Möglichkeiten ab, sondern in erster Linie von der Aufstellung klarer Prioritäten bei politischen Entscheidungen. Statt Prestigeobjekte wie Denkmäler oder Prachtboulevards mit großen Brunnen zu errichten, die oft nur der Selbstdarstellung der jeweils herrschenden Staatsmacht dienen, könnten entsprechende Mittel der Stadterneuerung zufließen und damit möglicherweise dem Prestige der Stadt und ihrer Gesellschaft nachhaltiger zugute kommen.

4.5 Wohnraumversorgung und Stadtplanung

Aufgrund von Presseberichten und anderen Publikationen über die ausgedehnten Wohnsiedlungen unterer Einkommensschichten am Rande lateinamerikanischer Metropolen, die als *slums, favelas, ranchos, tugurios* u. ä. bezeichnet werden (vgl. Zitate bei Buchhofer 1982, S. 12), ist die Ansicht weit verbreitet, daß diese

„Elendsgürtel" *(cinturón de miséria)* überwiegend auf unrechtmäßige Landbesetzungen durch verarmte ländliche Zuwanderer zurückzuführen seien und jegliche Versorgung durch die zuständigen Behörden vermissen ließen. Beobachtungen, Luftbildauswertungen und genauere Analysen zeigen ein differenzierteres Bild, das in zahlreichen wissenschaftlichen Untersuchungen der jüngeren Zeit belegt wurde (vgl. BÄHR [Hg.] 1988; MERTINS 1987 u. v. a.). Dabei kann auch bei ernsthaften Forschern die Einschätzung der festgestellten Situation je nach dem persönlichen Erfahrungsbereich recht unterschiedlich ausfallen.

4.5.1
Entwicklung und
Lösungsansätze
der Wohnungsproblematik

Im wesentlichen werden die enormen Flächenerweiterungen mexikanischer Städte von drei Gruppierungen städtischer Akteure gesteuert:

– privatwirtschaftliche Gesellschaften zur Baulanderschließung *(fraccionamientos)*,
– marginale Gruppen, die tatsächlich Land illegal besetzen *(invasiones)*,
– öffentliche Institutionen verschiedener Art, wie die mit der sozialen Pflichtversicherung gekoppelte Bausparkasse *INFONAVIT* (S. 88).

Als *fraccionamiento* (wörtl. Aufteilung) wird in Mexiko jede Erschließungsmaßnahme auf einem zusammenhängenden Stück Land bezeichnet, die zum Zweck der Parzellierung und anschließenden Veräußerung an private Käufer durchgeführt wird. Je nach dem sozialen Status des potentiellen Kundenkreises kann dies mit sehr unterschiedlichem Aufwand und mit entsprechend verschiedenen Ausstattungs-

merkmalen geschehen (vgl. POPP 1985; AZUELA DE LA CUEVA 1989; SCHTEINGART 1989, S. 61ff.). Zur Differenzierung dienen u. a. die Lage im Stadtbereich, die Breite und der Belag der Erschließungsstraßen, die Anschlüsse an die Ver- und Entsorgungsleitungen sowie die Größenordnung der Grundstücke, wobei mindestens 120 m² in Wohngebieten für untere Schichten *(colonia popular)*, 160 m² für mittlere und 300 m² für höhere Ansprüche *(colonia residencial)* gelten, letztere freilich oft erheblich größer sind. Diese Art der Entwicklung nach US-amerikanischem Vorbild ist in Lateinamerika weit verbreitet und wird z. B. in Venezuela als *urbanización* bezeichnet (GORMSEN 1963). Sie geschieht normalerweise durch privatwirtschaftliche Gesellschaften, die oft nur zu diesem Zweck gegründet werden und an denen häufig die Besitzer ehemaliger *haciendas* im Weichbild der Stadt als Hauptaktionäre beteiligt sind.

Am Beispiel von Puebla haben POPP (1985) und vor allem MELE (1989) die Funktionsweise und die rechtliche Stellung verschiedener Arten von Baulanderschließungen dargestellt (Abb. 22). Nach der Baugesetzgebung muß ein *fraccionamiento* vollständig ausgestattet und aufgeteilt sowie von der Baubehörde genehmigt sein, bevor einzelne Grundstücke verkauft werden dürfen. Solche legalen Wohngebiete wurden in den 20er bis 40er Jahren vor allem für die mittleren und oberen Schichten angelegt. Doch die große Expansion setzte erst in den 60er Jahren ein. Dabei wurden auch weiterhin im Süden und Westen gute Viertel gegründet. In zunehmendem Maße entstanden aber illegale Baugebiete, die ungenügend ausgestattet waren und vor allem zum Bau von bescheideneren Häusern der unteren bis mittleren Einkommensgruppen dienten. Zwischen 1927 und 1984 wurden insgesamt 140 *fraccionamientos* geschaffen,

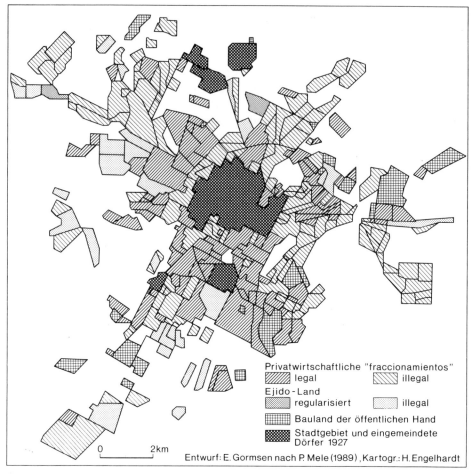

Privatwirtschaftliche "fraccionamientos"
⊞ legal   ⊠ illegal
Ejido-Land
▨ regularisiert   ▨ illegal
⊞ Bauland der öffentlichen Hand
▨ Stadtgebiet und eingemeindete
   Dörfer 1927

0   2km

Entwurf: E. Gormsen nach P. Mele (1989), Kartogr.: H. Engelhardt

Abb. 22: Formen der Baulanderschließung in Puebla 1927-1984

deren Größe zwischen 0,5 und 267,7 ha schwankt. Je nach Lage und Qualität wurden einige sehr schnell bebaut, während bei anderen noch nach Jahrzehnten größere Baulücken vorhanden sind. Hier spielt neben der ungünstigen Lage die Hoffnung auf Spekulationsgewinne eine Rolle (MELE 1989).

Mehr als normalerweise vermutet, greift der mexikanische Staat in das Wohnungswesen ein. Bereits in der Verfassung von 1917 wurde das Recht auf eine angemessene Wohnung verankert. Allerdings konkretisierte sich staatliches Handeln

erst, seitdem in den 40er Jahren zunehmender Wohnungsbedarf in den großen Städten entstand. Im folgenden Jahrzehnt wurden institutionelle Bau- und Finanzierungsträger, wie *FONHAPO (Fondo Nacional de Habitación Popular)*, gegründet und finanzielle Mittel für Sozialwohnungen bereitgestellt. Eine großzügige Wohnbaupolitik setzte jedoch 1972 mit der Gründung des Nationalen Wohnungsbaufonds für Beschäftigte in der Privatwirtschaft *(INFONAVIT)* und im Öffentlichen Dienst *(FOVISSSTE)* ein. Er finanziert sich aus 5% der Lohnsummen, die anteilmäßig von Arbeitnehmern und Arbeitgebern aufzubringen sind.

Nach bescheidenen Ansätzen hat der institutionelle Wohnungsbau eine beträchtliche Steigerung erfahren. Wurden bis 1946 insgesamt nur 9600 Wohnungen mit staatlicher Unterstützung gebaut, so waren es von 1947 bis 1964 bereits 6700 pro Jahr. Im folgenden *Sexenio* stieg dieser Wert auf rund 20000, in den 70er Jahren auf knapp 80000 und in den 80er Jahren auf 1/4 Million mit dem bisherigen Höchstwert von 351626 im Jahr 1990 (Anuario 1992). Dabei resultiert der große Wohnraumbedarf zu etwa gleichen Teilen aus der demographischen Entwicklung und der Ersatzbeschaffung. In der Periode 1983–1989 belief sich das jährliche Defizit auf 610000 Wohnungen, wovon immerhin 39% (236000 Wohnungen) aus den staatlichen Programmen gedeckt wurden (COULOMB 1989). In Puebla umfaßte der öffentliche Wohnungsbau zwischen 1980 und 1990 32500 von 56700 fertiggestellten Wohnungen (Information der Stadtverwaltung Puebla 1991).

Bei der Masse der Wohneinheiten und den geringen finanziellen Mitteln ist der Spielraum für ausgefallene architektonische und städtebauliche Planungen gering. Immerhin hat man neben ein- bis zweistöckigen Standardtypen, die sich in langweiliger Monotonie teppichartig über unendliche Areale ausbreiten, hier und da flexible Lösungen mit variablen Hausformen und Straßenrastern gefunden, in die auch Gemeinschaftsflächen geschickt eingepaßt wurden, so etwa bei einer großen INFONAVIT-Siedlung aus den Jahren 1976/78 im Nordosten von Puebla.

Ein besonderes Problem stellt der Grunderwerb dar. Haben Familien mit festem Einkommen meist Zugang zum privaten oder institutionellen Wohnungs-

bau, so ist dieser den untersten Schichten versagt. Dies führt zu Landbesetzungen *(invasiones)* und irregulärer Bebauung, meist auf *ejido*-Land, das im Rahmen der Bodenreform an Kleinbauern verteilt worden war (S. 140). Während Privatland sowie Kommunalland zuerst urbanisiert werden, stellen die *ejidos* die letzten Flächenreserven dar. Sie spielten vor allem bei der Stadtexpansion im Agglomerationsraum von México-Stadt eine erhebliche Rolle. 1982 nahmen sie bereits 23% (202 von 877 km^2) der bebauten Fläche der *ZMCM* ein (VARLEY 1989). Da es sich um nationales Eigentum handelt, erscheint die Enteignung der nutzungsberechtigten Bauern gegen Entschädigung in Stadtnähe relativ einfach. Viele von diesen arbeiten ohnedies in der Stadt und sind froh, wenn sie durch die Abgabe des Landes etwas Geld zur Verbesserung des eigenen Häuschens in die Hand bekommen. Doch auch hier kommt es zu Problemen, wenn z. B. besonders fruchtbares Ackerland gegen sehr geringe Beträge abgetreten werden soll.

In Puebla wurden *ejidos* erst seit den 70er Jahren in nennenswertem Umfang in die Stadterweiterung einbezogen. Dies geschah großenteils ohne ausreichende Rechtsgrundlage. Einerseits mußte die Frage der Enteignung und des Übergangs in Privatbesitz geklärt werden, andererseits fehlte es an der notwendigen Infrastruktur, obwohl einzelne Gebiete später zu Mittelschichtvierteln aufgewertet wurden (MELE 1989). Neben illegalen Besetzungen ist bei entsprechenden Bauvorhaben immer wieder auch das Eingreifen institutioneller, staatlicher oder kommunaler Bauträger festzustellen, denen damit eine Schrittmacherfunktion bei den Umwandlungen zukommt. Bodenspekulation, eine überforderte Planung und wechselnde politische Konstellationen begünstigen die unkontrollierte Aufsiedlung.

Gebiet	Grundstücke	Fläche (ha)	Bewohner
17 Municipios des Staates Mexico	284675	9465	1720347
Distrito Federal	173926	7017	878326
Summe	458601	16482	2599673

Quelle: IRACHETA 1989, S. 80–83

Tab. 5: Legalisierung von Grundstücken in der Metropolitanzone von México-Stadt 1981–1987

4.5.2
Invasiones – viviendas precarias – autoconstrucción

Invasionen sind seit den 70er Jahren zu einem allgemeinen Phänomen geworden. Entgegen landläufiger Meinung erfolgt die irreguläre Besitzergreifung meist nicht spontan durch *campesinos* vom Lande, sondern durch organisierte, häufig politisch motivierte *paracaidístas* (Fallschirmspringer), d. h. Gruppen marginalisierter Stadtbewohner, die einen Ausweg aus den engen Lebensbedingungen der *vecindades* oder der City-Randgebiete suchen. Daher lassen sich diese Fälle durch Vertreibung mit Hilfe der Polizei selten bereinigen. In Puebla geschah dies bis 1985 nur in zwei von sieben Besetzungen, während drei durch Umsiedlung und die restlichen durch nachträgliche Legalisierung gelöst wurden (MELE 1989). Die letztgenannte Möglichkeit bietet sich trotz mancher Schwierigkeiten im allgemeinen auf *ejido*-Land an.

Insgesamt bemüht sich der Staat um gütliche Lösungen. Die Regulierung der besitzrechtlichen Fragen erfolgt allerdings oft in langwierigen Auseinandersetzungen zwischen den *paracaidístas*, den speziell dafür geschaffenen Behörden und der oft paternalistisch agierenden Obrigkeit. Nach IRACHETA (1989, S. 80ff.) wurden 1981–1987 im Bereich der *ZMCM* 458601 Parzellen mit insgesamt 165 km² zugunsten von 2,6 Mio. Bewohnern legalisiert (Tab. 5). Bei einer vorteilhaft gelegenen *colonia popular* kommt es dann häufig durch Makler zu einem spekulativen Verkaufsdruck auf die neuen Grundstücksbesitzer.

Die Invasionsgebiete kann man, zumindest in der Anfangszeit, tatsächlich als Hüttenviertel mit improvisierten Wohnungen bezeichnen. Dies betrifft nicht nur die einfachsten Baumaterialien, sondern auch die Rechtsunsicherheit sowie die fehlenden Infrastrukturanschlüsse. Solche Gebiete nehmen in Guadalajara schon rund 10%, in Puebla etwa 9% der bebauten Stadtfläche ein (LÓPEZ RANGEL 1987; Stadtverwaltung Puebla 1991). Bewohnt werden die *viviendas precarias* großenteils von vielköpfigen Familien, deren Einkommen im allgemeinen unter dem staatlich festgelegten Mindestlohn liegt, da sie kein geregeltes Arbeitsverhältnis haben. Aus diesem Grund haben sie keinen Zugang zu den o. g. Fonds wie *INFONAVIT*.

Daher wurden nach der UN-Habitat-Konferenz von 1976 für diese marginale Bevölkerung Selbsthilfeprogramme gegründet (z. B. *INDECO: Instituto Nacional para el Desarrollo de la Comunidad y de la Vivienda Popular*; vgl. BAZANT 1985, S. 13). Sie stellen Grundstücke mit minimaler Ausstattung sowie Baumaterial zu günstigen Zahlungsbedingungen bereit und beraten die Siedler beim Eigenbau ihrer

Häuser im Sinne von *site and service*-Programmen. In einigen Fällen, z. B. bei den großen Umsiedlungen aus der Bucht von Acapulco in die Neusiedlung *Renacimiento*, wird auch das *core-housing*-Programm angewandt, d. h. dem Siedler wird das Grundstück mit einer vorgefertigten Sanitärzelle zur Verfügung gestellt, um die er dann sein Haus selbst baut (vgl. KRETH 1986).

Aber auch auf illegal besetzten Flächen wird das Bild nicht auf Dauer von primitiven Behausungen aus Abfallmaterial oder gewellter Teerpappe beherrscht (Abb. 23). Vielmehr wird überall mit großem Engagement am Bau eines festeren Hauses gearbeitet. Die verschiedenen Entwicklungsstadien der *autoconstrucción*, die sich parallel zum Lebenszyklus einer Familie im Laufe von ein bis zwei Generationen vollziehen, sind modellhaft in den Abb. 23a–d dargestellt. Sie sind das Ergebnis einer äußerst detaillierten interdisziplinären Untersuchung mexikanischer Architekten und Soziologen der Universidad Autónoma Metropolitana *(UAM)* und des sehr kritischen Centro de Ecodesarrollo *(CECODES)*, die in mehreren Stadtrandsiedlungen durchgeführt wurde (BAZANT 1985). Mit zunehmender Konsolidierung einer Siedlung finden sich diese Haustypen nebeneinander in unzähligen Varianten, aber immer zusammengesetzt aus den gleichen Elementen, wobei der Blick ins Innere schon bald durch eine hohe Umfassungsmauer verwehrt wird, was nicht nur der Tradition des *patio*-Hauses entspricht, sondern überall in Lateinamerika als Zeichen der Besitzergreifung der Parzelle von Bedeutung ist.

Entscheidende Schritte sind einerseits der Übergang von einer provisorischen *vivienda precaria* zu einem Haus aus Hohlblock- oder Ziegelmauerwerk, andererseits der Bau eines Betonskeletts bei der nächsten Entwicklungsstufe. Dies bietet nicht nur insgesamt eine höhere Stabilität, sondern ermöglicht auch eine spätere Aufstockung. Daher gehören die überstehenden Moniereisen zum charakteristischen Bild, übrigens auch bei vielen Werkstätten, Fabrikhallen und ähnlichen Bauten. Abb. 23d stellt einen weitgehend konsolidierten Typ nach mehreren Etappen des Baugeschehens dar. Sie entsprechen den Stadien der Familiengeschichte, einschließlich einiger ökonomischer Aspekte, und zwar für den Zeitraum von 30 Jahren. Die anderen Typen zeigen entweder noch nicht voll entwickelte Zwischenstufen oder den vorläufigen Endzustand eines Haushaltes, der aus verschiedenen Gründen (keine Kinder, wirtschaftliche Schwierigkeiten, Abwanderung eines Teils der Familie usw.) keinen weiteren Raumbedarf hat (vgl. C. 95; GORMSEN 1994, Abb. 14).

4.6
Die städtische Infrastruktur

Im Gegensatz zu den *fraccionamientos* lassen die Spontansiedlungen am Anfang selbstverständlich jegliche öffentliche Ausstattung vermissen. Den elektrischen Strom zweigen die Siedler mit langen Leitungen vom nächsten offiziellen Kabel ab. Viel kritischer ist die Wasserversorgung. Allerdings sind Behörden oft trotz der illegalen Besetzung des Landes bereit, wenigstens den dringendsten Bedarf durch Tankwagen zu decken oder provisorische Leitungen mit einzelnen Zapfstellen in eine neue Siedlung zu legen. Technisch am schwierigsten sind Abwasserleitungen. Aber mit diesem Problem haben auch amtlich genehmigte Stadtviertel zu kämpfen. Sehr oft dienen Sickergruben als einziges Entsorgungssystem. Der Ausbau der Straßen schreitet mit der Konsolidierung allmählich fort, wobei zuerst meist nur die Bürgersteige angelegt werden. Zur

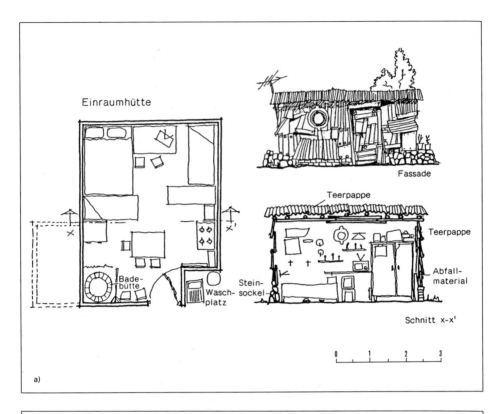

Einraumhütte

Fassade

Teerpappe

Teerpappe

Abfall-
material

Bade-
bütte

Stein-
sockel-

Wasch-
platz

Schnitt x-x'

0   1   2   3

a)

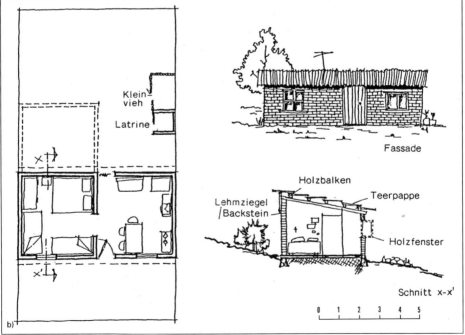

Klein-
vieh

Latrine

Fassade

Holzbalken

Teerpappe

Lehmziegel
/Backstein

Holzfenster

Schnitt x-x'

0   1   2   3   4   5

b)

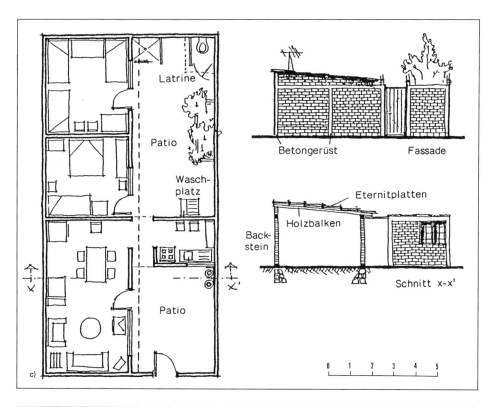

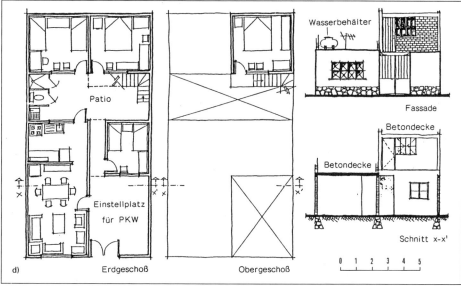

Quelle: BAZANT 1985

Abb. 23: Ausbaustadien eines Hauses nach dem Prinzip der *„autoconstrucción"*

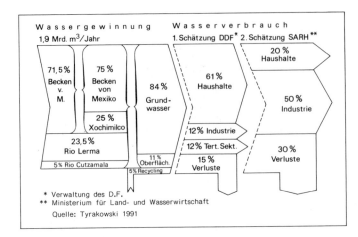

Abb. 24:
Trinkwasserbilanz
in México-Stadt

Befriedigung der Grundbedürfnisse an Waren und Dienstleistungen etabliert sich demgegenüber sehr schnell der mehr oder weniger informelle Einzelhandel in bescheidenen Lädchen. Auch private Kleinbuslinien stellen Verbindungen her, sobald eine gewisse Bewohnerzahl und damit Kundenfrequenz erreicht ist.

Damit ist ein Grundproblem der mexikanischen Stadtentwicklung angesprochen, das durchaus nicht nur die unteren Einkommensschichten betrifft, obwohl sie davon am meisten betroffen sind. Wenn selbst hoch entwickelte Industrieländer hie und da Schwierigkeiten mit der ausreichenden Ver- und Entsorgung haben, dann kann man sich kaum wundern, daß es in mexikanischen Städten bei dem enormen Bevölkerungsdruck und den sonstigen Rahmenbedingungen gelegentlich zu Ausfällen kommt. Insgesamt ist es eher erstaunlich, daß sich von 1970 bis 1990 der Prozentanteil der Wohnungen mit eigenem Anschluß an das Elektrizitätsnetz, die Wasserleitung und die Kanalisation im ganzen Land und vor allem in den Städten deutlich erhöht hat (Tab. 3). Dies ist als Erfolg zu verbuchen, obwohl die Wasserversorgung in absoluten Zahlen z. T. schlechter geworden ist. Allerdings sind die Unterschiede zwischen Stadt und Land recht kraß, insbesondere bei der Kanalisation.

Mit solchen Globalwerten ist jedoch über die tatsächliche Verfügbarkeit von Wasser noch nicht viel ausgesagt. Allein wegen der starken Bevölkerungszunahme ist der Verbrauch in den letzten Jahrzehnten exponentiell gestiegen, ganz abgesehen von dem höheren Pro-Kopf-Verbrauch, der sich aus den veränderten Lebensgewohnheiten des beträchtlich zunehmenden Mittelstandes ergibt. Hinzu kommt der Wasserbedarf der Industrie. Die Schätzungen der Stadtverwaltung (DDF) und des Agrar- und Wasserwirtschaftsministeriums *(SARH)* über den Anteil der Verbrauchergruppen weichen allerdings sehr stark voneinander ab, wobei die Verluste durch defekte Leitungen erschreckend hoch angesetzt werden (Abb. 24). Offenbar sind die Behörden nicht in der Lage, den tatsächlichen Verbrauch einigermaßen korrekt festzustellen, was einen beträchtlichen Einnahmeverlust an entsprechenden Gebühren bedeutet (vgl. TYRAKOWSKI 1991). Allgemein ergibt sich das Problem, daß fast alle größeren Städte in den relativ trockenen Beckenlandschaften liegen und die Grundwasserspende von der halbjährigen

Trockenzeit beeinflußt wird. Eine positive Wirkung als Wasserspeicher haben in dieser Beziehung die hohen Vulkane der *Mesa central* mit ihrer jahreszeitlichen Schneebedeckung.

México-Stadt bezieht schon seit 1913 einen Teil seines Wassers aus Xochimilco. In den 30er Jahren wurden die ersten 93 Tiefbrunnen gebohrt, und seit Ende der 40er Jahre werden Wasservorräte aus dem über 60 km entfernten Oberlauf des Río Lerma bei Toluca einbezogen. Es folgten Tiefbrunnen im Norden der Stadt (Chiconautla, Teoloyucan u. a.) und neuerdings bedeutende Mengen vom Río Cutzamala im Valle de Bravo, gut 120 km entfernt. Noch immer kommen aber mehr als 70% der rd. 1,9 Mrd m^3/Jahr aus dem Grundwasser des Beckenbereichs. Inzwischen gibt es Vorschläge zur Wasserbeschaffung aus der stark beregneten Sierra Madre Oriental. Ein vergleichbar großes Einzugsgebiet hat Monterrey, und auch Tijuana wird durch eine Leitung aus 130 km Entfernung versorgt (Atlas Nacional 1990). In Puebla und anderen Städten sieht die Situation ähnlich aus.

Weitere Probleme bilden die z. T. überalterten Leitungsnetze mit entsprechenden Verlusten sowie die ungleiche Verteilung des Wassers in den verschiedenen Stadtbereichen. So wird angenommen, daß im vornehmen Stadtteil Lomas de Chapultepec (im W) 600 Liter pro Person und Tag verbraucht werden, während es in Nezahualcóyotl (im E) nur für 60–70 Liter reicht. Noch geringere Mengen erhalten aber die Bewohner von marginalen Siedlungen an den Berghängen, die nur gelegentlich durch Tankwagen versorgt werden. Im übrigen gibt es normalerweise nirgends einen ausreichenden Wasserdruck aus den Hochbehältern der Wasserwerke, weshalb jedes Haus einen eigenen Tank, meist unter

der Garage, sowie eine Pumpe und einen Behälter auf dem Dach braucht (Abb. 23d). Außerdem gilt die Qualität des Leitungswassers als so fragwürdig, daß Trinkwasser schon seit Jahrzehnten von privaten Firmen in 20-Liter-Glasbehältern *(garafón)* verkauft wird.

4.7
Der Stadtverkehr

Zu den schwierigsten Punkten der Stadtentwicklung gehört auch in Mexiko der innerstädtische Verkehr. Zwar wurden zur Zeit des Porfiriats in mehreren Städten Straßenbahnen eingerichtet, und in der Hauptstadt fuhren einzelne Linien noch in den 60er Jahren. Doch in den relativ engen Straßen der kolonialen Stadtkerne hatte dieses System keine Zukunft. Eine Zählung der intra-urbanen Pendler im Jahr 1975 ergab für Puebla bei rund 600000 Einwohnern täglich 186000 Fahrten in das Hauptgeschäftszentrum, das 45 *manzanas* mit 76 ha in der kolonialen Altstadt umfaßt. Die Situation wurde zusätzlich dadurch erschwert, daß damals noch mitten in diesem Gebiet der Hauptmarkt *Mercado de la Victoria* in vollem Betrieb war und die umliegenden Straßen durch ambulante Händler total verstopft waren (GORMSEN 1981a).

Doch selbst wo die Märkte an den Stadtrand verlagert wurden, bricht der Straßenverkehr als Folge der rapiden Motorisierung regelmäßig zusammen. In dem Rechteckschema können auch konsequente Einbahnregelungen und strikte Parkverbote die Transportprobleme nicht mehr bewältigen. In México-Stadt hat man schon in den 50er und 60er Jahren durch Stadtautobahnen eine Lösung versucht (S. 115). In den meisten anderen Großstädten sind seit den 70er Jahren Altstadttangenten geschaffen und teilweise zu Ringstraßensystemen verknüpft worden, die aber zu Stoßzeiten häufig schon überfüllt sind. Die Parkraumproblematik wird vorübergehend dadurch entspannt, daß jedes Abbruchgrundstück bis zum Neubau an private Unternehmer zur Nutzung als bewachter und gebührenpflichtiger Parkplatz verpachtet wird. In größeren Neubauten, etwa für Banken, gibt es auch schon Tiefgaragen.

Entscheidend ist jedoch bei der Größe dieser Städte das Fehlen eines Massentransportmittels, wie es bisher nur die Hauptstadt mit ihrem modernen Metrosystem aufweist (S. 115). Sonst stehen für den öffentlichen Verkehr Busse, Kleinbusse, Sammeltaxis und Taxis zur Verfügung, z. T. in städtischen, z. T. in privaten Händen, aber selten in einem besonders vertrauenerweckenden Zustand. Dafür fahren sie auf den Hauptlinien in einem sehr engen Takt und recht preisgünstig. Dies bedeutet andererseits eine außerordentliche Fahrzeugdichte mit entsprechenden Folgen für die Umwelt. Um die Situation etwas zu entflechten, hat man in einigen Innenstädten ganze Straßenzüge für den ÖPNV reserviert.

Bis in die jüngste Zeit trugen die Überlandbusse zu dieser Verkehrsmisere bei. Sie bewältigen, im Gegensatz zur Eisenbahn, fast den gesamten öffentlichen Fernverkehr (S. 201). Da die zahlreichen Linien durchweg von privaten Gesellschaften betrieben werden, hatte ursprünglich jede eine eigene Endstation im Stadtzentrum, möglichst nah am *Zócalo*. Das bedeutete bei der dichten Folge der Abfahrten und Ankünfte und dem entsprechenden Zubringerverkehr mit Taxis einen ständigen Stau in den Straßen der Umgebung (vgl. GORMSEN 1968). Erst durch den Bau großzügiger zentraler Busbahnhöfe im Randbereich der Städte konnte eine wesentliche Entlastung erreicht werden.

4.8
Strukturwandel im städtischen Einzelhandel

Mit dem sozio-ökonomischen Wandlungsprozeß der Gesellschaft und der Ausbreitung von Wohngebieten für die verschiedenen Schichten sind Strukturveränderungen des Einzelhandels einhergegangen. Zwar spielen die Märkte noch immer eine wichtige Rolle für die Versorgung aller Bevölkerungskreise mit frischen Lebensmitteln, aber mittel- bis langfristige Güter werden schon seit dem vorigen Jahrhundert in Ladengeschäften unterschiedlicher Ausstattung und Qualität angeboten. Dabei stellte die zentrale *plaza* das kommerzielle und administrative Zentrum dar; hier lagen die Ansätze zur Citybildung. Sie fand ihren Ausdruck in der Niederlassung von Banken und Kaufhäusern, deren Architektur dem Jugendstil verwandte Einflüsse aus Europa, insbesondere aus Frankreich, erkennen lassen.

In einer ersten Ausbreitungsphase kam es entlang der wichtigsten Straßenachsen noch innerhalb der Altstadt zur Cityerweiterung. In einer zweiten Phase bildeten sich außerhalb des alten Stadtzentrums oberschichtorientierte Subzentren an den Hauptachsen der Stadterweiterung aus, z. B. Reforma und Insurgentes in México-Stadt; Juárez in Puebla (vgl. GORMSEN 1986, S. 208ff.). Seit den 50er/60er Jahren bildeten Filialbetriebe der großen Kaufhäuser Kristallisationskerne solcher Subzentren. Aufgrund ihrer modernen Ausstattung und der Verbindung mit Parkhäusern waren sie für die Mittel- und Oberschichten attraktiver als die älteren Kaufhäuser in der Innenstadt.

Weitere Ansatzpunkte für die Konzentration des Einzelhandels boten seit den 60er Jahren die ersten großen Verbrauchermärkte von Supermarktketten, die nach nordamerikanischem Vorbild mit ihren Parkplatzflächen zwischen den neuen Wohngebieten an den Stadträndern angelegt wurden (z. B. *Comercial Mexicana, Aurerrá, Gigante*). Interessant scheint in diesem Zusammenhang, daß die 1966 erfolgte Einrichtung der ersten Filiale der *Comercial Mexicana* in Puebla mehrere Jahre lang kaum Anklang fand, da sich offenbar die dortige Gesellschaft noch nicht auf die neue Form des Einkaufsverhaltens mit Selbstbedienung etc. umgestellt hatte. Dazu muß betont werden, daß Supermärkte in Mexiko, anders als in voll industrialisierten Ländern, vor allem den Mittel- und Oberschichten dienen. Das läßt sich sowohl an der Angebotspalette, als auch an den Preisen erkennen (vgl. GORMSEN 1971b, S. 374). Für die *clase popular* wurde allerdings in den 70er Jahren durch die staatliche Handelsgesellschaft *CONASUPO (Comisión Nacional de Subsistencias Populares)* die preisgünstigere Supermarktkette *CONASUPER* geschaffen.

Als jüngste Form des Einzelhandels entstanden seit Ende der 60er Jahre die *plazas comerciales* nach dem Vorbild nordamerikanischer *shopping malls*. Es handelt sich um baulich geschlossene ein- bis zweistöckige Einkaufskomplexe großen Stils mit mindestens einem Kaufhaus und zahlreichen Läden in klimatisierten Passagen, denen im Außenbereich weitere Geschäfte sowie Freizeiteinrichtungen wie Kinocenter angelagert sind, dazu selbstverständlich ausgedehnte Parkplätze. In ihrer architektonischen Gestaltung und luxuriösen Ausstattung stellen sie die meisten europäischen Shopping Centers in den Schatten und sind am ehesten mit modernen Innenstadtpassagen vergleichbar (Abb. 25; vgl. GORMSEN/KLEIN-LÜPKE 1992).

Diese großzügigen Einkaufszentren sind das letzte Glied eines mehrstufigen Entwicklungsprozesses. Während die ersten beiden Phasen spontan abgelaufen sind

und zeitverzögert mit der europäischen Stadtentwicklung korrespondieren, ist die dritte Phase durch planvoll lokalisierte Anlagen privater Investoren gekennzeichnet, die allerdings oft ohne Abstimmung mit den Stadtplanungsbehörden erfolgt. Ihre verkehrsgünstige Lage in der Nähe des entsprechenden Käuferpotentials der Ober- und Mittelschichten folgt nunmehr ganz dem nordamerikanischen Modell. Damit ergibt sich auch ein Wechsel im Wachstumsmuster der Stadt. Expandierten bis dahin die Wohnbauflächen schneller als die kommerziellen Areale, so überspringen manche Subzentren die Wohngebiete und suchen ihre Standorte in der Peripherie.

4.8.1
Einzelhandel und soziale Segregation

In México-Stadt lassen sich deutliche Zusammenhänge zwischen verschiedenen Einzelhandelsformen (traditionelle Märkte, Verbrauchermärkte, Kaufhäuser, *plazas comerciales*) und dem sozialräumlichen Gefüge feststellen:

1955 wurden von 168 Märkten noch 109 auf offenen Plätzen im Stil des historischen *tianguis* abgehalten. Seitdem wurden sie in angemessenen Gebäuden untergebracht (PYLE 1978). Verbreitet sind sie überwiegend im Zentrum sowie in den nördlichen und östlichen Stadtbezirken, darunter der Lebensmittelmarkt von *La Merced* und der Kleidermarkt von *La Lagunilla* in riesigen Hallen. Dagegen spielt sich der inoffizielle Markt von *Tepito* mit geschmuggelten Elektronikgeräten unter freiem Himmel ab (vgl. RIBBECK/TESCHNER 1991).

In den 50er Jahren begannen die ersten großen Verbrauchermärkte ihre Funktion als Zentren der Stadtteilversorgung wahr-

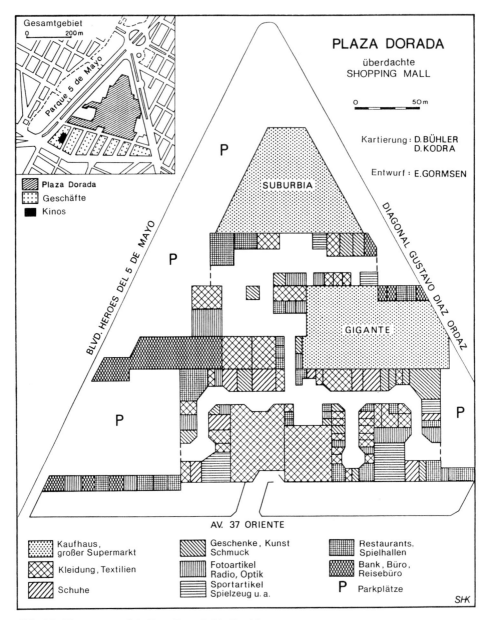

Abb. 25: Plaza comercial „Zona Dorada" in Puebla

zunehmen, und zwar im Südwesten der damaligen Stadt, wo sie noch heute gehäuft auftreten, obwohl sie inzwischen vergleichsweise regelmäßig über das gesamte Stadtgebiet verteilt sind. Ihre Aus-

breitung ist damit der raschen Expansion der Stadt gefolgt. Jedoch ist darauf hinzuweisen, daß es zwischen den Supermarktketten deutliche Qualitätsunterschiede gibt, die in der Regel mit den umliegenden Konsumentenschichten korre-spondieren (z. B. *Conasupo*-Märkte im Unterschichtbezirk Nezahualcóyotl; *Gigante*, *Sumesa* und *Superama* in Mittel- und Oberschichtbereichen im Westen).

Die Verteilung der Kaufhäuser weist im Gegensatz dazu eine eindeutige Konzen-tration am westlichen Innenstadtrand auf, während sie in der Osthälfte völlig fehlen. Ähnlich wie bei den Verbrauchermärkten liegt auch hier ein enger Zusammenhang zwischen Geschäftsqualität und Käufer-schicht vor.

Die 19 *plazas comerciales*, die in den letzten zwanzig Jahren entstanden sind, folgen in ihrer Lokalisierung noch klarer der Käuferklientel der höheren Schichten. Da aber ihre Reichweite die gesamte Stadt umfaßt und man außerdem mit einer nicht unwesentlichen Kundschaft aus den be-nachbarten Städten (Puebla, Toluca, Pachuca, Cuernavaca u. a.) rechnet, liegen sie außerdem an wichtigen Verkehrsach-sen. Insgesamt folgt ihre Verteilung einem Nord-Süd-Korridor im Westen der Stadt, der die äußere Stadtringautobahn *(Periférico)* sowie die Av. Insurgentes und den Innenstadtring *(Circuito Interior)* umfaßt.

In den 80er Jahren kam es zu einer ra-schen Ausbreitung dieses neuen Typs auch in Großstädten mit rund 500000 Einwoh-nern. In Puebla wurde 1980 die Plaza Dorada als integriert geplantes Einkaufs-zentrum mit 105 Geschäften unter einem Dach eröffnet. Sie liegt auf dem Gelände einer vormaligen *hacienda* am Rand der südlichen Oberschichtzone, die sich im Laufe der 70er Jahre konsolidierte, und zwar an einer neu geschaffenen vier- bis sechsspurigen Nord-Süd-Achse, die gleich-zeitig als Altstadttangente dient (vgl. GORMSEN 1981a, Anlage 1). In den fol-genden Jahren entstanden zehn weitere *plazas comerciales.* In Aguascalientes (1970: 181000 Ew.; 1990: 420000 Ew.) gab es 1990 bereits neun Einrichtungen

dieser Art. Die Kriterien der Standortwahl sind ebenfalls Konsumentennähe und leichte Erreichbarkeit mit privaten Fahr-zeugen. In Oaxaca (1970: 99500 Ew.; 1990: 213000 Ew.) wurde 1992 die erste *plaza comercial* an der Straße zum Flug-hafen gebaut.

Voraussetzungen für diesen Prozeß sind eine fortschreitende soziale Segregation, sektorale Kaufkraftzuwächse bei den Oberschichten und neuen Mittelschichten, eine zunehmende Motorisierung sowie die Metropolisierung des Städtesystems. Damit spielt außer dem Wachstum der Stadt auch ihre Zentralität eine Rolle. So ist die sprunghafte Zunahme von *plazas comerciales* in Aguascalientes unter ande-rem auf die absolute Dominanz der Stadt im regionalen Siedlungsgefüge zurückzu-führen mit einer zu großen Entfernung zu den nächsthöheren Zentren San Luís Po-tosí (170 km) und Guadalajara (250 km), um an einem Tag bequem hin- und zu-rückzufahren. Dagegen besteht beim Ein-kaufs- und Freizeitverhalten der Ober-schicht von Puebla seit jeher eine Orien-tierung an der nur 120 km entfernten Hauptstadt, zumal man die dortigen Ein-richtungen seit dem Bau der Autobahn (1962) bequem in zwei Stunden erreichen kann (vgl. GORMSEN/KLEIN-LÜPKE 1992).

4.8.2
Plaza comercial versus historisches Stadtzentrum

In engem Zusammenhang mit dem Auf-schwung der *plazas comerciales* steht der Bedeutungsrückgang der historischen Alt-stadt als kommerzieller und kultureller Mittelpunkt. War das Stadtzentrum der traditionelle Treffpunkt aller Bevölke-rungsgruppen, so trat mit der Umorientie-rung der oberen Schichten in die neuen *plazas* eine Bedeutungsverlust ein. Dieser

7*

Prozeß, der in México-Stadt bereits in den 50er Jahren erfolgte und auch zur baulichen Degradierung beigetragen hat, setzte sich mit einer gewissen Verzögerung in den Sekundärzentren des Landes fort, in Puebla in den 70er Jahren, in Aguascalientes und Oaxaca je eine Dekade später. Dabei wurde auch der Zusammenhang zwischen der Ausbreitung des ambulanten Handels und der abnehmendem Attraktivität des Stadtzentrums sichtbar (S. 82). Zwar gelang es, das informelle Marktgeschehen wenigstens teilweise in neue Märkte am Stadtrand auszulagern, doch damit kann die Dynamik der kommerziellen Segregation, d. h. der Abwertung des historischen Zentrums, nicht gebremst werden, die allerdings in Oaxaca durch die touristische Aufwertung überlagert wird.

Die *plazas comerciales* sind zu den Punkten geworden, wo im kommerziellen Sektor die größten Investitionen erfolgen. Auch neue Impulse, wie die Etablierung hochwertiger Einkaufszentren vom Typ der Passage inmitten der Altstadt (z. B. Parián in Aguascalientes), werden aufgrund der Umorientierung der oberen Käuferschichten und der zunehmenden Verkehrsbelastungen in den Innenstädten diesen Prozeß nicht aufhalten können. Und diese Umstellung beschränkt sich nicht auf das Einkaufsverhalten, sondern sie bezieht auch die Freizeitangebote (Restaurants, Kinos etc.) ein. Der *Zócalo* und seine Umgebung verliert für diese Schichten seine Bedeutung, d. h. die *plaza comercial* wird zur Nachfolgerin der traditionellen *plaza* in der Innenstadt (Name!). Es besteht also ein enger Zusammenhang zwischen dem Auf- und Abstieg der historischen Stadtzentren und den neuen „Konsumtempeln" an der Peripherie.

Es erscheint schließlich recht aufschlußreich, daß sich die *plazas comerciales* ausgerechnet inmitten der scharfen ökonomischen Krise der 80er Jahre ausgebreitet haben. Aufgrund ihrer aufwendigen baulichen Gestaltung und luxuriösen Ausstattung zeigt dies, daß sehr beachtliche private Kapitalanlagen in den konsumtiven Wirtschaftssektor geflossen sind, die somit für produktive Investitionen nicht zur Verfügung standen.

4.8.3
Der Informelle Sektor

Im krassen Gegensatz dazu zeigt sich der mehr oder weniger informelle Handel. Er trägt auf Bürgersteigen, an Metrostationen und anderen Knotenpunkten der Innenstädte sowie in überfüllten Metrozügen zum zusätzlichen Gedränge bei und umfaßt ein unermeßliches Angebot: von ein paar Früchten oder selbstgenähten Puppen, die einzelne Indiofrauen am Boden ausbreiten, über Stände mit Zigaretten, Toilettenartikeln, Tonbandkassetten, Insektenpulvern, alten Zeitschriften, *tacos* (in Öl gebackene *tortillas*) mit scharfen Soßen, undefinierbaren bunten Getränken aber auch frisch gepreßten Obstsäften usw. usw. bis zu geschmuggelten Elektronikgeräten, nicht zu vergessen die Schuhputzer und die Musiker.

Dazu kommen die Straßenhändler im engeren Sinne, die den Autofahrern an roten Verkehrsampeln Lotterielose, Blumen, Zeitungen, Autozubehör usw. bis hin zu Haushaltswaren, Sonnenschirmen und Stehlampen (!) anbieten. Darunter sind viele Kinder, die nicht nur Kaugummi verkaufen, sondern auch in Windeseile Windschutzscheiben waschen, während Jugendliche als Clowns oder Feuerspeier auftreten. Das belebt zwar die Szenerie in sympathischer Weise, aber wer denkt schon an die sozialen Hintergründe, die zu dieser Kinderarbeit führen, und mehr noch an die Gesundheitsschäden, die durch den dauernden Aufenthalt in der von Abgasen geschwängerten Luft entstehen!

Unter dem Begriff „Informeller Sektor" werden normalerweise Aktivitäten verstanden, die sich der staatlichen Regulierung und Kontrolle, d. h. vor allem der Zahlung von Steuern und Abgaben entziehen und daher in der Volkswirtschaftlichen Gesamtrechnung nicht erfaßt werden. Dies bedeutet jedoch weder, daß der gesamte Straßenhandel „informell" ist, denn für bestimmte Standplätze werden sehr wohl Gebühren verlangt, noch daß es sich durchweg um einen *penny capitalism* von „kleinen Leuten" handelt, die auf eigene Rechnung arbeiten. Vielmehr sind sie zum großen Teil von Zwischenhändlern oder von Syndikaten abhängig, die ihnen die Waren sowie die Verkaufsplätze zuteilen und ihnen nur einen minimalen Gewinn lassen. Hinter dem scheinbar so ungeordneten Gewühl stehen also z. T. straff organisierte Ausbeutungsmechanismen, und über die Warenbeschaffung bestehen meist direkte Verbindungen zum formalen Sektor (vgl. HERRLE 1983; SCHAMP 1989).

Die Beziehungen zwischen dem „oberen" und dem „unteren Wirtschaftskreislauf" sind offenbar viel enger, als häufig angenommen wird (vgl. SANTOS 1979), und sie gehen über den Handel weit hinaus. So bieten seit jeher viele Bau- und Reparaturhandwerker neben dem Eingang zur Kathedrale in México ihre Dienste an. Es gibt aber auch Unternehmer, die größere Bauvorhaben mit Schwarzarbeitern durchführen, denen sie weniger als den gesetzlichen Mindestlohn bezahlen (LOMNITZ 1978). Hier lassen sich Parallelen zur Schattenwirtschaft in Industriegesellschaften finden, wo freilich normalerweise die Kontrollen strenger sind.

Neben dem Kleingewerbe spielen Dienstleistungen jeglicher Art in diesem Rahmen eine wichtige Rolle, darunter das weite Feld häuslicher Tätigkeiten, in dem vor allem Frauen beschäftigt sind (S. 60). Obwohl gerade hier mit mehr oder weniger bewußten Verfälschungen der Statistik zu rechnen ist, wurden nach der Volkszählung von 1990 im D. F. 15% der weiblichen Erwerbstätigen in diesem Bereich erfaßt gegenüber 23% in öffentlichen und sozialen Diensten, und jeweils 16% in Handel und Industrie (Censo 1990). Dabei kommen beträchtliche innerstädtische Unterschiede zwischen Stadtbezirken im Westen (Miguel Hidalgo 30%) und im Osten (Venustiano Carranza 8%) heraus. Übrigens fielen auch 12% der Männer unter diese Rubrik.

Insgesamt wird angenommen, daß der Anteil des informellen Sektors an der urbanen Erwerbsbevölkerung 1979 bis 1988 von 18 auf 24% gestiegen ist (GABBERT 1993, Anm. 23). Es besteht also kein Zweifel, daß dieser ausufernde Wirtschaftszweig nicht nur für unzählige Menschen die einzige Überlebenshoffnung bietet, sondern daß er auch gesamtwirtschaftlich eine bedeutende Rolle spielt und wesentlich zum Funktionieren der Stadt beiträgt.

4.9
México-Stadt –
Von Tenochtitlán zur
Megalopolis

Beim Blick aus dem Flugzeug erscheint die Stadt México als unendlich-konturloses Häusermeer (C. 96). Und trotz vieler Bemühungen um geregelte Planung haben die Wucherungen dieser Riesenstadt der einstmals harmonischen Landschaft ihren Stempel aufgedrückt (vgl. SANCHEZ DE CARMONA 1986).

Auf ihrer Wanderung aus den trockenen Ebenen des Nordens erreichten die Azteken erst um 1300 die *Mesa central*. Zwischen Riesenvulkanen mit ewigem Schnee und Bergrücken mit dichten Nadelwäldern, versteinerten Lavafeldern und vielen kleinen Vulkankegeln fanden sie fünf Seen, umgeben von einer blühenden Kulturlandschaft. Sie war in der Hand verschiedener Stadtstaaten, die den Azteken nach kriegerischen Auseinandersetzungen nur die Ufersümpfe und flache Inseln im salzhaltigen Texcocosee als Siedlungsraum überließen. Hier gründeten sie um 1345 Tenochtitlán, das sie in anderthalb Jahrhunderten zu einer glänzenden Hauptstadt ausbauten, deren Macht auf der Unterwerfung zahlreicher Völkerschaften beruhte (S. 36).

Sie versetzte die Conquistadoren in höchstes Erstaunen. Hernán Cortés und Bernal Díaz de Castillo haben eingehend darüber berichtet, und von Cortés stammt auch der erste Plan, der die Grundzüge der Stadtstruktur erkennen läßt und 1524 in Nürnberg publiziert wurde. Im Gegensatz zu den mittelalterlich-winkeligen Städten Spaniens war sie durch ein Achsenkreuz in vier regelmäßig angelegte Viertel geteilt. Sie soll mit dem benachbarten Tlatelolco mindestens 60000 Einwohner gehabt haben, also mehr als die meisten Städte Europas in jener Zeit, wobei die immer wieder kolportierten Angaben von 150000–600000 (!) Einwohnern zweifellos übertrieben sind (LOMBARDO 1973, S. 119ff; vgl. GIERLOFF-EMDEN 1970, S. 150 u. 528).

Die Insellage im abflußlosen See stellte ungewöhnliche Anforderungen an den Städtebau und legte die Übernahme der aztekischen Grundstrukturen mit einem regelmäßigen Netz aus Kanälen und Straßen nahe, zumal die geometrische Anlage den europäischen Vorstellungen einer Idealstadt in der Renaissancezeit entgegen kam. Die zentrale *plaza*, der heutige *Zócalo,* sowie die wichtigsten Kanäle und Dämme dienten als Koordinatensystem für das Strassenraster mit Baublocks von etwa 80 × 160 m Seitenlänge. Cortés selbst ließ seine Residenz an der Stelle des heutigen Regierungssitzes auf den Ruinen des Palastes von Moctezuma II. erbauen.

4.9.1
Die Entwässerung der Seen und ihre Folgen

Gegen die häufigen Überschwemmungen während der sommerlichen Regenzeit sowie zur Erweiterung der Siedlungs- und Agrarflächen durch *chinampas* hatten schon die Azteken bemerkenswerte Wasserbaumaßnahmen vorgenommen (S. 36). Doch das Wachstum der Stadt und wiederholte Flutkatastrophen führten während der Kolonialzeit zu mehreren erfolglosen Versuchen, das abflußlose Becken über einen 25 km langen Kanal zum Flußsystem des Río Pánuco im Norden zu entwässern: der erste Tunnel stürzte schon 1627 wieder ein. Statt dessen wurde 1767 der Tajo de Nochistongo als tiefer Einschnitt gegraben, in dem heute die Eisenbahnlinie verläuft. Erst im Porfiriat wurde der große Abwasserkanal *(Gran Canal de Desagüe)* mit zwei Tunnelstrecken gebaut, der als endgültige Lösung betrachtet wurde. Doch die Folgen für den Untergrund der Stadt und die Landschaft hatte man kaum bedacht, obwohl Alexander von Humboldt schon 1807 vor verkrusteten Böden, Erosion und Entwaldung gewarnt hatte (TICHY 1973).

Tatsächlich hat die Entwässerung der mächtigen Seesedimente und die verstärkte Nutzung des Grundwassers bei vielen Gebäuden zu Absenkungen (bis zu 8 m) und zu Mauerrissen geführt. Das läßt sich nicht nur an dem massiven Marmorbau des Palacio de Bellas

Geschoßzahl	1–4	5–8	9–12	13–16	17–20	21–24	Summe
Zerstörte Gebäude	3820	746	320	105	29	5	5025

Quelle: Atlas de la Ciudad de México 1987

Tab. 6: Gebäudeschäden durch das Erdbeben in México-Stadt September 1985 nach Gebäudehöhen

Artes beobachten, sondern auch an der Franziskanerkirche (Calle Madero), zu deren Portal man vom Straßenniveau etwa 3 m hinuntersteigen muß. Die Kapuzinerkirche aus dem 18. Jh. (neben der Basílica de Guadalupe), die sich im Laufe der Zeit bedrohlich nach Osten geneigt hatte, wurde kürzlich mit einem Betonfundament unterfangen und hydraulisch aufgerichtet. Doch derart aufwendige Techniken lassen sich wegen der Kosten nur ausnahmsweise anwenden. Und im Fall der Kathedrale, deren Teile sich unterschiedlich stark senken, wird es noch komplizierter. Dagegen scheinen tief gegründete Bauten (z. B. das Unabhängigkeitsdenkmal „*El Angel*" in der Av. de la Reforma) aus ihrer absinkenden Umgebung „herauszuwachsen" (C. 93).

Der unsichere Baugrund ist übrigens mitverantwortlich für die großen Schäden der Erdbebenkatastrophe am 19. September 1985. Seismische Bewegungen sind zwar in Mexiko häufig; doch die Erdstöße der Stärke 8 auf der Richter-Skala regten die Sand- und Lehmschichten zu Schwingungen verschiedener Frequenzen an und führten so zur Zerstörung von 5025 Gebäuden (darunter 30% der Krankenhauskapazität) und zum Verlust von 4500 Menschenleben. Nicht weniger gravierend war die mangelhafte Bausubstanz. Es zeigte sich nämlich, daß die massiv gebauten Paläste der Kolonialzeit ebenso standhielten wie technisch einwandfreie Stahlskelettbauten mit ausreichenden Fundamenten, z. B. der 177 m

hohe Lateinamerikaturm. Er war schon in den 50er Jahren auf einer Betonwanne errichtet worden, die auf fast 200 bis zu 35 m tief auf den festen Untergrund reichenden Stahlbetonpfählen ruht. Dagegen sind nicht nur viele Lehmziegelhäuser eingestürzt, sondern auch schlecht gebaute und zu dicht stehende Hochhäuser (Tab. 6; Atlas de la Ciudad de México 1987; Erdbeben Mexiko 1985).

Durch die Bodensenkungen wurde aber auch das Gefälle des *Gran Canal* (19 cm auf 1000 m) fast völlig aufgehoben, so daß sein ursprünglicher Zweck weitgehend verlorenging und bei Wolkenbrüchen große Überschwemmungen aus Regen- und Schmutzwasser auftreten. Schon in den 50er und 60er Jahren wurden deshalb die südlichen und westlichen Zuflüsse (Río Churubusco, Río Mixcoac, Río Consulado) kanalisiert und von Stadtautobahnen überbaut sowie 29 Abwasserpumpstationen installiert, um die unterschiedlichen Niveaus der Kanäle auszugleichen. Ferner wurde in den 70er Jahren mit dem Bau eines unterirdischen Abwassersystems von etwa 140 km Länge in 30–40 m Tiefe begonnen. Im Verbund mit Rückhaltespeichern sollen damit die großen Wassermengen kontrolliert werden. Außerdem wurde ein Sanierungsprojekt für den Texcocosee in Angriff genommen. Dabei soll der ganze See trockengelegt und mit salzresistenten Weidegräsern und Bäumen begrünt werden, um Nutzland zu gewinnen und die Bildung von feinen Staubwolken *(tolvaneras)* aus den ausgetrockneten,

	1985 (Riva Palacio 1987)			1989 (Quadri 1993)		
	Kfz	Industrie	gesamt	Kfz	Industrie	gesamt
Staubpartikel		385	693*	10	17	451**
Schwefeldioxid SO$_2$	10	393	403	45	161	206
Stickoxide NO$_x$	60	91	151	134	43	177
Kohlenmonoxid CO	4600	114	4714	2854	97	2951
Kohlenwasserstoff HC	450	130	580	548	272	820
Summe	5120	1113	6541*	3591	590	4605**

*   einschl. 308.000 t aus Staubwolken des ehemaligen Texcoco-Sees
** einschl. 424.000 t aus Erosion, Hausbrand u. a.

Tab. 7: Schadstoffemissionen über Mexico-Stadt (in 1000 t/Jahr)

salzhaltigen Seetonen zu vermindern (s. u.). Kernstück ist aber die Regulierung der jahres- und tageszeitlichen Schwankungen des Wasserstandes durch einige künstliche Seen. Im Zusammenhang damit steht der Bau einer mehrstufigen Kläranlage sowie einer Verdunstungsspirale zu Salzgewinnung, die vom Flugzeug aus einer Muschel ähnelt und deshalb im Volksmund *caracol* genannt wird. Seit 1956 wurden übrigens zehn Anlagen geschaffen, die das Schmutzwasser lediglich soweit klären, daß es zur Bewässerung von Grünflächen verwendet werden kann (Moreno Mejía 1987; Sander 1983, 1990; Tyrakowski 1991).

4.9.2
Klima-, Umwelt- und Wasserprobleme

Einen gewissen Einfluß hatte die Entwässerung auch auf das lokale Klima, vor allem in der Trockenzeit. Einerseits fehlen die großen Wasserflächen, die früher ausgleichend auf den Temperaturablauf gewirkt hatten; andererseits tragen die *tolvaneras* (s. o.) in Verbindung mit dem Smog aus Auto- und Industrieabgasen zu der unerträglichen Luftverschmutzung bei, die während langer Schönwetterperioden im Frühjahr häufig vorkommt und schon um 1970 tränende Augen und andere Beschwerden hervorgerufen hat. Dabei wirkt sich die Beckenlage ungünstig aus, denn zwischen den Gebirgszügen setzt sich an etwa 200 Tagen eine stabile Inversionsschicht fest, die nur durch die Regenfälle bei gelegentlichen *nortes* ausgewaschen wird und dann auch den Blick auf die Vulkane freigibt, wie ihn die alten Landschaftsgemälde zeigen (vgl. Jáuregui 1973; Sander 1990; Tyrakowski 1991).

Seit 1974 wurde eine ganze Reihe von automatischen und handbetriebenen Stationen zur Messung der Luftschadstoffbelastung eingerichtet. Allerdings ergeben sich aus den bisher veröffentlichten Daten erhebliche Zweifel an ihrer Aussagekraft. Die Unterschiede in Tab. 7 weisen auf Unsicherheiten bei den Erhebungsmethoden sowie bei den Einschätzungen hinsichtlich der Hauptverursacher (Kraftfahrzeuge und Industrie mit Energiegewinnung) hin. Zu berücksichtigen ist auf jeden Fall, daß bei der Meereshöhe von 2250 m die UV-Strahlung stärker, die für alle Verbrennungsvorgänge verfügbare Sauerstoffmenge aber um 15% geringer ist als im Tiefland.

Als Standard für die Luftqualität wurde – in Anlehnung an US-amerikanische Normen – der sog. *IMECA*-Index entwickelt *(Indice Metropolitano de la Calidad del Aire)*, dessen Werte regelmäßig in der Presse publiziert werden. Danach gelten folgende Konzentrationen in bestimmten Meßperioden als unschädlich: Staub 275 µg/m^3/24 h; SO_2 0,13 ppm/24 h; NO_x 0,21 ppm/1 h; CO 13 ppm/8 h; HC 0,24 ppm/1 h; O_3 0,11 ppm/1 h. Sie werden = 100 gesetzt. Bei Überschreitungen muß mit steigenden Beeinträchtigungen gerechnet werden, und zwar in drei Stufen: I (101–200) = geringes Unwohlsein sensibler Personen; II (201–300) = zunehmendes Unwohlsein, insbesondere bei körperlichen Anstrengungen von Personen mit Atembeschwerden; III (301–500) = ernste Beschwerden bei körperlichen Anstrengungen auch von gesunden Personen.

In den Monaten Januar bis August der Jahre 1989–1992 wurde die Stufe I jeweils an mehr als 230 (von 243) Tagen überschritten. Die Stufe II wurde 1991 immerhin an 107 und 1992 an 88 Tagen, die Stufe III bisher nur in einzelnen Fällen (1992: 8 Tage) erreicht (QUADRI 1993, S. 106ff.).

Eine Auswertung der Schadstoffbelastung nach ihrer räumlichen Verteilung im Zusammenhang mit dem Tagesgang des Stadtklimas läßt beträchtliche Unterschiede bei der Häufigkeit der Überschreitung der o. g. Standardwerte erkennen. Dabei finden sich Konzentrationen von Schwefeldioxid vor allem im Bereich der Großindustrie im Nordosten, Schwebestaub in der Nähe des ehemaligen Texcocosees ebenfalls im Nordosten, Kohlenmonoxid aufgrund der Kraftfahrzeugdichte im Zentrum, Ozon aber im S (Abb. 26). Dies hängt mit der Bildung des Ozons als Reaktionsprodukt aus Stickoxid und Kohlenwasserstoff unter Einwirkung der UV-Strahlung und erhöhter Temperatur zusammen, ein Vorgang, der mit vierstündiger Verzögerung nach dem Stickoxidmaximum (7–8 Uhr) eintritt, also erst gegen Mittag. In diesem Zeitraum ist bei der vorherrschenden Windrichtung und Windgeschwindigkeit das Stickoxid von seinem Quellgebiet im Norden bis an den Südrand des Beckens transportiert worden (KLAUS/LAUER/JÁUREGUI 1988; JÁUREGUI 1988, 1993; QUADRI 1993).

Auf der Grundlage der Schadstoffmessungen wurde eine Reihe von Verordnungen erlassen. So wurde der früher sehr hohe Bleigehalt des Benzins drastisch verringert, wobei allerdings das statt dessen zugesetzte Benzol zwar die Klopffestigkeit verbessert, aber die Ozonbildung erhöht. Außerdem darf seit 1989 jeder Wagen an einem bestimmten Wochentag nicht benutzt werden (*un día sin coche* = ein Tag ohne Auto). Gleichzeitig wurde eine halbjährige Abgaskontrolle eingeführt. Beide Vorschriften werden anhand der Endziffern der Nummernschilder kontrolliert und gelten auch für Fahrzeuge aus anderen Bundesstaaten. Trotz mancher Umgehungsmöglichkeiten sollte das dahinter stehende politische Signal anerkannt werden. Und dies gilt auch für die Verordnung, nach der emissionsträchtige Fabriken in der *Zona Metropolitana* Filter einbauen oder stillgelegt werden müssen, wobei die Regierung durch die Schließung der PEMEX-Raffinerie in Atzcapozalco 1990 mit gutem Beispiel voranging, obwohl dadurch 5000 Beschäftigte ihre Arbeit verloren und Kosten in Höhe von 500 Mio. US-$ entstanden. Wenige Jahre zuvor war freilich durch einen verheerenden Brand ein Flüssiggaslager zerstört worden (vgl. ZEISSIG 1992). In Rahmen dieses Programms wurden die Produktionsstätten der BASF in den neuen Ölhafenkomplex von Altamira bei Tampico verlegt (S. 193, 208).

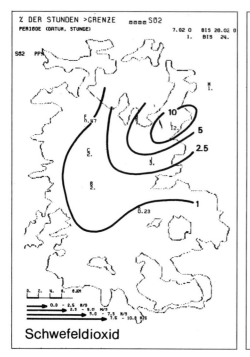

Schwefeldioxid

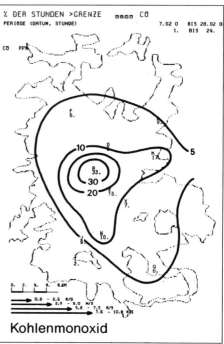

Kohlenmonoxid

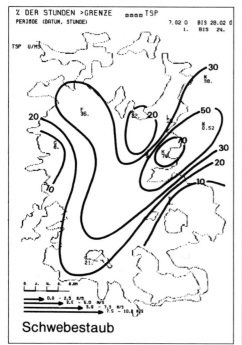

Schwebestaub

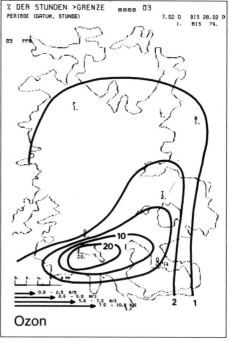

Ozon

Quelle: KLAUS/LAUER/JÁUREGUI 1988

Abb. 26: Schadstoffbelastung der Luft über México-Stadt

Mindestlöhne	<1	1–3	4–7	8–11	>11
Abfälle in Gewichtsprozenten					
Organische	46,2	50,8	48,5	55,3	44,9
Metalle	1,9	2,4	2,3	2,9	4,4
Papier	17,0	16,0	16,2	16,1	19,2
Kunststoff	5,1	4,7	5,9	6,1	6,5
Glas	7,7	8,3	8,3	10,3	14,8
Textilien	6,0	6,5	8,1	4,0	4,8
Sonstige	16,1	11,3	10,7	5,3	5,4

Quelle: RESTREPO/PHILLIPS 1985

Tab. 8: Zusammensetzung des Hausmülls im D. F. nach 5 Einkommensgruppen 1980

Die Jahresregenmenge reicht mit rund 700 mm für die Wasserversorgung des Stadtgebietes schon lange nicht mehr aus. Das liegt einerseits an der ungünstigen Verteilung zwischen Sommer- und Winterhalbjahr, andererseits an der fortschreitenden Ausdehnung der bebauten Gebiete über die trockengelegten Flächen. So steigt die Verdunstung, und die kräftigen Schauer im Sommer fließen noch schneller ab, was bei den Abwasserproblemen der Stadt zu schlimmen Überflutungen führen kann. Hinzu kommt der enorm steigende Wasserverbrauch der Bevölkerung und der Industrie (S. 94).

Da das Seewasser salzhaltig war, hatten die Azteken bereits Aquädukte vom Festland her gebaut, die in der Kolonialzeit weiterbenutzt und ergänzt wurden. Reste der Leitung von Chapultepec zum Zentrum sind noch erhalten. Die ersten mechanischen Pumpen zur Grundwassergewinnung wurden Ende des vorigen Jahrhunderts eingesetzt, reichten aber bald nicht mehr aus. So begann mit einer Rohrleitung aus Xochimilco (1913) die Erschließung entfernterer Vorräte. Heute reicht das Einzugsgebiet etwa 50 km weit nach Norden und 120 km nach Westen, und in Zukunft soll möglicherweise Wasser aus der stark beregneten Sierra Madre Oriental zugeführt werden. Doch abgesehen von der

teuren Beschaffung genügender Mengen gibt es erhebliche Mängel im Verteilungssystem, vor allem in den wuchernden Stadtrandsiedlungen. Ein Problem ist ferner die Wasserqualität, die nicht immer ausreichend kontrolliert wird. So besteht ein enger Zusammenhang zwischen der rapiden Verstädterung, dem Wassermangel, der Kanalisation und den weitreichenden Folgen für die Umwelt (S. 94).

Dazu gehören schließlich auch die enormen Schwierigkeiten bei der Abfallbeseitigung. Im Jahr 1980 wurden Menge und Zusammensetzung des Hausmülls im D. F. anhand einer Befragung und einer detaillierten Analyse des Inhaltes von Müllsäcken untersucht, wobei eine weitgehende Repräsentativität nach Einkommensgruppen und Wohngebieten angestrebt und wohl auch erreicht wurde (RESTREPO/PHILLIPS 1985). Die Eingruppierung erfolgte in fünf Stufen, von weniger als einem bis zu mehr als elf Mindestlöhnen. Es ergaben sich erstaunlich geringe Unterschiede zwischen der täglichen Abfallmenge und -zusammensetzung pro Haushalt dieser Gruppen (Tab. 8). Sie können hier nicht im einzelnen diskutiert werden. Lediglich bei Metall und Glas bestand ein deutlicher Anstieg mit dem Einkommensniveau. Der hohe Anteil an „Sonstigem" bei der

Gruppe 1 war auf Baumaterial, tierische Exkremente u. a. zurückzuführen. Die fast gleichen Mengen an organischen Stoffen, die durchweg dominierten, wiesen darauf hin, daß in allen Schichten zahlreiche Lebensmittel weggeworfen wurden: Nach einer vorsichtigen Hochrechnung wanderten im ganzen D. F. täglich rund 90 t *tortillas* und 75 t Brot in den Abfall. Andererseits zeigte sich, daß auch die Ernährung der untersten Einkommensgruppen insgesamt ausreichend und wesentlich variabler war, als häufig angenommen wird. Insgesamt ergab sich eine tägliche Abfallmenge von rund 8500 t für den Distrito Federal. Für die Zona Metropolitana wurden 14 000 t geschätzt. Sie wurden in 11 Müllhalden rings um die Stadt abgelagert und von zahlreichen an ihrem Rande lebenden Menschen auf Brauchbares durchwühlt. Von einer geordneten Deponie kann noch kaum die Rede sein. Boden und Grundwasser in der Umgebung sind entsprechend gefährdet. Davon abgesehen, werden die Abfälle großer Marginalsiedlungen am Stadtrand überhaupt nicht erfaßt.

4.9.3
Die Entwicklung zur Megastadt

Derartige Probleme waren vor hundert Jahren noch nicht vorstellbar. Sie sind die Folgen eines Metropolisierungsprozesses, der sich anhand weniger sozio-ökonomischer Indikatoren ausdrücken läßt. Tab. 9 zeigt nicht nur die außerordentliche Bevölkerungskonzentration der Stadt, sondern auch ihre überproportionale Bedeutung in fast allen Lebensbereichen.

Die Ursachen hierfür gehen zurück bis in die aztekische Zeit. Sie sind Zeichen einer nie in Frage gestellten politischen Entscheidung für den symbolträchtigen Standort von Tenochtitlán trotz der schon

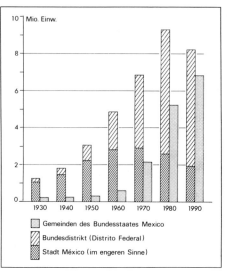

Abb. 27: Bevölkerungsentwicklung der Metropolitanzone von México-Stadt

früh erkannten hydrologischen Probleme. Nach Topographie, Klima und Lagebeziehungen, insbesondere zum Hafen Veracruz, wäre Puebla eine ausgezeichnete Alternative gewesen (S. 193). Doch letztlich kam es zu einer Selbstverstärkung im historischen Zentrum der Macht.

Eine differenzierte Betrachtung der Bevölkerungsentwicklung läßt allerdings ähnliche Tendenzen wie in vielen Großstädten überall auf der Welt erkennen (Abb. 27). Nach einer langen Phase stärkster Zuwanderungen trat in den 60er Jahren eine allmähliche Umkehrung der Migrationsrichtung ein. Zunächst zogen Bewohner der inneren Stadtteile in die Außenzonen um, seit 1980 verlor aber der gesamte Distrito Federal über eine Million Einwohner, während die Gemeinden der *ZMCM* weiterhin zunehmen. Insgesamt scheint sich jedoch das Wachstum abzuschwächen, was bei einer Bevölkerungsdichte von rund 3300 Ew./km² durchaus wünschenswert ist. Eindrucksvoll ist in diesem Zusammenhang der Vergleich der

Anteil an der Gesamtbevölkerung des Landes (in 1000)						Anteile der ZMCM an der Wirtschaftsentwicklung Mexikos (%)				
						Bruttoinlandprodukt			Industrie	
Jahr	Bev. insg.	ZMCM*	%	D.F.	%	total	Indu-strie	Dienst-leist.	Betriebe	Besch.
1900	13 607	345	3	542	4					
1910	15 160	421	3	730	5					
1921	14 335	615	4	903	6					
1930	16 553	1 049	6	1 221	7				7	19
1940	19 654	1 645	8	1 758	9	34	36	46	9	25
1950	25 791	3 136	12	2 330	9	31	28	48	20	25
1960	34 923	5 381	15	5 178	15	33	38	38	30	46
1970	48 225	9 211	19	7 327	15	35	34	42	28	41
1980	66 847	14 419	22	9 165	14	38	33	47	30	47
1990	81 250	15 048	19	8 236	10	38	31**	44**	26**	37**

* Zona Metropolitana de la Cindad de México (1900–1940 Werte der Stadt México)
** Wert von 1985

Quelle: GARZA 1993

Anteile des Distrito Federal an verschiedenen Merkmalen

Ausgewählte Wirtschaftsbereiche 1988	Beschäftigte	Lohnsummen
Industrie insgesamt	20%	21%
Papier-, Druckindustrie	40%	40%
Chemie	26%	26%
Großhandel	28%	35%
Dienstleistung insges.	28%	36%
Freie Berufe	41%	48%
Transport, Finanzen	29%	38%

Pkw-Bestand (1000)
1970: 590 48%   1986: 1287 26%
Pkw-Verkauf (1000)
1974: 105 45%   1990: 132 38%
Lkw-Verkauf (1000)
1974: 28 29%   1990: 52 27%

Ankünfte von Flugpassagieren (1000)
in nationalen Flügen
1980: 4046 35%   1991: 4347 34%
in internationalen Flügen
1980: 1426 42%   1991: 2140 38%

Schüler in Höheren Schulen (1000)
1970: 457 31%   1987: 1000 17%
Schüler in Preparatoria (Oberstufe) (1000)
1970: 55 34%   1987: 356 22%

Telefonanschlüsse (1000)
1970: 737 49%   1986: 2417 31%

Auflage der Tageszeitungen
1990: 2,2 Mio. 18%

Quellen: Anuario u. Anuario Distritio Federal versch. Jahrg., Industria Automotriz 1980, 1991

Tab. 9: Indikatoren der Metropolisierung von México-Stadt

bebauten Flächen der Metropolitanzone von México und des Rhein-Main-Gebiets, das nur etwa 2,4 Mio. Einwohner auf einem erheblich größeren Raum umfaßt. Man stelle sich vor, die 15 Mio. Einwohner Méxicos (oder sämtliche Niederländer) würden zwischen Mainz und Aschaffenburg, Bad Homburg und Darmstadt leben! Der Begriff Verdichtungsraum erhält unter solchen Bedingungen eine ganz neue Dimension (GORMSEN 1994; vgl. BUCHHOFER/AGUILAR 1991).

Wenn der prozentuale Rückgang bei mehreren Indikatoren wesentlich stärker war, so lag dies nicht etwa an einem absoluten Verlust im D. F., sondern an höheren Zuwachsraten in anderen Städten, d. h. an gewissen Ausgleichstendenzen, die bei den öffentlichen Einrichtungen (Schulen, Gesundheitswesen, Bibliotheken usw.) auf politische Entscheidungen zurückzuführen sind und die zweifellos das Leben in der Provinz attraktiver erscheinen lassen. Eine Interpretation im einzelnen erübrigt sich.

4.9.4
Stadtstruktur und Städtebau

Erst im 19. Jh. wuchs México über die Grenzen der Kolonialstadt hinaus (Abb. 28). Als Leitlinie hatte Kaiser Maximilian nach dem Vorbild der Champs-Elysées den *Paseo de la Reforma* angelegt. Dieser führte zu seinem Schloß, dem *Castillo de Chapultepec*, das auf einem Lavafelsen über dem ehemaligen Seeufer im Westen emporragt (C 100). Beiderseits der Prachtstraße entstanden Villen im französischen Stil. Einige davon blieben in der Zona Rosa erhalten, während die meisten inzwischen Bürotürmen und Großhotels weichen mußten (C. 94). Seit 1900 wurden planmäßig Wohngebiete für die Mittel- und Oberschichten im Süden und Westen der Stadt angelegt, wobei der rund 400 ha große *Bosque de Chapultepec* als Grünanlage ausgespart blieb. Er ist ein Volkspark im besten Sinne, in dem am Wochenende Tausende von *capitalinos* oder *chilangos* (Hauptstädter) mit ihren Kindern zusammenströmen, um sich ein paar bescheidene Vergnügungen zu gönnen oder einfach ein Picknick im Grünen zu halten. Außer künstlichen Seen, einem Zoo (C. 101), Freilichtbühnen u. a. liegen im Park mehrere Museen, darunter das berühmte *Museo de Antropología*.

Auf den westlich ansteigenden Hängen erstreckt sich das vornehmste Landhausviertel *Lomas de Chapultepec* mit vielen Diplomatenresidenzen. Gleichzeitig wurde das alte Tacubaya von der Verstädterung erfaßt, während die noch weit abgelegenen Kolonialstädte San Angel, Coyoacán und Tlalpan zunächst als Ausflugsorte und später als bevorzugte Wohnlagen entdeckt wurden. Hier hat sich seit Ende der 60er Jahre ein californisch beeinflußter rustikaler Neo-kolonialstil durchgesetzt, der inzwischen auch in Neubaugebieten weit verbreitet ist. Zu den Vorreitern für den Umzug in die heute eingemeindeten romantischen Städtchen gehörten Künstler wie Diego Rivera. Das beliebteste Ausflugsziel im Stadtgebiet ist aber Xochimilco, das man schon um 1900 mit einer inzwischen modernisierten Straßenbahn erreichen konnte. Auf den *chinampas* werden nach wie vor Blumen und Gemüse angebaut. Bis zur Jahrhundertwende wurden diese mit Booten über den *Canal de la Viga* zum Markt in die Stadt gebracht. Auf dem immer noch beachtlichen Kanalnetz herrscht am Sonntag ein dichter Verkehr von buntbemalten Kähnen, auf denen man sich geruhsam übers Wasser staken läßt (C. 90).

Sehr wichtig für die flächenhafte Ausdehnung der Stadt längs der Avenida Insurgentes nach Süden waren in den 50er Jahren die weitläufigen Anlagen der Universität *(Ciudad Universitária)*, des Olympiastadions und der modernen Villensiedlung Pedregal auf einem ausgedehnten Lavafeld (C. 98). Weitere Bildungsinstitute, darunter die Nationale Pädagogische Hochschule und das international hoch angesehene Colegio de México mit seiner faszinierenden Architektur (S. 000), kamen hinzu, außerdem Radiostationen, Behörden, das riesige Aztekenstadion und *plazas comerciales*.

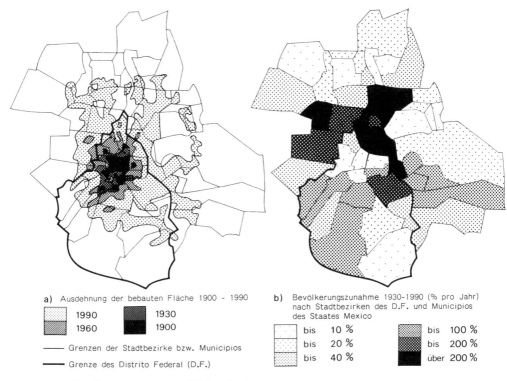

a) Ausdehnung der bebauten Fläche 1900 - 1990

1990   1930
1960   1900

——— Grenzen der Stadtbezirke bzw. Municipios

━━━ Grenze des Distrito Federal (D.F.)

b) Bevölkerungszunahme 1930-1990 (% pro Jahr) nach Stadtbezirken des D.F. und Municipios des Staates Mexico

bis 10 %   bis 100 %
bis 20 %   bis 200 %
bis 40 %   über 200 %

Abb. 28: Verdichtungsraum von México-Stadt
a) Ausdehnung der Siedlungsfläche 1900–1990; b) Bevölkerungszunahme 1930–1990

Im Norden zeigt sich ein völlig anderes Bild. Unter Porfírio Díaz entstanden hier mit dem Eisenbahnbau die ersten größeren Fabriken. Sie bildeten Ansatzpunkte einer Industriezone, die seit den 60er Jahren weit über die nördliche Grenze des Distrito Federal in die Municipios Naucalpan, Tlalnepantla, Atizapán, Ecatepec usw. im Staat Mexico hinausgewachsen ist, ohne daß man sich der Grenze bewußt würde (Abb. 29). Dieses Phänomen ist in ähnlicher Weise in den Bundesdistrikten anderer Länder zu beobachten. Als die Hauptstadtregion 1824 geschaffen wurde, rechnete man mit einer Erweiterung der bebauten Flächen in südlicher Richtung, die tatsächlich in diesem Jahrhundert eintrat. Doch die Ausbildung der Metropolitanzo-

ne im Norden und Osten über den damals noch bestehenden See konnte man kaum voraussehen (S. 68). Von dieser Verstädterung völlig eingeschlossen wurde *La Villa de Guadalupe*, ein eindrucksvolles Ensemble mehrerer Wallfahrtskirchen, die seit dem 17. Jh. am Fuß des Tepeyac-Hügels zu Ehren der Nationalheiligen errichtet wurden (S. 40), als letzte (1976) der moderne Rundbau der neuen *Basílica*, die über 10000 Gläubige fassen soll und mit einem laufenden Band vor dem Gnadenbild der Heiligen Jungfrau ausgestattet ist, um Stockungen der Pilgerscharen zu vermeiden. Zum großen Vorplatz weist sie eine *capilla abierta* (S. 122) auf. Nicht weit davon liegt die Technische Hochschule *(Instituto Politécnico Nacional, IPN)*.

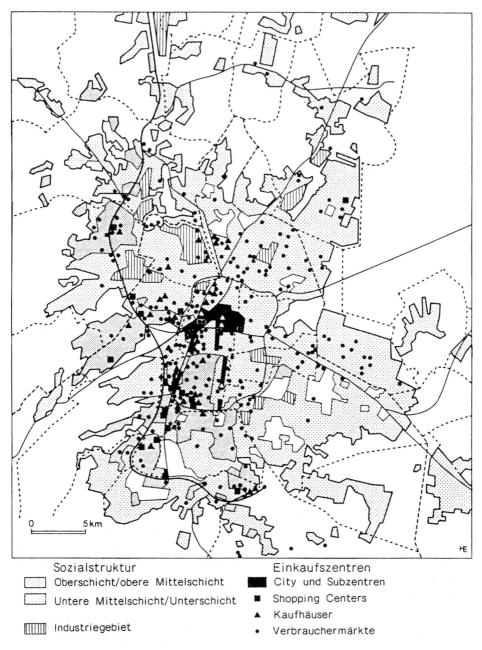

Sozialstruktur
| Oberschicht/obere Mittelschicht
| Untere Mittelschicht/Unterschicht

Industriegebiet

Einkaufszentren
City und Subzentren
Shopping Centers
Kaufhäuser
Verbrauchermärkte

0   5 km

Quelle: GORMSEN/KLEIN-LÜPKE 1992

Abb. 29: Sozialstruktur und Einkaufszentren in México-Stadt

Mit der Bevölkerungsexplosion der 50er Jahre breiteten sich auf den trockenfallenden Flächen des Texcocosees die ersten Spontansiedlungen aus, die im Sommer im Schlamm versanken und im Winter im Staub erstickten. Daraus entwickelte sich der Vorort *Nezahualcóyotl* (meist nur *Neza* genannt), der unter Bezeichnungen wie „größter *slum* der Welt" mit angeblich 2–3 Mio. Ew. immer wieder als eindringliches Beispiel für defizitäre Wohngebiete angeführt wird. Tatsächlich wuchs er seit 1958 von 12 000 auf 1,3 Mio. Bewohner an, und nimmt eine Fläche von 62 km^2 ein. Damit ist *Neza* das fünftgrößte *municipio* des Landes mit Selbstverwaltung. Schon längst ist eine bauliche und funktionale Konsolidierung eingetreten, die einen bemerkenswerten Grad an Strukturiertheit und Organisation erkennen läßt (Abb. 30a–b; vgl. BUCHHOFER 1982). Es entstanden feste Straßen sowie öffentliche und kommerzielle Einrichtungen bis hinunter auf Blockebene, neuerdings auch eine eigene Metrolinie. Hier finden sich alle Haustypen der *autoconstrucción* (S. 91), aber auch größere Wohn- und Geschäftsgebäude. Unter dem unendlich monotonen Erscheinungsbild gibt es eine vielfältige soziale Gliederung in Nachbarschaften und Stadtviertel (*barrios*), nicht zu vergessen 107 Fußballvereine, darunter 10 für Frauen, die jeden Sonntag auf den unsäglich staubigen Plätzen trainieren (eigene Erhebung 1984).

Während sich *Neza* als geplante Siedlung konsolidiert hat, entstehen immer neue spontane Siedlungen ohne öffentliche Versorgung an der weiteren Peripherie der ZMCM, in jüngster Zeit vor allem auf *ejido*-Ackerland und an den unteren Hängen der großen Vulkane bei Chalco im Osten. Dies Municipio (1960: 29 725 Ew.; 1970: 41 450 Ew.) mit seinem kleinstädtischen Kern (1960: 7595 Ew.; 1970: 12 172 Ew.) ist in den 80er Jahren auf

nahezu 300 000 Einwohner „explodiert", zunächst in Form von *viviendas precarias*, doch inzwischen schon mit vielen Beispielen der *autoconstrucción* (vgl. TESCHNER 1991). Ausgedehnte Hüttenviertel steigen aber auch an der nordwestlichen Gebirgsumrandung auf, und zwar im Wechsel mit *fraccionamientos* der mittleren und höheren Schichten. 1982 nahmen *ejidos* bereits 23% der bebauten Fläche ein (202 von 877 km^2), wobei ein sehr großer Teil einen Nutzungswandel für öffentliche Zwecke durchmachte: von den bis dahin enteigneten 166 km^2 dienten 11% sozialen und ähnlichen Einrichtungen, 21% der Infrastruktur einschließlich dem Flughafen, 15% gemischten Nutzungen, 12% dem regulären Wohnungsbau unterer und mittlerer Einkommensgruppen und lediglich 41% (immerhin 68 km^2) der Anlage von einfachen Wohngebieten die aus Landbesetzungen hervorgegangen waren (VARLEY 1989). Es ist durchaus beachtlich, daß in den Jahren 1981–1987 weitere 165 km² legalisiert wurden (vgl. Tab. 5).

Einen wesentlichen Teil an der Stadtentwicklung haben schließlich die öffentlich geförderten Programme zur Wohnraumversorgung für einkommensschwache Bevölkerungsgruppen. Immerhin wurden im Distrito Federal von 1947 bis 1963 im Jahresdurchschnitt etwa 4200 Wohnungen mit entsprechenden Mitteln gebaut und von 1964 bis 1970 schon 8340. Doch mit der Wohnbaupolitik der 70er Jahre wurden in der ZMCM jährlich 18 800 Sozialwohnungen errichtet, und trotz der anschließenden Krise wurde die Förderung in annähernd gleichem Maße fortgesetzt (SCHTEINGART 1989; s. S. 90).

In den inneren Stadtbezirken finden sich zwischen Wohnblockgebieten, älteren *vecindades* und *patio*-Häusern, die zu dringend sanierungsbedürftigen Massenquartieren verkommen sind, viele *slum-ähnliche* Viertel, die als verlorene Stadt

Die mexikanische Stadt

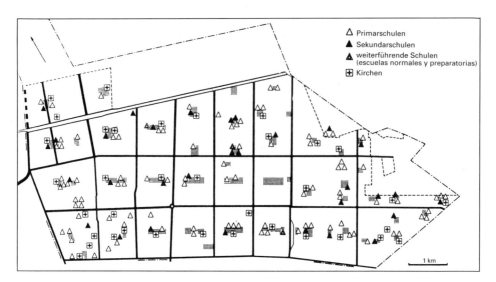

a) Schulen und Kirchen

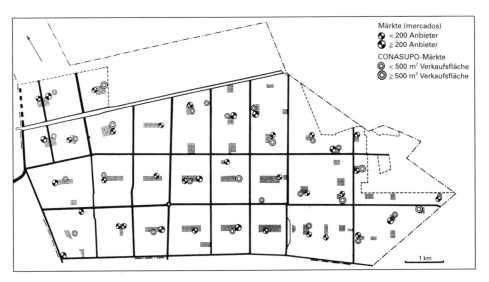

b) Märkte (mercados) und CONASUPO-Märkte

Quelle: BUCHHOFER 1982

Abb. 30: Strukturelemente von Nezahualcóyotl

(ciudad perdida) in die Literatur eingegangen sind (z. B. WARD 1990, S. 7). Diese Bezeichnung ist allerdings mißverständlich, denn es handelt sich um bescheidene Wohnungstypen verschiedener Art, die von Grundeigentümern mit sehr geringem Aufwand gebaut und vermietet werden, wobei sie nicht dem Mietpreisstop unterliegen (S. 85). Viele ihrer Bewohner gehören nicht zu den marginalen Sozialschichten. Es sind Handwerker, Kleinhändler sowie Angestellte oder Arbeiter mit einigermaßen gesichertem Einkommen. Trotz unzulänglicher Wohnverhältnisse haben sie den Vorteil, an die städtischen Versorgungsnetze angeschlossen zu sein sowie kurze Wege zur Arbeit oder zu den öffentlichen Verkehrsmitteln zu haben.

Mit der enormen Stadtexpansion konnte die Infrastruktur kaum Schritt halten. Immerhin erlaubte der Wirtschaftsboom nach dem Krieg eine beachtliche Ausweitung der Gesundheits- und Bildungseinrichtungen. Sie betraf nicht nur spektakuläre Baukomplexe wie die *Ciudad Universitária* oder das große *Centro Médico* des *IMSS*, sondern eine flächenhafte Versorgung mit Schulen, Polikliniken und Krankenhäusern der verschiedenen staatlich gestützten Träger über das ganze Stadtgebiet. Hinzu kommen zahlreiche private Institute. 1990 zählten dazu 3369 von 8605 Schulen jeder Art mit 509685 von 2454343 Schülern. So unterrichtet die 1894 mit 16 Schülern gegründete deutsche Schule *Colegio Humboldt* heute über 2600 Schüler und Vorschulkinder in zwei großen Gebäudegruppen im Nordwesten und Süden der Stadt (S. 213; Tab. 47). Um die Studentenflut einigermaßen auffangen zu können, wurden in Ergänzung zur *Universidad Nacional Autónoma de México*, *UNAM* (gegr. 1551) und zum *Instituto Politécnico Nacional*, *IPN* (gegr. 1937) seit den 70er Jahren mehrere neue Hochschulen in dezentraler Lage errichtet (Abb. 54).

Auch zur Bewältigung des Straßenverkehrs wurden in den 60er Jahren erhebliche Anstrengungen unternommen, und zwar durch einige Stadtautobahnen, die z. T. auf eingerohrten Kanälen mitten durch die Stadt führen, z. B. in ost-westlicher Richtung der *Viaducto Miguel Alemán* und in nord-südlicher die *Calzada Tlalpan,* dazu der *Anillo Periférico* am Westrand der Stadt. Doch sie reichten für den rapide steigenden Autoverkehr bald nicht mehr aus. Deshalb wurden sie Ende der 70er Jahre durch ein Gitternetz von vier- bis sechsspurigen Einbahnstraßen ergänzt, die als *ejes viales* (Verkehrsachsen) die ganze innere Stadt überziehen. Inzwischen sind auch sie zu Stoßzeiten regelmäßig verstopft.

Unter solchen Voraussetzungen war die Eröffnung der ersten *Metrolinie* nach dem modernen Pariser System 1969 von allergrößter Bedeutung. Bis 1991 wurden neun Strecken mit einer Gesamtlänge von 158 km in Betrieb genommen. Weitere 19 km sind im Bau. Täglich werden im Mittel vier Millionen Passagiere zu einem sehr niedrigen Tarif befördert, obwohl insgesamt der Straßenverkehr noch immer eine dominierende Position einnimmt (Tab. 10). Immerhin hat sich gezeigt, daß es auch in dieser Riesenstadt mit ihren großen Problemen möglich ist, einen zuverlässigen Dienst für die breite Masse der Bevölkerung zu organisieren, der nicht einmal durch das schwere Erdbeben 1985 unterbrochen wurde.

Wie groß die Verluste durch diese Katastrophe auch waren, sie hat doch erstaunliche Kräfte der Erneuerung und der Solidarität freigesetzt, z. B. beim Wiederaufbau der bescheidenen Wohnviertel in der nördlichen Innenstadt, wo lokale Bürgerinitiativen wesentlich dazu beitrugen, daß die mit internationalen Mitteln unterstützten staatlichen Programme zum Bau von 48800 Wohnungen den Bedürfnissen der Bewohner gerecht wurden (S. 86).

	Wege pro Tag (1000)	Anteil %	zugelassene Fahrzeuge
Metro	6 516	22,8	2 080
Stadt- u. Obus	6 102	21,4	6 929
Vorortbus	3 148	11,0	7 000
Kollektivtaxi	1 839	6,4	40 500
Taxi	155	0,5	84 500
Schulbus	192	0,7	k.A.
priv. Pkw	4 268	15,0	2 570 000
Fahrrad	91	0,3	
sonstige	104	0,4	
zu Fuß	6 105	21,4	
Summe	28 518	100,0	

Quelle: Atlas de la Ciudad de México 1987

Tab. 10: Verkehrsmittelbenutzung in México-Stadt 1983

4.9.5
México-Stadt – ein Sonderfall?

Die Strukturanalyse hat deutlich gemacht, daß der weithin chaotisch erscheinende Zustand dieser Metropole auf Modernisierungsprozessen der letzten hundert Jahre beruht. Sie sind überwiegend das Ergebnis externer Einflüsse auf eine heterogene Sozialstruktur verbunden mit einem Bevölkerungsdruck, der von der Stadt in ihrem überkommenen Gefüge nicht verkraftet werden konnte. Andererseits lassen sich im Rahmen der Urbanisierung mit besseren Gesundheits- und Bildungseinrichtungen auch zunehmende soziale Differenzierungen und beträchtliche Wandlungen der Wertesysteme und Verhaltensmuster erkennen. Sie folgen den Leitbildern der modernen Industrie- und Dienstleistungsgesellschaften, wie sie vor allem im Norden Amerikas entwickelt wurden. Trotz bescheidener finanzieller Möglichkeiten stellt die wachsende Mittelschicht entsprechend höhere Ansprüche an Woh-

nungen, Verbrauchsgüter, Kommunikationsmittel sowie öffentliche und private Dienste jeder Art, wozu u. a. der starke Zustrom zu den Universitäten gehört.

An dieser Stelle erhebt sich allerdings die Frage, ob es sich hierbei um einen Sonderfall handelt, oder ob andere Megastädte Lateinamerikas und der Dritten Welt mit ganz ähnlichen Problemen zu kämpfen haben.

Trotz aller Veränderungen wird das Erscheinungsbild der Altstadt noch immer von den beeindruckenden Stadtstrukturen geprägt, die die spanische Kolonialmacht nach zentralistischen Prinzipien zur Raumbeherrschung geschaffen hat. Die Unabhängigkeitsbewegung zu Anfang des 19. Jhs. ging zwar vom städtischen Bürgertum aus und hatte die politische und wirtschaftliche Loslösung vom Mutterland zum Ziel. Sie brachte aber keine nennenswerten gesellschaftlichen Veränderungen mit sich. Da die Wirtschaft hauptsächlich von Rohstoffexporten abhing, wuchs der ausländische Einfluß stetig an, was sich u. a. in der Anpassung an europäische Lebensformen äußerte, einschließlich der Übernahme von Baustilen und anderen Eingriffen in das städtische Gefüge, ohne freilich dessen Maßstäbe zu sprengen. Hier zeigt sich am deutlichsten die Individualität Méxicos, auch gegenüber anderen lateinamerikanischen Metropolen.

Erst im Rahmen der wirtschaftlich-politischen Vormachtstellung der USA, die nach und nach an die Stelle der europäischen Handelsnationen trat, kam es zu stärkeren Überprägungen des Stadtbildes. Typische Elemente des modernen Städtebaus wurden mehr oder weniger wahllos aus dem Norden übertragen, von Hochhäusern und Stadtautobahnen bis zu großzügigen Universitätsstädten, Museen, Shopping Centers und herrschaftlichen Villen, manches davon in luxuriöser Ausstattung und in einer faszinierenden Architektur,

die von Bauvorschriften wenig einge-
engt ist und hie und da eine bemerkenswerte Eigenständigkeit zum Ausdruck
bringt.

Im Gegensatz dazu erstrecken sich
monotone Wohngebiete mit bescheidenen
Familienhäusern der unteren Mittelschichten über unendliche Flächen, ganz zu
schweigen von den wuchernden Stadtrandsiedlungen. Zwar werden die Einwohnerzahlen wohl häufig zu hoch eingeschätzt, aber die einigermaßen erträglichen
Grenzen des Wachstums sind jedenfalls
schon längst überschritten, denn zu den
spezifischen Problemen der Stadt México
gehört gewiß ihre Lage, nicht nur in einem
Becken, sondern auch in der Höhe von
über 2200 m, was für die Smogbildung
besonders gefährlich ist. In diesem Punkt
sind die Horrormeldungen unserer Medien
leider kaum übertrieben. Reduzierung der
Schadstoffe und allgemeine Dekonzentra-
tion wären dringend notwendig, aber wie
soll man sie hier erreichen, wenn sie auch
anderswo nicht funktionieren? Andere
Umweltprobleme (Wasser, Abwasser, Müll)
gelten fast überall, und selbst Erdbeben
stellen für mehrere Megastädte eine stets
lauernde Gefahr dar.

Um so mehr wundert man sich bei
jedem Besuch, daß diese Riesenstadt noch
nicht im Chaos versunken ist, sondern daß
statt dessen manches verbessert wurde und
überall Neues entstanden ist, z. B. Verkehrswege und Telefonleitungen, aber auch
neue Museen sowie eine große Zahl von
Büro- und Hotelhochhäusern mit riesigen
Glasfassaden, wie sie nach dem Erdbeben
von 1985 längs des Paseo de la Reforma
und im Stadtteil Polanco (nördlich des
Bosque de Chapultepec) errichtet wurden.
Augenscheinlich steht trotz aller Krisen für
die beträchtlichen Investitionen, die vorwiegend den oberen Schichten zugute
kommen, genügend privates Kapital zur
Verfügung.

Aber auch die Versorgung mit Han-
delsgütern jeder Art und auf allen Stufen
ist gesichert. Und vielleicht ist die Kriminalität nicht größer als anderswo. Schließlich gibt es, entgegen allen Vorurteilen und
gelegentlichen Pannen, ein Heer von zuverlässigen Arbeitern und Angestellten,
die trotz sehr bescheidener Entlohnung das
System öffentlicher Dienstleistungen in
Gang halten und dabei viele technische
Schwierigkeiten überwinden.

Noch erstaunlicher ist freilich die
Überlebensfähigkeit der Bewohner in den
Marginalsiedlungen der Peripherie. Offenbar regelt sich hier vieles im Rahmen von
mehr oder weniger informellen Aktivitäten. Und diese betreffen nicht nur den
Eigenbau von Wohnhäusern oder den
Kleinhandel, sondern auch das Zusammen-
leben der Menschen. Das Funktionieren
der Stadt geschieht also in schwer durch-
schaubaren Wechselwirkungen zwischen
verschiedenen Gruppen der Gesellschaft,
die einerseits über Arbeitsprozesse miteinander verknüpft sind, andererseits unter
einer zunehmenden sozialräumlichen Segregation jeweils ihr Eigenleben führen,
und zwar sowohl beim Wohnen als auch
beim Einkaufen, bei den sozialen Diensten
und bei der Freizeitgestaltung. So bleibt
ihre Partizipation trotz nominell demokra-
tischer Strukturen meist auf ihren *barrio*
begrenzt, trägt aber gleichwohl zur Stabilität des städtischen Gefüges bei (vgl.
BECK 1992, S. 409-14; LOMNITZ 1992).

Die Notwendigkeit übergreifender Entscheidungen für die gesamte Stadt und ihre
expandierenden Randgebiete ist unbestrit-
ten, insbesondere im Hinblick auf Grundbedürfnisse wie die Wasserversorgung, die
geordnete Beseitigung von Müll und Abwasser, die Herstellung von Kommunika-
tionsmitteln sowie die ökologischen Folgen der Hyper-Urbanisierung. Das Problem hierbei besteht nicht so sehr im Mangel an Fachleuten für Planung und tech-

nische Lösungen. Wesentlich schwieriger ist die Frage nach der Finanzierung, obwohl es immer wieder Beispiele für öffentliche Investitionen gibt, die teilweise durch internationale Kredite gedeckt werden. Gerade hier liegt allerdings ein kritischer Punkt, denn offenbar ist die Verwaltung oft nicht in der Lage, die gesetzlich vorgesehenen Steuermittel einzutreiben und bedarfsgerecht zu verteilen. Derartige Mißverhältnisse sind gewiß nicht auf Mexiko beschränkt, sie werden aber verschärft durch Kompetenzgerangel zwischen Behörden sowie insgesamt durch Korruption und fehlende Kontinuität (vgl. AGUILAR 1988).

Dies ist um so gravierender, als kaum eine Aussicht besteht, den Zuwachs der Bevölkerung nachhaltig einzudämmen. Dirigistische Maßnahmen, die nicht einmal in autoritären Staaten greifen, werden keine Lösung bringen. Ob das Problem durch Dezentralisierung bewältigt werden kann, erscheint nach vielen Erfahrungen hier und anderswo ebenfalls fraglich. Als Folge des Erdbebens wurde immerhin das Nationale Amt für Statistik, Kartographie und Informatik *(INEGI)* mit etwa 1500 Beschäftigten nach Aguascalientes, rund 500 km nordwestlich der Hauptstadt, verlegt (S. 196). Andere Bundesbehörden und Industrien haben ebenfalls neue Standorte gefunden und dort eine gewisse Dynamik in Gang gesetzt, darunter das Bergbauamt in Pachuca, die regionale Tourismuskoordination in Puebla, das Tourismusentwicklungsamt FONATUR in Morelia, das Nationale Fischereiinstitut in Yucal-

tepén, Yuc., die Kommission für Trockengebiete in Saltillo, das Zentrum für Agrarforschung in Cuernavaca (Atlas de la Ciudad de México 1987, S. 173). Dadurch wurden zwar einige Wanderungsströme umgeleitet; solange aber die Entscheidungsträger ihren wirtschaftlichen oder persönlichen Vorteil in der Metropole sehen, werden die Entlastungseffekte gering bleiben.

Insgesamt hat die Modernisierung zur Festigung der bestehenden Strukturen beigetragen, d. h. die technischen Errungenschaften haben zwar Verbesserungen in verschiedenen Teilgebieten mit sich gebracht; doch es kam eher zur Verschärfung der räumlichen Disparitäten als zum Ausgleich der Lebensbedingungen. So drückt sich in dem Mosaik aus Chaos und Ordnung das Fehlen übergreifender Leitbilder und die Unfähigkeit zur Durchsetzung ausgewogener Planungskonzepte aus. Das Stadtbild erscheint als Spiegelbild der Gesellschaft und ihrer Gruppierungen, die bislang trotz aller sozio-ökonomischen, kulturellen und politischen Gegensätze jeweils ihren Beitrag zur Stadtentwicklung geleistet haben. Doch all diese Aspekte gelten in ähnlicher Weise für andere Millionenstädte, und zwar nicht nur in der Dritten Welt. So bleibt als Frage und Hoffnung, ob es auch weiterhin gelingen wird, die divergierenden Kräfte zu bündeln und damit das Überleben in der wuchernden Metropole zu sichern (vgl. GORMSEN 1994; detaillierte Informationen zur Stadtstruktur bietet der Beitrag von BUCHHOFER (1994).

5 Ländliche Siedlungen im Umbruch

In der ländlichen Kulturlandschaft Mexikos spiegelt sich die ganze Vielfalt widerstreitender Wirtschaftssysteme, die im Laufe der Geschichte wirksam wurden, von den präkolumbischen Dorfgemeinschaften über die Klöster und *haciendas* der Kolonialzeit bis zu den *ejidos* und den Betrieben des *Agrobusiness* unserer Tage. Daß dabei ein enger Zusammenhang mit den Naturräumen besteht, versteht sich von selbst, denn die jeweils herrschenden Schichten waren immer wieder bestrebt, sich die besten Böden für ihre großen Besitzungen zu reservieren. So finden sich die traditionellen Siedlungs- und Hausformen überwiegend in den indigenen Relikt- und Rückzugsgebieten der Bergländer, in denen das Relief zu unruhig oder das Klima zu kalt für profitable Latifundien war (MOYA RUBIO 1984).

5.1
Bäuerliche Siedlungs- und Hausformen

Die Grundform des Dorfes *(pueblo)* im alten Mexiko, das locker gestreute „Schwarmdorf" (TICHY 1966), ist noch heute in vielen Landesteilen verbreitet, z. B. bei den *Huicholes* in den Bergen von Nayarit, bei *Nahuas* und *Otomí* in der Sierra Madre Oriental, in der *Mixteca* zwischen Puebla und Oaxaca, oder bei verschiedenen Volksgruppen in Chiapas, um nur einige Beispiele zu nennen. Deutlich abgesetzt davon erscheinen die im Schachbrettmuster angelegten Dörfer der Kolonialzeit *(reducciones)* und späterer Ausbauperioden einschließlich der *ejido*-

Siedlungen, die im Rahmen der Bodenreform nach der Revolution gegründet wurden. Sie haben auch im unruhigen Gelände häufig einen erstaunlich regelmäßigen Grundriß. Zur Verminderung der Erosion werden die schnurgerade hangaufwärts führenden Dorfstraßen oft durch steilere, grob gepflasterte Abschnitte terrassenartig gegliedert, was für einen Pkw ein ernstes Hindernis bedeuten kann.

Die Gehöfte bestehen seit vorspanischer Zeit meist aus drei Gebäuden: dem Wohnhaus, dem Küchenbau und dem Maisspeicher (C. 122). Sie sind häufig von Hecken aus Orgelkakteen oder Opuntien umschlossen. Anderswo dienen Mauern oder Staketenzäune zur Abgrenzung. Hausformen und Baumaterial unterscheiden sich von Region zu Region und lassen selbst in Indiogebieten europäische Einflüsse erkennen (Abb. 31; vgl. WEST/AUGELLI 1966; MOYA RUBIO 1984; TYRAKOWSKI 1975).

Im Hochland werden seit jeher luftgetrocknete Lehmziegel *(adobes)* zum Bau der Wände benutzt. Die Satteldächer wurden ursprünglich mit Gras *(zacate)* von den hochgelegenen Hartgrasfluren gedeckt. Die Spanier haben nicht nur neue Dorfformen eingeführt, sondern auch das Erscheinungsbild der bäuerlichen Häuser durch mediterrane Dachziegel beeinflußt, denn dadurch mußte ein relativ flach geneigtes Dach an die Stelle der steileren Gras- oder Palmdächer treten (C. 122). Außerdem haben sich in allen Landesteilen und Klimazonen Mauern aus *adobes* stärker durchgesetzt, die bei Mestizen ohnedies vorherrschen. Sie sind meistens mit Lehm verputzt. In regenreichen Gebieten

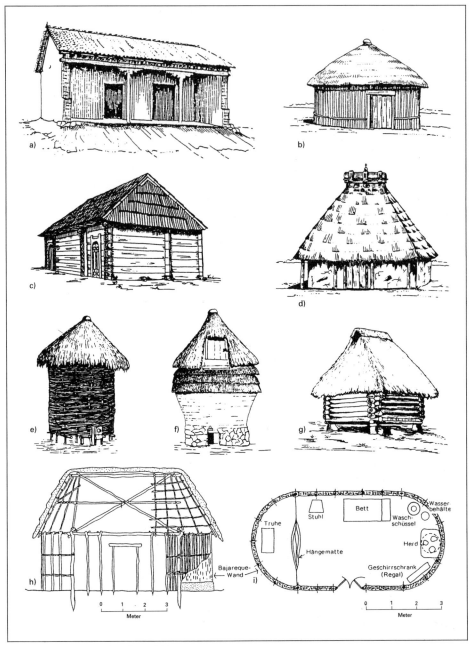

Quellen: West/Augeli 1966; Moya Rubio 1984

Abb. 31: Ländliche Hausformen in Mexiko
a) Adobe-Haus mit Ziegeldach und Laubengang; b) Rundhütte der Huasteken; c) Blockhaus mit Schindeldach der Tarasken; d) Lehmhaus mit hohem Grasdach der Tzotzil in Chiapas; e) Runder Maisspeicher aus Flechtwerk mit Grasdach; f) Cuescomate in Kelchform mit Grasdach; g) Zencal als Blockhauskonstruktion; h–i) Haus der Maya: Längsschnitt und Grundriß

ist das Dach häufig zu einem Laubengang erweitert (Abb. 31a). Während sich aber diese Veränderungen zu einem spanisch-amerikanischen Einheitsstil über einen längeren Zeitraum vollzogen haben, ist es in den letzten Jahrzehnten zu massiven Eingriffen durch modernes Baumaterial gekommen: zunächst Backsteine und Wellblech (C. 77), dann Hohlblocksteine und Eternit, schließlich auch Beton, aus dem Stützpfosten und ganze Mauern, aber auch Flachdächer gegossen werden. Solche „Fortschritte" waren in dem kleinen Kunsthandwerkerdorf Ameyaltepec (Guerrero) schon 1973 die Regel, obwohl man Zement und Moniereisen über einen Maultierweg von 2 1/2 Stunden herantransportieren mußte und außerdem die einzige Wasserstelle des Dorfes in einer engen Schlucht rund eine halbe Stunde entfernt war (GORMSEN 1981b).

Im Gebiet der Tarasken und anderen Nadelwaldregionen von Michoacán bis zum nördlichen Puebla herrschen Blockhäuser, meist aus behauenen Balken oder Planken, mit Walmdächern und Schindeldeckung vor. Letztere haben in der Sierra Madre de Chiapas eine weite Verbreitung gefunden, wobei die Schindeln mit langen, nach außen überstehenden Holznägeln festgehalten werden. Während hier eine Übertragung aus Europa angenommen wird, gibt es noch eine Reihe überlieferter Haustypen. Sie werden ausschließlich aus pflanzlichem Material und Lehm hergestellt, wie z. B. die Rundhütten der Huasteken im nördlichen Veracruz oder die Lehmhäuser der Tzotzil in Chiapas mit ihren hohen Grasdächern (Abb. 31b–d). In der Mixteca werden ganze Häuser aus nebeneinander eingegrabenen Stämmen einer Fächerpalme gebaut, deren Blätter als Dachbedeckung dienen, aber auch zum Flechten von Matten und Behältnissen verwendet werden. In anderen Häusern desselben Gebiets werden die Palmstämme

lediglich als Pfosten verwendet, zwischen denen Wände aus Rohr- und Reisiggeflecht mit Lehmbewurf *(bajareque)* angebracht werden.

Eine große Vielfalt zeigen die Maisspeicher. Viele sind rund und bestehen aus Flechtwerk sowie einem Kegeldach aus Gras. Elegant sind die *cuescomates.* Ihre Kelchform bietet wirksamen Schutz gegen Ratten und Mäuse. Sie werden aus *adobes* gemauert und ebenfalls mit Gras gedeckt. Der Mais wird oben eingefüllt und unten durch ein Spundloch entnommen. Häufiger sind rechteckige Speicher *(zencal, troje),* die aus Holz, Rohrgeflecht oder, in zunehmendem Maße, aus Mauerwerk errichtet werden (Abb. 31 e–f; vgl. SEELE/ TYRAKOWSKI 1985).

Weit verbreitet ist noch immer das präkolumbische Schwitzbad *(temazcal),* das vor allem von Frauen zur Erleichterung der Entbindung benutzt wird. Es handelt sich um relativ niedrige halbkugel- oder tonnenförmige Konstruktionen nach dem Prinzip des falschen Gewölbes mit einem engen Eingang, durch den man nur kriechen kann, und einem Rauchabzug, der mit Lehm verschlossen wird, sobald das Holzfeuer die gewünschte Temperatur im Inneren erzeugt hat.

Besonders schön ist die traditionelle Form des Maya-Hauses auf der Halbinsel Yucatán. Es hat einen ovalen, etwa 4×8 m messenden Grundriß. An den annähernd quadratischen Mittelteil, der häufig aus Bruchsteinmauern oder Fachwerk besteht, sind beiderseits halbrunde Absiden aus *bajareque* angesetzt. Das Rohrgeflecht ist aber nicht immer mit Lehm abgedichtet, da im tropisch-warmen Klima eine genügende Ventilation erwünscht ist. Außerdem befindet sich am einen Ende die Feuerstelle. Fenster sind, wie in allen vorspanischen Häusern, nicht vorhanden. An einer Breitseite ist die Eingangstür, eine zweite nicht selten gegenüber. Das Haus steht meist auf einem Steinsockel, auf den ein Kalkestrich aufgebracht ist. Das Dach ist mit Gras oder Palmblättern gedeckt (Abb. 31h–i).

5.2
Conventos, haciendas, pueblos

Einen entscheidenden Wandel im Bild der mexikanischen Kulturlandschaft haben die Spanier mit der Gründung von Klöstern während der Conquista eingeleitet. 1523 begannen die Franziskaner mit der Missionierung, wobei sie sich auf der Mesa Central nach Westen und Norden ausbreiteten, während die Dominikaner überwiegend im Süden und die Augustiner im mittleren und nordöstlichen Bereich, dann auch in Yucatán arbeiteten. An der Erschließung Californiens im 17./18. Jh. waren die Jesuiten wesentlich beteiligt.

Die Klöster entsprechen zwar dem üblichen Grundrißschema mit der Kirche und dem zweistöckigen Kreuzgang, um den sich das Refektorium und die anderen Gemeinschaftsräume sowie, im Obergeschoß, die Mönchszellen gruppieren; und doch sind sie in mehrerer Hinsicht bemerkenswert: Ihr Äußeres trägt den schlichten Charakter massiv gebauter Wehrkirchen mit aufgesetzten Zinnen und geringen Verzierungen im *Plateresco*-Stil, der seinen Namen von den Silberschmieden *(platero)* hat. Im Inneren sind sie dagegen mit Stukkaturen, Fresken und Altären der Renaissance- und Barockzeit reich ausgestaltet. Im Hinblick auf die Entstehungszeit im 16. Jh. erscheint es erstaunlich, daß gotische Architekturformen, wie z. B. fein ausgeführte Kreuzrippengewölbe, in vielen Kirchen verwendet wurden. Daneben gibt es auch Elemente des spanisch-maurischen *Mudejar*-Stils.

Funktionale Besonderheiten sind die *capilla abierta*, eine in die Außenfassade

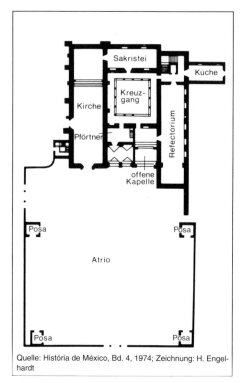

Quelle: História de México, Bd. 4, 1974; Zeichnung: H. Engelhardt

Abb. 32: Grundrißschema eines Franziskanerklosters in Mexiko

eingebaute „offene Kapelle", sowie der *atrio*, ein großer rechteckiger Platz vor der Kirche, der von einer Mauer mit vier Prozessionskapellen *(capilla posa)* umgeben ist und in dessen Mitte ein Steinkreuz steht. Dies Ensemble diente als Gottesdienstplatz für die Masse der bekehrten Indios (Abb. 32).

Noch heute zeugen viele isoliert liegende Konvente von der einst flächendeckenden Missionstätigkeit der Mönche. Andere wurden zu Kristallisationspunkten für Marktorte oder Kleinstädte. Außerdem sind in fast jeder größeren Stadt mehrere Orden mit beachtlichen Gebäudekomplexen vertreten. Nach der Säkularisierung im Gefolge der Reformgesetze des 19. Jhs.

sind viele der enteigneten Klöster ganz oder teilweise verfallen. Sie wurden umfunktioniert oder abgerissen, in Puebla z. B. um einen neuen Marktplatz zu schaffen. Die meisten stehen aber inzwischen unter Denkmalschutz und wurden restauriert. Wie überall spielten die Klöster eine wichtige Rolle im karitativen und kulturellen Bereich, u. a. durch das Studium der indianischen Sprachen sowie durch Aufzeichnungen über Religion und Lebensweise der Indios, wie sie vor allem *Fray Bernardino de Sahagún* überliefert hat. Selbstverständlich unterstanden auch Hospitäler und Bildungseinrichtungen den Mönchsorden. Mehrere Universitäten sind aus Jesuitenkollegs hervorgegangen.

Von größter Bedeutung waren die Klöster aber für die Landesentwicklung, und zwar zunächst durch die Verbreitung europäischer Nutzpflanzen, Haustiere und Anbauformen, später durch die Latifundien, die aufgrund von Schenkungen und Erbschaften vor allem in die Hände der Jesuiten gelangt waren. Ihre wirtschaftliche Macht war einer der Gründe, weshalb sie im 18. Jh. vertrieben wurden (S. 47). Dabei hatten sie im allgemeinen ihre *haciendas* nach rationellen Gesichtspunkten geführt, um mit dem erzielten Gewinn ihre geistlich-geistigen Aufgaben zu finanzieren. Sie selbst lebten normalerweise nach den Regeln der Bescheidenheit (CHEVALIER 1970, S. 239ff; BAZANT 1975; EWALD 1976; JARQUIN ORTEGA u. a. 1990).

Abgesehen von der großflächigen Flurgliederung stellten die *haciendas* mit ihren Gebäudekomplexen *(casco)* und z. T. mehreren hundert Bewohnern bedeutende Elemente im ländlichen Raum dar, die im 19. Jh. nicht nur erheblich vergrößert, sondern wegen der unsicheren Zeiten auch mit hohen Mauern und Beobachtungstürmen zur Verteidigung umgeben wurden. So fallen sie in den baumlosen Hochebe-

nen mit ihren Mais-, Weizen- und *pulque*-Feldern schon von Ferne wie Festungen ins Auge, die vom Kirchturm oder von den hohen Gewölben der Scheunen überragt werden. Um einen *patio* neben der Kirche gruppieren sich die Wohnräume des Besitzers. Sie wurden im 19. Jh. oft großzügig ausgebaut und mit einer Freitreppe zu einem weiten Vorhof geöffnet. Nach hinten schließen sich weitere *patios* sowie *corrales* für das Vieh und Wirtschaftsgebäude an, d.h. Ställe, Speicher *(troje)*, Zuckermühlen *(trapiche)* oder Gebäude zur *pulque*-Gärung *(tinacal)*, je nach dem Produktionsziel des Betriebes. Die langen Reihen der Arbeiterwohnungen sind häufig an die Außenmauern angebaut. Zu jeder *hacienda* gehörte ein Wasserteich *(jagüey),* der von hohen Bäumen umstanden ist, und oft auch ein gemauerter Aquädukt. Nicht selten führen Eucalyptusalleen von der Hauptstraße zu den großzügigen Anlagen (Haciendas de México 1966; HAUFE/TYRAKOWSKI 1981; C. 41, 153).

Zahlreiche *cascos* wurden in den Revolutionswirren zerstört oder beschädigt, andere wurden im Rahmen der Bodenreform verlassen und dem allmählichen Verfall preisgegeben. Die Ruinen bilden gerade in den fruchtbaren Beckenlandschaften oft ausgeprägte Landmarken. Seit einiger Zeit ist allerdings eine Tendenz zu neuer Nutzung zu beobachten, und zwar entweder durch Besitzer privater Landwirtschaftsbetriebe, deren *ranchos* als *pequeña propiedad* (Kleinbesitz im Sinne der Agrargesetzgebung) nicht von der Bodenreform betroffen sind, oder als Wochenenddomizil. Einige große *cascos* sind jüngst zu Haciendahotels mit allem Komfort ausgebaut worden, wobei man sich bemühte, die originalen Bauteile sachgerecht zu renovieren und darüber hinaus ein koloniales Ambiente zu schaffen. Sie werden überwiegend für Kurzferien oder Tagungen aufgesucht (S. 224).

Zu den mehr oder weniger traditionellen Strukturen im ländlichen Raum gehören auch die *pueblos* (C. 85, 120), die schon in der Kolonialzeit als Gemeindehauptorte *(cabecera municipal)* nach dem Muster kleiner Städte angelegt wurden, oft mit einer imposanten Kirche, einem Rathaus mit Kolonnaden und einigen beachtlichen Häusern der lokalen Händler am Marktplatz. Hier strömen hunderte oder auch tausende Bewohner aus dem Umland zum Wochenmarkt zusammen (S. 286). Seit den 50er Jahren wurden in all diesen Orten Schulen und Krankenstationen gebaut, häufig mit Fertigbauteilen, die auch in entlegene und schwer zugängliche Gebiete auf Tragtieren transportiert werden konnten.

Darüber hinaus ist die Siedlungslandschaft in den letzten Jahrzehnten durch viele Zweckbauten, meist aus Industriebaustoffen, verdichtet worden. Es handelt sich einerseits um Dörfer der *ejido*-Bauern, denen im Rahmen der Agrarreform Ackerland zugewiesen wurde, andererseits um die notwendigen Wirtschaftsgebäude von Betrieben der *pequeña propiedad* (S. 140).

6 Agrarstruktur zwischen Subsistenz und Agrobusiness

Trotz der starken Verstädterung ist Mexiko noch immer ein Agrarland. Der Anteil der Bewohner von kleinen Gemeinden mit weniger als 2500 Einwohnern ging zwar seit 1900 von 72 auf 28% zurück, doch in absoluten Zahlen hat er sich von 10 auf 22 Mio. mehr als verdoppelt (Abb. 8 und 65). Dementsprechend hat die ländliche Siedlungsdichte zugenommen. Außerdem ist fast ein Viertel der Bevölkerung im primären Sektor beschäftigt, und ein größerer Teil findet seine Lebensgrundlage auf dem Lande (im *campo*). Aufgrund der natürlichen Bedingungen machen allerdings die Landwirtschaftsflächen weniger als die Hälfte der Bodennutzung aus. Tab. 11 zeigt die Veränderungen seit 1930. Einigermaßen plausibel erscheint lediglich die Zunahme des Ackerlandes. Dagegen bestehen erhebliche Unsicherheiten bei der Abgrenzung von Weiden, Wäldern und Ödland. Das liegt einerseits an den unscharfen Übergangszonen in den ausgedehnten Trockengebieten, andererseits aber auch an den fragwürdigen Statistiken, die gerade in der Landwirtschaft großenteils auf Schätzungen beruhen.

In wenigen Jahrzehnten hat Mexiko eine außerordentliche Steigerung der landwirtschaftlichen Produktion in fast allen Teilbereichen erlebt. Trotzdem erwirtschaftet der Agrarsektor nur 8% des Bruttoinlandsprodukts (bei sinkender Tendenz), und seit den 70er Jahren muß Mexiko in zunehmendem Maße Nahrungsmittel importieren, nachdem es zuvor noch einen Teil seiner Getreideproduktion ausführen konnte. Diese widersprüchlich erscheinenden Aussagen sollen anhand einiger Statistiken analysiert werden, um auf dieser Grundlage nach den sozio-ökonomischen Hintergründen und den zukünftigen Chancen zu fragen.

Tab. 11: Bodennutzung in Mexiko 1930–1990 (in Mio ha)

	1930	1950	1970	1990
Landwirtschaft	81,1	87,3	97,3	99,3
Ackerland	*13,9*	*19,1*	*25,8*	*23,2*
Dauerkulturen	*0,7*	*0,8*	*1,7*	*1,6*
Weiden	*66,5*	*67,4*	*69,8*	*74,5*
Wald*	25,9	38,8	44,8	43,0
Sonstige Flächen**	90,3	71,2	55,2	55,0

*   Nur Flächen in Waldnutzungsgebieten
** Einschl. Flächen mit Sammelwirtschaft

Quellen: Mexico 1966; Länderberichte Mexiko

Jahr	Mais	Index	Weizen	Index	Reis	Index	Bohnen	Index	Bevölkerungs-index*
1900	2 481	56	279	28	23	11	222	56	39
1910	2 501	56	303	31	30	14	179	45	43
1920	1 562	35	191	19	25	11	112	28	41
1930	1 741	39	316	32	75	35	137	34	47
1940	1 797	41	399	40	80	37	126	32	56
1950	2 442	55	434	44	137	63	173	43	74
1960	4 429	100	991	100	218	100	399	100	100
1970	8 107	183	1 967	199	351	161	842	211	138
1980	9 383	212	2 499	252	482	221	890	223	191
1990	12 467	282	4 186	422	540	248	1 020	256	233

* Index der Bevölkerungsentwicklung zum Vergleich
Quellen: Estadísticas Históricas 1985; Anuario 1992

**Tab. 12: Produktion von Grundnahrungsmitteln in Mexiko 1900–1990
(Zehnjahresdurchschnitte in 1000 t und Index 1960 = 100)**

6.1
Die „Grüne Revolution"
und ihre Folgen
für die Agrarproduktion

Tab. 12 macht deutlich, daß die Erzeugung von Grundnahrungsmitteln in Mexiko mit der enormen Bevölkerungszunahme seit der Mitte dieses Jahrhunderts einigermaßen Schritt halten konnte. Dieser bemerkenswerte Zuwachs beruhte zwar z. T. auf der Erweiterung der Anbauflächen von 14,6 auf 24,8 Mio. ha (1930–1990). Er war aber hauptsächlich einer Steigerung der Hektarerträge und der Arbeitsproduktivität zu verdanken. Tatsächlich zeigen sich hier die Erfolge der sogenannten „Grünen Revolution", die auf das Zusammenwirken mehrerer Faktoren zurückzuführen ist, nämlich die beträchtliche Ausweitung von bewässerten Flächen, vor allem in den nördlichen Trockengebieten, die Einführung moderner Agrartechniken, einschließlich der Anwendung von Handelsdünger und chemischen Pflanzen-

schutzmitteln (Tab. 13), sowie insbesondere die Züchtung von ertragreichem Saatgut, seit 1943 mit Unterstützung der Rokkefeller Foundation und seit 1966 im Internationalen Mais- und Weizen-Institut *(Centro Internacional para el Mejoramiento de Maíz y Trigo: CIMMYT),* das der Landwirtschaftlichen Universität in Chapingo bei México-Stadt benachbart ist.

Während in früheren Jahrzehnten große Mengen Weizen vor allem für den steigenden Bedarf der städtischen Mittelschichten eingeführt wurden, gelang es in den 50er und 60er Jahren, die Versorgung der eigenen Bevölkerung sicherzustellen, und sogar bis zu 23% der Weizen- und 16% der Maisproduktion zu exportieren. Doch schon 1971/72 haben sich die Verhältnisse wieder umgekehrt. Zwar stiegen die Hektarerträge weiter, aber bis zu einem Drittel des Getreideverbrauchs mußte durch Importe gedeckt werden (Tab. 14), was bis zu 7,7% (1983) des gesamten Importwertes ausmachte. Verantwortlich für diese Entwicklung ist nur teilweise der

Jahr	Bewässerungsflächen (1000 ha)		Traktoren	Handelsdünger	Pflanzenschutzmittel
	insgesamt	staatlich	(1000)	(1000 t)	(1000 t)
1936	1015	115			
1940	968	311			
1950	1587	817	39 (1957)		
1960	3474	1752	54	168	
1970	4100	2485	91	550	12,0 (1976)
1980	5100	3709	115	1238	20,3
1985	4900	4200	157	1715	28,6
1990	5700		170	1800	

Quellen: HEWITT DE ALCÁNTARA 1976; BASSOLS BATALLA 1980; Länderberichte (versch. Jahrgänge)

Tab. 13: Merkmale landwirtschaftlicher Modernisierung in Mexiko (z. T. Schätzungen)

Tab. 14: Weizen- und Maiswirtschaft Mexikos: Verbrauch, Außenhandel, Eigenproduktion (Fünfjahresdurchschnitte in 1000 t)

	Verbrauch	Import	Anteil (%)	Eigen-produktion	Export	Anteil (%)
Weizen						
1925–29	410	62	15	348	0	0
1930–34	411	20	5	391	0	0
1935–39	418	29	7	389	0	0
1940–44	621	196	32	425	0	0
1945–49	694	278	40	418	2	0
1950–54	955	315	33	640	–	–
1955–59	1237	23	2	1214	3	0
1960–64	1333	30	2	1455	130	9
1965–69	1555	3	0	1806	254	14
1970–74	2491	537	22	2053	33	2
1975–79	3225	540	17	2636	24	0
1980–83	3938	747	19	3275	9	0
Mais						
1925–29	2005	44	2	1961	0	0
1930–34	1833	20	1	1827	14	0
1935–39	1714	16	0	1715	17	0
1940–44	2085	35	2	2050	0	0
1945–49	2566	12	0	2558	3	0
1950–54	3711	120	3	3592	–	–
1955–59	5189	359	7	4842	13	0
1960–64	6637	121	2	6665	149	2
1965–69	7836	7	0	8857	1028	12
1970–74	9285	991	11	8560	172	2
1975–79	11390	1828	16	9600	9	0
1980–83	12700	3088	24	9750	0	0

Quellen: HEWITT 1976; SANDERSON 1986

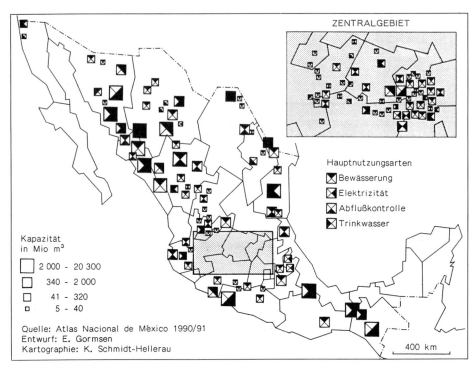

Abb. 33: Stauanlagen in Mexiko

Bevölkerungszuwachs. Wichtiger erscheint die Tatsache, daß die Anbauflächen der Grundnahrungsmittel stagniert haben, während gleichzeitig bis zu einem Fünftel der Ernte als Viehfutter verwendet wurde. Das hängt damit zusammen, daß die höheren Erträge mit erheblichen staatlichen Investitionen erzielt worden waren, weshalb die Überschüsse auf dem Weltmarkt nur mit Verlust abzusetzen waren. Da das notwendige Getreide kostengünstiger importiert werden konnte, wurden die Garantiepreise gesenkt und boten keinen Anreiz mehr für weitere Produktionssteigerungen (HEWITT DE ALCÁNTARA 1976; SANDERSON 1986).

Dahinter steht ein tiefgreifender Strukturwandel in der Landwirtschaft. Er ist auf die Erzeugung hochwertiger Produkte für den Binnenmarkt und für den Export ausgerichtet und konnte sich aufgrund von direkten oder indirekten staatlichen Subventionen vollziehen. Das gilt in erster Linie für die seit den 30er Jahren geschaffenen 120 Stauanlagen mit einem Fassungsvermögen von 46 Mrd m^3 sowie für die zugehörige Infrastruktur zur Bewässerung von 5,7 Mio. ha, d. h. von 21% des Ackerlandes einschließlich der Dauerkulturen. In einigen Staaten des Nordens sind es weit über 50% (Abb. 33 und 34). Wichtigstes Wasserreservoir ist die Sierra Madre Occidental. Sie speist nicht nur 13 Anlagen mit 21 Mrd m^3 zur Bewässerung der Küstenebene von Sinaloa und Sonora, sondern auch einen Teil der Akkerflächen in den nördlichen Binnenbekken. Von Bedeutung sind ferner der Río Colorado sowie der Río Bravo del Norte, in dem gemeinsam mit den USA zwei große Stauseen gebaut wurden. Im zentralen Hochland gibt es viele kleinere Anla-

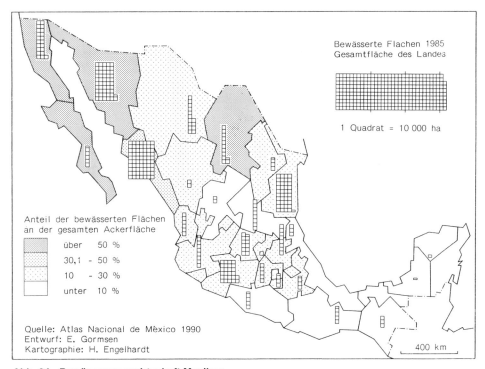

Abb. 34: Bewässerungswirtschaft Mexikos

gen, die statistisch nicht alle erfaßt werden, z. B. die private Ableitung von Bä-
chen und Flüssen sowie die z. T. schon
übermäßige Wasserförderung durch Mo-
torpumpen. Hinzu kommt die Nutzung des
Grundwassers bei Tehuacán und Acatzin-
go (Puebla) durch *galerías filtrantes*, die
dem persischen Qanatsystem entsprechen
und einen intensiven Gemüseanbau ermöglichen (SEELE 1970; 1981). Dagegen
dienen die riesigen Stauwerke im Süden
hauptsächlich der Elektrizitätsgewinnung
(Abb. 35).

Wegen der von Jahr zu Jahr schwankenden Regenfälle wird jeweils nur ein Teil
der potentiellen Speicherkapazität genutzt,
von 1982 bis 1988 z. B. zwischen 22 und
33 Mrd m³ (Sector alimentario 1990).
Daher erscheinen in den Anbaustatistiken
nur die im Jahr der Erhebung bewässerten
Flächen, 1985 z. B. lediglich 3,18 Mio. ha

(Abb. 34). Jedenfalls spielen die Bewässerungsgebiete eine entscheidende Rolle für
die Zunahme der landwirtschaftlichen
Produktion. Dies wird besonders deutlich
beim Weizen, der rund 15% des Bewässe-
rungslandes einnimmt. Er wird heute zu
80–90% bewässert, während es 1945
lediglich 26% waren. So wurde in Verbindung mit den Neuzüchtungen der durchschnittliche Ertrag seit 1945 von 7,5 dt/ha
auf über 41 dt/ha gesteigert, und die Erntemenge nahm im gleichen Zeitraum von
0,4 auf 4,2 Mio. t zu (vgl. SOTO MORA
1981).

Noch größer sind mit rund 20% die bewässerten Maisflächen (C. 83). Doch ihr
Anteil am gesamten Maisanbau beträgt nur
rund 15%, da dieser nach wie vor ganz
überwiegend in kleinbäuerlichen Betrieben
erfolgt. Sie können das hochgezüchtete
Saatgut kaum verwenden, denn es benötigt

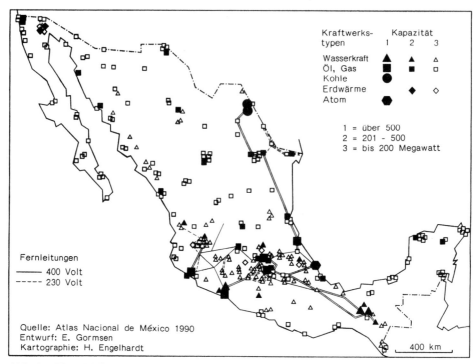

Abb. 35: Elektrizitätsversorgung Mexikos

bestimmte Düngergaben, die auf eine geregelte Wasserzufuhr angewiesen sind. Eine solche kann aber bei den ungewissen Niederschlagsverhältnissen, zumal auf den unzähligen kleinen Parzellen in hängigem Gelände, nicht gewährleistet werden, ganz abgesehen von den damit verbundenen Kosten. Der Maisertrag des ganzen Landes konnte daher seit 1945 trotz erheblichem Forschungsaufwand lediglich von 6,3 auf 17,5 dt/ha erhöht werden.

An dritter Stelle der bewässerten Kulturen steht mit rund 10% die Sorghumhirse. Als hochwertiges Futtermittel wurde sie erst 1956 in Mexiko eingeführt, umfaßt aber bereits 8% der gesamten Anbaufläche. Damit steht sie zwar noch hinter den Bohnen *(frijoles)*, die etwa 10% einnehmen, aber im Produktionswert wird sie nur vom Mais übertroffen. Abgesehen von den nördlichen Staaten ist sie vor allem im Bajío von Guanajuato, Jalisco und Michoacán verbreitet. Die Erträge stiegen seit 1958 von 13 auf 32 dt/ha an, doch seit Mitte der 70er Jahre wurde jeweils ein Viertel bis ein Drittel des Bedarfs durch Einfuhren gedeckt.

Ebenfalls zur Erzeugung von Viehfutter dienen zahlreiche Bewässerungsanlagen, vor allem im Hochland, in denen Alfalfa angebaut wird. Sie wird entweder in modernen Betrieben dehydriert oder – als Grünfutter in Ballen gepreßt – direkt an die großen Abmelkbetriebe in der Umgebung von México-Stadt und von anderen Großstädten geliefert (vgl. SCHNEIDER 1979). Aber auch Futtergetreide, Kichererbsen und ein Teil des Weidelandes werden bewässert.

6.1.1
Obst und Gemüse
für Binnenmarkt und Export

Weniger große Flächen nehmen einige Sonderkulturen ein, die wirtschaftlich von Bedeutung sind, gerade auch für den Export.

So stehen die Tomaten durchschnittlich an dreizehnter Stelle der Nutzflächen aber an vierter Stelle des Gesamtwertes aller Feldfrüchte. Mit dem von Arizona vorangetriebenen Bau der Eisenbahn (1905–1909) kam es unter US-amerikanischer Kontrolle in Sinaloa auf Pachtflächen zum Anbau von Tomaten, von denen 1915 bereits 500 Waggons zu 840 Kisten (ca. 5000 t) und zehn Jahre später 2600 Waggons (ca. 26000 t) exportiert wurden, also zu einer Zeit, als die Bahnlinie ins Hochland noch nicht fertiggestellt war. Neben den billigen Arbeitskräften lag der wichtigste Standortfaktor im frostfreien Klima, das eine Ausfuhr von Dezember bis Mai erlaubte (WAIBEL 1927, S. 574; PFEIFER 1939, S. 428). Dieser Vorteil wurde später noch durch große Staudämme sowie durch moderne Transportmittel und Gefriertechniken ergänzt.

Heute macht der Tomatenanbau in diesem Staat rund ein Drittel der Fläche und fast die Hälfte des Wertes aus. Dementsprechend nehmen die Tomaten eine der ersten Stellen unter den Exportprodukten des Primären Sektors ein, zumal außerdem ein Teil auch als Saft oder Tomatenmark ausgeführt wird (vgl. Abb. 72). Weitere Beispiele für eine beachtliche Zunahme der Gemüseausfuhr sind Spargel, Gurken, Auberginen, Zwiebeln sowie Chilepfeffer, der ja einen wichtigen Bestandteil der mexikanischen Ernährung seit der vorspanischen Zeit darstellt. Die Nachfrage danach in den USA hängt – abgesehen von dem pseu-domexikanischen *chili-con-carne*-Eintopf – gewiß mit der großen Zahl mexikanischer Einwanderer zusammen.

Auch sonst ist das Gemüseangebot fast unbegrenzt, zumal in vielen Gebieten bei entsprechender Bewässerung mehrere Ernten im Jahr möglich sind (Tab. 15). Eine ständige Erweiterung finden in der Tierra templada die Avocadopflanzungen *(aguacate)*. Ihre Erntemenge ist von 1930 bis 1990 auf den dreiundzwanzigfachen Wert (686000 t) gestiegen. Obwohl sie in der heimischen Küche Mexikos ein zunehmende Rolle spielen, wird ein Teil exportiert. Einen Hinweis auf veränderte Eßgewohnheiten der städtischen Bevölkerung des Landes bietet die steigende Kartoffelernte zur Herstellung von Pommes frites und Chips. Sie erfolgt einerseits in mehr als 2500 m Höhe in der Sierra Madre Oriental, andererseits in den nördlichen Bewässerungsdistrikten.

Die höchste Wertschöpfung pro Hektar ergibt sich aber bei den Erdbeeren, die auf dem Binnenmarkt rund 7000 US-$/ha und im Export etwa den doppelten Betrag einbringen. Sie werden auf 7000 bis 9000 ha Bewässerungsland überwiegend im Bajío von Michoacán und Guanajuato angebaut. Jedem Reisenden fallen die zahlreichen Verkaufsstände längs der Hauptstraßen bei Irapuato auf, wo frische und eingezuckerte Erdbeeren angeboten werden. Beträchtliche Mengen der Früchte werden, z. T. in gefrorenem Zustand, in die USA exportiert. Dabei standen sie in den 70er Jahren an dritter Stelle aller Anbauprodukte.

Inzwischen wurde auch die Ausfuhr anderer Früchte als Frischobst, Saft oder Konserven wesentlich gesteigert, darunter Orangen (S. 159), Mangos, Ananas, Papayas, Melonen und Wassermelonen sowie kernlose Weintrauben. Letztere haben in großem Umfang den Weizen und andere Grundnahrungsmittel von den Bewässerungsflächen im Norden verdrängt, insbesondere in Sonora.

Die Vielfalt des Klimas erlaubt im übrigen den Anbau fast jeglicher Obstart, wobei gute Äpfel aus den Siedlungsgebieten der Mormonen bei Nuevo Casas Grandes und der Mennoniten bei Cuauhtémoc im Staat Chihuahua kommen (Tab. 16; vgl. S. 266).

Jahr	1930	1940	1950	1960	1970	1980	1990
Kartoffel	47	72	129	229	430	817	927
Avocado	30	52	63	101	226	461	686
Tomate	83	74	288	366	696	1233	1679
Chile Seco*	6	8	14	18	22	35	–
Chile Verde**	18	21	37	78	186	436	542
Kochbanane	222	464	293	278	375	218	–
Kohl	–	–	–	–	–	–	153
Mohrrüben	–	–	–	–	–	110	156

*   getrockneter Chilepfeffer
** frischer Chilepfeffer

Quellen: Estadísticas Históricas 1985; Anuario 1992; Länderberichte

Tab. 15: Gemüseproduktion in Mexiko 1930–1990
(Fünfjahresdurchschnitte in 1000 t)

Tab. 16: Produktion ausgewählter Früchte in Mexiko 1930–1990
(Fünfjahresdurchschnitte in 1000 t)

Jahr	1930	1940	1950	1960	1970	1980	1990
Orangen	103	170	411	677	1589	1877	1495
Bananen	112	127	159	614	538	994	1192
Trauben	10	12	39	64	123	371	525
Mangos	103	70	97	138	276	522	780
Äpfel	–	–	–	64	163	218	310
Erdbeeren	–	–	–	82*	125	94	117

*   Wert von 1965
Quellen: Estadísticas Históricas 1985; Länderberichte

6.1.2
Öl- und Faserpflanzen zwischen Tradition und Moderne

Zugenommen hat die Erzeugung von Ölsaaten, unter denen Sesam *(ajonjolí)* in Mexiko eine lange Tradition hat, da es dem semiariden Klima, insbesondere in Guerrero und Oaxaca angepaßt ist und auch von Kleinbauern leicht angebaut werden kann. Der Anstieg von rund 4000 t Sesamsamen zu Beginn des Jahrhunderts auf 180000 t im Jahre 1971 und der dadurch ermöglichte Export war freilich der Bewässerung im Nordwesten zu verdanken. Inzwischen wurde diese Strauchkultur dort durch andere Produkte verdrängt, darunter die Sojabohnen, von denen 1960 erstmals 4970 t geerntet wurden. Sie werden zu rund 80% in den bewässerten Ebenen von Sinaloa und Sonora angebaut und erreichen heute eine Jahresernte von 500000–900000 t. Die Nachfrage ist jedoch so stark gestiegen, daß über 50% importiert werden müssen. Gleichzeitig begann der Anbau der Färberdistel (Saflor, *cártamo*), die als Winterfrucht mit dem Weizen um die gleichen Flächen konkurriert. Ihre Ernte stieg von 32000 t (1960) auf über 600000 t (1979), ist aber bis 1990 auf 159000 t deutlich zurückgegangen.

Erdnüsse können dagegen im Regenfeldbau auf mittleren Höhen auch im Kleinbetrieb angebaut werden. Sie tragen mit einer Jahresproduktion von 60000–100000 t zur Fett- und Proteinversorgung bei. Die Ernte von Kokosnüssen aus den Palmenhainen (C. 5) an beiden Küsten hat sich von 118000 t um 1930 bis in die 60er Jahre nahezu verzehnfacht, und dementsprechend hat die Kopragewinnung von etwa 20000 auf 200000 t zugenommen. Dieses Niveau hat sie nach einem gewissen Rückgang heute wieder erreicht. Sie dient als Viehfutter sowie zur Speiseölversorgung.

Einen wichtigen Beitrag hierzu leisten ferner die Baumwollsamen, die ursprünglich nur als Nebenprodukt der Baumwollfasern gewonnen wurden. Dabei erreicht ihr Produktionswert 14–33% der Fasergewinnung von denselben Pflanzen. Die Erntemenge ist von etwa 90000 t in den 30er Jahren auf gut 900000 t um 1960 gestiegen, beträgt aber in jüngster Zeit lediglich 200000–400000 t. Dies ist eine Folge der schwankenden Faserproduktion, die bis in die 30er Jahre bei 30000–40000 t lag, in den 60er Jahren 500000 t erreichte und neuerdings um 330000 t pendelt (Tab. 17). Sie hängt weitgehend

von den Weltmarktbedingungen ab, zumal die mexikanische Regierung seit einigen Jahren den Außenhandel zunehmend liberalisiert hat (S. 303 ff.). Selbstverständlich geschieht der Baumwollanbau durchweg in den Bewässerungsgebieten des ariden Nordens, wobei im Laguna-Distrikt bei Torreón schon 1936 unter Cárdenas große Flächen in kollektiv bewirtschaftete *ejidos* übergeführt wurden (S. 44), was im Gegensatz zu den Privatbetrieben leider zu einem Rückgang der Produktivität führte (FRIEDRICH 1968, S. 121 ff.).

Ähnliche Probleme ergaben sich beim *henequén* im Staat Yucatán (S. 44). Mit der Erfindung einer Entfaserungsmaschine begann dort 1857 ein kontinuierlicher Wirtschaftsboom, der nach 1878 durch die Nachfrage nach Garn für die damals neuen Mäh-Binde-Maschinen in den USA gesteigert wurde. Der Aufschwung zeigte sich nicht nur in einem gut 3 000 km langen Feldbahnnetz zu den *haciendas,* sondern auch in prächtigen Villen der Landbesitzer in der Stadt Mérida. Die Produktion stieg von 18000 t (1880) auf 210000 t (1916) und wurde fast vollständig exportiert. In den 30er Jahren ging sie auf etwa 100000 t zurück. Gründe dafür lagen in der aufkommenden Konkurrenz durch Sisalpflanzungen in Brasilien, Ostafrika, Madagaskar u. a. sowie in der 1937 durchgeführten Bodenreform, wodurch vier Fünftel der *henequén*-Flächen in den Besitz der *campesinos* übergingen. Dabei wurde das funktionierende System von Anbau und Absatzorganisation auseinandergerissen, denn die Aufbereitungsanlagen blieben in der Hand der Privatbetriebe. Dazu kam die Abhängigkeit von staatlichen Krediten sowie mangelnde technische Ausstattung, ungenügende Ausbildung und soziale Spannungen innerhalb der Genossenschaften. Schließlich wurde der gesamte Wirtschaftszweig durch die Verbreitung von Kunstfasern beeinträchtigt. Die Wei-

Jahr	Sesam	Soja	Saflor	Erd-nüsse	Kokos-nüsse	Sorghum	Baumwoll-samen	Baum-wolle	Henequén	Brau-gerste
1900	3			–	–		–	22	88	–
1905	5			–	–		–	49	81	–
1910	5			–	–		–	30	98	–
1915	2			–	–		–	20	168	–
1920	8			–	–		–	32	169	–
1925	10			–	–		86	43	137	–
1930	8			–	118		74	38	119	66
1935	19			–	118		126	68	81	74
1940	27			–	138		110	65	96	91
1945	58			–	107		161	98	106	112
1950	80			–	255		443	260	101	141
1955	91			84*	492		871	508	110	170
1960	129	5	32	89	953	209	787	470	156	182
1965	154	58	80	86	986	1411	953	577	149	175
1970	179	215	288	105	811	2747	548	334	146	225
1975	111	599	532	68	844	4126	320	206	140	333
1980	176	312	446	69	890	4689	538	373	86	491
1985	100	929	150	60	655	6597	335	326	60	512
1990	71	726	159	100	1002	5978	285	334	39	514

* Wert von 1956
Quellen: Estadísticas Históricas 1985; Anuario 1992; Länderberichte

Tab. 17: Produktion landwirtschaftlicher Rohstoffe in Mexiko 1900–1990 (1000 t)

terverarbeitung zu Teppichböden u. a. in der 1961 gegründeten staatlichen Firma CORDEMEX konnte den Verfall nicht dauerhaft aufhalten. So beträgt die Produktion nur noch rund 40000 t (Tab. 17; Fox 1961; Gierloff-Emden 1970, S. 357ff; Trautmann 1975).

6.1.3 Tropische Genußmittel

Seit der frühen Kolonialzeit gehörte zu den wichtigen Agrarprodukten Mexikos der Rohrzucker (S. 43), der in den Beckenlandschaften von Morelos, Veracruz, Oaxaca und Jalisco, im südlichen Puebla sowie im Golfküstentiefland ausgezeichnete Standortbedingungen für den Eigenbedarf und für die Ausfuhr vorfand. Mit der Mechanisierung der *ingenios* im *Porfiriat* erfolgte ein allmählicher Anstieg der Zuckerrohrernte von rund 1,7 Mio. t (1900) auf

5 Mio. t (1940), die zu etwa 140000 bzw. 400000 t Zucker verarbeitet wurden. Während der Revolution war ein deutlicher Rückschlag zu verzeichnen, da *Emiliano Zapata* hauptsächlich im Gebiet von Morelos operierte, wo viele *haciendas* zunächst zerstört wurden und später in den Besitz von *ejidos* übergingen (S. 50). Bis 1970 kam es unter staatlicher Regie zu einer raschen Erweiterung der Anbauflächen verbunden mit der Anlage moderner Zuckerfabriken, vor allem in den Bewässerungsdistrikten. So stieg die Zuckerproduktion auf durchschnittlich 3 Mio. t und erreichte in den 80er Jahren über 3,2 Mio. t (Tab. 18). Damit liegt Mexiko im internationalen Vergleich auf dem 11. Platz etwa gleichauf mit dem aus Rüben gewonnenen Zucker in den alten Bundesländern. Nach wie vor wird ein Teil des Zuckerrohrs in *trapiches* zu braunem Zucker verarbeitet (S. 43). Er machte um die Jahrhundertwende fast die Hälfte

Jahr	Zucker				Kaffee		
	Zuckerrohrgewinnung		Zuckerproduktion				
	Fläche (1000 ha)	Produktion (1000 t)	weißer (1000 t)	brauner (1000 t)	Fläche (1000 ha)	Produktion (1000 t)	Export (1000 t)
1900	46	1659	72	69	60	26	21
1901–1910	65	2949	100	77	91	40	22
1911–1920	35	1576	123	–	56	34	16
1921–1930	73	3274	164	82	99	49	28
1931–1940	104	5228	265	71	123	54	30
1941–1950	193	9994	464	146	151	63	–
1951–1960	331	18768	951	204	299	122	–
1961–1970	505	32750	1937	292	355	192	–
1971–1980	538	34755	2639	380	405	247	–
1981–1990	534	35312	2968	312	531	301	–

Jahr	Tabak					
	Fläche (1000 ha)	Produktion (1000 t)	Import (t)	Export (t)	Zigaretten (Mio. Schachteln)	Zigarren (Mio.)
1900	–	–	–	–	369	125
1901-1910	–	–	–	–	478	115
1911-1920	–	–	–	–	–	–
1921-1930	15	12	361	169	475	22
1931-1940	22	20	43	0	755	17
1941-1950	35	35	1012	191	963	16
1951-1960	53	70	2853	1683	1664	19
1961-1970	42	65	461	9913	1980	16
1971-1980	41	69	150	20784	2485	12
1981-1990	40	62	–	–	–	–

Quelle: Estadísticas Históricas 1985; Sector Alimentario 1992

Tab. 18: Erzeugung und Verarbeitung von Zucker, Kaffee und Tabak in Mexiko (Zehnjahresdurchschnitte)

der gesamten Produktion aus, in jüngster Zeit immerhin noch etwa 10%. Daneben werden 50–80 Mio. Liter Alkohol gebrannt. Der Zuckerverbrauch des Landes hat sich bei 35–40 kg pro Kopf eingependelt. In Abhängigkeit von der eigenen Produktion und den Weltmarktbedingungen schwanken die Ein- und Ausfuhrmengen beträchtlich. So konnte Mexiko in den 80er Jahren größere Posten an die UdSSR, die USA, China und arabische Länder verkaufen.

Während WAIBEL (1929, S. 431) dem Agavenbranntwein keine wirtschaftsgeographische Bedeutung beimaß, kann man heute die Umgebung des Städtchens *Tequila* (Jalisco) durchaus als eigenständige Wirtschaftsformation bezeichnen. Mit der steigenden Nachfrage aus dem In- und Ausland nach dem berühmten Schnaps haben sich die Agavenfelder in dem stark gegliederten Bergland immer weiter ausgebreitet. Auf ihrer Grundlage entwickelte sich eine beachtliche Industrie, deren Exportvolumen seit 1975 von rund 20000 auf 60000 t zunahm. Dagegen wird der nach Herstellungsart und Geschmack vergleichbare *mezcal* im Staat Oaxaca überwiegend noch in Kleinbetrieben produziert und auf dem Binnenmarkt abgesetzt (S. 44, 276).

Der Kaffee, Hauptausfuhrprodukt der mexikanischen Landwirtschaft, hat durch den Zusammenbruch des Internationalen Kaffeeabkommens 1989 und durch Frostschäden im folgenden Winter an Bedeutung verloren. Trotzdem steht Mexiko, wie schon seit Jahrzehnten, an vierter bis fünfter Stelle der Kaffeeproduzenten, während es beim Export wegen des relativ hohen Eigenverbrauchs von einigen mittelamerikanischen und afrikanischen Ländern übertroffen wird (Tab. 18). Hauptabnehmer nach den mit großem Abstand führenden USA ist Deutschland.

Seit dem Beginn des 19. Jhs. hat sich der Kaffee in der Sierra Madre Oriental (Veracruz und Puebla) ausgebreitet; herausragendes Zentrum wurde jedoch ab 1880 die Landschaft Soconusco an der pazifischen Abdachung der Sierra Madre de Chiapas. Vor allem deutsche Pflanzer haben vom benachbarten Guatemala aus dieses fast unbesiedelte Gebirge weitgehend umgestaltet, denn sie regten indirekt auch die Rodung der höheren Regionen durch guatemaltekische Indios an, die in ihren Plantagen arbeiteten (WAIBEL 1933; HELBIG 1961). Mit der Agrarreform ging ein Teil der großen Besitzungen an *ejidos* über, die neben ihren Grundnahrungsmitteln auch Kaffee als Marktfrucht anbauen. Da sie beim Verkauf von privaten *(coyotes)* und staatlichen Aufkäufern abhängig sind, ist ihr Gewinn sehr bescheiden. Nur in einigen seit 1980 gegründeten indigenen Kooperativen, die den organisch-biologisch angebauten Kaffee selbst vermarkten und großenteils über die GEPA (Aktion Dritte Welt Handel) in Deutschland absetzen, erhalten die Bauern

2/3 des Exportpreises gegenüber 1/3 vorher. UCIRI *(Unión de Comunidades Indígenas de la Región del Istmo),* die bekannteste Genossenschaft, liegt im Bergland von Oaxaca, ebenfalls einem wichtigen Kaffeegebiet, zu dem noch die Flanken des zentralen Hochlandes kommen (Primer encuentro... 1990, S. 13–20; vgl. S. 157).

Andere tropische Exportprodukte sind weniger bedeutsam, obwohl sie in Mexiko heimisch sind. Die Kakaoproduktion im Tiefland von Tabasco und Chiapas wurde zwar von 1967 bis 1985 verdoppelt (25000–50000 t), und rund 5000 t Kakaobutter werden exportiert, doch Mexiko ist weit hinter die Elfenbeinküste, Brasilien, Malaysia, Ghana u. a. zurückgefallen (S. 43). Die Vanille spielt trotz guter Qualität überhaupt keine Rolle mehr (S. 160). Immerhin nahm die Tabak-Ernte seit den 20er Jahren von rund 12000 t auf 50000–70000 t zu, von denen wechselnde Mengen ausgeführt werden.

6.1.4
Veränderungen der Viehwirtschaft

Ein widersprüchliches Bild bietet die Entwicklung der Viehwirtschaft. Lediglich die Produktion von Schweinen und Hühnern hat stärker zugenommen als die Bevölkerungszahl. Dagegen ist der Zuwachs an Rindern, Schafen und Ziegen deutlich dahinter zurückgeblieben (Tab. 19). Letztere sind in kleinen gemischten Herden an Wegrändern und auf Brachflächen allgegenwärtig und tragen gewiß zur bäuerlichen Subsistenz bei. In größeren Betriebseinheiten finden sie sich jedoch überwiegend in den ariden Beckenlandschaften des Nordens, wobei sich Privat- und *ejido*-Besitz ungefähr die Waage halten. Ähnliches gilt für die Schafe, obwohl hier eine stärkere Konzentration unter den

Jahr	1930	1950	1970	1990
Rinder	10083	13629	22798	33720
Pferde	1887	3581	4561	6170
Maultiere	751	1539	1854	3180
Esel	2160	2762	2894	3187
Schafe	3674	5086	4903	5846
Ziegen	6544	8522	9192	10439
Schweine	3698	6896	9462	15203

Quellen: Estadísticas Históricas 1985; Anuario 1992

Tab. 19: Viehbestand Mexikos 1930–1990 (1000)

Kleinbauern in den relativ feuchten Höhen der *Mesa central* zu beobachten ist. Die Wolle kann freilich den Bedarf des Landes bei weitem nicht decken, weshalb seit Jahrzehnten ein bis zwei Drittel importiert werden müssen (TAMAYO 1962, IV., S. 218).

Trotz der Modernisierung des Verkehrswesens, auch im ländlichen Raum, steht Mexiko nach der Zahl der Pferde, Maultiere und Esel immer noch an zweiter bis dritter Stelle aller Länder. Seit 1930 (1960) betrug der Zuwachs bei den Eseln nur 50% (44%), bei den für den Lastentransport im Gebirge besonders geschätzten Maultieren 323% (99%) und bei den Pferden 227% (78%), wobei im letzten Jahrzehnt eine Stagnation zu verzeichnen war.

Weniger verständlich ist die Tatsache, daß die Zuwachsraten beim Rindvieh nicht höher waren. Dies hängt sowohl mit der Preispolitik der Regierung zusammen, als auch mit der Bodenreform, die einer Flächenausweitung Grenzen setzt. Hinzu kommt vor allem die geringe Modernisierungsbereitschaft vieler Landbesitzer, die im Sinne des Rentenkapitalismus ihre Betriebe nicht selbst bewirtschaften und daher zu wenig Wert auf die Verbesserung des extensiv genutzten Weidelandes sowie auf die Intensivierung der Rinderzucht

legen (S. 159). Zahlreiche *ex-hacendados* in den nördlichen Staaten sehen ihr Hauptziel nach alter Tradition in der Aufzucht und im Export von Kälbern, die in den USA gemästet werden. Der Binnenmarkt wird dagegen überwiegend mit Schlachtvieh aus den feuchteren Weiden im Tiefland von Veracruz und Tabasco versorgt, doch auch hier nehmen die Innovationen höchstens 5% der Flächen ein.

In der Milcherzeugung gibt es je nach Art der Viehhaltung enorme Unterschiede der Rentabilität, die im Landesdurchschnitt mit etwa 800 Liter pro Kuh und Jahr sehr niedrig liegt.

Moderne Abmelkbetriebe in Bewässerungsgebieten und in den Ballungsräumen sind auf die Zulieferung von Alfalfa und Kraftfutter aus mehr oder weniger großen Entfernungen angewiesen und erzielen immerhin rund 3800 Liter (S. 130). Anders ausgedrückt: 13% der Kühe geben rund 58% der Milch. Ihnen stehen Stall- und Weidebetriebe unterschiedlichster Größe und Viehqualität gegenüber, darunter Kleinbauern, die die Milch unkontrolliert von Haus zu Haus verkaufen, aber auch ausgedehnte *ranchos* in den ariden und semiariden Beckenlandschaften des Nordens (Abb. 36).

Da der Milchpreis vom Staat niedrig gehalten wird, besteht unter den letzteren die Tendenz zur Umstellung von einer kombinierten Milch- und Kälberproduktion auf eine reine Fleischviehzucht, die mit geringeren Kosten verbunden ist. Folglich ging die Zahl der Milchwerke von 102 im Jahr 1982 auf 42 im Jahr 1989 zurück, und deren Pasteurisierungskapazität von 6,7 Mio. l/Tag wurde nur zu 56% ausgenutzt. Dementsprechend stagniert die Milcherzeugung seit 1978 bei etwa 6,5 Mrd. l, und bis zu 28% des Bedarfs müssen in Form von Trockenmilch importiert werden.

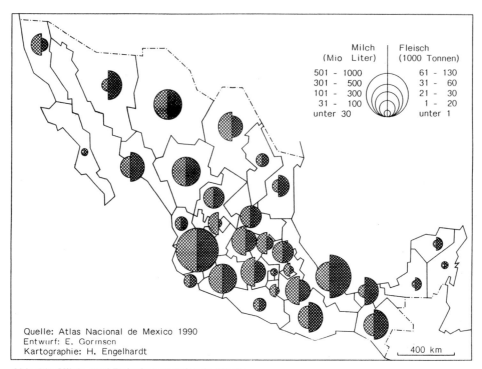

Abb. 36: **Milch- und Fleischproduktion in Mexiko**

Von der im Lande produzierten Milch kommt übrigens etwa die Hälfte ohne Behandlung und nur ein Viertel pasteurisiert auf den Markt; 13% werden zu Käse, 4% zu Butter, der Rest zu Kondensmilch, Milchpulver oder anderen Produkten verarbeitet, wobei diese Agroindustrie großenteils zu ausländischen Firmen gehört (SITJAR/OSORIO 1983; CHAUVET 1990; MUÑOZ 1990).

Während Schweine- und Geflügelzucht früher auch in Mexiko überwiegend als Nebenprodukt der kleinbäuerlichen Landwirtschaft bzw. durch Verwertung von Küchenabfällen erfolgte, ist ihr beachtlicher Aufschwung seit den 60er Jahren internationalen Einflüssen zu verdanken, und zwar indirekt durch Intensivierung der Produktion mit Hilfe der Futterindustrie, die in erster Linie Sorghum und Soja verarbeitet (S. 130, 300). 1975 wurden bereits 51% der 3,15 Mio. t Kraftfutter von drei transnationalen Konzernen hergestellt. Großbetriebe der Massentierhaltung wurden dagegen von einheimischen Unternehmern aufgebaut, die sich dabei aller modernen Techniken bedienten. Damit erhöhte sich die Zahl der Schweine beträchtlich, und die für ein Kilogramm Fleisch notwendige Futtermenge sank von 5,5 kg auf 3,5 kg. Gleichzeitig kam es zu einer Konzentration in Sonora, wo 1970 nur 1,2% der Schweine gehalten wurden, 1987 aber bereits 8,0%, während der Anteil des führenden Staates, Jalisco von 7,4 auf 16,1% anstieg (vgl. GOMEZ CRUZ u. a. 1990).

Ähnlich sind die Verhältnisse bei der Hühnerzucht. Die dabei eingetretenen Innovationsprozesse hat SEELE (1986) am Beispiel des größten Eierproduzenten des Landes sehr anschaulich beschrieben. Dieser entstand 1947 auf Initiative einer jungen Gemischtwarenhändlerin in der durch ihre Mineralquellen bekannten Stadt Tehuacán (Puebla) mit 1000 Legehennen und entwickelte sich in mehreren Etappen zu einem Familienkonzern (Grupo Romero), der inzwischen in vier Großunternehmen mit eigenen Organisationsstrukturen und vertikaler Integration aufgegliedert wurde. Ihre Aufgabenbereiche umfassen Legehennenhaltung und Eierproduktion, Hähnchenmast, Hühner- und Schweinezucht, Milchwirtschaft, die Herstellung von Futtermitteln und Sojaöl sowie Labors, Gen-Institute und Pharmazeutische Betriebe. Die Stallkomplexe im engeren Bereich von Tehuacán haben eine Kapazität von etwa 8 Mio. Hühnern, 8000 Schweinen und 1500 Milchkühen. Die Innovation hat sich darüber hinaus in dem gesamten Tal mit mehr als 100 km Länge ausgebreitet und zu einem weitgehenden Strukturwandel der Wirtschaft geführt, wobei der in der Tierhaltung anfallende Mist zur Düngung der gut bewässerten Sonderkulturen des Tales dient.

In vergleichbarer Weise beherrschen etwa 14 Gesellschaften die Geflügelwirtschaft des Landes, wobei betont werden sollte, daß sie ausschließlich mit mexikanischem Kapital arbeiten. Besonders stark ist die Konzentration bei der Hähnchenmast, wo 2% der Betriebe 60% der Produktion liefern. Regionale Schwerpunkte hat die Geflügelindustrie in Puebla (22% Legehennen, 7% Hähnchen), Jalisco (16%, 12%), Sonora (12%, 3%) und Guanajuato (3%, 11%). Als Standortfaktoren erweisen sich damit einerseits die gut bewässerten Futterbaugebiete, andererseits die Marktnähe zu den Ballungszentren, auf deren steigende Bevölkerung die Erzeugung ausgerichtet ist. Daneben besteht nach wie vor eine bäuerliche Geflügelhaltung. Gerade hier muß man aber mit Unsicherheiten bei der statistischen Erfassung rechnen. Inso-

fern können die Gesamtzahlen – 57 Mio. (1950), 90 Mio. (1960), 101 Mio. (1970), 178 Mio. (1980), 234 Mio. (1990) – lediglich als Annäherungswerte betrachtet werden. Die Eiererzeugung nahm von 106 000 t (1950) über 474 000 t (1977) auf 1 Mio. t (1990) zu, die Produktion von Geflügelfleisch im gleichen Zeitraum von 14 000 t über 358 000 t auf 803 000 t. Trotzdem ist die Proteinversorgung im Landesdurchschnitt immer noch unzureichend.

Die Bienenzucht nimmt schließlich eine wichtige Position im Agrarexport ein. Mexiko steht seit Jahren weltweit an vierter Stelle der Honigproduzenten und an zweiter Stelle der Exporteure, wobei Deutschland der Hauptabnehmer ist. Die Zahl der Bienenvölker stieg von 1 Mio. (1950) auf 2,6 Mio. (1990), die Honigernte von rund 20 000 auf 60 000 t, von denen nur 20–30% im Lande verbraucht werden. Im Durchschnitt werden 22,5 kg pro Bienenvolk erreicht, obwohl die Imkerei überwiegend von rund 47 000 *campesinos* im Nebenerwerb betrieben wird, d. h. nicht mit den modernsten Techniken. Das gilt gerade für die Halbinsel Yucatán, in der allerdings Genossenschaften zur Vermarktung bestehen. In anderen Gebieten geschieht dies durch private Zwischenhändler und Exporteure. Sie transportieren auch die Bienenstöcke zur jeweils besten Blütezeit in die günstigsten Regionen, insbesondere zwischen Hoch- und Tiefland bzw. zwischen Zentralmexiko und dem Norden. So ist man bei Überlandfahrten anfangs erstaunt über die einfachen farbigen Holzkästen, die irgendwo an den Straßenrändern stehen. Das Schwergewicht der Imkerei liegt aber im frostfreien tropischen Tiefland (Abb. 37). Seit 1984 hat sich die afrikanische „Killerbiene" von Zentralamerika her in Mexiko ausgebreitet, ohne bisher eine bemerkenswerte Veränderung der Honigproduktion zu verursachen.

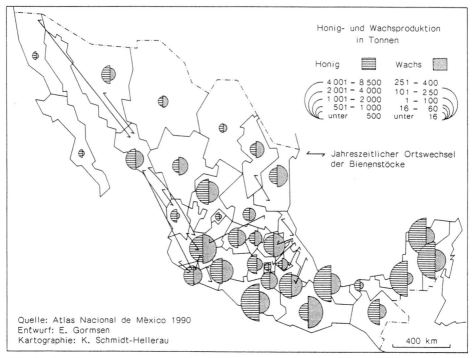

Abb. 37: Mexikanische Honig- und Wachsproduktion

6.2
Die mexikanische Agrarreform

Die kurzgefaßte, durchaus nicht vollständige Darstellung landwirtschaftlicher Entwicklungen hat gezeigt, daß neben den sehr unterschiedlichen naturgeographischen Grundlagen eine Vielzahl von ökonomischen, politischen und gesellschaftlichen Aspekten zum Auf und Ab einzelner Produktionszweige sowie zum heutigen Mosaik der Agrarlandschaft geführt haben. Ein entscheidender Faktoren hierbei ist der Landbesitz.

Tierra y Libertad hatte der Wahlspruch der Bauernheere von *Pancho Villa* und *Emiliano Zapata* in der großen mexikanischen Revolution gelautet (S. 50), und tatsächlich ging die Forderung nach Land als einer der wichtigsten Punkte in den

Artikel 27 der Verfassung von 1917 ein. Er erklärte u. a. Grund und Boden sowie die Bodenschätze und die territorialen Gewässer zum Eigentum des Staates und legte das Recht auf Enteignung im öffentlichen Interesse fest. Das darauf beruhende Agrarreformgesetz *(Ley Federal de Reforma Agraria)* hatte die Umverteilung der Latifundien zugunsten der Kleinbauern und Landarbeiter *(campesinos)* zum Ziel. Allerdings sollten den bisherigen Grundbesitzern je nach Bodengüte und Bodennutzung bestimmte Flächen als „Kleinbesitz" *(pequeña propiedad)* erhalten bleiben. Nach der Novellierung des Gesetzes unter Avila Camacho bedeutete dies:
– 100 ha Bewässerungsland,
– 200 ha im Regenfeldbau,
– 300 ha beim Anbau von Dauerkulturen wie Bananen, Zuckerrohr, Kaffee, Obst,

– 400 ha Weideland von hoher Qualität,
– 500 ha Baumwollflächen,
– 800 ha Wald bzw. Weideland von minderer Qualität,
– ausreichendes Weideland für 500 Rinder in Trockengebieten.

Agrarland dieser Größenordnung kann in Mexiko im Rahmen rationeller Betriebssysteme durchaus Gewinn bringen. Abgesehen davon wurden die Begrenzungen häufig dadurch umgangen, daß mehrere Mitglieder einer Familie nominell als Einzelbesitzer im Grundbuch erscheinen, obwohl ihre Flächen als ein zusammenhängender Betrieb bewirtschaftet werden.

Mit dem enteigneten Land, das in Staatseigentum überging, wurden Siedlungsgemeinschaften beliehen. Die zugewiesenen Flächen werden als *ejido* bezeichnet. Dieser *ejido*-Begriff darf nicht mit dem Allmendland der präkolumbischen und kolonialen Epochen verwechselt werden, denn das Land wurde großenteils parzelliert und den berechtigten Mitgliedern *(ejidatario)* zu dauernder Nutzung überlassen (vgl. TICHY 1966). Jedem von ihnen sollten mindestens 10 ha in ausreichend bewässerten Gebieten bzw. 20 ha in allen übrigen Gebieten zugeteilt werden, um damit die Eigenversorgung seiner Familie sicherzustellen. Das Nutzungsrecht konnte vererbt werden; die Parzelle durfte aber weder verkauft, noch verpachtet, übertragen, gepfändet, abgetreten, mit Hypotheken belastet oder besteuert werden. Falls sie zwei Jahre nicht bearbeitet wurde, sollte sie an die Dorfgemeinschaft zurückfallen.

Kollektive Bewirtschaftungsformen waren zwar schon im *Plan von Ayala* vorgesehen, der 1911 von revolutionären *campesinos* formuliert worden war, doch tatsächlich haben sie sich nur in wenigen Gebieten unter gewissen Sachzwängen durchgesetzt, etwa beim Zuckerrohranbau in Morelos oder bei der Baumwollproduktion im Laguna Distrikt bei Torreón (Durango), wo unter Lázaro Cárdenas erstmals auch export-orientierte *haciendas* enteignet wurden (FRIEDRICH 1968). Dabei wären größere Betriebseinheiten gewiß in vielen Fällen ökonomisch sinnvoll. Aber der Genossenschaftsgedanke begegnet nicht nur in der Landwirtschaft, sondern auch unter Handwerkern einem tiefwurzelnden Mißtrauen gegenüber wirtschaftlichen Vereinigungen „von oben", in denen man sich leicht übervorteilt fühlt (vgl. J.GORMSEN 1985, S. 187). Abgesehen von der mangelnden Einsicht in die ökonomischen Zusammenhänge ist ein wichtiger Grund dafür wohl in der Erfahrung einer jahrhundertelangen Ausbeutung durch die jeweils herrschenden Kräfte zu sehen.

Die Agrarreform hat sich über Jahrzehnte hingezogen und ihr Erfolg wird mit großen Fragezeichen versehen. Daß die Verteilung zunächst sehr zögernd vor sich ging, lag u. a. daran, daß die damaligen Präsidenten selbst aus dem Kreis der *hacendados* im Norden des Landes stammten. Lediglich in Morelos, dem Kernland der Revolution von Zapata, waren 1934 schon 33% der landwirtschaftlichen Nutzfläche in der Hand von *ejidatarios*. Unter Lázaro Cárdenas kam es dann zu einem großen Schub. Es wurde mehr als doppelt soviel Land verteilt wie unter allen vorherigen Präsidenten zusammen. Der Anteil des *ejido*-Landes stieg von 10% (1930) auf 36% (1940) der Gesamtfläche; und im gleichen Zeitraum nahm der Anteil der Kapitalinvestitionen von *ejidatarios* an allen landwirtschaftlichen Investitionen von 3,7% auf 52,6% zu, was durch die Gründung einer speziellen Bank *(Banco Ejidal)* möglich wurde. Im übrigen waren in den Anfangsjahren ebenso viele *campesinos* berücksichtigt worden wie unter Cárdenas; sie hatten aber entsprechend kleine Parzellen von durchschnittlich weniger als 10 ha erhalten. Später hat es Zuteilungen in großem Umfang nur noch unter Díaz Ordaz und Echeverría gegeben. Schließlich sind gut 4 Mio. ha Gemeindeland zu berücksichtigen, das bereits vor der Revolution im Besitz von Dorfgemeinschaften *(comunidades indígenas)* war (Tab. 20).

Insgesamt befinden sich nach 75 Jahren der Agrarreform 102,9 Mio. ha, d. h. 52,5% der gesamten Landfläche Mexikos, in der Hand von 29.951 *ejidos* und *comunidades* (Abb. 38). Begünstigt wurden 3,5 Mio. *campesinos* mit durchschnittlich 29 ha (Censo Agropecuario 1991). Das sieht nach einem respektablen Ergebnis aus. Aber nur 28,4 Mio. ha (27,6%) wurden zur individuellen Nutzung durch 3 Mio. *ejidatarios* parzelliert, denen also jeweils 9,4 ha zur Verfügung stehen. Tatsächlich müssen sich jedoch 90% von ihnen mit rund 4 ha begnügen, und zwar vor allem in den dicht besiedelten Staaten wie Puebla, Tlaxcala und Mexico, während die Werte in den peripheren Regionen des Nordens erheblich höher liegen (Baja California 39,3 ha; Sonora 27,4 ha; Sinaloa 13,9 ha). Im übrigen können 15% keine Parzelle nach eigenem Gutdünken bewirtschaften, da sie Mitglieder in Weide- oder Wald-*ejidos* sind. Insgesamt werden also die im Gesetz vorgesehenen Mindestgrößen nicht erreicht, ganz abgesehen von den qualitativen Unterschieden nach Boden, Klima, Lage usw. Daher kann ein großer Teil der *ejidatarios*, ebenso wie die rund 1,5 Mio. sonstigen Kleinbauern (*minifundistas*; S. 144), nur mit Mühe die Ernährung der eigenen Familie im Rahmen einer Subsistenzproduktion sicherstellen.

Hier liegt einer der immer wieder vorgebrachten Kritikpunkte an der Agrarreform: Sie verdiene diese Bezeichnung deswegen nicht, weil außer der Verteilung von Land keine weiteren sozio-ökonomischen Reformen erfolgten, man also

eher von einer Bodenreform sprechen sollte. Nennenswerte Ertragssteigerungen sind tatsächlich im Gegensatz zur privaten Landwirtschaft kaum eingetreten. Das lag u. a. daran, daß notwendige flankierende Maßnahmen unzureichend waren. Z. B. fehlte es an technischer Hilfe, vor allem zur Bewässerung und Bodenverbesserung aber auch zur rationelleren Bodenbearbeitung. Da der Boden nicht beliehen werden durfte, war es schwierig, Kredite zur Düngemittel- und Saatgutbeschaffung zu bekommen. Schließlich mangelte es an Ausbildung und Beratung der *ejidatarios*, die vorher großenteils analphabetische Tagelöhner ohne umfassende Kenntnisse einer selbständigen Landwirtschaft gewesen waren. Mit der ungenügenden Bildung hingen wohl auch die weit verbreiteten Bedenken gegenüber kollektiven Bewirtschaftungsformen auf größeren Betriebseinheiten zusammen. Schon in den 60er Jahren wurde daher die Frage diskutiert, ob man auf dem bisherigen Weg weitergehen oder das gesamte Land aufteilen und in Genossenschaften überführen oder schließlich die *ejidos* reprivatisieren sollte (vgl. FRIEDRICH 1968, insb. S. 228–236; STAVENHAGEN 1970).

In der Erkenntnis, daß die beiden erstgenannten Alternativen keine Lösung des Problems bringen würden, wurde unter der Regierung Salinas de Gortari 1992 eine Novelle des Artikels 27 der Verfassung beschlossen, nach der die Landverteilung beendet wird. Als Begründung wird angeführt, daß die Bevölkerung wächst, das Land aber nicht, eine Befriedigung aller Ansprüche also nicht möglich sein wird. Andererseits wird an den Obergrenzen der *pequeña propiedad* festgehalten. Der darüber hinausgehende Besitz soll innerhalb von zwei Jahren verkauft oder öffentlich versteigert werden. Auf diese Weise wird mit einer Kapitalbildung auf dem Lande und folglich mit einer Stimulierung der

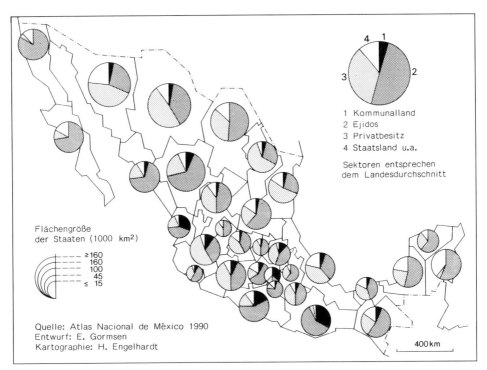

Abb. 38: Landbesitzverteilung in Mexiko

Tab. 20: Landverteilung an Ejidos nach Amtsperioden mexikanischer Präsidenten

Präsidenten	Flächen (ha)	Ejidatarios	Fläche pro Ejidatario (ha)
Venustiano Carranza (bis 1920)	167 936	46 398	3,6
Adolfo de la Huerta (1920)	33 696	6 330	5,3
Alvaro Obregón (1920–24)	1 100 117	128 468	8,6
Plutarco Elías Calles (1924–28)	2 972 876	297 428	10,0
Emilio Portes Gil (1928–30)	1 707 750	171 577	10,0
Pascual Ortíz Rubio (1930–32)	944 538	64 573	14,6
Abelardo L. Rodríguez (1932–34)	790 694	68 556	11,5
Lázaro Cárdenas (1934–40)	18 786 131	728 847	25,8
Manuel Avila Camacho (1940–46)	7 287 697	157 816	46,2
Miguel Alemán Valdéz (1946–52)	4 633 321	80 161	57,8
Adolfo Ruíz Cortínez (1952–58)	6 056 773	68 317	88,7
Adolfo López Mateos (1958–64)	8 870 430	148 238	59,8
Gustavo Díaz Ordaz (1964–70)	24 738 199	278 214	88,9
Luis Echeverría Alvarez (1970–76)	12 773 888	205 999	62,0
José López Portillo (1976–82)	6 397 595	243 350	26,3
Miguel de la Madrid (1982–88)	1 557 558	376 634	4,1
Carlos Salinas de Gortari (1988–94)	4 057 590	486 042	8,3
Summe	102 876 789	3 556 948	28,9
davon parzelliert	28 440 523	3 022 340	9,4

Quellen: Estadísticas Históricas 1985; Censo Agropecuario 1991

Agrarproduktion gerechnet. Dabei sollen verschiedene Arten von Produktionsgesellschaften gebildet werden. *Ejidatarios* können mit ihrem Grund und Boden ebenso beitreten wie andere Mitglieder, die Kapital einbringen. Andererseits bleiben *ejidos* und Gemeindeland (s. o.) durch die Verfassung geschützt.

Um die allgemeine Entwicklung der Landwirtschaft zu stützen, wird ein Programm zur integrierten Wiederbelebung des ländlichen Raumes aufgelegt. Dafür werden u. a. die Budgets des Agrarreformministeriums (SRA) und des Ministeriums für Landwirtschaft und Wasserbau (SARH) um bis zu 50% erhöht, die Prämien für landwirtschaftliche Versicherungen durch die Bundesregierung mit 30% subventioniert und ein ländliches Arbeitsbeschaffungsprogramm in Gang gesetzt. Dies soll zunächst in Maßnahmen zur Melioration und zur Verbesserung der Infrastruktur (Dämme, Bewässerungskanäle usw.) bestehen, um dann Arbeitsplätze in *Agrobusiness*-Betrieben und verwandten Wirtschaftsbereichen zu schaffen. Außerdem ist die Stärkung der ländlichen Zentralorte vorgesehen, um eine weitere Abwanderung in die großen Städte zu vermindern. Während die Landverteilung in erster Linie eine sozialpolitische Funktion hatte, die die Hälfte des Territoriums und ein Drittel der Bevölkerung betraf, liegt die Betonung jetzt auf einer Stärkung der ländlichen Wirtschaftskraft, sei es für den Export, sei es zur Sicherung der Ernährungsbasis des Landes (Banamex 794, 1992, S. 9–13).

Wie dies tatsächlich bewerkstelligt werden soll, bleibt vorläufig unklar. Es beweist zunächst nur, daß das Scheitern des *ejido*-Systems nun auch offen von der Regierung zugegeben wird, eine früher undenkbare Abwendung von einem der wichtigsten Grundprinzipien der mexikanischen Revolution und des PRI. In diesem Zusammenhang scheint die kritische Bemerkung von M. Mols (1981, S. 130) recht aktuell, die er im Hinblick auf die Regierungserklärung von López Portillo (1977) äußerte: „Wahrscheinlich bedeutet der Einbezug des Agrarproblems in die ‚Neuordnung unserer Ökonomie‘ die Rückkehr zum alten Konzept des Primats der industriellen Entwicklung sowie die weitere stillschweigende Förderung jener Produktionsbereiche auf dem Lande, die hinreichend kapitalintensiv arbeiten können, um mittelfristig den Globalhaushalt der Nation (insbesondere die Ernährungslage) wieder in Ordnung zu bringen. Die Kunst des Möglichen wird dann für diese wie für künftige mexikanische Bundesregierungen darin bestehen, der immer explosiver anwachsenden, verelendenden, marginalisierten Bevölkerung des *campo* den Fortfall des ‚Faktors Hoffnung‘ zu erklären".

6.3
Das agrarsoziale Gefüge heute

Die hier angeschnittene Problematik betrifft offenbar nicht nur die *ejidatarios*, sondern die agrar-soziale Struktur des Landes insgesamt. Aus den vorläufigen Ergebnissen des Agrarzensus von 1991 geht lediglich hervor, daß die privatwirtschaftlichen Betriebe ohne *ejidos* durchschnittlich 66,2 ha zur Verfügung hatten. Ein Vergleich mit den Jahren 1970 und 1981 zeigt ähnliche Größenordnungen (Tab. 21). Er läßt aber auch beträchtliche Unsicherheiten der landwirtschaftlichen Statistik erkennen. Die Abweichungen der Zählung von 1981, die erst 1990 publiziert wurde, sind nicht nur auf unvollständige Erhebungen zurückzuführen, sondern auch auf den teilweisen Verlust des Materials durch das Erdbeben 1985. Es besteht aber kein Zweifel, daß die *minifundistas* nach

Betriebsgrößenklassen										
Jahr	Summe				Fläche/ Betrieb	0–5 ha				
	Anzahl	Anteil %	Fläche	Anteil %		Anzahl	Anteil %	Fläche	Anteil %	
1970	932859		139868		150	521777	55,9	881	0,6	
Privat	910167	97,6	70144	50,2	77	521776	57,3	881	1,3	
Ejidos*	22692	2,4	69724	49,8	3073	1	0,0	0	0,0	
1981	3292100		91989		28	1906728	57,9	4199	4,6	
Privat	1003374	30,5	73861	80,3	74	565846	66,4	982	1,3	
Ejidatarios**	2288726	69,5	18127	19,7	8	1340882	68,6	3216	17,7	

Betriebsgrößenklassen								
Jahr	>5–50 ha				>50–100 ha			
	Anzahl	Anteil %	Fläche	Anteil %	Anzahl	Anteil %	Fläche	Anteil %
1970	264138	28,3	4759	3,4	49119	5,3	3714	2,7
Privat	263955	29,0	4763	6,8	48731	5,4	3683	5,3
Ejidos*	183	0,8	6	0,0	388	1,7	30	0,0
1981	1242859	37,8	16804	18,3	59950	1,8	4578	5,0
Privat	313582	31,3	5835	7,9	53987	5,4	4155	5,6
Ejidatarios**	929277	40,8	10970	60,5	5863	0,3	423	2,3

Betriebsgrößenklassen								
Jahr	>100–1000 ha				>1000 ha			
	Anzahl	Anteil %	Fläche	Anteil %	Anzahl	Anteil %	Fläche	Anteil %
1970	75346	8,1	24087	17,2	22479	2,4	106427	76,1
Privat	65582	7,2	18988	27,1	10124	1,1	41840	59,6
Ejidos*	9764	43,0	5101	7,3	12355	54,4	64587	92,6
1981	70843	2,2	19751	21,5	11820	0,4	46667	50,7
Privat	56447	5,6	17136	23,2	11512	1,1	45754	61,9
Ejidatarios**	12396	0,5	2616	14,4	308	0,0	903	5,0

* für 1970 liegen nur Angaben über die Ejidos als Siedlergemeinschaften vor, jedoch nicht über die einzelnen Ejidatarios
** einschließlich Mischbetriebe
Quelle: Censo Agricola y Ganadero 1970, 1981

Tab. 21: Anzahl und Fläche (1000 ha) landwirtschaftlicher Produktionseinheiten in Mexiko 1970 und 1981 (Entsprechende Angaben für 1990 wurden bisher nicht veröffentlicht)

wie vor weit überwiegen. Sie sind mit höchstens 5 ha auch nach europäischen Maßstäben als Kleinbauern zu bezeichnen. Tatsächlich besaßen sie 1970 im Mittel nur 1,4 ha (1980 1,7 ha), also erheblich weniger als die *ejidatarios*. Es handelt sich großenteils um Indios, die ihr *minifundio* im Rahmen der Erbfolge immer wieder teilen. Das Ziel ihres Wirtschaftens ist nicht eine Gewinnmaximierung durch Marktprodukte, sondern die Befriedigung der Grundbedürfnisse für die eigene Familie, die gleichzeitig die Produktionsgemeinschaft *(unidad familiar campesina)* darstellt. Doch die Sicherung der Subsistenz ist oft nicht gewährleistet, da zusätzliches Land kaum verfügbar ist und im allgemeinen nur Regenfeldbau betrieben werden kann, der bestenfalls eine Ernte pro Jahr bringt (vgl. STAVENHAGEN 1964).

Da andere Sicherheiten normalerweise nicht vorhanden sind, werden Kredite meist nur im Hinblick auf die zu erwartende Ernte gewährt. Bei einer Mißernte ist der Kleinbauer gezwungen, den größten Teil des Ertrages sofort zu verkaufen, d. h. zu einem für ihn ungünstigen Preis, falls er nicht neue Schulden machen will, die dann mit der nächsten Ernte verrechnet werden. Damit ergeben sich ähnliche Abhängigkeitsverhältnisse von der staatlichen Landwirtschaftsbank *(Banco Nacional de Crédito Rural = Banrural)* wie früher zwischen dem *hacendado* und dem *peón* durch die Verschuldung über die *tienda de raya*, d. h. über das Ladengeschäft des Gutsbesitzers, das weit und breit die einzige Versorgungsmöglichkeit darstellte (SUCKE 1991, S. 24; vgl. BENNHOLDT-THOMSEN 1982, S. 51). Es ist also nicht verwunderlich, daß die große Mehrheit der Betriebe ohne Kredite und Versicherungen auskommen muß. Die *campesinos* sind auf Nebenverdienst, z. B. als Tagelöhner oder als Wanderarbeiter in den USA *(braceros)* angewiesen. Dabei muß berücksichtigt

werden, daß rund 3 Mio. landlose Bauern, meist Kinder von *ejidatarios* und *minifundistas*, in einer noch schwierigeren Situation sind.

Im Gegensatz dazu stehen die *pequeños propietarios*, d. h. Landwirte mit mehr als 5 ha bis zu den Grenzwerten der Bodenreform (s. o.). Sie lassen ihre *ranchos* im allgemeinen mit hohem Kapitaleinsatz und modernen Techniken durch Lohnabhängige bearbeiten. Im Landesdurchschnitt standen ihnen 1970 178 ha (1980 138 ha) zur Verfügung. Doch die Betriebsgrößen schwanken außerordentlich. Sie sind verständlicherweise in den nördlichen Staaten mit ausgedehnten Viehweiden besonders groß. Hier haben wir es z. T. noch mit den Resten der alten Latifundien zu tun. Im allgemeinen handelt es sich aber um moderne Agrarunternehmen, die für den Markt produzieren. Ihre Besitzer verstehen sich als Mitglieder einer urbanen Industriegesellschaft und leben meist in Städten, wo sie z. T. einem Beruf im tertiären Sektor nachgehen. In Mexiko hat sich dafür der Begriff *neolatifundio* eingebürgert (vgl. STAVENHAGEN u. a. 1968; WARMAN 1975). Sofern diese Betriebe größere Anlagen zur Aufbereitung der Ernte besitzen, wie beim Kaffee, erfüllen sie offenbar die Kriterien der klassischen „Plantage". Für Zuckerrohr trifft dies aber nach der Agrarreform in Mexiko nicht mehr zu (S. 158).

Die Verfügbarkeit an Boden erlaubt es dem Unternehmer, kostengünstige Kredite zu erhalten, da er im Gegensatz zu den *ejidatarios* und *minifundistas* ausreichende Sicherheiten bieten kann. So ist er nicht, wie diese, darauf angewiesen, seine Ernte zu verpfänden. Das gesicherte Einkommen ermöglicht die Akkumulation von Kapital und damit Investitionen in verbesserte Techniken oder in eine Ausweitung des Grundbesitzes. Da aber entsprechende Flächen nicht mehr in genügender Menge zur Verfügung stehen, wird schon seit Jahren *ejido*-Land illegal gepachtet oder gar gekauft, was im Endeffekt einen direkten Werttransfer zum *neolatifundio* bedeutet. Die *campesinos* lassen sich dann häufig von demselben Unternehmer als *peón* anwerben, falls sie nicht in die Stadt abwandern.

Die Agrarreform hat zwar das rentenkapitalistische Latifundiensystem aufgelöst, doch an seine Stelle ist der innovative, auf ständige Produktionssteigerung ausgerichtete *Agrobusiness*-Betrieb getreten, der mit allen technischen Mitteln auf die Anforderungen des Binnen- und Exportmarktes reagiert und als Devisenbringer von der Regierung geschätzt wird. Das Ziel der neuen Agrarpolitik besteht nun darin, die Kleinbauern an dieser marktorientierten Landwirtschaft zu beteiligen. Das ist immerhin in einzelnen Fällen bereits früher gelungen, wie am folgenden Beispiel gezeigt werden kann.

6.4
Dynamik und Beharrung der Landwirtschaft am Beispiel der Region Teziutlán – Martínez de la Torre

Die ganze Variationsbreite landwirtschaftlicher Produktion und agrar-sozialer Gegensätze findet sich auf engem Raum in der Region von Teziutlán – Martínez de la Torre. Sie zieht sich im nördlichen Teil der Staaten Puebla und Veracruz vom Rand der Mesa Central über den Steilabfall der Sierra Madre Oriental bis hinunter in das hier etwa 50 km breite hügelige Küstentiefland am Golf von Mexiko. Mit dieser einfachen Lagebeschreibung wird bereits angedeutet, daß es sich aufgrund der klimatischen Höhenstufen um ein Gebiet sehr vielfältiger agrarischer Nutzungen handeln muß, von Kartoffel- und Getreidefeldern

in rund 2500 m Höhe über *cafetales* an den Sierra-Hängen zu ausgedehnten Weideflächen sowie Zuckerrohr- und Bananenpflanzungen im Meeresniveau. Die genauere Betrachtung läßt jedoch ein viel komplexeres Bild erkennen, das einem äußerst dynamischen Wandlungsprozeß unterworfen ist (GORMSEN 1977; GORMSEN/SUCKE 1990; SUCKE 1991).

6.4.1
Sozio-ökonomischer Strukturwandel

Das Gebiet wurde bis zur Mitte des 20. Jhs. durch die Stadt Teziutlán dominiert, die in 1900–2000 m Höhe an der Kante des Hochlandes *(Orilla del Monte)* liegt und ein angenehm kühles, relativ feuchtes Klima aufweist. Hier wohnten die meist spanischen Großgrundbesitzer, die ihre Vieh-, Zuckerrohr-, Tabak- und Kaffee-*haciendas* im Tiefland von Verwaltern bewirtschaften ließen. Sie beherrschten gleichzeitig den Handel der gesamten Region, deren einzige Verbindung mit dem Landeszentrum über steil ansteigende Maultierpfade erfolgte, während von Teziutlán aus Karrenwege über die Hochflächen existierten und in den 20er Jahren eine Schmalspurbahn zu einem nahe gelegenen Kupferbergwerk gebaut wurde. Die zentrale Position der Stadt wurde in den 40er Jahren durch die Nationalstraße (Mex 129) zur Küste gestärkt, die unter dem aus Teziutlán stammenden Präsidenten Manuel Avila Camacho gebaut wurde und den Höhenunterschied von 2000 m auf 25 km Luftlinie in zahlreichen Kurven überwindet. Sie bot damit die Voraussetzungen zu größeren Strukturveränderungen. So kam es neben der Bodenreform zu Eingriffen des Staates in die Infrastruktur und Regionalentwicklung sowie zu beträchtlichen Innovationen durch private Landbesitzer *(pequeña propiedad)* und in ihrer Folge

GOLF VON MEXIKO

Jahr	Teziutlán		Martínez de la Torre	
	Municipio	Stadt	Municipio	Stadt
1940	17 296	8 386	12 597	1 902
1950	25 172	13 551	24 567	5 352
1960	30 776	17 400	37 111	14 615
1970	40 742	23 948	64 180	17 203
1980	50 572	25 119	93 796	25 837
1990	63 245	43 867	103 089	37 092

Tab. 22: Einwohnerentwicklung von Teziutlán und Martínez de la Torre

zu erheblichen Bevölkerungsverschiebungen. Dadurch hat schließlich das neue Zentrum Martínez de la Torre die alte Stadt Teziutlán an regionaler Dynamik erreicht, wenn nicht gar übertroffen (Tab. 22).

Auf der Übersichtskarte (Abb. 39) sind die Flächen hervorgehoben, die im Rahmen der Agrarreform aus ehemaligen Latifundien in *ejidos* aufgeteilt wurden. Auffällig ist, daß diese nur im Tiefland und im Hochland vorkommen, nicht aber im Gebirgsanstieg. Das liegt daran, daß die Sierra schon vor der Revolution ein Rückzugs- und Reliktgebiet kleinbäuerlicher Indios war, so daß größere Besitzungen zur Aufteilung kaum verfügbar waren. Außerdem bestand von Seiten der Großgrundbesitzer kein Interesse an einer Rodung der bewaldeten Steilhänge. Zur weiteren Veranschaulichung dienen mehrere Kartogramme auf der Grundlage der Gemeindebezirke *(municipios)*. Dabei ist zu berücksichtigen, daß einige von ihnen an mehreren naturräumlichen Großeinheiten Anteil haben, wodurch statistische Unterschiede verwischt werden.

Abb. 40 zeigt, daß die Bevölkerungsdichte noch immer in den kleinen Gemeinden der Sierra am höchsten ist, obwohl hier die prozentuale Bevölkerungszunahme von 1940 bis 1990 äußerst gering war, jedenfalls deutlich unter dem Mittelwert des gesamten Gebiets (234 %) lag. Auf den ebenen und relativ trockenen Ackerflächen des Hochlandes, die zum größten Teil schon in den 30er Jahren aufgeteilt wurden, sind beide Werte sehr niedrig. Einige Gemeinden im Tiefland fallen dagegen mit Zunahmen über 300 oder sogar 400 % besonders auf. Hier überschreitet auch die Dichte schon teilweise den Gebietsdurchschnitt. Die hohen Zuwachsraten sind offenbar auf Wanderungsgewinne zurückzuführen, während die Sierra und die Hochflächen tatsächlich Stagnations- bzw. Abwanderungsregionen darstellen, denn ihre Zunahme lag unter der natürlichen Bevölkerungsvermehrung, d. h. dem Geburtenüberschuß, der im Untersuchungsgebiet während der fraglichen 50 Jahre über 250 % betragen hat, im ganzen Land Mexiko 313 %!

Abb. 41 gibt einige Hinweise zur Sozialstruktur. Dabei ist vor allem auf die kreuzschraffierten Sektoren hinzuweisen. Hier überschneiden sich die Anteile der indigenen Bevölkerung mit altmexikanischen

Abb. 39: Die Region Teziutlán-Martínez de la Torre, Übersichtskarte mit Verbreitung der ejidos

Quelle: Secretaría de Reforma Agraria; Entwurf und Ausführung: E. GORMSEN 1969

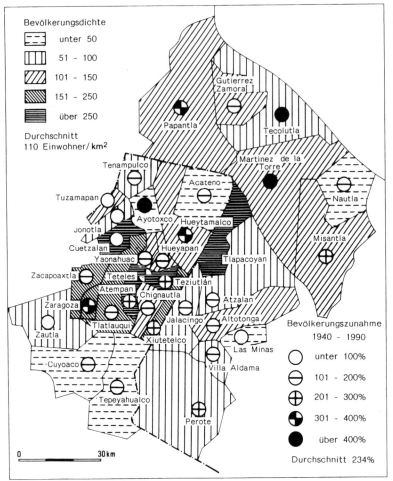

(map legend and content)

Bevölkerungsdichte

⊟ unter 50

⊞ 51 – 100

▨ 101 – 150

▧ 151 – 250

▤ über 250

Durchschnitt
110 Einwohner/km²

Abb. 40:
Bevölkerungs-
dichte und
Bevölkerungs-
zunahme in
der Region
Teziutlán-
Martínez
de la Torre
Quelle: Censo 1990
Entwurf:
E. GORMSEN
Kartographie:
H. ENGELHARDT

Bevölkerungszunahme
1940 – 1990

○ unter 100%

⊖ 101 – 200%

⊕ 201 – 300%

◑ 301 – 400%

● über 400%

Durchschnitt 234%

0   30 km

Sprachkenntnissen und die Analphabetenrate. Abweichungen ergeben sich einerseits in den zentralen Orten, andererseits
im östlich anschließenden Bereich, der erst
in jüngerer Zeit von Mestizen gerodet
wurde.

Abb. 42 zeigt die Gliederung in landwirtschaftliche Betriebsgrößenklassen. Dabei gibt jeweils das obere Halbkreisdiagramm die Anteile an der Gesamt*zahl*
der Betriebe, das unter Halbkreisdiagramm
die Anteile an der Gesamt*fläche* der Be-

triebe an. Die Werte gelten für das Jahr
1970; gegenüber 1960 und den folgenden Jahren ist der *ejido*-Anteil in einigen Tieflandgemeinden angestiegen (vgl.
GORMSEN 1977 sowie Tab. 23b). Spätere
detaillierte Statistiken wurden nicht veröffentlicht. Tab. 23a läßt am Beispiel von
zwei *municipios* die Fragwürdigkeit neue-
rer Daten erkennen, die von einer regionalen Abteilung des Agrarministeriums
stammen. Der Rückgang der privaten Ländereien kann nur auf fehlerhaf-

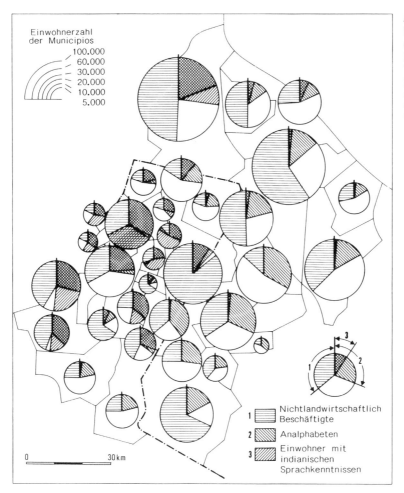

Abb. 41:
Bevölkerungs-
struktur der
Region
Teziutlán-
Martínez
de la Torre
Quelle: Censo 1990
Entwurf:
E. GORMSEN
Kartographie:
H. ENGELHARDT

Einwohnerzahl
der Municipios
100.000
60.000
30.000
20.000
10.000
5.000

0   30 km

1 Nichtlandwirtschaftlich
   Beschäftigte
2 Analphabeten
3 Einwohner mit
   indianischen
   Sprachkenntnissen

ten Zählungen beruhen, da ja die Flächen der *ejidatarios* nicht zugenommen haben. Darüber hinaus gibt es bisher lediglich eine Erhebung von 1988 über die *ejidos*, deren Anteil sich nur in wenigen Gemeinden verändert hat. Trotz mancher Zweifel an der Zuverlässigkeit der Statistik dürfte die Abb. 42 insgesamt ein zutreffendes Bild der Verhältnisse ergeben, die sich mit den Erkenntnissen eigener Feldarbeiten decken (vgl. GORMSEN/SUCKE 1990; SUCKE 1991).

Die Indiogemeinden der Sierra haben die geringsten Durchschnitte (meist unter 5 ha); hier hat sich nichts geändert. Entsprechend hoch ist der Anteil der *mini-fundios*. Die Aufteilung der großen Güter ist im Hochland am weitesten fortgeschritten. Bis zu drei Viertel der Fläche sind in den Händen der *ejidatarios*. Im Tiefland dagegen, wo die Viehwirtschaft eine erhebliche Bedeutung hat, ist der Anteil der größeren Privatbetriebe mit mehr als 50 ha neben dem *ejido*-Besitz noch recht hoch,

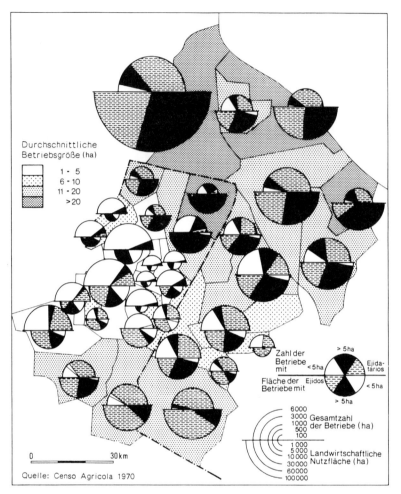

Abb. 42:
Betriebsgrö-
ßengliederung
der Region
Teziutlán-
Martínez
de la Torre
Entwurf:
E. GORMSEN
Kartographie:
H. ENGELHARDT

Durchschnittliche
Betriebsgröße (ha)

1 - 5
6 - 10
11 - 20
>20

Zahl der
Betriebe
mit   < 5ha
Fläche der   Ejidos
Betriebe mit

> 5ha
Ejida-
tarios
< 5ha
> 5ha

6000
3000   Gesamtzahl
1000   der Betriebe (ha)
500
100

1 000
5 000   Landwirtschaftliche
10 000 Nutzfläche (ha)
30 000
60 000
100 000

0   30 km

Quelle: Censo Agricola 1970

während der Kleinbesitz unter 5 ha völlig zurücktritt.

Die Bodennutzung (Abb. 43) steht selbstverständlich in engem Zusammenhang mit den naturgeographischen und den sozio-ökonomischen Verhältnissen. Hier mußte ich auf den Agrarzensus von 1960 zurückgreifen, da spätere Erhebungen offenbar größere Fehler enthalten. Ausgedehnte Weideflächen finden sich vor allem im Tiefland. Hier wie in der Sierra spielen auch Dauerkulturen eine beachtliche Rolle,

deren Zunahme im Laufe der letzten Jahrzehnte leider nicht dargestellt werden kann. Im Gebirgsanstieg sind noch Waldreste vorhanden, die im Tiefland durch Rodungen stark dezimiert wurden. Bei den großen Waldflächen von Papantla handelt es sich größtenteils um Sekundärwald im Rahmen der traditionellen *shifting cultivation* der Totonaken, also eigentlich um eine Waldbrache. In den Hochland-*municipios* besteht das Weideland zumeist aus trockenen Gras- und Buschflächen, die

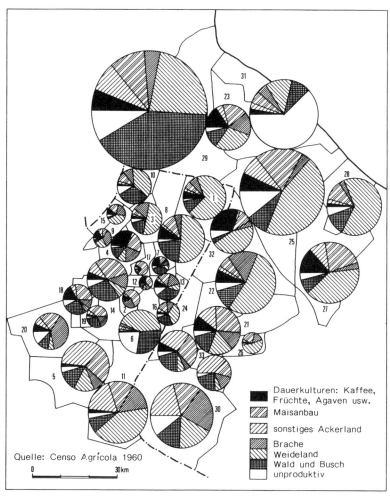

Abb. 43:
Bodennutzung
in der Region
Teziutlàn-
Martínez
de la Torre
Die Ziffern entspre-
chen
der Liste in Tab. 23b
Entwurf:
E. GORMSEN
Kartographie:
H. ENGELHARDT

Dauerkulturen: Kaffee,
Früchte, Agaven usw.
Maisanbau
sonstiges Ackerland
Brache
Weideland
Wald und Busch
unproduktiv

Quelle: Censo Agrícola 1960

0   30 km

von Schafen, Ziegen und Eseln genutzt werden. Es überwiegt aber eindeutig der Getreideanbau (einschließlich Brache), wobei wegen des kühlen Klimas Weizen und Gerste einen höheren Anteil haben als Mais. Die Gerste diente in früheren Zeiten ausschließlich als Viehfutter. Erst seit der Mitte des 19. Jhs. wurden kleine Mengen zum Bierbrauen verwendet (SARTORIUS 1961, S. 170). Ihr Anbau ist mit dem zunehmenden Bierkonsum beträchtlich gestiegen (Tab. 17; Abb. 50).

6.4.2
Veränderungen der landwirtschaftlichen Betriebssysteme

Wie fast überall in Mexiko hat die Agrarreform zwar eine weitgehende Umverteilung der landwirtschaftlichen Nutzflächen mit sich gebracht, doch hat dies kaum zu Änderungen der Betriebsformen geführt und noch weniger zur Erhöhung der Erträge. Zumal auf den Hochflächen mit ihren sehr durchlässigen Vulkantuffböden und re-

a)	1960			1983			1988		
	Be-triebe	ha insges.	ha/ Betrieb	Be-triebe	ha insges.	ha/ Betrieb	Be-triebe	ha insges.	ha/ Betrieb
Tlapacoyan									
Ejidatarios	692	5935	8,6	1150	6903	6,0	1083	6764	6,2
Pequeña propiedad	604	16526	27,4	394	8743	22,2			
Total	1296	22461	17,3	1544	15646	10,1			
Martínez de la Torre									
Ejidatarios	2154	26779	12,4	2951	24039	8,1	2875	30094	10,5
Pequeña propiedad	828	50872	61,4	359	40478	112,8			
Total	2982	77651	26,0	3310	64517	19,5			

b)	1960			1988		
	Fläche (ha)	Ejidatarios	Fläche/ Ejidatario (ha)	Fläche (ha)	Ejidatarios	Fläche/ Ejidatario (ha)
Staat Puebla	85567	6332	13,5	89009	10440	8,5
1 Acateno	1716	213	8,1	1100	128	8,6
2 Atempan	–	–	–	–	–	–
3 Ayotoxco	2983	312	9,6	3249	395	8,2
4 Cuetzalan	–	–	–	277	81	3,4
5 Cuyoaco	7936	694	11,4	8897	1425	6,2
6 Chignautla	11632	388	30,0	300	120	2,5
7 Hueyapan	–	–	–	–	–	–
8 Hueytamalco	729	74	9,9	3030	646	4,7
9 Jonotla	645	45	14,3	700	89	7,9
10 Tenampulco	4576	439	10,4	5094	617	8,3
11 Tepeyahualco	27806	2288	12,2	15520	2288	6,8
12 Teteles	–	–	–	–	–	–
13 Teziutlán	1050	56	18,8	2220	105	21,1
14 Tlatlauquitepec	10389	707	14,7	5960	782	7,6
15 Tuzamapan	180	32	5,6	246	69	3,6
16 Xiutetelco	9924	565	17,6	40	23	1,7
17 Yaonahuac	–	–	–	–	–	–
18 Zacapoaxtla	720	374	1,9	1239	515	2,4
19 Zaragoza	2861	268	10,7	2377	349	6,8
20 Zautla	9856	1593	6,2	4642	1913	2,4
Staat Veracruz	190091	15447	12,3	210030	21797	9,6
21 Altotonga	7584	1200	6,3	8771	1916	4,6
22 Atzalan	11188	878	12,7	15280	1842	8,3
23 Gutierrez Zamora	5913	551	10,7	6320	691	9,1
24 Jalacingo	7111	1155	6,2	4503	1155	3,9
25 Martínez de la Torre	26779	2154	12,4	30094	2875	10,5
26 Las Minas	–	–	–	–	–	–
27 Misantla	14898	1420	10,5	16158	2012	8,0
28 Nautla	5943	502	11,8	6858	694	9,9
29 Papantla	51920	3883	13,4	55639	5281	10,5
30 Perote	36302	1040	17,8	37761	2603	14,5
31 Tecolutla	13692	845	16,2	16589	1276	13,0
32 Tlapacoyan	5935	692	8,6	6764	1083	6,2
33 Villa Aldama	2994	406	7,4	2685	369	7,3
Summe	275658	21779	12,7	299039	32237	9,3

Quellen: Censo Agricola 1960; Carpeta Distrital 1983; Encuesta Ejidal 1988

Maisflächen nach Besitzstruktur	1960			1984		
	Betriebe	ha insgesamt	ha pro Betrieb	Betriebe	ha insgesamt	ha pro Betrieb
Tlatlauqui Ejidatarios	707	875	1,2	1 230	1 485	1,2
Pequeña propiedad	3 955	5 973	1,5	6 284	8 835	1,4
Insgesamt	4 662	6 848	1,47	7 514	10 320	1,37
Hueyapan Ejidatarios	–	–	–	–	–	–
Pequeña propiedad	528	316	0,6	1 690	2 050	1,2
Insgesamt	528	316	0,6	1 690	2 050	1,2

Quellen: Censo agrícola (Puebla) 1960; Carpeta Distrital (Tlatlauqui) 1984.

Tab. 24: Maisanbau in ausgewählten Gemeinden der Region Teziutlán-Martínez de la Torre 1960 und 1984

lativ geringen Niederschlägen blieb den kapitalarmen *ejidatarios* kaum eine andere Wahl, als ebenfalls Braugerste anzubauen. Dabei hatten sie allerdings einen schlechten Stand gegenüber den Besitzern der Rest-*haciendas*, die ihre Erträge durch den Einsatz moderner Technik steigern konnten.

Im gesamten Bereich der Sierra spielt der Mais als Subsistenzgrundlage die wichtigste Rolle. Tab. 24 zeigt, daß von 1960 bis 1984 die damit bestellten Flächen und die Betriebe beträchtlich zugenommen haben, wobei es sich aber durchweg um *minifundios* mit weniger als 1,5 ha Maisland handelt. Auch die mittleren Hektarerträge sind mit 1272 kg/ha erheblich geringer als im Landesdurchschnitt (1948 kg/ha), ganz zu schweigen von internationalen Vergleichen. Das hat mehrere Gründe. Einerseits sind die *campesinos* nicht zur Verwendung von verbessertem Saatgut zu bewegen, denn dies würde

höhere Düngergaben, eine geregelte Wasserführung und langfristig eine stärkere Auslaugung des Bodens bedeuten. Andererseits werden im Rahmen der *milpa*-Wirtschaft auf der Hälfte der Felder jeweils 191 kg/ha Bohnen erzeugt. Die Indios verwenden überhaupt keinen Dünger. Mit dem dafür gedachten Kredit der Agrarbank *(Banrural)* erwerben sie statt dessen zwei bis drei Schweine, die sie nach der Erntezeit gewinnbringend verkaufen können, um damit etwas Bargeld für dringende Anschaffungen in die Hand zu bekommen.

Eine wichtige Innovation erfolgte an der etwa 2000 m hoch gelegenen, relativ feuchten *Orilla del Monte*. Nach dem Bau der Schmalspurbahn (s. o.) begannen Bürger der Stadt Teziutlán gegen Ende der 20er Jahre mit dem Anbau von Äpfeln, Birnen und Pflaumen, später auch Pfirsichen. Wie schnell sich diese Pflanzungen

Tab. 23: Agrarbesitzstruktur in ausgewählten Gemeinden der Region Teziutlán-Martínez de la Torre
 a) Veränderungen in Tlapacoyan und Martínez de la Torre 1960–1988
 b) Ejidos 1960 und 1988

	1935		1950		1960		1984	
	Produktive Bäume	Ernte (t)	Produktive Bäume	Ernte (t)	Produktive Bäume	Ernte (t)	Produktive Bäume	Ernte (t)
Apfel	1 574	60	10 200	372	11 967	527	22 050	270
Pflaume	5 638	63	7 550	168	–	–	69 000	1 725
Birne	210	6	7 076	318	–	–	63 000	412
Pfirsich	–	–	–	–	350	12	9 600	266

(Fortsetzung 1984)	Bäume je ha	Ernte je Baum (kg)	Preis/kg (Pesos)	Rohertrag je ha (Pesos)
Apfel	100	12	40	48 000
Pflaume	100	25	30	75 000
Birne	180	7	10	11 700
Pfirsich	200	28	60	336 000

Quellen: Erhebungen GORMSEN 1969; SUCKE 1991

Tab. 25: Entwicklung des Obstbaus im Municipio Tlatlauqui 1935–1984

ausbreiteten, geht aus Tab. 25 hervor, die das Municipio Tlatlauqui als Beispiel zeigt. Inzwischen ist es zu beachtlichen Verschiebungen der Erträge gekommen, wobei einerseits eine gewisse Überalterung der Apfelbestände, andererseits die Ausweitung des Anbaus unter den Kleinbauern eine Rolle spielt, denn diese haben Probleme mit der Qualität und der Menge der Produktion. Nur die größeren Pflanzer können alle notwendigen Mittel zur Pflege und Schädlingsbekämpfung einsetzen. Sie verkaufen ihre Ernte über Zwischenhändler an Konservenfabriken in Puebla und México-Stadt. Die *campesinos* bieten dagegen ihre Früchte auf den benachbarten Wochenmärkten an.

In den dicht besiedelten Tälern der Sierra mit einer starken Besitzzersplitterung hat es nur wenige Veränderungen gegeben, seit im vergangenen Jahrhundert allmählich der Anbau von Aguacates und Kaffee hier eindrang. Er geschieht zum großen Teil in Form von *conucos* oder *huertas de indios* (Indianergärten), d. h. in einer aus

der Subsistenzwirtschaft abgeleiteten Mischkultur, die sich nicht an rationellen, marktbezogenen Vorstellungen orientiert und entsprechend geringe Erträge bringt. In jüngster Zeit hat sich freilich in einzelnen Dörfern zwischen Zacapoaxtla und Cuetzalan eine Möglichkeit für zusätzliche Einnahmen ergeben, und zwar durch die Herstellung von bunt bestickten Blusen sowie von handgewebten Gürteln und wollenen Umschlagtüchern mit Kreuzstichmustern, die früher nur dem Eigenbedarf und der Versorgung der Nachbardörfer dienten, jetzt aber in größerem Umfang als *artesanía* für den Tourismus und den Export gefertigt werden (GORMSEN 1981b).

Wesentlich anders sieht es in den östlich anschließenden Gemeinden aus, in denen der indigene Anteil gering ist. Besonders in der Umgebung von Tlapacoyan hat eine starke Steigerung des Kaffeeanbaus stattgefunden, so daß dieser heute die zweitwichtigste Agrarkultur im Untersuchungsgebiet darstellt. Die Initiative ist von einheimischen und zugewanderten Kleinpflanzern ausgegangen, die nach dem Straßenbau größere Rodungen in den tropischen Bergwald geschlagen haben. Dies läßt sich anhand von eigenen Beobachtungen und Befragungen sowie von Luftbildern aus verschiedenen Jahren belegen. Dabei hat sich eine Nutzungsform herausgebildet, die vom indianischen *conuco* abgeleitet ist, aber einen regelmäßigen stockwerkartigen Anbau von zwei oder drei Baum- oder Strauchkulturen auf einer Parzelle zeigt, nämlich Kaffee mit Agrumen und Bananen. Letztere übernehmen gleichzeitig die Funktion der für den Kaffee notwendigen Schattenbäume. Dies bringt zwar einen gewissen Vorteil der Risikostreuung bei einer schlechten Ernte, vermindert aber den Ertrag der einzelnen Fruchtarten. Daher setzen sich auch hier Monokulturen allmählich durch.

Unterschiedliche Anbaumethoden und Düngergaben führen ähnlich wie beim Obstanbau dazu, daß die *campesinos* nur 25–30% der Erträge der *pequeños propietarios* erwirtschaften. Dies ist um so bedenklicher, als sie nach einer Befragung von 1985 nur rund 3,5 ha Gesamtfläche (davon die Hälfte als *milpa*) zur Verfügung haben (SUCKE 1991). Da sie außerdem meist nur die einfachere Qualität für den Inlandsmarkt erzeugen, ist der Erlös noch einmal um ein Drittel geringer. Immerhin besserte sich ihre Lage gegenüber der häufigen Verschuldung an Zwischenhändler durch die Gründung des Mexikanischen Kaffeeinstituts *(INMECAFE)* und die unter seiner Regie nach 1970 ins Leben gerufenen Genossenschaften. Sie erhielten dadurch nicht nur Garantiepreise, sondern auch Hilfe bei der Bekämpfung von Pflanzenkrankheiten wie dem Kaffeerost, der 1979 aus El Salvador eingeschleppt worden ist. Allerdings mußten sich die Mitglieder genau an die Anbauvorschriften des *INMECAFE* halten und ihre Produkte über das Institut vermarkten, das in den

80er Jahren eine staatliche Monopolstellung erreicht und damit neue Abhängigkeiten geschaffen hat (KRAEMER/SOLORZANO 1990).

Unter diesem Eindruck schlossen sich 1981 drei *ejidos* und drei private Produzentengruppen zur *Asociación Rural de Interés Colectivo (ARIC)* in Tlapacoyan zusammen, eine unabhängige Anbau- und Vermarktungsgenossenschaft, die 1985 schon 26 Mitglieder mit 1400 Einzelbetrieben hatte, d. h. 12% der 11675 Kaffeeanbaubetriebe der Region. Als privat organisierte Gesellschaft konnte sie flexibler reagieren, und zwar sowohl beim Aushandeln von höheren Exportpreisen, als auch bei der Bezahlung der angelieferten Produkte und der Vergabe von Krediten an ihre Mitglieder. So konnte sie in wenigen Jahren drei Aufbereitungsanlagen *(beneficio)* und eine Kaffeerösterei einrichten. Es erscheint durchaus bedeutsam, daß *ejidatarios* in voller Mitverantwortung an der *ARIC* beteiligt sind, die anscheinend eine Vorbildfunktion einnimmt.

Dies positive Bild wird allerdings seit 1989 erheblich getrübt, und zwar durch mehrere exogene und endogene Faktoren (vgl. CASTAÑOS 1990; HOFFMANN/ SKERRITT 1991):
- Nach dem Zusammenbruch des internationalen Kaffeeabkommens kam es zu einem drastischen Verfall des Kaffeepreises, womit die Gewinnchancen erheblich gesunken sind.
- Im Dezember 1989 zerstörte ein langanhaltender Frost über 58400 ha Kaffeepflanzungen im Staat Puebla. Es wird Jahre dauern, bis sich die Bestände regenerieren werden, falls nicht ein Teil aufgegeben wird.
- Die allgemeine Wirtschaftspolitik der neuen Regierung begünstigt tendenziell die größeren Betriebe und bestärkt dadurch die Kleinbauern in ihrem traditionellen Mißtrauen.

	1965	1985	Veränderung
Produzenten gesamt	1 981	1 481	–25,2%
Ejidatarios	1 659	1 363	–17,8%
Pequeña propiedad	322	118	–63,4%
Gesamtanbaufläche (ha)	16 084	7 428	–53,8%
Anbaufläche Ejidos (ha)	10 617	6 464	–39,1%
Anbaufläche Pequeña propiedad (ha)	5 467	964	–82,4%
ha pro Ejidatario	6,4	4,7	–26,6%
ha pro Pequeña propiedad	16,9	8,2	–51,5%

Quellen: Ingenio Independencia 1966, 1985

Tab. 26: Zuckerrohranbau in Martínez de la Torre 1965–1985

An den starken Rodungen bei Tlapacoyan waren neben privaten Kleinbesitzern auch *ejidos* sowie größere Grundbesitzer beteiligt, wobei sich deutliche Unterschiede nach der Nutzung durch die drei Sozialgruppen zeigen. Die *ejidatarios*, denen ein Stück Land zur Rodung überlassen wird, pflanzen zunächst in jedem Fall Mais, um die eigene Ernährung sicherzustellen. Viele bleiben aus Kapitalmangel längere Zeit dabei, um dann Bananen anzubauen, die schon nach einem Jahr eine Ernte für den Markt bringen. Erst nach mehrjähriger Konsolidierung können sie auf Baumkulturen übergehen. Ganz anders sehen die größeren Flächen in dem stark hügeligen Gebiet unterhalb von Tlapacoyan aus, die von *neolatifundistas* in Kultur genommen wurden. Diese sind kapitalkräftig genug, um ohne die Zwischenschaltung von Mais oder Bananen sofort Fruchtbäume (meist Aguacate) einzusetzen und dann einige Jahre auf die ersten Erträge zu warten, oder um ausgedehnte Weiden anzulegen, was nur in größeren Betriebseinheiten wirtschaftlich sinnvoll ist. Die enge Verzahnung der drei Nutzungsarten, die auf Luftbildern klar zum Ausdruck kommt, läßt erkennen, daß sie nicht auf unterschiedliche Naturfaktoren zurückzuführen sind, sondern auf die verschiedenen Möglichkeiten der drei sozio-ökonomischen Gruppen.

Dies gilt in ähnlicher Weise für das anschließende Küstentiefland. Im Gegensatz zum Gebirge hat hier die Aufteilung der Latifundien zu einer deutlich sichtbaren Differenzierung der Nutzungsformen geführt, weil eben die Rinderweidewirtschaft größere Parzellen erfordert als die wenigen Hektar, die den einzelnen *ejidatarios* zugeteilt wurden. So lassen sich deren Flächen von den zusammenhängenden Grünlandarealen der *pequeñas propiedades* im allgemeinen schon auf Luftbildern unterscheiden. Während also im Hochland durch die Bodenreform keine grundlegende Veränderung der landwirtschaftlichen Nutzung, sondern lediglich der Betriebsstruktur und der Ernteerträge stattgefunden hat, ist im Küstentiefland aus der einheitlichen Weideregion mit größeren Waldresten ein Mosaik aus Viehwirtschaft und Ackerbau geworden.

Doch ist es dabei nicht geblieben. Vielmehr haben staatliche Maßnahmen zur Infrastruktur schon seit den 40er Jahren weitere Wandlungen hervorgerufen. Die Autostraße von Teziutlán zur Küste hat die Verbindung mit den Konsumzentren des Landes wesentlich verbessert und die Einführung von transportempfindlichen Sonderkulturen gefördert. Dieser Verkehrsanschluß wurde u. a. geschaffen, um den Bau von zwei Zuckerfabriken (*ingenios*) und die Anlage ausgedehnter Zuckerrohrfelder zu ermöglichen, die eine weitgehende Umgestaltung der Agrarlandschaft um Martínez de la Torre ausgelöst haben. Die Zuckerrohrfläche wuchs von 1112 ha im ersten Anbaujahr 1948 auf über 16000 ha 1965, die von 1659 *ejidatarios* und 322 *pequeños propietarios* bewirtschaftet wurden (Tab. 26).

Es wurde also nicht etwa eine Großplantage in einheitlichem Besitz geschaffen, auch kein Kollektivbetrieb im eigentlichen Sinne, sondern ein Kontraktsystem der halbstaatlichen *ingenios* mit Kleinbauern. Die langfristige vertragliche Bindung gewährt zwar den *campesinos* für diese Zeit eine bescheidene wirtschaftliche Absicherung, läßt ihnen aber wenig Spielraum zur Erhöhung des Einkommens durch eigene Initiative.

Unterdessen waren viele Produzenten gezwungen, sich nach alternativen Nutzungsarten umzusehen, denn seit 1966 ist ein kontinuierlicher Rückgang der Zuckerrohrproduktion zu verzeichnen. Das hängt mit dem Preisverfall auf dem Weltmarkt zusammen, der in Mexiko teilweise durch Subventionen der Regierung ausgeglichen wird. Nach Erhebungen im Untersuchungsgebiet läßt sich mit dem Anbau von Orangen der doppelte Gewinn erwirtschaften (SUCKE 1991, S. 116).

Daher war der Anteil der *neolatifundistas* beim Zuckerrohranbau gering, obwohl ihre größeren Parzellen manche Vorteile zur rationellen Bewirtschaftung geboten hätten. Statt dessen sind von ihnen wesentliche Innovationen ausgegangen, die zu einer weiteren Diversifikation des Mosaiks der Bodennutzung geführt haben, nämlich der ausgedehnte Anbau von Apfelsinen. Die meisten dieser Landbesitzer sind erst mit dem Straßenbau und mit der Einführung des Zuckerrohranbaus in dieses Gebiet gekommen, als Kaufleute, Ingenieure, Ärzte usw., die sich in dem rasch aufblühenden Zentrum Martínez de la Torre niederließen. Sie legten das in den Aufbaujahren leicht verdiente Geld in Grund und Boden an und begannen Ende der 40er Jahre mit den ersten Pflanzungen, wobei ihnen große Frost- und Dürreschäden in den Orangenkulturen Floridas zu Gute kamen. So erweiterte sich die Anbaufläche der Orangen im Agrardistrikt von Martínez de la Torre von 92 ha (1950) über 7661 ha (1960) auf 41 282 ha (1983). Mit 6,7% der Fläche stehen die Zitrusfrüchte in diesem Distrikt zwar hinter der Rinderwirtschaft nur an zweiter Stelle, aber sie erwirtschaften 31% der landwirtschaftlichen Wertschöpfung (Carpeta Distrital 1983).

Die Innovation der Orangen wurde aus Gründen des Kapitalmangels und der fehlenden Kenntnisse von den *ejidatarios* nur zögernd übernommen, ganz im Gegensatz zur Colonia San Rafael, wo sie bald erhebliche Flächen einnahm. Hierbei handelt es sich allerdings um Farmer *(rancheros)*, die nur von der Landwirtschaft leben. Ohnehin hat diese Kolonie seit der Ansiedlung französischer Immigranten im vorigen Jahrhundert eine Sonderrolle gespielt, die an einigen Häusern und ihren mit Biberschwanzziegeln gedeckten Dächern auch äußerlich noch sichtbar ist. Dabei mußten die Siedler, die ganz mittellos ankamen, sich zunächst der einheimischen Landwirtschaft anpassen, um eine Basis für ihre Subsistenz zu schaffen. Doch nach mehr oder weniger erfolgreichen Versuchen mit Kaffee und anderen Sonderkulturen ist die Intensivierung der Rinderzucht im tropischen Tiefland Mexikos von San Rafael ausgegangen, und zwar durch die Einfuhr der ersten Zeburinder aus Brasilien in den 20er Jahren sowie durch die Anlage verbesserter Weiden mit ertragreichen Grasarten (GONZÁLEZ NAVARRO 1960, S. 74; STEVENS 1967).

1933 schloß die Standard Fruit Company mit den Kolonisten Anbauverträge für Bananen ab. Das führte dazu, daß binnen kürzester Zeit fast das gesamte Ackerland der Kolonie mit dieser Frucht bebaut wurde. Ihr Anbau hatte vorher kaum eine Rolle gespielt, da keine Transportmöglichkeiten für die empfindlichen Früchte ins Hochland bestanden. Dagegen erfolgte der Export nunmehr mit regelmäßigen Bananenfrachtern, die im nahegelegenen Nautla anlegten. Doch der Boom dauerte nicht lange, da um 1940 die Panamakrankheit *(Fusarium cubense)* und der Chamusco *(Cercospora musae)* die Pflanzungen völlig vernichteten. Etwa 10 Jahre danach konnte der Bananenanbau erneut beginnen und 1955 hatte er die frühere Fläche erreicht. Die Handelsbeziehungen mit der amerikanischen Kompanie wurden aber nicht wieder aufgenommen, denn die Straße ermöglichte jetzt den Lkw-Transport in die Hochlandstädte. Die Innovation der Bananen breitete sich schnell aus, vor allem in die benachbarten *ejidos.* Diese erscheinen trotz ihrer kleingliedrigen Parzellenstruktur weithin als zusammenhängende Monokulturen. Erst in jüngster Zeit hat sich hier auch der Orangenanbau durchgesetzt, nachdem die Bedeutung des Zuckerrohrs zurückgegangen ist.

Eine ähnliche Rolle als Innovationszentrum wie San Rafael hat die am Rio Tecolutla gelegene italienische Kolonie Gutierrez Zamora gespielt, die sich um 1890 etablierte, aber viel weniger Einwanderer umfaßte. Auch sie paßten sich zunächst der indianischen Wirtschaftsform an, sogar einschließlich des Grabscheits der Totonaken. Von den *haciendas* der Umgebung übernahmen sie die Rindermast, wenn auch in bescheidenem Rahmen, da ihnen die großen Landflächen fehlten. Wichtiger wurde für lange Zeit ihre Beteiligung an der Vanillekultur, die von den Totonaken seit vorspanischer Zeit gepflegt wurde (S. 43). Dabei hatte schon die um 1850 eingeführte künstliche Bestäubung zu einer wesentlichen Produktionssteigerung geführt. Doch die italienischen Kolonisten sorgten um 1900 durch die Erfindung von Trockenöfen für eine einheitlich-kontrollierte Qualität und machten dadurch Gutierrez Zamora zum Zentrum der mexikanischen Vanillevermarktung, die mehrere Jahrzehnte an erster Stelle der Welt lag, bis sie von der Elfenbeinküste und Madagaskar überflügelt wurde, ganz abgesehen vom künstlichen Vanillin.

Parallel zu San Rafael wurden auch hier Bananen und später Orangen angepflanzt. Darüber hinaus nimmt der Tabak bis in die jüngste Zeit erhebliche Flächen ein. Er wurde im vorigen Jahrhundert von größeren *haciendas* eingeführt, wird aber heute vor allem von *ejidatarios* angebaut, denn diese Kultur eignet sich auch für Kleinbetriebe, da bei der Ernte und Fermentation viel Handarbeit anfällt.

Ein völlig anderes Bodennutzungssystem hat sich im Bereich von Papantla erhalten. Es handelt sich um ein Reliktgebiet der Totonaken, die in El Tajín eine der bedeutendsten präspanischen Kulturen im mexikanischen Tiefland hervorgebracht haben. Hier herrschte bis zur letzten Jahrhundertwende die *propiedad comunal* vor, auf der die traditionelle *milpa*-Wirtschaft in Form der *shifting cultivation* mit 2–3 Jahren Mais und Bohnen sowie vier- bis zehnjähriger Brache betrieben wurde. Der durch die Reformgesetze (1859) vorgesehenen Privatisierung des Landes, die meist zu einer schnellen Vergrößerung der Latifundien führte, setzten die Totonaken bis 1905 bewaffneten Widerstand entgegen. Erst danach wurden ihre Flächen in rechteckige Besitzparzellen von 10–15 ha aufgeteilt, die dann bis zur Revolution von 1910 kaum noch von Großgrundbesitzern gekauft wurden, so daß auch nachher kein Anlaß zur Bildung von *ejidos* bestand und wenig Änderungen der Landwirtschaft eingetreten sind (S. 49, 50.; vgl. GORMSEN 1977; KELLY/PALERM 1952, S. 44–46).

6.4.3
Der landwirtschaftliche Strukturwandel in der Region Teziutlán – Martínez de la Torre im Überblick

Die Darstellung der verschiedenen landwirtschaftlichen Betriebssysteme und ihrer Verbreitung in unserem Untersuchungsgebiet macht deutlich, daß die von Natur aus gegebene Flexibilität des Raumes erst mit fortschreitender sozioökonomischer Entwicklung in ihren unterschiedlichen Möglichkeiten ausgeschöpft wurde. Und die daraus gewonnenen Erkenntnisse lassen sich in verschiedener Hinsicht verallgemeinern. In der vorspanischen Epoche gab es im Grunde nur die *milpa* als einziges System, wobei zu Mais und Bohnen im Hochland die *pulque*-Agave kam, in mittleren Lagen und im Tiefland der Chilepfeffer, die Vanille und der Kakao.

Tiefgreifende Veränderungen bewirkten die spanischen Eroberer einerseits durch die Ausbreitung der Latifundien, andererseits, in agrartechnischer Hinsicht, durch die Einführung der Viehwirtschaft und den damit verbundenen Pflugbau sowie die altweltlichen Getreidearten, die durch Zuckerrohr, verschiedene Fruchtbäume und später den Kaffee ergänzt wurden. Dagegen brachte das 19. Jh. mit der Unabhängigkeit keine grundlegenden Veränderungen, wohl aber neben einigen technologischen Verbesserungen eine Verschärfung der agrarsozialen Gegensätze.

Aus dem Zusammenwirken dieser Faktoren ergab sich eine sehr viel deutlichere Gliederung in Landwirtschaftsformationen: Die Hochebenen dienten ganz überwiegend dem Getreideanbau für die städtische Bevölkerung. Im Tiefland dominierte eine sehr extensiv betriebene Rindermastwirtschaft ebenfalls zur Versorgung der Hochlandstädte, durchsetzt von einigen *haciendas* für Zuckerrohr-

oder Tabakanbau. Ihre Besitzer wohnten meist im Hochland. Teziutlán erhielt dadurch seine zentrale Stellung. In den unteren Bereichen der Sierra breitete sich nach 1800 der Kaffeeanbau in Klein- bis Mittelbetrieben aus, der allmählich auch von den Indios in ihre *conucos* integriert wurde. Sie lösten sich dadurch zwar von der reinen Subsistenzwirtschaft und wurden an der Exportproduktion beteiligt, doch hingen sie bei der Aufbereitung und vor allem beim Handel von wenigen Monopolisten ab. Die mangelnde Entwicklung des vorhandenen Potentials im Tiefland führte im Rahmen der weit verbreiteten lateinamerikanischen Peuplierungspolitik des 19. Jhs. zur Ansiedlung europäischer Einwanderer und zu Ansatzpunkten verschiedener Innovationen.

Die außerordentlich dynamischen Veränderungsprozesse, die in diesem Jahrhundert zu einer so vielfältigen Differenzierung der Agrarlandschaft geführt haben, wurden ausgelöst durch die Bodenreform im Gefolge der Revolution sowie durch Maßnahmen der Infrastruktur. Doch wurden dadurch die bestehenden sozioökonomischen Unterschiede der verschiedenen Bevölkerungsgruppen bei weitem nicht ausgeglichen, und dementsprechend ist auch die Beteiligung dieser Gruppen am Markt und an einer Modernisierung der Gesellschaft sehr unterschiedlich. Dabei hat allerdings die verbesserte Gesundheitsfürsorge überall zu einer geringeren Sterblichkeit und damit zu einer so starken Bevölkerungsvermehrung geführt, daß auch in den dünn besiedelten Zuwanderungsregionen die Grenzen der Tragfähigkeit abzusehen sind, ganz zu schweigen von den seit langem übervölkerten Gebieten der Indios in den abgelegenen Tälern der Sierra.

Hier sind zwar durch den Straßen- und Wegebau die Verbindungen zur Außenwelt verbessert worden, doch eine Steige-

rung der Produktion für den Markt
(Kaffee, Aguacates, Äpfel, Orangen etc.)
bleibt auf den kleinen Flächen sehr begrenzt, zumal nach wie vor das Hauptziel
in der Eigenversorgung mit Mais und
Bohnen besteht. Die Situation der *ejidatarios* ist nicht viel günstiger, obwohl zwischen den *ejidos* erhebliche Unterschiede
bestehen. So nahmen sie im Tiefland teilweise an den Innovationen des Zuckerrohrs und der Bananen teil, später auch am
Orangenanbau; doch fehlt es ihnen an
Kapital und Kenntnissen sowie an genügend großen Betriebsflächen für entsprechende Intensivierungen.

Als Innovationsträger kommt daher
neben dem Staat nur die Privatinitiative in
Frage. Selbstverständlich gibt es sehr unterschiedliche Motivationen aufgrund der
Zugehörigkeit zu verschiedenen sozialen
Gruppen. Die Innovationsbereitschaft ist
bei den ehemaligen Großgrundbesitzern,
die ihren Hauptberuf in den Hochlandstäd-
ten ausüben, relativ gering; sie bleibt auf
wenige Verbesserungen der Viehwirtschaft
beschränkt. Die Einführung neuer Sonderkulturen erfolgte dagegen durch Bewohner
der Region selbst, und zwar einerseits
durch zugewanderte Städter, andererseits
durch die ehemaligen Kolonisten europäischer Herkunft, denen auch die Modernisierung der Rinderzucht zu verdanken ist.
Sie leben und arbeiten als hauptberufliche
Farmer auf ihren *ranchos*, haben aber
weitgehend städtische Lebensformen angenommen. Im Rahmen der veränderten
Agrarpolitik haben sie gute Chancen, mit
Erfolg an der *Agrobusiness*-Entwicklung
teilzunehmen.

6.5
Regionale Gegensätze der Agrarstruktur in Mexiko

In ähnlicher Weise wie in der Region von
Teziutlán – Martínez de la Torre zeigen sich allenthalben in Mexiko scharfe
Gegensätze landwirtschaftlicher Nutzung
auf engem Raum. Und fast immer spielen sozio-ökonomische Hintergründe
eine mindestens ebenso wichtige Rolle wie
die natürliche Ausstattung. Ein Musterbeispiel hierfür ist die Sierra Madre
de Chiapas. Sie diente WAIBEL (1933)
zur Entwicklung seines Konzepts der
Wirtschaftsformation und wurde von
HELBIG (1961) erneut ausführlich beschrieben.

Das Hochland ist von verschiedenen
Mayastämmen dicht besiedelt, die ihre
kulturellen Eigenarten weitgehend bewahrt
haben. Doch mit ihrer *milpa*-Wirtschaft
können sie die stark zunehmende Bevölkerung nur mühsam ernähren. So dringen
die Rodungen auch an steilen Hängen in
die Nadelwälder vor, häufig gefolgt von
großflächiger Bodenerosion. In der Nebel-
waldstufe, die mehr als 5000 mm Niederschläge wechselweise von atlantischen und
pazifischen Luftströmungen erhält, steigen
sie bis über 2000 m auf. Unterhalb 1500 m
haben die *campesinos* den Kaffeeanbau
ebenso übernommen wie die *ejidos* an den
südlichen Abhängen, denen im Rahmen
der Bodenreform Land von den Kaffeeplantagen zugeteilt wurde (S. 136). Im
Küstentiefland, wo Tapachula mit der
Eisenbahn (1908), dem Straßenbau (1965)
und der Grenznähe zum wichtigsten Zen-
tralort wurde, hat sich ein Mosaik zahlreicher Nutzungsarten mit Kakao, Bananen,
Baumwolle, Mais, Reis, tropischen Früchten und Viehwirtschaft entwickelt, an
dem *ejidos* und *pequeña propiedad* in
unterschiedlicher Weise beteiligt sind.
Mit Ausnahme der traditionellen „Kolo-

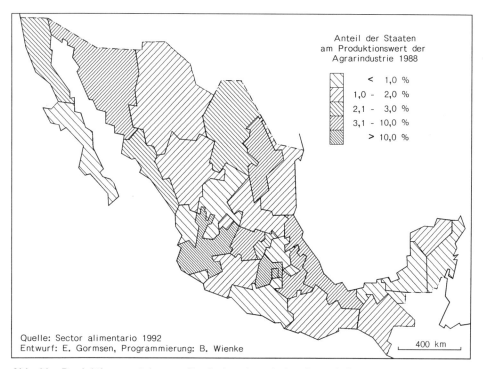

Anteil der Staaten
am Produktionswert der
Agrarindustrie 1988

< 1,0 %
1,0 - 2,0 %
2,1 - 3,0 %
3,1 - 10,0 %
> 10,0 %

Quelle: Sector alimentario 1992
Entwurf: E. Gormsen, Programmierung: B. Wienke

400 km

Abb. 44: Produktionswert der mexikanischen Agrarindustrie nach Staaten 1988

nialprodukte" Kaffee und Kakao ist das Bergland von Chiapas also nur wenig in die Marktwirtschaft einbezogen. In seiner Gesamtheit zeigt dieser volkreiche Staat trotz der jüngsten Umgestaltungen im nördlich anschließenden Tiefland geringe Modernisierungstendenzen.

Landesweit ist es dagegen zu großräumigen Strukturwandlungen der Landwirtschaft gekommen. Dies geschah unter wesentlicher Beteiligung der Agrarindustrie. Sie umfaßt nach FLORES VERDUZCO u. a. (1987) alle Arten der Aufbereitung, Verpackung und Verarbeitung land- und forstwirtschaftlicher Erzeugnisse, die nicht zum direkten Verbrauch geeignet sind, und zwar unabhängig von der Betriebsgröße, der angewandten Technik, den Besitzverhältnissen und der Herkunft des Kapitals.

Die mexikanische Industriestatistik (Resultados oportunos 1989) zählt dazu auch Brot- und *tortilla*-Bäckereien, die aber als Ubiquitäten im folgenden unberücksichtigt bleiben.

Wegen der außerordentlichen Größenunterschiede zwischen Fabrik- und Handwerksbetrieben ist die räumliche Verteilung in Abb. 44 anhand des Produktionswertes in den einzelnen Staaten dargestellt. Dabei zeigen sich als charakteristische Lagemomente einerseits die Nähe zu den Konsumzentren, andererseits die Bindung an die Standorte der Agrarproduktion. Letzteres gilt unabdingbar für die Zuckerfabriken sowie für die Aufbereitung und Verpackung von Rohkaffee und Kakao, Frischgemüse und Obst, wobei zwischen Binnen- und Exportmarkt zu unterscheiden ist. Die Weiterverarbeitung zu Obstsäften und anderen Konserven schließt sich häufig direkt an. Die Herstellung von Futtermitteln aus Getreide und Ölsaaten geschieht in engem Zusammenhang mit der davon abhängigen Viehwirtschaft. Daher liegen viele Schweine- und Hähnchenmastbetriebe in den entsprechenden Anbaugebieten, andere dagegen im Bereich der Verdichtungsräume. Dort finden sich auch die meisten großen Schlachthäuser und Milchwerke. Da ein Teil des Rohmaterials importiert wird, ist jedenfalls guter Verkehrsanschluß notwendig.

Das Verteilungsbild des gesamten Industriezweiges mit 11 500 Betrieben und 265 675 Beschäftigten (1988) läßt ein deutliches Übergewicht im Zentrum und im Norden des Landes erkennen. Das trifft übrigens auch zu, wenn man die Werte auf die Einwohnerzahl des jeweiligen Staates bezieht. Im Süden und Südosten spielen lediglich die vom tropischen Klima abhängigen Erzeugnisse eine Rolle. In dieser Hinsicht kommt Veracruz aufgrund seiner Größe und seines Anteils an allen Höhenstufen eine Sonderstellung zu. Absolut vorherrschend treten aber der D. F. sowie die Staaten Mexico, Jalisco und Nuevo León mit ihren großen Stadtregionen in Erscheinung, wobei eine Betrachtung nach Unterabteilungen die besondere Dominanz in der Fleisch- und Milchverarbeitung verdeutlicht. Hier ist aber eine weitere Differenzierung angezeigt, denn die Lage der Molkerei- und Käsebetriebe korrespondiert sowohl mit den dicht besiedelten Gebieten als auch mit den Flächen intensiver Landwirtschaft im Bajío und den anschließenden Hochlandstaaten. Besonders gilt das für Jalisco mit Guadalajara und seiner äußerst vielgestaltigen Agrarlandschaft am Westrand des Hochlandes.

Insgesamt zeigt sich eine beachtliche Konzentration der Produktionsgebiete sowie der Verarbeitungsstätten in wenigen Staaten, neben denen große Teile des Landes völlig zurücktreten. Diese Gegensätze zwischen der weitgehend stagnierenden kleinbäuerlichen Landwirtschaft im Süden und den dynamischen Formen des *Agrobusiness* in den zentralen und nördlichen Regionen finden wenigstens teilweise ihre Erklärung in ausländischen Einflüssen. Sie werden u. a. dadurch dokumentiert, daß 1979 bereits 241 Filialbetriebe internationaler Konzerne im Bereich der Lebensmittelindustrie bestanden, von denen 55 schon zwischen 1930 und 1960 gegründet wurden. Nur 39 Betriebe stammten nicht aus den USA. Folgende Branchen waren zu über 60% in ausländischen Händen: Löslicher Kaffee (93%), Stärkemehl (70%), Kondensmilch (97%), Pudding (62%), Schokolade (63%), Fruchtkonzentrate (86%), Salzgebäck (74%), Essig/Senf (69%), Tiernahrung (61%). Andere umfaßten mehr als ein Drittel (MONTES DE OCA u. a. 1981).

Die Ansätze hierzu gehen auf die Zeit des *Porfiriats* zurück, als mit dem Eisenbahnbau zur Erschließung von Bergwerken auch das Interesse an der Landwirtschaft im tropisch-subtropischen Übergangsgebiet aufkam (S. 131, 200). Dies führte auf den mit privaten Mitteln bewässerten Flächen zur Anwendung damals moderner Anbaumethoden an Stelle der kolonialen Plantagenwirtschaft. In diese Entwicklungen griff später der Staat durch die Schaffung von Stauanlagen und Verkehrswegen aber auch durch Landzuteilungen an *ejidos* ein, wobei letztere durch Anbauverträge mehr als anderswo üblich in den Modernisierungsprozeß eingebunden wurden. Auf dieser Grundlage konnte sich die „Grüne Revolution" entfalten, die eine weitere Dynamisierung der Landwirtschaft nach sich zog.

Im Ergebnis zeigt sich ein paradox erscheinendes Verteilungsmuster: Die relativ gut beregneten Berg- und Beckenlandschaften im Süden sind als natürliche Gunsträume seit alters her so dicht besiedelt und in ihrem Bodenbesitz so stark zersplittert, daß Ertragssteigerungen oder Diversifizierungen kaum möglich sind, ganz abgesehen von den soziokulturellen Widerständen gegen derartige Veränderungen. Dagegen konnten in den von der Natur benachteiligten ariden und semiariden Gebieten mit modernen technischen Mitteln auf bewässerten Flächen die höchsten Erträge erzielt werden. Dabei sollte nicht verkannt werden, daß zwar wichtige Impulse vom Staat sowie vor allem von überregionalen Einflüssen ausgehen, die schnelle Anpassung an Nach-

frageschwankungen aber der privaten Initiative mexikanischer *rancheros* zu verdanken ist.

Gewiß haben sich die *campesinos* an der Diffusion einzelner Innovationen beteiligt; doch trotz der Bodenreform und der staatlichen Programme zur Verbesserung der Regionalstruktur konnten sie weder einen Beitrag zu neuen Entwicklungen leisten, noch großen Nutzen daraus ziehen. Vielmehr blieben sie mehr oder weniger in einer Situation der Marginalität. Unter den gegenwärtigen Bedingungen sieht es leider nicht so aus, als ob diese Disparitäten zwischen *Agrobusiness* und Subsistenz in absehbarer Zeit verringert würden.

7 Der Bergbau: Quelle frühen Reichtums und Grundlage moderner Industrie

7.1
Die Vorherrschaft
des Silberbergbaus

Jahrhundertelang hat der Silberbergbau die Wirtschaft Mexikos und die reiche Kultur der Kolonialzeit bestimmt (Tab. 27; vgl. S. 41). Zwar trug der Bergbau im Jahr 1800 nur mit 8% zum Bruttoinlandsprodukt bei, ein Wert, der auch später selten übertroffen wurde (Tab. 28), für die Außenwirtschaft spielte er jedoch bis ins 20. Jh. die entscheidende Rolle (Tab. 29). 1804 kamen zwei Drittel der Weltsilberproduktion im Wert von 27 Mio. Pesos aus etwa dreitausend mexikanischen Minen, in denen 45 000 Menschen beschäftigt waren. Doch im Befreiungskrieg wurden viele Anlagen aufgelassen oder zerstört. Außerdem führten die napoleonischen Kriege u. a. zur Verteuerung des spanischen Quecksilbers (S. 16). So ging die Ausbeute im Jahr 1812 auf 4,4 Mio. Pesos zurück und erreichte zehn Jahre später kaum 6 Mio. Pesos (Cardoso u. a. 1980, S. 119ff; Coatsworth 1989; Herrera Canales 1977).

Der Neuanfang im Rahmen der unabhängigen Republik litt nach der Vertreibung der Spanier an akutem Kapitalmangel. Daher wurde 1823 entgegen dem Bergbaugesetz, das alle Bodenschätze zu Staatseigentum erklärte, die Übernahme von Minenanteilen durch Ausländer gestattet. Dies löste in Großbritannien ein regelrechtes Spekulationsfieber aus, in dessen Folge es zu einer beträchtlichen Inflation und schließlich zum Börsenkrach kam, da die erhofften Gewinne ausblieben. Das hatte seinen Grund u. a. in dem miserablen

	Silber (t) 10-Jahres- durchschnitt	Gold (kg) 10-Jahres- durchschnitt
1521–1540	3	210
1541–1560	13	170
1561–1580	50	340
1581–1600	74	480
1601–1620	81	422
1621–1640	88	401
1641–1660	95	371
1661–1680	102	363
1681–1700	110	369
1701–1720	164	524
1721–1740	231	680
1741–1760	301	819
1761–1780	366	1 309
1781–1800	562	1 229
1801–1820	433	1 417
1821–1830	265	976
1831–1840	331	864
1841–1850	420	1 994
1851–1860	457	1 685
1861–1870	497	1 754
1871–1880	556	1 945
1881–1890	881	2 534
1891–1900	1486	13 699
1901–1910	1989	31 650
1911–1920	1391	15 112
1921–1930	3084	23 174
1931–1940	2461	24 346
1941–1950	1714	14 112
1951–1960	1370	10 830
1961–1970	1243	6 285
1971–1980	1425	5 574
1981–1990	2124	7 606

Quellen: Estadísticas Históricas 1985; Anuario 1992

Tab. 27: Silber- und Goldproduktion in Mexiko 1521–1990

Zustand der Minen, in fehlender Infrastruktur und in der politischen Unsicherheit. Wenn auch das „mexikanische Abenteuer" für die britischen Investoren keinen

	1800	1845	1860	1877	1895	1910
Ackerbau	21,9	26,8	27,0	25,0	19,9	21,2
Viehwirtschaft	19,4	17,3	12,4	13,6	18,0	12,2
Forstwirtschaft	3,0	3,0	1,5	2,4	0,3	0,3
Bergbau	8,2	6,2	9,7	10,4	6,3	8,4
Industrie	22,3	18,3	21,6	16,2	12,8	14,9
Verkehr	2,5	2,5	2,5	2,5	3,3	2,7
Regierung	4,2	7,4	6,8	11,2	8,9	7,2
Handel	16,7	16,9	16,7	16,9	16,8	19,3
Sonstige	1,8	1,6	1,8	1,8	13,7	13,8

Quelle: COATSWORTH 1989

Tab. 28: Bruttoinlandsprodukt in Mexiko 1800–1910 nach Sektoren (%)

Tab. 29: Export Mexikos im 19. Jahrhundert (%)

	1821	1823	1828	1856	1874
Metalle und Minerale	84,5	56,5	85,5	91,7	74,3
Pflanzliche Farbstoffe	14,0	39,4	12,5	4,3	3,8
Landwirtschaftliche Produkte	1,0	2,5	0,8	2,0	8,8
Vieh	0,2	0,5	0,2	1,1	8,0
Verarbeitete pflanzliche Fasern	–	0,0	0,0	–	0,4
Unverarbeitete pflanzliche Fasern	0,0	0,0	0,0	–	3,2
Sonstige	0,3	1,1	0,9	0,8	1,6

Quelle: HERRERA CANALES 1977

Gewinn brachte, so war es doch von Bedeutung als Initialzündung für die Entwicklung des Landes in der zweiten Hälfte des 19. Jhs.

Tatsächlich stieg die Produktion in den folgenden Jahrzehnten allmählich an. Doch die dadurch erzielten Zolleinnahmen dienten großenteils der Finanzierung der staatlichen Verwaltung selbst bzw. des Militärs, das überwiegend bei innenpolitischen Streitigkeiten eingesetzt wurde. Mit der wirtschaftlichen Stabilisierung unter Porfirio Díaz erfolgte ein rascher Zuwachs, der sich, nach einem Rückgang während der Revolution, bis zum absoluten Maximum im Jahr 1930 fortsetzte. Seitdem gab es gewisse Schwankungen, die u. a. mit dem internationalen Sil-

berpreis zusammenhingen. Nach wie vor steht Mexiko aber an der Spitze der Weltförderung. Auch die Goldgewinnung unterlag erheblichen Fluktuationen. Nach dem Boom der ersten Jahrhunderthälfte mit dem Höchstwert von 1905 ist sie allerdings weit zurückgefallen.

7.2
Die Vielfalt der Bodenschätze

Die Ausbeutung anderer Minerale neben den Edelmetallen hat in nennenswertem Umfang erst unter dem Einfluß der Industrialisierung im Porfiriat eingesetzt. Dies galt vor allem für Kupfer, Blei und Zink, die teilweise mit Silber vergesellschaftet

	1960		1970		1980		1990	
	Produktion	Rang*	Produktion	Rang*	Produktion	Rang*	Produktion	Rang*
Erdgas (Mrd. m³)	10	5	14	6	27	9	27	10
Erdöl (Mio. t)	14	10	22	14	107	6	155	5
Silber (t)	1385	1	1332	1	1473	2	2317	1
Antimon (t)	4230	5	5	5	2176	7	2627	5
Blei	191	4	176	5	146	7	173	7
Eisenerz	900	37	2600	19	5210	15	7800	14
Kupfer	60	11	61	15	175	12	291	11
Mangan	72	11	99	10	161	7	136	
Zink	271	5	266	7	238	6	299	7
Schwefel	1336	4	1738	5	2156	4	2137	
Gold (t)	10		6	14	6	14	8	
Arsen	12		7		2		5	
Wismut (t)	272		571		770		733	
Cadmium (t)	1181		1967		1791		1346	6
Zinn (t)	371		533		60		312	
Graphit	34		56		55		25	
Magnesium	72		99		161		137	
Quecksilber (t)	693		1043	4	145		725	3
Molybdän (t)	100		141		74		3114	5
Nickel (t)	110		288		266		183	
Blei	191		177		147		174	
Eisen	521		2612		5087		6194	
Kohle	1776		2959		k.A.		k.A.	

* Rangziffer der Weltproduktion

Quellen: Estadísticas Históricas 1985; Länderberichte (versch. Jahrg.); FWA (versch. Jahrg.); Anuario 1992

Tab. 30: Ausgewählte Bergbauprodukte Mexikos 1960–1990 (1000 t)

vorkommen. Auch sie werden bis heute großenteils exportiert. Von den Kupfererzen wird nur etwa die Hälfte im Lande raffiniert, und davon werden rund 70% in der eigenen Industrie weiterverarbeitet. Fast ausschließlich in den Export gehen jedoch einige Metalle wie Arsen, Wismut, Cadmium und Selen, die als Nebenprodukte bei der Verhüttung von Blei und Zink bzw. Kupfer anfallen. Andererseits wird ein nicht unwesentlicher Teil des Quecksilbers zur Silbergewinnung im Lande verwendet. In allen genannten Fällen gehört Mexiko zu den zehn wichtigsten Erzeugerländern, wie übrigens auch beim Schwefel (Tab. 30).

Abb. 45 läßt die wirtschaftliche Bedeutung der verschiedenen Bodenschätze für die einzelnen Staaten und für das ganze Land in generalisierter Weise erkennen. Noch immer steht Silber mit über einem Viertel des Produktionswerts an der Spitze, und in mehreren Staaten macht es mehr als die Hälfte aus. Es wird gefolgt von Kupfer und Schwefel, die in wenigen Gebieten konzentriert sind. Gold steht immerhin an fünfter Stelle. Zu den „Sonstigen" gehören neben Kohle und den oben genannten auch Antimon, Graphit und Baryt, die jeweils einen der fünf ersten Plätze der Weltproduktion einnehmen. Für die Einschätzung dieser Werte muß berücksichtigt werden, daß sie von den Weltmarktpreisen abhängen und daher von Jahr zu Jahr erheblichen Schwankungen ausgesetzt sein können.

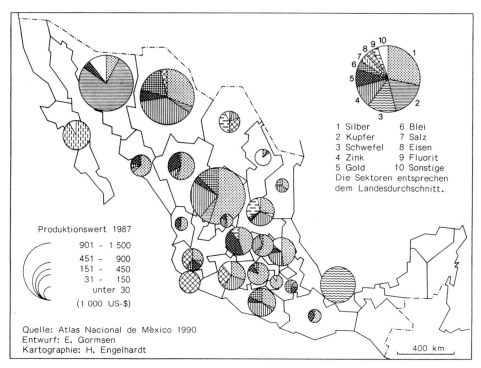

Abb. 45: Bergbauproduktion Mexikos nach Staaten

Die Bodenschätze sind durchaus nicht gleichmäßig über das Land verteilt. Sie finden sich überwiegend im nördlichen Hochland und in der Sierra Madre Occidental, also in den ursprünglich dünn besiedelten Gebieten, die schon in der Kolonialzeit auf der Suche nach Edelmetallen erschlossen wurden. Abb. 46 vermittelt einen Eindruck von der großen Zahl an Bergwerken, die heutzutage ausgebeutet werden. Dabei mußte eine ganze Reihe spezieller mineralischer Vorkommen ebenso vernachlässigt werden, wie kleine, handwerklich betriebene Silberminen. Historische Bergbaukarten zeigen ein viel dichteres Bild (Atlas Nacional 1990), und tatsächlich stößt man immer wieder auf Ruinen und Abraumhalden ehemaliger Bergwerke. Andererseits haben moderne Förderanlagen mit großtechnischem Gerät zur völligen Umgestaltung einzelner Landschaften geführt.

Nach der Erschließung von Eisenerz- und Kohlegruben in Nuevo León und Coahuila wurde 1903 in Monterrey der erste Hochofen Lateinamerikas in Betrieb genommen. Diese Stadt entwickelte sich seitdem mit dem benachbarten Monclova zum Zentrum der Schwerindustrie und ist heute der drittgrößte Verdichtungsraum des Landes. Damit wurde zwar ein bedeutender Schritt von der reinen Rohstoffexportwirtschaft zu einer eigenständigen Grundstoffindustrie getan (Tab. 34), doch erst neuerdings nehmen Fertigwaren einen Großteil der mexikanischen Ausfuhren ein. Das wichtigste Eisenerzvorkommen war lange Zeit der Cerro del Mercado, der sich 250 m hoch über die Stadt Durango erhebt. Der dort anstehende Hämatit mit 64% Fe-Gehalt wurde im Tagebau gewonnen und zur Verhüttung mit Güterzügen nach Monterrey transpor-

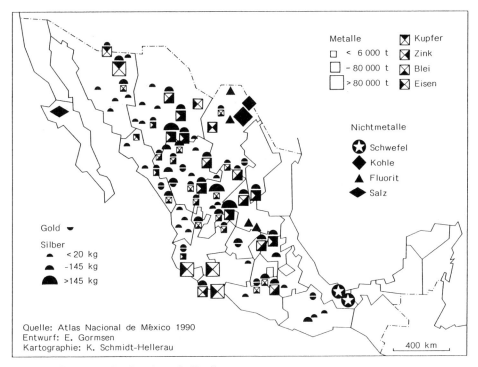

Abb. 46: Standorte des Bergbaus in Mexiko

tiert. Doch seit den 70er Jahren haben die in Küstennähe des Pazifik gelegenen Lagerstätten von Peña Colorada (Colima) und Las Truchas (Michoacán) zunehmend an Bedeutung gewonnen, vor allem im Zusammenhang mit dem Bau eines Stahlwerkes in Lázaro Cárdenas an der Mündung des Río Balsas.

7.2.1
Das Fallbeispiel
Las Truchas/Lázaro Cárdenas

Dieser Schwerindustriekomplex war in Verbindung mit einem Industriehafen als Entwicklungspol im Rahmen einer allgemeinen Dezentralisierungspolitik gedacht und beruhte auf der Kombination mehrerer Standortfaktoren:

– dem wasserreichen Río Balsas, der wenige Kilometer oberhalb der Mündung in einer Schlucht das Küstengebirge durchbricht, wo in den 60er Jahren zwei große Wasserkraftwerke installiert wurden (Infiernillo mit einer Kapazität von 1012 MW und La Villita mit 304 MW);

– den seit der Jahrhundertwende bekannten Erzlagerstätten mit 54% Fe-Gehalt nur rund 27 km von der Flußmündung entfernt sowie dem Vorhandensein von Zuschlagstoffen wie Kalk und Dolomit;

– den günstigen Voraussetzungen für den Bau eines Hafens zum Transport von Grundstoffen und Fertigprodukten;

– den genügend großen ebenen Flächen für die Anlage von Industriebetrieben und Wohngebieten im Bereich des Mündungsdeltas;

– der politischen Bedeutung des ehemaligen Präsidenten Lázaro Cárdenas, der als Vorsitzender einer Vorbereitungskommission das Projekt wesentlich gefördert hat.

Vorgeschichte und Durchführung haben mehrere Jahrzehnte in Anspruch genommen und können hier nur stark verkürzt wiedergegeben werden (vgl. MINELLO 1982; BUCHHOFER 1986a, 1986b). Ein entscheidender Schritt war in den 60er Jahren der Bau der beiden Staudämme im Rahmen eines umfassenden Programms zur Abflußkontrolle, Elektrizitätsgewinnung und Agrarbewässerung des Flußsystems des Río Balsas, der seinen Ursprung als Río Atoyac im Hochbecken von Puebla-Tlaxcala hat und große Teile des südlichen Hochlandes entwässert. Dadurch wurde nicht nur die notwendige Energie sichergestellt, sondern auch über Uruapan ein Anschluß des Gebietes an das Fernstraßennetz in Zentralmexiko geschaffen. Erst in den 70er Jahren folgten die Straßen längs der Küste nach dem neuen Badeort Ixtapa-Zihuatanejo (120 km) und nach Manzanillo (350 km). Die erstere ist insofern von Bedeutung, als zur gleichen Zeit für die Touristen in Zihuatanejo ein internationaler Flughafen und eine direkte Straßenverbindung über Altamirano nach México-Stadt geschaffen wurde. Darüber hinaus wurde für den Transport von Massengütern eine Bahnverbindung zur Linie Uruapan-Apatzingan hergestellt.

Schon in den 50er Jahren wurde ein Projekt für ein Hütten- und Stahlwerk ausgearbeitet, doch erst 1971 wurde mit dem Bau begonnen. Es handelte sich um das staatliche Unternehmen SICARTSA, das in Zusammenarbeit mit verschiedenen ausländischen Firmen und mit Krediten der Weltbank realisiert wurde. Es wurde inzwischen privatisiert und dabei in vier Betriebe aufgeteilt. Dabei wurde die Zahl

der Beschäftigten von rund 7500 auf 3500 reduziert. Insgesamt beträgt die Jahreskapazität 1,3 Mio. t Rohstahl, die aber wegen Finanzierungs- und Koordinierungsproblemen bis heute nicht voll genutzt werden. Die Erze werden mit Hilfe von Bentonit, der in der Umgebung ansteht, an der Lagerstätte pelletisiert und durch Rohrleitungen zu den Werksanlagen gespült.

Problematisch war von vornherein die Frage nach dem geeigneten Verhüttungsverfahren, denn die einzigen mexikanischen Kokskohlevorkommen in Coahuila können kaum den Bedarf der bestehenden Werke in Monclova und Monterrey decken, ganz abgesehen von der großen Entfernung für den Landtransport. So muß Kohle auf dem Seeweg aus Canada und Australien importiert werden, und trotz der Fertigstellung der Eisenbahn wird ein Großteil des produzierten Stahls auf demselben Weg exportiert bzw. durch den Panamakanal nach Tampico verschifft, von wo er nach Monterrey und Monclova verfrachtet wird. Erst in der zweiten Ausbauphase, ab 1981, kam das in Mexiko entwickelte Direktreduktionsverfahren mit Hilfe von Erdgas zur Anwendung, nachdem genügende Erfahrungen mit einer entsprechenden Anlage bei Puebla gemacht worden waren. Eine Gaspipeline wurde inzwischen fertiggestellt, während die dafür notwendige Energie aus den benachbarten Wasserkraftwerken stammt.

Das Werk liegt am Westrand des Deltas, das zu einem Industriehafen mit 14 m Wassertiefe umgestaltet wurde. Dieser umfaßt 3675 ha, von denen 465 ha als sog. „ökologische Zone" an den Ufern der beiden Hauptarme des Deltas aufgeforstet werden. Als zweiter Großbetrieb hat sich außer einem Petroleumlager der PEMEX (S. 175) eine Phosphatdüngerfabrik des parastaatlichen FERTIMEX-Konzerns niedergelassen. Weitere Betriebe zur Stahlverarbeitung, eine Schiffswerft sowie Lager-

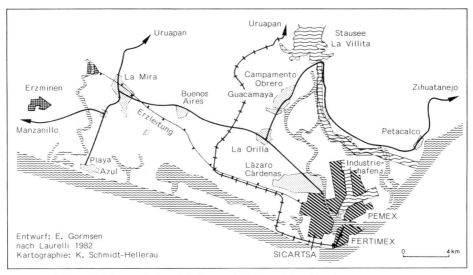

Abb. 47: Lázaro Cárdenas, Industriehafen und Stahlwerk Las Truchas

hallen und Silos für Agrarprodukte sind im Bau oder geplant. Eine Fabrik für Großrohre mußte leider 1988 schon wieder geschlossen werden. Die geplante Verlegung des Flottenstützpunktes der mexikanischen Marine von Icacos in der Bucht von Acapulco hierher wurde bisher nicht realisiert (Abb. 47).

Als Ergebnis präsentiert sich eine beachtliche Agglomeration in einem Gebiet, das vorher durch eine disperse Siedlungsstruktur von kleinen Dörfern, Weilern und Einzelhöfen gekennzeichnet war. 1970 hatte das Municipio Melchor Ocampo de Balsas (heute Lázaro Cárdenas) in 204 Wohnplätzen 24319 Einwohner. Ihre Zahl stieg bis 1990 auf 134969 (+454%), besonders stark im Hauptort mit den Vororten Campamento Obrero, Guacamayas und La Orilla (zusammen 10018–94753 Ew.) sowie mit La Mira (1690–12705) und Playa Azul (1326–3213), das sich damals zum kleinen Seebad für die lokale Bevölkerung entwickelte. Eine gewisse Zuwanderung war schon durch den Staudammbau erfolgt. Insofern

kann man von einem dynamischen Entwicklungspol sprechen, der zum Ziel einer bedeutenden Migration wurde, denn 41913 Ew. (31%) sind außerhalb des Staates Michoacán geboren, darunter 22860 (17%) im östlich anschließenden Guerrero und 3650 (3%) im D.F. Entgegen den Hoffnungen der Regierung, sind davon aber keine Impulse für die Umgebung ausgegangen, denn die benachbarten Municipios haben unter dem Durchschnitt von Michoacán (52%) zugenommen, Aquila (an der Küste) von 13472 auf 19360 (44%), Arteaga (im Gebirgsanstieg) von 16506 auf 29903 (39%). Da eine geringere natürliche Zunahme unwahrscheinlich ist, dürfte ein Teil der Bevölkerung in das aufstrebende Zentrum abgewandert sein, wo in der Bauwirtschaft und in Dienstleistungen auch für ungelernte Kräfte Erwerbsmöglichkeiten bestehen.

Dabei muß berücksichtigt werden, daß die neue Stadt trotz anfänglicher Schwierigkeiten inzwischen mit allen Einrichtungen der Infrastruktur ausgestattet ist einschließlich je einer Fachhochschule für

Meereskunde und Metallurgie. Die materiellen Lebensbedingungen sind also wesentlich besser als in den entlegenen Streusiedlungen. Ähnlich wie bei den Badeorten (s. Kap. 10.5) besteht also der regionale Effekt des neuen Zentrums lediglich in einer gewissen Umlenkung von Migrationsströmen, wobei an zweiter Stelle nach Guerrero (22 860 Zuwanderer) der Distrito Federal (3650) steht, aus dem vor allem die Führungskräfte stammen.

7.2.2
Andere Beispiele

Noch geringer sind die Wirkungen von Bergbaubetrieben, die lediglich mit Aufbereitungsanlagen, aber nicht mit umfangreichen Fabriken zur weiteren Verarbeitung verbunden sind. Dies gilt z. B. für die Kupferminen von Nacozari (Sonora), die zu den größten in Lateinamerika zählen und zusammen mit den seit langem erschlossenen Minen im benachbarten Cananea 90% der mexikanischen Kupferproduktion liefern. Nachdem die Ausbeutung einzelner Gruben in den 30er Jahren unrentabel geworden war, ging die Einwohnerzahl in Nacozari von rund 5000 auf 2745 (1960) zurück (GARCÍA AMARAL 1982). Erst ein großzügiger Tagebau mit moderner Technik und eine entsprechende Raffinerie führten von 1970 bis 1990 zu einem Bevölkerungszuwachs von 249% (3678–12 894 Ew.).

Dies hatte jedoch keine positiven Auswirkungen für die Region, denn die Einwohnerzahl der sechs Gemeinden im Umkreis von etwa 50 km ist fast genau gleichgeblieben (1970: 16 378 – 1990: 16 367), d. h. nur die beiden größten haben jeweils um 10% zugenommen, alle anderen aber um 7 bis 31% abgenommen, während gleichzeitig der ganze Staat Sonora eine Zunahme um 65% verzeichnen

konnte. Da nach derzeitigem Kenntnisstand die Vorräte um das Jahr 2010 erschöpft sein werden, sind langfristig keine Entwicklungsperspektiven zu erkennen, zumal in diesem Trockengebiet außer extensiver Weidewirtschaft kaum eine landwirtschaftliche Nutzung möglich ist. So werden nur die aufgelassenen Anlagen und die beträchtlichen Eingriffe in die Landschaft von der wirtschaftlichen Ausbeutung zeugen (vgl. NOVELO o. J.).

Eine massive Umweltveränderung stellt der Abbau der Schwefellagerstätten im feuchten Tiefland des Isthmus von Tehuantepec dar. Schon 1915 wurde bei Erdölbohrungen in Salzdomen Schwefel festgestellt. Seine Gewinnung begann 1952 mit 12 000 t. Nach dem Frasch-Verfahren wird überhitzter Wasserdampf in die Bohrlöcher gepreßt, so daß der Schwefel schmilzt und durch den Druck an die Luft befördert wird, wo er in die feste Form sublimiert. Die notwendige Energie wird aus den benachbarten Ölquellen gewonnen, der Wasserbedarf in künstlichen Seen gespeichert. Die Produktion hatte 1955 schon 1/2 Mio. und 1957 1 Mio. t überschritten. Seit 1974 beläuft sie sich auf über 2 Mio. t jährlich. Der Hauptteil wird exportiert. Doch ist auf dieser Grundlage im Verbund mit petrochemischen Anlagen bei Minatitlán eine bedeutende Düngemittelindustrie entstanden.

Zum „Bergbau" im weiteren Sinne gehört die mexikanische Salzgewinnung, die unter allen Bodenschätzen immerhin an achter Stelle der Produktion steht (Abb. 45) und beim Export mit 81 Mio. US-$ (1991) nur von Erdöl, Schwefel und Kupfer übertroffen wird (Comercio Exterior 43(4) 1993, S. 405). Im weltweiten Vergleich behauptet sie sogar den 1. Platz. Die Entwicklung dieses Wirtschaftszweiges, der nicht nur für die Ernährung, sondern auch für die Aufbereitung des Silbers von Bedeutung war, hat EWALD

(1985) ausführlich geschildert. Es handelte sich nur zum geringsten Teil um die Ausbeutung geologischer Lagerstätten. Vielmehr überwiegen Salzgärten an abflußlosen Seen der ariden Beckenlandschaften im Norden sowie an zahlreichen Küstenabschnitten. Unter den ersteren haben die Salinas del Peñón Blanco in San Luís Potosí rund vierhundert Jahre lang die Hauptrolle gespielt. Die größten Meerwassersalinen der Welt wurden aber in den 50er Jahren durch einen US-Amerikaner an der Lagune von Guerrero Negro auf der Halbinsel Baja California angelegt. Sie umfassen rund 24 000 ha Verdunstungs- und Kristallisationsbecken, die mit modernster Technik ausgestattet sind und eine Jahreskapazität von 7 Mio. t haben. Der größte Teil davon wird über den Hafen der vorgelagerten Isla Cedros nach Japan exportiert und in der chemischen Industrie verwendet (C. 181).

Jahr	Mio. t	Jahr	Mio. t
1907	0,14	1950	10,35
1910	0,52	1955	12,77
1915	4,70	1960	14,15
1920	22,44	1965	16,85
1925	16,50	1970	22,37
1930	5,65	1975	37,37
1935	5,75	1980	101,23
1940	6,29	1985	135,80
1945	6,22	1990	133,10

Quellen: Estadísticas Históricas 1985; Länderbericht 1992

Tab. 31: Entwicklung der Erdölproduktion Mexikos 1907–1990

7.3
Die Erdölwirtschaft

Erdöl ist nicht nur einer der wichtigsten Wirtschaftsfaktoren des Landes, sondern seit Beginn der Produktion auch ein Politikum. Schon zu Ende des vorigen Jahrhunderts hatten nordamerikanische und britische Gesellschaften die Exploration von den texanischen Golfküstenfeldern nach Süden vorangetrieben, wo das Hinterland von Tampico und vor allem die *Faja de Oro* (Goldener Fächer) bei Poza Rica (Veracruz) als wichtigste Gebiete erschlossen wurden. 1907 begann die Förderung, die sehr schnell anstieg, so daß Mexiko in den 20er Jahren an der zweiten Stelle der Weltproduktion lag (Tab. 31).

Der fast ebenso schnelle Rückgang im folgenden Jahrzehnt hatte mit den gewandelten politischen Verhältnissen zu tun. Während Porfirio Díaz 1901 ein Gesetz

erlassen hatte, das den ausländischen Gesellschaften jedwede Rechte an der Erdölgewinnung einschließlich einer zehnjährigen Steuerfreiheit gewährte, mehrten sich nach der Revolution die Stimmen, die diese Vorrechte einschränken oder abschaffen wollten, denn im Artikel 27 der Verfassung von 1917 wurden sämtliche Bodenschätze zum nationalen Eigentum erklärt. Gegen Konzessionsabgaben und Steuern protestierten die Erdölkonzerne zwar lautstark, doch gleichzeitig leiteten sie ihre Investitionen in andere Länder um, insbesondere nach Venezuela, das bald die Stelle Mexikos einnahm, da der dortige Diktator Juan Vicente Gómez entsprechende Freiheiten konzedierte. So erschien aus der Sicht der mexikanischen Regierung die Verstaatlichung der Erdölgesellschaften durch Lázaro Cárdenas 1938 als logische Folge, obwohl sie einen unerhörten Affront gegenüber den USA und Großbritannien bedeutete, der in früheren Zeiten gewiß zu militärischen Interventionen geführt hätte (vgl. HAGEN 1933, S. 413f; RUIZ GORRIA 1982).

Die gesamte Erdölwirtschaft wurde in die parastaatliche Gesellschaft *Petróleos Mexicanos* (PEMEX) übergeführt, die zunächst große Mühe mit der Fortsetzung der Produktion hatte, da die vorhandenen

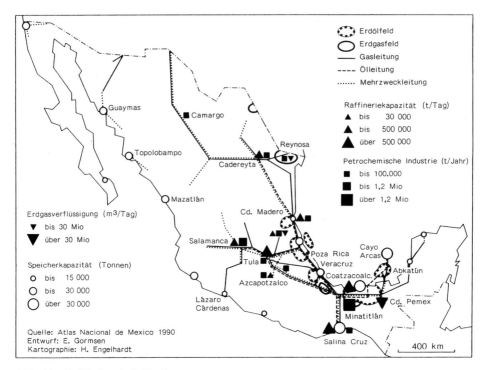

Abb. 48: Erdölwirtschaft Mexikos

Anlagen weitgehend vernachlässigt worden waren und es außerdem an qualifiziertem Personal fehlte. So wurde nach einer Phase der Konsolidierung und einem Anstieg der Förderung in den 50er und 60er Jahren erst 1974 der Höchstwert von 1921/22 übertroffen. Damit konnte nicht nur der Eigenbedarf gedeckt, sondern auch ein gewisser Teil ausgeführt werden.

Als Ergänzung zu den bestehenden Raffinerien wurden neue Kapazitäten und petrochemische Fabriken, insbesondere in Minatitlán, im D. F. und in Salamanca (Guanajuato), aufgebaut, die mit den Fördergebieten durch ausgedehnte Pipelines verbunden wurden (Abb. 48). Dabei stellte die Überwindung des Gebirgsanstiegs beträchtliche technische Anforderungen. Eine 224 km lange Rohölleitung von Poza Rica zur Raffinerie von Atzcapozalco

(D. F.) wurde schon 1929 in Betrieb genommen. Die Hauptlinien waren Anfang der 60er Jahre geschaffen. Heute umfaßt das Leitungsnetz rund 5200 km für Rohöl, 13 100 km für Gas und 11 500 km für verschiedene Produkte, meist als Mehrzweckleitungen. Fast alle großen Städte und Industriekomplexe einschließlich Lázaro Cárdenas sind angeschlossen. Die Verteilung von Treibstoffen an der Westküste geschieht mit Tankschiffen von Salina Cruz aus, wo 1978 eine Raffinerie in Betrieb genommen wurde. Lediglich Baja California und Sonora werden durch Importe aus den USA versorgt.

Von größter Bedeutung wurde die Erschließung neuer Erdöl- und Erdgasquellen an der südlichen Golfküste, wo das Tiefland von Tabasco und vor allem die *offshore*-Felder in der Bucht von Campeche zu den reichsten Lagerstätten der Erde zählen. So steht Mexiko hinsichtlich der Erdölreserven mit 6979 Mrd. t (1991) nach den führenden Nahost-Ländern und Venezuela an sechster Stelle. Die Produktion ist in den 70er Jahren sprunghaft von 22 (1970) über 40 (1975) auf 155 Mio. t (1984) angestiegen. Seitdem schwankt sie zwischen 140 und 150 Mio. t. Damit ist das Land vom 15. auf den 5. Platz vorgerückt. Die Verminderung in den letzten Jahren war eine Folge des Überangebots und eines drastischen Preisverfalls auf dem Rohölweltmarkt seit 1982. Für Mexiko bedeutete dies z. B. 1985–1986 einen Rückgang der Exporterlöse von 25,33 auf 11,59 US-$ pro Barrel. Daher hat es die Begrenzungen der Fördermengen von der OPEC übernommen, obwohl es kein Mitglied dieser Organisation ist. Der Export stieg dementsprechend zwar von 2 (1970) über 43 (1980) auf 80 Mio. t (1983), ging aber bis 1990 auf 66 Mio. t zurück. Gleichzeitig stieg der Eigenverbrauch von 20 auf 73 Mio. t, womit das Land die zehnte Stelle vor Brasilien und Indien einnimmt.

Das ist um so bemerkenswerter, als Mexiko auch eine beträchtliche Erdgasförderung von 31 Mrd m^3 (1990) aufweist, die sich seit 1970 nahezu verdoppelt hat. Es gehört damit auch in dieser Beziehung zu den 10 führenden Ländern. Die wichtigsten Lagerstätten finden sich einerseits an der Grenze zu Texas bei Reynosa, andererseits im Übergangsbereich von Tabasco nach Campeche östlich von Ciudad Pemex. Seit den 50er Jahren wurde im ganzen Land ein flächendeckendes Verteilersystem für Flaschengas aufgebaut. Das Gas wird mit Pipelines und Tankwagen nicht nur zu den Großzentren, sondern auch zu zahlreichen Lagern am Rande von Mittel- und Kleinstädten transportiert und von dort in die Haushalte geliefert. 1970 waren 44% der Bevölkerung mit Gas versorgt. Ihr Anteil stieg bis 1990 auf 77%, obwohl

sich die Zahl der Haushalte gleichzeitig von 8 auf 16 Mio. verdoppelt hat.

Erdgas dient aber auch als Industrierohstoff für rund 85% der petrochemischen Erzeugnisse, deren Produktion allein zwischen 1982 und 1990 trotz der allgemeinen Wirtschaftskrise von 10,5 auf 17,6 Mio. t gestiegen ist. Unter der Vielzahl von Produkten nimmt Ammoniak als Basis der Düngemittelindustrie eine besondere Rolle ein. Etwa 75% der Grundstoffe für Sekundärchemikalien stammen ebenfalls aus eigener Erzeugung (Länderbericht 1990, 1992; Industria química 1990).

Die insgesamt recht positiv erscheinende Entwicklung der Erdöl- und Erdgaswirtschaft hat allerdings eine Reihe von schwierigen Problemen mit sich gebracht. Die Erschließung der neu entdeckten Felder, zumal im *offshore*-Bereich (C. 54) erforderte in den 70er Jahren einen enormen Kapitalbedarf, der damals im Hinblick auf die zu erwartenden Exporterlöse relativ leicht mit internationalen Krediten gedeckt werden konnte. Doch der sinkende Erdölpreis führte ab 1982 zu schrumpfenden Deviseneinnahmen, während das gleichzeitig ansteigende internationale Zinsniveau den Schuldendienst außerordentlich erschwerte. Hier liegen entscheidende Hintergründe für die schwere Wirtschaftskrise der 80er Jahre. Hinzu kam die innenpolitisch problematische Stellung der PEMEX als einer Art Staat im Staat, wobei vor allem der Führer der mächtigen Erdölarbeitergewerkschaft eine fragwürdige Rolle spielte (S. 54).

Darüber hinaus hat die Erdölwirtschaft tiefe Spuren in ihren Produktionsgebieten hinterlassen. Die großen Zentren der Raffinerien und petrochemischen Grundstoffindustrien machen in vieler Hinsicht den Eindruck frühkapitalistischer Pionierzonen, wo mit hohem Kapitaleinsatz technisch aufwendige Installationen geschaffen werden und viel Geld in Umlauf ist, aber

		Einwohnerzahl (1000)			
		1930	1950	1970	1990
Coatzacoalcos	Stadt	8	23	70	199
	Municipio	12	28	110	233
Minatitlán	Stadt	12	29	68	142
	Municipio	21	44	95	196
Roza Rica	Stadt	8*	20	120	152

*1940: Die Stadt wurde erst 1938 gegründet und vom Municipio Coatzintla abgetrennt.

Quelle: Censo de Población 1930–1990

Tab. 32: Bevölkerungsentwicklung in Erdölzentren des Staates Veracruz

offenbar noch sehr wenig Verständnis für die Erhaltung und Gestaltung der natürlichen und sozialen Umwelt besteht (C. 55). Poza Rica, Coatzacoalcos und Minatitlán zeigen mit aller Deutlichkeit die Attribute solcher *boom-towns* mit rauch- und gasgeschwängerter Luft, hochkontaminierten Gewässern und einer planlos erscheinenden Siedlungsstruktur für die rapide zunehmende Bevölkerung, das Ganze im feucht-heißen tropischen Tiefland (Tab. 32; vgl. LEGORRETA 1983; BUCHHOFER 1984).

Die besonders kritische Situation im amphibischen Mündungsgebiet des Río Coatzacoalcos und der westlich anschließenden Laguna del Ostión wurde in den Jahren 1982–1987 von einer interdisziplinären Arbeitsgruppe des Centro de Ecodesarrollo untersucht und in einer Serie von 15 Bänden publiziert. Eine gut doku-

mentierte Zusammenfassung liefert Band 15 (TOLEDO 1988). Darin werden die verheerenden Auswirkungen der Wasser- und Bodenverseuchung auf das reichhaltige Tier- und Pflanzenleben detailliert beschrieben, einschließlich der großen Gefahren für die Fischerei. Trotzdem sollen hier wie in den benachbarten Zentren Ciudad Pemex und Cactus (Chiapas) aber auch in Salina Cruz und den Hochlandstandorten Tula (Hidalgo) und Salamanca (Guanajuato) die Kapazitäten in den kommenden Jahren erweitert werden. Dagegen wurde 1991 auf Anordnung des Staatspräsidenten die große Raffinerie Atzcapozalco mitten im Verdichtungsraum von México-Stadt geschlossen, um wenigstens einen geringen Beitrag zur Verminderung der Luftschadstoffe in der Smog-geplagten Hauptstadt zu leisten (S. 105).

8 Industrie zwischen Importsubstitution und Exportproduktion

8.1
Grundfragen mexikanischer Industrialisierung am Beispiel der Textilindustrie des 19. Jahrhunderts

Die ersten Ansätze mexikanischer Industrialisierung gehen nicht etwa auf den Bergbau zurück, sondern auf Textilfabriken, die von privaten Unternehmern mit staatlicher Unterstützung schon bald nach der Unabhängigkeit gegründet wurden. Einfache Baumwoll- und Wollstoffe waren zwar während der Kolonialzeit in Werkstätten und in den von Spaniern gegründeten Manufakturen *(obrajes)* auf Handwebstühlen europäischer Provenienz hergestellt worden. Doch die revolutionären Auseinandersetzungen, der Abzug des spanischen Kapitals, die ausländische Konkurrenz und der Schmuggel bewirkten zu Anfang des 19. Jhs. einen Niedergang, der u. a. damit zusammenhing, daß die städtische Ober- und Mittelschicht bemüht war, europäische Moden und entsprechendes Konsumverhalten zu übernehmen (hierzu und zum folgenden BERNECKER 1987, 1988; KEREMITSIS 1973).

Die Frage, wie die Wirtschaft des Landes in Schwung gebracht werden könnte, führte in den instabilen Jahrzehnten nach 1821 zu heftigen Auseinandersetzungen zwischen zwei politischen Richtungen, die noch heute die Diskussion beherrschen. Den Vertretern eines ungehinderten Freihandels, die nach der Aufhebung der kolonialen Restriktionen jegliche Waren ungehindert aus Europa oder den USA importieren wollten, standen die Protektionisten gegenüber, die unter dem Schutz von Einfuhrzöllen eine eigene Industrie aufbauen wollten. Letztere gewannen nach 1830 unter dem einflußreichen Innen- und Außenminister Lucas Alamán die Oberhand. Es wurde eine staatliche Kreditbank zur Förderung der Industrie *(Banco de Avío para el Fomento de la Industria Nacional)* gegründet, deren Kapital aus 20% der Einfuhrzölle stammte.

Mit ihrer Hilfe konnte einer der bedeutendsten mexikanischen Industriellen seiner Zeit, Estevan de Antuñano, 1835 die erste mit Wasserkraft betriebene Textilfabrik Lateinamerikas am Río Atoyac bei Puebla eröffnen. In dem klassizistischen Gebäudekomplex, einem hervorragenden Beispiel früher Industriearchitektur, hat sie trotz mancher Widrigkeiten mehr als anderthalb Jahrhunderte Baumwollwaren produziert, wobei bis zum Schluß englische Maschinen aus dem Jahr 1891 in Betrieb waren. Damit hat sie gewiß ihrem Namen *La Constancia Mexicana* alle Ehre gemacht. Sie kann aber auch als Beispiel für Probleme gelten, die in ähnlicher Weise bis heute fortbestehen.

Entscheidend war nicht der Kapitalmangel an sich, sondern das Fehlen eines risikofreudigen Unternehmertums mit langfristigen Perspektiven, das bereit war, sein Geld in produktiven Sektoren anzulegen. Notwendig waren ferner gut ausgebildete Techniker und Vorarbeiter, die die neuen Maschinen aufstellen sowie das einheimische Personal anlernen und beaufsichtigen konnten. Daß die meisten von ihnen Ausländer waren und sehr gut entlohnt

wurden, ist kaum verwunderlich. Allerdings wurden sie von den lokalen Hand-
webern, die ihre Existenz bedroht sahen,
stark angefeindet. So mußten zehn englische Meister der *Constancia Mexicana* in
der Anfangszeit an einem geheimen Ort
wohnen, da man um ihr Leben fürchtete.
1838 waren unter den 362 Beschäftigten
dieser Fabrik noch acht Engländer. In
anderen Betrieben sah es ähnlich aus.

Was die Finanzierung angeht, so waren
offensichtlich genügend private Mittel
zum Aufbau der Textilindustrie verfügbar,
denn bis 1850 waren sie mindesten zwölf
mal so hoch, wie die Kredite des *Banco de
Avío*, die sich lediglich auf 650 000 Pesos
beliefen. Die Bedeutung der Bank, die nur
bis 1842 bestand, lag also eher in ihrer
Initialzündung. Und diese funktionierte
erstaunlich gut, denn 1844 gab es bereits
52 Baumwollfabriken, von denen nur
sechs durch die Bank gefördert worden
waren. Insgesamt wurden 112 000 mechanische Spindeln gezählt, während es 1836
nur 8000 waren. Dazu kamen 1900 Webmaschinen, denen immerhin noch etwa
7000 Handwebstühle gegenüberstanden.
Im folgenden Jahrzehnt kam es zu einem
Konzentrationsprozeß, denn 1853 wurden
42 Fabriken mit mindestens 126 000 Spindeln und 3500 Webmaschinen gezählt.
14 dieser Betriebe lagen im Staat Puebla,
je sechs in Mexico und Veracruz und je
fünf in Jalisco und Durango.

Über die Kapitalbildung für diese
beachtliche Entwicklung sind wir nur
lückenhaft unterrichtet. Offenbar konnte
man mit Handelsgeschäften und Speku-
lationen verschiedenster Art sowie als
privater Kreditgeber hohe Gewinne erzielen, die sich schnell zu beträchtlichen
Summen akkumulierten. Sie wurden jedoch nach rentenkapitalistischen Vorstellungen eher zum Kauf von Ländereien als
zur Investition in Produktionsbetriebe
verwendet. Es überrascht daher nicht, daß

im 19. Jh. zahlreiche Textilfabriken in
ausländischen Händen waren. Während
des *Porfiriats* traf dies für ein Drittel zu,
wobei Spanier, gefolgt von Franzosen, bei
weitem überwogen. In den meisten Fällen
hatten sie als Händler oder als Angestellte
in entsprechenden Betrieben Kapital ange-
sammelt, das sie im Lande anlegten, da sie
nicht die Absicht hatten, in ihre Heimat
zurückzukehren. Direktinvestitionen aus
dem jeweiligen Herkunftsland waren dagegen selten.

Dies widerspricht der dependenz-
theoretischen These, die das Hauptziel
wirtschaftlicher Tätigkeit von Ausländern
im Rücktransfer der Gewinne vermutet.
Für den Bergbau sowie für multinationale
Konzerne unserer Zeit mag das zum großen Teil gelten. Doch die Wirtschafts-
geschichte Mexikos im 19. und 20. Jh.
macht deutlich, daß sich zahlreiche Einwanderer auf Dauer im Lande niederließen. Aufgrund ihrer wirtschaftlichen
Erfolge konnten sie sich in die mexikanische Gesellschaft integrieren, obwohl
sie andererseits einen gewissen kulturellen
Zusammenhalt über Generationen bewahr-
ten, der in eigenen Schulen, Kirchen und
Vereinen zum Ausdruck kommt. Neben
Spaniern, die seit jeher im Einzelhandel,
im Hotelwesen und in der Industrie aktiv
sind, spielen Libanesen heutzutage die
größte Rolle. In vielen Städten gilt das
Centro Libanés als vornehmstes Clubhaus.

Unterschiedliche Verhaltensweisen hinsichtlich der Industrialisierung sind bis in
die jüngste Zeit zu beobachten. Dies kann
am Beispiel der Textilkrise um 1970 gezeigt werden, in deren Verlauf viele Fabriken aufgegeben wurden. Wegen der zahlreichen Arbeitslosen wurde damals der
Staat um Hilfe gerufen, doch die Hintergründe lagen überwiegend im mangelhaften Management. Die meisten Betriebe
arbeiteten mit überalterten Maschinen und
waren längst abgeschrieben. Daher waren

die Besitzer nur noch so lange an ihrem Weiterbestehen interessiert, wie wenigstens geringe Gewinne erzielt wurden. Dies war hinter den Schutzzollmauern für einige Zeit gegeben. Als jedoch in der allgemeinen Modernisierungsphase der 60er Jahre auch neue Textilfabriken mit erheblich höherer Produktivität entstanden, konnten die traditionellen Betriebe nicht mehr konkurrieren.

Ein Beispiel hierfür liefert die Baumwollspinnerei und -weberei von Metepec. Sie wurde 1902 auf dem Gelände der ehemaligen Hacienda San Diego rund 7 km westlich von Atlixco am wasserreichen Río San Baltazar gegründet, der vom Popocatépetl herabströmt. Wegen der peripheren Lage wurde eine eigene Bahnlinie sowie eine große Arbeitersiedlung nach englischem Vorbild gebaut, in der 1910 bereits 3103 Personen wohnten. Die Fabrik war mit 1948 Arbeitsplätzen die größte im Gebiet von Puebla-Tlaxcala. Die elektrische Energie zum Antrieb der 36852 Spindeln und 1570 Webstühle wurde mit Hilfe eines eigenen Wasserkraftwerkes gewonnen. Nach mehrfachem Auf und Ab machte der Betrieb im Zweiten Weltkrieg und danach große Umsätze, obwohl der kaum erneuerte Maschinenpark noch von 224 Transmissionsriemen in Gang gehalten wurde. Doch in diesen Jahren wurde die Siedlung mit sozialen Einrichtungen bestens ausgestattet, darunter eines der modernsten Krankenhäuser des Landes.

1960 wurden 6839 Einwohner gezählt. 1970 waren es nur noch 4625, da das Werk 1967 geschlossen worden war. In Erkenntnis der schwierigen Situation hatte es der Eigentümer 1965 seinem Verwalter vermacht, der es den Arbeitern schenkte. Diese versuchten, den Betrieb als Kooperative weiterzuführen, was aber nicht gelang. So wurden die 1700 Beschäftigten arbeitslos. Viele von ihnen wanderten ab,

andere suchten alternative Tätigkeiten, denn in den folgenden Jahren gaben drei weitere der sieben Textilfabriken von Atlixco ihre Produktion auf (POPP/TYRAKOWSKI 1977). Der Gebäudekomplex wurde, ebenso wie die Fabrik La Trinidad in Sta. Cruz, Tlaxcala, 1980 vom IMSS übernommen und zu einem Ferienzentrum umgestaltet, in dem wenigstens ein Teil der Bewohner wieder eine Anstellung gefunden hat (S. 194, 225).

Ein ähnliches Schicksal erlebte die *Constancia Mexicana* (s. o.). Sie ging in der Textilkrise an ein Arbeiterkollektiv über, das mit hohem Arbeitseinsatz Haushaltswäsche herstellte. Diese wurde wegen ihrer einfachen Qualität überwiegend nach Cuba exportiert. Nachdem aber der dortige Markt zusammengebrochen ist, konnte der Konkurs nicht mehr aufgehalten werden. Alle Bemühungen, die Gebäude und die ältesten Maschinen unter Denkmalschutz zu stellen, sind erfolglos geblieben. Statt dessen sollen mit dem Verkauf des Anwesens und dem Verschrotten aller Maschinen die Schulden für Elektrizität und Sozialversicherung beglichen werden.

Eine 1973 durchgeführte Befragung der Geschäftsführer von 137 der 600 Industriebetriebe mit mehr als zehn Beschäftigten in den Staaten Puebla und Tlaxcala (EISENBLÄTTER 1977) hat u. a. ergeben, daß sich die Investitionsneigung der einheimischen Unternehmerschicht nicht grundsätzlich geändert hatte. Die Überschüsse wurden meist nicht zur Steigerung der Rentabilität reinvestiert, sondern zum privaten Konsum verwendet, in andere Unternehmen gesteckt, die eine höhere Rendite versprachen, oder in zunehmendem Maße auf ausländische Banken transferiert. Erfolgreich waren dagegen, abgesehen von einigen internationalen Großbetrieben, die Firmen mit einem modernen Management, deren Besitzer zum Teil europäischer oder libanesischer Herkunft waren.

8.2
Aufschwung und Diversifizierung in der ersten Hälfte des 20. Jahrhunderts

Bis zu einem gewissen Grad läßt sich die Zurückhaltung mexikanischer Kapitaleigner in bezug auf Industrie-Investitionen verstehen, denn im 19. Jh. gab es einen ständigen Wechsel zwischen liberalistischer und protektionistischer Politik, ganz abgesehen von ausländischen Interventionen, inneren Unruhen, einem weit verbreiteten Bandenunwesen und einer völlig unzureichenden Infrastruktur. In dieser Hinsicht hat Porfirio Díaz mit seinem strengen Regiment nach innen und seiner Öffnung nach außen einen wesentlichen Wandel erreicht, indem er für potentielle Investoren aus dem In- und Ausland eine bessere Vertrauensbasis schuf. Von einer nennenswerten Förderung der Industrie konnte jedoch kaum die Rede sein, denn er führte 1879 Gewerbesteuern ein. Immerhin wurden diese ab 1893 für neu gegründete Fabriken auf zehn Jahre erlassen, und die Maschinen zur Erstausstattung wurden von Importzöllen befreit. Indirekt wurde die Industrie auch insofern gestützt, als zur Finanzierung des Staatshaushaltes Zolleinnahmen gebraucht wurden. Dadurch verteuerten sich zwar die Stoffe und Modeartikel höherer Qualität für die oberen Schichten, die sie trotzdem kauften; doch einfache Textilien aus heimischer Produktion für die Masse des Volkes konnten sich gegenüber entsprechenden Einfuhren behaupten.

Zur Stabilisierung des Wirtschaftslebens trug auch die Zulassung von Aktiengesellschaften (1889), die Gründung der Nationalbank (1881), die Reorganisation des Banksystems (1897), die Erweiterung des Eisenbahnnetzes, der wetterfeste Ausbau der Hauptstraßen für den Pferdewagenverkehr und die Anlage der ersten Wasserkraftwerke bei (S. 50). So wuchs die ver-

arbeitende Industrie von 1885 bis 1910 jährlich um 4,9%, d. h. deutlich über dem Durchschnitt des BIP von 4,0%, während die Steigerungsrate der Landwirtschaft 3,0%, des Handels 4,8% und des Bergbaus 6,2% betrug (CARDOSO 1980).

Die Zahl der Webmaschinen stieg bis 1910 auf 26000, diejenige der Spindeln auf 724000. Die höhere Produktivität wird durch die relativ geringere Zunahme der Beschäftigten auf rund 28000 dokumentiert (Estadísticas históricas 1985). Neben der Textilindustrie wurden traditionelle Zweige wie Zuckerrohr- und Tabakverarbeitung mechanisiert. Zu den bedeutenden Neuerungen gehörten Papierfabriken und Brauereien. Doch für die Zukunft waren zwei neue Industriezweige besonders wichtig: das Eisenhüttenwerk in Monterrey (S. 170) und drei Zementfabriken bei Tula (1906–1910). Deren erste wurde von englischen Unternehmern in nächster Nachbarschaft zu dem berühmten Zeremonialzentrum der Tolteken errichtet und legte sich den Namen *Cementos Tolteca* zu. Umweltrücksichten spielten damals eine noch geringere Rolle als heute.

Die Revolutionszeit nach 1910 brachte zwar insgesamt einen wirtschaftlichen Rückgang mit sich, doch nicht alle Bereiche waren davon betroffen; z. B. war die Schuhindustrie in León (Guanajuato) durch Armeeaufträge gut ausgelastet. So blutig die Kämpfe auch vielfach waren, sie beschränkten sich im wesentlichen auf ländliche Räume, während die meisten Städte und andere Teilgebiete verschont blieben bzw. nur indirekt betroffen waren. Der Ruf *Tierra y Libertad* der Bauernheere entsprach den mexikanischen Wertvorstellungen, in denen Landbesitz den höchsten Rang einnahm. Dazu gehörte zwar die Forderung nach der Verstaatlichung der Bodenschätze, doch städtisches, industrielles und anderes Eigentum wurde normalerweise nicht angetastet.

Jahr	Gesamt-produk-tion	Zuwachs (% pro Jahr)	Energie-wirtschaft	Bergbau	Verarbei-tende Industrie	Bauge-werbe	Bevölke-rungs-index
1900	6						39
1910	9	3,2					43
1920	7	−0,6					41
1930	13	3,9					47
1940	22	7,7					56
1950	47	6,7					74
1960	100	10,9	100	100	100	100	100
1970	221	10,1	288	135	227	215	138
1980	440	9,4	687	336	423	481	191
1990	519	2,7	1233	440	512	452	233

Quelle: Estadísticas Históricas 1985; Anuario 1992

Tab. 33: Entwicklung der Industrieproduktion in Mexiko 1900–1990 (Index 1960=100)

Einen gewissen Zuwachs erfuhren zur gleichen Zeit die Baumwoll- und die *henequén*-Verarbeitung sowie die Kaffee-, Bergbau- und Petroleumproduktion durch verstärkte Exporte im Zusammenhang mit dem Ersten Weltkrieg. Unter diesen Voraussetzungen wurden sogar in den unruhigen Jahren neue Fabriken gegründet, z. B. Gießereien und Betriebe für Waggons und Maschinenteile.

Die Konsolidierung der 20er Jahre führte zu einem weiteren Ausbau der Industrie. Schon 1926 wurde ein Montagewerk für Ford-Automobile eröffnet, kurz darauf eine Autoreifenfabrik. Die Eisen- und Stahlindustrie wurde erweitert (Tab. 34), und 1929 wurde in Monterrey die erste Flachglasfabrik gegründet. Dazu kam die Produktion von Möbeln sowie von zahlreichen Haushalts- und Konsumartikeln. Dies ging mit einem realen Anstieg der Kaufkraft von 83% zwischen 1910 und 1930 einher.

Auch die mexikanische Industrie blieb von der Weltwirtschaftskrise der 30er Jahre nicht unberührt. Doch konnte sie sich relativ schnell erholen, was teilweise mit dem staatlichen Ausbau der Infrastruktur, einschließlich der Bewässerungssy-steme für die Landwirtschaft, zusammen-hing. Im Zweiten Weltkrieg erfolgte ein beachtlicher Industrieaufschwung durch Importsubstitution und Exporte in andere lateinamerikanische Länder, die von Europa abgeschnitten waren. Dementsprechend wurde die führende Position der Lebens-mittel- und Verbrauchsgüterindustrie von 1939 bis 1943 ausgebaut. Nach dem Produktionswert standen Eisen- und Stahl-erzeugung hinter Baumwollartikeln, Weizenmehl, Zucker, Bier, Speiseöl, Seife und Tabakwaren an achter Stelle, gefolgt von Wollartikeln, Papier, Gummiwaren, Alkohol, Schuhen und Hüten. Einen besonders hohen Zuwachs konnten Alkohol (193%), Speiseöl (172%), Lebensmittelkonserven (160%) aber auch Zement (138%) aufweisen (MARTÍNEZ DEL CAMPO 1985, S. 72ff.). Der Exportboom erreichte 1945 seinen Höhepunkt und brach danach ziemlich abrupt ab. Trotzdem war die Ausfuhrmenge 1949 immer noch annähernd viermal so groß wie 1939, und die Inlandproduktion hatte sich gleichzeitig verdoppelt (Tab. 33). Dies bedeutete 1940–1960 einen jährlichen Zuwachs der Beschäftigten im sekundären Sektor um 14% (Estadísticas históricas 1985).

8.3
Entwicklung und Strukturwandel
nach dem Zweiten Weltkrieg

Zur Stabilisierung und Förderung der Industrie haben Gesetze und Verordnungen der 40er Jahre wesentlich beigetragen, die neben Schutzzöllen und Steuerbefreiungen ein direktes Engagement des Staates bei der Gründung und Finanzierung von Fabriken vorsahen. Dafür war schon 1934 die *Nacional Financiera (NAFINSA)* als nationales Kreditinstitut gegründet worden, das aber durch direkte Firmenbeteiligungen immer stärker in den Industrialisierungsprozeß eingriff.

Auf dieser Grundlage kam es zu einem verstärkten Strukturwandel von den „traditionellen" zu den „dynamischen" Industriezweigen. So verringerte sich der Anteil der Lebensmittelindustrie am verarbeitenden Gewerbe 1950–1958 von 38,6 auf 29,3%; und ähnliche Rückgänge verzeichneten die Textilindustrie (15,6–10,3%), die Holzverarbeitung (3,6–2,6%) u. a. Dagegen steigerten die Chemieproduktion (9,0–13,4%), die Metall-Grundstoffindustrie (6,5–9,0%) und vor allem der Maschinen- und Fahrzeugbau (6,0–15,7%) ihre Anteile beträchtlich (MARTÍNEZ DEL CAMPO 1985, S. 80ff.).

Staatliche Interventionen gab es u. a. bei der Erweiterung der Zementindustrie in den 40er Jahren. Um eine stabile Grundlage für den Ausbau der öffentlichen Infrastruktur sowie für die Entwicklung der Privatinitiative im ganzen Lande ohne übermäßige Transportkosten zu gewährleisten, wurde eine gleichmäßige räumliche Verteilung der Betriebe angestrebt. Daher wurden seit 1940 zu den 8 bestehenden Werken 21 neue gegründet (Abb. 51). Zusätzlich wurde die Kapazität durch modernere Drehöfen gesteigert. So nahm bis 1950 die Produktion von 0,5 auf 1,8 Mio. t zu, und seitdem hat sie sich in

Jahre	Zement	Roheisen	Stahl
1906	20	25	33
1910	60	45	68
1920	45	–	–
1930	227	57	103
1940	485	92	149
1950	1388	227	390
1960	3086	784	1492
1970	7180	2261	3881
1980	16243	5275	7156
1990	23800	5300	8259

Angaben in 1000 t

Quellen: Estadísticas Históricas 1985; Anuario 1992

Tab. 34: Produktion ausgewählter Grundstoffindustrien Mexikos 1906–1990

jedem Jahrzehnt etwa verdoppelt, so daß Mexiko heute die 13. Stelle in der Welt einnimmt (Tab. 34). Die staatliche Beteiligung hat mit einzelnen Ausnahmen nicht zur völligen Übernahme geführt. Vielmehr blieben die ursprünglich von Engländern gegründeten Zementfabriken in den Händen von privatwirtschaftlichen Konzernen mit überwiegend mexikanischem Kapital (LEZAMA ESCALANTE 1977).

Die Industriepolitik der 40er Jahre wurde in den folgenden Jahrzehnten weitergeführt und hat wesentlich zu dem viel beschworenen *milagro mexicano* beigetragen. Dieses „Wunder" war ja kein isoliertes Phänomen. Es war vielmehr eingebunden in die durch den Koreakrieg beeinflußte allgemeine Weltkonjunktur jener Jahre. Es beruhte weitgehend auf einer mexikanischen Finanzpolitik, die Vertrauen schaffen und eine größere Kapitalflucht verhindern konnte, und zwar durch eine niedrigere Inflationsrate als in den USA sowie durch stabile Wechselkurse gegenüber dem US-Dollar bei ungehindertem Devisenverkehr. Auf dieser Basis wurden zahlreiche Fabriken, zunächst für einfache, dann immer mehr für langlebige

Mrd. Pesos von 1980	1960		1970		1980		1985		1989	
	ab-solut	Anteil (%)	ab-solut	Anteil (%)	ab-solut	Anteil (%)	ab-solut	Anteil (%)	ab-solut	Anteil (%)
TOTAL	255	100,0	539	100,0	989	100,0	1051	100,0	1119	100,0
Lebensmittel, Getränke	85	33,2	150	27,8	243	24,6	275	26,2	296	26,5
Textilien, Bekleidung	44	17,5	85	15,8	136	13,8	134	12,8	125	11,2
Holz	13	4,9	22	4,1	42	4,2	41	3,9	40	3,6
Papier, Druck	13	5,1	30	5,6	54	5,5	61	5,8	68	6,0
Chemie	24	9,5	60	11,2	147	14,9	184	17,5	206	18,4
Nichtmetallmineralien	16	6,1	39	7,2	69	7,0	73	6,9	78	7,0
Metallgrundstoffe	14	5,5	30	5,6	61	6,1	61	5,8	68	6,1
Metallverarbeitung	33	13,1	93	17,3	211	21,3	194	18,5	212	18,9
Sonstige	13	5,1	29	5,4	26	2,6	27	2,6	26	2,3

Quelle: Nafinsa 1990

**Tab. 35: Bruttoinlandsprodukt der verarbeitenden Industrie Mexikos
nach Branchen 1960–1989**

Konsumgüter wie Haushaltsgeräte und Automobile gegründet. Dies erforderte zunehmende Importe von Kapitalgütern und Technologien, wobei der Aufbau einer eigenständigen Maschinenindustrie vernachlässigt wurde.

Die Finanzierung geschah einerseits durch direkte Investitionen aus dem Ausland, die freilich 49% des Kapitals nicht übersteigen durften, andererseits durch traditionelle Rohstoffexporte. Deren stagnierende Produktivität und ihre Abhängigkeit von schwankenden Weltmarktpreisen trugen u. a. zum steigenden Defizit der Leistungsbilanz bei. Ein wichtiger Punkt war ferner der relativ begrenzte, durch Zölle geschützte Binnenmarkt, denn der überwiegende Teil der höherwertigen Güter war nur für die Ober- und Mittelschichten zugänglich. Doch die Devise von Díaz Ordaz lautete „erst Wachstum, dann Verteilung". Um aber den Ausbau der Infrastruktur und wichtige Sozialleistungen finanzieren zu können, wurden die staatlichen Schulden erhöht, womit die offizielle Strategie der stabilisierenden Entwicklung *(desarrollo estabilizador)* in Frage gestellt wurde (vgl. LAUTH 1991, S. 80ff.).

Die Erfolge dieser Politik waren jedoch auf den ersten Blick erstaunlich. Das zeigt insgesamt der Index der verarbeitenden Industrie mit jährlichen Zuwachsraten von über 7% sowie mit steigenden Anteilen am BIP (17,1–23,7%) und an der Zahl der Beschäftigten (12,3–17,8%) in den Jahren 1950 bis 1970. Es läßt sich aber auch am Beispiel einzelner Industriezweige verdeutlichen (Tab. 35).

Als Motor der Entwicklung hat die Automobilfabrikation eine wesentliche Rolle gespielt, wobei wiederum der Staat steuernd eingegriffen hat, und zwar nicht nur durch Importverbote. Um nämlich die wirtschaftlichen Kräfte zum Aufbau einer eigenständigen Industrie zu bündeln und trotzdem die gegenseitige Konkurrenz nicht auszuschalten, wurden ab 1962 für drei Pkw-Größenklassen jeweils nur drei Marken zugelassen. Die Standard- (bzw. Luxus-) und Compactmodelle sowie eine geringe Zahl sog. Sportwagen wurden nach nordamerikanischen Maßstäben ausschließlich von den drei großen US-Konzernen hergestellt. Aus der Konkurrenz um die Zulassung für die als *popular* bezeichneten Kleinwagen sind Renault,

Volkswagen und Nissan hervorgegangen, die je eine Fabrik in Ciudad Sahagún (S. 193), Puebla und Cuernavaca errichteten. Dabei war für die Japaner der Standort an der Straße zum Pazifikhafen Acapulco ebenso wichtig wie für VW der Bahnanschluß nach Veracruz. Im übrigen liegen sie alle im Umkreis von rund 100 km um den Verdichtungsraum der Hauptstadt. Und das gilt auch für Ford in Cuautitlán und General Motors in Toluca. Dies kann nur bedingt als Dezentralisierung bezeichnet werden (s. u.). Erst das zweite Nissan-Werk in Aguascalientes (1980) sowie die neue Ford-Fabrik in Hermosillo (Sonora) markieren einen Wandel. Beide wurden allerdings hauptsächlich für den Export in die USA errichtet und weniger für den Binnenmarkt.

Über den Bau neuer Produktionsstätten hinaus mußten sich die Firmen verpflichten, einen zunehmenden Prozentsatz an Fahrzeugteilen in Mexiko selbst herzustellen oder von einheimischen Zulieferern zu kaufen. So ist es tatsächlich gelungen, neben den Autowerken eine größere Zahl von mittelständischen Betrieben anzusiedeln, darunter viele mit ausländischer Beteiligung. Ihr räumliches Verbreitungsmuster zeigt allerdings, entgegen den Hoffnungen, ausgesprochene Konzentrationstendenzen. So entfielen 1986 35% der Beschäftigungseffekte des Volkswagenwerkes in Puebla auf die ZMCM (Bott 1989, S. 210).

Im Großen und Ganzen haben sich die o. g. Regelungen bewährt. Die Modellvielfalt ist durch mehrere Typen aus den verschiedenen Firmen etwas größer geworden. So wird in Puebla als einzigem Werk des VW-Konzerns neben dem Golf (der dort *Caribe* heißt) noch immer der traditionelle „Käfer" gebaut. Andererseits zeigt das mißlungene Borgward-Experiment, wie schwierig der Aufbau einer hochentwickelten Industrie ist, selbst wenn einheimisches Kapital zur Verfügung steht. Die Fabrik wurde mit den Maschinen der 1963 in Konkurs gegangenen Bremer Fabrik 1967 von einem mexikanischen Konsortium in Monterrey eröffnet, konnte aber nicht überleben, da es einerseits an Facharbeitern mangelte, andererseits der sog. „große Borgward" inzwischen veraltet war und sich gegenüber den US-Modellen nicht behaupten konnte (vgl. Gierloff-Emden 1970, S. 446f.).

Lastwagen und Omnibusse werden in Mexiko nur von US-amerikanischen Tochterfirmen sowie von der staatlichen DINA-Fabrik *(Diesel Nacional)* in Ciudad Sahagún hergestellt. Letztere produziert den größten Teil der Schwerlastwagen (über 5 t), während bei kleineren Nutzfahrzeugen und Lieferwagen eine beträchtliche Konkurrenz zwischen amerikanischen Marken, Datsun und VW besteht. Eindrucksvoll sind die riesigen Lastzüge nach dem Muster nordamerikanischer *trucks* mit bis zu 11 Achsen, die einen wesentlichen Teil des Fernverkehrs bewältigen.

Die Kraftfahrzeugproduktion hatte, wie alle anderen Industriezweige, unter der Wirtschaftskrise der 80er Jahre erheblich zu leiden. 1987 erreichte sie nur noch 40% des Höchstwertes von 1981, und auch dies nur, weil im gleichen Jahr der Export ganz wesentlich gesteigert werden konnte, der 1981 noch kaum eine Rolle gespielt hatte (Tab. 36). In den folgenden Jahren kam es zu einem ausgesprochenen Boom der Autoindustrie, die 1991 bereits annähernd 1 Mio. Fahrzeuge herstellte. Mexiko hat damit Brasilien übertroffen. Die Steigerung war einerseits der erhöhten Nachfrage auf dem Binnenmarkt zu verdanken. Noch wichtiger war aber die Ausfuhr von 46% der Personenwagen und 9% der Nutzfahrzeuge. So hat diese Branche mit 21% des Exportwertes die zweite Stelle hinter dem Erdöl erreicht. Mit der neuen Wirtschaftspolitik wurden auch die Einfuhrbe-

Jahr	Produktion		Export	
	Pkw	Lkw	Pkw	Lkw
1950	10	11		
1955	12	20		
1960	28	22		
1965	70	33		
1970	133	57		
1975	237	120		
1980	303	187		
1985	247	151	50	9
1986	170	103	40	32
1987	142	90	135	28
1988	209	129	144	29
1989	274	172	165	31
1990	346	196	250	27

Quellen: Estadísticas Históricas 1985;
        La Industria Automotriz 1991

**Tab. 36: Produktion und Export von Pkw
und Lkw in Mexiko 1950–1990 (1000)**

schränkungen für Autos gelockert. Doch 1991 wurden nur knapp 10 000 Luxus- und Spezialfahrzeuge eingeführt. Bedeutsamer war die Importsteigerung an Autoteilen, wodurch insgesamt die Außenhandelsbilanz dieses Wirtschaftszweiges negativ war (Banamex 799, Juni 1992).

Einen großen Aufschwung hat die chemische Industrie genommen, die selbst in den 80er Jahren kaum einen Rückgang zu verzeichnen hatte. Ihr Anteil am BIP der verarbeitenden Industrie stieg 1985–1989 von 15,8 auf 17,2% und am BIP insgesamt von 3,7 auf 4,2%. Tab. 37 enthält den Prozentsatz der verschiedenen Teilbereiche am Produktionswert und an den 291 114 Beschäftigten (1989). Deren räumliche Verteilung zeigt eine Beschränkung auf wenige Standorte. Der D. F. und der Staat Mexico umfassen mit 30,2 und 22,5% über die Hälfte. Es folgen Veracruz (12,4), Jalisco (7,6), Nuevo León (6,7), Guanajuato (5,6), Tamaulipas (3,5) und Puebla (2,2); d. h. 90,7% liegen in einem Viertel aller Staaten, wobei die Erdölraffinerien nicht mitgezählt sind (Abb. 49).

Neben dem Maschinen- und Fahrzeugbau, den Grundstoffindustrien und der Chemie hat auch die Fabrikation von mittel- und langfristigen Gebrauchsgütern in erheblichem Umfang zugenommen. Dies gilt für Kühlschränke und Haushaltsmaschinen ebenso wie für elektronische Geräte, unter denen Farbfernseher besonders hohe Zuwachsraten hatten. In diesem Bereich ist allerdings seit jeher der Schmuggel stark ausgeprägt. Tab. 38 bringt eine Auswahl aus der reichhaltigen Industrieproduktion, auf die hier im einzelnen nicht eingegangen werden kann. Dabei gibt es immer mehr Artikel, die ausschließlich oder überwiegend in kleinen bis mittleren rein mexikanischen Firmen hergestellt werden. Jedenfalls ist das Angebot in Geschäften und auf den Märkten außerordentlich vielfältig und, mit Ausnahme gewisser Luxusgüter, für alle Ansprüche geeignet.

Mexiko hat damit einen bemerkenswerten Industrialisierungsgrad erreicht. Bei vielen Gütern (z. B. Baumwollgeweben, Kunstfasern, Kraftfahrzeugen, synthetischem Kautschuk, Handelsdünger, Mineralölprodukten, Papier, Stahl, Zement, aber auch Bier und Zigaretten) nimmt es einen Platz unter den ersten 15 Ländern ein (Abb. 50; FWA 1993). In der sog. Dritten Welt wird es, abgesehen von China, meist nur von Südkorea und dem wesentlich größeren Brasilien übertroffen. Ein wichtiges Problem besteht allerdings darin, daß die modernen Technologien der dynamischen Produktionszweige fast ausschließlich in den Händen transnationaler Unternehmen liegen oder direkt aus dem Ausland übernommen werden. Es mangelt an eigenständigen Innovationen und einer entsprechenden Steigerung der Produktivität. Dies kann allein durch niedrige Arbeitskosten nicht aufgewogen werden. So bleibt abzuwarten, welche Veränderungen sich durch den Fortfall der Importzölle im

	Wert*	Anteil %	Beschäftigte	Anteil %
Summe	449 428	100	291 114	100
Petrochemie	60 436	13	19 729	7
Grundstoffchemie	36 138	8	20 659	7
Düngemittel	17 574	4	11 535	4
Kunstharze und Kunstfasern	67 261	15	32 545	11
Pharmazie	47 968	11	41 452	14
Reinigungsmittel, Kosmetika	64 698	14	33 414	11
Gummiwaren	40 038	9	32 745	11
Plastikartikel	49 678	11	57 857	20
Sonstige	65 637	15	41 178	14

* Mio. Pesos von 1980

Quelle: Industria Química 1991

Tab. 37: Chemische Industrie Mexikos: Produktionswert und Beschäftigte nach Teilbereichen 1989

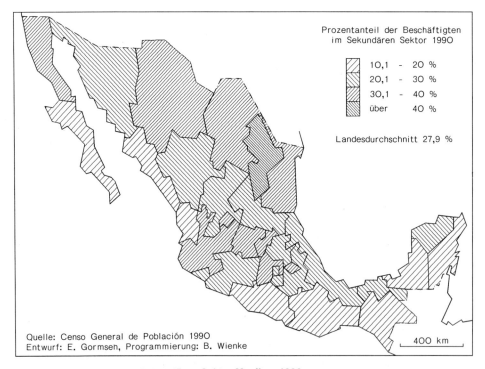

Abb. 49: Beschäftigte im Sekundären Sektor Mexikos 1990

Jahr	Schwarz/Weiß-Fernseher	Farb-Fernseher	Plattenspieler, Tonbandgeräte	Radio	Autoradio
1965	187		115	851	63
1970	374	50	235	668	144
1975	506	70	366	651	256
1980	737	202	500	759	321
1981	737	256	452	748	333
1982	587	266	377	620	292
1983	346	193	273	353	156
1984	305	215	344	336	144

Quelle: Estadísticas Históricas 1985

Tab. 38: Produktion von Unterhaltungselektronik 1965–1984 (1000 St.)

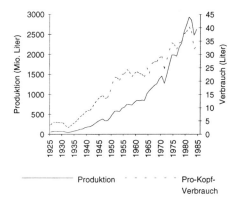

Quelle: Estadísticas históricas 1989; Programmierung
G. Kitzler

Abb. 50: Bierproduktion und -konsum in Mexiko 1925–1985

Rahmen des GATT und der nordamerikanischen Freihandelszone ergeben werden. In vielen kleineren Betrieben besteht begründete Sorge gegenüber der Konkurrenz aus dem Norden (S. 303).

8.3.1
Die *maquiladora*-Industrie

Außerdem hat die Regierung 1989 zur stärkeren Integration der Lohnveredelungsbetriebe nicht nur steuerliche Vorteile für nationale Zulieferer beschlossen, sondern auch den Absatz von einem Drittel der Produktion auf dem Binnenmarkt erlaubt, was der ursprünglichen Intention dieser sog. *maquiladoras* widerspricht. Mexiko hat 1965 ein entsprechendes Abkommen mit den USA getroffen. Danach mußten die meisten Rohstoffe und Halbfertigwaren importiert und sämtliche Fertigprodukte exportiert werden, so daß sie, im Gegensatz zur heutigen Situation, nicht als Konkurrenten der einheimischen Industrie in Erscheinung traten. Der Vorteil lag für beide Seiten in der Ausnutzung der billigen Arbeitskraft. Dadurch konnte der ausländische Unternehmer Kosten sparen und sein Produkt preisgünstig anbieten, während in Mexiko zusätzliche Einkommen geschaffen wurden. Interessant waren daher lohnintensive Fertigungen wie die Massenproduktion von Bekleidungen und der Zusammenbau von elektronischen Geräten sowie von Fahrzeug- und Geräteteilen. Durch die Einführung weiterer Branchen haben sich ihre Anteile nicht unwesentlich verschoben (Tab. 39). Das System hat sich schnell entwickelt. 1970 gab es bereits 120 *maquiladora*-Fabriken mit 20327 Arbeitsplätzen. Ihre Zahl ist seitdem kontinuierlich gestiegen. 1990 arbeiteten in 2087 Betrieben 478000 Personen, was etwa 10% der Industriebeschäftigten des ganzen Landes entsprach. Damit wurde die Lohnveredelung nach

	Jahr	Mexiko insgesamt			Grenzzone	
		Betriebe	Beschäftigte	Beschäftigte/ Betrieb	Betriebe	Beschäftigte
Summe	1981	605	130973	216	533	116450
	1988	1396	369489	265	1140	298863
Textilien und Bekleidung	1981	117	18059	154	92	14278
	1988	201	34707	173	133	20289
Fahrzeugbau und Fahrzeugteile	1981	44	10999	250	41	10108
	1988	130	74381	572	108	64213
Elektrische und elektronische Geräte	1981	67	33396	498	60	31801
	1988	100	56853	569	80	47789
Teilefertigung für elektronische Geräte	1981	163	42791	263	145	36935
	1988	311	95700	308	277	79666
Andere	1981	214	25728	120	195	23328
	1988	654	107848	165	542	86906

Quelle: Industria Maquiladora 1978–1988

Tab. 39: Maquiladora-Industrie Mexikos nach Branchen und Regionen 1981–1988

dem Erdöl zu einem der wichtigsten Devisenbringer (vgl. SOUTH 1990).

Um die Transportwege so kurz wie möglich zu halten und eine direkte Kontrolle aus den USA zu gewährleisten, wurden die meisten *maquiladoras* in Grenznähe errichtet, obwohl neuerdings eine zunehmende Zahl im Landesinneren gegründet wurde. Die Standortpräferenz hängt auch damit zusammen, daß die US-Grenze seit Jahrzehnten das Ziel mexikanischer Migranten ist, die auf legalem oder illegalem Wege Arbeit im Nachbarland suchen. Viele von ihnen sind in den Grenzstädten hängengeblieben, wo sie ein großes Arbeitskräftepotential bieten. Doch der ursprüngliche Zweck, Ersatzarbeitsplätze für *braceros* zu schaffen, wurde nicht erreicht, denn diese waren überwiegend Männer, die körperliche Schwerarbeit gewöhnt waren (S. 66). Demgegenüber sind zwei Drittel (anfangs sogar drei Viertel) der Beschäftigten in *maquiladoras*

Frauen. Das liegt nicht nur an ihrer Fingerfertigkeit, sondern auch an ihrem niedrigeren Tariflohn. Andererseits bedeutet es durch die eigenen Einkünfte einen gewissen Grad an Unabhängigkeit in der immer noch traditionellen Gesellschaft.

Die Auswirkungen der *maquiladoras* auf einzelne Grenzgemeinden läßt sich an der absoluten und prozentualen Zunahme des Sekundären Sektors von 1970 bis 1990 ablesen, wobei auch der Anteil der Erwerbstätigen an der Bevölkerung stark angestiegen ist. Leider liegen für 1990 keine detaillierten Angaben über die *maquiladoras* vor, so daß ein direkter Vergleich nicht möglich ist. Außerdem gibt es unterschiedliche Erhebungsmethoden, wobei die Volkszählung an einem bestimmten Stichtag stattfindet, während für die *maquiladoras* ein Jahresdurchschnittswert angenommen wird. Im übrigen hat es hier und da Fluktuationen gegeben. Doch insgesamt ist der damit erzielte

	Jahr	Betriebe	Beschäftigte	Beschäftigte pro Betrieb	Jahr	Einwohner	II. Sektor	
							Beschäftigte	Anteil (%) an Beschäftigten insgesamt
Mexiko insgesamt	1970	120	20 327	169	1970	48 225 238		
	1980	620	121 767	196	1980	66 847 000		
	1988	1396	369 489	265	1990	81 249 645		
	1990	2087	478 056	229				
Tijuana mit Rosarito	1970	16	2 190	137	1970	277 306	21 164	28,8
	1988	355	49 779	140	1990	721 819	93 265	36,8
Mexicali	1970	22	5 002	227	1970	263 498	17 464	26,3
	1988	135	19 558	145	1990	438 377	42 599	28,8
Nogales mit Magdalena	1970	5	1 202	240	1970	62 389	3 785	27,2
	1988	61	22 864	375	1990	123 054	18 203	47,0
Cd. Juárez	1970	22	3 165	144	1970	407 370	28 359	27,3
	1988	248	110 999	448	1990	789 522	138 161	49,3
Piedras Negras	1970	5	1 240	248	1970	41 003	3 467	32,5
	1988	32	6 950	217	1990	96 178	14 116	45,1
Nuevo Laredo	1970	17	3 472	204	1970	148 867	10 646	27,4
	1988	44	11 056	251	1990	218 413	23 165	33,4
Matamoros	1970	23	2 565	112	1970	137 749	9 301	25,1
	1988	72	32 450	451	1990	266 055	46 893	49,3
andere Grenzstädte	1970	10	1 491	149	1970	242 169	20 033	32,1
	1988	162	41 344	235	1990	463 642	59 433	38,8

Quellen: TRABIS 1985, S. 42; Industria maquiladora 1978–1988; Censo 1970, 1990

Tab. 40: Maquiladora-Betriebe und Beschäftigte in den Grenzstädten Mexikos

Beschäftigungseffekt beachtlich (Tab. 40; vgl. TRABIS 1985; RAMIREZ 1988, S. 437; ausführlicher berichtet NUHN 1994 über die *maquiladoras*).

8.4
Die regionale Verteilung der Industrie

Die *maquiladoras* haben dazu beigetragen, daß der Wert der Industrieproduktion sowie der Anteil der Beschäftigten im Sekundären Sektor (Abb. 49) in den nördlichen Regionen erheblich höher sind als in den dicht bevölkerten Staaten im Süden. Weitere Lagefaktoren sind die Rohstoffvorkommen aus dem Bergbau und aus der modernen Agrarwirtschaft. Die Karte der Industriestandorte (Abb. 51) zeigt darüber hinaus eine Konzentration auf relativ wenige Städte und Gebiete vor allem in Zentralmexiko. Sie betreffen nicht nur die chemische Industrie, die im südlichen Veracruz und in Tamaulipas im-

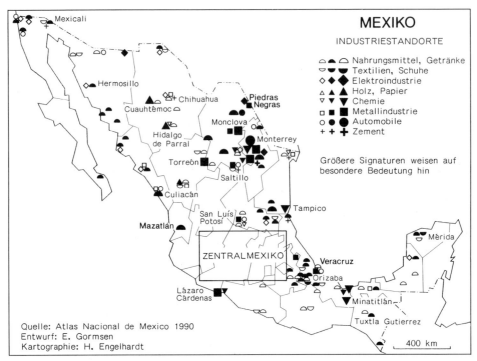

MEXIKO

INDUSTRIESTANDORTE

⌒ ◖ ⌒ Nahrungsmittel, Getränke
▽ ▼ ▽ Textilien, Schuhe
◇ ◆ ◆ Elektroindustrie
△ ▲ ▲ Holz, Papier
▽ ▼ ▽ Chemie
□ ■ ■ Metallindustrie
○ ● ● Automobile
+ + + Zement

Größere Signaturen weisen auf
besondere Bedeutung hin

Quelle: Atlas Nacional de Mexico 1990
Entwurf: E. Gormsen
Kartographie: H. Engelhardt

400 km

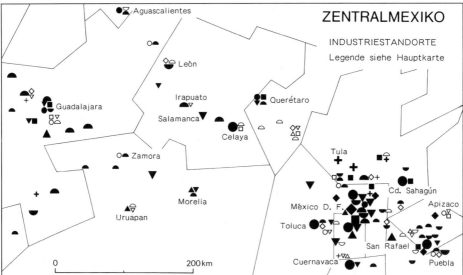

ZENTRALMEXIKO

INDUSTRIESTANDORTE
Legende siehe Hauptkarte

Abb. 51: Industriestandorte in Mexiko

merhin an die Erdöl- und Erdgasquellen anknüpft. Aus heutiger Sicht erscheinen übrigens einige frühere Entscheidungen dieses Sektors fragwürdig, z. B. der Aufbau riesiger Raffinerie- und Petrochemiekapazitäten in den Ballungsgebieten der Hauptstadt und anderer Metropolen sowie in Salamanca am damaligen Endpunkt der Rohölpipeline im dicht besiedelten und landwirtschaftlich hoch produktiven Bajío (S. 131).

Eher verständlich ist die Lage von pharmazeutischen und anderen Laboratorien im Großstadtbereich, und zwar sowohl wegen der Nähe zum Markt, als auch wegen der wirtschaftlichen und politischen Fühlungsvorteile, der Kultur- und Bildungseinrichtungen sowie der gesellschaftlichen Beziehungen, die für Führungskräfte und ihre Familien nur dort zu finden sind. Hier liegt eines der Grundprobleme der Dezentralisierung, das in gleicher Weise für andere Wirtschaftszweige sowie für Bundesbehörden gilt und in vielen Ländern zu beobachten ist. Um so bemerkenswerter erscheint die auf 100 Mio. US-$ veranschlagte Betriebsverlegung der BASF aus México-Stadt in den von der Regierung gebauten neuen Industriehafen von Altamira bei Tampico (Ibero-Amerika Verein 2/1994; vgl. S. 105).

Es handelt sich hierbei um eines von vier großen Hafenprojekten, deren Planungen auf die 70er Jahre zurückgehen und deren Ziel neben der Erweiterung der Transportkapazitäten in einer besseren Verteilung von Grundstoffindustrien und anderen umfangreichen Produktionskomplexen bestand (S. 208). Ihre Fertigstellung hat sich erheblich verzögert, und zwar nicht nur wegen der wirtschaftlichen Schwierigkeiten der 80er Jahre, sondern auch wegen der mangelnden politischen Kontinuität. Dieses mit dem *Sexenio* der Präsidentschaft zusammenhängende Phänomen sollte freilich nicht überbewertet

werden, denn offenbar dauern Planungen und ihre Umsetzungen auch in hoch entwickelten Ländern oft wesentlich länger als vorgesehen.

In Mexiko hat die Einflußnahme des Staates auf den Industrialisierungsprozeß lange Zeit unter makro-ökonomischen Vorzeichen gestanden. Das Ziel bestand hauptsächlich in einer Produktionssteigerung, wobei nach den regionalen oder lokalen Auswirkungen weniger gefragt wurde. Unter dem Druck wachsender Wirtschafts- und Bevölkerungskonzentration der Nachkriegszeit im Agglomerationsraum von México-Stadt, der 1950 gut 40% der industriellen Wertschöpfung des Landes auf sich vereinigte, kam jedoch der Gedanke einer Gründung von Entlastungsorten auf, der erstmals in Ciudad Sahagún verwirklicht wurde, ein in vieler Hinsicht interessantes Beispiel.

Diese *Ciudad Industrial* folgt den Prinzipien der *new towns*, d. h. sie umfaßt eine Wohnstadt mit Arbeitsstätten. Sie wurde von der Regierung etwa 80 km nordöstlich des D.F. in den dünn besiedelten Hochebenen der Llanos de Apan gegründet, die noch immer von der *pulque*-Wirtschaft und den eindrucksvollen Gebäudekomplexen einiger *ex-haciendas* geprägt sind. Hier wurden in den 50er Jahren drei große staatliche Betriebe errichtet: 1. ein Automobilwerk zur Herstellung von Lastwagen und Omnibussen in Kooperation mit US-Firmen sowie von Personenwagen unter der Regie von Renault, wobei letztere 1986 aufgegeben wurde. 2. eine Waggonfabrik, in der zunächst nur Güterwagen der nationalen Eisenbahn, später auch Container sowie Metrowaggons für México-Stadt gebaut wurden. 3. eine Gießerei und Maschinenfabrik, die Gußstücke, aber auch Textilmaschinen, Traktoren und Ackergeräte produziert.

Die Stadt wurde einheitlich geplant. Ein Grüngürtel mit Sportstadion liegt zwischen den ausgedehnten Fabrikanlagen und den Wohngebieten, in denen die Verkehrsarten so weit wie möglich getrennt verlaufen: Die Arbeitersiedlungen bestehen aus Reihenhäusern, deren Vordereingang sich auf ein kammartig angelegtes Sackgassensystem öffnet, während der Hintereingang in einen grünen Fußgängerbereich führt, der mit dem Zentrum verbunden ist. Am Rand wurden später auch mehrstöckige Wohnhäuser gebaut. Trotz der in mancher Hinsicht vorbildlichen Planung und der guten sozialen Infrastruktur macht die Stadt keinen besonders dynamischen Eindruck. Von den vorgesehenen 60 000 Einwohnern hatte sie 1990 nur 28 000 erreicht. Das liegt überwiegend an wirtschaftlichen Schwierigkeiten, von denen die Staatsbetriebe wegen der allgemeinen Krise, aber auch aufgrund von Managementfehlern in unterschiedlicher Weise betroffen sind. Dazu kommt die isolierte Lage in der wenig attraktiven Landschaft (C. 67). Dadurch werden Führungskräfte veranlaßt, ihren Wohnsitz in México-Stadt beizubehalten, was für das lokale Engagement kaum vorteilhaft ist. So hat sich in all den Jahren nur eine private Fabrik niedergelassen, während Autowerke in anderen Städten zahlreiche Zulieferer angezogen haben (S. 186).

Auch die 1957 gegründete *Ciudad Industrial* bei Irapuato (Guanajuato) war kein großer Erfolg. Von ihren 211 ha Gesamtfläche waren 1986 immer noch 79 ha unverkauft; 77 ha waren von einem Umspannwerk der staatlichen Elektrizitätsgesellschaft belegt und nur 55 ha von 39 privaten Betrieben. Dieser und viele andere Fälle machen deutlich, daß in der Hoffnung auf zusätzliche Arbeitsplätze oder als Spekulationsobjekte ein Überangebot an Gewerbeflächen entstand. Insgesamt wurden 20 sog. Industriestädte (mit durchschnittlich 514 ha) und 110 Industrieparks (durchschn. 119 ha) angelegt,

der größte Teil in privater Trägerschaft oder unter der Regie eines Einzelstaates; nur 17 sind in der Hand der mexikanischen Bundesregierung (GARZA 1988).

Zu den positiven Beispielen gehört der *Parque Industrial Lagunero* bei Torreón. Er wurde 1962 gegründet und war nach 25 Jahren völlig bebaut. Von den 364 ha sind je 16 ha Wohn- und Grünflächen; 5 ha dienen Handelsfirmen, 93 ha öffentlichen Dienstleistungen (einschließlich einem Umspannwerk) und 234 ha Fabriken. Die 332 ha wirtschaftlich genutzten Flächen sind in 422 Grundstücke aufgeteilt, davon 113 (durchschn. 1700 m^2) für Kleinbetriebe, 270 (8000 m^2) für Mittelbetriebe und 39 (2,5 ha) für Großbetriebe. Das ganze Areal liegt zwar fast 1000 km von der Hauptstadt entfernt, dafür aber mitten im Agglomerationsraum von Torreón-Gomez Palacio, so daß man nur bezüglich der ZMCM von Dezentralisierung sprechen kann. Offenbar werden von den Unternehmern vor allem solche Industrieparks geschätzt, die sich eng an die nächste größere Stadt anschließen.

Diese Konzentrationserscheinungen haben allerdings auch mit den Anschlüssen an die notwendige Infrastruktur (Wasser, Gasleitung, Elektrizität, Eisenbahn) zu tun, die an der Autobahn westlich von Puebla sowie im Bajío zur Ausbildung von Industriekorridoren geführt hat. So ergibt sich heute ein anderes Verteilungsmuster als im 19. Jh. Für die damalige Textilindustrie war die Lage an einem Fluß wegen der Wasserkraft entscheidend, durch die später auch eigene Elektroturbinen angetrieben wurden. Dies erklärt die Streuung der Fabriken im Gebiet von Puebla-Tlaxcala, wobei die größte, Metepec, ausgesprochen peripher lag (S. 181). Eine linienhafte Anordnung ergab sich übrigens am Río Zahuapan, der von Tlaxcala her am Fuß der Malinche entlangfließt und, zusammen mit der Bahnlinie Apizaco-Puebla, eine wichtige Standortvoraussetzung für die Industrialisierung dieses Staates bot (GORMSEN 1966). Auch hier sind mehrere Fabriken eingegangen. Immerhin wurde eine davon, La Trinidad, ebenso wie Metepec, in ein Freizeitzentrum des IMSS umgestaltet (S. 181, 224).

Unabhängig davon läßt sich anhand dieser Region die Einflußnahme einzelstaatlicher Gouverneure auf die Industrieansiedlung zeigen. Da nämlich die Grenze zwischen beiden Staaten unmittelbar am nördlichen Stadtrand von Puebla verläuft, wurde eine ganze Reihe von Unternehmern durch Steuervergünstigungen, niedrige Grundstückspreise u. a. veranlaßt, ihre Betriebe auf dem Gebiet von Tlaxcala zu errichten. So konnten sie Kosten sparen und doch die Vorteile der Großstadt (Wohnen, Einkaufen, Schulen, Kontakte usw.) ausnutzen in ähnlicher Weise wie dies in Randgemeinden deutscher Großstädte der Fall ist. Dabei muß betont werden, daß in Mexiko die Wohnlage noch überwiegend nach schichtenspezifischen Kriterien gewählt wird. Die Gegensätze zwischen verschiedenen Wohngebieten oder gar zwischen der Stadt und den umliegenden Dörfern sind so groß, daß es schon für Angehörige der oberen Mittelschicht völlig unvorstellbar wäre, ein Haus in einem solchen Dorf zu beziehen, selbst wenn die Nähe zur Fabrik dafür spräche. Statt dessen pendelt man vom Villengebiet der Stadt hinaus zum Industriebetrieb.

Eine Dezentralisierungspolitik ist zwar von der mexikanischen Zentralregierung in verschiedenen nationalen Entwicklungsplänen immer wieder formuliert worden, wobei unterschiedliche Förderungs- und Konsolidierungsgebiete ausgewiesen wurden. Doch konkrete Maßnahmen wurden erst unter dem Eindruck der Erdbebenkatastrophe von 1985 ernsthaft verfolgt, und zwar durch die Verlegung mehrerer Bundesbehörden (S. 118). Dagegen wurde

von 1985 bis 1990 nur 1% der 3000 Betriebe, die dafür vorgesehen waren, tatsächlich aus der ZMCM verlegt. So sollte man sich auch von dem jüngsten Programm zur Modernisierung der Industrie *(Programa Nacional de Modernización Industrial y Comercio Exterior 1990– 1994)* nicht allzu viel versprechen. Danach sollen zur Verbesserung der Umweltsituation in den Verdichtungsräumen keine Großbetriebe mehr zugelassen werden. Aber auch die Erweiterung oder die Ansiedlung von Kleinbetrieben soll nur gestattet werden, falls bestimmte ökologische Normen erfüllt und keine großen Mengen an Wasser und Energie verbraucht werden (AGUILAR BARAJAS 1992).

Im übrigen hat die Regierung Salinas de Gortari einen grundlegenden Wandel der Industriepolitik eingeleitet. Während der Staat seit den 50er Jahren in zunehmendem Umfang als Unternehmer aufgetreten war, wurden nunmehr in wenigen Jahren fast alle Betriebe privatisiert (S. 55; über jüngste Standortveränderungen der Industrie berichtet CZERNY 1994).

8.4.1
Aguascalientes, ein Beispiel für erfolgreiche Dezentralisierung

Als positives Beispiel läßt sich die jüngste Entwicklung von Aguascalientes anführen. Diese Hauptstadt eines der kleinsten, von der Landwirtschaft im Übergang zum nördlichen Trockengebiet geprägten Staates zeichnete sich lange Zeit nur durch ihre Thermalquellen aus, denen sie ihren Namen verdankt. Sie führten um die Jahrhundertwende zur Anlage eines bescheidenen Badebetriebes mit Hotel und Park. Einen gewissen Aufschwung brachte 1884 der Anschluß an die Bahnlinie México – Ciudad Juárez–USA, zumal damit die Anlage eines Bahnausbesserungswerkes verbun-

	Jahr	Einwohner	Erwerbstätige nach Wirtschaftssektoren*						
			insgesamt	I. Sektor		II. Sektor		III. Sektor	
				absolut	Anteil (%)	absolut	Anteil (%)	absolut	Anteil (%)
Aguascalientes Staat	1970	338 142	86 903	32 067	36,9	18 511	21,3	29 634	34,1
	1990	719 659	212 365	31 766	15,0	72 662	34,2	103 866	48,9
Aguascalientes Municipio	1970	224 535	58 155	11 922	20,5	15 295	26,3	25 995	44,7
	1990	506 274	157 627	9 515	6,0	56 296	35,7	89 122	56,5
Aguascalientes Stadt	1970	181 277	47 495	3 895	8,2	14 106	29,7	25 077	52,8
	1990	440 425	140 067	3 032	2,2	49 728	35,5	85 026	60,7
Übrige Gemeinden	1970	113 607	28 748	20 145	73,2	3 216	11,2	3 639	12,7
	1990	213 385	54 738	22 251	40,7	16 366	29,9	14 744	26,9

* ohne unklare Fälle
Quelle: Censo 1970, 1990

Tab. 41: Wirtschaftsstruktur von Aguascalientes

den war. Die Industrie beschränkte sich auf die Anfertigung von Kleidung in zahlreichen kleinen bis mittleren Betrieben sowie auf die Verarbeitung von Wein, der seit den 40er Jahren in der Umgebung kultiviert wird. Noch in einer Studie über die Wirtschaft aus dem Jahr 1975 (Banco de Comercio 1975) wird die Stadt als wenig dynamisch, wenn nicht gar verschlafen geschildert (Tab. 41).

Immerhin wurde zur gleichen Zeit mit dem Bau eines neuen Flughafens 26 km außerhalb der Stadt begonnen, so daß auf dem früheren Flugplatz, längs der Ausfallstraße nach México, ein Volkspark und eine *Ciudad Industrial* angelegt werden konnten. Weitere Industrieparks folgten im Norden und im Westen sowie neuerdings einige Kilometer südlich der Stadt. Auf dieser Grundlage ist es in erstaunlichem Umfang gelungen, neue Industriebetriebe zur Ansiedlung zu bewegen, darunter ein Nissan-Autowerk, eine Dieselmotorenfabrik, die mexikanischen Filialen von Xerox und Texas Instruments, ein großes Betonwerk, ein Betrieb für Stahltanks u. a.

Hinzu kamen mehrere Lebensmittelfabriken sowie der Ausbau der Weinkellereien und eine Modernisierung der Textilindustrie, die teilweise zu größeren Unternehmen fusionierte. Einen unerwartet starken Impuls hat der Neubau des Bundesamtes für Statistik, Kartographie und Informatik *(Instituto Nacional de Estadística, Geografía e Informática, INEGI)* ausgelöst, der innerhalb von zwei Jahren nach dem Erdbeben in México an seinem neuen Standort fertiggestellt wurde und rund 1500 Personen Arbeit bietet (S. 118).

Tab. 42 zeigt nicht nur die Zunahme der Industriebetriebe insgesamt und ihrer Beschäftigten für 1970, 1985 und 1988, sondern auch die Umschichtung zwischen den einzelnen Produktionsrichtungen. An Bedeutung zurückgegangen ist die Lebensmittel- und Getränkeindustrie, die gleichwohl noch einen wichtigen Platz einnimmt. Zugelegt hat die Textil- und Bekleidungsfabrikation. Doch einen steilen Aufstieg hat die Metallverarbeitung genommen, und zwar auch zwischen 1985 und 1988. Während die anderen Branchen

	1970				1985			
	Betriebe	Beschäftigte		Anteil am Wert der Produktion (%)	Betriebe	Beschäftigte		Anteil am Wert der Produktion (%)
	absolut	absolut	Anteil (%)		absolut	absolut	Anteil (%)	
Nahrungsmittel	452	1820	24,9	35,5	458	4840	16,4	31,1
Getränke	19	1057	14,4	33,1	19	1710	5,8	7,7
Textilien und Bekleidung	155	2250	30,7	15,1	235	12944	43,9	27,5
Präzisionsgeräte	6	34	0,5	0,2	6	633	2,1	4,5
Kraftfahrzeuge	0	0	0	0	16	2492	5,1	16,7
Metallverarbeitung	79	664	9,1	6,1	364	3916	13,3	7,8
Sonstige	181	1494	20,4	10,2	141	2941	10,0	4,7
Summe	892	7319	100,0	60,8	1512	29476	72,5	100,0

	1988			
	Betriebe	Beschäftigte		Anteil am Wert der Produktion (%)
	absolut	absolut	Anteil (%)	
Nahrungsmittel	496	4490	14,2	23,3
Getränke	12	1326	4,2	5,5
Textilien und Bekleidung	241	13677	43,2	23,0
Präzisionsgeräte	10	1509	4,8	20,8
Kraftfahrzeuge	15	3272	10,3	14,7
Metallverarbeitung	367	4005	12,6	7,0
Sonstige	410	3400	10,7	5,7
Summe	1551	31679	100,0	100,0

Quelle: Banco de Comercio 1975; Censo Industrial 1985, 1988

Tab. 42: Entwicklung der verarbeitenden Industrie in Aguascalientes 1970–1988

gegen Ende der Krisenjahre stagnierten, nahmen die Auto- und Elektronikwerke gerade ihren vollen Betrieb auf. Für die jüngste Zeit sind leider keine Daten verfügbar.

Diese Entwicklung hat der Stadt einen außerordentlichen Boom beschert. Sie wuchs über den ersten Umgehungsring von 1970 schnell hinaus und hat inzwischen auch die 1988 fertiggestellte zweite Ringstraße überschritten. So nahmen zwischen 1970 und 1990 die bebaute Fläche von 2070 auf 5380 ha (182%) und die

Einwohnerzahl von 181000 auf 440000 (143%) zu. Dieser Bevölkerungsanstieg beruhte zu einem erheblichen Teil auf Migrationsgewinnen. Dabei fällt auf, daß von den 38000 zwischen 1985 und 1990 Zugezogenen 44% aus dem Landeszentrum kamen (D. F. 35%, Staat Mexico 9%) und immerhin 3% aus dem Ausland, während es aus den Nachbarstaaten nur 37% waren (Jalisco 17%, Zacatecas 13%, San Luís Potosí 3%, Guanajuato 4%) und 13% aus dem übrigen Land. Daraus läßt sich auf einen großen Anteil hoch qualifizierter

Zuwanderer schließen. Dies zeigt sich im Stadtbild nicht nur durch große Wohngebiete für mittlere und obere Einkommensschichten, darunter zwei ausgedehnte Villenviertel mit Golfclubs, sondern auch durch 12 *plazas comerciales* nach dem Muster nordamerikanischer *shopping malls* (Abb. 52; vgl. S. 96ff.). Außerdem wurden in den 80er Jahren zwei Universitäten gegründet sowie eine ganze Reihe öffentlicher Einrichtungen geschaffen. Schließlich nimmt auch der staatlich geförderte Wohnungsbau große Flächen ein (vgl. EINSELE u. a. 1994).

Damit kann Aguascalientes gewissermaßen als Musterfall für die angestrebten Dezentralisierungen betrachtet werden. Doch haben nicht nur objektive Kriterien zu dieser Entwicklung geführt. Offenbar wurden wesentliche Maßnahmen zu Beginn der 80er Jahre unter dem Gouverneur Rodolfo Landeros durchgeführt, der enge Kontakte zum damaligen Staatspräsidenten José López Portillo hatte (ROJAS NIETO 1990). Hier wie in vielen Fällen hängen Problemlösungen, abgesehen von mehr oder weniger sinnvollen sachlichen Grundlagen, weitgehend von den politischen Konstellationen, d. h. von den persönlichen Beziehungen und der Durchsetzungsfähigkeit der jeweiligen Entscheidungsträger ab.

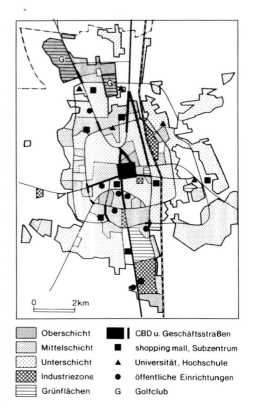

▨ Oberschicht	▧	CBD u. Geschäftsstraßen
▦ Mittelschicht	■	shopping mall, Subzentrum
⬚ Unterschicht	▲	Universität, Hochschule
▨ Industriezone	●	öffentliche Einrichtungen
☰ Grünflächen	G	Golfclub

Entwurf: E. GORMSEN; Kartographie: H. ENGELHARDT

Abb. 52: Sozial- und Funktionalstruktur von Aguascalientes

9 Die Infrastruktur im Zeichen der Modernisierung

Die häufig geäußerte Kritik an den unzureichenden Maßnahmen der Regierung zur Förderung und zur Dezentralisierung der Wirtschaft ist gewiß in vieler Hinsicht berechtigt. Dabei wird oft übersehen, daß die Ansiedlung von Betrieben in erster Linie von Standortentscheidungen der Unternehmer abhängt. Einen wesentlichen Beitrag kann und muß der Staat allerdings durch die Bereitstellung der Rahmenbedingungen leisten, d. h. vor allem durch den Ausbau der Infrastruktur im weitesten Sinne. In dieser Beziehung hat Mexiko seit einigen Jahrzehnten beträchtliche Fortschritte gemacht, auch im Vergleich mit ähnlich strukturierten Ländern Lateinamerikas.

9.1 Verkehrsentwicklung

Die Entwicklung des Verkehrs verlief jedoch über lange Zeit auf sehr steinigen Pfaden, und beredte Klagen ziehen sich durch das ganze 19. Jh. und weit darüber hinaus. So schreibt G. A. SCHMIDT (1925, S. 37) nach mehrjährigen eigenen Erfahrungen: „Die Verkehrswege ... lassen im ganzen Lande sehr zu wünschen übrig. Nur dort, wo große private wirtschaftliche Unternehmungen im eigensten Interesse die Verkehrswege selbst bauen und in Stand halten, sind sie brauchbar. Die weitaus meisten sind aber ... nur zu Pferd zu passieren. Die Mangelhaftigkeiten der ... Landstraßen sind mit daran schuld, daß die wirtschaftliche Entwicklung nicht schneller vorwärts gegangen ist." In diesem Zusammenhang sollte allerdings auf die äußerst schwierigen Reliefverhältnisse ebenso hingewiesen werden wie auf das randtropische Klima, das während der Regenzeit selbst heute noch das Reisen zusätzlich erschweren kann (vgl. RATZEL 1878).

9.1.1 Das Eisenbahnnetz

Um so verständlicher ist es, daß schon 1837 durch den Präsidenten Bustamante eine Konzession zum Bau einer Eisenbahnlinie von Veracruz über Orizaba in die Hauptstadt erteilt wurde. Doch dauerte es 13 Jahre, bis das erste Teilstück von elf Kilometern in Betrieb genommen wurde. Im Hinblick auf die unsicheren Zeiten, die Finanzierungsprobleme und den schroffen Gebirgsanstieg war freilich die Eröffnung der 424 km langen Linie 1873 schon eine beachtliche Leistung, denn eine vergleichbare Höhendifferenz von 1991 m auf 62 km Luftlinie und 93 km Streckenlänge bei Neigungswinkeln bis zu 35 ‰ gab es bis dahin nirgends. Länger ließ die Ausführung der zweiten Konzession von 1857 auf sich warten, die als *Ferrocarril Interoceánico* eine Verbindung Veracruz–Jalapa–Puebla–México–Acapulco vorsah, den Pazifik aber niemals erreichte.

Weitere große Eisenbahnlinien wurden erst im Porfiriat gebaut. Sie dienten vor allem der Verbindung mit den USA (México–Monterrey–Nuevo Laredo und México–Chihuahua–Ciudad Juárez; C. 161). Wie stark der Einfluß aus dem Norden war, zeigt u. a. die schon 1895 bestehende Sonora-Linie von Nogales nach Guaymas, die einen Hafenanschluß für Arizona bedeutete aber keinerlei Nutzen für innermexikanische Beziehungen hatte. Sie wurde 1911 bis Tepic verlängert und öffnete auf diese Weise das Küstentiefland von Sinaloa und Sonora den amerikanischen Interessen (PFEIFER 1939, S. 370 ff.). Erst 1927 wurde die Lücke über die Sierra nach Guadalajara geschlossen, von wo aber schon vorher ein Anschluß an den Hafen Manzanillo bestand.

1890 betrug die gesamte Streckenlänge Mexikos fast 9500 km, und 1910, zu Beginn der Revolution, waren es bereits 19 750 km. Doch konnte man kaum von einem Netz sprechen, denn die einzelnen Linien waren, wenn auch staatlich subventioniert, von privaten, meist amerikanischen Gesellschaften mit unterschiedlichen Zielsetzungen und Spurweiten gebaut worden, weshalb sie oft über große Entfernungen direkt parallel zueinander verlaufen. Immerhin wurde die Verbindung von México nach Veracruz über Jalapa geschaffen, aber nach Tampico kann man nur auf dem großen Umweg über San Luís Potosí gelangen.

Eine ganze Reihe von Stichbahnen diente der Erzausfuhr. Mehrere Linien erschlossen die weitere Umgebung der Hauptstadt. Dabei mußten die Südrouten México–Cuernavaca, México–Amecameca–Cuautla und Puebla–Atlixco–Izucar de Matamoros wiederum erhebliche Höhenunterschiede überwinden, während die Züge zur *pulque*-Versorgung auf den Hochflächen von Hidalgo und Tlaxcala kaum Geländeschwierigkeiten vorfanden (S. 44). Von Puebla aus wurde Oaxaca mit seinen Beckenlandschaften an das moderne Verkehrssystem angebunden.

Eine Sonderfunktion als Bindeglied zwischen den Ozeanen hatte aber bis zur Eröffnung des Panamakanals 1914 die 1894 erbaute 310 km lange Bahn von Coatzacoalcos nach Salina Cruz über den Isthmus von Tehuantepec. In den Jahren 1911–1913 wurden jeweils 800 000 bis 900 000 t transportiert; 1914 waren es noch 255 000 t und 1915 lediglich 8757 t (TAMAYO 1962, IV., S. 551). Immerhin wurde sie über die Strecke Veracruz–México mit dem Landeszentrum verknüpft. Außerdem hat die 1908 daran angeschlossene Küstenbahn nach Tapachula (Chiapas) wesentlich zur Entwicklung der Kaffeewirtschaft in Soconusco beigetragen (S. 162; vgl. WAIBEL 1933, S. 151 ff.).

Die damals florierende *henequén*-Wirtschaft in Yucatán besaß ein unabhängiges Liniennetz zum Hafen Progreso. Von außen konnte die Halbinsel nur per Schiff oder Flugzeug über Veracruz erreicht werden. Erst 1950 wurde sie durch die Eisenbahn über Coatzacoalcos mit Zentralmexiko verbunden, worüber TERMER (1954, S. 57–63) ausführlich berichtet. Dabei bereiteten die sumpfigen Niederungen von Tabasco erhebliche Schwierigkeiten. Im Gegensatz dazu führt die spektakulärste Strecke des Landes vom Hafen Topolobampo am Golf von Californien durch den Cañón del Cobre (Sierra Madre Occidental) nach Chihuahua. Bis zum Scheitelpunkt (2460 m) werden auf knapp 100 km Luftlinie und 167 km Streckenlänge 2130 m Höhenunterschied überwunden. Die insgesamt 672 km lange Strecke wurde 1961 in Betrieb genommen und ist eine der wichtigsten Touristenattraktionen in Nordmexiko (FISHER 1992). In den 70er Jahren folgte als letztes großes Bahnbauprojekt die Verbindung zum Industriekomplex von Lázaro Cárdenas (S. 171).

Damit hat die Bahn rund 26 000 km Länge erreicht, die allerdings sehr unterschiedlich genutzt werden. Mehrere Strecken wurden im Laufe der Zeit aufgegeben oder haben den Personenverkehr eingestellt. Dieser hatte seinen Höchststand 1969 mit 39,5 Mio. Passagieren, ist aber unter der Konkurrenz der Omnibusse bis

	Straßen-kilometer	Stunden	
		Bus	Bahn
Morelia	250	6	10
Uruapan	410	9	12
Guadalajara	600	8	12
Mazatlán	1100	15	23
Culiacán	1400	18	25
Hermosillo	1950	34	35
Mexicali	2750	38	47
León	450	5	10
Aguascalientes	570	7	12
Zacatecas	650	9	14
Durango	920	12	23
Torreón	1000	12	27
Chihuahua	1450	18	30
Cd. Juárez	1800	23	35
San Luis Potosí	450	6	9
Monterrey	1000	13	14
Matamoros	1100	15	18
Nuevo Laredo	1250	15	19
Veracruz	450	7	9
Coatzacoalcos	780	10	23
Campeche	1300	18	32
Mérida	1500	20	50
Oaxaca	500	8	14
Tapachula	1200	18	35

Quelle: Atlas Nacional 1990 VI. 10.2

Tab. 43: Reisezeiten von México-Stadt nach ausgewählten Orten mit Omnibus und Eisenbahn

1990 auf 16,2 Mio. zurückgegangen, obwohl auf mehreren Linien bequeme Pullman- und Schlafwagenzüge verkehren. Die unterschiedlichen Reisegeschwindigkeiten, eine Folge der weithin mangelhaften Gleisanlagen, lassen aber für die Zukunft wenig hoffen (Tab. 43). Das Frachtaufkommen ist zwar zwischen 1940 und 1980 von rund 15 Mio. t auf 73 Mio. t gestiegen, jedoch in den folgenden Krisenjahren auf 54 Mio. t (1990) gefallen. Transportiert werden fast ausschließlich Massengüter wie Stahl, Bergbauprodukte, Düngemittel, Erdölderivate, Zucker sowie Getreide, das in größerem Umfang aus den USA importiert wird. Beim Stück-

gutverkehr steht die Eisenbahn aber hinter den schnelleren und flexibleren Lastwagen weit zurück.

9.1.2
Der Straßenverkehr

Dies gilt um so mehr für das Omnibusverkehrsnetz, das schon seit Jahrzehnten das gesamte Land bis in erstaunlich entlegene Winkel flächendeckend überzieht (vgl. GORMSEN 1971a, Beilage IIIe). Es setzt sich aus unzähligen privaten Linien jeder Größenordnung und Qualität zusammen von dem Ein-Mann-Unternehmen mit einem windschiefen Bus, der die Verbindung zwischen einem Marktort und einem Dorf in der Sierra herstellt und dabei gelegentlich steckenbleibt, bis zu großen Aktiengesellschaften mit mehreren hundert Fahrzeugen 1. Klasse, die dem Typ *Greyhound* der USA entsprechen. Sie verkehren ausgesprochen pünktlich und zuverlässig, auf manchen Hauptstrecken in dichten Abständen von fünf bis zehn Minuten, wobei mit dem Fahrschein auch die Plätze reserviert werden. Neuerdings werden besonders komfortable Mercedes-Benz-Busse mit Schlafsitzen eingesetzt, und die DINA-Busse (S. 186) werden in Kooperation mit der Fa. Scania modernisiert. Auf den großen Strecken sind selbst die Fahrzeuge der 2. Klasse recht gut ausgestattet. Übrigens betreiben einige Busfirmen private Expreß-Kurier-Dienste.

1990 waren im ganzen Land 95396 Omnibusse zugelassen. 30579 (32%) gehörten zu den 826 Gesellschaften, die von der Bundesregierung für landesweite Passagierdienste autorisiert waren und 1,9 Mio. Personen transportierten, davon ein Fünftel in der 1. Klasse. Dazu kamen 60 Tourismusorganisationen mit 4782 Fahrzeugen, die 94000 Reisende betreuten. Der Rest verteilte sich auf zahlreiche kleinere Linien in den Einzelstaaten sowie auf spezielle Aufgaben und öffentliche Dienste (Anuario 1992).

Zwischen den einzelnen Gesellschaften bestehen keine Fahrplanabstimmungen. Dies ist heutzutage kaum noch problematisch, da in jeder größeren Stadt ein zentraler Busbahnhof *(terminal de autobuses)* besteht, so daß man fast überall einen Anschluß vorfindet. Es handelt sich um große Hallen mit einem vielfältigen Angebot an Restaurants und Geschäften, teilweise sogar mit einem direkten Zugang zu einem Einkaufszentrum. In México-Stadt wurden in den 70er Jahren vier derartige Zentralstationen für die vier Hauptrichtungen gebaut, die jeweils an das Metronetz angeschlossen sind. Früher hatte jede Gesellschaft ihre eigene Abfahrtsstelle, meist in der nächsten Umgebung der kolonialen Altstadt. Dies war nicht nur unbequem für die Passagiere, sondern bedeutete in vielen Fällen Verkehrsstockungen, zumal sich dort auch der Taxiverkehr für die An- und Abreise konzentrierte.

Mit dem Ausbau dieses Systems hat sich die Zahl der Omnibusse seit 1960 annähernd vervierfacht, während die Bevölkerung auf etwa den zweieinhalbfachen Wert gestiegen ist. Dabei ist zu berücksichtigen, daß gleichzeitig die Kapazität der Fahrzeuge zugenommen hat. Doch dieser Anstieg nimmt sich bescheiden aus gegenüber dem zehnfachen der Lastwagen, der wiederum weit übertroffen wird von demjenigen der Personenwagen (Tab. 44). Darin drückt sich nicht nur ein enormer Mobilitätszuwachs aus, sondern auch das allgemeine wirtschaftliche Wachstum und eine beträchtliche Verbreiterung der Mittelschichten, denn offenbar gehört die Masse der Fahrzeuge in die untere Kategorie der sog. *populares*, deren Anteil am Neuwagenverkauf in den letzten Jahren jeweils rund zwei Drittel betrug.

	Pkw	Bus	Lkw	Ew/ Pkw
Entwicklung				
1930	63	6	18	262
1940	94	10	42	210
1950	173	18	111	149
1960	483	26	293	72
1970	1234	33	525	39
1980	3950	60	1471	17
1990	6840	95	2982	11
Bestand nach Staaten 1989				
Aguascalientes	45	0,9	31	18
Baja California	399	1,5	128	4
Baja California Sur	38	0,3	27	8
Campeche	31	0,6	24	18
Coahuila	202	3,7	121	10
Colima	51	1,2	49	8
Chiapas	57	2,1	54	56
Chihuahua	326	6,4	157	7
Distrito Federal	1754	12,3	159	5
Durango	58	1,2	63	23
Guanajuato	144	2,3	111	28
Guerrero	68	2,0	34	39
Hidalgo	76	3,2	50	25
Jalisco	400	6,7	206	13
México	660	9,6	178	15
Michoacán	128	4,1	112	28
Morelos	128	2,9	60	9
Nayarit	30	0,7	32	27
Nuevo León	300	4,3	127	10
Oaxaca	48	1,7	45	62
Puebla	211	4,1	103	20
Querétaro	45	0,6	22	23
Quintana Roo	22	0,3	14	22
San Luis Potosí	72	1,0	52	28
Sinaloa	105	2,8	124	21
Sonora	135	2,3	122	13
Tabasco	56	2,2	34	27
Tamaulipas	243	2,2	148	9
Tlaxcala	29	1,3	30	26
Veracruz	217	4,1	160	29
Yucatán	84	1,2	33	16
Zacatecas	41	1,2	77	31

Quellen: TAMAYO 1962, III. 549; Länderberichte (versch. Jahrg.); Industría Automotriz 1991

Tab. 44: Kraftfahrzeugbestand in Mexiko (1000)

Im statistischen Mittel kommen 11,5 Einwohner auf einen Pkw, was bei der durchschnittlichen Familiengröße einen Wagen für jede zweite Familie bedeutet. Doch dies entspricht nicht der tatsächlichen Verteilung, denn abgesehen von Taxis und Dienstwagen gibt es in den oberen Schichten häufig ein Auto pro Person, d. h. viele 16jährige Schüler fahren schon im eigenen Wagen zur Schule. Die Zulassungszahlen der einzelnen Staaten lassen darüber hinaus eine räumliche Ungleichverteilung erkennen. An der Spitze steht, wie bei vielen anderen gesellschaftlichen Aspekten, Baja California, wo nur 4 Einwohner auf ein Auto kommen, was mit vielen europäischen Ländern vergleichbar ist. Die geringsten Werte finden sich dagegen in den kleinbäuerlichen Staaten des Südens (Tab. 44).

Selbstverständlich ist diese Kraftfahrzeugdichte auf ein gut ausgebautes Straßennetz angewiesen. Die Grundlage hierfür wurde 1925 unter Präsident Calles gelegt, der zunächst die Hauptstadt mit den umliegenden Zentren Toluca, Pachuca und Puebla verknüpfte aber auch schon eine weiträumige Planung zur Verbindung mit Veracruz (480 km), Monterrey–Nuevo Laredo (1240 km), Morelia–Guadalajara (635 km) und Acapulco (458 km) in die Wege leitete, dazu die Ost-West-Strecke Matamoros–Monterrey–Torreón–Durango–Mazatlán (1277 km), deren westliches Teilstück über die Sierra Madre Occidental allerdings erst 1961 fertiggestellt wurde. Daß dies bis heute die einzige Straße über das Gebirge nördlich von Guadalajara ist, liegt nicht nur an dem hohen technischen und finanziellen Aufwand, sondern auch an der mangelnden Verkehrsspannung zwischen den kaum besiedelten Hochflächen und der Küste (Abb. 53).

1930 waren von 1426 km Hauptstraßen 541 km asphaltiert. Die Erweiterungen schritten in den folgenden Jahrzehnten

Jahr	Summe	feste Decke	Schotter	unbe-festigte Fahrwege
1925	695	241	245	209
1930	1 426	541	256	629
1940	14 137	5 401	6 380	2 356
1950	33 196	17 413	12 213	3 570
1960	67 666	35 437	19 783	12 446
1970	110 554	55 487	39 523	15 544
1980	212 626	66 920	87 562	58 144
1990	239 235	83 925	118 472	36 838

Quellen: Estadísticas Históricas; Anuario 1992

Tab. 45: Entwicklung des Straßennetzes in Mexiko 1925–1990 (km)

schnell voran und führten, anders als die Eisenbahn, zu einem relativ engen Fernstraßennetz. Tab. 45 gibt die Zunahme bis 1990 an, wobei zwischen festem Straßenbelag, Schotterstraßen und unbefestigten Fahrwegen unterschieden wird. (HAGEN 1933, S. 416; TAMAYO 1962, IV., S. 548 ff; BATAILLON 1967, S. 56 f; Anuario 1992).

Dieser Ausbau kann zwar in nüchternen Statistiken und Karten dargestellt werden (s. o.), seine Bedeutung für die Landesentwicklung läßt sich aber ohne eine Vorstellung der früheren Zustände kaum würdigen. So wurde erst 1961 eine Straßenverbindung nach Yucatán fertiggestellt, die freilich eine Reihe von Schwierigkeiten einschloß. Im Gegensatz zur Eisenbahn, die am Fuß des Gebirges entlanggeführt worden war, wurde sie auf dem einzig festen Untergrund, nämlich auf den Dünen und Nehrungen der Küste von Villahermosa über Ciudad del Carmen nach Campeche angelegt. Doch dies bedeutete vier Unterbrechungen durch Fähren. Trotzdem verkehren hier viele Busse, da die Küste dichter besiedelt ist als das feuchte Binnenland. Dort konnte die neue Hauptstraße nur mit Hilfe von Dammbauten, d. h. mit enormen

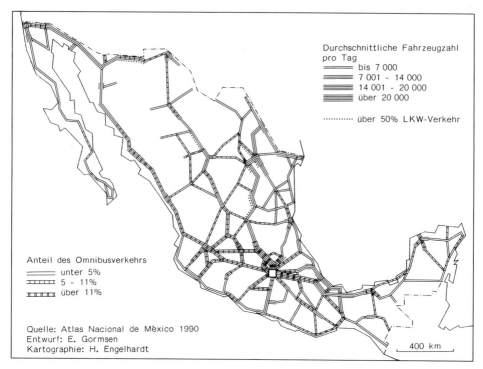

Durchschnittliche Fahrzeugzahl
pro Tag
═══ bis 7 000
═══ 7 001 - 14 000
═══ 14 001 - 20 000
═══ über 20 000

·········· über 50% LKW-Verkehr

Anteil des Omnibusverkehrs
═══ unter 5%
⊥⊥⊥⊥ 5 - 11%
⊥⊥⊥⊥ über 11%

Quelle: Atlas Nacional de Mèxico 1990
Entwurf: E. Gormsen
Kartographie: H. Engelhardt

400 km

Abb. 53: Straßenverkehrsdichte in Mexiko

Erdbewegungen geschaffen werden. Übrigens waren noch 1965 die berühmten Maya-Ruinen von Palenque nicht mit einem Pkw erreichbar. Nur viermal pro Woche ging ein Bus von Villahermosa nach Teapa (60 km) und weiter mit der Eisenbahn zur Station Palenque (ca. 100 km), von wo man mit einem Taxi zu den Ruinen gelangte (12 km). Die Rückfahrt am gleichen Tag war nicht möglich; man mußte in den schlichten Unterkünften des Dorfes übernachten.

Nicht nur auf der Halbinsel Yucatán bestehen enge Wechselwirkungen zwischen dem Fremdenverkehr und der Erschließung des Landes durch ein modernes Verkehrsnetz. Die meisten durchlaufenden Küstenstraßen wurden nach 1965 gebaut. Das ist insofern nicht verwunderlich, als früher auch in anderen Erdteilen norma-

lerweise keine Straßen parallel zur Küste gebraucht wurden, denn der entsprechende Verkehr wurde auf Schiffen abgewickelt.

Außerdem gab es nur wenige Güter, deren Austausch zwischen den bescheidenen Häfen der mexikanischen Pazifikküste sich gelohnt hätte. Aber auch bedeutende Querverbindungen, die heute von Reisegruppen benutzt werden, stammen aus den letzten beiden Jahrzehnten, z. B. vom Hochland von Chiapas ins Tiefland der Halbinsel Yucatán, von Oaxaca an die Küste oder von México über Toluca nach Zihuatanejo. Dabei bedeutet Straßenbau in dem gebirgigen Land oft eine beachtliche technische Leistung und entsprechend hohen finanziellen Aufwand. Zu den landschaftlich großartigen Strecken, die aus wirtschaftlichen Gründen für den Gütertransport gebaut wurden, gehört die sog.

Vía corta, die von México über Pachuca durch tiefeingeschnittene Schluchten der Sierra Madre Oriental zum Hafen Tampico führt, wodurch die Entfernung von 600 auf 470 km verkürzt wird, d. h. auf annähernd denselben Wert wie von México nach Veracruz (430 km).

Die Betrachtung des Verkehrsnetzes muß aber über die Erfassung der Hauptstraßen in zweierlei Richtung hinausgehen. Einerseits hat Mexiko erstaunlich früh die Notwendigkeit zum Bau von Autobahnen auf den großen Fernverbindungen erkannt. Schon 1961/62 wurden die technisch besonders aufwendigen Strecken von México-Stadt nach Cuernavaca und Puebla eingeweiht, beide mit Scheitelhöhen von über 3000 m und auch mit relativen Höhenunterschieden, wie man sie bei keiner Autobahn in Europa findet (Cuernavaca – Paßhöhe 1450 m auf 16 km Luftlinie; Becken von México – Paßhöhe nach Puebla 910 m auf 15 km Luftlinie). Dabei hat sich der Verkehr derartig verdichtet, daß die Strecke nach Puebla durchgehend sechsspurig ausgebaut wurde. Mittlerweile reicht das vierspurige Straßennetz (mit kleinen Unterbrechungen) von der Hauptstadt bis Córdoba, Pachuca, San Luís Potosí, Aguascalientes, Salamanca, Toluca und Acapulco, und ein Neubau von Puebla nach Oaxaca ist im Bau. Aber auch in der Umgebung anderer Großstädte sowie von Guadalajara zur Küste und nach Morelia, von Minatitlán nach Villahermosa, von Mérida nach Cancún und vor allem im Küstentiefland von Sinaloa und Sonora bis an die Grenze bei Nogales wurden viele hundert Kilometer gebaut, die teilweise privat finanziert wurden und großenteils gebührenpflichtig sind.

Nicht weniger wichtig ist andererseits die Tatsache, daß auch das Netz der Nebenstraßen sowie der provisorisch angelegten, statistisch nur teilweise erfaßten Fahrwege auf dem Lande *(brechas)* in erheblichem Umfang erweitert und ausgebaut wurde.

Zu diesem Zweck hatte Präsident Echeverría unter der Bezeichnung *Caminos de mano de obra* ein sehr sinnvolles Programm eingeführt, indem die Bauern dafür bezahlt wurden, den Fahrweg in ihr Dorf im wesentlichen mit ihren eigenen Händen *(manos)* sowie mit dem lokal verfügbaren Material zu bauen. Auswärtige Kräfte wurden lediglich zur technischen Beratung sowie, bei besonders schwierigen Geländeverhältnissen, zum Sprengen, zum Materialtransport oder zu Erdbewegungen mit schweren Maschinen eingesetzt. So hatten die Bauern den doppelten Vorteil eines besseren Zuganges zu ihrem Dorf und eines zusätzlichen Einkommens während der Bauarbeiten.

Statistisch zeigt sich der Erfolg dieser Bemühungen in dem enormen Zuwachs an Fahrwegen von 1970 bis 1980 (Tab. 45), wobei der nachfolgende Rückgang großenteils auf den weiteren Ausbau zu Schotterstraßen zurückzuführen ist.

Die Bedeutung dieses Programms für die Entwicklung des ländlichen Raumes kann man nur ermessen, wenn man die Unzugänglichkeiten vor 1970 erlebt hat. Sie betrafen ja nicht nur die steilen Gebirgspfade, sondern auch viele ebene Wege, die vor allem in der Regenzeit im Schlamm versanken und völlig unpassierbar waren. Selbstverständlich gibt es auch heute noch ähnliche Probleme in großer Zahl. Doch an vielen Stellen ist man erstaunt über die Verbesserung der Infrastruktur, die durch das Programm *PRONASOL* seit 1990 einen neuen Impuls erhalten hat (S. 55).

9.1.3
Der Luftverkehr

Bei der Größe des Landes ist es schließlich kaum verwunderlich, daß auch der Luftverkehr eine beträchtliche Rolle spielt. 1927 wurden bereits 1493 Flugpassagiere befördert, im folgenden Jahr 10969. Bald wurden regelmäßige Verbindungen mit abgelegenen Landesteilen geschaffen, insbesondere mit Yucatán, in das man sonst nur per Schiff über Veracruz gelangen konnte (s. o.; HAGEN 1933, S. 417). Die Hauptstadt wurde schon vor dem Zweiten Weltkrieg an den internationalen Luftverkehr angeschlossen. Eine beträchtliche Steigerung erfolgte mit der Entwicklung des Tourismus. In Acapulco wurde der erste Flugplatz in den 30er Jahren innerhalb der Bucht, in nächster Nähe des Strandes angelegt und erst in den 50er Jahren im Osten neu gebaut (GERSTENHAUER 1956). Puerto Vallarta konnte vor dem Bau einer Asphaltstraße mehrere Jahre lang nur mit Flugzeugen einigermaßen bequem erreicht werden.

Doch neben dem Ausbau eines Liniendienstes wurden zahlreiche provisorische Flugpisten für Kleinflugzeuge von *hacendados*, Ölgesellschaften und Bergbaubetrieben, aber auch von Landgemeinden in schwer zugänglichen Indiogebieten angelegt, z. B. in Guerrero, Oaxaca, Chiapas und der Sierra Tarahumara in Nayarit. So war Puebla bis in die jüngste Zeit ein Knotenpunkt für entlegene Gebiete der Sierra Madre del Sur. Und mit den sechs- bis zwölfsitzigen Maschinen wurde auch ein Teil des indianischen Kunsthandwerks abtransportiert.

Die Entwicklung dieses Transportsektors geht aus Tab. 46 hervor. Sie vermittelt einen Eindruck über die Bedeutung des nationalen und internationalen Luftverkehrs in Mexiko, wobei die Rolle des Tourismus klar zum Ausdruck kommt. Das gilt insbesondere für Cancún, das bereits an dritter Stelle des ganzen Landes liegt. Bei internationalen Flügen und Charterflügen übertreffen auch Puerto Vallarta, Acapulco und San José del Cabo die Millionenstadt Monterrey recht deutlich. Etwa drei Viertel des Luftverkehrs-

Jahr	Flug-passagiere (1000)	Flug-zeuge	Flug-plätze	Flug-häfen
1927	1			
1930	21			
1935	60			
1940	87			
1945	413	502		
1950	1033	1480		
1955	1317	2565	527	
1960	1780	1419	830	
1965	3487	2314	1043	
1970	4494	2315	1085	
1975	9635	3640	1056	
1980	29684	4859	1312	68
1985	33445	4820	1344	72
1990	35315	5874	2168	80

Passagierankünfte in ausgewählten Orten 1991 (1000)		in internat. Flügen*	
	insge-samt	abs.	%
México-Stadt	6487	2140	33
Guadalajara	1938	624	32
Cancún	1696	1215	72
Tijuana	999	2	0
Monterrey	905	191	21
Puerto Vallarta	756	376	50
Acapulco	730	265	36
Mazatlán	429	176	41
Mérida	347	54	16
San José del Cabo	317	227	72
Zihuatanejo	292	40	14
Oaxaca	234	0	0
Cozumel	170	110	65
Huatulco	142	21	15
Manzanillo	120	22	18

* einschl. Charterflüge
Quellen: Estadísticas Históricas 1985; SECTUR 1991

Tab. 46: Luftverkehrsentwicklung Mexikos 1927–1990

aufkommens werden durch die beiden nationalen Gesellschaften bewältigt, die seit 1988 privatisiert wurden und neuerdings fusionierten. Eine weitere Linie im internationalen Streckennetz sowie 30 bis 40 regionale Linien kommen dazu.

9.1.4
Die Seeschiffahrt

Die Lage zwischen den beiden großen Weltmeeren läßt Mexiko einerseits als Trennungslinie, andererseits als Bindeglied erscheinen, und tatsächlich hat das Land im Laufe der Geschichte beide Rollen ausgefüllt. Zwei Jahrhunderte lang ging der gesamte Handel zwischen Spanien und Ostasien über Mexiko, da nach dem Vertrag von Tordesillas die Südroute um Indien und Afrika in der Hand der Portugiesen mit ihren Stützpunkten Angola, Mosambik, Goa, Macau und anderen war. So nutzte Spanien seine Stellung als Kolonialmacht der Philippinen aus, um – im Tausch gegen Silber, *cochenille*, Seife, *sombreros* – Seide, Porzellan, Spezereien u. a. exotische Produkte aus China und den Gewürzinseln über den pazifischen Ozean nach Mexiko und weiter über den Atlantik zu transportieren. Unter den Gewürzen spielte neben Pfeffer und Nelken der Zimt eine Rolle, der fast jeder mexikanischen Süßspeise beigemengt, heute aber in großen Mengen aus Sri Lanka eingeführt wird.

Es war die große Zeit des Hafens Acapulco in seiner hervorragend geschützten Bucht, die im 17. Jh. gegen Piratenüberfälle mit dem Fort San Diego befestigt wurde (C. 113). Trotzdem darf man sich über die lokalen Auswirkungen dieses Handels keine übermäßigen Vorstellungen machen, denn abgesehen von den bescheidenen Beziehungen zur südamerikanischen Westküste, von der u. a. Quecksilber importiert wurde, legte die voll beladene *Galeone de China* oder *Manila Galeone* nur einmal im Jahr an, was allerdings zu einer mehrwöchigen Messe- und Volksfeststimmung in dem sonst eher verschlafenen Hafenplatz führte. Dort wurden die wertvollen Güter von mexikanischen Händlern aufgekauft und auf Esel- und Maultierrücken in die Städte des Hochlandes oder weiter nach Veracruz gebracht, von wo sie nach Spanien verschifft wurden. Doch dieser Handel schlief nach den Bourbonischen Reformen und der Gründung der Spanischen Philippinenkompanie zu Ende des 18. Jhs. ein (S. 45; SCHURZ 1939; YUSTE LOPEZ 1984).

Dagegen ist Veracruz seit der Landung von Cortés bis in die jüngste Zeit der wichtigste Hafen des Landes geblieben (C. 54), denn hier bündelten sich die Beziehungen nach Europa und den östlichen USA. Doch wegen der umfangreichen Erdölexporte haben ihm Tampico, Coatzacoalcos-Minatitlán, Salina Cruz sowie Dos Bocas und die Verladestation Cayo Arcas vor der Küste von Ciudad del Carmen (Campeche) in der Gesamttonnage den Rang abgelaufen, und das gleiche gilt sogar für den Salzhafen Isla Cedros (Baja California). Die damit verbundene Vergrößerung und Modernisierung der Hafenanlagen hat aber in Tampico und Coatzacoalcos auch ernstzunehmende Konkurrenten für den Import von Industriewaren aller Art entstehen lassen, zumal Tampico für Monterrey ohnedies der nächstgelegene Hafen ist und die *Vía corta* den Zugang zum Landeszentrum wesentlich verkürzt hat (S. 205).

Mit der Erdölwirtschaft hängt es zusammen, daß in den letzten Jahrzehnten die früher ganz unbedeutende Küstenschiffahrt auf der pazifischen Seite einen Aufschwung genommen hat, denn die dortigen Häfen und ihr Hinterland werden von der Raffinerie in Salina Cruz mit Erdölprodukten beliefert (S. 176). In Guaymas und Mazatlán spielt der Import von Getreide und vor allem Soja für die Viehwirtschaft eine wichtige Rolle. Guaymas und Santa Rosalía mit Isla San Marcos (Baja California Sur) dienen im übrigen dem Kupferexport. Der wichtigste Hafen für Güter aller Art an dieser Küste ist aber Manzanillo aufgrund seiner Bahnverbindung mit Guadalajara.

Ein neuer Hafentyp ist mit dem Aufbau der Schwerindustrie in Lázaro Cárdenas entstanden. Hier wurde von vornherein neben dem Eisen- und Stahlwerk von Las Truchas die Anlage weiterer Großbetriebe, insbesondere der Grundstoffindustrien geplant. Tatsächlich entstanden eine Düngemittelfabrik und ein Röhrenwerk, wobei letzteres inzwischen wieder eingegangen ist (S. 173). Dahinter stand der Gedanke, große Industriekomplexe, zumal solche, die auf Materialtransporte über See angewiesen sind, in speziellen Häfen anzusiedeln und damit einen Beitrag zur Dezentralisierung und zur Stärkung der Peripherie zu leisten. Nachdem zu Anfang der 70er Jahre die Situation von Manzanillo verbessert worden war, wurde unter López Portillo ein Programm zur Schaffung von vier Industriehäfen entwickelt, und zwar außer Lázaro Cárdenas in Salina Cruz, in der Laguna del Ostión bei Coatzacoalcos sowie in Altamira, das sich nördlich an Tampico anschließt. Inzwischen wurde die Infrastruktur dieser Häfen großenteils ausgebaut, wobei leider wenig Rücksicht auf die ökologischen Verhältnisse genommen wurde (S. 178).

Die internationale Passagierschiffahrt hat verständlicherweise ihre frühere Bedeutung fast völlig eingebüßt. An ihre Stelle sind Kreuzfahrten getreten, die vor allem Acapulco, Puerto Vallarta und Veracruz ansteuern (C. 113). Andererseits hat die Küstenschiffahrt, die mit dem Ausbau des Fernstraßennetzes seit den 40er Jahren ebenfalls zurückgegangen war, neuerdings einen beträchtlichen Zuwachs durch verschiedene Fährverbindungen erhalten. Es handelt sich sowohl um den Anschluß der Touristeninseln Cozumel und Isla Mujeres an die Halbinsel Yucatán, als auch um die Verbindungen, die mit dem Straßenbau in Baja California zwischen mehreren Häfen

der Halbinsel (La Paz, Cabo San Lucas, Santa Rosalía) und des Festlandes (Guaymas, Topolobampo, Mazatlán, Puerto Vallarta) geschaffen wurden, wobei die modernen Autofähren auch schwere Lastzüge übersetzen können.

9.2
Kommunikationssysteme

Äußerungen über Nachrichtensysteme, zumal wenn sie unter staatlicher Regie stehen, erschöpfen sich fast überall in Klagen über den mangelhaften Dienst. Das gilt selbstverständlich auch für Mexiko. Doch wie in vielen anderen Fällen gibt es immer wieder ein Erstaunen darüber, daß Briefe und Telegramme bis in die entlegensten *ranchos* und Indiogebiete gelangen. Immerhin wurde bereits 1852 die erste Telegraphenlinie zwischen México und Veracruz eingerichtet. 1900 bestand ein Netz von 31 400 km, das bis 1976 auf 47 000 km erweitert wurde, seitdem aber wieder auf 32 000 km geschrumpft ist, da inzwischen modernere Kommunikationstechniken ausgebaut wurden. Dementsprechend ist die Zahl der Telegraphenämter von 363 (1900) auf 3620 (1980) gestiegen und danach auf 2500 gefallen. Zwar nahm die Zahl der Telegramme noch bis 1982 auf 46,7 Mio. zu, doch mit der Einführung von Faxgeräten ging sie in den folgenden Jahren auf rund 30 Mio. zurück. Lediglich telegraphische Überweisungen, die in Mexiko seit jeher eine relativ große Rolle gespielt haben, konnten noch bis 1989 einen Zuwachs auf 11 Mio. verzeichnen. Immerhin waren im Telegraphendienst 1989 noch 14 400 Personen beschäftigt.

Einen beachtlichen Aufschwung hat das Telefonwesen genommen, nachdem 1878 die ersten Leitungen in der Hauptstadt installiert worden waren. 1910 gab es bereits 12 500 Anschlüsse. Nach der Revolution wurde ihre Zahl durch zwei konkurrierende Gesellschaften schnell vervielfacht. Erst unter staatlichem Einfluß kam es zu einer Verbindung zwischen beiden Systemen und schließlich zur Fusion unter dem Namen Teléfonos de México. Diese wurde 1962 nationalisiert und 1991 wieder privatisiert. 1990 bestanden 5,2 Mio. Hauptanschlüsse, darunter 3,1 Mio. in privaten Haushalten. Damit waren 6700 Gemeinden an das Netz angeschlossen. Dies bedeutet, daß über 80% der Bevölkerung und immerhin ein Viertel des ländlichen Raumes Zugang zu einem privaten oder öffentlichen Telefon haben, denn in annähernd 5000 Landgemeinden wurden entsprechende Anschlüsse geschaffen (TAMAYO 1962, IV., S. 594 ff; Nafinsa 1991).

Noch in den 60er Jahren erforderten Ferngespräche viel Geduld, falls sie überhaupt zustande kamen. Weite Gebiete außerhalb zentraler Orte waren gar nicht erfaßt (vgl. GORMSEN 1971a). Aber auch die Verbindungen zwischen größeren Städten waren äußerst mangelhaft, denn die Handvermittlungen waren ständig überlastet und das technisch veraltete Systems wurde nicht ausreichend gewartet. Doch zur gleichen Zeit, und das heißt früher als in manchen europäischen Ländern, wurde eine grundlegende Modernisierung in Angriff genommen. Sie bestand vor allem im Bau eines leistungsfähigen Mikrowellennetzes mit zahlreichen Relaisstationen und automatischen Schaltstellen, so daß schon um 1970 große Teile des Landes an den nationalen Selbstwählfernverkehr angeschlossen waren. Wenig später wurden automatische Verbindungen mit den USA geschaltet, und noch in den 70er Jahren erfolgte der Anschluß der größeren Städte an den weltweiten Satellitenverkehr, der seit 1985 im ganzen Land funktioniert. Neuerdings erfolgt eine Verbesserung der Überlandleitungen durch die Verlegung von 13500 km Glasfaser-

kabel. Außerdem ist die Umstellung auf das Digitalsystem geplant.

Diese Modernisierungen werden auch der Übertragung von Rundfunk- und Fernsehprogrammen zugute kommen. Die ersten Radiosender wurden 1923 eingerichtet. Nach dem Vorbild der USA handelte es sich um private Stationen mit einer relativ geringen Reichweite, die durch Werbung finanziert wurden. Ihre Zahl hat sich rasch ausgebreitet: 1960 gab es 377, 1991 bereits 974. Um einen gewissen Ausgleich gegenüber den kommerziellen Programmen zu bieten, wurden in den 50er Jahren einzelne „kulturelle Sender" von Universitäten eingerichtet, die Hörspiele, politische Magazine, klassische Musik u. ä. verbreiten. Ihre Zahl ist von 12 (1960) auf 82 (1988) gestiegen.

Fernsehen wurde in México-Stadt schon 1950 eingeführt. Bis 1960 gab es TV-Sender außerhalb des D. F. lediglich in Guadalajara, Monterrey und an der Nordgrenze. Inzwischen sind es 507, die überwiegend die Programme weniger Gesellschaften der Hauptstadt übertragen. Die größte von ihnen, *Televisa*, gehört zu den führenden Sendeanstalten Lateinamerikas. Sie unterhält Stationen in mehreren Ländern und erreicht auch Teile der spanischsprachigen Bevölkerung der USA. Andererseits weisen zahlreiche Satellitenantennen auf US-amerikanische Einflüsse hin, während in den Großstädten das Kabelfernsehen rapide erweitert wird und bereits 115 entsprechende Sender bestehen. Die Zahl der Fernsehgeräte in Mexiko wird auf 12 Mio. geschätzt (Estadísticas Históricas 1985; Anuario 1992). Die Programme werden weithin von US-Serien dominiert sowie von mexikanischen *telenovelas*, seichten Seifenopern, die nachmittags und abends gesendet werden. In den letzten Jahren hat Televisa aber auch ein ernstzunehmendes Nachrichtenprogramm aufgebaut, das auf einem weltweiten Korrespondentennetz beruht und in beträchtlichem Ausmaß über Lateinamerika berichtet (vgl. BOHMANN 1992).

Die räumliche Verteilung des gesamten Kommunikationswesens zeigt, wie bei allen Phänomenen des „modernen Lebens", ein starkes Übergewicht der Zentralregion und der nördlichen Bereiche.

9.3
Das Bildungswesen

Leider geht aus der Karte der Analphabeten hervor (Abb. 15), daß entsprechende Disparitäten noch immer für die formale Bildung gelten, obwohl in den vergangenen Jahrzehnten erhebliche Anstrengungen zur Verbesserung der Situation unternommen wurden. So hat seit 1949 das Erziehungsministerium den größten Anteil am Budget der mexikanischen Bundesregierung, z. B. auch im Vergleich mit dem Verteidigungshaushalt (Tab. 60). Alle statistischen Daten (Schulen, Lehrer, Schüler, Alphabetisierung usw.) lassen gewisse Erfolge dieser Bemühungen erkennen (Tab. 47), obwohl sie im gleichen Zeitraum durch die Bevölkerungsexplosion zusätzlich erschwert wurden. Abgesehen davon gibt es keine Angaben über die tatsächliche Lese- und Schreibfähigkeit.

Besonders schwierig war (und ist) die flächenhafte Versorgung der häufig sehr abgelegenen ländlichen Gebiete. Dem Mangel an passenden Gebäuden wurde durch ein spezielles Programm zum Bau von Schulpavillons aus Fertigteilen abgeholfen, die auf Tragtieren transportiert werden können. Der enorme Bedarf an Lehrpersonal wurde durch die Gründung zahlreicher Lehrerseminare auf dem Lande *(escuela normal rural)* einigermaßen gedeckt, was u. a. den Vorteil hat, daß die Lehrer mit dem Leben und der Sprache

ihrer Region vertraut sind. Wenn trotzdem nach der Volkszählung von 1990 rund 11% der schulpflichtigen Kinder von 6–12 Jahren den Unterricht nicht besuchen, so liegt dies weniger an den fehlenden Möglichkeiten, als an der Notwendigkeit der Erwerbsarbeit oder auch am mangelnden Verständnis der Eltern.

Das allgemeinbildende Schulsystem Mexikos sieht eine sechsjährige Grundschule *(primaria)* vor, an die sich eine dreijährige Sekundarstufe *(secundaria)* sowie eine zweijährige Oberstufe *(preparatoria)* anschließt. Letztere berechtigt zum Hochschulbesuch und ist häufig in die Universitäten integriert. Nach dem Abschluß der Grundschule ist auch der Übergang in Berufsschulen *(capacitación para el trabajo)* möglich, und nach der *secundaria* gibt es dreijährige Ausbildungsgänge für Grundschullehrer *(escuela normal)* sowie für verschiedene Berufe in Berufsfachschulen *(nivel profesional medio)*. Auf dem Niveau der Universitäten bestehen Hochschulen für Lehrer an Höheren Schulen *(escuela normal superior)*, für technische Fächer *(instituto politécnico* oder *tecnológico)* sowie für spezielle Fachrichtungen, wie z. B. die *Escuela Nacional de Antropología* für Anthropologie, Ethnologie und Archäologie, die *Escuela Nacional de Bibliotecarios*, die *Escuela de Arte Teatral* oder das *Colegio de México* (S. 309).

Gerade im Hochschulwesen hat es in den vergangenen Jahren beachtliche Fortschritte gegeben (Abb. 54; Tab. 47). Im Jahr 1900 bestanden insgesamt 23 Hochschulen, also nicht einmal eine pro Bundesstaat. Bis 1960 hatte sich ihre Zahl auf 66 knapp verdreifacht. Darunter waren 31 Universitäten (4 in der Hauptstadt), 11 Technische Hochschulen und 4 Pädagogische Hochschulen; der Rest verteilte sich auf spezielle Fachrichtungen. Allein 21 lagen im D. F., je vier in Guadalajara,

	Mexiko gesamt							Distrito Federal	
Schulen	1955	1970	priv.	1980	priv.	1991	priv. (1987)	1990	priv.
Grundschule	27 826	45 074	–	76 214	2715	84 606	3138	3093	658
Sekundarstufe	702*	2675	1403	9078	3396	19 672	2540	823	258
Oberstufe		403	252	1938	971	4684	1680	459	320
Berufsschule	404**	1063	105	2553	2013	3583	2373	582	424
Berufsfachschule		533	138	606	366	1864	k958	557	–
Lehrerbildung	112	269	141	484	266	476	168	41	–
Hochschule	–	109	–	894	305	1744	–	–	–
Schüler/ Studierende	Anzahl (1000)	Anzahl (1000)	davon weiblich (1000)	Anzahl (1000)	davon weiblich (1000)	Anzahl (1000)	davon weiblich (1000)	Anzahl (1000)	
Grundschule	3527	9127	–	14 666	7152	14 397	6984	1129	
Sekundarstufe	113	789	310	3034	1422	4161	2032	384	
Oberstufe		172	33	1058	354	1725	804	343	
Berufsschule	96	88	27	369	246	407	264	87	
Berufsfachschule		34	10	122	79	411	175	207	
Lehrerbildung	24	66	40	208	138	105	68	8	
Hochschule	56	248	–	936	317	1218	502	–	

* Sekundar- und Oberstufe
** Berufs- und Berufsfachschule
– keine Angaben
Quellen: TAMAYO 1962; Anuario versch. Jahrg.; Anuario Distrito Federal 1991

Deutsche Schulen in Mexiko 1993	México-Stadt	Puebla	Guadalajara
Schüler insgesamt	2672	1591	679
darunter deutschsprachig	426	114	72
Vorschulkinder	533	252	150

Quelle: Auswärtiges Amt, Bonn

Tab. 47: Bildungswesen Mexikos

Monterrey und Puebla sowie je zwei in Chihuahua und Durango (TAMAYO 1962, III., S. 515ff.). 1991 gab es 1744 Hochschulen (Index 1960 = 2642), was eine erfreuliche Dezentralisierung bedeutet, selbst wenn Ausstattung und Qualität hie und da zu wünschen übrig lassen.

Die Zahl der Studierenden ist 1960–90 von 77 000 auf 1,16 Mio. (Index = 1512) gestiegen. Dies erscheint um so bemerkenswerter, wenn man berücksichtigt, daß gleichzeitig die Bevölkerung von 34,9 auf 81,3 Mio. (I = 233) zugenommen hat. 1990 studierten also bereits 1,4% aller Einwohner (in Deutschland 1,7%) gegenüber 0,2% dreißig Jahre zuvor. Dabei hat es Verschiebungen zwischen den Fakultäten gegeben. Überproportional zugenommen haben die Sozial-, Wirtschafts- und Verwaltungswissenschaften (I = 3153), die Geisteswissenschaften (I = 1648) und die Agrarwissenschaften (I = 1733). Die rela-

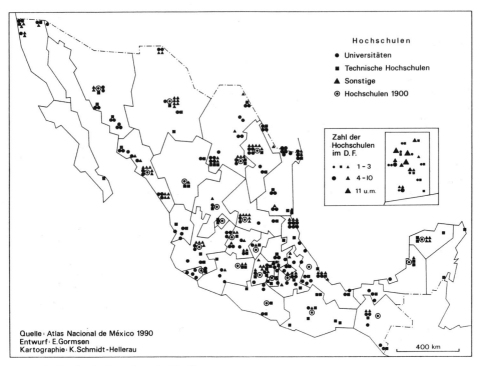

Quelle : Atlas Nacional de México 1990
Entwurf : E.Gormsen
Kartographie : K.Schmidt - Hellerau

400 km

Abb. 54: Hochschulstandorte in Mexiko

tiv geringeren Zunahmen in Ingenieurwissenschaften (I = 1125), Medizin (I = 557) und Naturwissenschaften (I = 442) sind wohl auf mangelnde Studienplätze für die auch in diesen Fächern stark angewachsenen Studentenzahlen zurückzuführen. Der Anteil der Studentinnen ist von 16 auf 41% gestiegenen und das Lehrpersonal hat von 3843 auf 124721 (I = 3245) zugenommen. Dabei ist anzumerken, daß viele Dozenten, vor allem in technischen Fächern, ihre Lehrtätigkeit im Nebenberuf ausüben. Im übrigen ist der Unterricht bis zum ersten Examen weitgehend verschult.

Andererseits gibt es an der Nationaluniversität in México-Stadt mehrere gut ausgestattete Institute, die nur der Forschung dienen. Die bereits 1551 gegründete *Universidad Nacional Autónoma de México (UNAM)* ist mit angeblich 300000 Studierenden die größte und

wichtigste Hochschule des Landes. Sie wurde 1952 aus der kolonialen Altstadt in die großzügige Universitätsstadt *(Ciudad Universitária)* verlegt (S. 110). In ähnlicher Weise, wenn auch viel bescheidener, wurden die meisten Neugründungen sowie die Erweiterungen der wenigen älteren Hochschulen als Campusanlagen am Stadtrand gebaut. Als Beispiel dient Puebla, wo die Universität aus dem 1578 entstandenen Jesuitencolleg hervorging, das mit seiner Barockkirche und den repräsentativen Bauten einen ganzen Baublock im Zentrum einnimmt. Bemerkenswert ist die Aula aus dem 18. Jh. Doch trotz der Übernahme mehrerer Nachbargebäude reicht der Raum schon lange nicht mehr, weshalb bereits 1970 eine *Ciudad Universitária* im Süden der Stadt angelegt wurde (vgl. GORMSEN 1981a).

Neben den kostenfreien öffentlichen Bildungseinrichtungen besteht eine größere Zahl privater Institute. In ihnen werden 7,5% aller Schüler unterrichtet (5% *Primaria*, 9% *Secundaria*, 21% *Preparatoria*). Im D. F. beträgt ihr Anteil sogar 14%. Viele dieser Schulen sind in der Hand katholischer Orden, obwohl dies nach der Verfassung von 1917 der strikten Trennung von Kirche und Staat widersprach, die erst 1991 gelockert wurde. Da sie aber im allgemeinen ein hohes Niveau haben, werden sie auch von Kindern aus politischen Kreisen besucht. Ähnliches gilt für einige Schulen, die von europäischen Einwanderern oder von US-Amerikanern gegründet wurden, wie z. B. die deutschen Schulen in México-Stadt, Puebla und Guadalajara, die als *Colegio Humboldt* bekannt sind und vom Kindergarten bis zum Abitur führen (S. 115; Tab. 47). Sie werden zwar von den Herkunftsländern unterstützt, z. B. durch die Entsendung von Lehrern, doch ihre Träger sind private Schulvereine, weshalb sie auf relativ hohe Schulgelder angewiesen sind. Um von der Regierung anerkannt zu werden, müssen sie sich den staatlichen Lehrplänen einschließlich der spanischen Unterrichtssprache anpassen, wobei ihnen aber spezielle Zweige in der jeweiligen Sprache zugestanden werden. Dabei sind die meisten Schüler und Lehrer Mexikaner. Von den USA wurde übrigens das Schulbussystem übernommen, obwohl ein großer Teil der Schüler mit privaten Wagen zur Schule gebracht wird oder selbst fährt, was mit Sondergenehmigung ab 16 Jahren erlaubt ist.

Übrigens verbergen sich hinter der Bezeichnung *Academia ... de Comercio, de Corte, de Baile, de Belleza* etc. private Lehrinstitute für Handel (Sekretärinnen), Schneiderei, Tanz, Schönheit (Kosmetik) etc. und nicht etwa herausragende wissenschaftliche Akademien.

9.4
Das Gesundheitssystem

Die Steigerung der Studentenzahlen (s. o.) und anderer gesellschaftlicher Indikatoren gewinnt zusätzlich an Gewicht vor dem Hintergrund der Bevölkerungsexplosion, die ihrerseits der verbesserten Gesundheitsfürsorge zu verdanken ist (S. 61). Tatsächlich hat Mexiko hier bedeutende Fortschritte erzielt, auch wenn, wie in fast allen Fällen der Modernisierung, die regionalen Unterschiede noch gravierend sind, besonders in den ländlichen Räumen. Nicht nur die allgemeine Sterberate ist zurückgegangen (seit 1930 von 26,7 auf 5,2‰), sondern auch die Säuglingssterblichkeit, und zwar von 287‰ (1900) über 132‰ (1930) auf 24‰ (1990), womit Mexiko zu den führenden Ländern Lateinamerikas gehört (Tab. 1).

Unter den Todesfallursachen haben die Infektionskrankheiten von 47% (1930) auf 7,3% (1991) abgenommen, wobei innerhalb dieser Gruppe die Darminfektionen nach wie vor die größte Rolle spielen, vor allem bei Säuglingen. Dagegen wurden Kinderlähmung, Keuchhusten und andere „Kinderkrankheiten" durch Impfungen eingedämmt. Malaria und Pocken – 1930 mit 8,2 bzw. 3,4% noch an dritter und vierter Stelle – haben sogar seit den 60er/70er Jahren keine Todesfälle mehr verursacht. Weniger zurückgegangen sind die Erkrankungen der Atemwege, wobei Pneumonie bei Kleinkindern hervortritt. Insgesamt stehen jedoch Herz/Kreislauferkrankungen heute mit 21% an erster Stelle. Bedenkliche Zunahmen sind auch bei Tumoren (10,6%), Erkrankungen des Verdauungsapparats (8,3%) und Diabetes (3,4%) zu verzeichnen, schließlich auch bei Vergiftungen, Verkehrsunfällen und äußeren Einwirkungen (Estadísticas Históricas 1985, Anuario 1992).

	1960			1970			1991
	gesamt	staatlich	privat	gesamt	staatlich	privat	staatlich
Polikliniken	2 285	1 709	576	5 572	4 432	1 140	13 812
Krankenhäuser	–	467	–	–	575	–	772
Krankenbetten	45 809	33 730	12 794	71 318	54 453	13 865	67 703
Ärzte	–	20 227	–	34 326	29 705	4 621	93 371
Zahnärzte	–	1 735	–	–	1 890	–	4 600

Quellen: Tamayo 1962, III, 588; Anuario 1970, 1992

Tab. 48: Gesundheitswesen Mexikos

Nach dieser Statistik, die überwiegend auf Erhebungen der Krankenhäuser beruht und daher unvollständig ist, hat sich Mexiko in vieler Hinsicht den Verhältnissen industrialisierter Länder angeglichen. Tatsächlich wurde das Gesundheitswesen in erheblichem Maße ausgebaut, nachdem noch in den 30er Jahren von einer allgemeinen Versorgung der unteren Bevölkerungsschichten kaum die Rede sein konnte. Eine entscheidende Änderung trat 1943 mit der Gründung der Sozialversicherung *(Instituto Mexicano de Seguro Social: IMSS)* ein. Sie umfaßt allerdings bei weitem nicht die ganze Bevölkerung, sondern nur die Erwerbstätigen (und ihre Familien), die in einem geregelten Arbeitsverhältnis der Privatwirtschaft stehen, denn die Finanzierung geschieht aus Anteilen der Lohnsummen, die von den Betrieben und den Arbeitnehmern je zur Hälfte aufzubringen sind. Eine Versicherung für Staatsbedienstete *(Instituto de Seguridad y Servicios Sociales de los Trabajadores del Estado: ISSSTE)* trat 1960 in Kraft und ähnliche Verträge existieren u. a. für das Militär und die staatliche Petroleumgesellschaft (PEMEX). Sie haben ein ausgedehntes Netz medizinischer Einrichtungen mit verhältnismäßig gut ausgestatteten Krankenhäusern aufgebaut, das aber auf Städte mit entsprechenden Arbeitsplätzen beschränkt ist.

Dagegen obliegt die Versorgung der übrigen Bevölkerung direkt dem Gesundheitsministerium *(Secretaría de Salubridad y Asistencia: SSA)*. Es hat neben zentralen Kliniken seit den 50er Jahren zahlreiche Krankenstationen, Beratungsdienste, Trinkwasseranlagen usw. geschaffen, die auch in peripheren Gebieten zu wesentlichen Verbesserungen geführt haben (Tab. 48). Wenn trotzdem auf dem Lande noch beträchtliche Defizite bestehen, so ist das mindestens teilweise eine Folge eben dieses Ausbaus der Infrastruktur, die den starken Bevölkerungszuwachs und eine Erweiterung des ländlichen Siedlungsraumes ermöglicht hat. Verständlicherweise gibt es Unterschiede in der Qualität dieser Einrichtungen. Sie liegen einerseits an der ungenügenden Wartung durch das lokale Personal, andererseits an mangelnden Erfahrungen der Ärzte, denn der ländliche Gesundheitsdienst liegt großenteils in den Händen junger Mediziner, die vor ihrer Approbation ein Pflichtjahr absolvieren müssen.

Am besten ausgestattet sind im Gegensatz dazu neben den Universitätskliniken die privaten Krankenhäuser und die niedergelassenen Ärzte. Leider werden sie in den veröffentlichten Statistiken nur sehr unvollkommen aufgeführt. 1960 waren von 2285 medizinischen Einrichtungen (Krankenhäuser, Polikliniken u. a.) mit

45 809 Betten 576 mit 12 794 Betten (28%) in der Hand privater Gesellschaften oder Stiftungen, und 1970 betrug der entsprechende Anteil immer noch 19%. Im gleichen Jahr praktizierten 13,5% der Ärzte auf private Rechnung. Durchschnittlich hatte damals schon ein Arzt nur 1487 Einwohner zu versorgen. Später publizierte Daten beziehen sich meist auf das öffentliche Gesundheitswesen, so daß die Relation Einwohner pro Arzt (1990: 904) jeweils zu hoch erscheint (TAMAYO 1962, III., S. 588).

Die privaten Ärzte werden überwiegend von den wohlhabenderen Schichten der Bevölkerung aufgesucht. Obwohl der medizinische Kenntnisstand im allgemeinen durchaus dem internationalen Standard entspricht, reisen viele Mexikaner zur Behandlung schwerer Krankheiten und vor allem für komplizierte Operationen in die USA. Ihre Zahl ist zwar zwischen 1981 und 1990 von 163 000 auf 129 000 zurückgegangen, aber die Abnahme betraf fast ausschließlich den Landweg, also wohl Patienten aus den Grenzstädten, während jährlich rund 40 000 Flugreisen aus dem Landesinneren zu Arztbesuchen unternommen werden (Tab. 53).

10 Das bedeutendste Touristenziel der Dritten Welt

Gewiß macht der oben angesprochene „Medizintourismus" nur einen geringen Anteil am grenzüberschreitenden Reiseverkehr Mexikos aus. Er weist aber auf die sehr unterschiedlichen Reisegründe hin und läßt erkennen, daß es sich um wechselseitige Beziehungen handelt und nicht nur um ausländische Touristen, die meist im Mittelpunkt der Betrachtungen stehen.

10.1 Grundlagen des Fremdenverkehrs

Und doch gibt es nur wenige Länder mit einer ähnlichen Vielfalt an touristischen Anziehungspunkten wie Mexiko. Unter dem fast unermeßlichen Reichtum an kulturellen Sehenswürdigkeiten treten die archäologischen Stätten der Maya, Zapoteken, Azteken usw. mit ihren imposanten Pyramiden, Palästen und Ballspielplätzen besonders hervor (C. 39, 44, 70 u. a.). Sie haben ihresgleichen nur im benachbarten Guatemala. Dasselbe gilt für die in vielen Gebieten lebendigen Volkskulturen der Indios mit traditionellen Siedlungsformen, Trachten und Festen sowie einer Kunsthandwerksproduktion, die nach Formen, Materialien und Arbeitstechniken kaum überschaubar ist. Sehenswert sind aber auch viele Stadtbilder mit Kirchen, Klöstern und Palästen der spanischen Kolonialzeit sowie bestens ausgestattete Museen und eindrucksvolle Bauten der modernen Architektur (Abb. 55).

Hinzu kommen großartige Naturlandschaften voller Gegensätze. Sie umfassen Riesenvulkane mit ewigem Schnee, schluchtenreiche Gebirge, immergrüne Tropenwälder und Trockensavannen mit vielgestaltigen Kakteen- und Agavenarten, schließlich auch unendliche Sandstrände an der Karibik und am Pazifischen Ozean: das ganze mit einer ausgeprägten Trockenzeit von Oktober bis April, d. h. mit besten Voraussetzungen für einen Urlaub im Winter. Kein Wunder, daß Mexiko zu einem der beliebtesten Ferienziele wurde, nicht zuletzt auch deshalb, weil im nördlichen Nachbarland das schier unerschöpfliche Touristenpotential einer der reichsten Nationen zu finden ist. Für sie stellt Mexiko ein relativ preiswertes, nur zwei bis drei Flugstunden entferntes Reiseziel dar, das auch auf dem Landweg erreicht werden kann, ähnlich wie das Mittelmeergebiet in Europa.

Tatsächlich steht für die meisten internationalen Touristen in Mexiko der Badeurlaub an erster Stelle. Von den 5,8 Mio. Ausländerankünften, die 1990 in 86 wichtigen Fremdenverkehrsorten gezählt wurden, waren 3,2 Mio. (55%) in 19 Seebädern gemeldet (Tab. 49; Abb. 57). Dies entspricht dem allgemeinen Trend der Industriegesellschaften und geht auf die Anfangszeit zurück, als Angloamerikaner, ähnlich wie in Cuba und anderen karibischen Inseln, mit Motor- oder Segelyachten vor den mexikanischen Küsten aufkreuzten und die schönsten Buchten und Badestrände entdeckten. Zu den Pionieren des Fremdenverkehrs gehörten aber auch Mexikaner und Ausländer, die von der Hauptstadt ans Meer fuhren. 1928 entstand das erste Seebad des Landes in Acapulco, nachdem eine Fahrstraße über Taxco und die Sierra Madre del Sur gebaut worden

Ausgewählte Orte, gruppiert nach Tourismusarten	Hotel-an-künfte insg. (1000)	Mexikaner		Ausländer		Zim-mer-zahl	Auf-ent-halts-dauer (Tage)	Intensität (Über-nach-tungen pro 10 Einw.)
		absolut	An-teil (%)	absolut	An-teil (%)			
3 Metropolen	5526	4478	81	1048	19	35218		8
Mêxico D. F.	2424	1630	67	794	33	18138	2,4	7
Guadalajara	2271	2114	93	157	7	13092	1,7	14
Monterrey	831	734	88	97	12	3988	1,7	6
8 Grenzstädte	3398	3874	85	524	15	14519		16
Ciudad Juarez	866	793	92	72	8	2794	1,1	12
Mexicali	211	178	84	33	16	1350	2,2	12
Nuevo Laredo	235	187	80	48	20	1558	1,8	19
Tijuana	1396	1081	77	315	23	4733	1,1	22
Nordgrenze insgesamt	3290	2792	85	497	15	13812		16
Tapachula	108	82	76	26	24	707	2,1	15
14 Traditionelle Badeorte	4575	2947	64	1628	36	46514		85
Acapulco	1466	1049	72	417	28	17001	2,9	74
Conzumel	218	48	22	170	78	2875	3,6	203
Isla Mujeres	26	4	15	22	85	520	3,4	109
Manzanillo	338	288	72	50	15	2987	2,3	150
Mazatlán	876	632	72	244	28	7935	2,5	79
Puerto Escondido	105	63	60	42	40	744	2,6	246
Puerto Vallarta	688	381	55	307	45	8646	3,4	278
5 Staatlich geplante Badeorte	2290	704	31	1586	69	25935		339
Cancún	1576	395	25	1181	75	17470	4,1	386
Ixtapa-Zihuatanejo	301	192	64	109	36	4169	3,4	335
Huatulco	118	77	65	42	35	1310	3,2	343
9 Erholungsorte	727	703	97	24	3	4672		32
Catemaco	65	63	97	2	3	567	1,3	37
Cuautla	86	85	99	0	0	725	1,5	32
Ixtapan de la Sal	95	92	97	3	3	727	1,3	68
Tequisquiapan	51	50	98	1	2	556	1,2	17
Valle de Bravo	37	35	95	2	5	326	1,1	36
11 Besichtigungsorte	2349	1736	74	613	26	12904		23
Guanajuato	324	296	92	27	8	1717	1,2	52
Mérida	470	306	65	164	35	3188	1,5	12
Oaxaca	453	343	76	111	25	2672	1,7	31
Pátzcuaro	118	105	89	13	11	564	1,0	21
San Cristóbal de las Casas	85	42	49	47	53	488	1,5	18
San Miguel Allende	94	70	74	24	26	828	1,6	28
Taxco	177	100	56	77	44	850	1,0	41
Zacatecas	260	248	95	12	5	1031	1,2	32
Chichen-Itza/Uxmal	71	10	14	62	87	329	1,1	80
Palenque	168	114	68	55	33	531	1,1	178

Ausgewählte Orte, gruppiert nach Tourismusarten	Hotel- an- künfte insg. (1000)	Mexikaner		Ausländer		Zim- mer- zahl	Auf- ent- halts- dauer (Tage)	Intensität (Über- nach- tungen pro 10 Einw.)
		absolut	An- teil (%)	absolut	An- teil (%)			
36 andere Städte	9069	8660	95	409	5	48664		18
Coatzacoalcos	179	174	97	5	3	1116	1,9	21
Cuernavaca	271	230	92	21	8	1697	1,5	12
Chihuahua	405	367	91	38	9	1869	1,6	13
Lázaro Cárdenas	63	59	94	4	6	873	3,9	18
Morelia	647	630	97	17	3	2678	1,2	16
Puebla	618	594	96	24	4	2621	1,3	8
Querétaro	474	463	98	11	2	1906	1,3	13
San Luís Potosí	414	398	96	16	4	2340	1,5	13
Tlaxcala	111	110	99	2	2	489	1,2	30
Uruapan	261	257	98	4	2	1206	1,2	16
Veracruz	830	810	98	20	2	4269	1,4	38
Villahermosa	365	329	90	36	10	2174	1,9	26
Xalapa	244	230	94	14	6	1433	1,7	15
86 Orte insgesamt	27934	22102	79	5832	21	188426		

Quelle: SECTUR 1991

Tab. 49: Touristenverkehr in ausgewählten Orten Mexikos 1990

war. Die damaligen Besucher nahmen eine beschwerliche Fahrt von zwei Tagen auf der nicht asphaltierten Straße in Kauf und begnügten sich mit einfachen Nachtquartieren. Manche übernachteten in mitgebrachten Zelten am Strand, bevor die ersten Hotels errichtet wurden.

Auch der Rundreisetourismus wurde von Ausländern angeregt, die schon im vorigen Jahrhundert ausführliche Beschreibungen der damals bekannten Kulturdenkmäler verfaßten. Die mexikanischen Städte wurden freilich wenig gelobt, weil einerseits die Kolonialarchitektur dem europäischen Zeitgeschmack kaum entsprach, andererseits viele Gebäude und Straßen ungepflegt, wenn nicht gar verwahrlost erschienen (vgl. RATZEL, 1878). Auf nordamerikanischer Initiative beruhten in den 1930er Jahren die Anfänge des Tourismus

in Taxco und San Miguel de Allende, die als Prototypen mexikanischer Kolonialstädte angesehen werden. Gleichzeitig hat allerdings der spätere Präsident Lázaro Cárdenas als Gouverneur von Michoacán (1928–1934) erste Schritte zur Förderung des Binnentourismus am Pátzcuarosee unternommen. In diesem Rahmen wurden Pátzcuaro selbst sowie einige andere Kleinstädte zu *zonas típicas* erklärt, was in etwa dem heutigen Ensembleschutz bei der Stadterneuerung entspricht (S. 83, 238ff.).

Doch bis in die jüngste Zeit mußte man manche Unzulänglichkeiten auf sich nehmen, um einige der großartigen vorspanischen Pyramiden zu besichtigen. So war der Besuch der berühmten Maya-Ruinen von Palenque bis 1966 recht umständlich (S. 204), weshalb ein regelmäßiger Fremdenverkehr nur mit Mühe zu organisieren

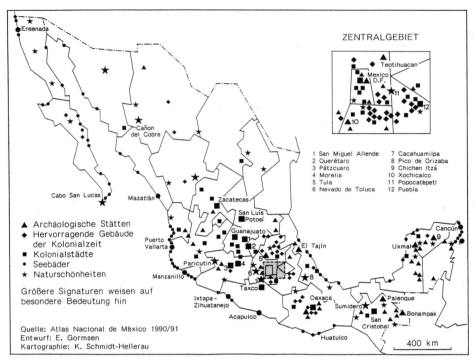

Abb. 55: Tourismuspotential Mexikos

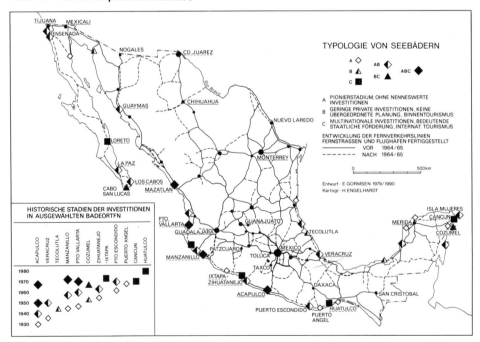

Abb. 56: Typologie von Seebädern in Mexiko

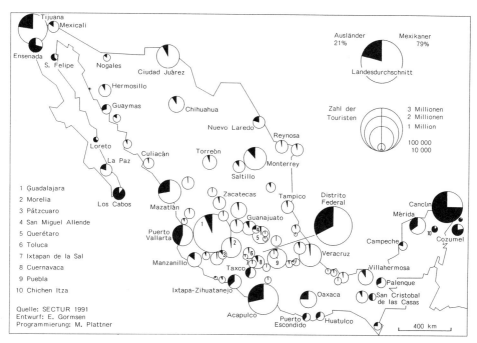

Abb. 57: Touristenankünfte in ausgewählten Orten Mexikos

war. In einigen Fällen (z. B. Bonampak und Yaxchilán; C. 40) ist man noch heute auf Kleinflugzeuge angewiesen. Um so wichtiger war die Rolle des Tourismus beim Ausbau des Straßennetzes durch das sumpfige Tiefland im Süden der Halbinsel Yucatán als Teilstrecke der sogenannten *Ruta Maya*, die alle bedeutenden Ruinenstätten mit dem neuen Badeort Cancún verbindet und damit unter dem Slogan *Culture and Bikini* für einen kombinierten Urlaub wirbt.

Die 1600 km lange Strecke über die gesamte Länge der Halbinsel Baja California hat ebenfalls vorwiegend eine touristische Funktion. Vor dem Straßenbau in den 70er Jahren wurde hier noch die abenteuerliche Rallye „*Baja Mil*" (tausend Meilen durch Baja California) ausgetragen. Daß insgesamt eine enge Wechselwirkung zwischen dem Fremdenverkehr

und der Erschließung des Landes durch ein modernes Verkehrsnetz besteht, ist selbstverständlich. Das gilt für die Küstenstraßen ebenso wie für einige Gebirgsstrecken (Abb. 56; vgl. S. 204).

Auch die anderen Grundvoraussetzungen für die Tourismusentwicklung wurden im wesentlichen seit den 50er Jahren geschaffen. Das gilt insbesondere für die Hotels, die im Rahmen des Möglichen nordamerikanischen Vorstellungen entsprechen. Zimmer ohne WC und Dusche sind unbekannt, und selbst in kleineren Städten findet man annehmbare Hotels, wenn auch die Ausstattung gelegentlich bescheiden ist. 1968 verzeichnete der Hotelführer des staatlichen mexikanischen Tourismusamtes bereits 343 Orte mit insgesamt 84 077 Hotelzimmern (148 345 Betten), von denen nur 5,7% ohne eigenes Bad waren (Guía des Hoteles 1968); und im Entwicklungsprogramm für den Tourismus in Michoacán von 1974 wurden 40 Orte mit 313 staatlich anerkannten Unterkünften angegeben; darunter waren 44 Hotels der Kategorie A und 81 Hotels der Kategorie B. Dagegen sind in der Statistik des Tourismusministeriums für 1990 lediglich 145 Orte in ganz Mexiko erfaßt (SECTUR 1991).

Eine Sonderform des Tourismus hat sich schon früh an der Nordgrenze entwickelt, also in einem weder kulturell noch naturlandschaftlich hervorragenden Trockengebiet. Allein das Zusammentreffen von zwei so unterschiedlichen Gesellschaften hat einen regen Kleinen Grenzverkehr von jährlich über 60 Mio. Tagesbesuchern aus den USA mobilisiert sowie etwa 10 Mio. Einreisende, die sich bis zu drei Nächten im Grenzgebiet aufhalten (SECTUR 1991). Seine Ursprünge liegen in der Prohibitionszeit (1919–1933), als in Mexiko im Gegensatz zu den USA Alkohol, Glücksspiel und Prostitution geduldet wurden und eine Ehescheidung unkompliziert war. Noch in den 40er und 50er Jahren wurde das Nachtleben in Städten wie Tijuana und Ciudad Juárez von US-Soldaten aus den Garnisonen von San Diego bzw. El Paso-Fort Bliss geprägt. Ihre Rolle nahm freilich mit strengeren mexikanischen Kontrollen einerseits und mit einer zunehmenden Toleranz innerhalb der US-Gesellschaft andererseits ab.

10.2
Internationaler und nationaler Tourismus

Heute umfaßt der Grenzverkehr, abgesehen von Geschäftsreisenden, zwei Hauptgruppen: Mexikaner, die legal in den USA leben und ihre Angehörigen in Mexiko besuchen, sowie US-Bürger, die im Rahmen von Familienausflügen und Busgesellschaften einen Blick in das „exotische" Nachbarland werfen wollen, was meist durch ein Erinnerungsfoto auf einem Eselkarren und umfangreiche Käufe von Kunsthandwerk dokumentiert wird. Tatsächlich besteht kaum ein größerer Kontrast als etwa zwischen Nachbarstädten wie San Diego und Tijuana oder El Paso und Ciudad Juárez. Doch vom traditionellen Mexiko ist hier nichts zu spüren. Tijuana (1940: 16 500 Ew. – 1990: 745 000 Ew.) und Ciudad Juárez (49 000– 790 000 Ew.) zeigen im Kern eine Unzahl von Touristenlokalen und Souvenirläden, sind aber von ausgedehnten Hüttenvierteln umgeben, denn sie gehören zu den Städten mit den höchsten Zuwachsraten der Bevölkerung im ganzen Land. Diese beruhen großenteils darauf, daß unzählige Mexikaner hier hängengeblieben sind, die auf illegalen Wegen aber ohne Erfolg den Übergang in die USA versucht haben, während immer weniger offiziell die Grenze überschreiten dürfen (S. 66).

Dagegen können Angehörige der Mittel- und Oberschichten mit einem Visum die Übergänge passieren. Dafür gab es in den letzten Jahren zwei Hauptgründe: einerseits den Export von Devisen, die man in US-Banken jenseits der Grenze anlegte, andererseits den Einkauf von Waren, die in Mexiko gar nicht oder mit einem hohen Importzoll angeboten wurden. Um dem mexikanischen Staat wenigstens einen gewissen Steueranteil an diesem Handel zu sichern, wurde das ganze Grenzgebiet zur zollfreien Zone erklärt, so daß man ohne Grenzübertritt Haushalts- und Elektronikgeräte günstig erwerben konnte. Daher werden die Hotels in den Grenzstädten überwiegend von Mexikanern aufgesucht und nach Tijuana gibt es nur Inlandflüge (Abb. 57; Tab. 46; vgl. GORMSEN 1987a). Seit der Senkung der Einfuhrzölle durch den Beitritt Mexikos zum Freihandelsabkommen GATT und neuerdings zur

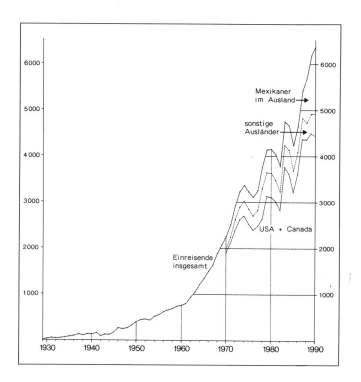

**Abb. 58:
Entwicklung des internationalen Reiseverkehrs in Mexiko**

Quelle: SECTUR; Entwurf:
E. Gormsen; Kartographie:
H. Engelhardt

NAFTA spielt dieser Aspekt eine geringere Rolle (S. 303). In Tapachula, an der Grenze zu Guatemala sind die Verhältnisse etwas anders. Hier übernachtet ein größerer Anteil von Reisenden aus dem südlichen Nachbarland, und zwar meist aus geschäftlichen Gründen.

Die Zahl der Besucher, die auf dem Landweg aus den USA zu einem längeren Aufenthalt einreisen, überstieg in den letzten Jahren jeweils zwei Millionen. Doch die meisten internationalen Touristen kommen mit dem Flugzeug direkt nach México-Stadt oder in die großen Seebäder (1990: 4,3 Mio). Gezielte staatliche Förderung einschließlich Olympiade (1968) und Fußballweltmeisterschaften (1970 und 1986) haben dazu beigetragen, daß die Summe der Einreisenden von 1960 (761 000) bis 1990 (6 393 000) durchschnittlich um 25% pro Jahr angestiegen

ist. Damit steht das Land im internationalen Fremdenverkehr der Dritten Welt an erster Stelle, wenn man den Sonderfall der Hongkongchinesen in China ausklammert. Allerdings ist unter den Einreisenden eine steigende Zahl von Mexikanern, die im Ausland leben und vorübergehend ihr Heimatland besuchen.

Abb. 58 läßt übrigens erkennen, daß es seit Beginn der statistischen Erfassung (1929) trotz allgemeiner Aufwärtsentwicklung gelegentlich auch Rückschläge gab. Sie hatten einerseits wirtschaftlich-konjunkturelle Ursachen, wie z. B. in den 80er Jahren, waren aber andererseits auf politische Gründe zurückzuführen. Abgesehen von Schwankungen während des Zweiten Weltkrieges, war die aus heutiger Sicht gering erscheinende Abnahme um 25 000 (−18%) 1938 gewiß eine Folge der damaligen Verstaatlichung der Erdölwirtschaft, während die negativen Werte 1975 (–144 000 = –4,3%) und 1976 (–111 000 = –3,4%) mit einer Anti-Israel-Resolution der UNO zusammenhingen, für die sich Mexiko engagiert hatte. Umgekehrt hat die Revolution in Cuba zur Stärkung des Mexikotourismus in den 60er Jahren beigetragen. Dabei muß berücksichtigt werden, daß Touristen aus den Vereinigten Staaten und Canada seit jeher mit über 90% dominieren. Schließlich haben sich besondere Förderungen durch die Regierung positiv ausgewirkt, z. B. der Ausbau Acapulcos unter Miguel Alemán um 1950, die Tourismuspolitik unter Echeverría Anfang der 70er Jahre und die volle Funktionsfähigkeit der staatlich geplanten Tourismuszentren Cancún und Ixtapa um 1980 (s. u.).

Gerade am Fremdenverkehr läßt sich aber zeigen, daß gewisse Verhaltensweisen industrieller Gesellschaften in den letzten Jahrzehnten von den Mittel- und Oberschichten Mexikos übernommen wurden. Aus der Ferne betrachtet, ist es kaum vorstellbar, in welchem Ausmaß die städtische Bevölkerung nicht nur während der Sommer- und Weihnachtsferien, sondern auch zur Zeit des Totenfestes (Anfang November), in der Karwoche *(Semana Santa)* sowie Anfang Mai (Feiertage am 1. und 5. Mai) Urlaub macht. Selbst die Wirtschaftskrise der 80er Jahre hat daran kaum etwas geändert. Dazu kommen die lokalen Kirchenfeste und, nicht zu vergessen die großen Pilgerscharen, die – vor allem am 12. Dezember – das Heiligtum der Muttergottes von Guadalupe im Bereich der Hauptstadt besuchen oder einen der zahlreichen Wallfahrtsorte wie Atotonilco (Guanajuato), Chalma (Morelos) und San Miguel del Milagro (Tlaxcala), was für die lokale Wirtschaft von erheblicher Bedeutung ist (TYRAKOWSKI 1982; 1994; C. 106).

In mexikanischen Hotels und anderen Unterkunftsarten wurden 1990 insgesamt 36,6 Mio. mexikanische Gäste gezählt, und von den 27,9 Mio. Touristen, die in 86 genauer aufgeschlüsselten Orten erfaßt wurden (SECTUR 1991), stammten 22,1 Mio. (79%) aus dem eigenen Land (Tab. 49). Abb. 57 zeigt, daß Ausländer nur in sieben Orten über 50% ausmachten; sonst herrschten überall Mexikaner vor. Das gilt also nicht nur für die Städte, in denen Geschäftsreisende dominieren, sondern auch für viele Badeorte.

Unerwartet groß ist darüber hinaus die Zahl der Erholungsorte im Binnenland, die meist nur zu Wochenenden und Kurzferien aufgesucht werden. Es handelt sich um Kleinstädte in schöner Landschaft sowie um 421 Mineralquellen, darunter 33 im Staat Morelos, in denen 1990 3,5 Mio. Besucher gezählt wurden (SECTUR 1991). Allerdings sind nur wenige mit guten Hotels ausgestattet, z. B. Ixtapan de la Sal (Staat Mexico), San José Purúa (Michoacán) und Tehuacán (Puebla). In diese Gruppe gehören ferner ehemalige Landgüter, die zu vornehmen Hacienda-Hotels im alten Stil umgestaltet wurden und von großzügigen Grünanlagen, z. T. mit Golfplätzen umgeben sind, z. B. Mansión Galindo (Querétaro), Cocoyoc (Morelos) und die alte Silbermine San Miguel Regla (Hidalgo). Einige dienen während der Woche als Tagungsstätten und sind in internationale Rundreiseprogramme einbezogen. Sie sind aber in der Statistik nicht einzeln ausgewiesen. Andere dienen privaten Clubs, wie das Mustergut Santa Agueda (Tlaxcala), das um 1900 zur Milchviehzucht errichtet wurde (HAUFE/TYRAKOWSKI 1981; TYRAKOWSKI 1986).

Einen Sonderfall stellen die Ferienzentren der staatlichen Sozialversicherungen dar (S. 214). In den vier Betrieben des IMSS wurden 1990 rund 2,7 Mio.

	Hotel	Camping	Tages-besucher	Summe
Oaxtepec (Morelos)	428	93	1435	1956
Metepec (Puebla)	100	3	249	352
La Trinidad (Tlaxcala)	64	5	255	324
Malintzi (Tlaxcala)	43	3	24	70
Insgesamt	635	104	1963	2702

Quelle: Secretaría de Turismo (unveröff.)

Tab. 50: Besucher in Ferienanlagen der mexikanischen Sozialversicherung (IMSS) 1990 (1000)

Besucher erfaßt (Tab. 50), davon allein 1,9 Mio. im Schwefelbad Oaxtepec (Morelos), das angeblich schon von Moctezuma I. und Cortés benutzt wurde. Zwei Anlagen wurden sehr geschickt in die früheren Fabrikkomplexe von Metepec bei Atlixco und La Trinidad bei Tlaxcala eingebaut (S. 181, 194), wo es 1986 rund 320 Arbeitsplätze gab. Die Besucher gehörten nach Erhebungen von TYRAKOWSKI (1989) überwiegend dem Mittelstand an, und das scheint auch für andere Einrichtungen des „Sozialtourismus" zu gelten. Dazu kommt schließlich das Zentrum Malintzi, 3050 m hoch im Nationalpark der Malinche bei Tlaxcala, mit Ferienhäusern für 6 oder 12 Personen und einem Campingplatz.

Offenbar kommt dem Binnentourismus eine viel größere Bedeutung zu, als man gemeinhin annimmt. Abgesehen von den Deviseneinnahmen, spielt der internationale Reiseverkehr nur in wenigen Orten und Gebieten eine entscheidende Rolle.

10.3 Typologie der Tourismus-Orte

Dies läßt sich an einem Schema verdeutlichen, das die o. g. 86 Orte einbezieht. Die Zuordnung beruht auf folgenden qualitativen und quantitativen Kriterien (Tab. 49):

1. das touristische Potential: Großstadt, Grenzstadt, Rundreisezentrum, Seebad, Erholungsort usw.;
2. der Anteil der Inländer und Ausländer an den Touristenankünften;
3. die Tourismusintensität, hier definiert als Übernachtungen pro 10 Einwohner. Da die Übernachtungszahlen nicht veröffentlicht werden, wurden sie aus der Zimmerzahl, der Belegungsziffer und der Zahl der Ankünfte berechnet. Der auf diese Weise ermittelte Intensitätsindex kann als ergänzendes Hilfsmittel zur Einschätzung der Bedeutung des Tourismus herangezogen werden.

Bei Punkt 1 gibt es selbstverständlich Überschneidungen zwischen mehreren Tourismus-Arten, vor allem in den großen Metropolen, aber auch in den Hauptstädten der Einzelstaaten und in „sonstigen Orten", in denen allgemeine Zentralität, Industrie und kulturelle Attraktivität in Form von Baudenkmälern, Museen usw. zusammentreffen. Gerade in diesen Städten ist, abgesehen von México-Stadt, der Anteil der Ausländer im allgemeinen gering, d. h. der Tourismus beruht hauptsächlich auf Geschäftsreisen von Inländern, was im wesentlichen auch für die Grenzstädte gilt (s. o.). Aus demselben Grund finden sie sich am unteren Ende der Intensitätsskala mit Werten zwischen 10 und 20.

Ausnahmen bilden u. a. Guanajuato, Oaxaca und Zacatecas. Sie haben attraktive Stadtbilder und sind relativ klein, lassen sich also neben Taxco, San Miguel de Allende, San Cristóbal de las Casas und

Pátzcuaro der Rubrik „Kulturtourismus" zurechnen. Die beiden letzteren sowie Oaxaca sind auch Zentren lebendiger Volkskulturen mit Märkten, Trachten, Festen und Kunsthandwerk. San Luís Potosí, Morelia, Querétaro und vor allem Puebla mit ihren gut erhaltenen Altstadtkernen sind inzwischen so groß geworden, daß der Tourismus eine untergeordnete Rolle spielt. Die vorspanischen und kolonialzeitlichen Sehenswürdigkeiten der Staaten Mexico, Hidalgo, Puebla, Tlaxcala und Morelos lassen sich übrigens in Tagesausflügen von México-Stadt besuchen. Abgesehen von den Hotels an den Pyramiden von Chichén Itzá, Uxmal und Palenque sind Mérida und Campeche mit relativ vielen Ausländern wichtige Etappenorte zur Besichtigung der Maya-Ruinen. Eine entsprechende Funktion hat Oaxaca für die Monumente der Zapoteken und Mixteken.

Verständlicherweise kommen fast keine internationalen Gäste in die Erholungsorte im Binnenland, da ähnliche Orte in ihren Heimatländern zu finden sind. Sie haben eine durchschnittliche Intensität von 30, während die Werte in den Seebädern zwischen 50 und 250 liegen. Es ist jedoch eher verwunderlich, daß hier die Mexikaner mit wenigen Ausnahmen eindeutig überwiegen, und zwar nicht nur in den kleineren, die in keinem internationalen Reiseprospekt zu finden sind, da sie weder den entsprechenden Standard an Hotels, Restaurants und anderen Einrichtungen aufweisen, noch über einen großen Flughafen verfügen. Dabei sind in Tab. 49 längst nicht alle Orte erfaßt. Doch von den anderen liegen keine Daten über internationale Touristen vor. Im Gegensatz dazu ist der Ausländeranteil in den staatlich geplanten Großprojekten des Badetourismus wie Cancún und Ixtapa sehr viel höher, und hier sowie in einigen der spontan entwickelten Orte werden auch die höchsten Intensitätswerte erreicht.

10.4 Formen des Badetourismus

Die meisten Seebäder entstanden in Anlehnung an Fischerdörfer in geschützten Buchten, und zwar häufig bevor sie an das Fernstraßennetz angeschlossen waren, z. B. Puerto Vallarta, Zihuatanejo und Puerto Escondido. In die wunderschönen Buchten von Huatulco konnte man noch Anfang der 80er Jahre nur mit einem eigenen Boot gelangen. Ein Zelt und alle Vorräte mußte man mitbringen, um einen für Mexiko ganz ungewöhnlichen „alternativen" Urlaub zu erleben. Im Laufe eines halben Jahrhunderts hat sich also von Acapulco aus der Tourismus wie eine „Pionierfront" an fast allen Küsten des Landes ausgebreitet. Dabei sind ganz unterschiedliche Badeorte nach Größenordnung, Investitionsvolumen, Zusammensetzung der Gäste usw. entstanden, deren Verbreitung in Abb. 56 dargestellt ist. Sie lassen sich in drei Grundformen gliedern (GORMSEN 1983a):

A. Pioniertourismus ohne nennenswerte Investitionen in kaum erschlossenen Gebieten (s. o.) mit einem bescheidenen Angebot an Unterkünften und anderen Einrichtungen überwiegend in den Händen der lokalen Bevölkerung.

B. Binnentourismus mit privaten inländischen Investitionen mittlerer Größenordnung aber ohne einheitliche Planung und ausreichende Infrastruktur.

C. Internationaler Massentourismus mit bedeutenden nationalen und internationalen Investitionen in Großprojekten außerhalb bestehender Siedlungen aufgrund staatlicher Initiative und integrierter Planungskonzepte zur Infrastruktur und Gebietserschließung.

Beim Übergang vom Stadium A nach B entwickelt sich das Fremdenverkehrsangebot aus der Wechselwirkung zwischen

steigender Nachfrage und lokaler Privatinitiative. Es besteht zunächst aus kleinen
Pensionen, Wochenendhäusern und einfachen Strandrestaurants unter Palmdächern,
die gegebenenfalls auch dem Naherho-
lungsverkehr der Umgebung dienen. Kleine bis mittelgroße Investitionen lokaler
oder auswärtiger Privatleute führen dann
zum Bau bzw. zur Erweiterung von Hotels
der unteren und mittleren Kategorien
sowie zu Zweitwohnsitzen. Da aber kein
einheitliches Planungskonzept vorliegt und
die lokale Finanzkraft beschränkt ist,
bleibt die Infrastruktur unterentwickelt.
Die Gäste rekrutieren sich daher in erster
Linie aus den mittleren Schichten des
Landes, wobei im Hinblick auf Wochenendbesuche und Kurzferien die Entfernung
zur nächsten Großstadt ebenfalls eine
Rolle spielt.

Als Beispiel dient Tecolutla an der
Golfküste bei Poza Rica. Mit 250 km
Luftlinie und 340 km Straßenlänge weist
es die geringste Entfernung aller Badeorte
von der Hauptstadt auf. Hier entstanden in
den 40er Jahren gute Hotels nach dem
damaligen Standard der Mittelklasse. Doch
trotz ausgedehnter Sandstrände hat sich
seitdem weder Tecolutla noch irgendein
anderer Ort dieser Küste zu internationaler
Bedeutung aufschwingen können, auch
Veracruz mit Mocambo nicht. Der Grund
hierfür liegt im Klima, denn die Ostküste
ist durch die Passatwinde nicht nur im
Sommer äußerst schwül, sondern sie
unterliegt im Winter gelegentlich den
nortes aus den Polarzonen mit Tempe-
raturstürzen und heftigen Regenfällen
(S. 25). Damit wäre die Küste zwar für
mitteleuropäische Verhältnisse immer noch
ideal, nicht aber in Konkurrenz zur win-
tertrockenen pazifischen Seite des Landes.

Freilich sind auch hier nicht alle
Badeorte zu großen Ferienzentren herangewachsen. San Blas, Playa Azul u. a. sind
bescheidene Familienbäder geblieben, und

Puerto Escondido mit seinen reizvollen
Buchten und kilometerlangen Sandsträn-
den ist nicht über das Stadium B
hinausgekommen. Dabei wurde es schon
1970 durch eine Küstenstraße mit dem
400 km entfernten Acapulco verbunden
und um 1980 wurde die Straße nach
Oaxaca ausgebaut. 1985 wurden Linien-
flüge nach México-Stadt und Oaxaca
eingeführt, über die 1990 knapp 30 000
Passagiere ankamen (SECTUR 1991).
Rund 750 Gästezimmer stehen zur
Verfügung, darunter 160 in einem Hotel
der oberen Kategorie, das unter staatlicher
Regie in den 70er Jahren entstand. Doch
erst im letzten Jahrzehnt wurde die notwendige Infrastruktur zur Ver- und Entsorgung geschaffen und hinter dem zentralen Strand eine kleine Promenade für
Fußgänger angelegt (vgl. GORMSEN 1983a,
S. 158; C. 130).

Unter diesen Umständen ist an einen
internationalen Tourismus in großem Stil
nicht zu denken, obwohl der Anteil ausländischer Besucher relativ hoch ist (1987:
40% von 105 400). Doch sind es großenteils Touristen mit Wohnwagen oder jüngere Leute, die als „Rucksacktouristen"
unabhängig von organisierten Reiseprogrammen unterwegs sind und in billigen
Pensionen logieren. Sie bringen zwar einige Devisen, aber die höheren Pro-Kopf-
Ausgaben für Quartier, Essen, Souvenirs
etc. kommen von Besuchern aus dem
mexikanischen Mittelstand. Diese reisen
mit der Familie im eigenen Auto an,
vielfach mit Verwandten oder Freunden in
mehreren Wagen als eine Art Großfamilie,
und wohnen in Hotels der unteren bis
mittleren Kategorien. Beide Besuchergrup-
pen nutzen also ein unterschiedliches
Angebot, nicht nur für Unterkunft und
Verpflegung, sondern sogar am Strand, wo
die mexikanischen Familien mehr die
geschützten Buchten mit niedrigerem
Wellengang aufsuchen, die jungen Leute

dagegen die hohe Brandung, die auch zum Surfen geeignet ist. An diesem Beispiel lassen sich demnach einige Zusammenhänge zwischen verschiedenen Angebotsstrukturen und Nachfragegruppen verdeutlichen, die in ähnlicher Weise für andere Seebäder gelten.

Ein Nebeneinander aller möglichen Arten von Badeorten auf relativ engem Raum ist mit dem Bau der Küstenstraße zwischen Manzanillo und Puerto Vallarta in den 70er Jahren entstanden (B. MÜLLER 1983; C. 125, 126). Schon die Frühphase beruhte auf verschiedenen Ursachen: Manzanillo war seit dem Straßenbau der 30er Jahre das regionale Erholungszentrum für Guadalajara, und ähnliches galt seit den 50er Jahren für Barra de Navidad. Von einem internationalen Tourismus konnte hier kaum die Rede sein. Im Gegensatz dazu waren die „Tourismuspioniere" in Puerto Vallarta Nordamerikaner, die sich seit den 50er Jahren trotz fehlender Straße in den malerischen Buchten niederließen. Sie lösten auch die eigentliche Boom-Phase in den 60er Jahren aus, wobei der 1964 hier gedrehte Film „Die Nacht des Leguans" mit Richard Burton und Elizabeth Taylor zur Bekanntheit des Ortes beitrug. Die Straße nach Guadalajara wurde erst danach ausgebaut; aber schon 1970 wurde ein internationaler Flughafen eröffnet, der einen sprunghaften Aufschwung auch in den europäischen Reiseprogrammen nach sich zog.

Die kleineren Badeorte zwischen den beiden Zentren entwickelten sich parallel zum Straßenbau. Die Träger dieser Investitionen kamen größtenteils nicht aus der Region selbst, sondern aus den Metropolen des Landes (Guadalajara, Monterrey) oder aus dem Ausland. Das gilt z. B. für die Costa de Careyes mit Hotels, dem Club Mediterranee und großzügigen Villen (C. 127). Mehrere Ferienhauskolonien stehen unter US-amerikanischer Regie.

Schließlich ist auch der mexikanische Staat direkt beteiligt, abgesehen davon, daß *FONATUR* (S. 231) Kredite an private Hotelgesellschaften vermittelt. Dieser Küstenabschnitt ist jedenfalls in knapp zwei Jahrzehnten durch den Tourismus vollständig umgestaltet worden.

Einen ganz anderen Ausgangspunkt hatte der Tourismus auf der Insel Cozumel (1968: 3 Hotels mit 69 Zimmern) vor der Ostküste von Yucatán, auf der während des Zweiten Weltkrieges ein amerikanischer Luftwaffenstützpunkt bestand. Ehemalige Soldaten erinnerten sich nach dem Krieg an den schönen Strand und konnten den Flugplatz für zivile Zwecke reaktivieren, bevor die Straßenverbindung zum Fährhafen Puerto Morelos hergestellt war. Dagegen wurde die Straße nach Puerto Juárez an der Nordostspitze der Halbinsel bereits Anfang der 60er Jahre mit dem Ziel gebaut, eine Schiffsverbindung nach dem nur 200 km entfernten Cuba zu schaffen. Statt dessen wurde der Badebetrieb auf der Isla Mujeres entwickelt (1968: 10 H., 235 Z.), und die Straße diente später zum Aufbau von Cancún.

10.4.1
Entwicklungsprobleme
von Seebädern am Beispiel
von Acapulco

Selbst das weltbekannte Acapulco, das alle Entwicklungsstadien durchlaufen hat, wird vorwiegend von Mexikanern besucht. Mit seiner Landschaftslage in einer weitgespannten Bucht, aus der die felsigen Granithänge wie ein Amphitheater aufsteigen, übertrifft dieser alte Hafen der kolonialspanischen Philippinenschiffahrt alle Konkurrenten (C. 112). Trotz seiner Nähe zur Hauptstadt (Luftlinie 290 km, Straße 400 km) war er zur Bedeutungslosigkeit

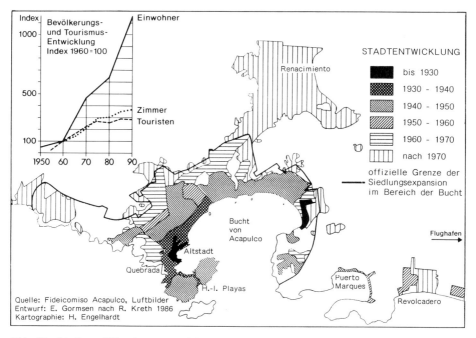

Abb. 59: Stadt- und Tourismusentwicklung in Acapulco

abgesunken, da im Gegensatz zu den entfernteren Häfen Manzanillo und Mazatlán ein geplanter Eisenbahnanschluß nie fertiggestellt wurde – im nachhinein gewiß ein positiver Aspekt, da sonst die Bucht durch die Bahnanlagen erheblich beeinträchtigt worden wäre.

Nach dem Straßenbau (s. o.) und einer ungeplanten Frühphase auf der Playas-Halbinsel südlich der Altstadt leitete der staatlich gelenkte Ausbau der Infrastruktur unter Miguel Alemán (1946–1952) einen ersten Boom ein (Abb. 59). Mit Modernisierungen des Flughafens und der Straßenverbindung wurde der Ort in den 50er und 60er Jahren zum Treffpunkt des „Jet-set" aber auch zum Familienbad der Mexikaner (GERSTENHAUER 1956). Weitere öffentliche Förderung und steigende Nachfrage brachten in den 70er Jahren neue Impulse, die sich im Bau von immer größeren und luxuriöseren Hotelkomplexen äußerten,

und zwar nicht nur im Inneren der Bucht, sondern auch an den offenen Strandbereichen von Revolcadero im Osten. Einen besonderen Reiz entfaltete schon in den 50er Jahren das Bungalowhotel „Las Brisas" an den östlichen Hängen der Bucht.

Dadurch setzte ein Strom von Zuwanderern ein, so daß die Einwohnerzahl von 10 000 (1940) auf 515 000 (1990) anstieg, d. h. erheblich schneller als die Zahl der Hotelzimmer und der Touristen. Fast alle Hänge wurden mit selbstgebauten, bescheidenen Häuschen besetzt, die nur zum geringsten Teil an städtische Versorgungsnetze angeschlossen wurden (KRETH 1979; 1986; GORMSEN 1987b).

Zu den besonderen Schwierigkeiten – zumal in einem semiariden Tropenklima mit halbjähriger Trockenzeit – gehört die Wasserversorgung, wobei zusätzlich das Problem von Nutzungskonflikten mit der Landwirtschaft auftritt, die ja eigentlich

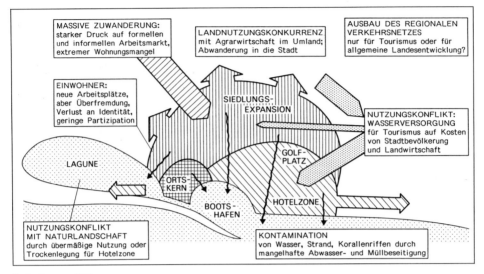

Quelle: GORMSEN 1987b

Abb. 60: Entwicklung von Tourismuszentren und ihre Folgen für Mensch und Umwelt

durch die steigende Nachfrage nach Obst, Gemüse, Fleisch und Eiern einen Aufschwung nehmen sollte. Doch der erhöhte Trinkwasserbedarf wurde durch den Einsatz starker Pumpen in Feuchtgebieten des Río Papagayo gedeckt und führte zu einer Grundwasserabsenkung in agrarischen Nutzflächen. Für die Bevölkerung der Umgebung bedeutete dies statt einer Intensivierung der Landwirtschaft, deren völlige Aufgabe und den Übergang in Dienstleistungsberufe einschließlich informeller Tätigkeiten (Abb. 60). Ähnliches gilt für die Fischerei, und zwar einerseits weil es lukrativer und bequemer erscheint, die Fischerboote für Rundfahrten einzusetzen, andererseits weil die Hotels große Mengen an Fisch und Mollusken in einheitlicher Größe und Qualität verlangen, die von Einzelfischern kaum geliefert werden können.

Eine direkte Nutzungskonkurrenz stellen im übrigen die organisierten Landbesetzungen dar. Abgesehen von dem politischen Problem der Vertreibung oder der Legalisierung solcher Gruppen, bringt der unkontrollierte Wohnungsbau an den steilen Hängen Acapulcos nicht nur Nachteile für die dort Lebenden: er führt darüber hinaus zu ökologischen Konsequenzen für die ganze Bucht und den Badebetrieb. Über viele Jahre gab es keine geregelte Abwasserentsorgung, so daß die Fäkalien und ein großer Teil des Hausmülls über die tief eingeschnittenen *Barrancas* abgeschwemmt wurden. Doch damit nicht genug: selbst große Hotels haben sich lange Zeit um eine Kanalisation oder gar eine Kläranlage nicht gekümmert.

Die hier in aller Kürze zusammengefaßte Situation ist den zuständigen Behörden durchaus bekannt. Seit Beginn der 70er Jahre gibt es umfangreiche Regierungsprogramme, die sich um Lösungen bemühen. Die komplexen Ansätze umfassen u. a. folgende Punkte:

– Begrenzung des Siedlungsraumes, der an Versorgungsleitungen angeschlossen wird, bei der 200m-Isohypse;
– Umsiedlung der dadurch verdrängten oder neu zuwandernden Bevölkerung in geplante und mit der Mindestausstattung an Infrastruktur versehene Vorstädte, die auf Kosten von bisherigem Agrarland außerhalb der inneren Bucht angelegt wurden, darunter das Großwohngebiet *Renacimiento* (Wiedergeburt) mit mehr als 100000 Bewohnern in Eigenbauhäusern *(site-and-service program)*.
– Neubau großer Wohnblockanlagen mit Finanzmitteln der staatlichen Bausparkassen INFONAVIT usw.
– Verbauung der *Barrancas*, um den Wasserabfluß, vor allem bei Starkregen zu kontrollieren; Bau eines Ringkanals in Strandnähe zur Aufnahme der Abwässer der Hotelzone sowie der an den Hängen gelegenen offiziellen und inoffiziellen Wohngebiete und Ableitung ins Meer im Westen außerhalb der Bucht; Bau einer Kläranlage zur Aufbereitung des Abwassers.

Die Regierung hat in den letzten Jahren große Anstrengungen zur Lösung der Probleme unternommen, wobei man allerdings den Eindruck gewinnt, daß trotz erheblicher öffentlicher Investitionen in die entsprechenden Programme oft nur eine Anpassungsplanung betrieben wird, was bei der außerordentlichen Bevölkerungszunahme kaum verwunderlich ist. Zu den kritischen Punkten gehört die Frage, ob genügend Arbeitsplätze im Dienstleistungssektor bereitgestellt werden können, denn alle Versuche zur Anlage einer verarbeitenden Industrie sind bisher fehlgeschlagen. Nach Untersuchungen von KRETH (1986) hat die Mehrheit der Betroffenen, darunter zahlreiche Migranten, eine mehr oder weniger formelle Beschäftigung vom Hilfsarbeiter über

Strandhändler bis zum Taxifahrer gefunden, und zwar mit einer Tendenz zum beruflichen Aufstieg im Laufe weniger Jahre. Nicht zu unterschätzen sind die vielen Stellen als Hausmeister, Haushaltshilfe, Gärtner und Aufsichtspersonal von Zweitwohnsitzen, über die aber keinerlei Statistiken vorliegen.

Im übrigen sind in jüngster Zeit beträchtliche Ergänzungen der touristischen Ausstattung (Parkanlagen, Kongreßzentrum), Baulanderschließungen für Hotels und Ferienhäuser sowie Erweiterungen des Verkehrsnetzes erfolgt. Der durchgehende Ausbau der Straßenverbindung zur Hauptstadt als Autobahn wurde 1993 fertiggestellt, wobei die Brücke über den Río Mezcala (Balsas) zu den höchsten Lateinamerikas gehört. Man kann also nach einigen Jahren der Stagnation mit einem neuerlichen Anstieg der Touristenzahlen rechnen. Dabei spielen die Besucher privater Ferienwohnungen eine wichtige Rolle. Mit diesem positiven Erscheinungsbild werden aber auch weiterhin die Probleme starker Zuwanderung sowie nicht ausreichender Versorgung und mangelhafter Abwasser- und Müllbeseitigung verbunden sein.

10.5
Staatlich geplante Tourismus-Zentren

Um unkontrollierten Siedlungsentwicklungen entgegenzusteuern und gleichzeitig das Hotelangebot für internationale Gäste zu steigern, wurde in den 70er Jahren ein großzügiges staatliches Tourismusförderungsprogramm in Gang gesetzt. Hierzu wurde unter der Bezeichnung *FONATUR (Fondo Nacional de Fomento al Turismo)* eine neue Behörde geschaffen. Sie soll einerseits durch Kreditvergabe und Beratung die Infrastruktur und das Erschei-

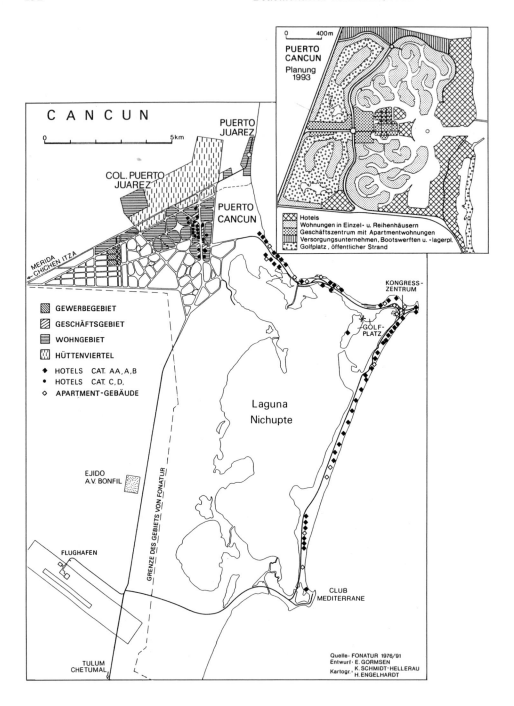

Abb. 61: Funktionalstruktur von Cancún und Planung von Puerto Cancún 1993

nungsbild bestehender Badeorte verbessern, andererseits die integrierte Planung,
Erschließung und Vermarktung neuer Tourismuszentren durchführen, die in Abb. 56
als Typ C erscheinen (GORMSEN 1979;
SPEHS 1990). Dies geschieht nach folgen-
dem Schema: Hotelzone und Wohngebiete
der Bevölkerung werden räumlich klar
voneinander getrennt; alle Einrichtungen
für den Tourismus (Flughafen, Golfplatz,
Yachthafen usw.) sowie die gesamte Infrastruktur einschließlich Kanalisation und
Kläranlage unterliegen einer gemeinsamen
Kontrolle; dabei wird das geklärte Abwasser zur Beregnung des Golfplatzes verwendet; ein Hotel, in dem auch Mitarbeiter
und Berater unterkommen, wird in eigener
Regie geführt; alle anderen Grundstücke
werden an private Gesellschaften zum Bau
von Hotels und anderen touristischen
Anlagen veräußert.

10.5.1
Das Beispiel Cancún

Als Musterbeispiel gilt Cancún an der
Nordostspitze der Halbinsel Yucatán
(C. 27). Es weist nicht nur alle Vorzüge
des Karibischen Meeres mit klarem
Wasser, feinem weißem Sandstrand und
stabilem Klima auf, sondern auch die
Nachbarschaft der bedeutenden Maya-
Ruinen wie Chichén Itzá, Cobá, Tulúm,
Uxmal usw., die man in ein- oder mehr-
tägigen Ausflügen erreichen kann.

Das Planungsgebiet umfaßt in erster
Linie die rund 18 km lange Hotelzone auf
einer schmalen Koralleninsel, die eine Lagune einschließt (Abb. 61). Die 77 großen
Strandhotels, jeweils mit Swimming Pool
in gepflegten Grünanlagen, Restaurants,
Souvenirläden, Tennisplätzen usw., erinnern an die Skyline von Miami-Beach.
Dazu gehören ein Golfplatz, eine Kon-
greßhalle, mehrere Marinas und Ein-

kaufszentren. Deutlich abgesetzt davon
ist die neu gegründete Stadt für die
dienstleistende Bevölkerung mit einem
voll ausgebauten Geschäftszentrum und
72 kleineren Hotels. Außerdem wurde
ein internationaler Flughafen angelegt,
der inzwischen schon erweitert werden
mußte, denn mit fast 2,2 Mio. Passagieren lag er 1993 bereits an dritter Stelle
hinter México-Stadt und Guadalajara,
und beim internationalen Verkehr hatte
er mit 1,6 Mio. Fluggästen letzteres sogar übertroffen (vgl. Tab. 46).

Auch sonst ist die Entwicklung des
Projekts imponierend, vor allem, wenn
man bedenkt, daß erst 1970 mit der
Planung begonnen wurde (SECTUR 1991;
Tab. 51; vgl. GORMSEN 1979). Nach
Fertigstellung einzelner Hotels wurden
1975 die ersten Gäste registriert, und 1993
kamen schon 1,97 Mio. Touristen in
17970 Doppelzimmern unter, was etwa
7 Mio. Übernachtungen entspricht. Damit steht Cancún hinter der Stadt México,
aber vor Acapulco und Guadalajara an
zweiter Stelle aller Tourismuszentren.
Außerdem ist es einer der wenigen Orte, in
denen die Ausländer, nach einer Anlauf-
phase (1975–1978), eindeutig dominieren. Hinsichtlich der Gesamtzahl internationaler Meldungen hat Cancún sogar die
Hauptstadt überholt. Doch auch mit seinen
485 500 mexikanischen Besuchern wird es
unter den Seebädern nur von Acapulco,
Mazatlán und Puerto Vallarta übertroffen
und nimmt den 11. Rang sämtlicher Frem-
denverkehrsorte ein. Unter diesen Voraussetzungen ist die rapide Zunahme der Bevölkerung kaum verwunderlich, zumal
offenbar im Tourismusgewerbe, in den
vielfältigen nachgeordneten Tätigkeits-
feldern sowie in der nach wie vor
boomenden Bauindustrie bisher genügend
Arbeitsplätze verfügbar sind (SPEHS 1990).

Cancún hatte 1990 doppelt soviel Einwohner wie zwanzig Jahre zuvor der ganze

	1970	1980	1990	1993
Touristen in Cancún	(99 500)*	460 000	1 575 700	1 973 500
Mexikaner	(72 200)*	218 400	395 200	484 500
Ausländer	(27 300)*	241 600	1 180 500	1 489 000
Bevölkerung Cancún	400	37 200	177 300	
Bevölkerung Chetumal	24 000	88 000	172 000	
Bevölkerung Quintana Roo	88 200	226 000	493 000	

* Wert für 1975, dem Eröffnungsjahr der ersten Hotels
Quellen: Censos und Statistiken von FONATUR

**Tab. 51: Entwicklung des Tourismus und der Bevölkerung in Cancún und
im Staat Quintana Roo**

Staat Quintana Roo, der erst aufgrund der Tourismusentwicklung zum autonomen Staat erhoben wurde, während er vorher als Territorium von der Bundesregierung in México-Stadt verwaltet worden war. Durch diesen Aufschwung ist auch die im Süden des Staates gelegene Hauptstadt Chetumal auf die siebenfache Größe angewachsen, was nicht nur mit den gestiegenen Verwaltungsaufgaben, sondern auch mit seiner Grenzlage zu Belize zusammenhängen dürfte, zumal der ganze Staat seit 1970 Freihandelszone ist. Erst in den 70er Jahren wurde übrigens die 360 km lange Straße zwischen beiden Städten angelegt, deren nördlicher Abschnitt mit Akumal und Tulúm zu einem Tourismuskorridor ausgebaut wird.

Trotz beträchtlicher Anstrengungen im Wohnungsbau, ist es bis heute nicht gelungen, die über Erwarten große Zahl von Zuwanderern innerhalb des geplanten Stadtgebiets von Cancún unterzubringen. Schätzungsweise die Hälfte der Einwohner lebt in der sog. Colonia Puerto Juárez in selbst gebauten Häusern, wie sie unter der Maya-Bevölkerung Yucatáns üblich sind. Da es sich um eine durchaus angemessene ländliche Bauweise handelt, wäre dies allein kein Problem. Kritisch wird die Situation dadurch, daß außerhalb des offiziellen Siedlungsraumes die notwendige Infrastruktur fehlt. Während jedoch Stromkabel und selbst Wasserleitungen nachträglich relativ leicht verlegt werden können, ist der Bau einer Kanalisation viel aufwendiger. Daher ist zu befürchten, daß die Abwässer in den Karsthohlräumen versickern und das Trinkwasser verunreinigen oder irgendwo im Uferbereich wieder austreten.

Zwar ist die eigentliche Strand- und Brandungszone bisher nicht betroffen, doch die von der langgestreckten Koralleninsel eingeschlossene Lagune Nichupte mit ihren Mangrovenufern scheint der Eutrophierung schon sehr nah zu sein. Das hängt u. a. damit zusammen, daß man die Reste des geklärten Abwassers, die nicht zur Bewässerung der Grünanlagen gebraucht werden, in die Lagune leitet, was dort zur Überdüngung und einem besonders starken Algenwachstum führt. Darüber hinaus trägt der rege Bootsverkehr zur Verschmutzung bei.

Obwohl mehrere Anzeichen darauf hindeuten, daß die Grenzen des Wachstums in Cancún erreicht, wenn nicht schon überschritten sind, sollen in einer weiteren Ausbauphase mehrere Projekte mit insgesamt 5650 Hotelzimmern, 11 400 Apartments und Bungalows der Luxusklasse sowie Wohnraum für 3100 ansässige Haushalte geschaffen werden. Damit sollen erneut die obersten Schichten angelockt werden, nachdem in den großen Hotels wegen der geringeren Nachfrage viele Pauschaltouristen zu reduzierten Preisen untergebracht wurden. Zwei der sog. Megaprojekte sollen als Yachthäfen im Übergangsbereich zwischen Hotelzone und Stadt entstehen, nämlich San Buenaventura *(Malecón)* im nordwestlichen Winkel der Laguna Nichupte und, nördlich anschließend, Puerto Cancún. Dieses soll 350 ha umfassen, darunter einen 18-Loch-Golfplatz (62 ha) mit Villen im direkten Anschluß an die Stadt, zwölf Hotels im Strandbereich (40 ha), ein Schönheitskur-Hotel, einen Bootshafen und dazwischen die eigentliche Marina, die nach dem Muster von Port Grimaud (Côte d'Azur) von demselben Architekten (F. Spoerry) entworfen wurde und sich aus einem unregelmäßigen Kanalsystem mit zahlreichen künstlichen Inseln zusammensetzt. Diese bieten Platz für 1100 Apartments in variablen Reihenhäusern mit eigenem Bootssteg. Eine rechtwinkelige *plaza* im zentralen Geschäftsbereich ist als Reminiszenz an die kolonialspanische Stadt gedacht (Abb. 61). Für dieses Projekt wurden ausführliche Umweltverträglichkeitsprüfungen nach internationalem Standard erarbeitet. Offen bleibt, wie weit sie tatsächlich umgesetzt werden (vgl. BORN 1993).

10.6
Tourismus und Umwelt

Einige allgemeine Erkenntnisse lassen sich aus den hier vorgestellten Beispielen modellartig zusammenfassen (Abb. 60): Der Massentourismus kann preisgünstig nur durch hoch konzentrierte Organisationsformen, d. h. in großen Tourismuszentren abgewickelt werden. Dabei besteht die Gefahr, daß er nicht nur durch den Bau touristischer Anlagen, durch die Ansprü-

che der Touristen sowie durch die häufig mangelhafte Stadt- und Regionalplanung zu einer erheblichen Beeinträchtigung der Landschaft und damit seiner natürlichen Grundlagen führt, sondern auch indirekt durch den massiven Zustrom von Migranten. Ihre Bedürfnisse an Arbeitsplätzen, Wohnungen und Infrastruktur werden entweder völlig vernachlässigt oder bei der Planung und Finanzierung zu gering eingeschätzt. Freilich gibt es Unterschiede nach der Größenordnung der Tourismuszentren. In kleinen Badeorten mit ausgedehnten Stränden ist das quantitative Ausmaß des Problems geringer. Doch unzureichende Finanzmittel lassen einen adäquaten Ausbau der lokalen Infrastruktur oft nicht zu. So kommt es fast überall zu erheblichen Nutzungskonflikten und zu einer starken Belastung der Umwelt, vor allem aufgrund der mangelnden Entsorgung. In hohem Maße geschädigt wird häufig das vielfältige Ökosystem der Mangroven in den Lagunen (s. o.), falls diese nicht sogar zur Erweiterung der Hotelzone oder zur Verminderung der Insektenplage zugeschüttet bzw. zu einem Yachthafen umgestaltet werden.

Ein noch viel zu wenig beachtetes Umweltproblem tropischer Küsten unter dem Einfluß des Tourismus besteht in der zunehmenden Schädigung der Korallenriffe. Nach einer Studie von ARCHER (1985) über Barbados kommt es hier zu Wechselwirkungen und gegenseitigen Verstärkungen mehrerer Faktoren: Ungereinigtes Abwasser verbunden mit Müll und Rückständen intensiver Düngung beeinflussen den Lichteinfall sowie den Chemismus des Wassers und damit seinen Nährstoffhaushalt. Hinzu kommt die höhere mechanische Beanspruchung durch den übermäßigen Wellenschlag schneller Sportboote. Dies führt zum Absterben der Korallen in Strandnähe, die teilweise ihre Funktion als Wellenbrecher verlieren. Die dadurch veränderten Strömungen haben in einigen Gebieten eine erhebliche Stranderosion zur Folge. Hinzu kommt der Bau von Hotels zu dicht an der Wasserlinie sowie die Entnahme von Bausand an ungeeigneten Stellen. So gräbt sich der Tourismus im Wortsinn den Boden unter den Füßen ab (OLIVIER 1986, S. 59–61; GORMSEN 1987b).

Leider sind die Verhältnisse anderswo, etwa im Mittelmeergebiet, auch nicht viel besser. Als entscheidender und für die Dritte Welt spezifischer Aspekt muß aber die rapide Bevölkerungszuwanderung und die damit verbundene enorme Siedlungsexpansion, auch in Erholungsorten, betrachtet werden. Dazu kommen Probleme wie Kapitalmangel, einseitige Planungsvorgaben, unzureichende Gesetzgebung, Nachlässigkeit bei der Anwendung bestehender Gesetze, wirtschaftlicher Druck von seiten der Tourismusindustrie oder auch der eigenen Regierung sowie ein weithin unterentwickeltes Verständnis für ökologische Fragestellungen in den lateinamerikanischen Gesellschaften (MANSILLA 1986). Erst in jüngster Zeit schlägt sich eine ernsthafte Auseinandersetzung mit diesem Problemkreis in einheimischen Publikationen nieder. Spezielle Veröffentlichungen über Tourismus und Umwelt sind aber noch selten (z. B. MOLINA 1982; MOLINA u. a. 1986). Sie verfolgen in erster Linie das wichtige Ziel, bei breiteren Bevölkerungskreisen das Bewußtsein für ökosystemare Zusammenhänge zu wecken und angepaßte Verhaltensweisen zu entwickeln.

Bei den zuständigen Behörden hat eine entsprechende Sensibilisierung prinzipiell schon in den 70er Jahren eingesetzt, als man sich der erheblichen Probleme in Acapulco bewußt wurde und daraus für die Planungen der FONATUR-Projekte gewisse Schlüsse zog. Doch hat man diese bei der Realisierung nicht konsequent

genug durchgesetzt, bzw. man wurde von den unerwartet erfolgreichen Entwicklungen und ihren nachteiligen Folgen teilweise überrascht. Diese sind in den anderen Großprojekten, Ixtapa-Zihuatanejo und Los Cabos, ähnlich verlaufen, wenn auch weniger spektakulär. Lediglich Loreto hat sich als Fehlinvestition erwiesen (SPEHS 1990). In Huatulco, dem jüngsten Projekt, ist man nun bemüht, die Tourismusanlagen in eine Reihe kleiner Buchten an der Küste von Oaxaca einzufügen (Abb. 62; GORMSEN 1991a). Doch die ungegliedert massige Front eines der ersten Hotels kann diesem Anspruch nicht genügen.

10.7
Kulturtourismus in Mexiko

Leider ist die Bedeutung des Rundreisetourismus im regionalen Kontext noch kaum untersucht worden. Zwar sind mehrere Reiseführer auf dem Markt, in denen die archäologischen und kunsthistorischen Sehenswürdigkeiten ausführlich beschrieben sind, doch gibt es nur wenige öffentliche Unterlagen über die zu diesem Zweck geschaffene Infrastruktur, über die Ausstattung mit Fremdenverkehrseinrichtungen oder die Zahl der Touristen. Allgemein läßt sich sagen, daß auch diese Form des Reisens von Ausländern eingeführt wurde, und für die aus großer Entfernung anreisenden Europäer spielt sie heute noch die Hauptrolle. In den letzten Jahrzehnten hat aber die Beteiligung der einheimischen Bevölkerung am Besichtigungstourismus erheblich zugenommen. Dies ist weitgehend staatlicher Initiative zu verdanken, die einerseits für die historische Erforschung und denkmalpflegerische Erhaltung der entsprechenden Stätten in hervorragender Weise sorgt, andererseits durch Schulen und Massenmedien ihren

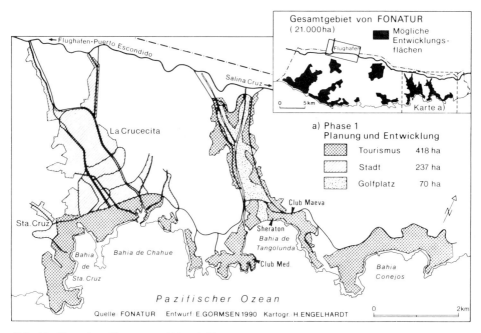

Abb. 62: Huatulco, Planung und Entwicklung 1990

Tab. 52: Besuch archäologischer Stätten in Mexiko 1990 nach Staaten (in 1000)

Staat	Zahl der Stätten	Besucher insgesamt	Mexikaner		Ausländer	
			abs.	Anteil (%)	abs.	Anteil (%)
Distrito Federal	4	883	707	80	176	20
Staat México	14	1340	890	66	450	34
Morelos	6	107	86	81	21	19
Hidalgo	3	187	151	81	36	19
Puebla	5	243	230	95	13	5
Oaxaca	6	437	25	57	186	43
Chiapas	5	131	100	76	31	24
Campeche	4	27	23	85	4	15
Yucatán	14	749	378	50	371	50
Quintana Roo	5	668	309	46	359	54
sonstige	22	282	275	98	5	2
insgesamt	88	5052	3400	67	1652	33

Quelle: SECTUR 1991

Besuch propagiert, und zwar im Sinne eines historisch begründeten Nationalbewußtseins.

1990 stammten von 5 Mio. Besuchern archäologischer Stätten 3,4 Mio. (67%) aus dem eigenen Land und bei den Museumsbesuchern waren es sogar 78% von 9,3 Mio. Beim Besuch der Maya-Ruinen auf der auch für die meisten Mexikaner entlegenen Halbinsel Yucatán betrug dagegen der Ausländeranteil rund 50% (Tab. 52). Hier hat der Fernstraßenbau im Zusammenhang mit der Anlage von Cancún wesentliche Impulse geliefert (S. 221). Daß Entfernungen trotz guter Infrastruktur auch heute noch eine Rolle spielen, wird am Beispiel des Staates Veracruz deutlich, der immerhin mit 7 Stätten in der Statistik vertreten ist, darunter das Zeremonialzentrum der Totonaken von El Tajín bei Papantla mit seiner einmaligen Nischenpyramide. Diese Gegend liegt jedoch außerhalb der normalen Touristenrouten und erfordert relativ weite Umwege. Andererseits ist der Regionalflugplatz von Poza Rica nur gut 20 km entfernt; aber das negative Image dieses Erdölgebietes wirkt nicht unbedingt förderlich auf Kulturbeflissene.

10.7.1
Das koloniale Erbe als Ziel des Tourismus

Wichtige Punkte kultureller Attraktivität sind die zahlreichen Kolonialstädte jeglicher Größe, die heute von aus- und inländischen Reisegruppen sowie von Einzelreisenden und Familien besucht werden. México-Stadt, Puebla, Oaxaca und Guanajuato wurden sogar in die UNESCO-Liste des Weltkulturerbes aufgenommen (GORMSEN 1990a). Dementsprechend wird viel für die Verschönerung des Erscheinungsbildes getan, bis hin zur Einrichtung von Fußgängerzonen, wie z. B. in Oaxaca (S. 85, 277).

Zu den wertvollen Zeugnissen der Kolonialzeit gehören aber auch zahllose Kirchen und Klöster in Dörfern oder in isolierter Lage, die im Lauf der letzten Jahrzehnte großenteils durch das INAH restauriert wurden. Die meisten werden noch als Pfarrkirchen genutzt, andere weisen auf die frühere Bedeutung christlicher Orden bei der Erschließung des Landes hin, etwa Teposcolula und Yanhuitlán in der Mixteca von Oaxaca oder die Missionsstationen der Jesuiten und Dominikaner aus dem 18. Jh. in Baja California (GIERLOFF-EMDEN 1964, S. 63ff; vgl. Abb. 32).

Eindrucksvoll sind schließlich zahlreiche *haciendas* aus der Kolonialzeit und dem 19. Jh., von denen nur die wenigsten zu Hotels umgestaltet wurden und daher in Reiseführern verzeichnet sind (S. 123, 224). Viele wurden während der Revolution zerstört oder sind danach allmählich verfallen, andere dienen auch nach der Bodenreform als Wohn- und Wirtschaftsgebäude der verkleinerten Agrarbetriebe. Gut erhaltene Beispiele finden sich u. a. in den *pulque*-Hochflächen von Hidalgo-Tlaxcala, in den Ackerbau- und Viehzuchtgebieten der Staaten Mexico, Puebla, Querétaro und San Luís Potosí sowie in den Beckenlandschaften von Morelos mit ihrem Zuckerrohranbau (Haciendas de México 1966; HAUFE/TYRAKOWSKI 1981; TYRAKOWSKI 1986).

10.7.2
Kolonialstädte und das Beispiel San Miguel de Allende

Zu den Städten, die besonders stark vom internationalen Tourismus geprägt wurden, gehört San Miguel de Allende. 1542 gegründet, hatte der Ort während der frühen Kolonialzeit eine Etappen- und

Schutzfunktion gegenüber den Chichimeken am *Camino Real*, d. h. an der Hauptstraße zu den Silberminen von Zacatecas. Im 16. Jh. begründeten Wollmanufakturen zusammen mit der Viehwirtschaft und der Gerberei den Reichtum der Stadt, der noch heute in bedeutenden Kirchen- und Klostergebäuden sowie großzügigen Patiohäusern wohlhabender Bürger in Erscheinung tritt. Den Namenszusatz „de Allende" erhielt sie zum Andenken an den Freiheitskämpfer Ignacio de Allende, der hier 1769 als Sohn einer angesehenen Familien geboren wurde. Doch in der Folge der Unabhängigkeit ging die Wirtschaft zurück, während die Konkurrenzstädte Celaya, Irapuato und Salamanca als Zentren der Agrarwirtschaft und als Industriestandorte im Bajío einen Aufschwung nahmen.

Dieser Nachteil wurde aber zur Grundlage der heutigen Entwicklung des Tourismus von San Miguel; denn der mangelnde Fortschritt ließ die Stadt in relativer Stagnation verharren, d. h. sie veränderte ihre überkommene Struktur nur wenig. Immerhin erhielt die Pfarrkirche 1880–1902 eine neugotische Fassade, ein seltenes Beispiel des europäischen Historismus in Mexiko (C. 87). Ihr hoher Turm bestimmt das Stadtbild beim Blick von der steil ansteigenden Ausfallstraße nach Querétaro. Der Wert des historischen Erbes der Stadt wurde schon in den 20er Jahren erkannt, denn die *Sociedad de Amigos de San Miguel* verfolgte als Hauptziel, „alle notwendigen Schritte zu unternehmen, damit San Miguel de Allende aufgrund seiner geschichtlichen und architektonischen Bedeutung zum nationalen Denkmal erklärt wird, mit dem Ziel, seinen typischen Charakter zu erhalten" (DE LA MAZA 1932, S. 134).

Zur gleichen Zeit erschienen die ersten Touristen, überwiegend US-Amerikaner. Sie kamen zunächst zum Urlaub, später für längere Aufenthalte. Darunter waren mehrere Künstler, die 1938 in einem alten Herrenhaus das Instituto Allende gründeten, eine Kunst- und Sprachschule, die seit 1951 mit der Universität von Guanajuato assoziiert ist. Kurz darauf entstand als weitere Kunstschule das Centro Cultural Ignacio Ramírez (El Nigromante) im ehemaligen Convento de la Concepción, einem wuchtigen Bau mit großem Innenhof, der von alten Bäumen beschattet wird. Hier sind vor allem mexikanische Studenten eingeschrieben. In den 60er und 80er Jahren kam es zur Gründung von zwei Schulen für spanische Sprache und Kultur, durch die wiederum nordamerikanische Kursteilnehmer angezogen werden.

Dies ist einer der Gründe für die steigende Zahl von US-Bürgern, meist Rentner, die sich als *permanent residents* auf Dauer oder wenigstens für die Wintermonate in San Miguel niederlassen. Das US-Vizekonsulat schätzt rund 1600 gegenüber 500 im Jahr 1960. Nach der Volkszählung 1990 waren allerdings nur 1085 Ausländer wohnhaft, von denen 685 in den letzten 5 Jahren zugezogen waren. Diese Werte schließen offenbar die „Winterurlauber" nicht ein. Jedenfalls erscheinen sie gering im Verhältnis zur Einwohnerzahl, die von 8700 (1930) über 24 300 (1970) auf 52 500 (1990) gestiegen ist. Doch nach dem Telefonbuch von 1991 sind unter 2287 Anschlüssen 554 (24%) in der Hand von Ausländern (1972: 203 von 704 = 28%), woraus man wiederum auf ihre relativ große Bedeutung schließen kann. Die meisten von ihnen haben ältere Patiohäuser für ihre Zwecke renoviert oder neue Häuser im alten Stil gebaut. Sie tragen damit nicht unwesentlich zur Erhaltung des Stadtbildes bei. Allerdings führen sie ihr eigenes gesellschaftliches Leben und haben relativ wenig Kontakt mit der einheimischen Bevölkerung.

Doch auch der normale Fremdenverkehr hat einen schnellen Zuwachs erfahren, wenn man bedenkt, daß das erste Restaurant 1945 eröffnet wurde. Vorher gab es Gästezimmer und Verpflegung nur in privaten Familien und Pensionen bzw. in einfachen Garküchen. Diese informelle Zimmervermietung, die sonst in Mexiko nicht üblich ist, spielt heute noch zur Unterbringung der Kursteilnehmer eine wichtige Rolle, geht aber in die Tourismusstatistik nicht ein. Nach Fertigstellung der Asphaltstraße von Querétaro wurde 1954 das erste Hotel mit internationalem Standard eröffnet. Es diente schon bald wohlhabenden Mexikanern für Wochenendbesuche oder Kurzferien. In den folgenden Jahren stieg die Zahl der Hotels und der Zimmer kontinuierlich an, bis 1982, nach Fertigstellung einiger größerer Hotels am Stadtrand, der Höhepunkt mit über 900 Zimmern erreicht war. Seitdem schwankt die Zahl zwischen 800 und 900, was 1700 Betten entspricht.

1990 gab es 36 Hotels mit durchschnittlich 46 Betten. Den größten Teil (33%) nehmen die Hotels der Mittelklasse (3 Sterne) ein, obwohl in jüngster Zeit die einfacheren Häuser einen stärkeren Zuwachs hatten. Rund 23% gehören zu den oberen Kategorien mit bis zu 270 Betten, und 6% der Betten finden sich in 7 kleinen Hotels der „Spezialklasse", die mit allem Komfort in gut gepflegten Kolonialhäusern untergebracht sind und von ihren (ausländischen) Eigentümern in individueller Weise geführt werden. Außerdem gibt es am Stadtrand 420 Stellplätze für Wohnwagen (ECKHARD 1990; SECTUR 1991). Wir haben es also überwiegend mit einer mittelständischen Struktur in der Hand lokaler Besitzer zu tun.

Die Touristenmeldungen entsprechen diesem Bild. Nach einem allmählichen Anstieg auf 57000 (1979) folgte ein starker Schub um 1980 und seitdem ein

Pendeln um 100000. Dabei ist die Ausländerzahl langsamer gestiegen, d. h. ihr Anteil ist von einem Drittel auf ein Viertel zurückgegangen. Dies bedeutet einerseits, daß San Miguel heute zu den beliebten Wochenendzielen der hauptstädtischen Gesellschaft gehört, da es über die Autobahn in etwa drei Stunden zu erreichen ist. Andererseits werden, wie gesagt, die Gäste in privaten Unterkünften nicht erfaßt. Immerhin bieten die vier Kulturinstitute rund 700 Studienplätze an, die aber im Jahreslauf unterschiedlich genutzt werden. Doch läßt sich für die Kursteilnehmer insgesamt eine Übernachtungsziffer von 180000 für das ganze Jahr schätzen, darunter etwa 107000 von Ausländern. Diese Summe liegt beträchtlich über der Zahl der Hotelübernachtungen, die aufgrund der Ankünfte mit etwa 50000 anzunehmen ist (ECKHARD 1990). Die Bedeutung der Ausländer für die Wirtschaft und das Leben in der Stadt ist also ungleich größer, als aus der Fremdenverkehrsstatistik hervorgeht, ganz abgesehen von den *permanent residents* (Abb. 63).

Die Zahl und die Qualität der Restaurants hat in ähnlicher Weise zugenommen. Einige von ihnen bieten nicht nur eine ausgezeichnete Küche, sondern auch ein sehr angenehmes Lokalkolorit in Kolonialgebäuden und *patios*. Zur touristischen Ausstattung gehören ferner Nachtclubs und Diskotheken aber auch einige Mineralbäder, die im Norden außerhalb der Stadt liegen, z. T. in Verbindung mit einem Hacienda-Hotel. Hier wie in einem anderen Hotel, das auf dem Plateau im Osten liegt, gibt es Möglichkeiten zum Reiten. Der Golfclub, auf einem flachen Hügel im Südwesten der Stadt, hat rund 250 Mitglieder, darunter 95% Ausländer.

Zu den Einrichtungen, die neben den Kirchen im Straßenbild besonders hervortreten, gehören über hundert Kunsthandwerksgeschäfte. Sie konzentrieren sich,

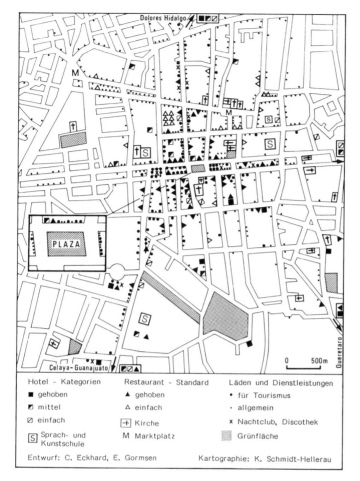

Abb. 63:
Funktionalstruktur von
San Miguel de Allende

Hotel - Kategorien	Restaurant - Standard	Läden und Dienstleistungen
■ gehoben	▲ gehoben	• für Tourismus
◪ mittel	△ einfach	· allgemein
☑ einfach	⊞ Kirche	✗ Nachtclub, Discothek
Ⓢ Sprach- und Kunstschule	M Marktplatz	▨ Grünfläche

Entwurf: C. Eckhard, E. Gormsen   Kartographie: K. Schmidt-Hellerau

ähnlich wie die Restaurants, im Umfeld der Plaza Principal sowie an den Straßen, die zu den Kunstschulen führen. Ihre Lage innerhalb der Stadt ist also durchaus nicht gleichmäßig. Entsprechendes gilt, mit umgekehrtem Vorzeichen, für viele Geschäfte und Dienstleistungsbetriebe, die der einheimischen Bevölkerung dienen. Dieses Verteilungsmuster ist offenbar eine Folge des Tourismus und steht im Zusammenhang mit den unterschiedlichen Wohngebieten. Im zentralen und südöstlichen Altstadtbereich sind die Kolonialhäuser gepflegt und durch neue Häuser im alten Stil ergänzt. Hier sowie in den östlich

ansteigenden Villenvierteln wohnt die Mehrheit der *permanent residents* und der mexikanischen Oberschicht. Die nördliche Altstadt ist noch sehr sanierungsbedürftig, und im Anschluß daran breiten sich vor allem gegen Westen einfache Wohngebiete aus. Es zeigt sich also eine funktionale und sozialräumliche Asymmetrie, wie sie auch sonst häufig zu finden ist. Sie hat mit den natürlichen Lagebedingungen sowie mit den speziellen Bedürfnissen des Tourismus und der ausländischen Einwohner zu tun und ist in dieser ausgeprägten Form erst seit den 60er Jahren entstanden (vgl. Abb. 21–23 in ECKHARD 1990).

Die wirtschaftlichen Auswirkungen des Tourismus in San Miguel lassen sich statistisch schwer fassen, da es wenige zuverlässige Unterlagen gibt. Nach DO-MINGUEZ/IZAGUIRRE (1984) lag 1980 der Anteil des Tourismus am Bruttoin-landsprodukt des Municipios mit 25% an zweiter Stelle nach dem Handel (48%) und vor sonstigen Dienstleistungen (16%). Nach derselben Quelle machten die Aus-gaben der Touristen 1980 ca 13,1 Mio. US-$ aus, von denen 9,4 Mio. (72%) auf die nationalen und 3,7 Mio. (28%) auf die internationalen Gäste entfielen. Pro Kopf gaben also beide Gruppen ähnliche Be-träge aus. Sie wichen aber im einzelnen voneinander ab. Die Mexikaner verwende-ten höhere Anteile für Vergnügungen und Souvenirs, die Ausländer für Unterkunft, Verpflegung und Kursgebühren.

Direkte Beschäftigungseffekte ergeben sich in erster Linie im Hotelwesen (rund 700 Angestellte) und in den Restaurants (400). Hinzu kommt das Lehr- und Ver-waltungspersonal der Kunst- und Sprach-schulen (80) sowie mindestens 500 An-gestellte der Souvenirgeschäfte, Reisebüros, Taxi- und Busunternehmen usw. In der Summe von rund 1680 Personen sind eine Reihe von administrativen sowie mehr oder weniger informellen Tätigkeiten nicht enthalten. Außerdem kann man damit rechnen, daß jeder Ausländerhaushalt wenigstens eine Person für verschiedene Dienstleistungen beschäftigt. Schließlich gibt es mehrere hundert Kunsthandwerker, die in einer großen Zahl von *artesanía*-Werkstätten arbeiten (ECKHARD 1990).

Hier werden einige für San Miguel typische Produkte hergestellt, z. B. hand-gewebte Wolldecken *(sarapes),* die seit der Kolonialzeit eine Tradition haben, Lampen und Dosen aus Messing und Glas, Spiegelumrahmungen und Lebensbäume aus gehämmertem Blech sowie Papp-machéfiguren der verschiedensten Art,

schließlich auch Keramikfliesen, nach denen heute an Stelle der früheren Töpferei eine größere Nachfrage besteht. Der Tourismus aber auch die Kunstschulen haben auf Muster und Material einen Einfluß gehabt. Die Vermarktung erfolgt nicht nur durch die Läden in der Stadt, sondern in erheblichem Umfang durch den Verkauf in anderen Touristenzentren sowie durch den Export in die USA.

Ein in vieler Hinsicht vergleichbarer Fall ist Taxco. Die alte Minenstadt, deren Bedeutung im 19. Jh. zurückgegangen war, wurde unter dem Einfluß des US-Amerikaners William Spratling schon 1928 unter Denkmalschutz gestellt, ob-wohl sie außer der prächtigen Barock-kirche Santa Prisca und einzelnen Stadtpa-lästen wenig hervorragende Bauwerke aufzuweisen hat. Doch ihre windungs-reichen, für Mexiko ganz untypischen Gassen, die sich am steilen Berghang hinaufziehen, geben ihr ein malerisches, mediterran anmutendes Gepräge, das im Gegensatz zur Monotonie nordameri-kanischer Städte besonders anziehend wirkt (C. 68). Daher wurde Taxco eines der wichtigsten Touristen- und Ausflugs-ziele in der Umgebung von México-Stadt (Abb. 55) mit einem ungewöhnlich hohen Ausländeranteil von rund 50% bei den Fremdenmeldungen (Abb. 57) – (vgl. SPRATLING 1991).

Äußerst eindrucksvoll ist auch das Landschaftsbild von Guanajuato beim Blick von der Panoramastraße auf den südlich ansteigenden Höhen. Umgeben von mehreren alten Silberminen, zeigt die Stadt in ihrem engen Tal mit verwinkelten Straßen und Treppengassen mit zahlrei-chen Kirchen und einem monumentalen Universitätskomplex keinerlei Regelmä-ßigkeit. Selbst der Hauptplatz mit dem neoklassizistischen Theater hat die Form eines Dreiecks (C. 69). Über dem ein-betonierten Fluß in der tiefen Schlucht wurde um 1960 die Hauptverkehrsader angelegt, die großenteils von historischen Gebäuden überbaut ist und inzwischen durch mehrere Straßentunnel und unterirdische Parkplätze ergänzt wurde, so daß die Innenstadt weitgehend vom Autoverkehr verschont bleibt (vgl. GIERLOFF-EMDEN 1970, S. 310–312). Große Gebäudekomplexe der Staatsregierung und andere öffentliche Einrichtungen wurden dagegen auf den Anhöhen außerhalb des Tales errichtet.

San Miguel de Allende, Guanajuato Taxco und Pátzcuaro sind ausgezeichnete Beispiele für einen Typus von Fremdenverkehrsorten, wie man sie in ähnlicher Weise auch in anderen alten Kulturlandschaften findet, insbesondere in Europa. Sie beziehen ihre Attraktivität in erster Linie aus dem nostalgischen Bedürfnis der industriellen Großstadtgesellschaft nach einer überschaubaren, anheimelnden Kleinstadtstruktur. Bedeutende Bauwerke und historische Monumente spielen zwar als Identifikationsmerkmale eine wichtige Rolle, und sie werden in den Reiseprospekten entsprechend hervorgehoben. Wichtiger scheint aber die Ensemblewirkung der Altstadtgassen und -plätze, verbunden mit interessanten Läden und guten Lokalen in einer einladenden Atmosphäre, kurz all das, was man unter dem Begriff Ambiente zusammenfaßt, und was vor allem Rentner zu einem längeren Aufenthalt animieren kann. Selbstverständlich gehören dazu alle Bequemlichkeiten der modernen Hotellerie, die sich aber in ihrem Erscheinungsbild möglichst traditionell präsentieren soll. Daß dies häufig zu fragwürdigen Kompromissen führt, die an Disneyland erinnern, sollte nicht verschwiegen werden. Und leider gibt es auch Potemkinsche Dörfer, d. h. romantische Straßenfassaden, hinter denen sich die Armut der einheimischen Bevölkerung verbirgt. Doch insgesamt werden

solche Städte gerade für eine Gesellschaft mit einer sehr monotonen Stadtstruktur auch in Zukunft eine starke Anziehungskraft haben, und offenbar gilt dies schon in ähnlicher Weise für großstadtmüde Mexikaner.

10.8
Tourismus und Kunsthandwerk

Spratling hat in Taxco auch das Kunsthandwerk in besonderer Weise gefördert. So ist die weltberühmte Kunst mexikanischer Silberschmiede in ihrer heutigen Form seiner Initiative zu verdanken. Er warb um 1930 Goldschmiede aus dem benachbarten Iguala an, die bis dahin Schmuck für die einheimische Bevölkerung hergestellt hatten, und ließ sie Souvenirs für die Touristen anfertigen, wobei neben Aztekenkalendern und Aschenbechern in Form von Sombreros auch neue eigenständige Muster entwickelt wurden. Mehrere tausend Beschäftigte arbeiten in den Silberwerkstätten von Taxco. Ihre Produkte werden nicht nur in über hundert Geschäften am Ort, sondern überall im Land verkauft. Ebenfalls auf die Anregung Spratlings geht die Herstellung sogenannter Kolonialmöbel zurück, die sich allerdings erst in den 60er Jahren durchgesetzt haben (vgl. SPRATLING 1991, S. 67). Vor allem die rustikalen und doch bequemen Sessel lassen erkennen, daß es sich nicht um überlieferte Formen der spanischen Kolonialzeit handelt, sondern lediglich um die Übernahme von Stilelementen. Heute ist fast jedes Hotel in Mexiko mit solchen Möbeln ausgestattet und ein sehr großer Teil der Produktion wird in die USA exportiert (GORMSEN 1981b).

Schon diese Beispiele weisen auf die Bedeutung des Tourismus für die Entwicklung des außerordentlich vielfältigen Kunsthandwerks hin, das in Mexiko als *arte-*

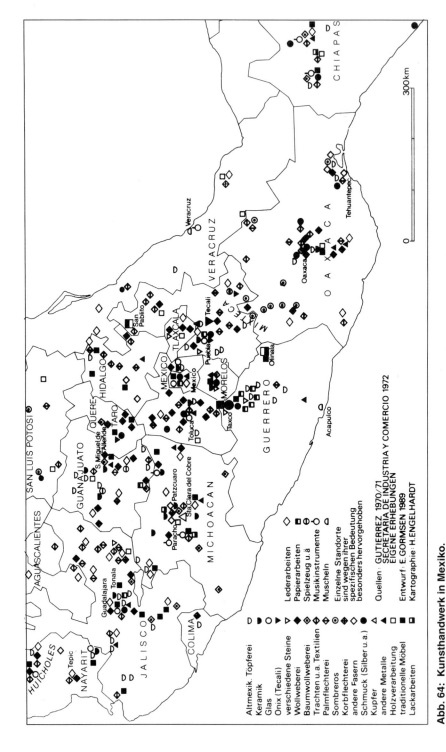

Abb. 64: Kunsthandwerk in Mexiko.
Eine Auswahl wichtiger Handwerksarten und Produktionsorte in den zentralen und südlichen Gebieten des Landes

*saní*a bezeichnet wird. Es ist kaum ein Material vorstellbar, das nicht irgendwie verarbeitet würde, von sämtlichen Naturfasern über Stein, Ton, Glas, Holz, Papier, Leder, Kupfer, Silber, Gold, Blech, Schmiedeeisen usw. bis zur Zuckermasse, die zum Totenfest (*Día de los muertos*) am 2. November in Form von Totenköpfen angeboten wird. Fast alle Handwerkszweige haben durch die steigende Nachfrage der Touristen und die damit angeregte Ausfuhr einen erheblichen Produktionszuwachs erfahren, wobei manche früheren Gebrauchsgegenstände, die schon längst von Industrieprodukten verdrängt waren, eine Renaissance erlebten, wenn auch nicht mehr zum ursprünglichen Zweck, sondern als Dekoration in den Wohnungen der westlichen Gesellschaft. Das gilt z. B. für die *comales,* große Tonscheiben, die zum Backen der *tortillas* dienen, aber immer mehr durch Backbleche ersetzt werden. Neuerdings werden originale *comales* bunt bemalt und als Wandschmuck verkauft, weshalb die Produktion wieder belebt wurde (E. GORMSEN 1981b; 1990b; J. GORMSEN 1985).

Starke Veränderungen hat es freilich schon früher gegeben, vor allem durch europäische Techniken, die anfangs nur von spanischen Handwerkern in den Städten ausgeübt wurden. Hier begründeten sie Traditionen, die heute noch bestehen. Nur weniges wurde an die Indios weitergegeben. So benutzen die städtischmestizischen Töpfer für glasiertes Steingutgeschirr, z. B. in Puebla, die Töpferscheibe, die bis heute von den indigenen Töpfern abgelehnt wird. Eisenbearbeitung und Glasherstellung gehören dazu. Und der europäische Webstuhl hat sich nur in solchen Dörfern durchgesetzt, in denen die Spanier Manufakturen (*obrajes*) zur Herstellung von Wolldecken (*sarapes*) gegründet hatten. Anderswo ist dagegen das Hüftwebgerät (*telar de cintura*) noch ver-

breitet, wie übrigens in vielen vorindustriellen Gesellschaften der Südkontinente. Stark verändert wurde unter dem Einfluß der Kirche die Kleidung der Einheimischen, einschließlich vieler Stickmuster (SAYER 1985).

Auf den ersten Blick ist es daher bei vielen Trachten und anderen Objekten der Volkskunst nicht einfach, die präkolumbischen, kolonialzeitlichen und jüngeren Elemente auseinanderzuhalten. Doch unabhängig von den verschiedenen Wurzeln und Einflüssen trägt das Kunsthandwerk, neben Festlichkeiten und hervorragenden Gebäuden, wesentlich zur Charakterisierung der kulturellen Identität eine Ortes oder einer Region bei. Seine Bedeutung für die Entwicklung eines neuen Nationalbewußtseins, das sich, im Gegensatz zur Gesellschaft des Porfiriats, auf die indianischen Wurzeln besinnt, wurde nach der großen mexikanischen Revolution von Künstlern und Politikern betont. Es ist hier nicht der Platz, darauf näher einzugehen. Doch auf die Rolle des Tourismus soll auch in diesem Zusammenhang hingewiesen werden (E. GORMSEN 1981b; 1991b; J. GORMSEN 1985).

10.8.1
Die Vielfalt des mexikanischen Kunsthandwerks

Die Karte Kunsthandwerk in Mexiko (Abb. 64) vermittelt einen Überblick über die Verteilung wichtiger Handwerksarten. Im vorgegebenen Maßstab können aber weder alle Herstellungsorte noch die ganze Vielfalt der Produkte nach Material, Form und Arbeitstechnik dargestellt werden. Große Unterschiede bestehen z. B. nicht nur zwischen der vorspanischen Töpferei und der europäischen Keramik, sondern auch innerhalb der letzteren Gruppe, etwa zwischen den aus Spanien übertragenen

azulejos von Puebla und der Hochtem-
peraturkeramik von Tonalá (bei Guadala-
jara), die seit den 50er Jahren von orts-
fremden Künstlern eingeführt wurde. Die
Rubrik Papier umfaßt die Herstellung und
Bemalung des *papel amate* (s. u.) sowie
Pappmachéfiguren, *papel picado* (gestanzte
Papierfähnchen) u. a. Eine entsprechende
Variabilität findet sich bei den zahlreichen
Textilien und Flechtwaren sowie bei fast
jeglichem anderen Material (s. o.).

Beim Betrachten der Karte fällt die
ungleiche Verteilung auf. Das hängt einerseits mit dem Vorkommen bestimmter
Rohstoffe zusammen, z. B. des Onyx in
Tecali oder der Palmen für die Sombreros
in der Mixteca. Andererseits gibt es Konzentrationen von mehreren Handwerks-
zweigen, die sowohl auf alten Traditionen
als auch auf Innovationen aus jüngster Zeit
beruhen. Es handelt sich häufig um Gebiete mit einem hohen Indioanteil wie
Chiapas, Oaxaca, Toluca und Pátzcuaro
oder das Bergland der Huicholes. Meist
dominiert ein einziges Handwerk, z. B. die
Lackarbeit in Olinalá, die Bearbeitung von
Onyx in Tecali, die Produktion von *papel
amate* in San Pablito, das Hämmern von
Kupfer in Santa Clara del Cobre oder die
Herstellung von Guitarren in Paracho.
Städtisch geprägtes und stärker von außen
beeinflußtes Kunsthandwerk findet sich
dagegen in Guadalajara mit seinen Vororten sowie in San Miguel de Allende, Puebla, Taxco und anderen. In fast allen Fällen läßt sich zeigen, daß der jeweilige Handwerkszweig einen wichtigen Beitrag zum
Image des Ortes oder der Region liefert.

10.8.2
Neue Muster der *artesanía*

Dabei wurde schon angedeutet, daß einige
der bekanntesten Souvenirs erst in den
letzten Jahrzehnten entstanden sind oder

wesentlich umgeformt wurden. Zu den
völlig neuen Produkten, die in Nordamerika und Europa eine weite Verbreitung gefunden haben, gehören dicke
Wolljacken, die etwa seit 1960 auf dem
Markt von Toluca angeboten wurden,
heute aber überall zu haben sind. Sie
werden nicht mit Stricknadeln hergestellt,
sondern mit einem *bastidor*, der nach dem
Prinzip der „Strickliesel" für Kinder funktioniert. Er besteht aus zwei parallel ange-
ordneten, blechbeschlagenen Holzlatten, in
die etwa 100 kurze Nägel eingeschlagen
sind. Darüber werden die Wollfäden mit
einem einfachen Drahthaken in unterschiedlicher Weise „abgehoben", wobei
auch mehrfarbige Muster eingearbeitet
werden können. Diese Technik hat nichts
mit altmexikanischer Kultur zu tun. Sie
wurde von einem Ausländer im alten
Weberdorf Gualupita (südlich von Toluca)
eingeführt. Von hier hat sie sich in den
Staaten Mexico, Puebla und Tlaxcala
ausgebreitet (GORMSEN 1990b, Foto 2).

Einen Extremfall bilden gewiß die
Teppiche von Temoaya (nördlich von
Toluca). Auf Veranlassung des Gouverneurs wurden in den 60er Jahren persische
Teppichknüpfer zur Unterweisung der
einheimischen Otomí-Bevölkerung ange-
worben. Die von mexikanischen Designern
entworfenen Muster stellen Mischungen
aus orientalischen Ornamenten und mehr
oder weniger traditionellen mexikanischen
Stilelementen dar. Erstaunlich ist auch,
daß die sehr dekorativen Wollklebebilder
der Huicholes erst seit den 50er Jahren
hergestellt werden. DEIMEL/KEYSER (1982)
betonen ausdrücklich, daß sie nicht zum
überlieferten, durch den Peyote-Rausch
bekannt gewordenen Kult dieses Volkes
gehören, das sich bis in die jüngste Zeit
der Akkulturation durch die mexikanische
Mestizenbevölkerung weitgehend entzogen hat. Die Produzenten dieser Bilder sind spezialisierte Kunsthandwerker,

die großenteils schon aus der Sierra de Nayarit, in die Staatshauptstadt Tepic oder nach Guadalajara abgewandert sind.

Tlaquepaque, heute ein Vorort von Guadalajara, hat sich zu einem Kunsthandwerkszentrum entwickelt. Ausgangspunkt war einerseits eine alte Töpfereitradition, andererseits die Rolle als Ausflugs- und Ferienort, in dem sich die städtische Gesellschaft schon im vorigen Jahrhundert ihre Villen baute. Hier ließen sich seit den 1950er Jahren immer mehr Künstler nieder. Sie führten, teilweise von der Volkskunst inspiriert, eine große kunsthandwerkliche Vielfalt ein: von der Glasschleiferei über verschiedene Arten der Metallbearbeitung bis zu Kolonialmöbeln und Pappmachéfiguren. Im benachbarten Tonalá vollzog sich in wenigen Jahrzehnten ein tiefgreifender sozio-kultureller Wandel. Wurden die Töpfer 1959 noch deutlich niedriger eingestuft als die Bauern, hat sich dies Verhältnis schon Anfang der 70er Jahre umgekehrt. Einerseits kam es zu einer Renaissance der überkommenen Töpferei, andererseits installierten auswärtige Kunsthandwerker aufwendige Hochtemperaturöfen. Der eigene Stil und die Qualität der in ihren Manufakturen produzierten Tierfiguren hat zu deren weltweiten Verbreitung geführt, wobei die meisten Käufer sie wohl als typisch mexikanische Volkskunst betrachten werden (J. GORMSEN 1985). Veränderungen und Neuschöpfungen von ähnlicher Bedeutung hat es in vielfältiger Weise gegeben, z. B. bei der Palmflechterei im südlichen Staat Puebla und bei den buntbestickten wollenen Umschlagtüchern aus Hueyapan in der Sierra von Puebla (E. GORMSEN 1981b). Großen Erfolg haben neuerdings bemalte Holztiere in allen Größen aus drei Dörfern bei Oaxaca.

Das *papel amate*

Zu den dekorativsten Artikeln des mexikanischen Kunsthandwerks gehört das *papel amate*, ein filzartiges Bastpapier, das mit farbenprächtigen stilisierten Vogel- und Pflanzendarstellungen oder mit Szenen aus dem Volksleben im Stile einer „naiven Kunst" bemalt ist (E. GORMSEN 1981b, S. 84–90). Diese Bilder gelten weithin als ein Charakteristikum mexikanischer Volkskunst schlechthin. Doch in dieser Form existieren sie erst seit drei Jahrzehnten. Zwar hat sich die Technik der Papierproduktion in San Pablito am steilen Ostabfall des mexikanischen Hochlandes seit vorspanischer Zeit erhalten, doch aus den wenigen Blättern wurden früher ausschließlich magische Figuren geschnitten. In den 50er Jahren kamen einige Blätter dieses Papiers in der Hauptstadt México in den Handel.

Um die gleiche Zeit bemühte sich der mexikanische Kunstgewerbehändler Max Kerlow um die Produktion von Artikeln, die sich ohne Risiko in größeren Mengen exportieren ließen. Er regte einige Indios bei Xalitla im Staat Guerrero, die bis dahin Tongefäße bemalt hatten, zur Darstellung ihrer Umwelt mit Temperafarben an. Eher zufällig erwies sich das *papel amate* als besonders attraktiver Malgrund für den Stil der Indiomaler. Sie machten sich selbständig und stellten ihre Familien zum farbigen Ausmalen der Bilder an. Innerhalb weniger Jahre breitete sich die Malkunst in den umliegenden Dörfern aus, und dementsprechend stieg der Bedarf an Bastpapier, weshalb sich die Technik der Papierherstellung in San Pablito ebenso schnell verbreitete. Erstaunlich ist die Verbindung zwischen beiden Produktionsgebieten u. a. deswegen, weil sie rund 400 km voneinander entfernt sind und ihre Bewohner völlig verschiedenen Sprachgruppen angehören: San Pablito den

Otomí, Guerrero den *Nahua*. Da außerdem die Kenntnis der spanischen Sprache in den fraglichen Dörfern noch in den 70er Jahren nur wenig verbreitet war, gab es gewisse Verständigungsprobleme.

Jedenfalls kam es zu bedeutenden sozio-ökonomischen Veränderungen. Sie betreffen neben der Austattung mit modernen Einrichtungsgegenständen den Um- oder Neubau vieler Häuser. Die Dörfer in Guerrero haben sich dadurch fast völlig verändert (S. 121). In San Pablito wurden wichtige Gemeinschaftseinrichtungen geschaffen, z. B. die Elektrifizierung sowie der Bau eines Fahrweges durch das 350 m tiefe, schluchtartige Tal, durch das man früher alle Waren auf dem eigenen Rücken oder auf Tragtieren transportieren mußte. Ein Problem für den ganzen Handwerkszweig besteht allerdings in der Rohstoffbeschaffung, denn für das *papel amate* ist nur der Bast von zwei *Ficus*-Arten geeignet, die aber in der Umgebung von San Pablito längst ausgerottet sind.

10.8.3
Kunsthandwerk und regionale Identität

Die wenigen Beispiele machen deutlich, welchen direkten und indirekten Einflüssen die Produktion von Kunsthandwerk während der letzten Jahrzehnte durch den Tourismus ausgesetzt war. Sie lassen sich auf das gestiegene Interesse zahlreicher Touristen an fremdländischen, häufig als „exotisch" empfundenen Objekten zurückführen. Unabhängig von ihrer ursprünglichen Bedeutung sollen sie den Vorstellungen der Käufer von „traditioneller Volkskunst" entsprechen, möglichst wertvoll und vor allem attraktiv für die Dekoration der heimischen Wohnung sein.

Außerdem sollen sie fast nichts kosten (man feilscht bis zum Letzten) und im Flugzeug leicht transportierbar sein *(airport-art)*.

Jedenfalls eröffnen sich durch die gesteigerte Nachfrage nicht unbedeutende Verdienstquellen für die Handwerker. Dadurch fließen zwar Einnahmen aus dem Fremdenverkehr in entlegene Regionen, doch wird mit der Entfernung die Selbstvermarktung schwieriger. Außerdem bestehen oft große Unterschiede bezüglich der Verteilung des Einkommens, und zwar je nach der Kunstfertigkeit, dem Anteil der Lohnarbeit und dem Einfluß von Monopolhändlern. Die dagegen unternommenen Versuche, sich zu Kooperativen zusammenzuschließen, sind leider in den meisten Fällen fehlgeschlagen.

Träger der Vermarktung sind neben einzelnen Künstlern und einer großen Zahl von Händlern sehr unterschiedlicher Kapitalkraft auch rund 80 amtliche Institutionen der mexikanischen Bundesregierung und der Einzelstaaten, die sich vielfach gegenseitig Konkurrenz machen. Ihre bedeutendste ist der *Fondo Nacional de Fomento para las Artesanías (FONART)*. Das erklärte Ziel dieser Regierungsstellen ist es, die Lebensbedingungen der Kunsthandwerker zu verbessern, indem sie ihnen Erzeugnisse von guter Qualität ohne Zwischenhändler direkt abkaufen und dabei ein Preisgefüge schaffen, bei dem weder die Produzenten noch die Käufer übervorteilt werden. Doch schon NOVELO (1976) hebt in ihrer kritischen Studie hervor, daß dieses Ziel wegen mangelnder Sachkompetenz und Effizienz bei gleichzeitiger Aufblähung des bürokratischen Apparates kaum erreicht wird (vgl. J. GORMSEN 1985, S. 39ff.).

Abgesehen von den ökonomischen Folgen tragen diese Entwicklungen aber in unterschiedlicher Weise zum sozio-kulturellen Wandel bei (E. GORMSEN 1981b;

J. GORMSEN 1985; SANDER 1981). Es kommt zu

- Veränderungen der Arbeitsverfassung bis hin zur Stücklohnarbeit und zur Aufgabe der Landwirtschaft;
- Vermarktung ehemaliger Gebrauchs- oder Kultgegenstände, an deren Stelle billige Industriewaren für den Eigenbedarf erworben werden;
- Einführung neuer Materialien, Techniken und Muster nach dem Geschmack der Touristen oder der Zwischenhändler, was im Zusammenhang mit der Serienproduktion leicht zum Verfall der handwerklichen und künstlerischen Qualität führt.
- Allerdings sind auch ganz neue Formen entstanden, die längst als traditionelle Produkte betrachtet werden.
- Von geographischem Interesse ist die Tatsache, daß zwar oft die Produktion am ursprünglichen Herstellungsort bleibt, daneben aber eine erhöhte Mobilität zu beobachten ist, d. h. Handwerker bieten ihre Erzeugnisse in größeren Städten und Touristenorten als Straßen- oder Strandhändler an. So drängen sich in den nordmexikanischen Grenzstädten unzählige Souvenirstände und -läden. Schließlich kommt es auch zu Wanderungen der Handwerker in die Nachfragezentren.

Die genannten Aspekte werden von vielen Sozialwissenschaftlern als kritisch für die heutige Entwicklung des Kunsthandwerks im ländlichen Raum Mexikos beurteilt. Dazu trägt die weitgehende externe Abhängigkeit bei, und zwar in erster Linie von Nachfrageschwankungen der Industriegesellschaft, zumal es sich beim Kunsthandwerk nicht um lebensnotwendige Güter handelt. Da diese Dependenz außer dem ökonomischen auch alle anderen Lebensbereiche der Herstellergesellschaft umfaßt, wird befürchtet, daß die Ver-

änderungen im sozio-kulturellen Bereich besonders nachhaltig sein werden, woraus ein zunehmender Verlust regionaler Eigenständigkeit abgeleitet wird.

Andererseits lassen sich zahlreiche Fälle für die Festigung der Identität eines Dorfes oder einer Region durch die Wiederbelebung oder Neuentwicklung eines Kunsthandwerks anführen. Das gilt z. B. für den oben erwähnten Prestigegewinn der Töpferei in Tonalá, einem der wenigen Fälle, die in dieser Hinsicht eingehend untersucht wurden. Es trifft ebenso für mehrere Zentren oder Gebiete zu, die jeweils durch einen spezifischen Handwerkszweig bekannt wurden.

Ein hervorragendes Beispiel ist ferner das *papel amate*: In San Pablito hat sich zwar die präspanische Technik der Papierherstellung erhalten, doch in den 50er Jahren beherrschten nur noch wenige Frauen diese Kunst. Erst mit der großen Nachfrage hat sie sich im ganzen Dorf verbreitet, das heute davon lebt und damit identifiziert wird. Hierbei scheinen Fremdimage und Eigenimage durchaus im Einklang zu stehen. Erstaunlich bleibt, daß sich die Bewohner der Nachbardörfer diese Technik nicht angeeignet haben, obwohl der damit verbundene wirtschaftliche Erfolg offensichtlich ist. In Guerrero hat sich dagegen die Innovation schnell über neun Dörfer ausgebreitet, von denen vorher nur zwei ein Kunsthandwerk betreiben, nämlich die Töpferei in Ameyaltepec und in San Agustín Oapan. Obwohl die Anregung von außen kam, besteht heute zweifellos ein Bewußtsein der Gemeinsamkeit in dieser Region. Sie kommt in einem gewissen Stolz der Bewohner auf ihre Kunst zum Ausdruck und manifestiert sich, trotz sozialer Unterschiede, in den finanziellen Möglichkeiten, besonders augenfällig im Bau neuer Häuser, deren moderne Gestaltung als wichtiger Fortschritt angesehen wird.

Die gerade darin deutlich sichtbare, von außen induzierte Modernisierung wird von vielen Kritikern als bedauerlicher Verlust an eigenständiger Kultur gebrandmarkt. Aus der Sicht der Industriegesellschaft und ihrer Touristen, die weithin die Nivellierung ihres eigenen Wertesystems bedauern, erscheint statt dessen das nostalgische Bild einer archaischen Subsistenzwirtschaft mit angeblich „unverfälschter" Volkskultur wünschenswert. Und die heutigen Bemühungen um Erhaltung oder Wiederbelebung der natürlichen und der historisch gewachsenen Umwelt in den Herkunftsländern der Touristen sind ein Ausdruck für diesen Wunsch. Doch bei der Suche nach dem „verlorenen Paradies" wird im allgemeinen kaum nach den Wünschen und Bedürfnissen der dort lebenden Menschen gefragt.

Anstatt den Wandel in der *artesanía*-Produktion und seine Folgen nur mit negativen Vorzeichen zu versehen, sollte die Frage vielmehr lauten, wie weit die von außen herangetragenen Vorstellungen einer regionalen Identität mexikanischer Bevölkerungsgruppen mit der Selbsteinschätzung eben dieser Gruppen übereinstimmen. Das Dilemma besteht darin, daß ihre Lebensumstände großenteils auf direkte oder indirekte Weise fremdbestimmt sind: die Nachfrage nach Kunsthandwerk und seine Stilwandlungen ebenso wie die Modernisierung der Siedlungs- und Kommunikationsstrukturen. Doch gilt dies auch für die durch Medizin und Seuchenbekämpfung ausgelöste Bevölkerungsexplosion und die daraus resultierende Notwendigkeit, zusätzliche wirtschaftliche Möglichkeiten zu erschließen, um wenigstens die Grundbedürfnisse zu befriedigen.

Regionale Identität gründet gewiß zu einem erheblichen Teil auf kulturellen Überlieferungen und religiösen Vorstellungen. Doch ohne eine wirtschaftliche Basis wird sie keinen Bestand haben. Die Stärkung der Wirtschaftskraft in der mexikanischen Peripherie ist also von größter Bedeutung, sei es durch Bewässerung der Landwirtschaft oder andere Formen der Produktion. Die Einführung oder Weiterentwicklung des Kunsthandwerks erscheint in diesem Lichte als angemessene Alternative, selbst wenn nicht alle Begleitumstände positiv zu bewerten sind (vgl. GORMSEN 1991b).

10.9
Die Bedeutung des Tourismus für die Gesamtwirtschaft und den regionalen Wandel

Damit sind einige Aspekte angesprochen, die neben anderen Kriterien auch für die Einschätzung des Tourismus berücksichtigt werden sollten. Die Regierung ist in erster Linie an den gesamtwirtschaftlichen Effekten interessiert. Daher stehen in den öffentlichen Statistiken die Daten über den internationalen Reiseverkehr und vor allem über die Deviseneinnahmen im Vordergrund. In dieser Hinsicht nimmt Mexiko eine beachtliche Stellung ein. Mit 6,4 Mio. Einreisenden und 4,8 Mrd US-$ Einnahmen wurde es 1990 in Amerika, Asien und Afrika nur von den USA und Canada übertroffen. Allerdings liegen die Zahlen vieler europäischer Länder höher. Das hängt mit ihren relativ kleinen Territorien, dem gut ausgebauten Verkehrsnetz, der dichten Besiedlung und dem hohen durchschnittlichen Lebensstandard zusammen. Unter Berücksichtigung der beiden letzten Punkte verschiebt sich das Bild im amerikanischen Kontext zugunsten der kleinen karibischen Inselstaaten, in denen der Fremdenverkehr eine entscheidende Grundlage der Nationalökonomie darstellt (FWA 1994, Sp.1074; GORMSEN 1983b; 1987a).

Von erheblicher Bedeutung für die Devisenbilanz des Tourismus sind andererseits die Ausgaben von Mexikanern im Ausland. In den 50er und 60er Jahren spielten sie eine untergeordnete Rolle. Doch als Folge des Aufschwungs erreichten sie seit zwei Jahrzehnten durchschnittlich 50% der Einnahmen, mit Extremwerten von 89% (1981) und 27% (1983), die mit Wechselkursschwankungen und der allgemeinen ökonomischen Lage zusammenhingen. Die Zahl der Reisenden hat in ähnlicher Weise zu- und abgenommen. Dabei waren übrigens die Tagesausgaben der Mexikaner höher als diejenigen der Ausländer, was sowohl auf eine größere Ausgabenfreudigkeit, als auch auf eine kürzere Aufenthaltsdauer der Mexikaner zurückzuführen ist (ca. 7 gegenüber 10 Tage). Dies hat mit dem Zweck der Reise zu tun (Tab. 53). Bei den Einreisenden steht der Urlaub an erster Stelle gefolgt von Familien- und Freundesbesuchen, die eine steigende Tendenz aufweisen. Dieser Grund überwiegt neuerdings noch stärker bei den Ausreisenden, vor allem bei denen, die den Landweg benutzen und ihre Verwandten in Texas oder Californien besuchen.

An dritter Stelle stehen in beiden Richtungen die Geschäftsreisen. Bei den Ausreisen nehmen jedoch Einkaufsfahrten eine ähnliche Größenordnung ein. Dieser Reisegrund hat bei wohlhabenden Lateinamerikanern eine lange Tradition in den Europareisen früherer Zeiten, auf denen „man" sich mit Mode- und Gebrauchsartikeln eindeckte. Und noch heute ist für viele das Einkaufen, auch im Urlaub, ebenso wichtig wie die Erholung am Strand oder die Besichtigung von Kulturstätten. Eine ähnliche Rolle nimmt schließlich die medizinische Behandlung in US-Kliniken ein, insbesondere bei größeren Operationen (S. 215).

Trotz der nicht unwesentlichen Devisenabflüsse ist der Tourimussaldo ohne den Grenzverkehr seit 1950 immer positiv gewesen. Er hat damit zur Verbesserung der Zahlungsbilanz beigetragen, die, mit Ausnahme der 80er Jahre, immer negativ war (Tab. 63A). Im Rahmen einer kritischen Auseinandersetzung mit dem Tourismus in der Dritten Welt wird häufig darauf hingewiesen, daß nicht nur für den Bau und die Einrichtung der Hotels, sondern auch für die Versorgung der Touristen mit speziellen Lebensmitteln usw. ein Großteil der Devisen wieder ins Ausland transferiert wird. Dies trifft aber für Mexiko nur in geringem Maße zu, da die einheimische Agrar- und Industriewirtschaft durchaus in der Lage ist, die entsprechenden Güter zu produzieren.

In einem Modell, das die Beziehungen zwischen dem gesellschaftlichen Wandel und der Beteiligung am Fremdenverkehr verdeutlicht (GORMSEN 1983b), kann Mexiko somit als Muster für ein Schwellenland gelten, das trotz seiner sozialen und regionalen Disparitäten über einen relativ breiten Mittelstand verfügt. Dieser ist bemüht, sein allgemeines Konsumverhalten einschließlich der Reisegewohnheiten den westlichen Gesellschaften nach Möglichkeit anzupassen. Abgesehen von den verfügbaren Finanzmitteln besteht hier ein enger Zusammenhang mit dem Bildungsgrad und mit gewissen Prestigevorstellungen, die in Lateinamerika eine wichtige Rolle spielen. Das kommt nicht nur in den Auslandsreisen und dem beträchtlichen Binnentourismus zum Ausdruck, sondern auch in dem hohen Grad an Partizipation der eigenen Bevölkerung beim Ausbau und bei der Durchführung des Tourismus. Denn in allen Städten, nicht nur in San Miguel de Allende, finden sich gute Hotels der Mittelklasse in einheimischem Besitz, darunter nicht wenige in den Händen von

	Einreisen (1000 Personen)		Ausgaben				Ausreisen (1000 Personen)		Ausgaben			
			Mio US$		$ pro Person				Mio US$		$ pro Person	
	1981	1990	1981	1990	1981	1990	1981	1990	1981	1990	1981	1990
Summe (absolut)	4038 %	6393 %	1760 %	3401 %	436	532	3959 %	4321 %	1571 %	1937 %	397	448
Urlaub	71,4%	65,3%	76,9%	73,8%	470	601	51,4%	33,2%	63,1%	44,8%	487	605
Geschäft	7,9%	5,7%	11,4%	7,0%	639	657	6,9%	8,8%	13,1%	18,8%	754	953
Besuch	19,1%	26,5%	10,0%	16,7%	228	335	24,3%	41,7%	11,9%	18,1%	194	195
Medizin	–	–	–	–	–	–	4,1%	2,9%	3,6%	3,8%	350	566
Einkauf	–	–	–	–	–	–	10,9%	11,4%	5,5%	10,2%	202	403
Sonstige	1,7%	2,5%	1,7%	2,5%	1419	2111	2,4%	2,0%	2,8%	4,3	1155	2091
Luftweg (absolut)	2335 %	4313 %	1368 %	2816 %	586	653	1240 %	1272 %	953 %	1205 %	769	947
Urlaub	81,6%	76,1%	81,1%	78,5%	582	674	66,2%	51,7%	66,9%	51,0%	777	933
Geschäft	12,9%	8,2%	14,5%	8,3%	653	668	19,4%	25,9%	20,7%	28,2%	817	1030
Besuch	3,9%	13,2%	2,9%	10,4%	430	514	8,1%	12,1%	6,3%	8,5%	600	669
Medizin	–	–	–	–	–	–	3,3%	3,1%	2,8%	3,9%	659	1175
Einkauf	–	–	–	–	–	–	0,6%	1,3%	0,3%	1,7%	439	1176
Sonstige	1,6%	2,5%	1,5%	2,8%	1610	2205	2,4%	5,9%	3,0%	6,7%	1751	2398
Landweg (absolut)	1703 %	2080 %	392 %	585 %	230	281	2719 %	3049 %	618 %	732 %	227	240
Urlaub	57,5%	43,1%	62,3%	51,1%	249	333	44,6%	25,5%	56,9%	34,7%	290	327
Geschäft	0,6%	0,6%	0,7%	0,8%	300	333	1,2%	1,7%	1,5%	3,1%	281	451
Besuch	39,9%	54,1%	34,8%	47,0%	200	244	31,7%	53,9%	20,6%	33,9%	147	151
Medizin	–	–	–	–	–	–	4,5%	2,9%	4,9%	3,6%	246	292
Einkauf	–	–	–	–	–	–	15,6%	15,6%	13,6%	24,3%	199	375
Sonstige	2,0%	2,2%	2,2%	1,1%	943	391	2,4%	0,4%	2,5%	0,4%	825	536

Quelle: SECTUR 1991

Tab. 53: Reisemotive und Ausgaben im internationalen Tourismus Mexikos 1981 und 1990

Spaniern, die in Mexiko ansässig sind. Großhotels nationaler und multinationaler Gesellschaften sind dagegen auf die Metropolen und die großen Tourismuszentren an den Küsten konzentriert.

Das Fremdenverkehrsgewerbe im engeren Sinne (Hotels und Gaststätten) macht seit 1970 etwa 3,1% des Bruttoinlandsprodukts aus; und der Anteil der Beschäftigten in diesem Bereich liegt seit Jahren bei 8–9%. Doch darüber hinaus sind vor- und nachgelagerte Sektoren des Baugewerbes, des Transportwesens und des Handels beteiligt sowie weitere formelle und informelle Dienstleistungen, die im einzelnen nicht beziffert werden können.

Der Tourismus geht aber in seiner Bedeutung über diese gesamtwirtschaftlichen Aspekte weit hinaus. Seine große Variationsbreite läßt einige Wechselwirkungen zwischen Naturausstattung und Lagebeziehungen, Kapitaleinsatz und Planung, privater und staatlicher Initiative sowie regionaler und sozialer Herkunft der Touristen erkennen. Mit dem letztgenannten Punkt wird auf die Beteiligung der verschiedenen Bevölkerungsgruppen an den unterschiedlichen Tourismusarten hingewiesen sowie auf die Auswirkungen, die sich daraus für die Einheimischen und ihre Umwelt ergeben. Diese Aspekte können hier nur in räumlicher und zeitlicher Differenzierung exemplarisch dargelegt werden.

Die ökologische Problematik wurde am Beispiel von Seebädern geschildert. Von erheblicher Brisanz ist aber auch die Umweltbelastung in den Naherholungsgebieten im Umkreis der großen Metropolen des Hochlandes. Das gilt z. B. für die Naturparks an den Hängen der großen Vulkane im weiten Umkreis der Stadt México mit ihren immer noch imposanten Hochwaldbeständen von Pinus- und Tannenarten. Hier ist, abgesehen von Erosionsschäden, mit Waldbränden aufgrund der Unachtsamkeit von Wochenendbesuchern zu rechnen, die bedenkenlos ihre Picknickfeuer anzünden. Als Nebeneffekte ergeben sich einerseits zahlreiche Verdienstmöglichkeiten für die lokale Bevölkerung durch improvisierte Essens- und Verkaufsstände, andererseits kilometerlange Autostaus bei der abendlichen Heimfahrt trotz vier- oder sechsspuriger Stadteinfahrten.

Die Einflüsse des Tourismus auf den kulturellen Wandel in den Zielgebieten werden weithin kritisch beurteilt. Beklagt wird das Verhalten von Touristen, die in den fremden Kulturen lediglich das „Exotische" suchen und darin häufig von den Fremdenführern bestärkt werden. Das gilt für Bevölkerungsgruppen, die ihre überlieferten Lebensformen nach Sprache, Kleidung, Siedlung, Wirtschaftsweise, Wochenmärkten, handwerklichen Gerätschaften und religiösen Riten noch weitgehend bewahrt haben, wobei vor allem das Totenfest am Allerseelentag (2. November) auf großes Interesse stößt. Beispiele finden sich in Indiogebieten, die schon seit langem in den Programmen organisierter Reisegruppen enthalten sind, etwa in Michoacán, Oaxaca und Chiapas. Daneben gibt es isolierte ethnische Gruppen, wie z. B. die Lacandonen die von Einzelreisenden aufgesucht werden.

Anders stellen sich die Verhältnisse in den neuen Zentren an dünn besiedelten Küsten dar. Sie werden fast ausschließlich von Zuwanderern bewohnt, die erst durch den Fremdenverkehr zur Migration veranlaßt wurden. Dadurch haben sie sich mindestens teilweise aus den sozio-kulturellen Bindungen ihrer Heimat gelöst. Im Rahmen von Akkulturationsprozessen besteht aber hier die Gefahr, das Urlaubsverhalten der Mittel- und Oberschichten als erstrebenswerte Norm des Alltagslebens mißzuverstehen. So kann es bis zur Prostitution und Kriminalität kommen. Hier zeigt sich, wie bei den Touristen selbst, ein tiefgreifender Wandel der allgemeinen Wertvorstellungen und insbesondere der Raumbewertungen im Rahmen der Entwicklung zur Industriegesellschaft (GORMSEN 1983b; 1991a).

11 Raumgliederung und Planungsprobleme

Die bisher vorgestellte sektorale Analyse läßt großräumige Verteilungsmuster erkennen, die trotz völlig verschiedener sozioökonomischer Indikatoren sehr ähnlich erscheinen. Eine Überlagerung der Karten der Industriestandorte (Abb. 50), der Bevölkerungsdichte (Abb. 10), der Wohnungsausstattung (Abb. 17), der Analphabeten (Abb. 15), der indigenen Bevölkerung (Abb. 16), des Sekundären Sektors (Abb. 49), der Agrarindustrieproduktion (Abb. 44) usw. zeigt jeweils ausgeprägte Ungleichheiten zwischen den Staaten im Süden und im Norden, wobei die Sonderstellung des Landeszentrums selbstverständlich ist. Daraus ergibt sich die Frage nach den Ursachen für diese Strukturen, aber auch nach einer räumlichen Feingliederung innerhalb der Einzelstaaten sowie nach den Möglichkeiten, durch planerische Eingriffe eine gewisse Angleichung zu erzielen.

11.1
Regionale Disparitäten als Folge veränderter Raumbewertungen

Bei der Suche nach den Hintergründen für die beträchtlichen Disparitäten muß man nicht nur mehrere historische Schichten abtragen, sondern bis zu den naturgeographischen Grundlagen zurückgehen. Und dabei stößt man auf das überraschende Phänomen, daß die natürlichen Gunsträume in den gut beregneten Tälern und Beckenlandschaften der südlichen Hochländer zwar sehr früh besiedelt wurden und blühende Stadtkulturen in präkolumbischer und kolonialer Zeit hervorbrachten, daß sie

aber heute bei hohen Anteilen ländlicher Bevölkerung (Abb. 65) weithin wirtschaftlich stagnieren und den Geburtenüberschuß nur teilweise durch Abwanderung ausgleichen. Lediglich in der *Mesa central* haben sich moderne Großstadt- und Industriestrukturen innerhalb des auch landwirtschaftlich intensiv genutzten Altsiedellandes herausgebildet, d. h. es vollziehen sich Verdichtungsprozesse, die denjenigen in Europa vergleichbar sind. Äußerst dynamisch sind demgegenüber einige Randgebiete, die freilich fast alle erst in jüngster Zeit nach ganz unterschiedlichen Kriterien in Wert gesetzt wurden. Dabei findet ausgerechnet in den besonders benachteiligten Trockenzonen an der Nordgrenze der stärkste Aufschwung statt, also in der äußersten Peripherie, wo man in anderen Ländern normalerweise einen Rückgang wirtschaftlicher Aktivitäten feststellt.

Dies war tatsächlich bis vor wenigen Jahrzehnten auch in Mexiko der Fall. In der vorspanischen Zeit lebten hier, außerhalb des mesoamerikanischen Kulturkreises, fast ausschließlich kleine Stämme schweifender Indianer, die sich als Jäger und Sammler den ungünstigen Boden- und Klimaverhältnissen angepaßt hatten. Die spanischen Eroberer drangen zwar schon früh nach Norden vor, doch ihr Interesse beschränkte sich auf die Gewinnung von Edelmetallen, die in erheblichem Umfang entdeckt und ausgebeutet wurden. Daraus ergab sich eine weit gestreute diskontinuierliche Siedlungsstruktur mit zahlreichen, teilweise aufgelassenen Bergwerken und entsprechenden Wüstungen, allerdings auch einigen inselartigen Agrargebieten, die zur Ver-

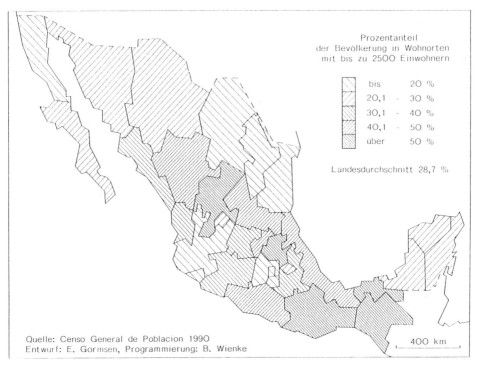

Quelle: Censo General de Poblacion 1990
Entwurf: E. Gormsen, Programmierung: B. Wienke

Abb. 65: Ländliche Bevölkerung Mexikos

sorgung der Minenstädte entstanden waren (vgl. Atlas Nacional 1990, Karte V.1.1).

Unter solchen Voraussetzungen schien der Verlust der kaum genutzten, fast menschenleeren nördlichen Territorien an die USA (1848–1853) – rund die Hälfte des Landes – noch am ehesten zu verschmerzen, denn abgesehen vom Bergbau breitete sich bis ins 19. Jh. lediglich eine sehr extensive Weidewirtschaft aus. Selbst die Eisenbahnverbindungen mit dem nördlichen Nachbarn um 1900 änderten daran nicht viel. Einen nennenswerten Impuls für die nationale Wirtschaft brachte nur der Aufbau der Schwerindustrie in Monterrey mit sich, der auf den nahegelegenen Kohlelagerstätten beruhte.

Daneben wurden im Coloradodelta, am Río Bravo und in den Küstenebenen von Sonora und Sinaloa einige Bewässe-

rungsflächen zum Anbau von Baumwolle und Frühgemüse für den US-Markt erschlossen. Diese Entwicklungen waren fast ausschließlich nordamerikanischer Initiative zu verdanken. Und in noch höherem Maße galt das für den Grenztourismus in Tijuana, der ein Vierteljahrhundert später mit der amerikanischen Prohibition einsetzte und dieser Stadt ihren legendären Ruf einbrachte. Die Grenze selbst, d. h. der jeweils nächstbeste Orte jenseits der Grenze wurde somit zum Anziehungspunkt, anfangs nur vom Norden her. Dies zog selbstverständlich auch eine gewisse Zuwanderung aus anderen Teilen Mexikos nach sich. Doch erst die Bevölkerungsexplosion der Nachkriegszeit löste die großen Migrationsströme vom Süden in Richtung USA aus und in ihrer Folge die stärkere Überwachung durch die US-

Behörden sowie das sprunghafte Wachstum der Grenzstädte. Dies wiederum führte zum Aufbau der *maquiladora*-Industrien. Und daraus erklärt sich, daß die statistisch faßbaren durchschnittlichen Lebensverhältnisse im Grenzgebiet eindeutig besser sind als im übrigen Land mit Ausnahme der Hauptstadtregion (vgl. MIKUS 1986; NUHN 1994).

Wir haben es hier mit einem eindrucksvollen Fall veränderter Raumbewertungen in kurzen Zeitabschnitten zu tun, wobei die Gründe jeweils weitab der Grenze zu suchen sind, nämlich in

– sozialpolitischen Gesetzen der USA (Prohibition),
– sozio-kulturellen Entwicklungen in Mexiko (Bevölkerungszuwachs und Attraktivität des Nachbarlandes) und schließlich
– unterschiedlichen Produktionskosten in beiden Ländern (Lohnveredelung).

Die tieferen Ursachen liegen aber in den krassen gesellschaftlichen Gegensätzen beiderseits der Grenze. Diese wird zum Standortfaktor für verschiedene wirtschaftliche Aktivitäten, ohne ihre traditionelle Funktion als territoriale Trennungslinie zu verlieren. Ihre Lage und ihre naturräumliche Ausstattung als solche erscheinen dagegen völlig belanglos. Ähnliche Verhältnisse lassen sich an vielen Grenzen zwischen Staaten mit unterschiedlichen wirtschaftlichen und politischen Systemen beobachten, aber kaum in vergleichbarer Schärfe. Vielmehr erschöpfen sie sich häufig in mehr oder weniger illegalen Transaktionen.

Ganz anders ist die Situation übrigens an der Grenze zu Guatemala. Sie wird zwar auf beiden Seiten von einer verwandten Maya-Bevölkerung bewohnt. Doch aufgrund der politischen Situation im Nachbarland ist Mexiko seit Jahrzehnten zur Zuflucht für verfolgte Indios geworden.

Veränderte Raumbewertungen sind auch in den anderen Periphergebieten wirksam geworden. So haben die Erdölfelder längs der Golfküste stellenweise zu beträchtlichen Überformungen der tropisch-subtropischen Agrarlandschaften geführt. Doch auch diese selbst haben weitgehende Wandlungen durchgemacht, deren Gründe einerseits in landwirtschaftlichen Innovationen, andererseits in raumwirksamer Staatstätigkeit liegen, d. h. vor allem im Bau von mehreren Straßen, die den Steilanstieg ins Hochland überwinden. Erst dadurch konnten tropische Früchte, Gemüse und andere Erzeugnisse zu günstigen Bedingungen aus den fruchtbaren, vorher nur extensiv genutzten Küstentiefländern in die Konsumzentren transportiert werden.

Ein Vergleich mit der wirtschaftsgeographischen Gliederung, die WAIBEL 1929 vorgestellt hat, macht deutlich, wie stark das moderne Verkehrswesen zur Steigerung der Agrarproduktion im Tiefland beigetragen hat, wobei WAIBEL noch nicht an den Lkw-Verkehr, sondern an den Ausbau des Eisenbahnnetzes dachte. Staatlicher Initiative sind darüber hinaus die großen Stauanlagen zur Erweiterung der Bewässerungsflächen im Nordwesten zu verdanken, deren Ernte zum Teil noch immer in die USA exportiert wird. Zwar wurde gleichzeitig die Rindermastwirtschaft im Bereich der feuchten Golfküste ausgeweitet und intensiviert, doch läßt sich diese nicht mehr pauschal dem äußeren Thünenschen Ring zuordnen.

Zu WAIBELs Zeiten stand die über Land noch nicht erreichbare Halbinsel Yucatán mit ihrer *henequén*-Wirtschaft noch in voller Blüte. Er hatte zwar einige Probleme der Monokultur durchaus erkannt; doch ihren fast völligen Niedergang aufgrund der Erfindung von Kunstfasern konnte er nicht vorhersehen. Tatsächlich verzeichnete dieses weitgehend isolierte

Randgebiet, das im Laufe der Geschichte auch politisch immer wieder ein Eigenleben geführt hat, als einziges einen ausgesprochenen wirtschaftlichen Verlust seit der Mitte dieses Jahrhunderts, zumal die Naturgrundlagen nur wenige Alternativen in der Landwirtschaft zulassen. So blieb der Bevölkerung als Ausweg nur die Abwanderung. 1990 hatte der Staat bei 1 363 000 Einwohnern einen negativen Migrationssaldo von 10%, d. h. 74 600 Zuwanderern standen 206 000 Abwanderer gegenüber.

Von diesen fanden immerhin zwei Drittel (143 800) eine Chance im benachbarten, bis dahin völlig unterentwickelten Quintana Roo, und zwar überwiegend in dem erst 1970 gegründeten Badeort Cancún, der inzwischen zu einer Großstadt mit ca. 170 000 Einwohnern und 18 000 Hotelzimmern herangewachsen ist. Er ist das spektakulärste Beispiel für Initiativen der Regierung aufgrund der gewandelten Einschätzung, die abgelegene und kaum besiedelte Küsten durch den Badetourismus gewonnen haben. Dieser hat sich, abgesehen von der östlichen Peripherie, vor allem am Pazifik wie eine Pionierfront nach Südosten und Nordwesten ausgebreitet.

Die jüngste Entwicklung peripherer Küstenregionen erfolgt im Rahmen des staatlichen Industriehafenprogramms. Dabei sind allerdings drei der vier Standorte (Altamira bei Tampico, Laguna del Ostión bei Coatzacoalcos und Salina Cruz) als Erweiterung bzw. Ergänzung bestehender Hafenanlagen anzusehen, d. h. als Verstärkung ihrer bisher schon hervorgehobenen Position. Lediglich Lázaro Cárdenas ist eine eigenständige Neugründung mit einer gewissen Konkurrenz zu Manzanillo. Bei diesen Standortentscheidungen ist nicht in jedem Fall klar, ob man sie überwiegend als Verschärfung der räumlichen Disparitäten oder als Beitrag zur wirtschaftlichen Dezentralisierung bewerten soll.

11.2 Wirtschaftsräumliche Gliederung

Anhand der Touristenzentren und Industriehäfen wurde deutlich, daß regionale Unterschiede nicht nur im großräumigen Vergleich zwischen den nördlichen und südlichen Bundesstaaten Mexikos bestehen, sondern auch – und meist viel krasser – zwischen den Zentren und ihrem mehr oder weniger weiten ländlichen Umland. In den volkreichen Staaten des Südens geht die Sonderstellung der einzelnen Städte in den statistischen Mittelwerten großenteils unter. So erscheint Guerrero insgesamt relativ wenig entwickelt, obwohl nicht nur Acapulco als größtes Touristenzentrum zu diesem Staat gehört, sondern auch Ixtapa-Zihuatanejo und Taxco. Dagegen schlagen in Jalisco und Nuevo León die regionalen Metropolen Guadalajara bzw. Monterrey mit ihrer großstädtischen Bevölkerung durch. Und noch mehr werden die dünn besiedelten Staaten an der Nordgrenze von den wenigen Städten dominiert. Ein Vergleich zwischen der Bevölkerungsdichte (Abb. 10) und dem Anteil der ländlichen Bevölkerung (Abb. 65) läßt diese Unterschiede erkennen, obwohl zahlreiche *pueblos* mit mehr als 2500 Einwohnern, die statistisch als Städte gelten, keinerlei urbanen Charakter tragen.

Es ist daher gewiß notwendig, eine geographische Gliederung des Landes zu entwerfen, die in erster Linie wirtschaftliche und sozio-kulturelle Zusammenhänge verdeutlicht. Das kann bei dem begrenzten Umfang dieses Buches und im Hinblick auf die verfügbaren Unterlagen nur skizzenhaft erfolgen.

Das in Kapitel 1 geschilderte naturräumliche Potential setzte der Nutzung durch den Menschen in vorspanischer Zeit relativ enge Grenzen, die durch den Wasserbedarf und die frostfreie Vegetationszeit des Mais gegeben waren. Daher hatte sich das *milpa*-System als Grundlage der mesoamerikanischen Kulturen nur in der *Mesa central* und südlich davon ausgebreitet. Immerhin waren spezielle Anbauformen wie die *chinampas* oder die künstliche Bewässerung im Tal von Tehuacán entwickelt worden. Die Spanier konnten dagegen mit weniger frostempfindlichen europäischen Getreidearten und mit der Viehwirtschaft nach Norden vordringen, wobei die Trockenheit auch für sie ein Hindernis darstellte. Dies konnte in nennenswertem Umfang erst durch großzügige Staudämme und Bewässerungssysteme mit hohem technischen Aufwand und entsprechendem Kapitaleinsatz überwunden werden. So entstanden in dem ursprünglich benachteiligten ariden Nordwesten einige der ertragreichsten Agrargebiete.

Doch auch heute noch stehen die mit einer gewissen Intensität genutzten Flächen in keinem Verhältnis zur gesamten Ausdehnung des Landes. Abb. 66 stellt eine generalisierte Fassung der Karte VI.13.1 des Atlas Nacional (1990) dar, in der auf Gemeindeebene die Integration in die nationale Wirtschaft anhand von fünf gewichteten Variablen berechnet wurde (Einwohnerzahl, Wert der Industrie- und Bergbauproduktion, Wert der landwirtschaftlichen Produktion, ländliche Bevölkerungsdichte, Dichte des Verkehrsnetzes). Als erster Eindruck fallen die enormen Leerräume auf, die man tatsächlich beim Reisen über Land als wesentlichen Teil der mexikanischen Realität empfindet. Sie entsprechen den Trockenzonen im Norden, den restlichen Gebieten tropischer Wälder im Südosten sowie den ausgedehnten Gebirgsregionen, in denen eine wenig integrierte indigene Bevölkerung überwiegend von der althergebrachten Subsistenzlandwirtschaft lebt. Zu-

sammenhängende Flächen intensiver Nutzung finden sich dagegen nur im zentralen Hochland, im östlich anschließenden Golfküstentiefland sowie längs der Westküste. Relativ bedeutende Inseln hoher Konzentration haben sich um Monterrey und Torreón sowie im Grenzbereich von Baja California entwickelt. Darüber hinaus bleiben nur kleine isolierte Inseln um einzelne Städte, Bergwerke, Touristenzentren oder spezielle Anbaugebiete.

Vergleicht man diese Verteilung mit den zahlreichen Karten zur regionalen Gliederung, die von Wissenschaftlern und staatlichen Behörden entworfen wurden (vgl. Atlas Nacional 1990, Blätter VI.14.1 u. 2), so fällt auf, daß sie auf der Grundlage der staatlichen Verwaltungsgrenzen im Norden und im Süden weitgehend den naturräumlichen Großeinheiten entsprechen und jeweils die verdichteten Räume mit den weniger genutzten Flächen zusammenfassen, daß aber im zentralen Hochland eine geringere Übereinstimmung besteht. Dies ist verständlich, da die Aktivräume innerhalb der peripheren Regionen im allgemeinen monofunktional ausgerichtet sind, während in den zentralen Gebieten eine vielfältige Überlagerung der verschiedenen Wirtschaftssektoren auf engem Raum stattfindet.

Die hier vorgeschlagene Regionalisierung folgt insofern den Entwürfen von WEST/AUGELLI (1966) und BATAILLON (1967), als sie sich nicht streng an die Grenzen zwischen den einzelnen Bundesstaaten hält, denn diese zerschneiden gelegentlich einheitliche Gebiete, täuschen aber andererseits Zusammenhänge vor, die in der Wirklichkeit nicht bestehen. Statt dessen werden zur Gliederung neben eindeutigen naturräumlichen Aspekten verschiedene wirtschaftliche Kriterien herangezogen, die nicht in jedem Fall statistisch abgesichert sind, da die notwendigen Daten nicht in genügender räumlicher Tiefe

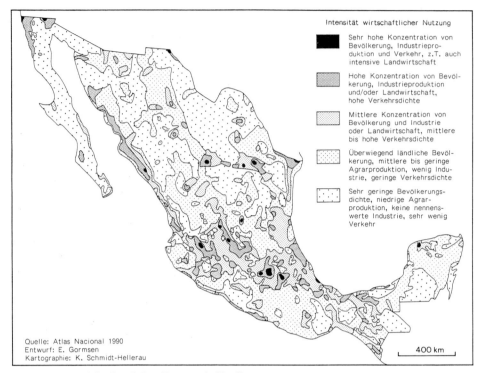

Intensität wirtschaftlicher Nutzung

◼ Sehr hohe Konzentration von Bevölkerung, Industrieproduktion und Verkehr, z.T. auch intensive Landwirtschaft

▦ Hohe Konzentration von Bevöl-kerung, Industrieproduktion und/oder Landwirtschaft, hohe Verkehrsdichte

▦ Mittlere Konzentration von Bevölkerung und Industrie oder Landwirtschaft, mittlere bis hohe Verkehrsdichte

▦ Überwiegend ländliche Bevöl-kerung, mittlere bis geringe Agrarproduktion, wenig Indu-strie, geringe Verkehrsdichte

▦ Sehr geringe Bevölkerungs-dichte, niedrige Agrar-produktion, keine nennens-werte Industrie, sehr wenig Verkehr

Quelle: Atlas Nacional 1990
Entwurf: E. Gormsen
Kartographie: K. Schmidt-Hellerau

400 km

Abb. 66: Intensität räumlicher Nutzung in Mexiko

verfügbar sind. Das bedeutet häufig un-scharfe Übergänge und mehr oder weniger breite Grenzsäume, vor allem zwischen fast unbesiedelten Räumen.

11.2.1
Der Nordwesten

Unter solchen Gesichtspunkten bereitet die äußere Begrenzung des Nordwestens keine Schwierigkeiten, da sie den kaum genutz-ten, bis 3200 m aufragenden Kammlinien der Sierra Madre Occidental folgt. Der Steilabfall mit seinen großartigen Schluch-ten ist, anders als die Außenseite der Sierra Madre Oriental, wegen seiner Trockenheit zum Anbau wenig geeignet. Die kleinen Gruppen der *Tarahumara*-Indianer leben in den feuchteren Höhen um 2000 m (C.

160). Sie haben sich bis in die jüngste Zeit der Akkulturation weitgehend entzogen, nehmen aber heute in gewissem Umfang durch Verkauf von *artesanía* und Vorfüh-rung von Tänzen am Tourismus teil, der sich mit dem Eisenbahnbau im *Cañón del Cobre* entwickelt hat. Noch isolierter sind die *Huicholes* in Nayarit am südlichen Ende der Sierra in ihren äußerst beschei-denen lockeren Schwarmdörfern (vgl. HINTON 1972; REED 1972).

Die Sierra Madre Occidental empfängt zwar nur bis zu 1500 mm Niederschläge, doch diese fallen wegen der nördlichen Lage z. T. als Schnee. Daher bildet das bewaldete Gebirge mit dem Wasser-reichtum seiner Flüsse, die in mehreren Engtälern aufgestaut wurden, die wichtig-ste Voraussetzung für die Entwicklung der intensiven Landwirtschaft in den Küstenebenen von Sinaloa und Sonora. Sie begann zwar unter nordamerikanischer Regie um die Jahrhundertwende, gelangte aber mit der Agrarreform und dem Ausbau der Infrastruktur zur vollen Blüte. Im übrigen ist sie weniger einheitlich, als man auf den ersten Blick vermutet, da von Süden nach Norden mehrere klimatische Grenzen wirksam werden, was u. a. in der natürlichen Vegetation zum Ausdruck kommt. Die laubwerfenden Feuchtwälder weichen allmählich von der Küste zum Gebirgsfuß zurück und machen Trockenwäldern Platz. Diese gehen nördlich des Río Yaquí in den *matorral* aus Dornsträuchern und Sukkulenten über, in denen die riesigen Kandelaber- und Säulenkakteen besonders auffallen. Sie bedecken mit Ausnahme der größeren Höhen auch die ganze Halbinsel Baja California.

Im stärker beregneten Nayarit hat neben tropischen Früchten der Tabakanbau seine Hauptverbreitung in Mexiko gefunden. Nach Norden nimmt nicht nur die Feuchtigkeit ab, sondern auch die Wintertemperatur bei gleichzeitiger Zunahme der Jahresamplitude. Daher werden beim Übergang von Sinaloa nach Sonora die Wärmemangelgrenzen tropischer Nutzpflanzen und schließlich auch die Grenze absoluter Frostfreiheit überschritten, was sich im unterschiedlichen Anbaubild der Bewässerungsdistrikte zeigt und in jüngerer Zeit zum außerordentlichen Zuwachs der Massentierhaltung auf der Grundlage des Kraftfutteranbaus in Sonora geführt hat. Daneben wurden die Flächen für Weinreben und für kernlose Tafeltrauben erweitert. Die ständige Anpassung an den Binnen- und Exportmarkt hat also zu einer erstaunlichen Flexibilität im Sinne des *Agrobusiness* geführt.

Damit wurden aber die *Mayo- und Yaquí-Indios* noch weiter zurückgedrängt. Sie hatten sich bis ins 20. Jh. immer wieder in blutigen Aufständen gegen die Inte-

gration in den mexikanischen Staat aufgelehnt. 1907 wurden 8000 von ihnen unter Zwang nach Yucatán umgesiedelt, wo Arbeiter in der *henequén*-Wirtschaft fehlten (S. 133, 273). 1937 wurden ihnen immerhin 480000 ha Land zurückgegeben verbunden mit Nutzungsrechten am Alvaro-Obregón-Stausee. Außerdem erhielten sie eine gewisse Autonomie. Doch nur ein Teil der rund 38000 bzw. 11000 Stammesmitglieder lebt noch in eigenständigen Dorfgemeinschaften. Andere sind in die Städte abgewandert (vgl. HARTWIG 1984). In mancher Hinsicht noch problematischer ist das Bemühen des INI um Akkulturation der *Seri*, einer Fischerbevölkerung bei Bahia Kino mit gut 500 Mitgliedern, obwohl hier mit relativ hohem Aufwand unter partizipatorischen Vorzeichen mehrere Projekte zur Infrastruktur- und Wirtschaftsförderung eingeleitet wurden (HARRIES 1992).

Das Berg- und Hügelland, das sich weiter nördlich vor dem Steilanstieg des Hochlandes ausbreitet, gehört mit dem Kupfertagebau von Cananea und Nacozari zu den erzreichsten Gebieten Mexikos. Viele kleinere Minen wurden aufgelassen. Die ehemalige Silberbergbaustadt Alamos wurde jedoch nach dem Krieg durch amerikanische Künstler restauriert und hat dadurch eine gewisse Zahl von *permanent residents* angezogen.

Die Küste von Nayarit und Sinaloa ist großenteils durch Lagunen mit Mangrovenvegetation gekennzeichnet (C. 128, 129). Hier findet sich auf einer kreisrunden Insel von 350 m Durchmesser das Fischerdorf *Mexcaltitán*, dessen Straßen während der Regenzeit durch den starken Süßwasserzufluß zu Kanälen werden. Der Grundriß aus zwei sich kreuzenden Straßenpaaren, die im Zentrum eine quadratische *plaza* bilden und von einer Ringstraße eingefaßt werden, kann durchaus als graphisches Symbol für den Begriff

	Fangmengen total (1000 t)	Sardinen (t)	Thunfisch (t)	Garnelen (t)	Austern (t)	Produktionswert (%)	Beschäftigte in Fischerei		
							absolut	Anteil am I. Sektor (%)	Anteil an Erwerbstätigen insgesamt (%)
Pazifikküste	897,9	347214	136942	27003	3519	61,5	128548	5,2	1,7
Baja California	194,5	35797	63400	287	358	7,3	12244	20,9	2,2
Baja California Sur	100,0	25941	27164	654	288	6,4	9937	52,8	9,7
Sonora	291,5	237512	57	5752	690	11,1	17229	13,5	3,1
Sinaloa	153,2	47743	43029	12667	765	20,8	25608	10,6	3,9
Nayarit	18,8	158	119	885	266	1,5	8700	9,8	3,7
Jalisco	31,9	37	46	27	51	2,3	6564	2,8	0,4
Colima	11,4	8	1677	142	5	0,8	6242	19,5	4,7
Michoacán	38,9	–	10	1	331	3,7	6946	2,3	0,8
Guerrero	22,7	15	135	209	750	2,2	12862	5,8	2,1
Oaxaca	11,9	1	352	2276	15	2,3	11416	2,9	1,5
Chiapas	23,1	2	953	4103	–	3,1	10800	2,2	1,3
Golf- u. Karibikküste	333,9	711	1666	17872	48483	35,3	94588	8,4	2,3
Tamaulipas	57,6	23	95	8525	3047	8,9	12508	11,2	1,8
Veracruz	120,3	–	622	1606	32218	9,0	44075	6,4	2,5
Tabasco	44,4	8	158	166	12324	2,8	17097	12,2	4,3
Campeche	56,7	15	458	6734	893	9,2	10419	20,3	6,9
Yucatan	46,4	665	222	82	–	4,1	7403	6,7	1,8
Quintana Roo	8,5	–	111	759	–	1,4	3086	9,6	1,9
Binnenfischerei	51,9	–	–	–	–	3,2	6349	0,1	0,0
Mexiko insgesamt	1283,7	347925	138608	44875	52002	100,0	229485	4,3	1,0

Quellen: Sector Alimentario 1992, Censo 1990

Tab. 54: Fischereiwirtschaft in Mexiko nach ausgewählten Staaten 1990

„Einheit" gedeutet werden. Tatsächlich bringt man dieses Erscheinungsbild in einen mythologischen Zusammenhang mit der Legende über die Herkunft der Mexica (Azteken) „von einer Insel im Nordwesten" und betrachtet den Ort, dessen Entstehungsgeschichte unbekannt ist, als Ausgangspunkt der aztekischen Wanderungen. Doch damit noch nicht genug: Zur Stärkung der mexikanischen Identität und gleichzeitig zur symbolischen Dezentralisierung, gewissermaßen als Gegenpol zur Hauptstadt México, wurde Mexcaltitán 1986 durch ein Dekret des Staatspräsidenten zum nationalen Monument erklärt (vgl. MONNET 1991).

Der Golf von Californien ist das fischreichste Gewässer Mexikos: Die Zuflüsse aus der Sierra Madre Occidental sowie der Río Colorado sorgen für ständige Nährstoffzufuhr; ablandige Winde bringen kühles Auftriebswasser an die Oberfläche. So steht Sinaloa mit 21% des Produktionswertes der Fischereiwirtschaft an erster Stelle vor Sonora mit 11%. Doch diese Werte beruhen auf verschiedenen Grundlagen. Im südlichen Küstenabschnitt mit seinen Lagunen dominieren die Garnelen, die zu etwa einem Drittel exportiert werden. Nach dem Gewicht entfallen aber die größten Mengen des gesamten mexikanischen Fischereiertrages auf den nördlichen Teil des Golfs. Allein in Sonora werden über 20% der rund 1,3 Mio. t angelandet. Doch hier, vor dem Coloradodelta, überwiegen die Sardinen, die zu Konserven aber auch zu Fischmehl u. a. verarbeitet werden. Dazu kommt ein Teil der Fangmengen von Baja California. Diese machen etwa 15% des ganzen Landes aus, werden aber hauptsächlich an der Westküste gefangen, wo durch den kühlen Californienstrom ebenfalls sehr günstige Bedingungen vorherrschen. Hier spielen auch Thunfisch, Makrelen, Haifisch u. a. eine Rolle. Hauptgebiete der Austernzucht sind

demgegenüber die Lagunen an der flachen Golfküste von Veracruz und Tabasco (Tab. 54; vgl. GERSTENHAUER 1960).

Der wichtigste Fischereihafen mit den größten Installationen des ganzen Landes zum Einfrieren der Garnelen ist Mazatlán. Als Handelshafen hat es verloren; doch an seiner langgestreckten Bucht hat es sich seit den 50er Jahren zu einem internationalen Badeorte entwickelt, der 1968 bereits 60 Hotels aufwies (Guía de Hoteles 1968; C. 131). Außerdem besteht eine Autofähre nach La Paz, die mit dem Bau der Straße über die Halbinsel eine Ergänzung auf der Route Puerto Vallarta – Cabo San Lucas erhalten hat. Der früher bedeutende Hafen San Blas ist weit zurückgefallen, hat aber seinen Charme als bescheidener Familienbadeort behalten. Dagegen hat Guaymas durch den Import von Getreide und Soja seinen Umschlag erheblich gesteigert. In seinem schönen Landschaftsrahmen mit mehreren Stränden ist es außerdem ein Touristenort, vor allem für Wassersportler.

Die gleiche Funktion haben die wenigen Touristenzentren in Baja California. Abgesehen von Tijuana (S. 222) hat sich schon früh Ensenada zu einem beliebten Treffpunkt von US-Amerikanern entwickelt, die hier zahlreiche Ferienhäuser besitzen. An der Südspitze der Halbinsel war Cabo San Lucas zunächst ein Stützpunkt der Sportfischerei auf Schwertfische u. a. Ohne Hochseeyacht, die man auch in La Paz mieten konnte, war dieser Ort bis in die 70er Jahre kaum erreichbar. Seine Attraktivität rührt von den steil aufragenden Granitklippen mit großartiger Wollsack- und Tafoniverwitterung und einem imposanten Brandungstor her sowie von der vielfältigen Meeresfauna, darunter ganze Kolonien von Seelöwen und Pelikanen (C. 174, 175).

Im benachbarten San José del Cabo ist unter der Regie von FONATUR ein größeres Touristenzentrum im Aufbau. Eine besonderes Schauspiel bieten die geschützten Buchten bei Guerrero Negro (Laguna Ojo de Liebre und San Ignacio) von Dezember bis März, wenn unzählige Grauwale hier ihre Jungen zur Welt bringen und sich paaren.

Die wirtschaftlichen Aktivitäten der gebirgigen Halbinsel beruhten früher weitgehend auf dem Kupferabbau bei Santa Rosalía und der Salzgewinnung bei Guerrero Negro (S. 175). Innerhalb des Primären Sektors spielt die Fischereiwirtschaft mit 29% der Beschäftigten (Durchschnitt beider Teilstaaten) eine besonders große Rolle, denn das aride Klima läßt Regenfeldbau nur in sehr geringem Umfang zu, und Naturweiden finden sich lediglich in größeren Höhen. Aber auch die Möglichkeiten künstlicher Bewässerung sind begrenzt. Größere Flächen gibt es einerseits im Coloradodelta (C. 183), wo in Vereinbarung mit den USA seit 1936 ein System für etwa 220 000 ha angelegt wurde, andererseits im Valle Santo Domingo, rund 200 km nordwestlich von La Paz, wo seit 1950 über 500 Brunnen zur Bewässerung von 26 000 ha gebohrt wurden. Beide Gebiete haben mit Problemen der Bodenversalzung zu kämpfen (vgl. GIERLOFF-EMDEN 1964).

Die Stadt Mexicali, die 1910 gerade 462 Einwohner hatte, bevor sie 1911 zum Verwaltungssitz von Baja California erhoben wurde, hat wesentliche Entwicklungsimpulse ihrer Funktion als Zentrum der intensiven Landwirtschaft mit zahlreichen Betrieben für die Baumwollentkernung und Ölgewinnung zu verdanken. 1940 hatte sie schon 18 775 Bewohner, wurde aber vom ländlichen Teil des Municipios im Delta deutlich übertroffen (Tab. 55 und 4). Mit der weiteren Landvergabe nahm zwar auch in diesem Gebiet die Bevölkerung zu und erreichte 1990 gut den sechseinhalbfachen Wert von 1940,

wobei fast die Hälfte direkt von der Landwirtschaft abhängig war. Doch die Stadt erlebte einen Boom, der sich u. a. darin zeigt, daß ein Drittel der Einwohner in anderen Staaten Mexikos geboren ist. Das ist mit ihrer zentralörtlichen Position allein nicht zu erklären. Vielmehr wirkt sich hier die Grenzlage aus.

Dies wird bestätigt durch einen Vergleich mit den anderen Städten des Gesamtgebietes. Zwar verzeichneten Culiacán und Hermosillo als Staatshauptstädte in dynamischen Agrarregionen ebenfalls enorme Zuwachsraten, sie blieben jedoch erheblich hinter Mexicali zurück, ganz abgesehen von ihrer breiteren Ausgangsbasis zu Beginn des Jahrhunderts (Tab. 4). Eher erstaunlich ist, daß die traditionellen Häfen (Mazatlán, Guaymas, Ensenada, La Paz) nicht stärker zugenommen haben, und zwar trotz der neuen Tourismusfunktion und obwohl sie z. T. ihren Umschlag steigern konnten. Offenbar sind für Zuwanderer die Zentren höherer Ordnung mit guten Verkehrsverbindungen attraktiver, was auf eine gewisse Selbstverstärkung hindeutet. Im übrigen muß erneut betont werden, daß alle Städte durch die explosionsartige Entwicklung von Tijuana mit 54% Migranten aus anderen Landesteilen weit in den Schatten gestellt werden (HIERNAUX 1986).

11.2.2
Der Norden

Ganz ähnlich ist die Situation im nördlichen Teil des Hochlandblocks, wo die Grenzstadt Ciudad Juárez die ebenfalls stark gewachsene Staatshauptstadt Chihuahua (C. 158) seit den 40er Jahren überholt hat und zur fünftgrößten Stadt des Landes (ohne Metropolitanzone) herangewachsen ist. Ihre Bedeutung hat gewiß damit zu tun, daß am anderen Ufer des kanalisierten Río

Tab. 55: Entwicklung von Mexicali

Einwohnerzahlen (1000; Index 1940 = 100)						
Jahr	Municipio	Index	Stadt-bevöl-kerung	Index	Land-bevöl-kerung	Index
1940	43	100	19	100	25	100
1950	124	288	65	342	60	240
1960	260	605	173	910	87	348
1970	396	921	263	1384	133	532
1980	511	1188	352	1853	159	636
1990	602	1400	438	2305	164	656
Beschäftigte nach Wirtschaftssektoren (in 1000)						
	Municipio	Anteil (%)	Stadt-bevöl-kerung	Anteil (%)	Land-bevöl-kerung	Anteil (%)
1970						
Beschäftigte	99	100	66	100	33	100
I. Sektor	33	33	11	17	22	67
II. Sektor	21	21	17	26	3	10
III. Sektor	38	39	33	50	6	18
Unklar	7	7	5	7	2	5
1990						
Beschäft.	200	100	149	100	53	100
I. Sektor	36	18	11	7	25	47
II. Sektor	52	26	43	29	10	19
III. Sektor	104	52	89	60	16	30
Unklar	8	4	6	4	2	4

Quelle: UNIKEL 1976; Censos 1970, 1990

Bravo der wichtige Industrie- und Militärstandort El Paso (Texas) mit annähernd 1/2 Mio. Einwohnern liegt. Ein größerer Gegensatz als zwischen diesen Nachbarstädten ist kaum denkbar. Doch das kommt offenbar der Entwicklung von beiden zugute, denn seit Jahren konzentriert sich ungefähr ein Drittel aller Arbeitsstellen der mexikanischen *maquiladora*-Industrie auf Cd. Juárez, und auch in anderen Aspekten dieses Wirtschaftszweiges ist die Stadt führend.

Sie wirkt allerdings in ihrer peripheren Lage nicht weniger isoliert als die Städte im Nordwesten, was z. B. durch ein Hinweisschild „nächste Tankstelle 152 km" an der Nationalstraße MEX 45 zum Ausdruck kommt.

Tatsächlich erscheinen die Hochflächen über weite Strecken als Leerräume (C. 137), in denen man nur gelegentlich durch eine Viehverladerampe daran erinnert wird, daß die mehr oder weniger ausgedörrte Steppe als Weideland dient. Hie und da wird der Horizont durch langgestreckte Höhenrükken begleitet, die die ausgedehnten Bekkenlandschaften gliedern. Diese sind z. T. abflußlos, wie der *Bolsón de Mapimí*, dessen Salzpfannen seit langem ausgebeutet werden (S. 21).

Im östlichen Bereich, von Coahuila bis San Luís Potosí, wird der *chaparral* von großen Ziegenherden beweidet. Außerdem hat sich eine althergebrachte Sammelwirtschaft erhalten, von der mehrere tausend Menschen leben. Es handelt sich um die sehr dauerhaften Fasern aus den Blättern der kleinwüchsigen *Agave lechuguilla (ixtle)* und der hochwachsenden *Yucca (palma pita),* die mit 50 bis 70 Jahre alten Maschinen zu Seilen und Bürsten verarbeitet werden. Ihre Produktion ist in jüngster Zeit von etwa 8000 auf 14000 t gestiegen und trägt mit knapp 20 Mio. US-$ zum Export bei (Comercio Exterior 43(4) 1993). Dazu kommen rund 2000 t *Candelilla*-Wachs *(Euphorbia antisyphilitica),* das für Polituren verwendet wird.

Dagegen entstanden am Río Conchos bei Delicias (südl. Chihuahua) sowie im Laguna-Distrikt (Durango – Coahuila) große Bewässerungsgebiete für Baumwolle, Getreide, Alfalfa u. a., die beträchtliche Strukturwandlungen erlebten. Auf dieser Grundlage hat sich die Industrieagglomeration von Torreón-Gomez Palacio gebildet, die seit 1940 von 101000 auf 792000 Ew. angewachsen ist.

Gegen das Randgebirge im Westen nehmen die Niederschläge allmählich zu. Sie bieten bessere Weiden und erlauben Regenfeldbau sowie Pflanzungen von europäischen Obstarten, für die eine Winterruhe mit Frosttagen günstig ist.

Besonders gute Äpfel erzeugen die Nachkommen der Mormonen, die 1885 aus den USA in das nordwestliche Chihuahua eingewandert sind und sich bei Casas Grandes niedergelassen haben, einer vorspanischen Oasenkultur, die mit den Siedlungen der Puebloindianer verwandt ist (GONZÁLEZ NAVARRO, 1960, S. 63ff; C. 159).

Die Mennonitensiedlungen

Größere Flächen nehmen die Kolonien der Mennoniten bei Cuauhtémoc ein, rund 100 km westlich der Stadt Chihuahua und 1800 m hoch gelegen. Die Mitglieder dieser nach ihrem Führer Menno Simons genannten reformatorischen Kirche führen ein christlich-ländliches Gemeinschaftsleben, lehnen Wehrdienst und Eid ab und bestehen auf ungehinderter Religionsausübung und eigener Schule in deutscher Sprache. Wenn eine Regierung ihnen diese Sonderrechte streitig macht, wandern sie aus. So zogen sie im 16. Jh. nach blutigen Verfolgungen von Süddeutschland und Friesland in die Weichselniederung, wo sich das heute noch von ihnen gesprochene Plattdeutsch ausbildete. Im 18. Jh. ging es weiter nach Rußland und ab 1875 nach Canada. Als aber dort nach dem Ersten Weltkrieg eine Integrationspolitik einsetzte, die den Mennoniten die Schule nehmen wollte, suchten die Traditionsbewußten unter ihnen neuen Siedlungsraum in Mexiko. 1921 erhielten sie vom Präsidenten Alvaro Obregón eine Konzession mit allen Privilegien. Daraufhin kauften sie rund 93000 ha Land und reisten 1922/23 mit etwa 5300 Mitgliedern in 36 Sonderzügen nach Chihuahua, wobei sie ihren Hausrat einschließlich Vieh, Ackergeräten, Saatgut und sogar Bauholz für ihre Häuser mitführten. Sie kamen also nicht als Flüchtlinge, sondern bezahlten den Umzug aus ihrem gemeinschaftlichen Vermögen (SAWATZKY 1971; SCHMIEDEHAUS 1984).

Inzwischen hat sich ihre Zahl trotz ständiger Abwanderungen auf 28515 erhöht (Censo 1990), weshalb zusätzliches Land erworben wurde und sich die 158 Kolonien in den Municipios Cuauhtémoc, Riva Palacio, Namiquipa und Bachiniva über eine Nord-Süd-Distanz von 120 km erstrecken. Mit ihren Straßendörfern und den mitteleuropäischen Gehöften unter hohen Bäumen erscheinen sie als eigenständige Kulturlandschaft in Mexiko (C. 152), zumal sie Namen wie Gnadenfeld, Rosenort, Eigenheim, Blumengart, Friedensruh, Hoffnungsthal usw. tragen. In der mexikanischen Verwaltung werden sie dagegen als *Campo* mit einer Nummer bezeichnet (Abb. 67). Außerdem fallen die Mennoniten selbst durch ihre Gestalt und Kleidung auf, vor allem die Frauen mit ihren langen dunkelgeblümten Kleidern, bestickten Halstüchern und großen Strohhüten, die ein breites buntes Band ziert. Als Fortbewegungsmittel dient noch immer eine einfache Pferdekutsche, denn modernes technisches Gerät lehnen sie außer für die Arbeit ab, so auch jeglichen Schmuck der Wohnung mit Ausnahme von Blumen.

Neuerdings werden Ansätze einer Integration spürbar, die sich z. B. im Erlernen der spanischen oder gar der englischen Sprache äußern, ein erheblicher Wandel gegenüber der hergebrachten Dorfschule. Damit wird die Abwanderung erleichtert, die bei dem vorherrschenden Kinderreichtum und dem Mangel an Erweiterungsflächen notwendig ist und wahrscheinlich noch einmal soviele Menschen umfaßt wie die heutige Bewohnerzahl der Kolonien. Unter dem Einfluß der in Canada verbliebenen Verwandten, die eine gemäßigte Modernisierung befürworten, ist auch eine gewisse Rückwanderung dorthin zu beobachten. Andere Gruppen sind nach Belize und Paraguay weitergezogen.

Mit großem Fleiß haben die Mennoniten nicht nur den Ackerbau sowie Obst- und Gemüsekulturen entwickelt, sondern auch eine intensive Viehhaltung, die damals im Staat der größten *haciendas* mit extensiven Weiden ganz unbekannt war. So werden Butter, Käse, Schinken u. a. in die Großstädte des Landes verkauft. Inzwischen haben sich die Innovationen ausgebreitet und einige *rancheros* der

Umgebung betreiben die moderneren Obstpflanzungen. Mit diesem wirtschaftlichen Aufschwung hat sich auch Cuauhtémoc, 1921 lediglich eine Bahnstation mit 291 Ew., zu einem beachtlichen Mittelzentrum von rund 70 000 Ew. entwikkelt. Hier fallen Apotheken und andere Geschäfte für den speziellen Bedarf der Mennoniten durch ihre altertümlichen deutschen Anschriften auf.

Eine weitere Funktion von Cuauhtémoc besteht in großen Sägewerken und Kistenfabriken, denn mit dem Anstieg auf die Höhen der Sierra Madre Occidental werden zusammenhängende Nadelwälder erreicht. Tatsächlich umfassen die Staaten Chihuahua und Durango 19% des mexikanischen Waldlandes und sogar 26% der potentiellen Forstflächen. Sie erbringen mit 47% den größten Teil der Holzausbeute des Landes (Tab. 56). Deshalb sind hier auch, neben Michoacán, die meisten Holzverarbeitungsbetriebe zu finden, viele allerdings in den größeren Städten außerhalb der Waldgebiete, was unnötig lange Transportwege bedeutet.

Insgesamt zeigt die Holzproduktion eine rückläufige Tendenz, was nicht nur auf dem steigenden Importdruck aus Canada beruht. Bei einer rationelleren Forstwirtschaft könnten die Kosten für die Holzeinfuhr (1985: 352 Mio. US-$, 1991: 823 Mio. US-$), insbesondere zur Papierfabrikation, wesentlich vermindert werden. Andererseits stimmt der Feuerholzeinschlag in einem der reichsten Erdölländer bedenklich, zumal gerade hier mit größeren Dunkelziffern zu rechnen ist. Der Rückgang der Forstflächen wurde in den letzten Jahren auf rund 350 000 ha pro Jahr geschätzt, von denen lediglich 50 000 ha auf genehmigte Holzgewinnung entfielen und etwa 25 000 ha auf Zerstörungen durch Schädlinge oder Feuer. Der große Rest wurde illegal zur Erweiterung von

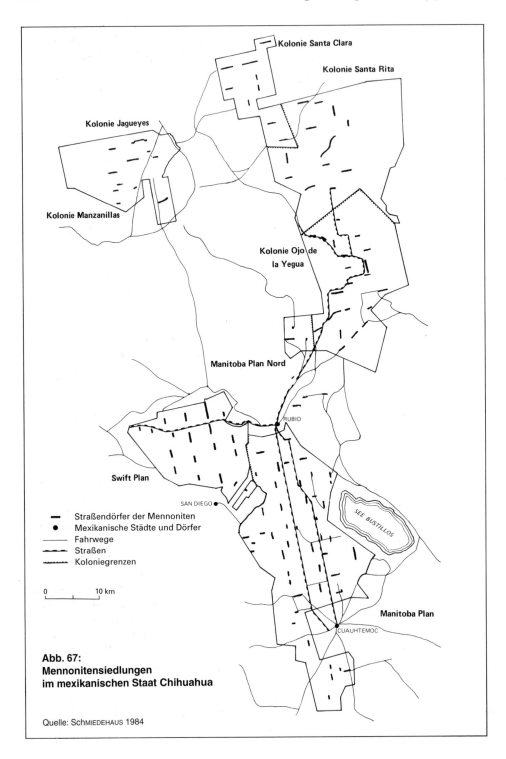

Abb. 67:
Mennonitensiedlungen
im mexikanischen Staat Chihuahua

Quelle: Schmiedehaus 1984

nach Baumarten	1985	Anteil (%)	1991	Anteil (%)		nach Staaten 1991		Anteil (%)
Kiefern	8130	81,7	6437	83,8		Campeche	65	0,8
Tannen u.a. Nadelbäume	410	4,1	303	3,9		Chiapas	68	0,9
Eichen	496	5,0	383	5,0		Chihuahua	1391	18,1
andere Laubbäume	204	2,1	154	2,0		Durango	2216	28,8
Tropische Edelhölzer	110	1,1	39	0,5		Guerrero	178	2,3
andere tropische Bäume	596	6,0	367	4,8		Hidalgo	111	1,4
						Jalisco	612	8,0
Summe	9946		7683			México	190	2,5
nach Verwendung	1985	Anteil (%)	1991	Anteil (%)		Michoacán	1249	16,3
						Oaxaca	559	7,3
						Puebla	301	3,9
Bau- und Möbelholz	6081	61,1	5390	70,2		Sonora	142	1,8
Zellulose	2865	28,8	1631	21,2		Tamaulipas	192	2,5
Pfosten	237	2,4	98	1,3		Veracruz	86	1,1
Eisenbahnschwellen	279	2,8	118	1,5		Sonstige	323	4,2
Feuerholz	484	4,9	446	5,8				
Summe	9946		7683			Summe	7683	

Quellen: Anuario 1987; Synnott 1993

Tab. 56: Forstproduktion Mexikos (1000 m^3)

Agrar- und Weideflächen gerodet (SYN-NOTT 1993).

Noch immer ist der zentrale Norden die bei weitem wichtigste Bergbauregion Mexikos mit Minen und Aufbereitungsanlagen, die in den waldlosen Flächen häufig von weither das Landschaftsbild beherrschen, wie z. B. in Hidalgo del Parral (Chihuahua). Der Anteil der vier Staaten Chihuahua, Durango, San Luís Potosí und Zacatecas betrug 1988 beim Blei 83%, Zink 78%, Silber 63% und Gold 33%, während die früher bedeutende Eisenerzgewinnung am Cerro del Mercado oberhalb der Stadt Durango eingestellt wurde (Abb. 45 und 46).

11.2.3
Der Nordosten

Im Nordosten hat dagegen unter den wenigen Bodenschätzen nur die hochwertige Bitumenkohle in Coahuila eine entschei- dende Rolle gespielt, denn ihre Vorkommen im Epikontinentalbecken von Sabinas-Monclova nördlich der Sierra Madre Oriental bildeten eine wesentliche Grundlage zum Aufbau der Schwerindustrie in Monterrey (Nuevo León). Im Jahr 1900 betrug die Einwohnerzahl dieser Stadt nur 62 000, was damals zwei Drittel derjenigen von Puebla entsprach und in die gleiche Größenordnung gehörte wie León (Guanajuato) und San Luís Potosí. Alle drei sind inzwischen weit hinter der drittgrößten Metropole des Landes mit ihren 2,3 Mio. Einwohnern zurückgeblieben (Tab. 4), die ein breites Spektrum wirtschaftlicher Aktivitäten mit Glasindustrie, einer der größten Brauereien u. a. aufweist. Dabei hat sie gewiß von der Nähe zu den USA profitiert. Doch die tragende Unternehmerschicht entstammt spanischen Einwanderern des 19. Jhs. und dem einheimischen Bürgertum.

Monterrey ist ganz bewußt eine moderne Stadt, zumal von dem bescheidenen

Ort der Kolonialzeit nur wenige Reste erhalten sind (C. 136). So wurde mitten in der Krise der 80er Jahre die über 1 km lange *Gran Plaza* mit Tiefgarage, unterirdischem Einkaufszentrum, neuem Theater, Parlament, Archiv des Staates Nuevo León u.a angelegt. Ihr mußten mehrere Straßenblocks weichen. Zu den landesweit wichtigsten Bildungseinrichtungen gehört die Technische Hochschule *(Instituto Tecnológico de Monterrey)*, die aus einer privaten Stiftung hervorgegangen ist.

Die Stadt liegt 540 m hoch am Fuß der Sierra Madre Oriental, deren Hauptzüge hier in eine Ost-West-Richtung umbiegen. Daher eröffnet sich die Möglichkeit, in breiten Talungen über Saltillo das Hochland zu erreichen. Weiter nördlich ist der Gebirgsrand in einzelne nordwestlich streichende Antiklinalketten der unteren Kreide aufgelöst, die wie Inselberge das Tiefland überragen. Sie zeigen sich teilweise als fast senkrecht stehende Schichtrippen mit bizarren Felsformen und grandiosen Schluchten (C. 139). Das ganze Gebiet wurde unter der Bezeichnung *Cumbres de Monterrey* zum größten Nationalpark Mexikos mit 246 500 ha erklärt. Er umfaßt den Wasserfall *Cola de Caballo* (Pferdeschwanz) im Süden der Stadt ebenso wie das Höhlensystem der *Grutas de García* im Norden.

Das im Osten vorgelagerte Tiefland von Nuevo León und Tamaulipas geht am Golf von Mexiko in eine Lagunenküste über und wird durch den Río Bravo begrenzt. Das Klima dieses Raumes ist durch sehr heiße Sommer und Niederschläge von 600 bis 700 mm gekennzeichnet, die überwiegend im Sommer fallen und gegen Süden allmählich zunehmen. Es bietet daher günstige Möglichkeiten für Weidewirtschaft und bei genügender Wasserzufuhr für Baumwolle, Zitrusfrüchte u. a. Gemeinsam mit den USA wurden größere Bewässerungsflächen im Tal und im Delta des Río Bravo geschaffen. Allerdings kommt es immer wieder zu katastrophalen Witterungsereignissen, sei es durch Frosteinbrüche der *nortes*, die den Orangenplantagen schaden, sei es durch tropische Wirbelstürme, wie zuletzt der Hurrikan *Gilbert* 1988 (S. 25). Doch zur Entwicklung der Nordost-Region haben auch die Erdöl- und Erdgasfelder entscheidend beigetragen, die vor allem der Industrie in Monterrey zugute kommen.

11.2.4
Die tropische Golfküste und der Anstieg zur Sierra Madre Oriental

Die Petroleumwirtschaft hat auch weiter südlich einzelne Abschnitte des Küstentieflandes wesentlich verändert, etwa Tampico mit seinen großen Tanklagern und dem neuen Industriehafen von Altamira, das Gebiet von Poza Rica mit Raffinerien und vor allem die ausgedehnte Zone der petrochemischen Industrie von Coatzacoalcos bis Villahermosa. So ist eine Abgrenzung gegenüber dem nördlichen Bereich nicht so einfach, denn auch der Übergang in der Agrarlandschaft vollzieht sich fast unmerklich. Dies Problem zeigt sich übrigens schon beim Vergleich der Klimagrenzen zwischen Cfa und Aw nach Köppen/Geiger sowie IV3 und V3 nach Troll/Paffen, die gerade hier besonders weit voneinander abweichen (vgl. M. J. MÜLLER 1983). Jedenfalls nimmt mit zunehmender Feuchtigkeit die Qualität der Weiden zu, und ab Ciudad Mante finden sich ausgedehnte Zuckerrohrfelder. Die außerordentliche Flexibilität dieses Raumes zeigt sich nicht nur in der Agrarstatistik des Staates Veracruz, sondern auch in der mosaikartigen Kulturlandschaft, wie sie am Beispiel der Region von Martínez de la Torre beschrieben wurde (S. 147–161).

Zur Differenzierung tragen in besonderer Weise die Gebiete bei, in denen heute noch die indigene Bevölkerung eine tragende Rolle spielt. Das gilt einerseits für die *Huasteca*, andererseits für die *Totonaken* im Umkreis von Papantla und El Tajín. Die Rückzugs- und Reliktgebiete in den Tälern der aufsteigenden Sierra zählen ebenfalls dazu, z. B. auch das Valle Nacional, das vom südlichen Veracruz den Weg über das Gebirge nach Oaxaca öffnet und seit jeher ein Gebiet des Tabakanbaus ist. Hier wurde die Landschaft allerdings durch den gewaltigen Stausee des Papaloapan (ca 510 km^2) entscheidend verändert (C. 59). Er wurde in den 50er Jahren zur Bewässerung der relativ trockenen Täler gebaut, in denen heute Melonen, Ananas u. a. kultiviert werden. Dafür wurden aber rund 22000 *Mazateco-Indios* in Entfernungen bis zu 250 km umgesiedelt, und in entsprechender Weise waren mehrere tausend *Chinantecos* vom benachbarten Projekt Cerro de Oro betroffen (MC-MAHON 1973; BOEGE 1988, S. 289; SZEKELY/RESTREPO 1988, S. 41ff.).

Über hundert Jahre früher hat sich jedoch in der darüber aufsteigenden *Tierra templada* mit ihren damals noch ungenutzten Bergwäldern die Innovation des Kaffeeanbaus ausgebreitet, und zwar anfangs in Form von kleineren *ranchos*, die neben den Zuckerplantagen von Córdoba und Fortín de las Flores angelegt wurden (MÜHLENPFORDT 1844, 1, S. 122; SARTORIUS 1961, S. 175). Die relativ ebenen Talweitungen von Córdoba-Orizaba und Jalapa mit ihrer üppigen tropischen Kulturlandschaft wurden von zahlreichen Reisenden des 19. Jhs. mit beredten Worten geschildert, denn sie boten auf dem Wege vom Hafen Veracruz zur Hauptstadt in 1000 bis 1500 m Höhe ein willkommenes Etappenziel zur Akklimatisation vor dem besonders beschwerlichen Steilanstieg zum Hochland.

Tatsächlich haben sich an diesen Haupthandelswegen schon früh die Schwerpunkte des Staates Veracruz herausgebildet. Jalapa spielte während der Kolonialzeit eine wichtige Rolle als Messeplatz, auf dem die Waren angeboten wurden, die im Tausch gegen das mexikanische Silber aus Spanien eingeführt wurden. So wurde es Staatshauptstadt, erhielt eine Universität und in den 30er Jahren eine ausgezeichnetes archäologisches Museum. Außerdem ist es Sitz eines der wenigen Symphonieorchester in Mexiko. Orizaba wurde dagegen mit Río Blanco und Ciudad Mendoza einer der ersten Industriestandorte Mexikos mit großen Baumwollfabriken und Bierbrauereien. Doch keine dieser Städte, auch nicht der Hafen Veracruz selbst, konnte eine eindeutig dominierende Position über den langgestreckten Staat erreichen, obschon die Isolierung der einzelnen Teilgebiete durch den Straßenbau als Folge der Erdölerschließung und der Intensivierung der Landwirtschaft in den letzten Jahrzehnten weitgehend aufgehoben wurde. Nach wie vor wirken aber die divergierenden Beziehungen im Norden und Süden sowie die direkten Verbindungen mit dem zentralen Hochland einem engeren Zusammenhalt entgegen.

Eine gewisse Eigenständigkeit hat sich das kleine Gebiet um die Tuxtla-Vulkane mit dem Catemacosee als Erholungsraum bewahrt (C. 58). Doch insgesamt ist die Golfküste trotz ihrer Dünen und Sandstrände nicht zu einem Tourismusgebiet geworden, da sie im Sommer feuchtheiß ist und im Winter unter *nortes* zu leiden hat (S. 227). In den Lagunen dieser Ausgleichsküste wird der größte Teil der mexikanischen Austern gezüchtet (S. 263). Diese Kultur ist neuerdings durch die Erdölwirtschaft gefährdet, und zwar ausgerechnet in der *Laguna del Ostión* (Austernbucht) westlich von Coatzacoalcos (S. 178).

11.2.5
Chiapas und die Halbinsel Yucatán

Der Übergang vom südlichen Veracruz zur Halbinsel Yucatán erscheint nur auf Übersichtskarten einfach, da er sich im Tiefland vollzieht. Tatsächlich handelt es sich aber um schwer zugängliche sumpfige Niederungen im stark mäandrierenden Unterlauf des Río Grijalva und des Río Usumacinta mit ihren zahlreichen Altwasserarmen und Lagunen (C. 46). Der amphibische Charakter dieser ursprünglich dicht bewaldeten Landschaft, in der nur die Uferwälle und die Küstendünen als Siedlungsraum in Frage kamen, war einer der Gründe dafür, daß die Halbinsel Yucatán bis ins 20. Jh. großenteils vom übrigen Mexiko abgeschnitten war und ein Eigenleben führte. Nur mit hohem technischen Aufwand konnten Verkehrslinien gebaut werden (S. 200, 204), in deren Folge es zu geplanten Neusiedlungen kam, z. B. bei Tenosique. Schließlich haben die riesigen Staumauern der Wasserkraftwerke zur Regulierung der Abflußmengen aus dem Hochland von Chiapas beigetragen.

Allerdings wird der hier erzeugte Strom über Fernleitungen ins Landeszentrum transportiert (Abb. 35). Hierzu paßt die Einfallslosigkeit, mit der im heutigen Mexiko Örtlichkeiten und Straßen in unendlicher Wiederholung nach immer denselben Revolutionären, vorspanischen Gestalten oder historischen Daten benannt werden. Denn der allgemein als *Malpaso* bekannte zweitgrößte Stausee des Landes erhielt offiziell den Namen des Königs von Texcoco *Nezahualcóyotl,* obwohl der See im heutigen Chiapas im Gebiet der *Mixe-Zoque* liegt, die weder sprachlich noch kulturhistorisch mit den Azteken verwandt sind. Ob darin nur eine gewisse Gedankenlosigkeit zum Ausdruck kommt oder unbewußt die durch die ganze Geschichte spürbare Oberherrschaft des Zentrums

über die Peripherie, sei dahingestellt. Darüber hinaus erscheint es für Nichtmexikaner erstaunlich, mit welcher Selbstverständlichkeit öffentliche Bauten aber auch *ejido-*Siedlungen u. a. die Namen von noch lebenden Präsidenten erhalten.

Am Gebirgsfuß finden sich einige der bedeutendsten Stätten der klassischen Maya-Periode (Palenque, Bonampak, Yaxchilán u. a.), deren überwucherte Pyramiden von den Kegelkarstbergen dieses unübersichtlichen Hügellandes kaum zu unterscheiden waren (C. 28). Das läßt auf eine viel dichtere Besiedlung in früherer Zeit schließen und wirft die bis heute nicht abschließend geklärte Frage nach den Gründen für den Untergang dieser Hochkultur auf (S. 36). Relativ gering waren bis in die 1950er Jahre die Eingriffe in die tropischen Feuchtwäldern (C. 33). Die nur auf wenige Baumarten ausgerichteten Holzfällerlager breiteten sich längs der Flußläufe, also den einzigen Transportwegen aus. Dabei stand bis ins 19. Jh. das Campeche-Holz *(Haematoxylum Campechianum)* als Grundstoff zur Textil- und Lederfärbung im Vordergrund. Danach begann die Ausbeutung von Edelhölzern wie Mahagoni (*Swietenia macrophylla,* span. *Caoba)* und Zedrela (*Cedrela mexicana,* span. *Cedro).* Seit sich vor etwa hundert Jahren der Gebrauch von Kaugummi in den USA einbürgerte, spielte die Gewinnung und der Export von *chicle* eine Rolle für die Wirtschaft dieser Region. Es handelt sich um den Latex des *Chicozapote-*Baums *(Manilkara Zapota),* der von hunderten von *chicleros* regelmäßig abgezapft wurde, bis er um 1980 durch ein synthetisches Produkt ersetzt wurde.

Erst der Fernstraßenbau (s. o.) bildete das Rückgrat für eine Pionierfront mit großflächigen Rodungen. Ihr Ziel war neben der industriellen Holzausbeute durch internationale Gesellschaften die staatliche Agrarkolonisation zur Anlage von *ejidos.*

Doch wie fast überall in den feuchten Tropen verarmten die entwaldeten Böden sehr schnell, so daß als Ergebnis vor allem ausgedehnte Rinderweiden in Erscheinung treten.

Relativ große Regenwaldflächen sind in dem Hügelland der *Selva Lacandona* erhalten geblieben, d. h. im östlichen Chiapas, das an die Provinz Petén (Guatemala) grenzt (C. 36). Hier lebt noch die kleine Maya-Gruppe der *Lacandonen*, die lange Zeit ohne Kontakt zur spanisch-mestizischen Gesellschaft war aber seit einigen Jahrzehnten durch die wirtschaftliche Erschließung sowie neuerdings durch Touristen unter einen beträchtlichen Akkulturationsdruck geraten ist. Daran waren mehr als 20 staatliche und halbstaatliche Organisationen sowie verschiedene protestantische Missionen beteiligt, die völlig unkoordinierte Programme zur Entwicklung der Infrastruktur und der Landwirtschaft, zum Siedlungsausbau, zur Alphabetisierung usw. betreiben und damit nicht nur den sozio-ökonomischen Wandel fördern, sondern auch die weitere Zerstörung des Primärwaldes. Dabei kommt es auch zu Konflikten zwischen den *Lacandonen* und anderen Indiogruppen, die aus dem Hochland umgesiedelt wurden. Letztendlich verlieren aber beide gegenüber den großen Landbesitzern, den lokalen Kaziken und politischen Führern (vgl. DIECHTL 1989). Unter diesen Voraussetzungen nimmt es nicht wunder, daß sich gerade in Chiapas die Unzufriedenheit der Indios in einem Aufstand 1994 entladen hat (S. 298). Das Ausmaß der Veränderungen läßt sich an der Bevölkerungszunahme der Municipios von Ocosingo und Palenque ablesen, wobei die Zersiedelung durch tausende von einzeln stehenden Häusern oder Hütten Ausdruck findet (Tab. 57).

Gegen Norden wird mit abnehmenden Niederschlägen der Wald lichter, zumal durch die starke Verkarstung auch der Grundwasserspiegel sinkt. Zunehmende Bedeutung erlangt hier die Bienenzucht, die großenteils von *ejidatarios* betrieben wird. Mit insgesamt 18 506 t (30,5 %) stehen die Staaten Yucatán, Campeche und Quintana Roo an erster, dritter und vierter Stelle der Honigproduktion (Tab. 58, Abb. 37).

Ausgesprochen trocken ist schließlich das nördliche Drittel der Halbinsel, das weitgehend dem Staat Yucatán entspricht. Aufgrund des Ackerbaus und der früher bedeutenden *henequén*-Wirtschaft (S. 133), die immer noch große Flächen einnimmt, ist es dicht besiedelt. Dabei war die Maya-Bevölkerung 1847 nach Aufständen gegen die Regierung *(Guerra de Castas)* stark dezimiert worden, weshalb zu Beginn des 20. Jhs. Yaquí-Indios und Chinesen als Arbeitskräfte eingesetzt wurden (S. 261). Trotzdem ist der ländliche Raum von der heutigen Maya-Kultur geprägt. Sie zeigt sich u. a. in der mit schönen Blumenornamenten bestickten Frauentracht sowie im Siedlungsbild mit den eigenständigen Hausformen (Abb. 31h, i) und den Dorfbrunnen, die den Karstwasserspiegel erschließen (S. 23). An den Brunnengestellen hängt von jeder Familie ein eigenes Seil und ein eigener Eimer.

Einen gewissen Ausgleich für den wirtschaftlichen Niedergang, der im Verfall der ehemaligen *hacienda*-Komplexe dokumentiert wird (C. 41), hat seit den 70er Jahren der staatlich geförderte Tourismus gebracht, denn die Maya-Ruinen gehören zu den großartigsten Zeugen der altamerikanischen Vergangenheit, und die karibische Küste bietet gleichzeitig äußerst attraktive Badestrände. So ergibt sich die gar nicht so häufige Gelegenheit zu einem kombinierten Bildungs- und Erholungsurlaub. Auf dieser Basis kam es zur Gründung des Seebades Cancún und zur Erschließung des Staates Quintana Roo (S. 233 ff.).

	1960	1970	Index	1990	Index
Ocosingo Municipio	19800	34356	173	121012	611
Hauptort (Einwohner)	1533	2946	192	12826	837
Zahl der Siedlungsplätze	236	365	155	7334	3108
Palenque Municipio	12416	23205	187	63209	509
Hauptort (Einwohner)	1611	2595	161	17061	1059
Zahl der Siedlungsplätze	98	162	165	3602	3676
Staat Chiapas (Einwohner)	1210870	1569053	130	3210496	265

Index 1960 = 100
Quellen: Censo 1960, 1970, 1990

Tab. 57: Bevölkerungsentwicklung der Municipios Ocosingo und Palenque

Tab. 58: Bienenwirtschaft in Mexiko 1990

Staaten	Bienenvölker	Honig (t)	Anteil (%)	Wachs (t)
Campeche	233	5370	8,8	54
Guerrero	96	4055	6,7	153
Jalisco	200	3900	6,4	397
Michoacán	136	3050	5,0	229
Quintana Roo	90	4762	7,8	131
Veracruz	303	6015	9,9	216
Yucatán	327	8347	13,8	83
sonstige	1277	25189	41,6	1656
Mexiko insgesamt	2662	60688	100	2919

Quelle: Secretaría de Agricultura (unveröff. Statistik)

Auch das Hochland von Chiapas mit seiner lebendigen Indiokultur wird immer mehr in Tourismusprogramme einbezogen, nachdem es schon seit dem Bau der *Carretera Panamericana* in den 50er Jahren zu den „Geheimtips" der Einzelreisenden gehört hatte. Höchst attraktiv ist die Vielfalt der Frauen- und Männertrachten auf dem Wochenmarkt von San Cristóbal de las Casas. Es erhielt seinen Namen zu Ehren des Bischofs Bartolomé de las Casas, der sich im 16. Jh. gegen die Unterdrückung der Indianer eingesetzt hatte (S. 40). Die sympathische Kolonialstadt

mit nur wenigen hervorstechenden Bauwerken hat ihren traditionellen Charakter recht gut bewahrt, wohl auch weil 1892 die Hauptstadtfunktion an Tuxtla Gutierrez überging. Erst in jüngster Zeit wurde das Zentrum durch zahlreiche Kunstgewerbeläden und Touristentreffpunkte wesentlich verändert.

Die Kulturlandschaft mit den kleinen Dorfkernen (C. 43), der Streusiedlung aus strohgedeckten Häusern, den Frauen, die mit dem Hüftwebgerät arbeiten oder beim Schafehüten die Wolle spinnen, und den Männern, die mit dem Grabstock ihre kleinparzellierte *milpa* beackern, scheint seit Jahrhunderten kaum verändert. Und doch ist dies schon lange keine „heile Welt" mehr. Nicht nur die Fremden werden argwöhnisch betrachtet, vor allem wenn sie ungeniert fotografieren, sondern auch zwischen verschiedenen Gruppen der Bevölkerung gibt es harte Auseinandersetzungen. Zwar erfolgte im 16. Jh. die Missionierung durch Dominikanermönche, doch viele Vorstellungen und Riten altmexikanischer Religionen sind nach wie vor lebendig, wobei durchaus neue Elemente integriert werden. So gehört heutzutage Coca Cola zu allen Zeremonien neben dem selbstgebrannten Zuckerrohrschnaps *(posh),* den Kerzen und dem Weihrauch aus *copal*-Harz, wie ihn schon die alten Maya verwendeten.

Seit zwei bis drei Jahrzehnten sind hier, wie in anderen Indiogebieten, verschiedene protestantische und evangelikale Missionen aus den USA tätig geworden, die etwa aufgrund ihrer Sozialarbeit beachtliche Bekehrungserfolge aufweisen konnten. Das hat zu Konflikten innerhalb der Dörfer geführt, weil z. B. das absolute Verbot von Alkohol, Sonntagsarbeit u. a. die Beteiligung an traditionellen Gemeinschaftsaufgaben *(cargos),* Festen usw. praktisch unmöglich macht (S. 59). Als Folge davon wurden allein aus dem Municipio San Juan Chamula Tausende von Bewohnern vertrieben, die jetzt in einem Hüttenviertel am Rande von San Cristóbal leben. Eine Verschärfung der sozioökonomischen Situation, wie sie unter dem Einfluß von fundamentalistischen Sekten eingetreten ist, hat es durch die seit Jahrzehnten in Mexiko aktiven Baptisten kaum gegeben. Ihre Mitglieder können sehr wohl die üblichen Funktionen ausfüllen und am Kirchweihfest des örtlichen Heiligen teilnehmen.

Der erstaunliche Erfolg der Missionstätigkeit ist auch statistisch signifikant.

Zwar wird Mexiko noch immer zu den betont „katholischen Ländern" gezählt. Und tatsächlich hat die schon von Benito Juárez und später von der Mexikanischen Revolution betriebene antiklerikale Politik das Volk nicht von seiner Anhänglichkeit an die Kirche abbringen können, wie u. a. die *Cristero-Aufstände* der 20er Jahre gezeigt haben (S. 52). Doch während sich 1970 noch 96% der Bevölkerung zum Katholizismus bekannten, waren es 1990 knapp 90%. Das bedeutet z. B., daß der Anteil der Protestanten im Durchschnitt der Yucatán-Halbinsel bereits über 12% liegt, gefolgt von Veracruz und Oaxaca. Wenn in denselben Staaten auch die Zahl der Religionslosen besonders hoch ist, weist dies auf beträchtliche Umbrüche im sozialen Gefüge hin. In beiden Fällen nimmt Chiapas die Spitzenposition ein (Tab. 59; vgl. KRUIP 1992; ROHR 1994).

Im Gegensatz zu dem auch naturlandschaftlich reizvollen zentralen und nördlichen Chiapas, das in den 70er Jahren durch zwei Straßen mit dem Tiefland von Yucatán verbunden wurde, ist die Sierra Madre weniger erschlossen. Auf ihrer Südseite führen allerdings zahlreiche Stichstraßen zu den Kaffeeplantagen und den darüber ansteigenden *campesino*-Siedlungen hinauf (S. 162). Aber die von Kiefernwäldern bewachsenen größeren Höhen wurden erst unter dem starken Bevölkerungsdruck der letzten Jahrzehnte mehr und mehr gerodet.

11.2.6
Die südlichen Bergländer Oaxaca und Guerrero

Ähnlich sieht es im bewaldeten Bergland von Oaxaca aus, dessen Gipfel über 3000 m erreichen. Es steigt aus den rund 1500 m hohen fruchtbaren Beckenlandschaften auf, die seit jeher dicht besiedelt

	Katholiken		Protestanten		Ohne Religion		Sonstige*	
	1970	1990	1970	1990	1970	1990	1970	1990
Mexiko insgesamt	96,2	89,7	1,8	4,9	1,6	3,2	0,4	2,2
Baja California	95,4	86,1	2,3	5,3	1,6	4,5	0,7	4,1
Campeche	91,0	76,3	5,5	13,5	2,9	7,1	0,6	3,0
Coahuila	96,3	88,4	2,3	6,2	1,1	3,1	0,3	2,2
Chiapas	91,2	67,6	4,8	16,3	3,5	12,7	0,5	3,4
Chihuahua	95,2	87,1	2,6	5,6	1,7	3,9	0,5	3,3
Morelos	94,1	86,6	3,7	7,3	1,5	3,4	0,7	2,8
Nuevo León	95,6	89,7	2,8	5,9	1,2	2,2	0,5	2,2
Oaxaca	97,0	86,7	1,5	7,3	1,4	4,0	0,1	1,9
Quintana Roo	88,0	77,8	7,7	12,2	3,5	6,4	0,8	3,7
Sinaloa	93,4	87,2	1,1	2,4	4,9	8,1	0,6	2,3
Tabasco	87,2	72,2	8,3	15,0	3,7	9,6	0,8	3,2
Tamaulipas	95,1	86,0	2,9	7,7	1,6	3,7	0,4	2,5
Veracruz	94,2	84,1	2,3	7,5	3,1	6,2	0,4	2,3
Yucatán	95,3	85,8	2,8	9,3	1,6	3,0	0,3	1,9

alle anderen Staaten hatten 1990 mehr als 90% Katholiken
*einschließlich unklare Fälle
Quellen: Censo 1970, 1990

Tab. 59: Religionszugehörigkeit (%) in ausgewählten Staaten Mexikos 1970 und 1990

sind, wie schon die präkolumbischen Anlagen von Monte Albán und Mitla sowie zahlreiche Klosterbauten der Kolonialzeit zeigen (C. 116). Hernán Cortés erhielt sie als Lehen *(Marquesado del Valle)* zugesprochen. Bis ins 19. Jh. war hier die Cochenilleproduktion konzentriert, worauf noch immer die Opuntienhecken rings um viele Indiogehöfte hinweisen (S. 43). Im östlichen Bereich werden Agaven zur Gewinnung von *Mezcal*-Schnaps angebaut (S. 136) und in kleinen *trapiches* wird nach wie vor brauner Zucker hergestellt (S. 43). Mehr als sonst in Mexiko sind hier noch zweirädrige Ochsenkarren verbreitet, ein Zeichen für früheren Wohlstand.

Ein Musterbeispiel für altüberkommene Regionalsysteme und ihren Wandel bildet das Wochenmarktnetz, das schon 1941 durch MALINOWSKY und DE LA FUENTE (1957) beschrieben und seitdem nach unterschiedlichen Aspekten immer wieder untersucht wurde (vgl. u. a. BEALS 1975;

DISKIN/COOK 1976). Neben Industriewaren, die heute bis in die letzten Winkel vordringen, wird auf den Märkten eine Fülle regionaler Agrar- und Handwerksprodukte angeboten, die nach wie vor im ländlichen Raum hergestellt werden. Dabei ist jedes Dorf auf eine bestimmte Arbeitstechnik der Töpferei, Weberei, Palmflechterei, Holzbearbeitung usw. spezialisiert. STORCK (1984) hat sehr schön gezeigt, wie unter wechselnden politisch-administrativen Bedingungen und außenwirtschaftlichen Einflüssen die einzelnen Zentren in der Hierarchie zentraler Orte auf- oder absteigen können bis hin zum totalen Bedeutungsverlust.

Den schärfsten Einschnitt bildete die Gründung der spanischen Stadt Oaxaca (1529), die seitdem unzweifelhaft die Führungsposition in dem noch weitgehend indianisch geprägten Gebiet behauptet. Dies kommt u. a. durch die vielen tausend Besucher des Wochenmarktes zum Ausdruck, der jeden Samstag auf einem riesigen Platz am Stadtrand abgehalten wird, während er bis 1971 die ganze Innenstadt überschwemmte. Auf dieser Grundlage nahm Oaxaca eine glänzende Entwicklung, die freilich im 19. Jh. mit dem Rückgang des Cochenilleexports stark eingeschränkt wurde. Doch gerade deswegen konnte der Charakter einer Kolonialstadt so gut bewahrt werden, denn die hervorragenden Bauwerke mit schön behauenen Werksteinfassaden wurden äußerlich kaum verändert. So blieben neben der Kathedrale und mehreren Kirchen (Sto. Domingo, La Soledad u. a.) auch ehemalige Klöster und Paläste erhalten, die im Inneren z. T. verfielen. Heute dienen sie anderen Zwecken, sei es als Verwaltung, Museum oder Hotel, wie das ehemalige Kloster Sta. Catalina mit seinen sieben *patios*.

Kein Wunder, daß die Stadt mit ihrer attraktiven Umgebung zu einem der wichtigsten Tourismuszentren im Binnenland wurde. Hier wird sie nach den Ausländerankünften nur von México-Stadt, Guadalajara und Mérida übertroffen (Tab. 49). Abgesehen von der großen Zahl an Hotelbetten jeglicher Kategorie, zeigt sich dies in der Umgestaltung des Zentrums. Der *Zócalo* – mit alten Bäumen und Arkadencafés der beliebteste Treffpunkt – wurde schon vor Jahren zur Fußgängerzone erklärt, und neuerdings wird auch die Verbindungsstraße zum ehemaligen Dominikanerkloster von Autos freigehalten, was die Renovierung fast aller Gebäude sowie die Einrichtung von Touristengeschäften und Restaurants nach sich gezogen hat (S. 85).

Gegen Westen steigt das Becken von Oaxaca zur Mixteca Alta an, einem unübersichtlichen, relativ trockenen Hochland mit ausgedehnten Erosionsflächen, das im Übergangsbereich mit Puebla und Guerrero zu den ärmsten Regionen des Landes zählt. Ohne die weit verbreitete Hutflechterei könnte ein Großteil der mixtekischen Bevölkerung kaum überleben. Sie bezieht ihren Rohstoff aus niedrigen Fächerpalmen *(Brahea dulcis),* die auch zu Matten, Körben und sogar Spielzeug verarbeitet werden. Die rohen *sombreros* werden in Huajuapan de León und Tlaxiaco aufgekauft und zur Formgebung in Fabriken nach Tehuacán und Puebla gebracht.

Die starke Nachfrage hat schon vor Jahren dazu geführt, daß an Stelle der Naturfasern Plastikstreifen verwendet werden. Andererseits werden aus Palmen ganze Häuser gebaut, d. h. die Stämme werden als Wände in den Boden eingegraben, und die Dächer mit Palmblättern gedeckt (GORMSEN 1971b, S. 388ff; 1990b, S. 43).

Kaum besser erschlossen ist die Sierra Madre del Sur. Über drei Jahrzehnte bot die Straße nach Acapulco die einzige Verbindung für Kraftfahrzeuge zum Pazifik, bevor in den 60er Jahren die mehr oder weniger wetterfesten Straßen von Oaxaca nach Puerto Angel und von Uruapan nach Playa Azul bzw. dem damals erst geplanten Industriezentrum Lázaro Cárdenas gebaut wurden. Bis 1970 entstanden die Küstenstraßen zur Verbindung dieser Orte mit Acapulco, und danach erst wurden die Strecken über das Gebirge nach Zihuatanejo bzw. Pinotepa Nacional angelegt. Wegen dieser schlechten Erreichbarkeit gab es schon früh einen regelmäßigen Luftverkehr mit mehreren Flugpisten in der Sierra, und auch hier wurden unter Echeverría viele Fahrwege ausgebaut (S. 205), die freilich in der Regenzeit oft unpassierbar sind.

Abgesehen von Bewässerungsmöglichkeiten an wenigen Flüssen bietet die kleinbäuerliche Landwirtschaft nur geringe Erträge, zumal in den semiariden Becken und Talungen der Balsassenke. So wandert ständig ein Teil der Bevölkerung ab, sei es in die Hauptstadt, sei es in die Touristenzentren oder in die Grenzstädte im Norden.

In einigen Nahua-Dörfern des östlichen Guerrero hat sich allerdings ein beachtliches Kunstgewerbe entwickelt, darunter die Töpferei und das *papel amate* in Xalitla und Umgebung (S. 247), die Haumesser *(machetes)* von Río Colorado und die Lackarbeiten von Olinalá. Dabei werden auf Holzkästen oder Kalebassen zwei verschiedenfarbige Lackschichten aufgetragen, in deren obere vor dem Trocknen Tierfiguren und Ornamente gekratzt werden, so daß ein dekoratives Muster entsteht.

Die starke Steigerung des Handwerks wäre ohne den Fremdenverkehr nicht möglich gewesen. Und tatsächlich ist die Entwicklung Guerreros von diesem Wirtschaftszweig abhängig, obwohl er sich ausschließlich an seiner Peripherie abspielt. Gegenüber den Badeorten am Pazifik (S. 227) nehmen sich die Staatshauptstadt Chilpancingo und die wenigen Mittelzentren äußerst bescheiden aus. Aber auch die alte Silberstadt Taxco, die im Zusammenspiel von Tourismus und *artesanía* einen neuen Aufschwung genommen hat (S. 243), liegt bereits im Übergang zum zentralen Hochland, also am Nordrand des Staates.

Morphologische Leitlinie dieses Übergangs ist der Río Balsas, der mit dem von Westen zufließenden Río Tepalcatepec über eine Entfernung von rund 500 km die Grenze der Sierra Madre del Sur markiert, und zwar bei einem Küstenabstand von durchschnittlich 100 km. In seinem Durchbruchstal zur Küste, das wegen des trocken-heißen Klimas *Infiernillo* (Hölle) heißt, wurde 1964 eines der größten Wasserkraftwerke des Landes fertiggestellt, das u. a. den Bau des Schwerindustriezentrums von Las Truchas ermöglichte (S. 171).

11.2.7
Der Westen

Von hier erfolgt der steile Anstieg über die künstlich bewässerten Baumwoll- und Zuckerrohrfelder von Apatzingán und Nueva Italia sowie eine schmale Zone der *Tierra templada* mit üppiger Vegetation und Kaffeeanbau bei Uruapan zum Hochland von Michoacán, das GERSTENHAUER (1961) eingehend geschildert hat. Als Teil der *Cordillera Neovolcánica* weist es Durchschnittshöhen von 2000 m auf und wird von unzähligen Vulkanen bis zu 1000 m überragt, darunter der 1943 entstandene Parícutin (S. 23). In Verbindung mit Eichen-Kiefern-Wäldern und alten Wirtschafts- und Siedlungsformen verleihen sie der Landschaft einen unvergleichlichen Charakter, besonders schön am Pátzcuarosee (C. 86), aus dem eine Vulkaninsel mit dem Fischerdorf Janitzio aufsteigt. Sie wird allerdings von einer monumentalen Morelos-Statue überragt, heute eine Hauptattraktion des Tourismus.

Zu diesem Erscheinungsbild hat gewiß die Kultur der Tarasken beigetragen, die ihr Reich gegenüber den Azteken behaupten konnten. Ein Großteil der Bevölkerung dürfte von ihnen abstammen, obwohl ihre Sprache *(Purépecha oder Tarasco)* nur noch von etwa 3% gesprochen wird (S. 37, 57). Entscheidender war das Wirken von *Vasco de Quiroga*, der sich 1539 als Bischof in der Taraskenhauptstadt Tzintzuntzán niederließ und einen weitgehenden Strukturwandel einleitete, nachdem das Land vom Eroberer *Nuño de Guzmán* terrorisiert worden war. Unter dem Eindruck der „Utopia" von Thomas Morus errichtete er ein System von Mustersiedlungen und Hospitaldörfern als christliches Gemeinwesen, das den Indios einen neuen Lebensraum und Schutz vor gewaltsamer Kolonisation bot. Er gab genaue Anweisungen für die Landwirtschaft und legte für einzelne Orte bestimmte Gewerbe wie Töpferei, Weberei, Flechtarbeiten, Lackmalerei und Kupferschmiede fest. Dabei entwickelten sich viele „traditionelle" Erscheinungsformen und Handwerksarten unter spanischem Einfluß, z. B. die Bearbeitung von Leder und die Herstellung von Guitarren, aber auch die lokalen Trachten und der Blockhausbau mit Schindeldach.

Auf dieser Grundlage ist Pátzcuaro zu einem Zentrum der *artesanía* und des Kulturtourismus geworden, zumal es das sympathische Bild einer wohlgeordneten kleinen Kolonialstadt mit vorkragenden Ziegeldächern sehr gut bewahrt hat (S. 84). Hauptstadt des Staates wurde aber das 1541 gegründete Morelia, das seine frühere Bedeutung den wohlhabenden *hacendados* der Umgebung zu verdanken hatte. In seinem unter Denkmalschutz stehenden Kern verkörpert es den Typus spanischer Hochlandstädte, gekennzeichnet u. a. durch großzügige Kirchen- und Klosterbauten, überwiegend zweistöckige Bürgerhäuser mit Werksteinfassaden aus rosaschimmerndem Trachyt, flachen Dächern und schönen *patios* sowie einen immer noch funktionsfähigen Aquädukt aus dem 18. Jh.

Von hier führt eine unendlich kurvenreiche Straße am Rand des Hochlandes über *Mil Cumbres* (Tausend Gipfel) und das in einer Schlucht gelegene Thermalbad San José Purúa nach Toluca und México-Stadt. In nördlicher Richtung erstrecken sich dagegen sehr flache Beckenlandschaften mit den abflußlosen Restseen von Cuitzeo und Yuriria. Sie gehören zum sog. Bajío, dem fruchtbarsten Gebiet des mexikanischen Hochlandes, das sich in etwa 1800–1600 m Höhe von Querétaro bis Guadalajara hinzieht (Kap. 6.1) und ein ganzes Netz beachtlicher Klöster und Kleinstädte der Kolonialzeit aufweist. Es wird vom Río Lerma entwässert, der den

Lago de Chapala speist und durch den Río Grande de Santiago in den Pazifik mündet. Im Norden wird der Bajío von der erzreichen Sierra von Guanajuato überragt. Trotz ihrer Höhe von 2000 bis 2500 m trägt sie den Charakter eines Mittelgebirges mit weiten Hochflächen. Die dortigen Städte Dolores Hidalgo und San Miguel de Allende (S. 238) haben seit der Kolonialzeit an Bedeutung verloren. Das gilt selbst für die Staatshauptstadt Guanajuato. Dagegen fügen sich Celaya, Irapuato, Salamanca und León aufgrund ihrer vorteilhaften Lage am Fuß der Sierra zu einem Industriekorridor mit Eisenbahn- und Autobahnstrecken zusammen (S. 194). Hier kommt es also zu einer Überlagerung und gegenseitigen Beeinflussung der verschiedenen Wirtschaftssektoren auf engem Raum.

Das wichtigste Ziel dieser Verkehrslinien ist Guadalajara, 1541 gegründet und seit 1560 Hauptstadt der von *Nuño de Guzmán* gebildeten Provinz *Nueva Galicia*, die anfangs die Territorien der heutigen Staaten von Colima bis Zacatecas und San Luís Potosí umfaßte. Doch bis ins 19. Jh. blieb die Stadt gegenüber den berühmten Silberstädten klein. Das hängt mit ihrer Lage in rund 1600 m Höhe am tektonisch stark beanspruchten Abbruch des Vulkangürtels zusammen, dokumentiert u. a. durch die großartige Schlucht des Río Grande de Santiago. Das Tiefland an der Westküste, heute eines der ertragreichsten Agrargebiete, wurde erst spät von Norden her in Wert gesetzt (S.131), und die hier beginnende Sierra Madre Occidental ist nach wie vor ein unwirtlicher, kaum besiedelter Raum.

Engere Beziehungen bestanden in das tropische Tiefland von Colima, das von dem ständig aktiven *Volcán del Fuego* (Feuervulkan, 3820 m) und vom erloschenen Vulkan *Nevado de Colima* (4180 m) einprägsam überragt wird (C. 117). 1908

wurde die Bahnlinie zum gleichzeitig ausgebauten Hafen von Manzanillo eröffnet,
und schon vor 1950 war die entsprechende
Straßenverbindung asphaltiert. An den
benachbarten Stränden von Cuyutlán und
Barra de Navidad entstanden die ersten
Badehotels bereits in den 30er Jahren,
während sich das heute berühmtere
Puerto Vallarta zwei Jahrzehnte später
entwickelte (B. MÜLLER 1983, 73ff.).

Mit dem Wirtschaftsaufschwung im
19. Jh., besonders im Porfiriat, wuchs
Guadalajara als Handels- und Verwaltungszentrum kontinuierlich und löste
1900 mit 101 200 Einwohnern Puebla als
zweitgrößte Stadt des Landes ab. Bis zur
Jahrhundertmitte verlief die Zunahme noch
verhalten; doch mit der anschließenden
Industrialisierung ist sie explosionsartig zu
einer Stadtregion von rund 3 Mio. Einwohnern angewachsen. Damit weist sie
alle Probleme einer Metropole auf, vom
fehlenden Wohnraum über die mangelhafte Infrastruktur und die ungenügende
Müllentsorgung bis zur allgegenwärtigen
Umweltverschmutzung der Luft und der
Gewässer. Für die Abwaserkontamination
spielen zahlreiche Kleinbetriebe der Le-
der- und Metallverarbeitung eine schwer
kontrollierbare Rolle. Als besonders gravierend erwies sich aber die Einleitung
von Schadstoffen aus einem Werk der
PEMEX in die Kanalisation, durch die es
im April 1992 zu einer Gasexplosion kam,
die über 200 Menschenleben forderte und
rund 1000 Häuser zum Einsturz brachte
(HEINEBERG u. a. 1989 und 1993).

Andererseits wurden manche Anstrengungen zur Umgestaltung der Innenstadt
unternommen, die sich ohnehin von den
anderen Städten Mexikos unterscheidet.
So erhielt die im 16. Jh. begonnene und
ständig erweiterte Kathedrale im 19. Jh.
zwei neugotische Turmhelme. Um diesen
monumentalen Bau, der eine ganze *manzana* einnimmt, sind vier Plätze wie ein

Kreuz angeordnet, an denen das Rathaus,
der Regierungspalast, das Regionalmuse-
um und das klassizistische Theater aus
dem Jahr 1866 liegen (C. 80). Durch
Unterführungen und Parkgaragen konnten
östlich und westlich mehrere Straßen von
Autos befreit werden, so daß Guadalajara
wohl die größte zusammenhängende Fußgängerzone des Landes hat. Im übrigen
wurde zur Verkehrsentlastung eine Ringstraße *(Periférico)* gebaut.

Von den drei umliegenden Gemeinden
im engeren Verdichtungsraum bildet Za-
popan mit dem Sector Hidalgo im Nordwesten eine Ergänzung zu den älteren
Oberschichtvierteln, in denen seit Jahrzehnten ein relativ hoher Anteil an US-
amerikanischen Rentnern wohnt, die diese
Stadt mit ihrem angenehmen Klima schätzen. Eine Sonderstellung nimmt Tlaquepaque im SE ein, um die Jahrhundertwende ein beliebter Ausflugsort, der inzwischen zu einem der wichtigsten
Zentren des traditionellen und modernen Kunsthandwerks in Mexiko wurde
(S. 247). Hauptziel der Naherholung für die
Tapatios, wie die Bewohner von Guadalajara genannt werden, ist heute der *Lago de
Chapala*, den man über eine 42 km lange
Autobahn erreichen kann. Mit 86 km Länge und 25 km Breite ist er der größte See
Mexikos, an dem das erste Hotel bereits
1885 gebaut wurde. Auch hier haben sich
viele Angloamerikaner niedergelassen.

11.2.8
Das Landeszentrum

Die Stadt México wurde als faszinierende
und beängstigende Metropole ausführlich
geschildert. Doch ihr direkter Ausstrah-
lungsbereich beschränkt sich schon lange
nicht mehr auf das Hochlandbecken im
engeren Sinne. Auf allen Seiten steigen
mehr oder weniger legale Siedlungen an

den Hängen der Gebirgsumrahmungen empor. Letztere haben – abgesehen von ihrer Funktion als Wasserspeicher – einen doppelten Effekt. Einerseits fördern sie die Bildung der stabilen Inversionsschicht und damit die gefährliche Smogkonzentration während der Trockenzeit, andererseits bieten sie in rund 3000 m Höhe, d. h. oberhalb dieser Schicht, ausgedehnte Naherholungsgebiete.

Am nächsten gelegen und am besten erschlossen ist der Nationalpark *Desierto de los Leones* im Westen, bei dem es sich nicht etwa um eine Wüste handelt, sondern um ausgedehnte Kiefern- und Tannenwälder, in denen ein ehemaliges Karmeliterklosters verborgen ist. Weiter südlich liegen die Höhen des Ajusco-Vulkans und die Kraterseen der *Lagunas de Zempoala*, über die man den vielbesuchten Wallfahrtsort *Chalma* erreicht. Höher hinauf geht es im Osten zum *Paso de Cortés* (3580 m) zwischen dem Iztaccíhuatl und dem Popocatépetl und zur Bergstation Tlamaca (3900 m), wo es eine Herberge als Ausgangspunkt für den Aufstieg zum Gipfel des letzteren gibt. Ein besonderes Erlebnis ist die Fahrt bis zu den Schneefeldern am Krater des Nevado de Toluca in etwa 4392m (C. 88, 89). Am Wochenende werden unzählige Essensstände an all diesen Bergstraßen aufgestellt, eine nicht unwesentliche Einnahme für die Bewohner der Umgebung. Viele Ausflügler begnügen sich freilich mit einem Picknick irgendwo am Waldrand oder auf den Hochgrasfluren.

Neben den Naturlandschaften liegen auch zahlreiche Kulturstätten im Einzugsbereich für Tagesfahrten (*Teotihuacán, Tula, Xochicalco, Taxco* usw.). Weitere Ziele findet der Erholungsverkehr im Gebiet von Puebla und Tlaxcala (S. 282). Besonders stark ist er aber in den Beckenlandschaften von Morelos das rund 1000 m niedriger als die Hauptstadt in der

klimatisch angenehmen *Tierra templada* liegt. Die Schwefelbäder von Cuautla und Oaxtepec sowie das in einer ehemaligen Zuckerhacienda eingerichtete Hotel Cocoyoc sind bevorzugte Ziele, aber auch verschiedene Tropfsteinhöhlen, vor allem die *Grutas de Cacahuamilpa*. Dazu kommen Cuernavaca und Tepoztlán, die über die Autobahn leicht erreichbar sind und schon zahlreiche Zweitwohnsitze von Bürgern des D. F. aufweisen.

Aufgrund dieser Lage ist Morelos, das früher überwiegend vom Zuckerrohranbau lebte, in seinem nördlichen Teil zu einem Industriegebiet geworden, in dem u. a. japanische Autos produziert werden. Die Region gehört also heute zweifellos zum erweiterten Metropolitangebiet der Hauptstadt. Dies zeigt sich auch darin, daß dieser Staat seit den 70er Jahren eine zunehmend positive Wanderbilanz gegenüber dem D. F. hat (S. 68).

Noch deutlicher ist der Zusammenhang zwischen dem D. F. und dem Staat Mexico. Doch die enge räumliche Verzahnung gilt nur für die ebenen Übergänge im Norden und Osten der Metropole. Die rund 2700 m hoch gelegene Beckenlandschaft im Westen dagegen mit ihrem hohen Indioanteil an der Bevölkerung war bis in die 60er Jahren noch kaum in diesen Prozeß einbezogen. Toluca, das erst nach der Gründung des D. F. im 19. Jh. zur Staatshauptstadt erklärt worden war, machte eher den Eindruck eines großen ländlichen Marktzentrums, zumal der riesige Wochenmarkt am Freitag sich noch innerhalb der Stadt abspielte. Doch im Rahmen der allgemeinen Modernisierung wurden größere Fabriken gebaut und schließlich ein regionaler Flughafen angelegt.

Ganz anders verlief die Entwicklung von Puebla im Osten, allein schon wegen seiner Verkehrslage zwischen der Hauptstadt und dem Hafen Veracruz. Sein Einfluß als Großhandelszentrum umfaßte schon früh weite Gebiete im Süden des Landes (S. 285). Puebla behauptete also eine durchaus eigenständige Position im regionalen Städtesystem, zumal der Weg über den Paß von Río Frío mit über 1000 m relativer Höhe bis zum Bau der Autobahn (1962) sehr beschwerlich war. Seitdem sind Tagesbesuche im D.F. ohne weiteres möglich, was für die Anlage großer Industriebetriebe wie das Volkswagenwerk zweifellos einen wichtigen Standortvorteil darstellt.

Doch damit ist auch die Abhängigkeit von der Hauptstadt gewachsen. Heute bilden Puebla, Toluca und Cuernavaca mit ihren jeweiligen Einzugsgebieten einen äußeren Ring der Metropolitanzone um México-Stadt, wobei die Gebirgsumrahmung eine willkommene Unterbrechung des Siedlungskontinuums darstellt. Dazu gehört aber auch das relativ klein gebliebene Pachuca am Nordrand der Beckenlandschaft, seit seiner Gründung 1524 eines der bedeutendsten Zentren des Silberbergbaus und außerdem Verwaltungssitz des Staates Hidalgo. Dieser umfaßt u. a. die mehr oder weniger isolierten Industriestädte Ciudad Sahagún und Tulancingo in den weiten Hochflächen von Anahuac oder Apan mit Getreide- und *pulque*-Anbau, die im Nordosten zur Sierra Madre Oriental abbrechen. Im Nordwesten erfolgt dagegen längs der Autobahn nach Querétaro eine stärkere Verstädterung und damit der Übergang zum Bajío (S. 194).

11.2.9
Puebla-Tlaxcala

Seit dem langjährigen Mexiko-Projekt der Deutschen Forschungsgemeinschaft (1962–1978) zählt die Region von Puebla-Tlaxcala zu den am besten erforschten und dokumentierten des ganzen Landes, gerade auch in deutscher Sprache. Dies gilt für

alle möglichen Aspekte, von der Geologie bis zu aktuellen sozio-ökonomischen Fragestellungen (vgl. die eindrucksvolle Bibliographie von SEELE 1988). Tatsächlich kann das Gebiet in vieler Hinsicht als idealtypisch für das zentrale Hochland betrachtet werden, da es zwar alle Elemente des Wandels seit der frühen Besiedlung umfaßt, aber nicht den jüngsten Prozeß zur Megalopolis durchgemacht hat (S. 108). Statt dessen werden zahlreiche Veränderungen deutlich, die teilweise verallgemeinerbar sind und damit zum weiteren Verständnis Mexikos beitragen können (vgl. u. a. TICHY 1966, 1968; LAUER 1987).

Das Gebiet reicht im umfassenderen Sinne von der *Sierra Nevada* (*Popocatépetl* 5452 m, *Iztaccíhuatl* 5286 m) über rund 140 km Luftlinie bis zum *Pico de Orizaba* (*Citlaltépetl*, 5700 m), der direkt auf dem Steilabfall der *Sierra Madre Oriental* aufsitzt und damit eine besonders scharfe Klimascheide zwischen der Luvseite im Osten mit ganzjährigen Niederschlägen und üppiger Vegetation und einer ausgesprochenen Wintertrockenheit auf der binnenseitigen Leeseite bewirkt (Abb. 2a; vgl. LAUER 1981). Halbiert wird dieser Gesamtraum durch die *Malinche* (4461 m). Die östlich davon gelegenen Llanos von Oriental werden von der abflußlosen Laguna de Totolcingo und ausgedehnten Sumpfflächen in etwa 2350 m Höhe eingenommen, an die sich trockene Sand- und Dünenfelder anschließen. Außerdem sind sie gekennzeichnet durch eine Reihe schön ausgebildeter Kraterseen (z. B. *Alchichica*, ca. 90 m tief; C. 78). Die Bevölkerungsdichte ist gering. Es fehlen größere Städte (Ciudad Serdan 17237 Ew.). Statt dessen treten auch nach der Agrarreform mehrere Rest-*haciendas* durch gut erhaltene Gebäudekomplexe hervor. Als beachtliche *ranchos* bauen sie Braugerste an oder betreiben Milchwirtschaft auf bewässerten Alfalfafeldern.

Während dieses östliche Becken im o. g. Projekt wenig bearbeitet wurde, konzentrierten sich die Forschungen auf den rund 2200 m hoch gelegenen zentralen Teil der Staaten Puebla und Tlaxcala zwischen der Sierra Nevada und der Malinche. Er wird im Norden vom *Block von Tlaxcala* um 200–300 m überragt, einem Tafelland, das den Übergang zu den Hochflächen von Apan (Hidalgo) sowie zur *Sierra Norte de Puebla* bildet (S. 147). Der Südrand wird teilweise durch Kalkrücken markiert, bricht aber insgesamt in einem Steilabfall um mehrere hundert Meter ab (Atlixco ca. 1500 m). Wirtschaftlich bedeutsam ist die Tatsache, daß das Becken vom Río Atoyac (mit dem Río Zahuapan) durchflossen wird. Es handelt sich um den Oberlauf des Río Balsas, der in den schluchtartigen Tälern des semiariden *Valsequillo*-Beckens bereits in den 40er Jahren zu einem beachtlichen Wasserreservoir für den unterhalb gelegenen Futteranbau aufgestaut wurde (S. 130). Der Atoyac mit seinen Zuflüssen wird aber seit langem zur Bewässerung von Gemüse und Blumen im Hochbecken selbst genutzt. Dabei besteht eine Asymmetrie aufgrund der höher aufragenden Sierra Nevada, die nicht nur mehr Niederschläge empfängt, sondern durch ihre Gletscher auch zum Ausgleich der Abflußmengen im Jahresgang beiträgt. Als Sonderform tritt die Bewässerung durch *galerías filtrantes* am Südfuß der Malinche hinzu (S. 129). Begrenzt wird die agrarische Nutzung allerdings durch die Höhenlage, die trotz Mitteltemperaturen von über 14°C im Jahr und über 11°C im Januar häufige Nachtfröste mit sich bringt (S. 24). Einzelheiten zur naturräumlichen Gliederung, zum Gang der Besiedlung und zur Landnutzung des Gebiets wurden von TICHY (1966, 1968), SEELE (1981, 1986), KLINK/LAUER (1978) u. a. anhand von Karten und Landschaftsprofilen geschildert (Abb. 68).

Dabei wird betont, daß die starke *Barranca*-Bildung in den unteren Hängen der Vulkane ebenso wie andere Erscheinungen der Bodenerosion in erster Linie auf die jahrhundertelange Rodungstätigkeit des Menschen zurückzuführen ist. Komplementär hierzu zeigen sich Dammflüsse und andere Akkumulationsformen im Inneren des Beckens.

Einige Phänomene der aktuellen Wirtschaftsentwicklung lassen sich auf frühe historisch-geographische Ereignisse zurückführen. Dabei erscheint die Rolle, die Cholula mit seiner Pyramide als Religions- und Handelszentrum seit dem Präklassikum gespielt hat (S. 35), aus heutiger Sicht weniger wichtig als die Sonderstellung der Tlaxcalteken, die Cortés bei der Eroberung von Tenochtitlán unterstützten, denn dieser Tatsache verdankt der kleine Staat seine Eigenständigkeit gegenüber dem Staat Puebla, der ihn fast völlig umschließt. Z. B. blieb der kommunale Landbesitz in relativ hohem Maße erhalten (C. 73). Damit hängt es u. a. zusammen, daß die 1529 gegründete Stadt Tlaxcala trotz jüngster Modernisierungen und Gründung einer Universität bis heute ihren Charakter als sympathische Kleinstadt (50486 Ew.) und zentraler Marktort der Indiobevölkerung bewahrt hat. Die Prozesse des Wandels aber auch die Übernahme vorspanischer Muster in der Siedlungs- und Wirtschaftsstruktur wurden von TICHY (1966; 1991) und TRAUTMANN (1983) eingehend untersucht. Während der Kolonialzeit diente das Gebiet in erster Linie als Kornkammer, ergänzt durch Viehwirtschaft sowie durch Wollmanufakturen *(obrajes)* im nördlichen Tlaxcala, auf deren Grundlage sich später die Heimarbeit mit Handwebstühlen im Umland von Santa Ana Chiautempan entwickelte (GORMSEN 1966).

Die Stadt Puebla wurde im Gegensatz zu México-Stadt 1531 als spanischer

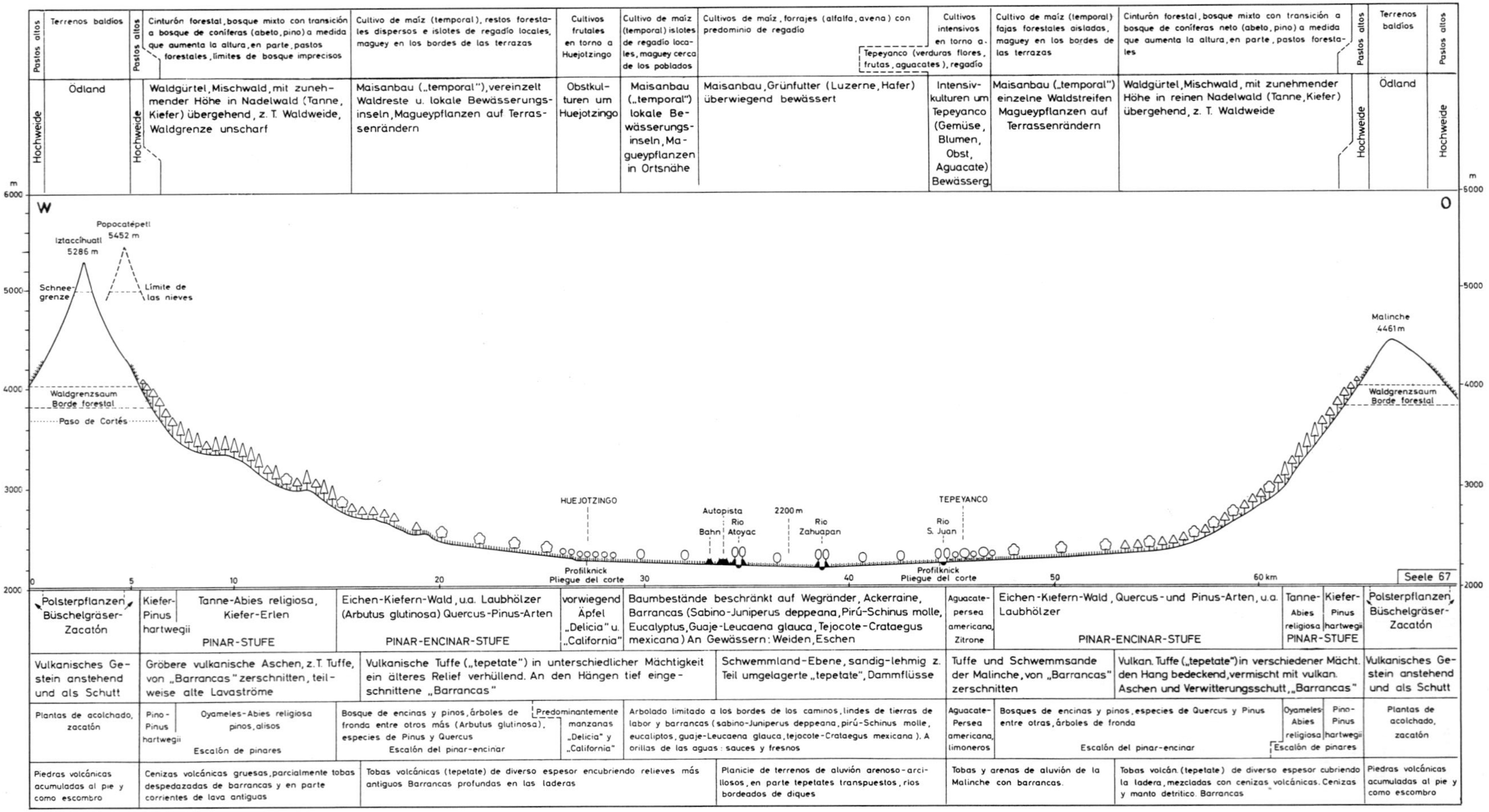

Abb. 68: Profil durch das Becken von Puebla

Quelle: SEELE 1968

Seele 67

Bischofs- und Verwaltungssitz ohne Anlehnung an vorgegebene Standorte, wie etwa das ältere Cholula, gegründet. Ihr kolonialer Reichtum kommt eindrucksvoll in der kirchlichen und weltlichen Architektur mit den dekorativen *azulejo*-Fassaden zum Ausdruck (S. 75). Sie verdankte ihn nicht etwa dem Bergbau, sondern ihrer günstigen Lage zwischen der Hauptstadt und Veracruz sowie ihrem weit ausgreifenden Einflußbereich im Süden des Landes, insbesondere in Oaxaca. So werden die handgeflochtenen *sombreros* aus der Mixteca Alta großenteils über Puebla vermarktet, nachdem sie hier in ihre endgültige Form gepreßt wurden (S. 277).

Entscheidend für den Aufschwung der Stadt und der Region im 19. Jh. wurde die Gründung der ersten mechanischen Textilfabrik schon 1835 und die anschließende beträchtliche Industrialisierung (S. 179, 194). 1873 erfolgte der Anschluß an die Eisenbahn durch eine Abzweigung vom *Ferrocarril Mexicano* in Apizaco, und im Porfiriat wurden auch die Verbindung mit Jalapa und Veracruz durch den *Ferrocarril Interoceánico* sowie die Strecken nach Morelos über Atlixco und nach Oaxaca über Tehuacán gebaut, wodurch die zentralörtliche Bedeutung der Stadt gestärkt wurde.

Zu Beginn des Jahrhunderts erreichte Puebla annähernd 100000 Einwohner. Erst jetzt wurde es von Guadalajara als zweitgrößte Stadt des Landes abgelöst, während Monterrey lediglich 62000 Bewohner zählte. Die Stadt wuchs mit Fabriken, Villen und *vecindades* über ihre kolonialen Grenzen hinaus und erlebte auch im Inneren beachtliche Umgestaltungen, etwa durch den Neubau des Rathauses, durch mehrere Banken sowie Schulen und Krankenanstalten, die teilweise aus Stiftungen finanziert wurden. Dabei fällt neben den historisierenden Architekturfor-

men ein dreistöckiges Kaufhaus im Jugendstil besonders ins Auge, dessen Stahlskelett komplett aus Paris importiert wurde (GORMSEN 1981a).

Nach Revolution und Wirtschaftskrise kam es zu grundlegenden Wandlungen erst seit den 40er Jahren, und zwar zunächst durch die Agrarreform, die eine weitgehende Umgestaltung der ländlichen Kulturlandschaft nach sich zog (TICHY 1966). Neben unzähligen winzigen Streifenparzellen der *campesinos* mit geringen Erträgen liegen profitable *ranchos*, die mit hohem technischen Aufwand arbeiten, aber auch Ruinen ehemaliger *haciendas*, die auf die früheren Zustände hinweisen. Mindestens ebenso wichtig wurde der Ausbau der Infrastruktur (Autobahn, Straßennetz, Ferngasleitungen usw.) verbunden mit ersten Dezentralisierungsbestrebungen, auf deren Grundlage eine Diversifizierung der Industrie nach Branchen und Standorten eintrat. Während sich die Volkswagenfabrik, ein Stahlwerk, petrochemische und andere Großbetriebe an dem neuen Industriekorridor längs der Autobahn niederließen, gewann der alte Standort am Río Zahuapan gleich nördlich der Stadtgrenze von Puebla erneut an Bedeutung, da hier der Staat Tlaxcala besonders günstige Konditionen für die Neuansiedlung von Betrieben bot (S. 194). Konterkariert wurde dieser Aufschwung freilich durch die Textilkrise um 1970, in der viele Arbeiter ihre Stellung verloren (S. 180).

Mit den 70er Jahren setzte ein verstärkter Metropolisierungsprozeß ein, der neben der Conurbation mit Tlaxcala vor allem die engere Verbindung mit Cholula betraf. Hierzu trug die großzügige Campusanlage der *Universidad de las Américas (UDLA)* bei, die aus dem früheren Mexico City College hervorgegangen ist und als Privatuniversität einen sehr guten Ruf genießt.

Die Stadtexpansion greift mit ausgedehnten Wohngebieten für mittlere bis untere Schichten weit nach Süden aus. Darüber hinaus wird das rund 500 m tiefer gelegene Atlixco allmählich in den Verdichtungsraum einbezogen, seit eine privat finanzierte Autobahn die Fahrt dorthin von 31 km mit zahlreichen Kurven auf 23 km verkürzt hat. So gewinnt diese klimatisch bevorzugte Stadt (74 233 Ew.) an Bedeutung als Wohnlage für höhere Einkommensgruppen, wofür u. a. bereits ein Golfclub mit Villen auf dem Gelände einer früheren *hacienda* zeugt. Der Prozeß der Metropolisierung umfaßt alle Phänomene, die im Kapitel 4 dargelegt wurden. Er schließt einen neuen Flughafen bei Huejotzingo (26 km westlich von Puebla) ein, der freilich bisher nur wenige Verbindungen anbietet, insbesondere in den Norden des Landes.

Zu diesem Prozeß gehören leider auch in hohem Maße die Probleme mangelhafter Infrastruktur (EINSELE u. a. 1994), wobei die Wasserbeschaffung die größten Schwierigkeiten bereitet, da hier auch ein Nutzungskonflikt mit der Bewässerung landwirtschaftlicher Sonderkulturen besteht. Und doch erscheint Puebla in seiner vielgestaltigen Beckenlandschaft noch einigermaßen überschaubar. Äußerlich wenig verändert sind trotz vieler Modernisierungen die Dörfer an den Hängen der Malinche und der Sierra Nevada, die bis 2700 m Höhe ansteigen. Doch die dortige Indiobevölkerung lebt schon lange nicht mehr allein von der kargen Landwirtschaft. Viele Männer arbeiten in den Städten auf dem Bau, während junge Frauen als Haushaltshilfen Beschäftigung suchen. Insgesamt lassen sich am Beispiel von Puebla-Tlaxcala zahlreiche Aspekte regionaler Entwicklungslinien und Gegensätze auf kleinem Raum ablesen, die in ähnlicher Weise auch für andere Gebiete des Hochlandes gelten.

Deutlich abgesetzt davon ist einerseits die *Sierra Norte de Puebla* als Teil der Sierra Madre Oriental im Nordosten, andererseits die *Mixteca Poblana* im Süden, die zur trockenen Balsassenke überleitet (vgl. Kap.11.3.1 u. 6.4).

11.3
Funktionale Raumgliederung

Die Beschreibung wirtschaftlicher Großräume ließ in der Peripherie relativ einfache Zusammenhänge und Übergänge erkennen. Größere Schwierigkeiten der Gliederung ergeben sich dagegen in den zentralen Teilen des Landes, da hier auf engem Raum naturräumliche, ökonomische und sozio-kulturelle Gegebenheiten mit territorialen Grenzen häufig nicht übereinstimmen, und sie darüber hinaus aufgrund veränderter Kommunikationsstrukturen einem ständigen Wandel unterliegen.

11.3.1
Wochenmärkte und Zentrale Orte am Beispiel von Puebla

Dies kam schon in den 60er Jahren bei einem Versuch der funktionalen Gliederung im Einflußbereich der Stadt Puebla zum Ausdruck (GORMSEN 1971a). Damals führte der Bau einzelner Stichstraßen, von denen man über unbefestigte Feldwege entlegene Dörfer erreichen konnte, zu beträchtlichen Ausweitungen der Einzugsgebiete auf allen Zentralitätsstufen, wobei die Unterschiede der Landesnatur zwischen der stark beregneten Sierra und den trockenen Binnenbecken zur Differenzierung beitrugen. Außerdem überlagerten sich zwei Beziehungssysteme, die beide eine Hierarchie nach Größenordnung und Reichweite aufweisen aber nur teilweise kongruent sind: das System traditioneller

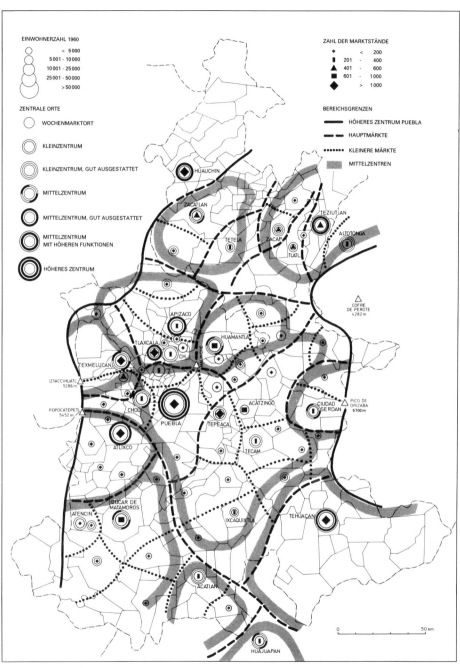

Quelle: GORMSEN 1971a

Abb. 69: Wochenmärkte und zentrale Orte im Bereich Puebla-Tlaxcala um 1970

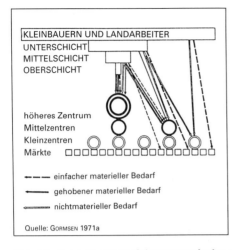

KLEINBAUERN UND LANDARBEITER
UNTERSCHICHT
MITTELSCHICHT
OBERSCHICHT

höheres Zentrum
Mittelzentren
Kleinzentren
Märkte

– – – einfacher materieller Bedarf

——— gehobener materieller Bedarf

⚬⚬⚬⚬⚬ nichtmaterieller Bedarf

Quelle: GORMSEN 1971a

Abb. 70: Schema der Beziehungen zwischen den Hauptgruppen der Bevölkerung und zentralen Orten unterschiedlicher Stufen in Mexiko

Wochenmärkte und ein modernes zentralörtliches Gefüge mit öffentlichen Einrichtungen, Geschäften, Autowerkstätten und anderen Funktionen (Abb. 69).

Darüber hinaus konnte gezeigt werden, daß verschiedene Sozialschichten beide Systeme in unterschiedlicher Weise nutzen (Abb. 70). Dabei beschränken sich die *campesinos* überwiegend auf die Wochenmärkte und suchen nur für selten verlangte Dienstleistungen (Gesundheit) und administrative Fragen die Kleinzentren auf. Die nichtbäuerliche Unterschicht deckt ihren Normalbedarf in Märkten und Kleinzentren, greift aber gelegentlich auf das differenziertere Angebot der Mittelzentren zurück, die fast alle Ansprüche der Mittelschichten aus Lehrern, Angestellten, Rancheros usw. befriedigen können. Die schmale Oberschicht auf dem Lande und in Kleinstädten umgeht heute auf dem gut ausgebauten Verkehrsnetz alle kleineren und mittleren Zentren und versorgt sich direkt im Ober- oder Großzentrum (vgl. Kap. 11.3.2)

Auf den ersten Blick scheint es erstaunlich, daß mit zunehmender Modernisierung das ältere System nicht allmählich eingeht. Offenbar ist das Gegenteil der Fall, denn nach Erhebungen im Gebiet von Puebla 1964/65 (GORMSEN 1971b), 1977/79 (SEELE u. a. 1983) und 1993 (SEELE 1994) war der Zuwachs an Marktbesuchern beträchtlich, und Beobachtungen aus jüngerer Zeit lassen hier und anderswo einen weiteren Anstieg erkennen. Deshalb wurden die offenen Märkte aus den Zentren von Mittel- und Großstädten fast überall an die Peripherie verlegt, und zur Versorgung der Stadtbewohner wurden neue Markthallen gebaut, in deren Umkreis sich allerdings schnell der informelle Handel ausbreitet (S. 82, 100f.).

Die ländlichen Marktorte waren früher in höherem Maße Aufkauf- und Stapelplätze für Agrar- und Handwerksprodukte, die man neuerdings mit Lastwagen direkt von den Erzeugern abholen kann. Dagegen steht heute die Versorgung der Landbevölkerung mit Textilien und vielerlei Industriewaren sowie mit Lebensmitteln aus anderen Klimazonen im Vordergrund. Die Breite des Angebots ist enorm, vor allem auf den Hauptmärkten. Es reicht von jeglichen Obst- und Gemüsearten über Gewürze und Heilkräuter, Fleisch, Fisch und Lebendvieh sowie Schuhe und Kleidung bis zu Eisen- und Haushaltswaren, und es schließt sogar Nähmaschinen und Schlafzimmermöbel ein. Dazu kommen die verschiedensten Dienstleistungen sowie kleine Essensstände, an denen warme Gerichte und Erfrischungsgetränke angeboten werden, das ganze in einer gewissen Ordnung, die aber nicht sehr streng eingehalten wird.

Auch die Handelsformen sind sehr unterschiedlich. Nur etwa 40% der Anbieter haben reguläre Stände mit Tischen, an denen eine oder mehrere Personen tätig sind, während über die Hälfte, meist Frauen, am Boden sitzen und vor allem Obst oder Gemüse feilbieten. Andere verkaufen Orangen u. a. direkt von einem Lastwagen. Ferner gehen einige ambulante Händlerinnen mit einem Korb über den Platz, um z. B. *tortillas* zu verkaufen. Abgesehen von einfachen Dachkonstruktionen für den Fleischverkauf spielt sich der Handel zum größten Teil unter Schirmen und Planen zum Schutz gegen Sonne und Regen ab. Der Markt entspricht also weithin dem typischen Bild eines *tianguis*, wie er seit Jahrhunderten in Mexiko üblich ist und schon die Conquistadoren beeindruckt hat (DÍAZ DEL CASTILLO 1965, S. 257f; CORTÉS [5]1942, S. 56, 99–101). Doch im Gegensatz zur weit verbreiteten Meinung handelt es sich im allgemeinen nicht um ein informelles System, denn die Gemeindeverwaltung kontrolliert den Marktablauf und erhebt Standgebühren, die einen beträchtlichen Anteil des Budgets ausmachen können.

Außergewöhnlich sind in einigen Fällen die Größenordnungen. So gab es auf dem 2,5 ha großen *Zócalo* von Tepeaca, 30 km östlich von Puebla, 1964 etwa 1450 Marktbeschicker und 1978 bereits 2000 bei gewissen jahreszeitlichen Schwankungen. Dementsprechend nahm die Zahl der Besucher von rund 12 000 auf 25 000 zu. Und während im August 1966 gut 300 Last- und Lieferwagen im Stadtzentrum gezählt wurden, waren im September 1978 rund 850 an 49 Blockseiten geparkt, d. h. über eine Gesamtlänge von ca. 6,5 km. Hinzu kam die unendliche Schlange von Omnibussen, die mit Menschen und Traglasten überfüllt waren und sich durch das Gewühl der Hauptstraße quälten. Dabei hatte Tepeaca 1965 nur rund 6500 und 1978 etwa 10 000 Einwohner, und nach seinem Erscheinungsbild wie auch nach seiner funktionalen Ausstattung war es eine bescheidene Kleinstadt, die während der ganzen Woche eher verschlafen wirkte

und lediglich am Freitag den enormen Zustrom zum Markt erlebte.

Aufgrund des Straßenausbaus reichte ihr Einzugsgebiet schon in den 60er Jahren im Norden und Süden bis zu 100 km weit. Doch aus viel größeren Entfernungen – z. B. aus Tabasco, Chiapas und Oaxaca – werden frische Agrarprodukte angeliefert (SEELE/TYRAKOWSKI/WOLF 1983, S. 169ff.). Denn Tepeaca ist seit jeher nicht nur ein Einzelhandelsmarkt zur Versorgung der Bevölkerung am Ort und in der ländlichen Umgebung, sondern einer der wichtigsten Lebensmittelgroßmärkte im zentralen Hochland. Selbst Händler aus Puebla stellen hier ihr Sortiment an Obst und Gemüse zusammen. Das hat 1991 zum Bau eines Großmarktes am Stadtrand von Tepeaca geführt, der 450 Lagerräume von 70 m^2 und 340 Ladenlokale von 32 m^2 enthält sowie Freiflächen für etwa 5000 Stände und entsprechende Parkplätze, das ganze auf einem Gelände von 32 ha (El Pais vom 30. 12. 1991).

Das hierarchische Wochenmarktsystem, das von lokalen Märkten mit 20 Ständen bis zu Größenordnungen wie in Tepeaca reicht, kann hier nicht im einzelnen dargestellt werden. Inzwischen wurde die Infrastruktur erweitert und ergänzt, was zu Verschiebungen auf allen Stufen geführt hat. So verlieren kleinere Märkte zugunsten der nächst größeren, die man leicht erreichen kann. In diesen nimmt folglich die Zahl der früher zu hunderten „geparkten" Packesel ab, während man gelegentlich Esel am Straßenrand stehen sieht, deren Besitzer mit Bus oder Lkw zum Marktort gefahren sind. Auf höherem Niveau haben Schnellstraßen, z. B. nach Tlaxcala, Cholula und Atlixco, zur Stärkung der Metropolitanfunktion von Puebla auf Kosten dieser Städte beigetragen. Zentralorte in den äußeren Bereichen wie Tehuacán haben dagegen gewonnen. Doch

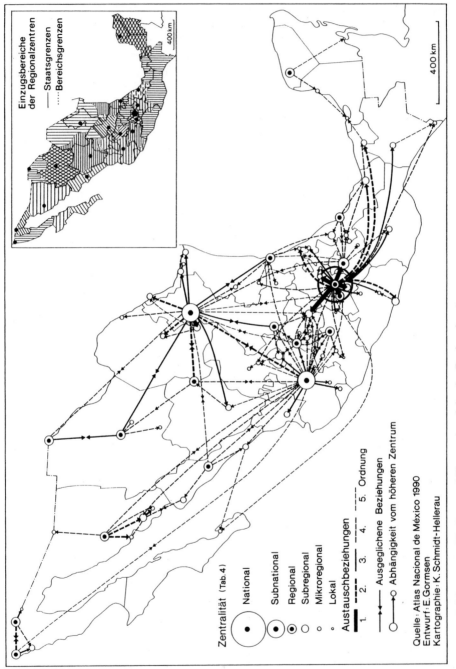

Abb. 71: Städtesystem Mexikos und Einzugsbereiche der Regionalzentren

in seinen Grundstrukturen ist das System erhalten geblieben. (Die jüngsten Entwicklungen des Wochenmarktsystems hat SEELE 1994 untersucht.)

Übrigens konnte in Anlehnung an Christaller die Rolle der einzelnen Orte anhand der Telefondichte (Anschlüsse pro Einwohner) ermittelt werden, wie ein Vergleich mit der Ausstattung an zentralen Funktionen ergab. Dabei zeigte sich, daß die Telefonbuchbezirke ohne Rücksicht auf die Grenzen der Einzelstaaten weitgehend nach den Einflußzonen der Höheren Zentren ausgerichtet sind (GORMSEN 1971a).

11.3.2
Das Städtesystem in Mexiko

Eine nach ähnlichen Gesichspunkten entworfene Karte des mexikanischen Städtesystems (Abb. 71) stellt die Bedeutung der 78 größten Städte (nach dem Censo 1980) anhand von 29 Indikatoren dar, aus denen mit Hilfe einer Faktoren- und Regressionsanalyse ein Zentralitätsindex *(Indice de importancia)* berechnet wurde. Er erlaubt eine hierarchische Einteilung in 6 Klassen, und zwar national, subnational, regional, subregional, mikroregional, lokal (KUNZ u. a. 1992; vgl. UNIKEL u. a. 1976), was in der deutschen Terminologie etwa den Begriffen Nationales Zentrum, Großzentrum, Oberzentrum, Mittelzentrum mit Teilfunktion eines Oberzentrums, Mittelzentrum, Kleinzentrum entspricht (Tab. 4).

Der Index läßt nicht nur die selbstverständliche Vorherrschaft *(primacy)* der Hauptstadt erkennen, sondern auch das Prinzip zunehmender Eigenständigkeit mit wachsender Entfernung vom nächsthöheren Zentrum. Das gilt hinsichtlich der subnationalen Metropolen, wo Puebla deutlich hinter Guadalajara und Monterrey rangiert, da man Einkäufe und andere Geschäfte bei einem Tagesbesuch in

México erledigen kann. Es zeigt sich aber auch in der Rangfolge der Regionalzentren, wo neben der Agglomeration von Torreón die großen Grenzstädte die vorderen Plätze einnehmen gefolgt von anderen Wirtschaftszentren im Norden und vom ebenfalls peripheren Mérida. Erst am Ende dieser Hierarchiestufe erscheinen Toluca und Morelia, die unter dem Einfluß von México-Stadt und Guadalajara stehen, sowie Veracruz, das von Tampico übertroffen wird.

Ein ähnliches Bild ergibt sich in der nächsten Kategorie, wo abgesehen von Cuernavaca und Querétaro wiederum entferntere Städte hervortreten, während historisch bedeutende Staatshauptstädte wie Jalapa (33) und Oaxaca (36) weit zurück liegen, ganz abgesehen von den Silberstädten Pachuca (41), Zacatecas (48) und Guanajuato (63), die in den untersten Klassen der Hierarchie plaziert sind, obwohl Guanajuato Staatshauptstadt und ein wichtiges Touristenzentrum ist. Selbst wenn derartige Berechnungen manche Unwägbarkeiten enthalten, so entsprechen die darin zum Ausdruck gebrachten Verschiebungen zugunsten aufstrebender Zentren in wirtschaftlichen Akträumen sehr wohl dem allgemeinen Augenschein, und sie lassen sich in ihrer Tendenz auch am Bevölkerungszuwachs seit Beginn des Jahrhunderts ablesen.

In einem zweiten Schritt wurden die Wechselwirkungen zwischen den Zentren anhand eines Interaktionsindex ermittelt, in den die Zahl der Telefongespräche, die Transportleistung des Straßengüterverkehrs und die Frequenz der Omnibusverbindungen eingehen, ergänzt durch Feldstudien sowie Einschätzungen aufgrund eines Gravitationsmodells (KUNZ u. a. 1992). Es ergaben sich ausgeglichene Beziehungen aber auch Abhängigkeiten von höheren Zentren. Die Nebenkarte in Abb. 71 zeigt nur die Einzugsbereiche, in denen die

19*

18 Regionalzentren klar dominieren. Das gilt auch für Guadalajara, Monterrey und Puebla, deren Einfluß auf dem subnationalen Niveau selbstverständlich weit darüber hinausgreift.

Es ist kaum verwunderlich, daß den peripheren Zentren recht eindeutige Bereiche zugeordnet sind, denn in den dünn besiedelten Gebieten sind räumliche Beziehungen ohnehin schwach entwickelt. Dagegen gibt es ein beachtliches Interaktionspotential zwischen den Nachbarstädten beiderseits der Nordgrenze. Davon abgesehen decken sich recht häufig die Einflußzonen nicht mit den Territorien der einzelnen Bundesstaaten, was darauf hinweist, daß die wirtschaftlichen Verflechtungen eine wichtigere Rolle spielen als die staatlich-administrativen (S. 259). So ist der Staat Zacatecas überwiegend Guadalajara tributär, während sein Nordteil zwischen Monterrey und Torreón aufgegliedert ist. Die Stadt Zacatecas hat erst auf der mikroregionalen Stufe einen eigenen Einzugsbereich, der freilich in der Karte nicht dargestellt ist. Torreón dagegen dominiert nicht nur den ganzen Staat Durango, einschließlich seiner Hauptstadt, sondern auch Teile von Coahuila. Andererseits ist Tamaulipas zwischen Monterrey und Tampico geteilt, wobei letzteres auch auf das Tiefland von San Luís Potosí und den Norden von Veracruz übergreift.

Der langgestreckte Staat Veracruz, der im wesentlichen aus der Küstenzone und dem Gebirgsanstieg besteht, konnte verständlicherweise kein übergeordnetes Zentrum entwickeln, zumal die 132 km lange Küstenstraße von Nautla nach Veracruz erst 1964 fertiggestellt wurden. So besteht ein engeres Verbundsystem lediglich zwischen der Hafenstadt Veracruz, der Staatshauptstadt Jalapa und der Industriezone Córdoba-Orizaba. Weiter nördlich greift Puebla über Teziutlán-Martínez de la Torre bis zur Küste bei Nautla aus

(S. 147). Doch das anschließende Erdölgebiet von Poza Rica gehört, ebenso wie dasjenige von Coatzacoalcos im Süden, zum Einzugsbereich von México-Stadt.

Dieser schließt aber weit darüber hinaus fast die gesamten Staaten Tabasco, Chiapas, Oaxaca, Guerrero, Querétaro und Hidalgo ein. Das wird u. a. an den engen Beziehungen zu Acapulco deutlich, das seinerseits nur einen geringen Austausch mit der Staatshauptstadt Chilpancingo (1970: 36000 Ew., 1990: 97000 Ew.) aufweist.

Dabei muß erneut betont werden, daß es sich um die Stufe des Regional- bzw. Oberzentrums handelt, d. h. daß die Städte der genannten Region keine genügende Ausstattung auf diesem Niveau haben. Offenbar lohnt sich für die zahlenmäßig kleinen höheren Schichten ein entsprechendes Angebot an Gütern und Dienstleistungen dort noch nicht, weshalb sie ihren Bedarf per Flugzeug direkt in der Hauptstadt decken, womit nebenbei der Vorteil einer größeren Auswahl verbunden ist.

An diesem Beispiel wird die schichtenspezifische Differenzierung der Reichweiten zentraler Funktionen deutlich, die gerade für Länder mit einer heterogenen Sozialstruktur bezeichnend ist (Abb. 70; vgl. GORMSEN 1971a). Außerdem wird damit das früher festgestellte Entwicklungsdefizit der gesamten südlichen Region bestätigt. Im übrigen wurde mit dem Ausbau des Verkehrswesens der Bereich von Puebla eingeschränkt, dem in der ersten Hälfte des Jahrhunderts noch ganz Oaxaca tributär war, während die eigene Abhängigkeit von der Hauptstadt erst durch die schnelle Autobahnverbindung zunahm. Im Gegensatz dazu konnte sich das Subsystem des Bajío mit dem Zentrum León behaupten, das nicht nur die eigene Staatshauptstadt Guanajuato, sondern auch Aguascalientes und Teile von Jalisco umfaßt.

11.4
Ansätze einer Regional- und Stadtplanung

Ungleichheiten und Gegensätze – die beiden Begriffe, die sich wie ein Leitmotiv durch das ganze Buch verfolgen lassen – sind gewiß keine einmaligen Phänomene Mexikos. Und doch prägen sie dieses Land nachhaltig in jeder Beziehung, von der Landesnatur über die Zusammensetzung der Bevölkerung und die Erscheinungsformen der Kultur bis zu sozialen Spannungen und wirtschaftlichen Strukturen, in denen archaische Formen unmittelbar neben der höchsten Modernität zu finden sind. Die Frage, ob es je zu einem Ausgleich zwischen den hier angedeuteten Disparitäten kommen wird, kann an dieser Stelle nicht beantwortet werden. Es läßt sich aber sehr wohl zeigen, bis zu welchem Grade bisher von Seiten des Staates versucht wurde, wenigstens die regionalen Unterschiede zu vermindern (zum Städtesystem und zur staatlichen Planung vgl. auch KLEIN-LÜPKE 1994).

Eingriffe der Regierungen in die Wirtschaftspolitik waren lange Zeit ausschließlich auf Produktionssteigerungen ausgerichtet. Für die Industrie wurden daher, abgesehen von der Rohstoff- oder Energieabhängigkeit, konsumorientierte Standorte bevorzugt, d. h. ganz überwiegend die Stadt México (S. 193). Dies war insofern verständlich, als die meisten Produkte der Importsubstitution von den städtischen Mittel- und Oberschichten nachgefragt wurden und das Transportwesen noch recht unzulänglich war. Erst als in den 40er Jahren der Distrito Federal zu einem Ballungsraum mit – für damalige Verhältnisse – erheblichen Konzentrationsproblemen heranwuchs, wurden Versuche einer Verlagerung durch Entlastungsstädte unternommen, die jedoch nicht den erwünschten Effekt hatten. Auch die Gründung von Automobilwerken und anderen Betrieben im Umkreis von etwa 100 km um die Hauptstadt bedeutete weniger eine Dezentralisierung als vielmehr eine Erweiterung des Verdichtungsraumes durch einen äußeren Ring (S. 186, 193), der freilich durch die hoch aufragenden Randgebirge von den zentralen Bereichen des Beckens von Mexico abgetrennt wird. Ein anderes Ziel verfolgten die *maquiladora*-Industrien an der Nordgrenze (S. 189 f.).

Konkrete Schritte zu einer Regional- und Stadtplanung wurden erstmals unter Echeverría (1970–1976) eingeleitet, der den Konflikt zwischen wirtschaftlichem Wachstum und Umverteilung des Einkommens nicht nur unter sozialen, sondern auch unter regionalen Aspekten betrachtete und auf dieser Grundlage neue Strategien entwickelte. Zwar schlugen seine Programme zur Dezentralisierung durch Steuervorteile bei Industriegründungen außerhalb der drei Metropolen México-Stadt, Guadalajara und Monterrey fehl; doch der Ausbau der ländlichen Infrastruktur durch *Caminos de mano de obra* war recht erfolgreich, wenn auch wenig beachtet (S. 205). Wichtiger war das erste Siedlungs- und Raumordnungsgesetz (*Ley General de Asentamientos Humanos*), das 1976 erlassen wurde, sowie die Anordnung einer neuen topographischen Landesaufnahme (1:50 000) auf der Basis einer vollständigen Befliegung der Republik durch die dafür gegründete Behörde CETENAL (*Comisión de Estudios del Territorio Nacional*), die später in DETENAL umbenannt und schließlich mit dem Statistischen Amt zum INEGI zusammengefaßt wurde (S. 118, 196). Sie bearbeitet auch Stadtpläne, Landnutzungskarten und andere kartographische Darstellungen in verschiedenen Maßstäben, die als Planungsgrundlagen unerläßlich sind.

	1930	Anteil (%)	1940	Anteil (%)	1950	Anteil (%)
Total	259	100,0	587	100,0	3006	100,0
Legislative, Präsident, Justiz, Inneres	14	5,4	26	4,4	77	2,6
Außenbeziehungen	6	2,3	4	0,7	38	1,3
Finanzen	48	18,5	186	31,7	692	23,0
Verteidigung	73	28,2	103	17,5	325	10,8
Landwirtschaft, Fischerei Wasserwirtschaft	24	9,3	40	6,8	305	10,1
Verkehr	47	18,1	63	10,7	459	15,3
Handel, Industrie	6	2,3	42	7,2	45	1,5
Erziehung	32	12,4	75	12,8	314	10,4
Gesundheit	9	3,5	38	6,5	131	4,4
Arbeit und Soziales	–	–	0	0,0	6	0,2
Agrarreform	–	–	10	1,7	15	0,5
Öffentliche Arbeiten, Städtebau, Umwelt[1]	–	–	–	–	–	–
Tourismus	–	–	–	–	–	–
Sonstige	–	–	–	–	599	19,9
Zuweisungen an Staaten und Gemeinden	–	–	–	–	–	–
Staatsbetriebe	–	–	–	–	–	–
Investitionen (ab 1982 als außerordentlicher Haushalt)	–		22		457	

Quellen: Nafinsa 1990; Anuario 1994

Tab. 60: Staatshaushalt Mexikos nach Ministerien 1930–1994 (Mio. Pesos)*

Als weitere Voraussetzung einer umfassenden Regionalplanung wurde unter López Portillo (1976–82) das Ministerium für Siedlungswesen und öffentliche Arbeiten *SAHOP (Secretaría de Asentamientos Humanos y Obras Públicas)* aus dem früheren *SOP* geschaffen, das nur für Straßenbau und Infrastruktur zuständig gewesen war. Im SAHOP wurde 1978 das erste nationale Stadtentwicklungsprogramm *(Plan Nacional de Desarrollo Urbano: PNDU)* mit folgenden Zielen entworfen: Wachstumskontrolle von México-Stadt; Dezentralisierung des Sekundären und Tertiären Sektors zugunsten der Förderung entsprechender Aktivitäten in zehn Prioritätszonen sowie in bestimmten Städten, die ein geeignetes sozio-ökonomisches Potential aufweisen; Förderung von Transportsystemen als Elemente der Raumordnung; Entwicklung von ländlichen Versorgungszentren; Förderung der funktionalen Spezialisierung von Städten; Verringerung der regionalen Disparitäten (vgl. HUGO 1982; MÜLLER, B. 1984; HEINEBERG u. a. 1993).

Der letztgenannte Aspekt ist neben anderen mit einem Fragezeichen zu versehen, denn bei den meisten Prioritätszonen (vgl. Abb. 6 in HUGO 1982) handelte es sich um Gebiete, die bereits mit erheblichen Konzentrationsproblemen zu kämpfen hatten, also eher eine Entlastung und Konsolidierung benötigten. Außerdem wurden in dem 1979 beschlossenen Nationalen Industrieentwicklungsprogramm *(Plan Nacional de Desarrollo Industrial)* zum Teil gegensätzliche Ziele verfolgt, etwa im Falle der regionalen Metropolen Guadalajara und Monterrey, die einerseits dezentralisiert werden sollten, andererseits aber als industrielle Wachstumszonen ausgewiesen wurden (AGUILAR BARAJAS 1992).

1960	Anteil (%)	1970	Anteil (%)	1980	Anteil (%)	1982*	Anteil (%)	1988	Anteil (%)	1994	Anteil (%)
16096	100,0	102607	100,0	807000	100,0	2715	100,0	112339	100,0	288447	100,0
550	3,4	1169	1,1	18200	2,2	36	1,3	959	0,9	6089	2,1
125	0,8	293	0,3	1800	0,2	5	0,2	259	0,2	709	0,3
5951	37,0	13643	13,3	58200	7,2	349	12,8	2200	2,0	5135	1,8
1034	6,4	2347	2,3	17900	2,2	44	1,6	1636	1,5	7143	2,5
1038	6,4	2612	2,5	67800	8,4	184	6,8	2597	2,3	11869	4,1
697	4,3	1641	1,6	39600	4,9	92	3,4	2898	2,6	8795	3,0
152	0,9	315	0,3	98700	12,2	222	8,2	8109	7,2	7686	2,7
1959	12,2	7817	7,6	14190	17,5	307	11,5	7968	7,1	49176	17,0
714	4,4	1649	1,6	11400	1,4	43	1,6	1226	1,1	5304	1,8
38	0,2	65	0,0	41400	5,1	95	3,5	1178	1,0	10734	3,7
63	0,4	135	0,1	9300	1,1	10	0,4	197	0,2	1513	0,5
1162	7,2	2061	2,0	21500	2,7	83	3,1	2712	2,4	8809	3,1
27	0,2	91	0,0	4100	0,5	8	0,3	141	0,1	502	0,2
2586	16,1	12187	11,9	22000	2,7	144	5,3	13993	12,5	20765	7,2
–	–	–	–	–	–	–	–	12151	10,8	37756	13,1
–	–	56582	55,1	25320	31,3	1094	40,2	54115	48,1	106462	36,9
4054		6654				1016		22117		43836**	

[1] bis 1959 bei Verkehr
* ab 1982 Neue Pesos
** Wert für 1991

Als Verfassungsänderung von grundsätzlicher Bedeutung wurde unter Miguel de la Madrid (1982–1988) den Gemeinden die Planungshoheit übertragen, was allerdings bisher keine bedeutenden Wirkungen nach sich gezogen hat, da erst seit 1988 eine Umverteilung finanzieller Mittel damit verbunden war (Tab. 60). Darüber hinaus wurden die künftigen Bundesregierungen verpflichtet, zu Beginn ihrer jeweiligen Amtszeit einen verbindlichen Nationalen Entwicklungsplan *(Plan Nacional de Desarrollo: PND)* aufzustellen. Die wichtigsten Aspekte im ersten PND (1983 bis 1988) betrafen die industrielle Dezentralisierung; die Verminderung der Zuwanderung in die Hauptstadt durch Verbesserung der Lebensbedingungen im ländlichen Raum; die Konsolidierung regionaler Städtesysteme unabhängig von der Stadt México sowie eine Kontrolle der Ansiedlung von Industrie- und Dienstleistungsbetrieben im Metropolitanbereich der Hauptstadt (S. 68). Doch das Programm und die Instrumente zu seiner Durchführung waren nicht sehr klar formuliert und dementsprechend wenig effektiv, zumal sie durch Rivalitäten zwischen den verschiedenen Behörden behindert wurden.

Erst das Erdbeben von 1985 machte schnelles Handeln erforderlich und führte zu einem allgemeinen Bewußtseinswandel, denn die Probleme der übermäßigen Konzentration wurden dadurch für jedermann ersichtlich. Tatsächlich wurden mehrere Behörden in kurzer Zeit verlegt (S. 118), doch der dadurch erzielte Erfolg blieb relativ bescheiden, denn den etwa 64000 Personen, einschließlich Familienangehörigen, die davon betroffen waren, stand zur gleichen Zeit eine Zunahme der

Stadt México um rund 120 000 Ew. gegenüber. Ferner herrschte unter privaten Unternehmern, die grundsätzlich zu einer Werksverlagerung bereit waren, große Unsicherheit bezüglich alternativer Standorte. So erfüllte sich auch nicht die Hoffnung, daß zahlreiche freie Grundstücke in den fast überall gegründeten Industrieparks mit Betrieben aus der ZMCM belegt werden könnten (vgl. AGUILAR BARAJAS 1992).

Vielfach wurde improvisiert, obwohl ein Jahr vorher das neue Stadt- und Wohnungsbau-Entwicklungsprogramm 1984– 88 *(Programa Nacional de Desarrollo Urbano y Vivienda)* in Kraft getreten war. Es beinhaltete neben der Kontrolle der ZMCM und der Konsolidierung von Guadalajara, Monterrey und Puebla vor allem die Anregung von Entwicklungsimpulsen für 59 sogenannte Mittelstädte *(ciudades medias)*, die nach mexikanischer Definition 100 000 bis 1 Mio. Einwohner zählen (S. 79). Ihnen wurde jeweils eine funktionale Spezialisierung (Industrie, Dienstleistungen, Landwirtschaft, Tourismus) zugeordnet. Damit sollte ein wirksames Instrument der Dezentralisierung gegenüber der Hauptstadt und den Regionalmetropolen geschaffen werden.

Das gleichzeitig beschlossene Programm zur Industrie- und Exportförderung *(Programa Nacional de Fomento Industrial y Comercio Exterior)* berücksichtigte nur teilweise dieselben Industriestädte wie das Stadtentwicklungsprogramm, schloß aber 17 Industrieparks der Bundesregierung als besonders förderungswürdig ein. Außerdem wurden wiederum Prioritätszonen definiert, in denen die höchsten fiskalischen Anreize vorgesehen waren. Mit Ausnahme der weiteren Umgebung der Hauptstadt schlossen sich diese aber so eng an die Regionalmetropolen an, daß man einen Standort zum Neubau oder zur Erweiterung jeweils in ihrer Nähe finden

konnte, ohne auf Steuererleichterungen zu verzichten. Unabhängig davon wurden Gewerbebetriebe mit bis zu 15 Beschäftigten *(micro industria)* und Kleinindustrien mit 16 bis 100 Beschäftigten *(pequeña industria)* stärker gefördert als große Firmen (AGUILAR BARAJAS 1992, Mapa 5–6).

Im übrigen wurde unter Miguel de la Madrid das Bauministerium SAHOP zum Ministerium für Stadtentwicklung und Ökologie *(Secretaría de Desarrollo Urbano y Ecología: SEDUE)* weiterentwickelt, womit der Umweltgedanke auf hohem Niveau institutionalisiert wurde, wenn auch die davon ausgehenden Wirkungen nicht sofort spürbar wurden. Immerhin wurde 1988 ein umfassendes Gesetz über das ökologische Gleichgewicht und den Umweltschutz *(Ley General del Equilibro Ecológico y la Protección al Ambiente)* mit folgenden Hauptzielen erlassen: Definition der Umweltpolitik; Erhaltung, Verbesserung und Wiederherstellung des ökologischen Gleichgewichts; verantwortliche Ausbeutung der natürlichen Ressourcen; ökologische Wirtschaftspolitik. Sein Inhalt kann durchaus als fortschrittlich bezeichnet werden.

Die Regierung von Carlos Salinas de Gortari (1988–1994) hat im wesentlichen die vorgegebenen Programme übernommen, wobei selbstverständlich eine ganze Reihe von Aspekten modifiziert bzw. weiterentwickelt wurden. Hier zeigt sich, trotz des teilweise radikalen Kurswechsels gegenüber einigen traditionellen Grundpositionen des PRI, eine Tendenz zur Kontinuität in der Problemanalyse und in den daraus abgeleiteten Strategien und Handlungsalternativen. Zur Bündelung der interdependenten Aspekte wurde 1992 an Stelle von *SEDUE* ein neues Ministerium für soziale Entwicklung *(Secretaría de Desarrollo Social: SEDESOL)* geschaffen, in dem die bundesstaatlichen Kompetenzen für Umweltrecht und -planung, Städtebau und Regionalentwicklung vereint sind (S. 55).

Das PNDU 1990–1994 fordert erneut eine umfassende Kontrolle der Metropolen, und zwar nicht nur hinsichtlich der Bevölkerungszunahme, sondern auch in bezug auf die Bodennutzung, den Wasser- und Energieverbrauch, die Umweltverschmutzung und die Industrie. Es wird also ein erhöhter Ordnungsbedarf diagnostiziert, womit indirekt eingestanden wird, daß die früheren Programme keine nachhaltige Lösung der Probleme gebracht haben.

Die Conurbation Torreón-Gómez Palacio-Lerdo wird zu dieser Gruppe gezählt. Für Puebla und 20 *ciudades medias* wird eine Konsolidierung vor allem im Hinblick auf eine rationelle Boden- und Wassernutzung angestrebt, wobei das Wachstum kontrolliert, der tertiäre Sektor aber gefördert werden sollte. Andererseits sollen im Rahmen der Dezentralisierungspolitik weitere 56 dieser sog. Mittelstädte durch Entwicklungsimpulse gestärkt werden, was in den meisten Fällen die Schaffung günstiger Voraussetzungen zur Ansiedlung von Industrien bedeutet. Schließlich soll die notwendige technische und soziale Infrastruktur im ländlichen Raum verbessert werden, wozu die Förderung zahlreicher sog. „Kleinstädte" (ca. 15000–100000 Ew.) sowie weiterer „Zentren der ländlichen Integration" gehört (vgl. Abb. 3 in HEINEBERG u. a. 1993).

Diese bilden die beiden unteren Stufen eines geplanten nationalen Städtesystems, das hierarchisch gegliedert ist. Dabei wurden jeweils mehrere Staaten in insgesamt neun größeren Regionen zusammengefaßt. Deren funktionaler Zusammenhang ist allerdings im Gegensatz zu der zentralörtlichen Gliederung von KUNZ u. a. (1992) nicht in jedem Fall nachvollziehbar (Abb. 71). Hierbei wird deutlich, daß in der mexikanischen Regionalpolitik die

Regionen weithin als homogene Einheiten mißverstanden werden und nicht als komplexe soziale Strukturen, die einem ständigen Wandel unterworfen sind.

Ein entscheidendes Hindernis für eine übergreifende Regionalplanung besteht ferner darin, daß sie vielfach vom guten Willen der anderen Behörden abhängt, die nicht immer gewährleistet ist, ganz abgesehen von der mangelnden Einsicht in die Marktkräfte und in die Einschränkungen politischer und institutioneller Art, nicht zu vergessen das persönliche Beziehungsgefüge. Im übrigen ist das Ausmaß praktischer Erfahrungen mit der Steuerung regionaler Prozesse in Mexiko – und nicht nur dort – noch sehr gering (AGUILAR BARAJAS 1992, S. 138–140). Trotzdem waren die bisherigen Bemühungen im Sinne einer politischen Bewußtseinsbildung nützlich, auch wenn die konkreten Ergebnisse noch recht begrenzt sind (WARD 1990).

Der jüngste und bisher umfassendste Versuch, zu einem regionalen Ausgleich zu kommen und gleichzeitig wirtschaftliche Impulse zu vermitteln ist das Nationale Solidaritätsprogramm *PRONASOL* (S. 55), das überall im Land durch den Bau von Straßen und Autobahnen sichtbar wird. 1989–1992 wurden 18400 km fertiggestellt und 10900 km rekonstruiert. Außerdem wurden pro Jahr rund 30000 km ausgebessert. Abgesehen von den Fernstraßen wurde die Erschließung benachteiligter Gebiete mit hohem Anteil ländlicher Bevölkerung in den Staaten Chiapas, Guerrero, Tabasco, Oaxaca und Sonora vorangetrieben. Andere Punkte des Programms betreffen Trinkwasseranlagen und Kanalisationen, Schulbauten und ländliche Gesundheitsstationen sowie 14 integrierte Projekte der Regionalentwicklung, bei denen es sowohl um die Verbesserung der wirtschaftlichen Basis geht (Landwirtschaft, Bewässerung, Fischerei,

Kleinindustrie usw.), als auch um soziale Einrichtungen der verschiedensten Art je nach den Bedürfnissen der Bevölkerung (GABBERT 1993; Solidarity in national development 1993).

Die Finanzierung dieses anspruchsvollen Programms wurde einerseits durch eine strengere Kontrolle der Steuereinnahmen, andererseits durch Gewinne aus der Privatisierung staatlicher Industrie- und Dienstleistungsbetriebe einschließlich der Banken ermöglicht. Dazu kamen gewisse Umschichtungen im Staatshaushalt (Tab. 60). In welchem Umfang freilich diese Maßnahmen mit ihrem beträchtlichen Aufwand die Grundbedürfnisse der *campesinos* wirklich befriedigen können, erscheint nicht erst seit den Aufständen in Chiapas zu Anfang des Jahres 1994 fraglich, vor allem wenn man bedenkt, daß dieser Staat schon bisher den höchsten Anteil der verfügbaren Mittel erhalten hat. Dabei ist freilich zu befürchten, daß ein Teil der Förderung zur Verbesserung der Infrastruktur diente, die in erster Linie den privilegierten Grundbesitzern zugute kam.

12 Mexikos Stellung in der Welt von heute

Die internationalen Beziehungen Mexikos haben sich im Laufe der Geschichte entscheidend verschoben, und zwar sowohl hinsichtlich seiner wirtschaftlichen Verflechtungen, als auch in Bezug auf seine Position im politischen Kräftespiel. Eine eindeutige Abhängigkeit bestand freilich während der dreihundertjährigen Kolonialherrschaft Spaniens, das nicht nur den Handel mit fremden Mächten, sondern auch mit den anderen spanischen Kolonien kontrollierte und weitgehend unterband.

Dies änderte sich mit der Unabhängigkeit im 19. Jh., als die führenden Handelsnationen Europas und die USA ihren Einfluß auf die Wirtschaft des Landes geltend machten. Sie beteiligten sich in hohem Maße an der Ausbeutung der reichen Erzvorkommen sowie am Aufbau der Industrie und an der Entwicklung des Eisenbahnnetzes. Dabei wurden die wirtschaftlichen Interessen auch mit politischen Mitteln, einschließlich militärischer Übergriffe, durchgesetzt, was allerdings durch die innenpolitischen Auseinandersetzungen in Mexiko erleichtert wurde. So kam es nicht nur zu der französischen Intervention und dem Intermezzo des Kaisers Maximilian, sondern auch zum Verlust des halben Territoriums an die USA, dessen Bedeutung erst später erkannt wurde (S. 48).

Im folgenden wird zunächst die Außenwirtschaft mit ihren wesentlichen Veränderungen bis hin zur Nordamerikanischen Freihandelszone zusammengefaßt, um anschließend eine Standortbestimmung Mexikos im heutigen politischen und kulturellen Weltsystem zu versuchen.

12.1 Außenwirtschaftliche Verflechtungen Mexikos

Nachdem Spanien noch 1821 den Außenhandel Mexikos in beiden Richtungen dominiert hatte, wurde es bereits drei Jahre später durch andere europäische Länder übertroffen, wozu u. a. die Niederlassung von Händlern aus diesen Ländern beitrug. Die Führung als Hauptimporteur übernahm England, das z. B. 1840–1841 rund zwei Drittel der eingeführten Waren lieferte, gefolgt von Frankreich (14%), den USA (12%) sowie den Häfen Bremen und Hamburg (9%), über die im wesentlichen deutsche Waren importiert wurden. In den folgenden Jahrzehnten ging der britische Anteil auf gut ein Drittel zurück, während die USA seit der Mitte des Jahrhunderts einen starken Zuwachs verzeichneten, der auf die Lieferung von Baumwolle für die im Aufschwung begriffene mexikanische Textilindustrie zurückzuführen war. Bis dahin hatte der Import von Stoffen aus den damals schon voll mechanisierten englischen Fabriken vorgeherrscht. Dazu kamen Eisenwaren, Werkzeuge, Geschirr, Glas, Wein, Luxusartikel u. a., die in erheblichem Umfang aus Frankreich und Deutschland geliefert wurden.

Auch bei den Exporten aus Mexiko gab es mehrere Verlagerungen, die mit einem temporären Aufschwung in verschiedenen Produktionsgebieten des Landes verbunden waren, denn bis weit in unser Jahrhundert herrschten mineralische und pflanzliche Rohstoffe vor, wobei Edelmetalle meist die Liste anführten. In der er-

sten Hälfte des 19. Jhs. hatten noch Natur-
farbstoffe die nächsten Plätze eingenommen. Neben Indigo und Farbhölzern von
der Halbinsel Yucatán war es vor allem die
Cochenille (aus Oaxaca), die 1824 immerhin 35% des Exportwertes erreichte
gegenüber 63% für Silber. Sie ging zwar
bis 1856 auf 4% zurück, war damit aber
immer noch bedeutsamer als der gesamte
Export anderer landwirtschaftlicher Erzeugnisse. Unter diesen stand die Vanille
(aus Papantla) lange Zeit im Vordergrund,
bevor sie in den 1870er Jahren vom Kaffee
(aus Chiapas und Veracruz) und dann auch
von Tierhäuten (aus Nordmexiko) übertroffen wurde (Tab. 29; HERRERA CANA-
LES 1977; LERDO DE TEJADA 1967).

Um 1900 erreichte *Henequén* (Yucatán)
für einige Jahre die erste Stelle vor Kupfer
und Silber, das zeitweise sogar vom Kaffee übertroffen wurde, aber 1940 noch
einmal seine frühere Spitzenstellung einnehmen konnte. Bis in die 60er Jahre
nahm jedoch der Anteil der Erze und anderer Bodenschätze auf rund ein Fünftel
des Exportwertes ab, während die Erzeugnisse der Landwirtschaft und der
Fischerei auf etwa die Hälfte anstiegen.
Seitdem ist es innerhalb der Hauptgruppen
zu beträchtlichen Verschiebungen und
allgemein zu einer fortschreitenden Diversifizierung gekommen.

Dies zeigt u. a. eine Aufstellung von
insgesamt 36 Warenarten, die zwischen
1960 und 1992 einen der zehn vordersten
Plätze eingenommen haben (Abb. 72). In
den 60er Jahren dominierte die Baumwolle, gefolgt von anderen Agrarprodukten
sowie Blei, Zink, Schwefel, Erdöl und
zeitweise Salz in wechselnden Reihenfol-
gen. 1970 trat Zucker an die erste Stelle,
doch gleichzeitig erschienen Elektrogeräte
und andere Erzeugnisse der Metallindustrie auf der Liste, von der Erdöl vorübergehend verschwand. Letzteres hat aber seit
1975 einen enormen Aufschwung ge-

nommen, der 1982 mit fast 74% kulmi-
nierte und danach auf 27% zurückgegangen ist. Daneben haben sich immer mehr
Industriegüter etabliert. Unter ihnen spielen neuerdings Kraftfahrzeuge und Kfz-
Teile die Hauptrolle, während Garnelen,
Kaffee, Fleisch, Früchte usw. ebenso verdrängt wurden wie die früher bedeutenden
Bergbauprodukte, die ja in hohem Maße
von schwankenden Weltmarktpreisen abhängen.

Die außerordentliche Vielfalt der mexikanischen Ausfuhr zeigt sich schon in der
stark verkürzten Tabelle der Länderberichte des Statistischen Bundesamtes (1992,
S. 91). Sie kommt aber auch darin zu
Ausdruck, daß hinter den führenden Positionen (Erdöl, Kfz), die gemeinsam mehr
als 45% einnehmen, keine einzelne Wa-
rengattung über 2% erreicht. Eine Zusammenfassung nach Warengruppen ergibt seit 1986 ein klares Übergewicht der
verarbeitenden Industrie, wo neben Fahrzeugen und anderen Metallerzeugnissen
Chemieprodukte hervortreten, während
der Lebensmittelsektor einschließlich Getränken hinter elektrischen Geräten rangiert (Tab. 61).

Auch beim Import ist es zu Veränderungen gekommen. Spielten in den 60er
Jahren hochwertige Verbrauchsgüter, insbesondere Kraftfahrzeuge und künstliche
Düngemittel die Hauptrolle, so sind es
heute in größerem Umfang Kfz-Teile für
die Automobilherstellung sowie Geräte,
Halbfertigprodukte und Investitionsgüter
zum Ausbau der Industrie und der Infrastruktur. Allerdings mußten in der jüngeren Zeit auch Grundnahrungsmittel wie
Milchpulver und Getreide importiert werden sowie Sorghum und Soja für die Kraft-
futterfabrikation (S. 138). Insgesamt ist die
Handelsbilanz mit wenigen Ausnahmen
seit Jahrzehnten negativ und konnte nur
teilweise durch Überschüsse aus dem
Tourismus ausgeglichen werden. Es bleibt

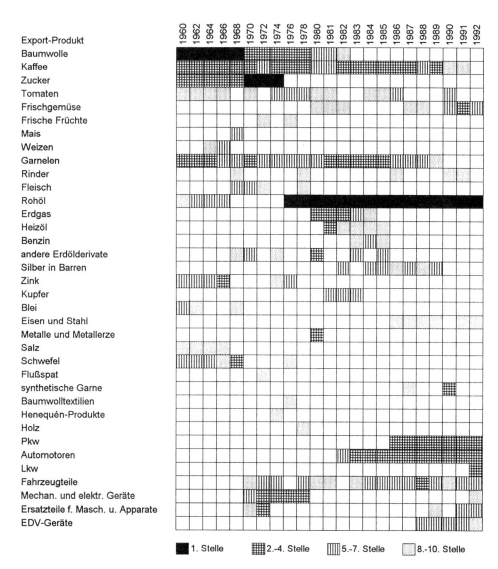

Quelle: Comercio Exterior, versch. Jg.;
Programmierung G. Kitzler

Abb. 72: Die wichtigsten Exportartikel Mexikos 1960–1992

	1982		1984		1986		1988		1990		1992	
	Ex-port	Im-port	Ex-port	Im-port	Ex-port	Im-port	Ex-port	Im-port	Ex-port	Im-port	Ex-port	Im-port
Land- und Forstwirtschaft, Fischerei	5,8	7,6	6,0	16,7	13,1	8,2	8,1	9,4	8,0	6,6	7,8	5,8
Bergbau	78,2	1,5	65,0	1,7	38,0	1,6	31,8	1,2	35,4	1,3	28,3	1,1
Erdöl und Erdgas	75,9	–	62,8	0,0	34,8	0,0	28,6	0,0	33,1	0,1	26,9	0,4
Verarbeitende Industrie	16,0	89,9	28,9	81,1	48,5	89,2	59,8	88,6	55,5	91,2	63,5	92,5
Lebensmittel und Getränke	3,3	4,8	3,4	4,4	5,9	4,3	6,6	6,5	4,1	8,6	4,1	6,8
Textilien und Leder	0,7	1,8	1,1	0,9	2,1	1,2	3,0	2,4	2,4	3,4	3,2	4,1
Holz	0,2	0,4	0,4	0,3	0,6	0,4	0,9	0,4	0,6	0,6	0,8	0,9
Papier	0,4	3,3	0,4	3,4	0,9	3,8	1,6	4,2	0,8	3,4	0,8	3,3
Erdölprodukte	1,2	2,8	5,1	4,1	4,0	3,8	3,0	2,7	3,3	3,4	2,3	2,9
Petrochemie und Kautschuk	0,7	4,6	0,9	5,6	1,0	6,6	1,8	6,0	1,6	3,5	1,6	4,0
Chemie	2,1	8,7	3,1	10,6	5,2	10,5	6,7	10,0	6,2	8,9	7,6	8,3
Eisen und Stahl	0,6	7,4	1,6	6,7	2,8	5,5	3,7	5,8	3,6	5,2	3,2	5,1
andere Metalle	1,8	1,9	2,1	2,2	3,0	1,7	3,9	2,2	3,6	1,4	3,1	1,6
Kraftfahrzeuge	2,5	8,7	6,4	6,9	14,2	7,3	16,9	10,8	17,8	17,0	22,0	18,0
Wissenschaftliche Geräte	–	2,3	0,0	2,1	0,2	3,0	0,1	2,1	0,1	1,9	0,1	2,3
Elektrische Apparate	0,4	7,5	0,9	7,5	2,3	11,3	2,9	10,4	3,3	9,9	4,4	10,4
Diverse	2,1	35,7	3,3	26,5	6,6	29,8	8,6	25,2	8,1	24,0	10,3	24,8
Sonstige	–	1,0	0,1	0,5	0,4	0,9	0,3	0,9	1,1	0,9	0,4	0,6
Summe (Mrd. US-$)	21,2	14,4	24,2	11,3	16,2	12,4	20,5	20,3	40,7	41,6	46,1	62,1

Quelle: Comercio Exterior (versch. Jahrg.)

Tab. 61: Export und Import nach Warengruppen 1982–1992
(% des Warenwerts, ab 1990 einschl. maquiladoras)

abzuwarten, wie sich die weitere Öffnung des Außenhandels durch die nordamerikanische Freihandelszone auswirken wird (s. u.).

Schon im Laufe des *Porfiriats* hatten sich die regionalen Beziehungen weiter zugunsten der USA verändert. Diese konnten in den 1880er Jahren erstmals über die Hälfte des Ex- und Imports auf sich vereinigen. Dazu trug der Eisenbahnbau wesentlich bei. Das geht u. a. aus den Statistiken der wichtigsten Zollstationen hervor, wonach schon 1900 über ein Viertel des gesamten Importwertes über die Nordgrenze abgewickelt wurde. In der Folgezeit hat die Bedeutung des Landwe-

ges weiter zugenommen. Dabei erfolgte mit dem Ausbau des Straßennetzes eine immer stärkere Verlagerung auf Transporte mit Lastkraftwagen. Im Jahre 1979 wurden allein über die Grenze in Nuevo Laredo fast ebenso viele Waren eingeführt wie über sämtliche in der Statistik erfaßten Häfen. Beim Export war das Verhältnis nicht so kraß, obwohl auch hier der Seeweg nur 43% des Gesamtwertes betrug. Es muß allerdings angemerkt werden, daß der Erdölexport über die drei wichtigen Häfen Coatzacoalcos, Dos Bocas und Ciudad del Carmen in der Auflistung nicht enthalten ist (Estadísticas Históricas 1985; TRABIS 1985).

Insgesamt nahm in unserem Jahrhundert die ökonomische Vorherrschaft des nördlichen Nachbarlandes stetig zu. Dies galt anfangs vor allem für die Ausfuhren, während Europa bei den Einfuhren bis in die 30er Jahre einen Anteil von über einem Drittel behaupten konnte. Einen scharfen Einschnitt brachte der Zweite Weltkrieg, durch den der Europahandel fast völlig zum Erliegen kam. Dagegen wurden nicht nur die Beziehungen zu den USA gestärkt, sondern auch zum karibischen und lateinamerikanischen Raum. Nach dem Krieg stieg mit dem Wirtschaftsaufschwung die Nachfrage nach europäischen Waren und Investitionsgütern wieder an. Daneben machte sich ein stetig steigender Einfluß Japans bemerkbar, das auch eine ganze Reihe von Direktinvestitionen in neue Industriewerke getätigt hat (Tab. 62 u. 63C).

Tatsächlich ist der Anteil ausländischer und multinationaler Kapitalanlagen beträchtlich. Darunter ist eine Reihe traditionsreicher Unternehmen, die auf europäische Gründungen zurückgehen und noch immer entsprechende Beteiligungen aufweisen, wie etwa die ursprünglich französischen Kaufhauskonzerne *Al Puerto de Liverpool* (meist nur *Liverpool* genannt) und *Palacio de Hierro* (Eisenpalast). Ein Großteil der ehemals deutschen Industrie- und Handelsfirmen sind übrigens längst „mexikanisiert", da ihre Gründer als Einwanderer selbst in Mexiko geblieben sind. Das trifft in geringerem Maße für andere Nationen zu, die sich stärker in ihren Kolonialgebieten engagierten.

12.2
Die Nordamerikanische Freihandelszone NAFTA

In der Zeit des *milagro mexicano*, in den 50er und 60er Jahren, haben viele internationale Firmen Filialbetriebe in Mexiko aufgebaut, die nach den damaligen Gesetzen meist einen mexikanischen Kapitalanteil von 51% aufweisen mußten, obwohl es auch davon Ausnahmen gab. Den Löwenanteil haben verständlicherweise die USA. Und in dieser Hinsicht ist mit einer weiteren Verstärkung zu rechnen, nachdem am 1. Januar 1994 der Vertrag über die Nordamerikanische Freihandelszone NAFTA *(North American Free Trade Agreement; spanisch TLC: Tratado de Libre Comercio de América del Norte)* zwischen den USA, Canada und Mexiko in Kraft getreten ist. Er enthält u. a. folgende Bestimmungen (nach Comercio Exterior 42(9) 1992, Suplemento; Ibero-Amerika Verein 9/1992, 9/1993; LAUTH 1993):

– 70% der mexikanischen Ausfuhren in die USA und nach Canada werden sofort von Importzöllen befreit, während in umgekehrter Richtung die Befreiung nur für 40% gilt, um dem geringeren Entwicklungsstand Mexikos Rechnung zu tragen. Nach spätestens fünf Jahren werden 65% der gegenseitigen Lieferungen zollfrei.

– Für Kraftfahrzeuge und Autoteile werden die mexikanischen Importzölle sofort um 50% gekürzt. Innerhalb von 8 Jahren sollen die Zölle in beiden Richtungen für 75% der Kfz-Lieferungen abgeschafft werden.

– Innerhalb von 10 Jahren sollen die Importrestriktionen für Textilien stufenweise abgebaut werden. Für landwirtschaftliche Erzeugnisse soll entsprechendes innerhalb von 15 Jahren gelten.

– Prinzipiell gilt das Abkommen nur für Waren, die in Nordamerika (d.h. in den drei Vertragsländern) gefertigt wurden. Der Anteil an Rohstoffen und Vormaterialien aus anderen Regionen darf 7% nicht überschreiten, es sei denn, ein wesentlicher Teil der Weiterverarbeitung erfolgt in den Mitgliedsländern. Diese

**Tab. 62: Außenhandel Mexikos nach Wirtschaftsblöcken und Regionen 1968–1992
(in %, ohne *maquiladoras*)**

A EXPORT	1968	1970	1972	1974	1976	1978	1980	1982	1984	1986	1988	1990	1992
Nordamerika	69,0	71,9	71,3	59,1	63,9	70,5	62,9	55,9	60,4	68,5	67,3	72,5	71,5
Lateinamerika	10,6	11,2	13,6	16,4	17,0	10,7	10,5	8,9	6,8	7,5	8,2	6,8	10,1
EG	5,9	6,0	5,9	13,0	8,6	5,9	6,6	12,4	10,8	13,0	13,0	12,1	11,8
Deutschland	2,0	2,1	2,4	4,2	2,8	2,0	1,8	1,2	1,0	2,6	2,2	1,2	1,8
Spanien	0,6	1,2	0,8	1,6	0,8	2,0	6,9	8,7	7,0	5,0	4,7	5,1	4,4
Frankreich	1,2	0,4	0,5	1,5	1,0	0,7	1,8	4,4	3,8	2,4	2,7	2,1	2,0
Großbri-tannien	1,4	0,9	0,9	1,7	0,8	0,9	0,5	4,4	4,2	0,9	0,9	0,7	0,9
EFTA	5,5	2,3	1,0	1,9	2,0	0,9	0,4	1,0	1,1	0,7	0,6	1,0	0,9
RGW	0,3	0,3	0,2	0,5	0,7	0,3	0,3	0,3	0,3	0,3	0,7	0,2	0,1
Japan	6,9	5,9	4,7	4,5	3,4	1,7	3,7	6,9	7,7	6,7	6,0	5,0	3,2
Andere	1,9	2,5	3,2	4,6	4,5	10,0	15,7	14,6	12,8	3,3	4,3	2,5	2,4
Summe (Mrd. US-$)	1,04	1,18	1,58	2,67	2,95	5,81	15,51	21,21	24,19	16,19	20,48	26,00	27,53

B IMPORT	1986	1970	1972	1974	1976	1978	1980	1982	1984	1986	1988	1990	1992
Nordamerika	64,5	65,6	62,9	64,6	64,7	62,7	67,3	63,8	67,7	67,0	68,1	68,2	65,2
Lateinamerika	3,0	3,8	5,7	6,8	7,0	5,1	4,9	5,5	4,7	3,7	3,9	4,8	4,9
EG	16,4	15,6	19,6	17,6	16,2	17,6	13,7	15,3	12,0	15,2	15,0	14,4	14,8
Deutschland	8,5	7,6	9,0	7,9	7,1	6,7	5,4	6,3	4,3	6,2	6,5	5,4	3,0
Spanien	1,4	1,2	2,0	1,2	0,8	1,2	2,3	2,5	1,8	1,6	1,1	1,5	1,8
Frankreich	3,2	4,2	2,8	2,2	3,0	3,6	2,8	2,4	2,3	2,1	2,3	2,3	2,7
Großbri-tannien	3,8	2,9	3,2	2,2	3,0	2,6	2,2	1,9	1,9	1,7	1,9	1,5	1,3
EFTA	8,6	8,3	4,1	3,0	3,5	3,1	2,2	3,0	2,4	3,4	2,4	2,5	2,1
RGW	0,3	0,3	0,2	0,2	0,7	0,5	0,4	0,4	0,3	0,3	0,3	0,4	0,3
Japan	3,9	3,5	3,9	3,7	5,1	7,5	5,3	5,9	4,5	6,2	6,1	4,4	6,3
Andere	3,3	3,0	3,5	4,1	2,8	3,6	6,0	6,2	8,4	4,2	4,1	5,2	6,3
Summe (Mrd. US-$)	1,96	2,46	2,94	6,06	6,03	8,15	18,90	14,35	11,25	12,41	20,32	30,25	48,14

Quelle: Comercio Exterior (versch. Jahrg.)

Ursprungsregel über den *local content* und seine Kontrolle bildete ein Hauptproblem der Verhandlungen.

– Die Auslandsinvestitionen aus dem NAFTA-Bereich werden weitgehend liberalisiert. Unternehmen aus anderen Ländern, die in einem Mitgliedsland erhebliche Geschäftsaktivitäten ausüben (z. B. Tochtergesellschaften mit eigenem Kapital bzw. eigenen Produktionsstätten), genießen den gleichen Schutz wie inländische Firmen. Ab 1. Juli 1995 wird Mexiko für Investitionen im Telekommunikationsbereich aus den USA und Canada geöffnet.

– Die mexikanische Erdölförderung bleibt weiterhin für Auslandsinvestitionen verschlossen. Nur für die Exploration sollen Firmen aus den USA und Canada zugelassen werden.

– Der Schutz geistigen Eigentums (Urheberrechte, Patente usw.) in Mexiko soll nach internationalem Standard verbessert werden.

- Banken aus den USA und Canada können sofort bis zu 8% des mexikanischen Bankensektors übernehmen. Darüber hinaus sind Beteiligungen bis zu 10% am Finanz- und Börsenmaklergeschäft erlaubt. Bis zum Jahr 2000 sollen diese Restriktionen wegfallen. Ähnliches gilt für Versicherungsgesellschaften.
- Die Beschränkungen im Transportwesen sollen in zwei Stufen bis 1999 abgeschafft werden. Danach können Lkw der drei Länder im Gesamtgebiet der NAFTA frei zirkulieren.
- 50% aller Beschaffungen für Regierungen und Staatsunternehmen sollen sofort im Rahmen von internationalen Ausschreibungen innerhalb des Vertragsgebiets erfolgen. Nach 10 Jahren soll dies für 100% gelten.
- Im Rahmen des Vertrages soll der Umweltschutz gebührend berücksichtigt werden. Dabei ist jeder Vertragspartner berechtigt, entsprechende Bestimmungen nach den eigenen Vorstellungen oder Bedürfnissen durchzusetzen, selbst wenn sie über internationale Normen hinausgehen. Insbesondere dürfen keine Vorschriften vermindert werden, um Investitionen anzuziehen. Für die Sanierung der streckenweise stark verschmutzten Grenzregion zwischen den USA und Mexiko wird eine bilaterale Sonderkommission gebildet.
- Zur Lösung von Konflikten sollen je eine Schiedsstelle für Umweltschutz in Canada und für Arbeitsschutz in den USA eingerichtet werden. Das Generalsekretariat der NAFTA wird seinen Sitz in Mexiko haben.
- Der Vertrag schließt den freien Personenverkehr über die Grenzen der beteiligten Staaten ausdrücklich aus und gesteht jedem Staat eine Migrationspolitik und einen Grenzschutz nach eigenem Ermessen zu. Zwischen Mexiko und den USA wird allerdings vereinbart, daß im

Rahmen des Vertrages bis zu 5500 Mexikaner pro Jahr als Geschäftsleute, Techniker usw. vorübergehend in die USA einreisen dürfen. Der normale Touristenverkehr bleibt davon unberührt.

Gerade der letzte Aspekt zeigt, daß es sich im Gegensatz zur Europäischen Union in erster Linie um eine ökonomische Vereinbarung handelt. Langfristig erhofft man freilich aufgrund verbesserter wirtschaftlicher Verhältnisse in Mexiko einen Rückgang der illegalen Zuwanderungen in die USA, während z. Z. noch die Grenzsperren durch viele Kilometer lange Metallzäune, Flutlichtanlagen und zusätzliches Personal verstärkt werden (S. 66).

Insgesamt hat der Vertrag trotz einiger ernstzunehmender Kritikpunkte ein positives Echo gefunden, zumal schon seit dem Beitritt Mexikos zum GATT (1986) die durchschnittlichen Einfuhrzölle von 27% (1982) auf 9,5% (1989) gesenkt wurden. Die Zustimmung durch den Congress der USA war jedoch lange Zeit nicht sicher, obwohl der Außenhandel mit Mexiko 1992 nur 7% des US-amerikanischen Imports und 9% des Exports ausmachte, während umgekehrt Mexiko zu rund 60% vom Austausch mit den USA abhängt. Doch die größten Widerstände auf Seiten der USA kommen von den Gewerkschaften, die eine Verlagerung zahlreicher Arbeitsplätze nach Mexiko mit seinem wesentlich niedrigeren Lohnniveau befürchten. Demgegenüber kam ein Gutachten vom März 1992 zu dem Ergebnis, daß die Arbeitsmarktbilanz bis 1995 für beide Länder positiv ausfallen würde, und zwar mit einem Nettogewinn von 130 000 Plätzen in den USA und von 600 000 Plätzen in Mexiko. Für den gleichen Zeitraum wurde eine beträchtliche Zunahme des Handelsaustausches zwischen beiden Ländern vorausgesagt, wobei allerdings die Peso-Abwertung Ende 1994 und die daraus

A. Zahlungsbilanz 1980–1992 (Mio. US-$)		1980	1984	1989	1990	1991	1992
Warenverkehr*	Export	15512	24196	22842	40711	42688	46196
	Import	18897	11254	25438	41593	49967	62129
Handelsbilanz		−3385	12942	−2596	−882	−7279	−15934
Reiseverkehr	Einnahmen	1671	1953	2954	3401	3784	3868
	Ausgaben	1044	649	1545	1937	1879	2079
Grenzverkehr	Einnahmen	1520	1329	1812	2066	2099	2129
	Ausgaben	2019	1520	2702	3582	3934	4028
Reiseverkehrsbilanz		129	1113	519	−52	70	−111
Transport-	Einnahmen	446	570	692	893	901	981
leistungen	Ausgaben	1932	1388	2074	2663	3029	3434
Kapitalerträge	Einnahmen	1244	1335	3056	3237	3529	3151
	Ausgaben	7644	12232	10877	10573	9979	9555
Staatliche Zinsen	*Ausgaben*	*2398*	*5063*	*4882*	*4559*	*4279*	*3586*
Sonstige Dienst-	Einnahmen	1695	2085	4679	1602	1930	2126
leistungen	Ausgaben	1567	1597	1560	2140	2119	2418
Dienstleistungsbilanz ohne Reiseverkehr		−7759	−11227	−6084	−9645	−8766	−9149
Übertragungen**	Einnahmen	319	434	2091	3479	2205	2404
	Ausgaben	44	23	16	14	19	19
Saldo der Übertragungen		275	411	2075	3465	2186	2385
Leistungsbilanz		−10740	4239	−6085	−7114	−13789	−22809

Quelle: Anuario 1992, 1994

Tab. 63: Außenwirtschaft Mexikos

folgenden Exporterleichterungen für Mexiko nicht vorhergesehen werden konnten (LAUTH 1993, Anm. 41; 1994).

Aus mexikanischer Sicht erhofft man sich in erster Linie einen Zustrom ausländischen Kapitals zur Erweiterung und Modernisierung der Industrie. Dies gilt auch für Investoren aus Ländern außerhalb der NAFTA, die sich über Filialen in Mexiko einen Zugang zum nordamerikanischen Markt verschaffen wollen. Positive Zeichen in diesem Sinne waren die internationalen Direktinvestitionen sowie die Rückflüsse von mexikanischem Fluchtkapital der jüngsten Zeit. Sie werden nach der Schuldenkrise der 80er Jahre als wichtige Indikatoren der Stabilisierung

des Landes und des Vertrauens in die Zukunft beurteilt und schufen die Basis für die Aufnahme Mexikos in die OECD 1994 (Tab. 63B).

Allerdings wächst unter einheimischen Unternehmern die Sorge, ob sie sich im ruinösen Wettbewerb gegenüber den vielfach billigeren und hochwertigeren Ezeugnissen der US-amerikanischen Massenfabrikation behaupten können. Bedroht fühlen sich nicht nur Klein- und Mittelbetriebe, die evtl. eine Marktnische finden können, sondern auch große Firmen. Schon die Weltmarktöffnung im Rahmen des GATT hat ja zu weitgehenden Umsatzeinbrüchen bei einigen Branchen wie z. B. der Bekleidungsindustrie geführt, die vorher

Fortsetzung Tabelle 63

B. Auslandsverschuldung, Direktinvestitionen und Währungsreserven 1980–1993 (Mio US-$)

Jahr	Schuldenstand (Jahresbeginn)	Netto-Neu-verschuldung	Amorti-sation	Direkt-investi-tionen	davon I. Sektor	II. Sektor	III. Sektor	Währungs-reserven
1980	29757	4056	3723	1623	0,9	1372,4	131,3	4004
1981	33813	19148	4806	1701	−5,4	1216,5	319,8	5035
1982	52961	6014	4935	627	1,8	388,0	235,5	1832
1983	58974	3582	33508	684	0,2	612,0	12,9	4933
1984	62556	6822	3618	1430	0,8	1275,3	122,2	8134
1985	69378	2702	4050	1729	0,4	1183,8	435,3	5806
1986	72080	3271	4782	2424	0,2	1949,7	323,1	6791
1987	75351	6056	6574	3877	15,2	2449,3	1433,9	13715
1988	81407	−404	9259	3157	−12,0	1044,9	1877,4	6588
1989	81003	−4944	7608	2500	19,3	991,8	1102,3	6860
1990	76059	1711	5518	3722	61,1	1287,0	2203,0	10274
1991	77770	2218	10324	7015	45,0	1357,3	5176,6	18095
1992	79988	−4233	20383	5705	39,3	1571,3	3283,6	19257
1993	75755			4901	34,5	2375,6	2490,6	25340

C. Direktinvestitionen kumulativ nach Herkunftsländern (Mio. US-$)

	Summe	USA	Groß-britannien	Deutsch-land	Japan	Schweiz	Frank-reich	Spa-nien	Son-stige
1980	8459	5873	254	677	499	474	102	203	415
1993	42375	26621	2604	2237	1690	1832	1592	836	4963

* ab 1990 einschließlich maquiladoras
** ab 1989 einschließlich private Übertragungen von Mexikanern im Ausland

hinter Zollmauern geschützt waren und daher notwendige Maßnahmen zur Steigerung der Produktivität vernachlässigten.

Scharfe Kritik kommt aber vor allem von Cuauhtémoc Cárdenas und seiner neuen *Partei der Demokratischen Revolution (PRD)* sowie von anderen linksgerichteten Gruppierungen, die hundert Jahre nach dem *Porfiriat* den Vertrag als „Ausverkauf Mexikos an die USA" bezeichnen und eine Verschlechterung der Lage für die unteren Schichten befürchten. Vor allem die Kleinbauern werden unter der Konkurrenz billiger Lebensmittelimporte zu leiden haben, und zwar besonders in den von Indios dicht besiedelten südlichen Bergländern, wo sie nur mit Mühe

ihre Subsistenz sichern können und kaum eine Chance zur Erzeugung marktfähiger Produkte haben (vgl. Ibero-Amerika Verein 7–8/1992; LAUTH 1993). Hier besteht zweifellos ein nicht zu unterschätzendes revolutionäres Potential, das erstmals in einem bewaffneten Aufstand am 1. Januar 1994 in Chiapas zum Ausbruch kam, d. h. ausgerechnet an dem Tag, als der NAFTA-Vertrag in Kraft trat (vgl. das Vorwort).

Während also die Beziehungen zum nördlichen Nachbarn in jedem Fall von ausschlaggebender Bedeutung für die weitere Entwicklung Mexikos sind, gilt dies trotz der gemeinsamen Sprache in geringerem Maße für den lateinamerikanisch-karibischen Raum. Da viele dieser Länder

ein sehr ähnliches ökonomisches Profil
aufweisen, bewegt sich der Umfang des
Warenaustauschs in einem bescheidenen
Rahmen. So ist der Import Mexikos aus
dem ganzen Subkontinent meist geringer
als derjenige aus Deutschland oder Japan.
Beim Export sehen die Verhältnisse etwas
anders aus, aber die gesamte Großregion
wird von der Europäischen Gemeinschaft
bei weitem übertroffen (Tab. 62).

12.3
Politische und kulturelle Außenbeziehungen: Mexiko als Grenze und Brücke

Eine Statistik über den Anteil einzelner
Warengattungen am Handel innerhalb
Lateinamerikas für die Jahre 1968–1970
ergab, daß Bücher mit jeweils 12–13% an
der Spitze der mexikanischen Ausfuhr
nach Südamerika lagen (Comercio Exteri-
or 20 (4) 1970; 21 (5) 1971). Heute stehen
Kraftfahrzeuge und technische Geräte im
Vordergrund, aber immer noch spielen
Bücher eine beachtliche Rolle im Austausch mit den südlichen Nachbarn. Hierin
zeigen sich Verbindungen, die über wirtschaftliche Aspekte hinausgehen. Mexiko
ist nämlich neben Argentinien das Land
mit dem bedeutendsten Verlagswesen im
spanischsprachigen Amerika und übt damit einen nicht zu unterschätzenden Einfluß aus.

Gewiß sind daran hervorragende
Schriftsteller wie Octavio Paz, Juan Rulfo,
Carlos Fuentes u. a. beteiligt, die mit unterschiedlichen Stilmitteln die mexikanische Identität in ihren historischen Wurzeln und in ihren gesellschaftlichen Ausprägungen thematisiert haben. Sie tragen
damit wesentlich zum Verständnis der
eigenen Kultur und Lebensform innerhalb
und außerhalb des Landes bei wie dies auf
andere Weise die politisch engagierten

muralistas José Clemente Orozco, Diego
Rivera, David Alfaro Siqueiros u. a. mit
ihren riesigen Wandgemälden in vielen
öffentlichen Gebäuden getan haben. Unter
dem Eindruck der Revolution wollten sie
den Mexikanern ein neues Bewußtsein
ihrer immer wieder von Unterdrückung,
Ausbeutung und sozialer Ungerechtigkeit
geprägten Geschichte vermitteln (S. 52).
Dabei ist zu berücksichtigen, daß in den
20er und 30er Jahren noch über 60% der
Bevölkerung Analphabeten waren.

Es besteht kein Zweifel, daß die Revolution nicht nur die politischen Strukturen
Mexikos entscheidend verändert hat, sondern daß damit eine in mancher Hinsicht
neue nationale und kulturelle Eigenständigkeit zum Ausdruck gebracht wurde, die
trotz vielfältiger Gegensätze einen breiten
Konsens in allen Schichten des Volkes
gefunden und auch in den Nachbarländern
ihren Eindruck nicht verfehlt hat. Diese
Basis diente den vom PRI getragenen
Präsidenten als Legitimation für eine Politik, die zwar zwischen mehr oder weniger
„linken" und „rechten" Positionen pendel-
te aber insgesamt eine große Beständigkeit
und Berechenbarkeit erkennen ließ. So
konnten im Gegensatz zu anderen lateinamerikanischen Staaten Umstürze von
oben und unten vermieden werden.

Dabei ist das Verhältnis zu den USA
aus verständlichen Gründen seit jeher
heikel, obwohl die in fast allen Lebensbereichen vorhandene Dependenz von der
Hegemonialmacht nicht mehr so deutlich
demonstriert wird, wie im vorigen Jahrhundert und noch bei der Intervention
General Pershings in den Revolutions-
jahren (vgl. MOLS 1981, 160ff.). Immerhin folgten auf die Verstaatlichung der
Erdölwirtschaft 1938 keine Sanktionen.
Andererseits trat Mexiko unmittelbar nach
den USA in den Krieg gegen Deutschland
ein und internierte die deutschen Staatsbürger. Umgekehrt hat es als einziges

Mitglied der Organisation Amerikanischer Staaten (OAS) nie die diplomatischen Beziehungen zu Cuba abgebrochen und das Franco-Regime auch dann nicht anerkannt, als Spanien 1959 in die OECD aufgenommen wurde. Erst nach dem Tod des Diktators (1975) wurden wieder Botschafter ausgetauscht.

Die Aufnahme von über 20 000 politischen Flüchtlingen aus Spanien erwies sich im nachhinein als sehr fruchtbar für Mexiko, denn unter ihnen waren viele Intellektuelle, die zur Weiterentwicklung von Kunst und Wissenschaft beitrugen. In diesem Zusammenhang wurde 1938 die *Casa de España* gegründet, aus der das *Colegio de México* hervorging, eine Hochschule für Geschichte und Sozialwissenschaften von hohem internationalen Rang. In demselben Sinne haben Emigranten aus Hitler-Deutschland gewirkt, etwa Paul Westheim und Paul Kirchhoff, die wichtige Beiträge zur Erforschung der altmexikanischen Geschichte leisteten. Glänzende Schilderungen der damaligen mexikanischen Wirklichkeit bieten übrigens sozialkritische Werke, die deutschsprachige Schriftsteller wie Bruno Traven und Egon Erwin Kisch im Exil geschrieben haben. Andererseits erschien „Das siebte Kreuz" von Anna Seghers 1943 zuerst in Mexiko (vgl. POHLE 1992; RALL 1992).

Politisches Asyl erhielt 1937 der von Stalin verfolgte Gründer der Roten Armee Leo Trotzki, der aber 1940 im Auftrage des Diktators in Coyoacán ermordet wurde. Aufgenommen wurden auch zahlreiche Chilenen nach dem Sturz Salvador Allendes (1973) sowie Argentinier während der Militärdiktatur (1976) und in jüngster Zeit Flüchtlinge aus den Bürgerkriegsgebieten Zentralamerikas. Dazu kommen Tausende von Indios, die vor der staatlichen Repression aus Guatemala nach Chiapas flüchteten, darunter 1981 Rigoberta Menchú, die 1992 den Friedensnobelpreis erhielt.

Die sehr offene Asylpolitik beruht auf einer liberalen Grundhaltung, die auch in Äußerungen und Aktivitäten der Regierung zu Fragen der allgemeinen Menschenrechte zum Ausdruck kommt. So formulierte Präsident Venustiano Carranza schon 1918 das „Prinzip der Nichteinmischung und Respektierung nationaler Unabhängigkeit", das später in die Gründungsakte der UNO einging, und Präsident Echeverría konzipierte die 1974 von der UNO-Vollversammlung mit großer Mehrheit – allerdings gegen die Stimme der USA – angenommene „Charta der ökonomischen Rechte und Pflichten der Staaten". Derartige Initiativen haben u. a. den Zweck verfolgt, einen gewissen Führungsanspruch Mexikos innerhalb der Völkergemeinschaft zu postulieren, wobei sich gerade Echeverría zum Sprecher der Dritten Welt aufschwang, indem er z. B. die Anti-Zionismus-Resolution der UNO (1975) als einer der Hauptvertreter unterstützte, was zu Boykottmaßnahmen von seiten der US-Wirtschaft z. B. im Tourismussektor führte (vgl. MOLS 1981, 160ff; RIDING 1986, 462ff.).

Derselbe Präsident war an der 1975 erfolgten Gründung des *Sistema Económico Latinoamericano (SELA)* maßgeblich beteiligt. Insgesamt bestehen über 20 Vereinbarungen Mexikos mit einzelnen Ländern oder Ländergruppen Lateinamerikas. Sie haben eine Steigerung des Handels, eine engere Integration oder auch einen Ausgleich zwischen Konfliktparteien z. B. in Zentralamerika zum Ziel, wie die Contadora-Gruppe (mit Kolumbien, Panama und Venezuela 1983), die 1987 zur Gruppe der Acht (mit Argentinien, Brasilien, Peru und Uruguay) erweitert wurde. Jüngste Ergebnisse dieser weitreichenden Bemühungen sind das Handelsabkommen mit Chile (1992) und der NAFTA-Vertrag (s. o.) sowie ein Treffen der Staatspräsidenten Mexikos und der fünf zentralerikanischen Länder (ohne Panama) in Chiapas 1991, das der Vorbereitung einer Freihandelszone bis 1996 dienen sollte. Auch die Einladung der Nord-Süd-Kommission unter Willy Brandt 1981 in das neue Seebad Cancún paßt in diesen Rahmen, in dem sich Mexiko als Vermittler nach außen darstellt, während gleichzeitig die Legitimation der Regierung gegenüber der eigenen Bevölkerung gestärkt werden soll.

Doch diese Politik ist nicht frei von Widersprüchen. Und das hat etwas mit der geographischen und geopolitischen Lage Mexikos im historischen Kontext zu tun. Auf der einen Seite steht die aktive Beteiligung an internationalen und nationalen Programmen zur Konfliktlösung und zur weltweiten Anerkennung der Menschenrechte. In diesem Zusammenhang wurden 1991 den mexikanischen Indios ausdrücklich ihre kulturellen Rechte zugestanden, und zwar in einem Zusatz zu Artikel 4 der Verfassung. Auf der anderen Seite zeigen sich erhebliche Defizite bei der Durchsetzung entsprechender Gesetze, die dem Ausgleich zwischen den verschiedenen Sozialgruppen dienen sollen. Auch 80 Jahre nach der großen Revolution bestehen nicht nur enorme Unterschiede zwischen den oberen und unteren Einkommensschichten, sondern eine ausgesprochene Benachteiligung der kleinbäuerlichen *campesinos* und insbesondere der *indígenas* (vgl. CORDERA/TELLO 1984; BONFIL BATALLA [3]1990; STAVENHAGEN 1988; BARKIN 1990).

Trotz der Agrarreform und einer ganzen Reihe von öffentlichen Programmen zur Entwicklung des ländlichen Raumes ist es bisher nicht gelungen, landesweit die Voraussetzungen für eine angemessene, regional ausgeglichene Befriedigung mit notwendigen Grundbedürfnissen zu schaffen – was übrigens für andere Länder ebenso zutrifft. Dies liegt weniger am

ungenügenden Problembewußtsein der zentralen Regierung, die beträchtliche Summen für wohlgemeinte Projekte bereitstellt, als vielmehr an der mangelnden Bereitschaft lokaler Oligarchien, in entsprechender Weise zu kooperieren, sowie an dem vielfach verzweigten, seit einiger Zeit auch öffentlich diskutierten System der Korruption. Es hat aber auch mit der starken Bevölkerungszunahme gerade auf dem Lande zu tun, die ihrerseits prinzipiell als Erfolg der Gesundheitspolitik betrachtet werden kann.

Davon betroffen sind in erster Linie die seit jeher dicht besiedelten Bergländer mit relativ günstiger Naturausstattung, in denen sich seit vorgeschichtlicher Zeit zahlreiche ethnische Gruppen mit eigenständigen Volkskulturen entfalten konnten. Sie gerieten aber immer wieder unter die Vorherrschaft fremder Mächte und wurden dadurch in ihrer Entwicklung eingeschränkt, z. T. schon unter den Azteken, dann unter dem spanischen Kolonialreich und schließlich unter der Ägide des modernen Zentralstaates und seiner lokalen Statthalter. Dabei wurden sie immer mehr aus den Becken- und Tallandschaften in die steileren Hangregionen verdrängt, wo sie bei steigendem Bevölkerungsdruck immer größere Flächen rodeten.

Die Beziehungen zur Außenwelt lagen (und liegen) in den Händen mestizischer Händler, die sich in den kleinen Zentralorten mit Wochenmärkten niederließen und die aufkommende Produktion von Marktfrüchten wie Kaffee kontrollierten. Sie haben gemeinsam mit den ländlichen Grundbesitzern auch nach der Bodenreform ihre dominierende Stellung beibehalten, oft in Verbindung mit einheimischen Führern *(caciques)*, die weithin unter dem Einfluß des PRI stehen und damit eine Stütze der langjährigen Regierungspartei bilden. Viele lokale Politiker und Beamte betrachten ihre jeweiligen Ämter als persönliche Pfründe, die es mit allen Mitteln auszubeuten gilt, weshalb sie eher zur Förderung privater Interessen neigen als zur konsequenten Durchführung von Entwicklungsprogrammen für marginale Bevölkerungsgruppen (vgl. BOEGE 1988; STAVENHAGEN 1988, S. 306ff.). So kommt es zu der unerfreulichen Situation, daß Tausende von Guatemaltecos in Chiapas Zuflucht gefunden haben, während im gleichen Staat zahlreiche Indios unter ähnlichen Repressionen der eigenen Herrschaftsschicht leiden.

Es ist also nicht von ungefähr, daß im statistischen Vergleich die südlichen Regionen fast ausschließlich durch negative Merkmalsausprägungen gekennzeichnet sind, sei es bei der Alphabetisierung, beim Gesundheitswesen oder beim Ausbau der Infrastruktur. Die Ursachen hierfür wurden oben geschildert. Wenn demgegenüber die Indikatoren im nördlichen Mexiko und insbesondere in den naturgeographisch benachteiligten Grenzgebieten durchweg positiv erscheinen, dann liegt es daran, daß dort fast die gesamte Bevölkerung erst seit wenigen Jahrzehnten zugewandert ist, und zwar im Rahmen eines dynamischen Wirtschaftsaufschwungs, der direkt oder indirekt von außen gesteuert wird und nur geringe Eigeninitiativen erkennen läßt.

Die wirtschafts- und sozialräumlichen Disparitäten Mexikos mit der geradezu paradoxen Verteilung von unterentwickelten Gunstgebieten und hochentwickelten Ungunstgebieten lassen sich also auf die Einbindung in dieses geopolitische Spannungsfeld mit seinem beträchtlichen Modernisierungsschub zurückführen. Dabei spielen die Einflüsse auf den südlich anschließenden zentralamerikanischen Raum eine relativ geringe Rolle, obwohl es mexikanische Investitionen in dortige Wirtschaftsunternehmen gibt und die Stadt México eine überragende Stellung als

Metropole mit Universitäten, Museen, Einkaufszentren und mehreren internationalen Organisationen besitzt. Doch in den kleinen Ländern besteht eher eine gewisse Skepsis gegenüber dem großen Nachbarn, und in Guatemala hat man den Verlust der Provinz Chiapas noch nicht vergessen. Im übrigen sollte man die Brückenlage Mexikos nicht überbewerten, denn im Zeitalter der Düsenflugzeuge sind Zentren wie Houston, Miami und New York von den Hauptstädten Mittelamerikas ebenso schnell zu erreichen wie México-Stadt.

12.4
Mexiko zwischen Nord und Süd

Der letztgenannte Aspekt gilt in noch höherem Maße für den Süden des Kontinents. Offenbar findet die naturlandschaftliche Brückenfunktion zwischen Nord- und Südamerika keine vergleichbare Entsprechung im politisch-gesellschaftlichen Beziehungsgefüge. Man wird also fragen müssen, welche Position Mexiko in diesem System einnimmt.

Doch die Frage nach der Stellung Mexikos zwischen Nord und Süd betrifft nicht in erster Linie Handels- und Verkehrsverbindungen. Hier gilt für fast alle Länder Lateinamerikas, daß der Austausch innerhalb dieses Kulturerdteils geringer ist als derjenige, den man mit den USA, Europa oder auch Japan pflegt, obschon Rio de Janeiro, São Paulo, Buenos Aires, Lima, Bogotá und México-Stadt als regionale Metropolen von Subsystemen betrachtet werden können. Und ähnliches gilt in bezug auf wissenschaftlich-technische und kulturelle Einflüsse, wo man sich aus der „Alten Welt" sowie aus den hochindustrialisierten Regionen mehr Anregungen erwartet als aus den benachbarten Ländern, die auf einer ähnlichen Grundlage entstanden sind, weshalb sie als mehr oder weniger gleichrangig, wenn nicht untergeordnet angesehen werden. Dabei spielt auch ein gewisser Nationalstolz eine Rolle.

In eine anderen Richtung zielt die Frage nach der Einstufung Mexikos in einen irgendwie gearteten Kriterienkatalog der Entwicklung oder Modernisierung. Wenn Präsident Carlos Salinas de Gortari im zweiten Rechenschaftsbericht seiner Regierung am 1. November 1990 sagte, *„Queremos que México sea parte del Primer Mundo y no del Tercero"* („wir wünschen, daß Mexiko ein Teil der Ersten Welt wird und nicht der Dritten", zit. nach Comercio Exterior 40(11) 1990, S. 1100), so war er sich gewiß darüber im Klaren, daß dies sehr hoch gesteckte Ziel in seiner Amtszeit keinesfalls zu erreichen war. Er hat aber damit eindeutig Stellung bezogen und auf die großen Aufgaben hingewiesen, die vor ihm und dem mexikanischen Volk lagen.

Ohne an diesem Punkt auf eine Diskussion von Begriffen wie Erste und Dritte Welt einzugehen, lassen sich im Laufe der letzten Jahrzehnte immerhin einige „Fortschritte" nachweisen. Und sowohl das *milagro mexicano* der 60er Jahre als auch die Überwindung der Schuldenkrise in jüngster Zeit haben ein beachtliches Maß an wirtschaftlicher Dynamik und eine Fähigkeit zur Konfliktbewältigung erkennen lassen, aufgrund deren Mexiko zweifellos in die Reihe der sog. Schwellenländer eingeordnet werden kann. Bei mehreren Entwicklungsindikatoren nimmt es eine Spitzenstellung gegenüber anderen Ländern Lateinamerikas, Asiens und Afrikas ein und läßt sich mit dem östlichen Europa vergleichen (z. B. Pro-Kopf-Einkommen 3030 US-$, Bruttowährungsreserven 18 Mrd. US-$, Exportanteil von Industrieprodukten 64%, Säuglingssterblichkeit 36‰).

Trotzdem bleiben beträchtliche Bedenken bei der Einschätzung der mexikanischen Zukunftsperspektiven bestehen. So wirkt die Krise der 80er Jahre mit ihren starken Einbußen immer noch nach. Zwar wuchs das BIP von 1980 bis 1992 um 67%, die Bevölkerung aber nur um 26%. Da aber der Dollar in diesen 12 Jahren etwa die Hälfte seines Wertes verlor, ist der Zuwachs des BIP pro Kopf (32%) nur nominal. Bedenklich stimmt die Entwicklung der Handelsbilanz, und zwar nicht nur weil die Importe seit Beginn der Liberalisierung viel schneller wuchsen als die Exporte, sondern vor allem weil der Anteil der Konsumgüter erheblich stärker gestiegen ist, als derjenige der Zwischenprodukte und der Kapitalgüter. Außerdem haben die Zwischenprodukte noch nicht den erwünschten Effekt, nämlich eine Stärkung der Exporte, gebracht. Auch die Steigerung der Auslandsinvestitionen können das Handelsbilanzdefizit nicht mehr völlig ausgleichen, zumal etwa ein Drittel in die Börse und nicht direkt in den produktiven Sektor gegangen ist und leicht wieder abgezogen werden kann. Ein besonders gravierendes Problem ist also die Frage, wie genügend Arbeitsplätze – und damit Kaufkraft – für die immer noch in großer Zahl nachwachsende junge Generation geschaffen werden können (vgl. Tab. 63; BARKIN 1990).

Selbstverständlich reicht die Gegenüberstellung von Daten der Wirtschafts- und Sozialstatistik zur Beurteilung nicht aus, zumal wenn sie undifferenziert auf das ganze Land bezogen sind. Es wird vielmehr auf das Eigenimage der mexikanischen Gesellschaft ankommen, d. h. auf die Frage, wie die Mexikaner selbst ihre Situation einschätzen und bis zu welchem Grade sie bereit und in der Lage sind, sich mit den damit verbundenen Aufgaben auseinanderzusetzen. Diese Frage betrifft offenbar nicht nur die Politiker, sondern in hohem Maße die tragenden Kräfte der Gesellschaft, insbesondere die Unternehmer und die intellektuelle Elite. Betroffen sind aber auch alle anderen Schichten. Wir haben es also im weitesten Sinne mit der Frage nach der mexikanischen Identität zu tun, und damit verbunden ist die Frage, ob man in Mexiko von einem Volk sprechen kann, solange die Benachteiligung der Indios nicht unterbunden wird.

Erst auf dieser Grundlage wird man abschätzen können, ob Mexiko die Energie zur Überwindung der enormen Probleme, die vor ihm liegen, aufbringen wird, die zu einem erheblichen Teil auch eine Folge der immer noch sehr starken Bevölkerungszunahme sind. Damit im Zusammenhang stellt sich die Frage, ob der NAFTA-Vertrag zur weiteren Abhängigkeit führen oder ob er die eigene Dynamik und damit die Kräfte der Unabhängigkeit stärken wird.

Letztlich bleiben also mehr Frage als Antworten. Doch sollte man die Aspekte betonen, die eine solide Basis für eine positive Beurteilung bilden, von den Bodenschätzen über die bereits bestehende Infrastruktur bis hin zu einem gut ausgebildeten Mittelstand und einem breiten Spektrum kultureller Entfaltung. Diese erschöpft sich nicht in hervorragend gepflegten Zeugnissen der Geschichte, sondern umfaßt eine lebendige Volkskultur sowie vielfältige Beiträge zur bildenden Kunst und zur Literatur. Dazu kommen die emanzipatorischen Erfahrungen der Revolution, die sich u. a. in der langjährigen politischen Stabilität gezeigt haben, die aber auch die Gefahren einer latent vorhandenen revolutionären Situation einschließen.

Die genannten Aspekte betreffen also hauptsächlich die Frage nach der Stellung Mexikos zwischen dem „Norden" und dem „Süden" unseres Weltsystems. Eine entsprechende Zuordnung im globalen Sinne hängt allerdings auch mit den räumlichen Disparitäten innerhalb des Landes zusammen, d. h. einerseits mit den Einflüssen vom nördlichen Nachbarn, andererseits mit einer ausgleichenden Regionalpolitik, vor allem in den südlichen Landesteilen.

Nur wenn Mexiko ernsthafte Schritte zur Lösung dieser inneren Probleme unter den Vorzeichen von Demokratie und Partizipation, kultureller Eigenständigkeit und Solidarität unternimmt, wird es seine Position nach außen nachhaltig stärken. Und damit könnte es ein Vorbild für den „Süden" sein.

Die ausgesprochene Flexibilität, mit der die Mexikaner auf jegliche Herausforderung reagieren, sowie die seit Jahrzehnten bewiesene Fähigkeit, größere und kleinere Schwierigkeiten auf formelle oder informelle Weise zu meistern, lassen hoffen, daß es diesem Land auch in Zukunft gelingen wird, die Faszination auszustrahlen, die in der einmaligen Vielfalt und Gegensätzlichkeit seiner Natur, seiner Kultur und seiner Gesellschaft liegt.

Literaturverzeichnis

Abkürzungen

Abh	Abhandlung(en)
Arb	Arbeiten
Bol	Boletín
C.	CALDERWOOD, M./ BREÑA, G./FUENTES, C. 1992 (s. S. 317)
Cecodes	Centro de Ecodesarrollo
COLMEX	El Colegio de México
Comunicaciones	Comunicaciones, Proyecto Puebla-Tlaxcala
D. F.	Distrito Federal
DFG	Deutsche Forschungsgemeinschaft
DGT	Deutscher Geographentag, Tagungsbericht und Wissenschaftliche Abhandlungen
Forsch	Forschung(en)
Geogr	Geographie, Geography, Geografía
GR	Geographische Rundschau
GTZ	Gesellschaft für Technische Zusammenarbeit, Eschborn
GZ	Geographische Zeitschrift
GZ B	Geographische Zeitschrift, Beihefte (= Erdkundliches Wissen)
IAA NF	Ibero-Amerikanisches Archiv, Neue Folge
INAH	Instituto Nacional de Antropología e História
INI	Instituto Nacional Indigenista
Jb. Gesch. LA	Jahrbuch für Geschichte von Staat, Wirtschaft und Gesellschaft Lateinamerikas
Mitt	Mitteilungen
PM	Petermanns Geographische Mitteilungen
Rev. Interam. Plan.	Revista Interamericana de Planificación

SARH	Secretaría de Agricultura y Recursos Hidraulicos
Schr	Schriften
SEDUE	Secretaría de Urbanismo y Ecología
SEDESOL	Secretaría de Desarrollo Social
Stud	Studien
Trace	Travaux et Recherches dans les Amériques du Centre, México
UNAM	Universidad Nacional Autónoma de México
Z. f. W.	Zeitschrift für Wirtschaftsgeographie

ACEVEDO, M. L. 1990:
Los municipios de las fronteras de México.
II. El medio ambiente. México (Cecodes).

AGUILAR BARAJAS, I. 1992:
Descentralización industrial y desarrollo
regional en México. In: Investigaciones
Geográficas, Bol. Inst. de Geogr. UNAM,
México, Número especial, S. 101–143.

AGUILAR, A. G. 1988:
Planeación y proceso político en la ciudad
de México, el caso Central de Abastos. In:
Revista Geográfica (México) 107, S. 29–48.

AGUILAR, A. G. u. GRAIZBORD, B. 1992:
Las ciudades medias y la política urbano-
regional. Experiencias recientes en México.
In: Investigaciones Geográficas, Bol. del
Inst. de Geogr. UNAM, México, Número
especial, S. 145–167.

AGUIRRE BELTRÁN, G. 1973:
Regiones de refugio. El desarrollo de la
comunidad y el proceso dominical en
Mestizoamérica. México (INI).

AMATO, P. W. 1970:
Elitism and settlement patterns in the Latin
American City. In: Journal of the American
Institut of Planners 36, S. 96–105.

Anuario [Anuario estadístico de los Estados
Unidos Mexicanos]* versch. Jahrgänge
1970–1994.

Anuario D. F. [Anuario estadístico del Distrito
Federal]* 1984, 1994.

ARCHER, E. 1985:
Emerging environmental problems in a
tourist zone: The case of Barbados. In:
Caribbean Geography 2(1),
S. 45–55.

Atlas de la Ciudad de México 1987. México,
D. F.

Atlas Nacional de México 1990, 3 Bände,
México (UNAM, Inst. de Geogr.).

AZUELA DE LA CUEVA, A. 1989:
La ciudad, la propiedad privada y el
derecho. México (COLMEX).

BÄHR, J. 1987:
Bevölkerungswachstum und Wanderungsbe-
wegungen in Lateinamerika. In: GORM-
SEN u. LENZ (Hg.), S. 111–154.

BÄHR, J. (Hg.) 1988:
Wohnen in lateinamerikanischen Städten.
Housing in Latin American Cities. Kiel
(= Kieler Geogr. Schr. 68).

BAER, P. u. MERRIFIELD, W. R. 1972: Los
lacandones de México. México (INI).

Banco de Comercio 1975: La economía del
Estado de Aguascalientes. México.

Banamex, Review of the economic situation of
Mexico (monatlich).

BARKIN, D. 1990:
Distorted development. Mexico in the world
economy. Boulder (Series in Political
Economy and Economic Development in
Latin America).

BASSOLS BATALLA, A. [5]1980:
Geografía económica de México. México
(Trillas).

BATAILLON, C. 1967:
Les régions géographiques au Mexique.
Paris (Inst. des Hautes Etudes de l'Amérique
Latine).

BATAILLON, C. u. PANABIÈRE, L. 1988:
Mexico aujourd'hui, la plus grande ville du
monde. Paris (Publisud).

BAZANT, J. 1975:
Cinco haciendas mexicanas. Tres siglos de
vida rural en San Luis Potosí (1600–1910).
México (COLMEX).

BAZANT, J. 1985:
Autoconstrucción de vivienda popular.
México (Trillas).

BEALS, R.L. 1975:
The peasant marketing system of Oaxaca,
Mexico. Berkeley/Los Angeles (Univ. of
California).

BECK, B. 1992:
Mexiko, die Stadt. In: BRIESEMEISTER u.
ZIMMERMANN 1992,
S. 397–417.

BENNHOLDT-THOMSEN, V. 1976:
Zur Bestimmung des Indio. Berlin (= Indi-
ana 6).

BENNHOLDT-THOMSEN, V. 1982:
Bauern in Mexiko zwischen Subsistenz- und
Warenproduktion. Frankfurt.

BERNAL, I. et al o. J.:
Kurze Geschichte Mexikos. Köln.

BERNECKER, W. L. 1987:
Industrie und Außenhandel. Zur politischen
Ökonomie Mexikos im 19. Jahrhundert.
Saarbrücken (= Forsch. zu Lateinamerika 13).

BERNECKER, W. L. 1988: Die
Handelskonquistadoren. Europäische
Interessen und mexikanischer Staat im
19. Jahrhundert. Stuttgart.

BOEGE, E. 1988:
Los Mazatecos ante la nación. Contradicciones de la identidad étnica en el México
actual. México (Siglo XXI).

BOHMANN, K. 1992:
Medien und Journalismus. In: BRIESEMEI-
STER u. ZIMMERMANN 1992,
S. 641–65.

BONET CORREA, A. u. DE LA MAZA, F. 1980:
La arquitectura de la época porfiriana.
México (= Cuadernos de Arquitectura y
Conservación del Patrimonio Artístico 7,
Instituto Nacional de Bellas Artes).

BONFIL BATALLA, G. 1985:
Der mexikanische Staat, der Indigenismus
und die Indianer. In: Pogrom 112, S. 53–55.

BONFIL BATALLA, G. ³1990:
México profundo. Una civilización negada.
México (Grijalbo).

BORAH, W. u. COOK, S. F. 1963:
The aboriginal population of Central Mexico
on the eve of the Spanish conquest. Berkeley
(= Ibero-Americana 45).

BORN, G. 1993:
Tourismusplanung in Mexiko. Konzeptions-
und Umweltprobleme am Beispiel des integriert geplanten Tourismuszentrums Cancún. (Unveröff. Diplomarbeit
Geographie, Mainz).

BOTT, A. 1989:
Die Zulieferbeziehungen von „Volkswagen
de México". Regionale Beschäftigungseffekte eines transnationalen Unternehmens
in Mexiko. (Unveröff. Diplomarbeit
Wirtschaftsgeographie, Bonn).

BRIESEMEISTER, D. u. ZIMMERMANN, K. (Hg.)
1992:
Mexiko heute: Politik, Wirtschaft, Kultur.
Frankfurt (= Bibliotheca Ibero-Americana 43).

BUCHHOFER, E. 1982:
Stadtplanung am Rande der Agglomeration
von Mexiko-Stadt; der Fall Nezahualcóyotl.
In: GZ 70, S. 1–34.

BUCHHOFER, E. 1984:
Minatitlan (Mexiko); zur Sozialtopogra-
phie einer company town in der Dritten
Welt. In: GZ 72, S. 159–178.

BUCHHOFER, E. 1986a:
Das neue Küstenstahlwerk von Lázaro
Cárdenas (Mexiko): Eine Standort-
entscheidung im Schnittpunkt politischer
und ökonomischer Interessen. In: Marburger
Geogr. Schr. 100, S. 203–218.

BUCHHOFER, E. 1986b:
Resultate öffentlicher Bodenpolitik und
Wohnungsbauförderung in jungen
mexikanischen Industriestädten am Pazifik.
In: Die Erde 117, S. 237–255.

BUCHHOFER, E. 1994:
Das Marburger GISZMCM. Ein Geo-Infor-
mationssystem zur Analyse der Siedlungs-
entwicklung von Mexiko-Stadt. In: Mainzer
Geogr. Stud. 40 (Festschrift für Erdmann
Gormsen), S. 531–46.

BUCHHOFER, E. u. AGUILAR, A. G. 1991:
Stadtexpansion in der Schuldenkrise. Der
Fall Mexiko-Stadt. In: GZ 79, S. 27–43.

BÜHLER, D. 1990a:
Das Bürgerhaus der Kolonialzeit in Puebla.
Saarbrücken.

BÜHLER, D. 1990b:
Stadterneuerung und Denkmalpflege in
Puebla, Mexiko. In: Die alte Stadt 17(4),
S. 364–375.

BURKARD, H. 1988:
Nordostmexiko. Bevölkerung und sozialer
Wandel einer Grenzregion. München.

CALDERWOOD, M., BREÑA, G. u. FUENTES, C.
1992:
Mexiko, Ein Porträt in Luftbildern.
Berlin u. a.

CARDOSO, C. 1980:
México en el siglo XIX (1821–1910).
Historia económica y de la estructura social.
México (Editorial Nueva Imagen).

Carpeta Distrital 1983:
Distrito de Temporal No. IV, México
(SARH).

CASTAÑOS, C. M. 1990:
Alternativas a la crisis rural en México.
Chapingo, México (Agro-ecomunicación
Saenz Colin).

CASTILLO, M. A. u. CASILLAS, R. 1988:
Características básicas de la migración
guatemalteca al Soconusco chiapaneco. In:
Estudios Demográficos y Urbanos
(COLMEX) 9, S. 537–562.

Censo [Censo general de población y
vivienda]* 1960, 1970, 1980, 1990.

Censo agrícola [Censo agrícola, ganadero y
ejidal]* 1960, 1970, 1981, 1990.

Censo industrial* 1985, 1988.

CHAUVET SANCHEZ, M. 1990:
La ganadería nacional en vías de extinción?
In: Comercio Exterior 40(9),
S. 868–875.

CHEVALIER, F. 1970:
Land and society in Colonial México. The
great hacienda. London u.a. (Univ. of
California Press).

COATSWORTH, J. H. 1989:
The decline of the Mexican economy 1800–
1860. In: Bibliotheca Ibero-Americana 33,
S. 27–53.

Comercio Exterior. México (Banco Nacional
de Comercio Exterior) monatlich.

CORDERA, R. u. TELLO, C. (Hg.) 1984:
La desigualdad en México. México (Siglo
XXI).

CORNELIUS, W. A. 1975:
Politics and the migrant poor in Mexico
City. Stanford.

CORTÉS, H. ⁵1942:
Cartas de Relación de la Conquista de
Méjico. Madrid.

COULOMB, R. 1989:
Política de vivienda y necesidades habitacio-
nales. In: Ciudades (Puebla, México) 4,
S. 32–38.

CZERNY, M. 1994:
Zum Wandel des mexikanischen Städtesystems unter dem Einfluß der jüngsten
industriellen Standort- und Strukturveränderungen. In: Mainzer Geogr. Stud. 40 (Festschrift für Erdmann Gormsen), S. 547–55.

DEIMEL, C. u. KEYSER, U. 1982:
Kleidung und Kulturgegenstände der
Huicholes. In: Mitt. a. d. Museum f. Völker-
kunde Hamburg 12, S. 55–84.

DE LA MAZA, F. 1932:
San Miguel de Allende, su história, sus
monumentos. México

DÍAZ DEL CASTILLO, B. 1965:
Wahrhafte Geschichte der Entdeckung und
Eroberung von Mexiko. Stuttgart.

DIECHTL, S. 1989:
Ein Chaos im Regenwald. Klagenfurt.

DISKIN, M. u. COOK, S. (Eds.) 1976:
Markets in Oaxaca. Austin/London.

DOMINGUEZ E. u. IZAGUIRRE, M. 1984:
Geografía del Municipio de Allende. Guanajuato.

ECKHARD, C. 1990:
Der Fremdenverkehr in San Miguel de
Allende (Mexiko) und seine Auswirkungen
auf die Stadtstruktur (Unveröff.
Magisterarbeit Geographie, Mainz).

EDEN, G.P. 1988:
Hurricane Gilbert. In: Weather 43(12),
S. 446–448.

EINSELE, M. u. RIBBECK, E. 1991:
Metropolen von morgen: Schnellwachsende
Mittelstädte in Mexiko. In: Trialog 31(4),
S. 40–45.

EINSELE, M., GORMSEN, E., RIBBECK,
E. u. KLEIN-LÜPKE, R. (Hg.) 1994:
Ciudades en expansión. Schnellwachsende
Mittelstädte in Mexiko. Forschungsbericht.
Stuttgart (Univ. Städtebauliches Institut).

EISENBLÄTTER, V. 1977:
La estructura industrial de los Estados de
Puebla y Tlaxcala y su importancia econó-
mica. In: Comunicaciones 14, S. 41–46.

EISENBLÄTTER, V. 1978: La ciudad de Puebla y
el desarrollo industrial de los Estados de
Puebla y Tlaxcala. In: Comunicaciones 15,
S. 29–34.

El sueño de un orden:
La ciudad hispanoamericana. Madrid
(Centro de Estudios Históricos, Ministerio
de Obras Públicas y Urbanismo) 1989.

Encuesta ejidal [Encuesta nacional agropecuario ejidal]* 1988.

Erdbeben Mexiko '85. München (Münchener
Rückversicherungs-Gesellschaft).

Estadísticas históricas (de México)* 1985.

EWALD, U. 1976:
Estudios sobre la hacienda colonial en
México. Wiesbaden (= Das Mexiko-Projekt
der DFG 9).

EWALD, U. 1985:
The Mexican Salt Industry 1560–1980, a
Study in Change. Stuttgart.

EWALD, U. 1994:
Mexiko, das Land, seine Geschichte und
Kultur. Stuttgart, Berlin, Köln.

FWA [Fischer Welt Almanach]. Frankfurt
(versch. Jahrgänge).

FISHER, R. D. 1992:
National parks of Northern Mexico. Tucson
(Sunracer Publ.).

FLORES VERDUZCO, J. J., GOMEZ CRUZ, M. A.
ET AL 1987:
Agroindustria. Conceptualización, niveles
de estudio y su importancia en el análisis
de la agricultura. In: Revista de Geografía
Agrícola (Chapingo, M.) 11–12, S. 10–22.

FOX, D. J. 1961:
Henequen in Yucatan: a Mexican fibre-crop.
In: Transactions and Papers of the Inst. of
British Geographers (London) S. 215–230.

FRIEDRICH, J. 1968:
Die Agrarreform in Mexiko. Bedeutung
und Verbreitung des Ejido-Systems in den
wichtigsten Anbaugebieten des Landes.
Nürnberg (= Nürnberger Wirtschafts- u.
Sozialgeogr. Arb. 7).

GABBERT, W. 1993:
Vom „Wohlfahrtsstaat" a la mexicana
zum sozialen Liberalismus. In: Lateinamerika, Analysen Ber. 17, S. 61–75.

GARCÍA AMARAL, 1982:
Enclave industrial y contradicciones en el
espacio urbano. In: Los grandes complejos
industriales y su impacto en el espacio
Latinoamericano. México (UNAM),
S. 99–136.

GARZA, G. 1988:
La política de parques y ciudades industriales en México. In: Estudios Demográficos y Urbanos (COLMEX) 3(1), S. 39–56.

GARZA, G. 1993:
El carácter metropolitano de la urbanización en México, 1900–1988. In: FLORES GONZALES, S. (Hg.): Desarrollo metropolitano; Análisis y perspectivas. Puebla (Universidad Autónoma de Puebla), S. 165–181.

GARZÓN VALDÉS, E. 1994:
Ethnische Vielfalt und nationale Einheit. Ethisch-politische Überlegungen zum Fall Mexiko. In: JANIK, D. (Hg.): Die langen Folgen der kurzen Conquista. Frankfurt, S. 113–148.

GERSTENHAUER, A. 1956:
Acapulco, die Riviera Mexikos. In: Die Erde 8, S. 270–281.

GERSTENHAUER, A. 1960:
Die mexikanische Fischereiwirtschaft in geographischer Sicht. In: Die Erde 12, S. 178–189.

GERSTENHAUER, A. 1961:
Zentralmichoacan. Ein Beitrag zur Landeskunde Mittelmexikos. In: Frankfurter Geogr.Hefte 37, S. 227–296.

GERSTENHAUER, A. 1962:
Struktur u. Entwicklungsprobleme der mexikanischen Landwirtschaft. In: Giessener Geogr. Schr. 2, S. 82–96.

GIBSON, CH. 1964:
The Aztecs under Spanish rule. A history of the Indians of the Valley of Mexico. Stanford (Univ. Press).

GIERLOFF-EMDEN, H.-G. 1964:
Die Halbinsel Baja California. Ein Entwicklungsgebiet Mexikos. Hamburg (= Mitt. Geogr. Ges. Hamburg 55).

GIERLOFF-EMDEN, H.-G. 1970:
Mexiko. Eine Landeskunde. Berlin.

GOMEZ CRUZ, M. A., FLORES VERDUZCO, J. J. u. SCHWENTESIUS R. 1990:
Tendencias y opciones de la producción de carne de puerco, pollo y huevo en México. In: Comercio Exterior 40(9), S. 876–885.

GONZÁLEZ NAVARRO, M. 1960:
La colonización en México 1877–1910. México.

GONZALES POZO, A. 1991:
Das Wohnungs-Wiederaufbauprogramm in Mexiko-Stadt. In: Trialog 31(4), S. 17–19.

GORMSEN, E. 1963:
Barquisimeto, eine Handelsstadt in Venezuela. Heidelberg (= Heidelberger Geogr. Arb. 12).

GORMSEN, E. 1966:
Tlaxcala – Chiautempan – Apizaco. Zur Entwicklung kleiner Städte im mexikanischen Hochland. In: Heidelberger Geogr. Arb. 15, S. 115–132.

GORMSEN, E. 1968:
Städte und Märkte in ihrer gegenseitigen Verflechtung und in ihren Umlandbeziehungen. In: TICHY (Hg.) 1968, S. 180–193.

GORMSEN, E. 1971a:
Zur Ausbildung zentralörtlicher Systeme beim Übergang von der semiautarken zur arbeitsteiligen Gesellschaft: ein Vergleich historischer Abfolgen in Mitteleuropa mit heutigen Verhältnissen in Entwicklungsländern, insbesondere am Beispiel Mexikos. In: Erdkunde 25, S. 108–118.

GORMSEN, E. 1971b:
Wochenmärkte im Bereich von Puebla. Struktur und Entwicklung eines traditionellen Austauschsystems in Mexiko. In: Jb. Gesch. LA 8, S. 366–402.

GORMSEN, E. 1977:
Factores socio-económicos como base para inovaciones agropecuarias; un perfil por la vertiente oriental de México. In: Actes du XLIIe Congrès International des Américanistes (Paris) 1, S. 415–433.

GORMSEN, E. 1979:
Cancun; Entwicklung, Funktion und Probleme neuer Tourismus-Zentren in Mexiko. In: Frankfurter Wirtschafts- und Sozialgeogr. Schr. 30, S. 299–324.

GORMSEN, E. 1981a:
Die Städte im spanischen Amerika; ein zeit-räumliches Entwicklungsmodell der letzten hundert Jahre. In: Erdkunde 35, S. 290–303.

GORMSEN, E. 1981b:
Das mexikanische Kunsthandwerk unter dem Einfluß des internationalen Tourismus. In: IAA NF 7(1/2), S. 77–110.

GORMSEN, E. 1983a:
Der Internationale Tourismus, eine neue „Pionierfront" in Ländern der Dritten Welt. In: GZ 71, S. 149–165.

GORMSEN, E. 1983b:
Tourismus in der Dritten Welt. In: GR 35, S. 608–617.

GORMSEN, E. 1986a:
Crecimiento y movilidad de la población en México como expresión del cambio socio-económico regional. In: Eichstätter Beiträge 17, S. 153–171.

GORMSEN, E. 1986b:
Interessenkonflikte bei der Stadterneuerung
lateinamerikanischer Kolonialstädte.
In: Eichstätter Beiträge 18, S. 207–225.

GORMSEN, E. 1987a:
Der Fremdenverkehr in Lateinamerika und
seine Folgen für Regionalstruktur und
kulturellen Wandel. In: GORMSEN u. LENZ
(Hg.), S. 183–207.

GORMSEN, E. 1987b:
Der Tourismus und seine Folgen für Mensch
und Umwelt in Lateinamerika. In: Tübinger
Geogr. Stud. 96, S. 241–252.

GORMSEN, E. 1987c:
Kulturelle Grundwerte und Leitbilder der
Stadtstruktur. In: NEDDENS, M. C. u.
WUCHER, W. (Hg.): Die Wiederkehr des
genius loci. Wiesbaden, S. 64–94.

GORMSEN, E. 1990a:
Strukturwandel und Erneuerung latein-
amerikanischer Kolonialstädte. In: Die alte
Stadt 17(4), S. 331–345.

GORMSEN, E. 1990b:
Kunsthandwerk in der Dritten Welt unter
dem Einfluß des Tourismus. In: GR 42,
S. 42–47.

GORMSEN, E. 1991a:
Tourism as an agent of incorporation:
examples from Latin America.
In: Nijmegen Studies in Development and
Cultural Change 8 (Saarbrücken),
S. 175–188.

GORMSEN, E. 1991b:
Artesaniá, turismo e identidad regional en
México. In: Trace 20, S. 29–40.

GORMSEN, E. 1992:
Mexiko, das bedeutendste Touristenziel der
Tropen. In: BRIESEMEISTER u. ZIMMERMANN
(Hg.), S. 221–250.

GORMSEN, E. 1994:
Die Stadt México. In: Megastädte in der
Dritten Welt. Mainz (Universität,
Interdisziplinärer Arbeitskreis Dritte Welt,
Veröffentlichungen 8), S. 73–116.

GORMSEN, E. u. HAUFE, H. 1992:
Die Stadt in der Kolonisation Amerikas. In:
Amerika 1492 – 1992, Neue Welten, Neue
Wirklichkeiten, Essays. Berlin (Ibero-
Amerikanisches Institut) S. 148–158.

GORMSEN, E. u. KLEIN-LÜPKE, R. 1992:
Shopping malls in Latin America; a new
indicator of metropolization. In:
HEINRITZ, G. (Hg.): The attraction of retail
locations. International Geographical
Union Symposium. München
(Geogr. Inst. Techn. Univ.), 2, S. 146–159.

GORMSEN, E., KLEIN, R. u. WÖLL, W. 1988:
Stadterneuerung, ein weltweites Problem.
Forschungen in Spanien, Portugal und
Lateinamerika. In: Forschungsmagazin der
Johannes Gutenberg Universität, Mainz
2/1988, S. 47–57.

GORMSEN, E. u. LENZ, K. (Hg.) 1987:
Lateinamerika im Brennpunkt. Aktuelle
Forsch. deutscher Geographen. Berlin.

GORMSEN, E. u. SUCKE, M. 1990:
Iniciativas privadas en la economía agrícola
campesina en México. In: Agricultures et
paysanneries en Amérique Latine: Colloque
International Toulouse (Univ. Le Mirail),
S. 230–236.

GORMSEN, J. 1985:
Das Kunsthandwerk in Mexiko als
regionaler Entwicklungsfaktor unter dem
Einfluß des Tourimus. Saarbrücken.

GUEVARA CALDERÓN, J. 1989:
La agricultura mexicana y su desarrollo
regional. Chapingo, México (Universidad
Autónoma).

Guía de Hoteles 1968. México (Departamento
de Turismo).

HABERLAND, W. 1986:
Die Geschichte der mesoamerikanischen
Kulturen. In: PREM u. DYCKERHOFF (Hg.)
1986, S. 37–46.

Haciendas de México 1966. México (= Artes
de México 13(79/80) 1966).

HAGEN, H.B. 1933:
Mexiko. In: KLUTE, F. (Hg.): Handbuch
der Geographischen Wissenschaft,
Bd. Nord- und Mittelamerika. Potsdam,
S. 390–442.

HARRIES, M. 1992:
Indianische Minderheiten und staatlich
gelenkte Integrationspolitik in Mexiko:
Das Beispiel der Seri. In: Z. f. W. 36,
S. 238–246.

HARTWIG, V. 1984:
Der Fall Yaqui (Sonora) innerhalb des
Integrationsprozesses in Mexiko. In: Jahrb.
des Museums für Völkerkunde zu Leipzig
35, S. 89–99.

HAUFE, H. 1990:
Die Metropole Neuspaniens. In: Mexico-
City (Hg. J. SCHÜTZ). München u. a. (Apa
City Guides), S. 37–43.

HAUFE, H. u. TYRAKOWSKI, K. 1981:
Die Hacienda Santa Agueda, Tlaxcala. Zur
Genese eines Mustergutes der Porfiratszeit.
In: IAA NF 7(1/2),
S. 111–136.

HEINE, K. 1978:
Mensch und geomorphodynamische Prozesse in Raum und Zeit im randtropischen Hochbecken von Puebla-Tlaxcala, Mexiko. In: 41. DGT Mainz 1977, Wiesbaden, S. 390–406.

HEINEBERG, H., CAMBEROS GARIBI, J. u. SCHÄFERS, C. 1993:
Verstädterung in Mexiko. Das Beispiel des Bundesstaates Jalisco und des Metropolitangebietes Guadalajara. In: GR 45(7–8), S. 400–408.

HEINEBERG, H. u. SCHÄFERS, C. 1989:
Metropolisierung und Probleme der Raumplanung in Mexiko. Fallstudie Metropolitangebiet von Guadalajara. In: Die Erde 120, S. 99–119.

HELBIG, K. 1961:
Die Landschaft Soconusco im Staate Chiapas, Süd-Mexiko, und ihre Kaffeezone. In: Dt. Geogr. Bl. (Bremen) 49, S. 1–131.

HERRERA CANALES, I. 1977:
El comercio exterior de México 1821–1875. México (COLMEX).

HERRLE, P. 1983:
Der informelle Sektor: Die Ökonomie des Überlebens in den Metropolen der Dritten Welt. In: Materialien zum Internationalen Kulturaustausch 18, S. 47–62.

HEWITT DE ALCÁNTARA, C. 1976:
Modernizing Mexican agriculture. Socio-economic implications of technological change 1940–1970. Geneva (UNRISD).

HIERNAUX, D. 1986:
Urbanización y autoconstruccución de vivienda en Tijuana. México (Cecodes).

HINTON, T.B. 1972:
Coras, Huicholes y Tepehuanes. México (INI).

História de México 1974. 11 Bände. Barcelona/México (Salvat Editores).

HOFFMANN, O. u. SKERRITT, D. 1991:
„Un conflicto puede ocultar otro". Llanura costera de Veracruz. In: Trace 19, S. 41–45.

HUGO, K. 1982:
Regionalentwicklung und Raumordnungspolitik in Mexiko. In: Raumforschung und Raumordnung 40, S. 146–160.

HUMBOLDT, A. v. 1811:
Essai politique sur le royaume de la Nouvelle-Espagne. Paris (5 Bände).

Ibero-Amerika Verein Hamburg (Hg.):
Wirtschaftliche Mitteilungen (monatlich).

Industria automotriz [La industria automotriz en México]* 1991.

Industria química [La industria química en México]* 1990.

Industria siderúrgica [La industria siderúrgica en México]* 1986, 1991.

Industria textil [La industria textil y del vestido en México]* 1991.

IRACHETA, A. 1989:
El estado y el suelo para vivienda en la zona metropolitana de la Ciudad de México. In: Rev. Interam. Plan. 22, S. 76–96.

JANIK, D. 1994:
Die neuen Menschen der Neuen Welt. Zur gesellschaftlichen und kulturellen Rolle der *mestizos*. In: JANIK, D. (Hg.): Die langen Folgen der kurzen Conquista. Frankfurt, S. 49–73.

JARQUIN ORTEGA, M.T. et al 1990:
Origen y evolución de la hacienda en México, siglos XVI al XX. Toluca, México (El Colegio Mexiquense).

JÁUREGUI, E. 1973:
Untersuchungen zum Stadtklima in Mexiko-Stadt. (Diss. Bonn).

JÁUREGUI, E. 1988:
Efectos del clima urbano sobre los niveles de contaminantes en la ciudad de México. In: Geografía y Desarrollo 1(2), S. 37–44.

JÁUREGUI, E. 1993:
Meteorological aspects of ozone characterization and trend for period 1986–1992 in Mexico City. In: Heat and mass transfer in energy systems and environmental effects. International Symposium, Cancún, México, S. 162–164.

JONES, R. C. 1982: Undocumented migration from Mexico. Some geographical questions. In: Annals Association of American Geographers 72, S. 77–87.

KELLY, I. u. PALERM, A. 1952:
The Tajín Totonac. History, subsistence, shelter and technology. Washington (Smithsonian Inst.).

KEMPER, R. V. 1977:
Migration and adaptation. Tzintzuntzan peasants in Mexico City. Beverly Hills/London (= Sage Library of Social Research 43).

KEREMITSIS, D. 1973:
La industria textil mexicana en el siglo XIX. México (= SepSetentas 67).

KLAUS, D., LAUER, W. u. JAUREGUI, E. 1988:
Schadstoffbelastung und und Stadtklima in Mexiko-Stadt. Stuttgart (= Abh. Akad. d. Wissensch. u. d. Literatur Mainz, Mathem.-Naturwiss. Klasse, Jg.1988, Nr.5).

KLEIN-LÜPKE, R. 1991:
Schnellwachsende Mittelstädte, dynamisierender Faktor des mexikanischen Städtesystems. In: Trialog 31(4), S. 38–39.

KLEIN-LÜPKE, R. 1994:
Das mexikanische Städtesystem: Staatliche Planung vs. Eigendynamik. In: Mainzer Geogr. Stud. 40 (Festschrift für Erdmann Gormsen), S. 521–30.

KLINK, H.-J. u. LAUER, W. 1978:
Die räumliche Anordnung der Vegetation im östlichen Hochland von Zentralmexiko. In: Pflanzengeographie. Darmstadt (= Wege der Forsch. CXXX), S. 472–506.

KLINK, H.-J., LAUER, W. u. ERN, H. 1973:
Erläuterungen zur Vegetationskarte 1:200 000 des Puebla-Tlaxcala-Gebietes. In: Erdkunde 27, S. 225–229.

KONETZKE, R. (Hg.) 1965:
Süd- und Mittelamerika I. Die Indianerkulturen Altamerikas und die spanisch-portugiesische Kolonialherrschaft. Frankfurt.

KRAEMER BAYER, G. u. SOLORZANO TOSCANO, L. A. 1990: Los productores de café en Zihuateutla, Pue. Origen, entorno y perspectivas. Chapingo, México (= Colección Cuadernos Uni. Serie Ciencias Soc. 8).

KRETH, R. 1979:
Probleme der Bevölkerungs- und Beschäftigtenstruktur in Acapulco als Folge des Tourismus. In: Frankfurter Wirtschafts- u. Sozialgeogr. Schr. 30, S. 273–298.

KRETH, R. 1985:
Some problems arising from the tourist boom in Acapulco and the difficulties in solving them. In: Mainzer Geogr. Stud. 26, S. 47–59.

KRETH, R. 1986:
Der Tourismus-Boom in Acapulco (Mexiko): Lebenschance für Zuwanderer? In: FU Berlin, Inst. für Tourismus, Berichte und Materialien 1, S. 37–46.

KRICKEBERG, W. 1966:
Altmexikanische Kulturen. Berlin.

KRUIP, G. 1992:
Religion, Kirche und Staat. In: BRIESEMEISTER u. ZIMMERMANN (Hg.) 1992, S. 311–332.

KUNZ, I., GONZALEZ, J. u. CEA, M. E. 1992:
Las áreas de influencia de las ciudades mexicanas. In: Geografía y Desarrollo (México), 3(7), S. 51–63.

La lucha de los vendedores ambulantes. Puebla, México 1987 (= Cuadernos de Debate sobre Problemas Urbanos, Instituto de Ciencias de la Universidad Autónoma de Puebla 9–10).

Länderbericht Mexiko [bis 1983 Länderkurzbericht] Hg. Statistisches Bundesamt Wiesbaden. Stuttgart, verschiedene Jahrgänge.

Lateinamerika Jahrbuch Hg. Institut für Iberoamerika-Kunde. Hamburg (jährlich)

LAUER, W. 1975:
Vom Wesen der Tropen. Klimaökologische Studien zum Inhalt und zur Abgrenzung eines irdischen Landschaftsgürtels. In: Akademie d. Wissenschaften u.d. Literatur zu Mainz 3, Wiesbaden, S. 5–52.

LAUER, W. 1981:
Klimawandel und Menschheitsgeschichte auf dem mexikanischen Hochland. Wiesbaden (= Akademie d. Wissenschaften u.d. Literatur zu Mainz 2).

LAUER, W. 1986:
Der Naturraum. In: PREM u. DYCKERHOFF (Hg.) 1986, S. 13–28.

LAUER, W. 1987:
Mensch und Umwelt. Interdisziplinäre Forschung in Lateinamerika unter besonderer Mitwirkung der Geographie. In: GORMSEN U. LENZ (Hg.) 1987, S. 65–96.

LAUER, W. u. FRANKENBERG, P. 1978:
Untersuchungen zur Ökoklimatologie des östlichen Mexiko. Erläuterungen zu einer Klimakarte 1:500 000. Bonn (= Colloquium Geographicum 13).

LAUER, W. u. KLAUS, D. 1983:
Humanökologische Aspekte der vorspanischen Besiedlungsgeschichte, Bevölkerungsentwicklung und Gesellschaftsstruktur im Mexikanischen Hochland. In: Jb. Gesch. LA 20, S. 85–120.

LAURELLI, E. 1982:
Distorciones entre la implantación industrial y el desarrollo urbano rural. Estudio de caso de Lázaro Cárdenas, México. In: Los grandes complejos industriales y su impacto en el espacio Latinoamericano. México (UNAM), S. 137–201.

LAUTH, H.-J. 1991:
Mexiko zwischen traditioneller Herrschaft und Modernisierung. Die Gewerkschaften im Wandel von Politik und Wirtschaft (1964–1988). Münster (= Politische Perspektiven 3).

LAUTH, H.-J. 1993:
Das nordamerikanische Freihandelsabkommen NAFTA: Eine Kooperation ungleicher Partner. Konsequenzen und Perspektiven für Mexiko. In: LAUTH u. MOLS (Hg.): Integration und Kooperation auf dem amerikanischen Kontinent. Mainz, S. 173–202.

LAUTH, H.-J. 1994:
   Das Nordamerikanische Freihandelsab-
   kommen NAFTA: Ausdruck einer neuen
   Phase der Zusammenarbeit zwischen Nord
   und Süd. In: Lateinamerika, Analysen,
   Daten, Dokumentation, Beiheft Nr. 14. Hg.
   Institut für Iberoamerika-Kunde Hamburg.

LAUTH, H.-J. u. HORN, H.-R. (Hg.) 1995:
   Mexiko im Wandel. Frankfurt.

LEGORRETA, J. 1983:
   El proceso de urbanización en ciudades petro-
   leras. México (Cecodes).

LERDO DE TEJADA, M. ²1967:
   Comercio exterior de México. México
   (Banco Nacional de Comercio Exterior).

LEWIS, O. 1963:
   Die Kinder von Sanchez, Selbstportät einer
   mexikanischen Familie. Düsseldorf u. Wien.

LEZAMA ESCALANTE, C. 1977:
   Estudio comparativo de dos organizaciones
   industriales en el area de Tula, Hgo. México
   (= INAH, Colección Científica 52).

LIEHR, R. 1971:
   Die soziale Stellung der Indianer von Puebla
   während der zweiten Hälfte des 18.
   Jahrhunderts. In: Jb.Gesch.LA 8, S. 74–125.

LOMBARDO DE RUIZ, S. 1973:
   Desarrollo urbano de México-Tenochtitlán
   según las fuentes históricas. México (INAH).

LOMNITZ, L. 1978:
   Mechanism of articulation between
   shantytown settlers and the urban system. In:
   Urban Anthropology 7(1), S. 185–205.

LOMNITZ, L. 1992:
   Die unsichtbare Stadt. Familiäre
   Infrastruktur und soziale Netzwerke im
   urbanen Mexiko. In BRIESEMEISTER u.
   ZIMMERMANN 1992, S. 419–35.

LÓPEZ RANGEL, R. 1987:
   Marginación y vivienda en Guadalajara.
   México (Cecodes).

MAC NEISH, R. S. 1964:
   Ancient Mesoamerican civilisation. In:
   Science 143 (3606), S. 531–537.

MCBRIDE, G.M. ²1971:
   The land system of México. New York
   (= Am. Geogr. Soc. Res. Ser. 12).

MCMAHON, D. F. 1973:
   Antropología de una presa. Los Mazatecos y
   el proyecto del Papaloapan. México (INI).

MAIHOLD, G. 1986:
   Identitätssuche in Lateinamerika: Das
   indigenistische Denken in Mexiko.
   Saarbrücken/Fort Lauderdale

MALINOWSKY, B. u. DE LA FUENTE, J. 1957:
   La economía de un sistema de mercados en
   México. México
   (= Acta Anthropológica, Epoca 2,
   Vol. 1, No. 2).

MANSILLA, H. C. F. 1986:
   Umweltproblematik und
   Fortschrittsideologie in Lateinamerika. In:
   IAA NF 12(3), S. 261–280.

MARTÍNEZ, M. 1959:
   Plantas útiles de la flora mexicana. México.

MARTÍNEZ DEL CAMPO, M. 1985:
   Industrialización en México. Hacia un
   análisis crítico. México (COLMEX).

MELE, P. 1989:
   Procesos de desarrollo espacial de la Ciudad
   de Puebla. In: Rev. Interam. Plan. 22,
   S. 97–125.

MERTINS, G. 1987:
   Probleme der Metropolisierung
   Lateinamerikas. In: GORMSEN U. LENZ 1987,
   S. 155–182.

MIKUS, W. 1986:
   Grenzüberschreitende Verflechtungen im
   tertiären Sektor zwischen USA und Mexiko –
   Das Beispiel Kaliforniens.
   In: Geographica Helvetica 41,
   S. 207–217.

MINELLO, N. 1982:
   Siderúrgica Lázaro Cárdenas-Las Truchas.
   História de una empresa. México
   (COLMEX).

MOLINA, S. 1982:
   Turismo y ecología. México (Trillas).

MOLINA, S., RODRIGUEZ WOOG, M. u.
   CUAMEA, F. 1986:
   Turismo alternativio; un acercamiento
   crítico y conceptual. México (Nuevo
   Tiempo Libre).

MOLS, M. 1981:
   Mexiko im 20. Jahrhundert. Paderborn
   (= Internationale Gegenwart 4).

MOLS, M. u. TOBLER, H.W. 1976:
   Mexiko. Die institutionalisierte Revolution.
   Köln (= Böhlau Politica 1).

MONNET, J. 1989:
   Una escenografía monumental: el Centro
   histórico de la ciudad de México. In:
   Sábado, Suplemento de Unomásuno,
   México, 26. 8. 1989.

MONNET, J. 1990:
   Comercio y centralidad en la ciudad de
   México: una aproximación de las lógicas
   de estructuración espacial. In: Trace 17,
   S. 33–50.

MONNET, J. 1991:
Mexcaltitán, territorio de la identidad
Méxicana: la creación de un mito de origen.
In: Vuelta (México) 171, S. 25–30.

MONNET, J. 1993:
La ville et son double. Images et usages du
centre: La parabole de Mexico. Paris (Nathan).

MONTES DE OCA LUJAN, R. E. u.
ESCUDERO, G. 1981:
Las empresas transnacionales en la industria
alimentaria mexicana. In: Comercio Exterior
31(9), S. 986–1009.

MORENO MEJÍA, S. 1987:
Sistema hidráulico del Distrito Federal. In:
Atlas de la Ciudad de México, S. 183–186.

MOYA RUBIO, V. J. 1984:
La vivienda indígena de México y del
mundo. México (UNAM).

MÜHLENPFORDT, E. 1844:
Versuch einer getreuen Schilderung der
Republik Mejico. (2 Bände) Hannover.

MÜLLER, B. 1983:
Fremdenverkehr und Entwicklungspolitik
zwischen Wachstum und Ausgleich: Folgen
für die Stadt- und Regionalentwicklung in
peripheren Räumen (Beispiele von der
mexikanischen Pazifikküste). Mainz
(= Mainzer Geogr. Stud. 25).

MÜLLER, B. 1984:
Politik mittlerer Zentren in Mexiko: Zur
Umsetzungsproblematik räumlicher
Entwicklungsstrategien. In: Trialog 2/84,
S. 16–20.

MÜLLER, M.J. ³1983:
Handbuch ausgewählter Klimastationen der
Erde. Trier (= Forschungsstelle Boden-
erosion Mertesdorf 5).

MUÑOZ, H. et al 1977:
Migración y desigualdad social en la ciudad
de México. México (UNAM).

MUÑOZ RODRIGUEZ, M. 1990:
Límites y potencialidades del sistema de la
leche en México. In: Comercio Exterior
40(9), S. 886–893.

Nafinsa [Nacional Financiera] 1991:
La economía mexicana en cifras. México.

NEWIG, J. 1977:
Der Schachbrettgrundriß der Stadt Mexiko.
Antikes Vorbild oder indianische Tradition?
In: PM 1977(4), S. 253–263.

NICKEL, H. J. 1978:
Soziale Morphologie der mexikanischen
Hacienda. Wiesbaden (= Das Mexiko-
Projekt der DFG 14).

NOLASCO, M. 1988:
Los indios de México. In: STAVEN-
HAGEN U. NOLASCO (Hg.) 1988, S. 105–123.

NOLASCO, M. 1989:
Los municipios de las fronteras de México
I. Economía y Trabajo. México (Cecodes).

NOLASCO, M., MOLINA, V. u. BRAVO, M. A.
1990: Los municipios de las fronteras de
México III. Población, cultura y sociedad.
México (Cecodes).

NOVELO, V. 1976:
Artesanías y capitalismo en México. México.

NOVELO, V. (Hg.) o. J.:
Arqueología de la Industria en México. México (Museo Nac. de Culturas Pop.).

NUHN, H. 1994:
Maquiladoras in Mexiko – Erfahrungen
mit Lohnveredlungsindustrien 1965–1990.
In. Mainzer Geogr. Stud. 40 (Festschrift für
Erdmann Gormsen), S. 557–72.

OLIVIER, S. R. 1986:
Ecología y subdesarrollo en América Latina.
México (Siglo XXI).

PARRA VAZQUEZ, M. R. 1989:
El subdesarrollo agrícola en los altos de
Chiapas. Chapingo, México (Universidad
Autónoma).

PAZ, O. 1961:
Das Labyrinth der Einsamkeit. Frankfurt.

PENNINGTON, T. D. u. SARUKHAN, J. 1968:
Arboles tropicales de México. México.

PFEIFER, G. 1939:
Sinaloa und Sonora. Beiträge zur Landeskunde und Kulturgeographie des nordwestlichen Mexico. In: Mitt. Geogr. Ges.
Hamburg 46, S. 289–458.

PIETSCHMANN, H. 1972:
Die Einführung des Intendantensystems in
Neu-Spanien. Köln.

POHLE, F. 1992:
Deutschsprachiges Exil in Mexiko. In:
BRIESEMEISTER u. ZIMMERMANN (Hg.) 1992,
S. 781–790.

POPP, K. 1985:
Privatwirtschaftliche Baulanderschließun-
gen (fraccionamientos) im Zuge der
Stadterweiterung mexikanischer Städte,
aufgezeigt am Beispiel der Stadt Puebla/Pue.
In: Erdkunde 39, S. 144–152.

POPP, K. u. TYRAKOWSKI, K. 1977:
Der Caserio Metepec, Atlixco. Zur Ent-
wicklung einer frühen Industriesiedlung in
Mexiko. In: IAA NF 3(3), S. 266–280.

PREM, H. J. u. DYCKERHOFF, U. 1986 (Hg.):
Das alte Mexiko. München.

Primer encuentro nacional de fomento a las agroexportaciones, Septiembre de 1990. Chapingo, México (Uni. Autónoma).

Programa de vivienda 1988. México (SEDUE).

PYLE, J. 1978:
Tianguis: periodic markets of Mexico City. In: SMITH, R. H. T. (Hg.): Periodic markets, hawkers, and traders in Africa, Asia, and Latin America. Vancouver (Univ. of British Columbia), S. 132–142.

QUADRI, G. 1993:
La contaminación atmosférica en la Ciudad de México. México.

RALL, D. und M. 1992:
Deutschland und Mexiko. In: BRIESE-MEISTER u. ZIMMERMANN (Hg.) 1992, S. 755–780.

RAMIREZ, J. C. 1988:
Sonora en el nuevo proyecto expansionista de Estados Unidos: las maquiladoras de exportación y la Ford Motor Co. In: Estudios Demográficos y Urbanos (COLMEX) 3(3), S. 425–452.

RATZEL, F. 1878:
Aus Mexico. Reiseskizzen aus den Jahren 1874 und 1875. Breslau.

REED, K. B. 1972:
El INI y los Huicholes. México (INI).

Renovación habitacional popular en el D. F.; la reconstrucción de vivienda en el centro histórico de la ciudad de México después de los sismos de Septiembre de 1985. Nairobi (United Nations Centre for Human Settlements, Habitat) 1987.

RESTREPO, I. u. PHILLIPS, D. 1985:
La basura: Consumo y desperdicio en el Distrito Federal. México (Cecodes).

Resultados oportunos [del Estado de... Censos económicos]* 1989 (versch. Staaten).

RIBBECK, E. u. TESCHNER, K. 1991:
Straßenhandel in Mexiko-Stadt. In: Trialog 31(4), S. 33–37.

RIDING, A. 1986:
18 mal Mexiko. München/Zürich.

RIVA PALACIO, E. 1987:
Contaminación del ecosistema de la ciudad de México. In: Atlas de la Ciudad de México, S. 229–230.

ROHR, E. 1994:
Katholiken oder Evangelikale? In: Zeitschrift für Lateinamerika Wien, 46/47, S. 79–92.

ROJAS NIETO, J. A. 1990:
El desarrollo industrial reciente: el caso de Aguascalientes. In: El Cotidiano, Revista de la realidad mexicana actual (México), 7(33), S. 3–14.

RUIZ GORRIA, E. 1982:
Perspectiva histórica del petróleo en México. In: El Petróleo en el Mundo 6, México (PEMEX).

SANCHEZ DE CARMONA, L. 1986:
Stadtentwicklung in Mexico-City. Ökologische Probleme und ihre sozialen Auswirkungen. Tendenzen, Perspektiven und Anregungen. In: Eichstätter Beiträge 18, S. 371–394.

SANDER, H. J. 1976:
Sozialökonomische Klassifikation der kleinbäuerlichen Bevölkerung im Gebiet von Puebla-Tlaxcala. Bonn (= Bonner Geogr. Abh. 56).

SANDER, H. J. 1981:
Beziehungen zwischen Tourismus, ländlichem Kunsthandwerk und Agrarstruktur in einigen Dörfern Zentralmexikos. In: Erdkunde 35, S. 201–209.

SANDER, H. J. 1983:
Mexiko-Stadt. Köln (= Problemräume der Welt 3).

SANDER, H. J. 1990:
Umweltprobleme im Hochtal von Mexiko. In: GR 42, S. 328–333.

SANDERSON, S. E. 1986:
The transformation of Mexican agriculture. International structure and the politics of rural change. Princeton.

SANDNER, G. 1992:
Die Territorialgrenze als Trennlinie und Zusammenfassung in Anglo- und Lateinamerika. In: Reinhard, W. u. Waldmann, P. (Hg.): Nord und Süd in Amerika. Freiburg, S. 78–95.

SANDNER, G. u. STEGER, H. A. (Hg.) 1973:
Lateinamerika. Frankfurt (= Fischer-Länderkunde 7).

SANTOS, M. 1979:
The shared space; the two circuits of the urban economy in under-developed countries. London/New York.

SAPPER, K. ²1928:
Mexiko. Land Volk und Wirtschaft. Wien.

SARTORIUS, C. 1961:
Mexico about 1850. Stuttgart.

SAWATZKY, H. L. 1971:
They sought a country. Mennonite coloni-

zation in Mexico. Berkeley/Los Angeles (Univ. of California).

SAYER, C. 1985:
Costumes of Mexico. Austin.

SCHAMP, E. W. (Hg.) 1989:
Der informelle Sektor; geographische Perspektiven eines umstrittenen Konzepts. Aachen.

SCHMIEDEHAUS, W. 1984:
Die Altkolonier-Mennoniten in Mexiko. Bad Kreuznach.

SCHMIDT, G. A. 1925:
Mexiko. Berlin.

SCHMINCKE, H.-U. 1988: Vulkane, Menschen und Umwelt.
In: Praxis Geographie 18(5), S. 27–29.

SCHNEIDER, H. 1979:
Die Landwirtschaft des Valsequillo. München (= Lateinamerika Studien 5).

SCHTEINGART, M. 1989:
Los productores del espacio habitable. México (COLMEX).

SCHURZ, W. L. 1939:
The Manila Galleon. New York.

SCHÜTZ, J. 1992:
Land und Leute Mexiko. München (Polyglott)

Sector alimentario [El sector alimentario en México]* 1990, 1992.

SECTUR (Secretaría de Turismo):
Estadísticas básicas de la actividad turística. México (versch. Jahrgänge).

SEELE, E. 1970:
Jüngere Wandlungen in der Agrarlandschaft im Hochland von Mexiko.
In: DGT Kiel 1969, Wiesbaden, S. 536–568.

SEELE, E. 1981:
Agrarstrukturen im Hochland von Mexiko.
In: Frankfurter Beitr. zur Didaktik d. Geogr. 5, S. 217–230.

SEELE, E. 1986:
Strukturwandlungen in der Agrarwirtschaft im Tal von Tehuacán/Pue. Mexiko.
In: Erdkunde 40, S. 283–293.

SEELE, E. 1988:
Bibliografía: El Proyecto México de la Fundación Alemana para la Investigación Científica. Comunicaciones, Suplemento 11.

Seele, E. 1994:
Periodische Märkte im Hochland von Mexiko; Verbreitung, Stellenwert und Funktion im Raum Puebla-Tlaxcala. In: Mainzer Geogr. Stud. 40 (Festschrift für Erdmann Gormsen), S. 279–294.

SEELE, E. u. WOLF, F. 1976:
Mapas estadísticos de México mediante equipo electronico. Comunicaciones, Suplemento 1.

SEELE, E. u. TYRAKOWSKI, K. u. WOLF, F. 1983: Mercados semanales en la región de Puebla-Tlaxcala/Mex. Comunicaciones, Suplemento 9.

SEELE, E. u. TYRAKOWSKI, K. 1985:
Cuescomate y zencal en la región Puebla-Tlaxcala (Mex.). Comunicaciones, Suplemento 5.

SIMPSON, L.B. ³1961:
Many Mexicos. Berkeley/Los Angeles (Univ. of California).

SITJAR ROUSSERIE, G. u. OSORIO ROMERO, S. 1983:
Una aproximación al enfoque de sistemas de ganadería. In: Economía Mexicana, Sector Agropecuario 1, S. 25–54.

Solidarity in national development 1993. México (SEDESOL).

SOTO MORA, C. 1981:
La agricultura comercial de los distritos de riego en México y su impacto en el desarrollo agrícola. In: Bol. Inst. de Geografía (UNAM) 11, S. 145–182.

SOUTH, R.B. 1990:
Transnational ‚maquiladoras‘ location. In: Annals Association of American Geographers 80, S. 549–570.

SPEHS, P. 1990:
Neue staatlich geplante Badeorte in Mexiko. In. GR 42, S. 34–41.

SPRANZ, B. 1986:
Der Kulturraum. In: PREM u. DYCKERHOFF (Hg.) 1986, S. 290–334.

SPRATLING, W. 1991:
México tras lomita. México (Diana).

STANISLAWSKI, D. 1947:
Early Spanish town planning in the New World. In: Geographical Review 37, S. 94–105.

STAVENHAGEN, R. et al 1964:
Estructura agraria y desarrollo agrícola en México. México (Fondo de Cultura Económica).

STAVENHAGEN, R. et al 1968:
Neolatifundismo y explotación. México (Editorial Nuestro Tiempo).

STAVENHAGEN, R. et al (Hg.) 1970:
Agrarian problems and peasant movements in Latin America. Garden City, New York (Anchor Books).

STAVENHAGEN, R. et al 1988:
Derecho indígena y derechos humanos en América Latina. México (COLMEX).

STAVENHAGEN, R. u. NOLASCO, M. (Hg.) 1988:
Política cultural para un país multiétnico.
México (SEP, Dirección General de Culturas
Populares, COLMEX).

STEVENS, R. L. 1967:
European settlement ventures in the tropical
lowlands of Mexico. In: Erdkunde 21,
S. 259–277.

STORCK, K.-L. 1984:
Die zentralen Orte im Becken von Oaxaca
(Mexiko) während der Kolonialzeit.
München (= Lateinamerika-Studien 16).

STORCK, K.-L. 1986:
Die mexikanische Hacienda am Beispiel des
Beckens von Oaxaca. Ein Beitrag zur Begriffs-
bestimmung. In: Erdkunde 40, S. 271–282.

SUCKE, M. 1991:
Agrosoziale Differenzierung der Region
Teziuteca. Eine regionale Bestandsauf-
nahme während der mexikanischen
Wirtschaftskrise in den 80er Jahren. (Un-
veröff. Diplomarbeit Geographie, Mainz).

SYNNOTT, T. J. 1993:
Forestry subsector study in Mexico. (Unveröff. Bericht).

SZEKELY, M. u. RESTREPO, I. 1988:
Frontera agrícola y colonización. México
(Cecodes).

TAMAYO, J. L. 1962:
Geografía general de México (4 Bände u. 1
Atlas). México.

TERMER, F. 1954:
Die Halbinsel Yucatán. Gotha (= PM Erg.
Heft 253).

TESCHNER, K. 1991:
Nezahualcóyotl und Chalco. Irreguläre
„Großstädte" am Rande der Stadt Mexiko.
In: Trialog 31(4), S. 24–32.

TICHY, F. 1966:
Politischer Umsturz und Kulturlandschafts-
wandel im Hochland von Mexiko.
In: Heidelberger Geogr. Arb. 15, S. 99–114.

TICHY, F. (Hg.) 1968:
Das Mexiko-Projekt der Deutschen Forschungsgemeinschaft I, Berichte über begonnene und geplante Arbeiten. Wiesbaden.

TICHY, F. 1968:
Die Entwicklung der Agrarlandschaften seit
der vorkolumbianischen Zeit. In: TICHY, F.
(Hg.) 1968, S. 145–152.

TICHY, F. 1973:
Die Umweltgestaltung im Hochbecken von
Mexiko in der Sicht Alexander von
Humboldts und die Umweltprobleme der
Gegenwart. In: GZ B 33, S. 334–351.

TICHY, F. 1991:
Die geordnete Welt indianischer Völker.
Stuttgart (= Das Mexiko-Projekt der DFG 21).

TOBLER, H. W. 1992:
Mexiko auf dem Weg ins 20. Jahrhundert.
Die Revolution und ihre Folgen. In: BRIESE-
MEISTER u. ZIMMERMANN (Hg.) 1992, S. 11–31.

TOLEDO, A. 1988:
Energía, ambiente y desarrollo. México
(Cecodes, Serie Medio Ambiente en
Coatzacoalcos 15).

TRABIS, R. 1985:
Industrie et politique à la frontière Mexique-
U.S.A., le cas de Nuevo Laredo. Paris (Cen-
tre National de la Recherche Scientifique).

TRAUTMANN, W. 1975:
Agrarstruktur und rezente Wandlungen in
der Henequen-Landschaft Yucatans. In:
Z.f.W. 6, S. 172–181.

TRAUTMANN, W. 1983:
Der kolonialzeitliche Wandel der Kulturlandschaft in Tlaxcala. Ein Beitrag zur
historischen Landeskunde Mexikos unter
besonderer Berücksichtigung wirtschafts-
u. sozialgeographischer Aspekte. Essen
(= Essener Geogr. Arb. 5).

TROLL, C. u. PAFFEN, K. 1964:
Karte der Jahreszeiten-Klimate der Erde. In:
Erdkunde 18, S. 5–28.

TYRAKOWSKI, K. 1975:
Ländliche Siedlungen im Becken von
Puebla-Tlaxcala (Mexiko) und ihre
Entwicklung im 19. u. 20. Jahrhundert.
Berlin (= Bibliotheca Iberoamericana 21).

TYRAKOWSKI, K. 1982: Aspekte einer
touristischen Inwertsetzung des kirch-
lich-archäologischen Komplexes von San
Miguel del Milagro und Cacaxtla im Staat
Tlaxcala, Mex. In: IAA NF 8, S. 373–402.

TYRAKOWSKI, K. 1986: Zur Entwicklung des
einheimischen Fremdenverkehrs in Mexiko,
dargestellt am Beispiel des Staates Tlaxcala.
In: Erdkunde 40, S. 293–305.

TYRAKOWSKI, K. 1989:
Turismo en la periféria: El caso del Estado
de Tlaxcala. In: Geografía y Desarrollo 2(3),
S. 40–48.

TYRAKOWSKI, K. 1991:
Zur ökologischen Situation der Stadt
Mexiko. In: Geoökodynamik 12(1/2),
S. 139–160.

TYRAKOWSKI, K. 1994:
Wallfahrer in Mexiko. Eine Form
traditionellen Fremdenverkehrs zwischen
„kultischer Ökonomie" und Tourismus. In:
Erdkunde 48, S. 60–74.

UNIKEL, L. et al 1976:
El desarrollo urbano de México: Diagnostico
e implicaciones futuras. México
(COLMEX).
Unternehmerhandbuch Mexiko 1993. Mexiko
(Deutsch-Mexikanische Industrie- und
Handelskammer, CAMEXA).

VARLEY, A. 1989:
Propiedad de la revolución ? Los ejidos en el
crecimiento de la Ciudad de México. In:
Rev. Interam. Plan. 22, S. 125–155.
VLEUGELS, R. M. P. 1991:
Industrial deconcentration and incor-
poration in Central and Northern Mexico.
In: Nijmegen Studies in Development and
Cultural Change (Saarbrücken) 8,
S. 189–209.

WAIBEL, L. 1927:
Die nordwestlichen Küstenstaaten Mexikos.
In: GZ 33, S. 561–576.
WAIBEL, L. 1929:
Die wirtschaftsgeographische Gliederung
Mexikos. In: GZ 35, S. 416–439.
WAIBEL, L. 1933:
Die Sierra Madre de Chiapas. In: Mitt.
Geogr. Ges. Hamburg 43, S. 12–162.
WARD, P.M. 1990:
Mexico City. The production and
reproduction of an urban environment.
London (Belhaven Press).
WARMAN, A. 1975:
El neolatifundismo mexicano; expansión y
crisis de una forma de dominio. In:
Comercio Exterior 25(12), S. 1369–1390.
WENDEL, W. 1977:
El abastecimiento de frutas y verduras en la
Ciudad de Puebla. In: Comunicaciones 14,
S. 47–52.
WENDEL, W. 1978:
El comercio de alimentos de la Ciudad de
Puebla. Consideraciones acerca de una
tipología. In: Comunicaciones 15, S. 21–27.
WENZENS, G. 1974:
Morphologische Entwicklung aus-
gewählter Regionen Nordmexikos unter
besoderer Berücksichtigung des Kalkkru-
sten-, Pediment- u. Poljeproblems.
Düsseldorf (= Düsseldorfer Geogr. Schr. 2).

WEST, R. C. u. AUGELLI, J. P. 1966:
Middle America. Englewood Cliffs N. J.
(Prentice Hall).
WHETTEN, N. L. ²1969:
Rural México. London (Univ. of Chicago
Press).
WHITEFORD, A. H. 1964:
Two cities of Latin America. A comparative
description of social classes. New York
(Anchor Books Doubleday).
WILHELMY, H. 1979:
Karstformenwandel und Landschaftsgenese
der Halbinsel Yucatán. In: Innsbrucker
Geogr. Studien 5, S. 131–149.
WILHELMY, H. 1981:
Welt und Umwelt der Maya. München.
WILHELMY, H. u. BORSDORF, A. 1984:
Die Städte Südamerikas. Teil 1: Wesen und
Wandel. Berlin (= Urbanisierung der Erde
3/1.).

YARZA DE LA TORRE, E. ⁴1992:
Volcanes de México. México (UNAM).
YUSTE LOPEZ, C. 1984:
El comercio de la Nueva España con
Filipinas 1590–1785. México (INAH,
Colección Científica 109).

ZEISSIG, H.R. 1992:
Atemhilfe für Mexiko-Stadt. In: GTZ info
3/92, S. 4–11.
ZIMMERMANN, K. 1992:
Die Sprachensituation in Mexiko. In:
BRIESEMEISTER u. ZIMMERMANN (Hg.) 1992,
S. 333–362.

* Nationale Statistiken; Herausgeber, falls
nicht anders vermerkt,
bis 1982: Dirección General de Estadística,
México D. F.,
bis 1985: INEGI (Instituto Nacional de Estadística, Geografía e Informática), México
D. F.,
ab 1986: INEGI, Aguascalientes.

Sachregister

Dieter Bloch

Mexiko

Fakten, Zahlen, Übersichten

1 Staat und Territorium

Mexiko
Vereinigte Mexikanische Staaten
México
Estados Unidos Mexicanos

Amtliche Sprache: Spanisch

Fahne: Drei vertikale Streifen Grün, Weiß,
Rot, mit dem Staatswappen im weißen
Feld

Währung: 1 Peso (Mex. $) = 100 Centavos

Fläche: 1967183 km²

Lage im Gradnetz:
Nördlichster Punkt: 32°43' n. Br.
(Grenzstein 206 an der USA-Grenze)
Südlichster Punkt: 14°32' n. Br.
(Mündung des Suchiate an der Grenze
zu Guatemala)
Westlichster Punkt:
Festland 117°08' w. L., bei Tijuana
Inseln 118°27' w. L., Insel Guadalupe
Östlichster Punkt: 86°43' w. L.
(Isla Mujeres vor der Küste von Yucatán)
Nord-Süd-Ausdehnung: ca. 3200 km
Ost-West-Ausdehnung: ca. 1200 km
(an der engsten Stelle, am Isthmus von
Tehuantepec, nur etwa 210 km)
Länge der Landgrenzen. 4226 km
USA 3118 km
Guatemala 943 km
Belize 165 km
Länge der Seegrenzen: 10038 km (mit In-
seln)
Stiller Ozean 7427 km
Golf von Mexiko und Karibisches Meer
2611 km
Bevölkerungszahl:
Zählung 1990: 81250000
Schätzung 1995: 89,4 Mill.

Hauptstadt: Ciudad de México

Staatsform, Verwaltungsaufbau und
Verwaltungsgliederung:
Nach der mehrfach geänderten Verfassung von 1917 ist Mexiko eine demokratische Bundesrepublik. An der Spitze
des Staates steht der Präsident, welcher
in direkter Wahl für 6 Jahre bestimmt
wird. Eine Wiederwahl ist nicht möglich. Er ernennt die Mitglieder des
Ministerrats und die höheren militärischen und zivilen Beamten. Im Januar
1993 bestand der Ministerrat aus 22 Mitgliedern. Die Legislative hat ein Zwei-
kammersystem als Grundlage. Das Parlament (Congreso de la Unión) gliedert
sich in die Abgeordnetenkammer (Cámara
de Diputados), die aus 500 für 3 Jahre
gewählten Personen besteht, und den Se-
nat (Cámara de Senadores) mit 64 auf
6 Jahre gewählten Mitgliedern. Jeder
Bundesstaat und der Bundesdistrikt
entsendet 2 Mitglieder.
Der Bundesstaat Mexiko umfaßt 31 Glied-
staaten (Estados) und den Bundesdistrikt
der Hauptstadt (Distrito Federal). Letz-
terer wird von einem durch den Staatspräsidenten ernannten Gouverneur re-
giert, während die einzelnen Staaten ihre
eigene Verfassung haben. Der jeweilige
Gouverneur wird direkt auf 6 Jahre
gewählt und hat als Legislativorgan ein
auf 3 Jahre gewähltes Einkammerpar-
lament. Der Bundesdistrikt ist in 16 Delegaciones, die übrigen Staaten in insgesamt 2378 Municipios unterteilt.
Letztere sind die kleinste Verwaltungs-
einheit und umfassen meistens eine
Reihe von Siedlungen.

Region Staat	Fläche (km^2)	Bevöl- kerung 1990 (1000)	Bevölke- rungsdichte (Ew. /km^2)	Anteil der städtischen Bevölkerung (%)	Hauptstadt
Aguascalientes	5 589	719,7	129	76,5	Aguascalientes
Baja California	70 113	1 660,9	24	90,9	Mexicali
Baja California Sur	73 677	317,8	4	78,3	La Paz
Campeche	51 833	535,2	10	70,0	Campeche
Chiapas	73 887	3 210,5	43	40,4	Tuxtla Gutiérrez
Chihuahua	247 087	2 441,9	10	77,4	Chihuahua
Coahuila	151 571	1 972,3	13	86,1	Saltillo
Colima	5 455	428,5	79	83,3	Colima
Distrito Federal	1 499	8 235,7	5494	99,7	Ciudad de México
Durango	119 648	1 349,4	11	57,4	Durango
Guanajuato	30 589	3 982,6	130	63,4	Guanajuato
Guerrero	63 794	2 620,6	41	52,3	Chilpancingo
Hidalgo	20 987	1 888,4	90	44,8	Pachuca
Jalisco	80 137	5 302,7	66	81,9	Guadalajara
Estado de México	21 461	9 815,8	457	84,4	Toluca
Michoacán	59 864	3 548,2	59	61,6	Morelia
Morelos	4 941	1 195,1	242	85,6	Cuernavaca
Nayarit	27 621	824,6	30	62,1	Tepic
Nuevo León	64 555	3 098,7	48	92,0	Monterrey
Oaxaca	95 364	3 019,6	32	39,5	Oaxaca
Puebla	33 919	4 126,1	122	64,3	Puebla
Querétaro	11 769	1 051,2	89	59,7	Querétaro
Quintana Roo	50 350	493,3	10	73,9	Chetumal
San Luis Potosí	62 848	2 003,2	32	55,2	San Luis Potosí
Sinaloa	58 092	2 204,1	38	64,1	Culiacán
Sonora	184 934	1 823,6	10	79,1	Hermosillo
Tabasco	24 661	1 501,7	61	49,7	Villahermosa
Tamaulipas	79 829	2 249,6	28	81,1	Ciudad Victoria
Tlaxcala	3 914	761,3	195	76,5	Tlaxcala
Veracruz	72 815	6 228,2	86	56,2	Jalapa
Yucatán	39 340	1 362,9	35	78,6	Mérida
Zacatecas	75 040	1 276,3	17	45,9	Zacatecas
Mexiko	1 967 183	81 249,6	41	71,3	Ciudad de México

Tab. A 1: Die Staaten Mexikos

2 Landesnatur

Der Nordteil Mexikos liegt zwischen dem Stillen Ozean und dem Golf von Mexiko und bildet den südlichen Abschluß des nordamerikanischen Kontinents von der Grenze zu den USA bis zum Isthmus von Tehuantepec. Südlich davon beginnt die mittelamerikanische Landbrücke mit der im Nordosten vorgelagerten Halbinsel Yucatán. Landgrenzen bestehen hier zu Guatemala und Belize.

Der Nordteil des Landes ist eine Fortsetzung der nordamerikanischen Kordilleren und besteht im wesentlichen aus einer durch Gebirgsrücken und Becken unterteilten nach Süden hin ansteigenden Hochfläche mit steil nach außen abfallenden Randgebirgen (Sierra Madre Occidental bzw. Oriental). Die Halbinsel Niederkalifornien (Baja California) ist die Fortsetzung der kalifornischen Küstenkordillere und durch den Golf von Kalifornien (Mar de Cortés) vom Festland getrennt. Den südlichen Abschluß der Hochebene bildet die Sierra Neovolcánica mit den höchsten Erhebungen des Staates und zahlreichen, z. T. noch tätigen Vulkanen. An diese schließt sich im Süden die Sierra Madre del Sur an. Jenseits des Isthmus von Tehuantepec folgen die ebenfalls von Vulkanen durchsetzten Gebirgszüge der Sierra Madre de Chiapas. Größere Tieflandsgebiete gibt es nur an den Küsten des Golfes von Mexiko und auf der Halbinsel Yucatán. Die pazifische Küste besitzt nur kleinere Küstenebenen. Der größte Teil des Landes ist stark erdbebengefährdet.

Entsprechend seiner Lage gehört das Land klimatisch in einen Übergangsbereich zwischen dem Winterregenklima Kaliforniens im äußersten Nordwesten über die ganzjährig ariden Subtropen im Bereich des Wendekreises bis hin zu den sommerfeuchten äußeren Tropen im Südosten. Jedoch ist durch die großen Reliefunterschiede und die unterschiedlichen Höhenlagen eine Vielfalt von Klimaregionen zu erkenne, die sich durch differenzierte Temperatur- und Niederschlagsverhältnisse auszeichnen. Man unterscheidet nach Höhenstufen die Tierra Caliente (heiße Zone) an den Küsten mit Mitteltemperaturen von 24 bis 28 °C und geringen jahreszeitlichen und täglichen Temperaturschwankungen, die Tierra Templada (warmgemäßigte Zone), welche ungefähr bis zu einer Meereshöhe von 1800 m reicht und Temperaturen von 18 bis 24 °C aufweist, sowie die Tierra Fría (kühle bis kalte Zone), die ab etwa 3200 m Höhe von der Tierra Helada (Frostzone) abgelöst wird. Die höchsten Erhebungen bilden die vegetationslose Tierra Nevada (Schneezone). In den höheren Zonen sind die Temperaturunterschiede zwischen Tag und Nacht oft beträchtlich.

Die Niederschlagsverteilung in Mexiko ist außerordentlich differenziert. Im Südosten des Landes, in den sommerfeuchten äußeren Tropen, sind 8 bis 10 Monate humid. Der Nordwesten des Landes gehört dagegen zu den ariden Subtropen und dem Winterregenklima Kaliforniens. In den übrigen Gebieten des Staates ist im wesentlichen die Lage zu den Gebirgen mit feuchteren Luvseiten und trockneren Leeseiten von entscheidender Bedeutung. Vor allem an den Küsten des Karibischen Meeres und des Golfes von Mexiko bilden tropische Wirbelstürme (Hurrikane) eine Gefahr.

Die natürliche Vegetation ist abhängig von diesen Klimabedingungen. Sie reicht von Wüsten- und Halbwüstenvegetation über Dornbusch und Trokkenwald mit zahlreichen Agaven- und Kakteenarten, Laub- und Nadelwälder bis zum tropischen Regenwald im Süden.

Außer dem Río Colorado und dem Grenzfluß Río Bravo (Rio Grande) zu den USA hat Mexiko nur einzelne längere Ströme (Río Balsas, Grijalva, Lerma). Ein großer Teil des Landes auf der Hochebene hat keinen Abfluß zu den Ozeanen. Die Flüsse dieser Beckenlandschaften enden meistens in salzigen Endseen (Bolsone).

Station	Geographische Koordinaten		Meereshöhe (m)	Temperaturen mittlere Maxima			Niederschläge (mm)
	Breite (°n. Br.)	Länge (°w. L.)		Jan. (°C)	Juli (°C)	Jahr (°C)	
La Paz	24°09′	110°19′	18	21,8	36,0	29,4	145
Mazatlán	23°14′	106°25′	3	22,4	30,2	26,1	805
Manzanillo	19°03′	104°17′	6	29,2	33,4	31,3	1050
Monterry	25°40′	100°18′	534	18,4	33,6	27,8	718
Ciudad de México	19°26′	99°08′	2309	18,9	25,6	22,2	766
Veracruz	19°11′	96°08′	16	24,5	30,3	31,4	1672
Mérida	20°59′	89°39′	11	28,2	34,6	31,4	930

Tab. A 2: Klimawerte ausgewählter Stationen Mexikos (vgl. auch Abb. 3)

Tab. A 3: Wichtige physisch-geographische Elemente in Mexiko

Berge Name	Staat	Höhe (m)
Pico de Orizaba (Citlaltépetl)	Puebla/Veracruz	5700
Popocatépetl	México/Morelos/Puebla	5452
Iztaccíhuatl	México/Puebla	5286
Nevado de Toluca (Zinantécatl)	México	4680
Malinche (Matlalcuéyetl)	Puebla/Tlaxcala	4461
Nevado de Colima	Jalisco	4330
Cofre de Perote	Veracruz	4200
Tacaná	Chiapas	4117
Telapón	México	4060
Ajusco	Distrito Federal	3930
Tancítaro	Michoacán	3840
Fuego Colima	Colima/Jalisco	3820
El Moro	Nueva León	3710
San Rafael	Coahuila	3700
El Zamorano	Querétaro	3360
Sierra del Epazote	Durango	3200
Grande	San Luis Potosí	3180
La Encantade	Baja California	3078
Santa Genoveva	Baja California Sur	2406

Flüsse Name	Einzugsgebiet Fläche(km²)
Zum Golf von Mexiko	
Río Bravo	241 509*
Conchos	75 802
Salado	65 041
San Fernando	15 640
Soto la Marina	22 600
Pánuco	66 300
Papaloapan	39 189
Coatzacoalcos	21 120
Flußsystem Chiapas-Tabasco	121 930
Mezcalapa	32 360*
Usumacinta	27 680*
Zum Stillen Ozean	
Colorado	11 600*
Concepción-Magdalena	25 440*
Sonora	28 950
Yapuí	72 630
Fuerte	36 275
San Pedro-Mezquital	29 300
Lerma-Santiago	125 370
Balsas-Mezcala	112 320
Verde	18 465
In Binnenbecken	
Casas Grandes	16 600
Nazas	34 580
Aguanaval	20 800

Inseln Name	Fläche (km²)
Pazifik	
Guadalupe	264
Cedros	347
Santa Margarita	220
Islas Revillagigedos	
Socorro	107
Clarión	29
Islas Tres Marias	
María Madre	144
María Magdalena	84
María Cleófas	26
Golf von Kalifornien	
Angel de la Guarda	855
Tiburón	1208
San Estebán	45
San Lorenzo	44
San Marcos	32
Carmen	153
Santa Catalina	40
San José	215
Espíritu Santo	112
Cerralvo	155
Altamura	166
Karibisches Meer und Golf von Mexiko	
Cozumel	490
Cancún	6
Carmen	151

* Mexikanischer Anteil

Stauseen Name	Fluß	Kapazität (Mio. m³)	Zweck
La Angostura	Grijalva	18 500	E, H
Nezahualcóyotl	Grijalva	12 960	E, H, B
El Infiernillo	Balsas	12 000	E,H
Chicoasén	Grijalva	11 883	E
Presidente Alemán	Tonto	9 000	E, H, B
La Amistad	Río Bravo	7 050	E, H, B, T
Miguel de la Madrid Hurtado	Santo Domingo	5 380	E, H
Vicente Guerrero	Soto la Marina	5 283	H, B, T
Falcón	Río Bravo	5 083	E, H, B, T
Alvaro Obregón	Yaquí	4 200	E, H, B
Adolfo López Mateos	Humaya	4 112	E, H, B
Lázaro Cárdenas	Nazas	4 055	B
Miguel Hidalgo	Fuerte	4 030	E, H, B, T

E = Energieerzeugung   B = Bewässerung
H = Hochwasserschutz   T = Trinkwassergewinnung

Wichtigste natürliche Seen: Chapala, Patzcuaro, Cuitzeo

Fortsetzung der Tabelle A 3

3 Landesgeschichte

ca. 20 000 v. Chr.
Eine Sammler- und Jägerbevölkerung lebt im heutigen Mexiko.

ca. 4000 v. Chr.
Beginn des Anbaus von Nahrungsmitteln, Kultivierung des Mais

2500 v. Chr.
Der Ackerbau hat sich weitgehend durchgesetzt.

1200–400 v. Chr.
Olmekische Kultur

um 500
Beginn der Kultur von Teotihuacán

6. Jh.
Blütezeit der klassischen Mayakultur

um 600
Verfall der Macht von Teotihuacán

um 700
Niedergang der Vorherrschaft der Zapoteken

um 800
Beginn der Toltekeninvasion

9. Jh.
Untergang der Stadtstaaten der Mayas

um 1300
Einwanderung der Azteken

1450
Untergang der letzten Maya-Metropole Mayapán

Mitte 14. Jh.
Gründung von Tenochtitlán durch die Azteken

1502–1520
Herrschaft von Moctezuma II.

1517/18
Fernando Hernández de Córdoba und Juan de Grijalva befahren als erste Europäer die Küste von Yucatán

1519
Landung von Hernán Cortés nahe dem heutigen Veracruz

1521
Eroberung von Tenochtitlán durch die Spanier

1525
Hinrichtung von Cuauhtémoc, dem letzten Aztekenherrscher

1535
Errichtung des Vizekönigreiches Neuspanien

1545
Beginn des Silberbergbaus

1552
Gründung der Universität von Mexiko

1609
Gründung von Santa Fe im heutigen Neumexiko

1776
Gründung von San Francisco in Kalifornien

1786
Verwaltungsreform, Errichtung von 12 Intendencias, unterteilt in Partidos bzw. Subdelegaciones, Grundlage der heutigen Verwaltungsgliederung

1810–1821
Unabhängigkeitsrevolution gegen Spanien unter Miguel Hidalgo und José Maria Morelos (1811 Hinrichtung Hidalgos)

1813
Kongreß von Chilpancingo. Verkündung der „Akte der Unabhängigkeit"

1815
Erschießung von Morelos

1821
Vertrag von Córdoba, Erringung der Unabhängigkeit unter Iturbide

1822
Iturbide läßt sich als Agustín I. zum Kaiser krönen

1824
Erschießung Iturbides
Ausrufung der Vereinigten Staaten von Mexiko
Chiapas löst sich von Guatemala und wird Teilstaat Mexikos

1833–1855
Präsident General Santa Anna

1836
Texas erklärt sich unabhängig

1845
Texas wird Staat der USA

1846–1848
Krieg Mexikos gegen die USA

1848
Vertrag von Guadalupe Hidalgo, Abtretung der nördlichen Gebiete Kaliforniens, Neumexikos und Arizonas an die USA

1853
Gadsden Vertrag, Abtretung von Gebieten im Norden an die USA

1857
Demokratische Verfassung

1858–1872
Präsident Benito Juárez

1861–1867
„Mexikanische Expedition Frankreichs

1862
Sieg von General Zaragoza über die Franzosen bei Puebla

1863
Ausrufung der Monarchie

1864
Ausrufung des österreichischen Erzherzogs Maximilian zum Kaiser von Mexiko

1867
Schlacht von Querétaro
Gefangennahme und Erschießung Maximilians

1872
Tod von Juárez

1873
Fertigstellung der Eisenbahn Veracruz–Mexiko

1876–1911
Präsident Porfírio Díaz (mit Unterbrechungen)

1910
Beginn der Revolution gegen Díaz unter Madero, Villa und Zapata

1911
Francisco Madero wird Präsident

1913
Ermordung Maderos

1915–1920
Präsident Venustiano Carranza

1917
Kongreß von Querétaro, neue Verfassung

1919
Ermordung von Emiliano Zapata

1920–1924
Präsident Álvaro Obregón

1923
Ermordung von Francisco Villa

1924–1928
Präsident Plutarco Elias Calles

1928
Ermordung von Obregón

1928–1930
Präsident Emilio Portes Gil

1929
Gründung der Nationalen Revolutionspartei (PNR)

1930–1932
Präsident Pascual Ortíz Rubio

1932–1934
Präsident Abelardo Rodríguez

1934–1940
Präsident Lázaro Cárdenas, Landreform
(20 Mio. ha werden im Ejido-System verteilt), Verstaatlichung von Eisenbahnen
(1937) und Erdölwirtschaft (1938)

1940–1946
Präsident Manuel Avila Camacho, Gründung der Pflichtversicherung für Arbeitnehmer, Eintritt in den Zweiten Weltkrieg
(1942), Umbenennung der PNR in Partido
Revolucinario Institucional (PRI) 1946

1946–1952
Präsident Miguel Alemán Valdés
Beitritt zur Organisation Amerikanischer
Staaten (1948), Ausbau des Tourismus
(z. B. Acapulco), Bau der Universitätsstadt
von Mexiko

1952–1958
Präsident Adolfo Ruíz Cortines

1958–1964
Präsident Adolfo López Mateos, Fort-
führung der Bodenreform, Verstaatlichung
der Telefongesellschaften und der Elektrizitätswirtschaft

1964–1970
Präsident Gustavo Díaz OrdazEröffnung
der ersten Metro-Linie in México

1968
„Trauma von Tlateloco" (Erschießung von
hunderten von Demonstranten auf dem
Platz der Drei Kulturen)

1968
Olympische Spiele in México

1970
Fußballweltmeisterschaft in México und
anderen Städten

1970–76
Präsident Luis Echeverría
Entwicklung von Cancún zum Touris-
muszentrum

1976–82
Präsident José López Portillo
Wirtschaftskrise, Verstaatlichung der Banken

1982–1988
Präsident Miguel de la Madrid
Gründung der Oppositionspartei Partido de
la Revolución Democrátiaca (PRD)

1988–1994
Präsident Carlos Salinas de Gortari
Neues Wahlgesetz (1990)
Indianeraufstand der „Zapatistas" in Chiapas

1994
Präsident Ernesto Zedillo Ponce de León

4 Bevölkerung und Siedlungen

Mexiko ist mit seinen zur Zeit etwa 89 Millionen Einwohnern das größte spanisch sprechende Land der Erde und liegt nach Brasilien hinsichtlich seiner Einwohnerzahl in Lateinamerika auf Platz 2.

Die seit 1900 im regelmäßigen Abstand von zehn Jahren durchgeführten Volkszählungen ergaben für diese Zeit einen Anstieg der Einwohner auf etwa das sechsfache. In den letzten Jahren hat sich zwar die Geburtenrate stark vermindert (1975 = 44,6%, 1990 = 26,0%), aber vor allem durch verbesserte hygienische und medizinische Bedingungen fiel in dieser Zeit sowohl die Sterberate (von 10,1% auf 5,2%) als auch die Säuglingssterblichkeit (von 66,5% auf 23,8%). So senkte sich die jährliche Zuwachsrate der Bevölkerung zwar von 3,8% auf 2,2%, aber auch diese Zahl ist noch relativ hoch, so daß man auf eine Verdoppelung der Bewohner in 27 Jahren kommt und für das Jahr 2000 über 100 Millionen Einwohner annehmen kann.

Der Anteil der Bewohner unter 15 Jahre fiel zwar von 46,2% 1970 auf 37,2% 1990, ist aber wie in anderen Schwellenländern relativ hoch. Der Teil der Bevölkerung über 60 Jahre blieb in diesem Zeitraum mit 5,7% gleich, die Lebenserwartung stieg von 58 auf 66 Jahre bei Männern und von 61 auf 73 Jahre bei Frauen.

Obwohl über 90% der Einwohner nur Spanisch sprechen ist der Anteil derjenigen, die indianische Sprachen nutzen, mit 7,5% bedeutend. Es bestehen immer noch über 50 altmexikanische Sprachen, die zu 25 Sprachfamilien und 6 Großgruppen zusammengefaßt werden. Die wichtigste ist das zur utoaztekischen Gruppe gehörende Nahuatl der Azteken. Zu den Otomangue-Sprachen gehören die Otomi, Mixteken und Zapoteken. Eine andere Sprachgruppe bilden die Maya und die mit diesen verwandten Huaxteken und Totonaken.

Entsprechend den natürlichen Bedingungen im Lande ist die Bevölkerungsverteilung sehr unterschiedlich. Neben dem Distrito Federal mit über 5000 Ew./km^2 sind vor allem die Staaten des zentralen Hochlandes dichter besiedelt (México 457, Morelos 242 und Tlaxcala 195 Ew./km^2). Das andere Extrem bilden die Staaten Baja California Sur mit 4,3, Quintana Roo mit 9,8, Sonora mit 10,0 und Campeche mit 10 Ew./km^2. Innerhalb der einzelnen Staaten sind die Unterschiede in der Bevölkerungsdichte noch größer. Zwischen den Staaten gibt es bedeutende Binnenwanderungen. Der Zuzug erfolgt vor allem nach den wirtschaftlich entwickelteren großen städtischen Ballungsgebieten, den Grenzgebieten zu den USA (Tijuana, Mexicali, Ciudad Juárez) und den neuen Tourismuszentren (Cancún). Die Agglomeration von México-Stadt gehört mit Tokio und New York zu den größten der Welt. Neben den drei Millionenstädten Guadalajara, Monterrey und Puebla besitzen noch weitere 11 über 500 000 Einwohner und die Zahl der Siedlungen zwischen 500 000 und 100 000 beträgt über 70. Der Anteil der städtischen Bewohner, d. h. in Siedlungen mit mehr als 2500 Ew. (von denen die meisten eigentlich Dörfer sind) liegt im Distrito Federal bei fast 100% in Baja California bei über 90% und in

354

Chiapas nur noch bei 40%. Ein beträchtlicher Teil der Einwohner lebt auch heute noch in kleineren ländlichen Siedlungen. So hatten von 156 600 Orten (1990) insgesamt 108 300 unter 100 Einwohner. Etwa 90% der Bevölkerung bekennen sich zur Römisch-Katholischen Kirche, ungefähr 5% sind Protestanten.

Tab. A 6: Wichtige Indianersprachen in Mexiko 1990

Sprache	Anzahl (1000) Schätzung 1992
Nahuatl (Aztekisch)	1514
Maya (Yucateken)	895
Zapoteken	495
Mixteken	486
Otomí	360
Tzeltal	334
Tzotzil	296
Totonaken-Tepehua	274
Mazateken-Populuca	247
Mixe-Zoque	173
Mazahua	169
Huaxteken	153
Chinanteken	137
Tarahumara	69
Chontal	47
Cora-Huichol	40

Jahr	Bevölkerung
1790	4636
1803	5765
1810	6122
1820	6204
1831	6382
1842	7016
1854	7853
1861	8174
1871	9176
1882	10002
1895	12632
1900	13607
1910	15160
1921	14335
1930	16553
1940	19654
1950	25791
1960	34923
1970	48225
1980	66847
1990	81250

Auszug aus Tab. 1

Tab. A 4: Bevölkerungsentwicklung Mexikos 1790–1990

	1970	%	1990	%
Bevölkerung über 4 Jahre	40 057 728	100,0	70 562 202	100,0
Indian. Sprachkenntnisse insgesamt	3 111 415	7,8	5 282 347	7,5
mit span. Sprachkenntnissen	2 251 561	5,6	4 237 962	6,0
ohne span. Sprachkenntnisse	859 854	2,1	836 224	1,2
Nicht spezifiziert	–	–	208 161	0,3
Keinen indian. Sprachkenntnisse	36 946 313	92,2	64 104 668	90,8
Ohne Angabe	–	–	1 175 187	1,7

Quelle: Censo 1990 = Tab. 2 dieses Buches

Tab. A 5: Indianische Sprachkenntnisse in Mexiko 1970 und 1990

Altersstruktur 1990				
Altersgruppe Jahre	männlich		weiblich	
	Anzahl (1000)	Anteil (%)	Anzahl (1000)	Anteil (%)
0–4	5 160,0	6,4	5 035,2	6,2
5–9	5 338,3	6,6	5 223,9	6,4
10–14	5 230,7	6,4	5 158,4	6,4
15–24	8 498,0	10,4	8 995,5	11,1
25–34	5 629,3	6,9	6 162,9	7,6
35–44	3 915,6	4,8	4 161,3	5,1
45–54	2 614,5	3,2	2 751,2	3,4
55–64	1 688,8	2,1	1 817,0	2,2
65–74	961,7	1,2	1 049,0	1,3
75–84	457,6	0,6	535,1	0,6
über 84	159,5	0,2	214,0	0,3
unbekannt	240,0	0,3	252,2	0,3
gesamt	39 894,0	49,1	41 355,7	50,9

Geschlechtsverteilung 1990
    Männlich 49,1%
    Weiblich 50,9%

Bevölkerungsverteilung Stadt/Land 1990
    Städtisch 71,3%
    (d. h. in Gemeinden mit mehr als 2500 Ew.)
    Ländlich 28,7%

Lebensstatistiken 1990
    Geburtenrate pro 1000 Ew. 26,0
    Sterberate pro 1000 Ew. 5,2
    Natürlicher Zuwachs pro 1000 Ew. 20,8
    Kindersterblichkeit pro 1000 Geburten 23,8
    Lebenserwartung bei Geburt 1990
        Männlich 66,5 Jahre
        Weiblich 73,1 Jahre

Anzahl der Haushalte 17 152 000

Tab. A 7: Bevölkerungsstruktur Mexikos

356

Siedlungsgröße	Anzahl	Einwohner 1990 (1000)	Anteil (%)
unter 100	108307	2190,3	2,7
100–999	40759	13682,8	16,9
1000–2499	4950	7416,7	9,1
2500–4999	1364	4647,6	5,7
5000–9999	609	4226,3	5,2
10000–19999	293	4086,0	5,0
20000–49999	167	5075,2	6,3
50000–99999	55	3854,9	4,8
100000–499999	77	18233,3	22,4
500000–999999	14	8878,1	10,9
über 1 Million	7	8958,4	11,0
Ein Teil der Siedlungen ist Bestandteil von Munizipien bzw. Agglomerationen			
Gesamt	156002	81249,6	100

Tab. A 8: Siedlungen Mexikos nach Größenklasse

(nach der offiziellen Definition gelten in Mexiko Siedlungen mit mehr als 2500 Ew. als Städte)

Name	Einwohnerzahl 1990 (1000)
Ciudad de México*	15048
Guadalajara*	2870
Monterrey*	2270
Puebla*	1279
León	920
Torreón	792
Ciudad Juárez	790
Tijuana*	745
San Luis Potosí*	659
Toluca*	604
Mérida*	592
Zamora*	550
Chihuahua*	531
Tampico*	516
Acapulco	515
Veracruz*	473
Querétaro*	456
Aguascalientes	440
Mexicali	438
Coatzacoalcos*	

(mit Minatitlán)	429
Morelia	428
Saltillo	421
Culiacán	415
Hermosillo	406
Cuernavaca	383
Durango	349
Jalapa*	325
Tuxtla Gutierrez	290
Matamoros	266
Reynosa	266
Irapuato	265
Mazatlán	263
Monclova*	263
Villahermosa	261
Ciudad Obregón	220
Nuevo Laredo	218
Oaxaca*	216
Celaya	215
Tepic	207
Ciudad Victoria	195
Uruapan	188
Orizaba*	179
Pachuca	174
Ensenada	169
Cancún	168
Córdoba*	168
Los Mochis	163
Poza Rica	152
Campeche	151
Tapachula	139
Tehuacán	139
La Paz	138
Salamanca	123
Colima*	117
Zacatecas	115
Cuautla	110
Nogales	106
*Metropolitanzone (Agglomeration)	

Tab. A 9: Die größten Städte Mexikos

5 Wirtschaft

Obwohl im primären Wirtschaftsbereich die Land- und Forstwirtschaft sowie der Fischfang nur etwa ein Elftel zum Bruttoinlandsprodukt beitragen, ist ungefähr die Hälfte der Bevölkerung Mexikos von diesen Zweigen abhängig.

Der Anbau von Agrarprodukten ist vor allem von den klimatischen Bedingungen abhängig. Dabei bedingen die jährlich sehr unterschiedlichen Witterungsverhältnisse stark schwankende Erträge. Wichtige Erzeugnisse für den inländischen Verbrauch sind Mais, Weizen, Reis, Hülsenfrüchte (vor allem Braune Bohnen) sowie eine Vielzahl verschiedenster Obst- und Gemüsearten (einschließlich Kartoffeln). In vielen Gebieten ist der Anbau nur bei künstlicher Bewässerung möglich, die etwa auf einem Viertel der Anbaufläche erfolgt. Für den Export bestimmte Erzeugnisse sind hauptsächlich Kaffee, Baumwolle, Tabak sowie diverse Obst- und Gemüsearten. Etwa die Hälfte der Nutzfläche gehört zu Großbetrieben mit mehr als 5000 ha. Neben diesen gibt es eine Vielzahl von Betrieben zwischen 5 und 1000 ha, doch die Masse der Landwirte hat weniger als 5 ha Boden zur Verfügung. Sie besitzen insgesamt nur knapp 5% der Bodenfläche. Eine besondere, durch die Landreformen entstandene Besitzform stellen die „Ejidos" da, wo der Boden dem Staat gehört, den eine Gemeinschaft individuell oder genossenschaftlich nutzt. Obwohl der Staat durch unterstützende Programme versucht, die Erzeugung von Grundnahrungsmitteln zu erhöhen, sind immer noch Importe notwendig, um die Versorgung der Bevölkerung mit Lebensmitteln zu sichern.

Die Viehwirtschaft erfolgt zum bedeutenden Teil auf Weiden in den subariden Gebieten. In den letzten Jahrzehnten wurde aber die Rindermast im Golfküstentiefland auf Kosten des Tropenwaldes stark ausgeweitet und trägt zum Export bei. Eine gewisse Bedeutung für den Export hat die Gewinnung von Bienenhonig.

Auf Grund der geographischen Unterschiede sind in Mexiko fast alle Waldtypen vertreten. So bestehen an den Küsten Mangrovenwälder und Kokospalmenhaine, im tropischen Tiefland immerfeuchte Regenwälder, die nach Norden immer mehr in trockene Vegetationsformationen übergehen. Im Hochland herrschen Laub- und Nadelmischwälder vor, die aber einer fortschreitenden Rodung unterliegen. Eine geregelte Forstwirtschaft ist jedoch noch kaum entwickelt.

Trotz der großen Küstenlänge ist der Fischfang gering entwickelt. So werden zum Beispiel die großen Bestände im Stillen Ozean um die Halbinsel Niederkalifornien nur ungenügend genutzt. Über 70% aller Fangmengen kommen aus dem pazifischen Bereich, während der karibische Raum nur 20% beiträgt. Der Rest ist der Binnenfischerei vorbehalten.

Mexiko ist hinsichtlich seiner Bodenschätze eines der reichsten Länder der Erde. Es besitzt außerordentlich vielfältige und umfangreiche Vorkommen. Größte Bedeutung hat die Förderung von Erdöl und Erdgas, bei der Mexiko mit an der Spitze aller lateinamerikanischen Staaten liegt. Aber auch die Gewinnung von Metallerzen (Silber, Antimon, Blei, Eisen, Mangan, Zink, Wismut, Quecksilber) und anderen Mineralien (Schwefel, Graphit, Baryt,

358

Fluorit) hat das Land weltweit in Spitzenpositionen gebracht.

Die Erzeugung von Elektroenergie erfolgt überwiegend in Wärmekraftwerken, in zunehmendem Maße aber auch in Wasserkraftwerken. Zu einem geringen Teil tragen geothermische Kraftwerke zur Produktion bei; ihr Anteil soll erhöht werden. Die Elektroenergieerzeugung aus Kernkraft spielt nur eine untergeordnete Rolle. Gegenwärtig sind ungefähr 90% der Einwohner des Landes an die Elektroenergieversorgung angeschlossen.

Im produzierenden Gewerbe sind Industriezentren vor allem die Hauptstadt, Monterrey, Guadalajara und einige andere Standorte. Der Staat fördert aber auch die Ansiedlung von Industrien in anderen Gebieten mit dem Ziel einer Dezentralisierung. Wichtigster Industriezweig ist die Petrochemie auf Grundlage von einheimischen Erdöl und Erdgas. Weitere bedeutende Industriezweige sind die Produktion von Nahrungsmitteln, Textilien, Metallerzeugnissen, Maschinen, Fahrzeugen und elektrotechnischen Er-zeugnissen. Große Bedeutung hat ebenfalls die Bauwirtschaft. Zu erwähnen ist auch die Lohnfertigung in sogenannten „Maquiladoras", in denen ausländische Unternehmen das niedrige Lohnniveau Mexikos nutzen, um in Tochterfirmen, vor allem an der USA-Grenze, industrielle Halb- und Fertigerzeugnisse zu produzieren.

Der ausländische Tourismus ist für Mexiko ein wichtiger Devisenbringer. Ziel der Besucher sind vor allem die Seebäder an der pazifischen (Acapulco) und karibischen (Cancún) Küste sowie interessante Landschaften und die Zeugnisse präkolumbischer Kulturen.

Bevölkerung über 12 Jahre 55 913 800
Männer 27 084 200 = 48,4%
Frauen 28 829 600 = 51,6%

Erwerbspersonen 24 063 300 = 43,0%
Männer 18 418 700 = 32,9%
Frauen 5 644 600 = 10,1%

Beschäftigte 23 403 400 = 41,9%
Männer 17 882 100 = 32,0%
Frauen 5 521 300 = 9,9%

Beschäftigte 23 403 400 = 100%
davon in
Landwirtschaft und Fischfang 22,6%
Bergbau 1,1%
Produzierendem Gewerbe 19,9%
Bauwirtschaft 6,7%
Verkehr und Nachrichtenwesen 4,5%
Handel 13,3%
Finanzen 1,5%
Verwaltung, Verteidigung 4,0%
Dienstleistungen, Tourismus 22,9%
sonstigem 3,5%

Tab. A 10: Beschäftigungsstruktur Mexikos 1990

Tab. A 11: Entstehung des Bruttoinlandsproduktes Mexikos

Bruttoinlandsprodukt
1991: 282,526 Mio. US-$
Schätzung 1993: 366,8 Mio. Us-$
1990: 852,783 Mio. Mex.-$

davon in
Landwirtschaft 8,9%
Bergbau 2,3%
Produzierendem Gewerbe 22,2%
Bauwirtschaft 3,9%
Verkehr und Nachrichtenwesen 8,4%
Handel 26,7%
Finanzen 11,6%
Dienstleistungen 15,7%
sonstigem 0,3%

359

Bergbau

Produkt	Einheit	Menge
Erdöl (1990)	Mio. t	150
Erdgas (1990)	Mrd. m^3	27
Bitumenkohle	1000 t	4790
Eisen (63% Fe)	1000 t	6390
Mangan	t	79206
Antimon	t	2752
Molybdän	t	2597
Kadmium	t	1253
Wismut	t	651
Wolfram	t	194
Arsen	t	4972
Quecksilber (1990)	t	345
Zink	t	301685
Kupfer	t	267039
Blei		158831
Silber	t	2207
Gold	kg	8045
Schwefel	1000 t	1792
Fluorit	1000 t	324
Baryt	1000 t	192
Graphit	t	30165

Tab. A 12: Wichtige Bergbauprodukte
Mexikos 1991
(bei Metallen = Metallgehalt)

Energiewirtschaft

Elektrizitätserzeugung 126958 Mill. Kwh
davon für öffentliche Versorgung 118408

Wärmekraftwerke 86997 = 73,5%
Wasserkraftwerke 21734 = 18,4%
Geothermische Kraftwerke 5435 = 4,6%
Kernkraftwerke 4242 = 3,5%

Tab. A 13: Elektrizitätserzeugung in Mexiko
1991

Industrie und Verarbeitendes Gewerbe

Insgesamt 100%
Lebensmittel, Getränke 22,2%
Textilien, Bekleidung 4,1%
Holz 0,5%
Papier, Druckerzeugnisse 4,1
Chemie 19,9%
Nichtmetallmineralien 5,8%
Metallgrundstoffe 10,9%
Metallverarbeitung, Maschinen 32,2%
Sonstige 0,3%

Tab. A 14: Wert der mexikanischen
Industrieproduktion nach
Branchen 1991

Tab. A 15: Produktion ausgewählter
Erzeugnisse des Verarbeitenden
Gewerbes von Mexiko 1990

Erzeugnis	Einheit	Menge
Motorenbenzin	1000 t	20533
Heizöl, leicht	1000 t	13038
Heizöl, schwer	1000 t	23943
Roheisen	1000 t	3840
Rohstahl	1000 t	8220
Kupfer	1000 t	131
Blei	1000 t	169
Zink	1000 t	108
Zement	1000 t	18400
Stickstoffdünger	1000 t	4133
Chemiefasern	1000 t	414
Personenkraftwagen	1000	346
Lastkraftwagen	1000	196
Weizenmehl	1000 t	2513
Zucker, raffiniert	1000 t	3406
Butter	1000 t	34
Käse	1000 t	144
Kopra	1000 t	173

Land- und Fortstwirtschaft

Anteil an der Fläche
Wald 22,3%
Ackerbau und Dauerkulturen 13,0%
Weiden 39,0%
Sonstiges 25,7%

Tab. A 16: Landnutzung in Mexiko 1990

Tab. A 17: Ernteflächen und Ertrag ausgewählter landwirtschaftlicher Erzeugnisse Mexikos 1991

Frucht	Erntefläche (100 ha)	Ertrag (1000 t)
Mais	6947	14 252
Hirse (Sorghum)	1381	4 308
Weizen	984	4 061
Bohnen	1989	2 828
Soja	342	919
Gerste	284	580
Reis	85	347
Baumwollsaat	249	307
Sesam	72	37
Melonen	52	645
Weintrauben	46	530
Äpfel	58	527
Erdbeeren	8	88
Apfelsinen	183	2 369
Zitronen	74	717
Mandarinen	7	88
Bananen	74	1 889
Mangos	115	1 118
Ananas	7	299
Avocados	83	780

Tab. A 18: Viehbestand in Mexiko 1991

Name	Bestand (1000)
Rinder	31 823
Schweine	15 902
Ziegen	10 722
Schafe	6 003
Geflügel	246 961

Erzeugnis	Menge (100 t)
Schlachtrinder	1 188,7
Schlachtschweine	811,9
Milch	6847,8
Eier	1141,4
Honig	69,5
Wolle	5,2
Schlachtgeflügel	857,9

Tab. A 19: Produktion ausgewählter tierischer Erzeugnisse in Mexiko 1991

Tab. A 20: Forstwirtschaft Mexikos 1991

Holzproduktion 7 683 000 m³ Nutzholz
nach Baumarten
Kiefer 83,8%
Tannen und andere Nadelbäume 3,9%
Eichen 5,0%
andere Laubbäume 2,0%
Tropische Edelhölzer 0,5%
andere tropische Bäume 4,8%
nach Verwendung
Bau- und Möbelholz 70,2%
Zellulose 21,2%
Pfosten 1,3%
Eisenbahnschwellen 1,5%
Feuerholz 5,8%
sonstige Forstprodukte
Harze 29 797 t
Wurzeln 1391 t
Chicle 2799 t
Wachse 1953 t
Naturkautschuk 457 t

Fischerei

```
Fangmenge insgesamt 1 293 635 t

davon für direkten Verbrauch 905 423 t
darunter Thunfisch 119 561 t
         Mojarra 82 107 t
         Sardinen 76 197 t
         Karpfen 27 509 t
         Heilbutt 14 480 t
         Sägefisch 13 697 t
         Hausen 12 197 t
         Jaiba 10 220 t
         Garnelen 50 231 t
         Austern 38 181 t
         Tintenfisch 16 809 t
         andere Muscheln 13 541 t

davon für indirekten Verbrauch 342 358 t
darunter Industriesardinen 308 087 t
         Industrieanchovis 8821 t
davon für Industrieverbrauch 45 854 t
darunter Algen und Tang 43 341 t
```

Tab. A 21: Fischfang Mexikos 1991

Tourismus

```
Anzahl der Beherbergungsbetriebe
mit internationalem Standard 7984
davon Luxushotels 58
       Fünfsternehotels 141
       Viersternehotels 395
       Dreisternehotels 775
       Zweisternehotels 1185
       Einsternehotels 1027

Anzahl der Zimmer 333 547
davon in Luxushotels 16 505
       Fünfsternehotels 32 991
       Viersternehotels 44 827
       Dreisternehotels 43 433
       Zweisternehotels 44 875
       Einsternehotels 32 896

Anzahl der Auslandsgäste 6 393 000
davon aus den USA 85,0%
auf dem Luftweg 67,5%
auf dem Landweg 32,5%

Deviseneinnahmen aus dem Tourismus
(1992) 6641 Mill. US-$
```

Tab. A 22: Tourismus in Mexiko 1990

Außenhandel

```
Export 46,2 Mrd. US-$

nach Warengruppen (%)
Land-, Forstwirtschaft, Fischerei 7,8
Bergbau 28,3
  davon Erdöl und Erdgas 26,9
Verarbeitendes Gewerbe 63,5
  davon Lebensmittel und Getränke 4,1
Textilien und Leder 3,2
Chemieprodukte 11,5
Eisen, Stahl und andere Metalle 6,3
Kraftfahrzeuge 22,0
Elektrische Apparate 4,4
Holz 0,8
Papier 0,8

nach Ländergruppen (%)
Nordamerika 71,5
Lateinamerika 10,1
EG-Staaten 11,8
  davon Deutschland 1,8
EFTA-Staaten 0,9
Japan 3,2
andere 2,5
```

```
Import 62,1 Mrd. US-$

nach Warengruppen (%)
Land-, Forstwirtschaft, Fischerei 5,8
Bergbau 1,1
Verarbeitendes Gewerbe 92,5
  davon Lebensmittel und Getränke 6,8
Textilien und Leder 4,1
Chemieprodukte 15,2
Eisen, Stahl und andere Metalle 6,7
Kraftfahrzeuge 18,0
Elektrische Apparate 10,4
Holz 0,9
Papier 3,3

nach Ländergruppen (%)
Nordamerika 65,2
Lateinamerika 4,9
EG-Staaten 14,8
  davon Deutschland 3,0
EFTA-Staaten 2,1
Japan 6,3
andere 6,7
```

Tab. A 23: Außenhandel Mexikos 1992

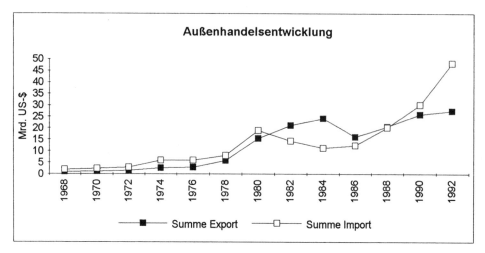

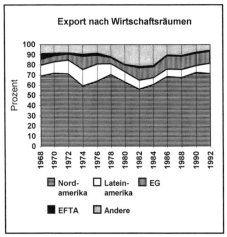

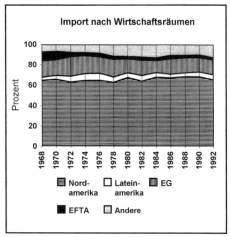

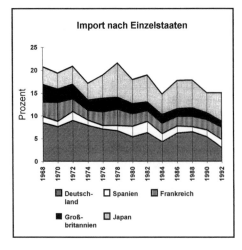

Programmierung: K.-P. Herr

Abb. 73: Außenhandel Mexikos 1968–1992

6 Verkehr und Nachrichtenwesen

Die Struktur des mexikanischen Verkehrswesens wird durch die Größe des Landes und die natürlichen geographischen Bedingungen, vor allem die großen Reliefunterschiede oft auf engstem Raum, bestimmt. Die Dichte des Verkehrsnetzes entspricht den Siedlungs- und Wirtschaftsstrukturen. Historisch gesehen, löste im vorigen Jahrhundert die Eisenbahn die vorher vorhandenen schwierigen und ungenügenden Verkehrsverhältnisse ab, obwohl die Linien ohne einheitliche Planung und mit unterschiedlichen Zielsetzungen und Spurweiten gebaut wurden. Das heutige Eisenbahnnetz hat fast ausschließlich die Normalspur von 1435 mm Breite. Seine Bedeutung geht allerdings zurück. Auf einigen Strecken findet nur noch Güterverkehr statt. Die Eisenbahnen befinden sich im staatlichen Besitz der „Ferrocarriles Nacionales de México". In der Stadt México besteht ein Metrosystem, in Guadalajara und Monterrey gibt es Nahverkehrslinien.

Im Personen- und Güterverkehr hat die Beförderung auf den Straßen den Eisenbahntransport weit überholt. Ein in seiner Netzdichte zwar unterschiedliches, aber insgesamt gut ausgebautes System von Straßen aller Art, von mehrspurigen Autobahnen bis zu Schotterstraßen, ermöglicht das Erreichen fast aller Siedlungen ohne Probleme, auch durch staatliche oder private Busunternehmen. Die Anzahl der Personen-, Lastkraftwagen und Omnibussen ist stark angestiegen und hat eine Fahrzeugdichte erreicht, die zwar regional unterschiedlich ist, aber insgesamt sehr hoch und teilweise europäischen Verhältnissen gleichkommt.

Den großen Entfernungen innerhalb des Landes entsprechend hat auch der Flugverkehr eine zunehmende Bedeutung. Es bestehen 44 internationale und 38 nationale Flughäfen für den Linienverkehr. Daneben gibt es zahlreiche Flugplätze und Pisten für interne Flüge.

Entsprechend der langen Küstenlinien bestehen etwa 40 Seehäfen, von denen auf der atlantischen Seite Tampico, Tuxpán, Veracruz, Coatzacoalcos, und El Carmen, auf der pazifischen Isla de Cedros, Santa Ro-salia, Guaymas, Mazatlán, Manzanillo, Lázaro Cárdenas und Salina Cruz größere Bedeutung im internationalen Güterverkehr haben, während für die Personenbeförderung die Fährverbindungen über den Golf von Kalifornien bzw. zu den Inseln vor der karibischen Küste wichtig sind.

Das Nachrichtenwesen ist insgesamt gut ausgebaut. Obwohl zur Zeit über 80% der Einwohner Zugang zu privaten oder öffentlichen Telefonen haben, ist sowohl die Erhöhung der Zahl der Anschlüsse als auch die Verbesserung der technischen Verhältnisse geplant. Radio und Fernsehen sind ähnlich wie in den USA ausschließlich in privater Hand. Sie finanzieren sich allein durch Werbung.

Streckenlänge 26 334 km

Fahrzeugbestand
Diesellokomotiven 1700
Personenwagen 1289
davon
  1. Klasse 494
  2. Klasse 187
Schlafwagen 155
Güterwagen 44 003
davon
  Tankwagen 1606
  Kühlwagen 336

Beförderungsleistungen
Fahrgäste 14,9 Mio.
Fracht 46,9 Mio. t

Tab. A 24: Eisenbahnverkehr in Mexiko 1991

Tab. A 25: Straßenverkehr in Mexiko 1991

Straßenlänge
Hauptstraßen 48 485 km
  davon 96% mit fester Decke
Nebenstraßen 61 108 km
  davon 60% mit fester Decke
Ortsverbindungen, Landstraßen 131 369 km
  davon 2% fester Decke

Fahrzeugbestand
Personenkraftwagen 7 053 000
Lastkraftwagen 3 248 000
Omnibusse 98 000
Motorräder 262 000

Öffentlicher Personenverkehr
Anzahl der überreginal konzessionierten
Unternehmen 1124
Fahrzeuge 39 385
  davon Omnibusse 33 022
Fahrgäste 2036 Mio.

Öffentlicher Güterverkehr
Fahrzeuge 277 000
Fracht 327,8 Mio. t

Gesamtlänge der Leitungen 29 744 km
davon
  Erdölleitungen 5142 km
  Erdgasleitungen 13 087 km
  Mehrzweckleitungen 9962
  sonstige Leitungen 1553

Tab. A 26: Rohrfernleitungen in Mexiko 1991

Tab. A 27: Luftverkehr Mexikos 1991

Anzahl der Landeplätze 2426
davon
  internationale Flughäfen 44
  nationale Flughäfen 38
  Flugplätze 2344

Anzahl der Fluggäste
Ankunft 16,6 Mio.
  davon 26% in internationalen Flügen
Abflug 16,3 Mio.
  davon 28% in internationalen Flügen

Fracht
Ankunft 355 000 t
  davon 65% in internationalen Flügen
Abflug 327 000 t
  davon 34% in internationalen Flügen

Schiffsbestand über 100 BRT
Anzahl 649
   davon Tanker 35
Tonnage 1 195 500 BRT
   davon Tanker 507 500

Passagiere (einschließlich internationale Fahrten)
Einsteiger 3 144 000
davon
   international 34%
   Pazifikküste 44%
   Golf- und Karibikküste 56%
Aussteiger 3 145 000
davon
   international 34%
   Pazifikküste 44%
   Golf- und Karibikküste 56%

Frachtverkehr
Einladung 128,0 Mio. t
davon
   international 73%
   Pazifikküste 33%
   Golf- uns Karibikküste 67%
Ausladung 52,5 Mio. t
davon
   international 35%
   Pazifikküste 53%
   Golf- und Karibikküste 47%

Tab. A 28: Schiffsverkehr Mexikos 1991

Post
Anzahl der Poststellen 7056
Beschäftigte 26 900
Beförderte Stücke 846 Mill.

Tageszeitungen
Anzahl 392
Auflage 1 1256 000

Radio
Sender mit Lizenz 974
Empfänger 16 325 000

Fernsehen
Sender mit Lizenz 690
Empfänger 12 350 000

Telefon
Orte mit Anschluß 7738
Anzahl der Gesellschaften 2
Beschäftigte 53 900
Anzahl der Apparate 11 113 000
   davon in Haushalten 7 002 000
Telex
Anschlüsse 11 118

Tab. A 29: Nachrichtenwesen Mexikos 1991

366

7 Soziales, Gesundheitswesen, Bildung und Kultur

Die mexikanischen Arbeitnehmer mit einem festen Arbeitsverhältnis sind gegen Arbeitsunfälle, Krankheiten und zur Altersversorgung pflichtversichert. Es bestehen dazu zwei Sozialversicherungssysteme, das „Instituto Mexicano de Seguridad Social" (IMSS) für die Beschäftigten in Privatfirmen und das „Instituto de Seguridad y Servicios Sociales de los Trabajadores del Estado" (ISSSTE) für die Mitarbeiter der staatlichen Behörden.

Das öffentliche Gesundheitswesen untersteht dem Gesundheitsministerium. Es wird durch Einrichtungen der IMSS und der ISSSTE unterstützt. Auch staatliche Unternehmen, z. B. der Erdölindustrie (PEMEX), fördern Institutionen des Gesundheitswesens wie Krankenhäuser und andere medizinische Einrichtungen (z. B. Gesundheitszentren). Außerdem gibt es im mexikanischen Gesundheitswesen zahlreiche Stiftungen und natürlich private Praxen. Ungefähr 55% der Bevölkerung Mexikos werden vom öffentlichen Gesundheitsdienst betreut. Sehr unterschiedlich ist der Grad der Versorgung vor allem zwischen städtischen und ländlichen Gebieten. Das Hauptziel von Regierungs-programmen liegt deshalb darin, die medizinische Versorgung auf dem Lande zu verbessern. Dem soll unter anderem eine Verbesserung der Versorgung mit sauberem Trinkwasser dienen. 1992 hatten dieses nur 81% der Einwohner, und nur 66% waren an irgendeine Form der Abwasserklärung angeschlossen. Aber auch z. B. durch Verstärkung der Impfschutzmaßnahmen vor allem gegen Infektionskrankheiten soll sich der Gesundheitszustand der Einwohner verbessern.

Das Bildungswesen Mexikos gilt in seiner Konzeption gegenüber anderen lateinamerikanischen Staaten als sehr gut, weist aber leider in der Praxis noch einige Mängel auf. Es besteht zwar eine allgemeine Schulpflicht für Kinder vom 6. bis zum 12. Lebensjahr, aber vor allem auf dem Land absolviert nur ein geringer Teil der Kinder, etwa 30%, alle Klassen der Grundschule. Nach Beendigung dieser Bildungsstufe besteht die Möglichkeit des weiteren Lernens an Berufsschulen oder des Besuchs dreijähriger Unter- und Zweijähriger Oberstufen an einer Sekundarschule. Der Abschluß der Oberstufe berechtigt zum Studium an einer Hochschule. 1990 wurden 3,8% des Bruttoinlandproduktes für das Erziehungswesen verwendet.

Die Möglichkeiten zum Besuch kultureller Einrichtungen ist vor allem in den größeren Städten gegeben. Es bestehen Bibliotheken, Museen, Theater und Kinos. Eine mexikanische Besonderheit sind die Besichtigungsmöglichkeiten der zahlreichen archäologischen Sehenswürdigkeiten. Von den einheimischen Verlagen wird eine Vielzahl von Büchern und anderen Editionen herausgegeben. Viele kulturelle Vorhaben werden auch vom mexikanischen Staat unterstützt.

367

Anteil des Sozialwesens am Staatshaushalt
1989 = 9,4%

Finanzen der sozialen Sicherheit 1986
Einnahmen 2663,6 Mrd. Mex.$
  davon von
  Versicherten 19,8%
  Arbeitgebern 63,1%
  Staat 5,0%
  sonstigen 12,3%
Ausgaben 2115,6 Mrd. Mex.$
  davon für
  Unterstützungen 73,6%
  Verwaltung 17,3%
  sonstiges 9,1%

IMSS 1992
Zahl der Versicherten 1 136 800
davon auf Dauer 10 105 000
  von ihnen aus
  Landwirtschaft 4,2%
  Produzierendem Gewerbe 34,4%
  Handel 17,2%
  Dienstleistungen 25,7%
  Transport und Nachrichtenwesen 5,0%
  sonstigem 13,5%

Tab. A 30: Soziale Sicherheit in Mexiko

Staatliche Gesundheitseinrichtungen
insgesamt 13 812
davon Gesundheitsministerium 6877
  Krankenhäuser 218
  andere Einrichtungen 6659
IMSS 4982
  Krankenhäuser 316
  andere Einrichtungen 4666
ISSSTE 1188
  Krankenhäuser 85
  andere Einrichtungen 1103
PEMEX 183
  Krankenhäuser 24
  andere Einrichtungen 159
andere Institutionen 492
  Krankenhäuser 82
  andere Einrichtungen 410

Betten in staatlichen Einrichtungen 67 703
davon
  Gesundheitsminsterium 22 942
  IMSS 29 264
  ISSSTE 6253
  PEMEX 1586
  andere Institutionen 4831
  Betten in sonstigen Einrichtungen
  (Universitäten) 2827

Medizinisches Personal im staatlichen Dienst
Ärzte 97 971
davon praktizierend 82 261
  Allgemeinmediziner 36 492
  Fachärzte 28 220
  Zahnärzte 4600
  sonstige 12 939
Krankenpflegepersonen 141 400
anderes Personal 52 200

Konsultationen im staatlichen
  Gesundheitswesen 155,4 Mio.
Krankenhausaufenthalte 3,5 Mio.
  Aufenthaltstage der Patienten 16,0 Mio.

Schutzimpfungen 91,1 Mio.

Haupttodesfälle 1990 pro 100 000 Einwohner
  Unfälle 71,9
  Kreislauferkrankungen 70,8
  Krankheiten der Atmungsorgane 30,3
  Kindbetterkrankungen 28,2
  Infektions- und parasitäre Krankheiten 27,1

Tab. A 31: Gesundheitswesen Mexikos

367

367

368

Anteil der Analphabeten über 15 Jahre 1990
insgesamt 12,6%
männlich 9,8%
weiblich 15,3%

Vorschulen 1991/92
Anzahl 49763
Lehrer 110768
Kinder 2781500

Schulen 1992/93
Grundschulen
Anzahl 86636
Lehrer 481500
Schüler 14500000
Sekundärschulen
Anzahl 25131
Lehrer 352865
Schüler 5980000
Berufsschulen
Anzahl 6571
Lehrer 77342
Schüler 1077000
Hochschulen
Anzahl 1832
Lehrkräfte 128212
Studenten 1256000

Tab. A 32: Bildungswesen Mexikos

Museen 1990
Anzahl 151
Besucher 16674000
davon Ausländer 17%
Archäologische Stätten 1990
Anzahl 112
Besucher 5258600
davon Ausländer 35%

Öffentliche Bibliotheken 1991
Anzahl 8188
Buchbestand 38,3 Mio.
Ausleiher 118,2 Mio.

Theater 1990
Anzahl 103
Vorstellungen 20764
verkaufte Eintrittskarten 3,9 Mio.

Kinos 1990
Anzahl 1387
Vorstellungen 886800
verkaufte Eintrittskarten 142,5 Mio.

Buchherstellung 1990
Buchtitel 3490
davon Schulbücher 107
Periodika 203
Auflage 27,2 Mio.

Tab. A 33: Kultur in Mexiko

Quellen (soweit nicht anders angegeben): Anuario Estadídtico de los Estados Unidos Mexicanos, 1992, Aguascalientes 1993
Länderbericht Mexiko 1992, Wiesbaden 1992
Geografía General de México, Tomo I, II, México 1962
Britannica-Book of the Year 1993, Chicago 1993
The Statesman' Year-Book 1993–1994, London 1993

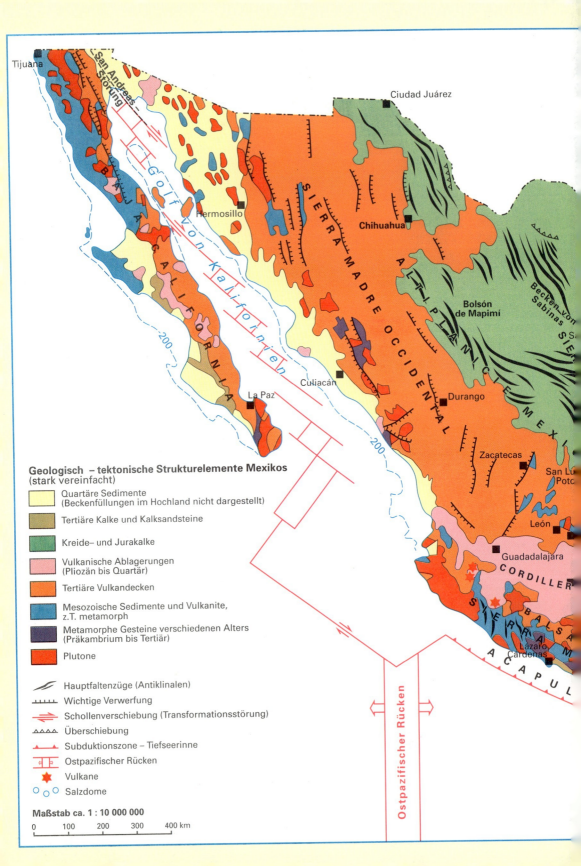

Geologisch – tektonische Strukturelemente Mexikos
(stark vereinfacht)

- Quartäre Sedimente
  (Beckenfüllungen im Hochland nicht dargestellt)
- Tertiäre Kalke und Kalksandsteine
- Kreide– und Jurakalke
- Vulkanische Ablagerungen
  (Pliozän bis Quartär)
- Tertiäre Vulkandecken
- Mesozoische Sedimente und Vulkanite,
  z.T. metamorph
- Metamorphe Gesteine verschiedenen Alters
  (Präkambrium bis Tertiär)
- Plutone

- Hauptfaltenzüge (Antiklinalen)
- Wichtige Verwerfung
- Schollenverschiebung (Transformationsstörung)
- Überschiebung
- Subduktionszone – Tiefseerinne
- Ostpazifischer Rücken
- Vulkane
- Salzdome

Maßstab ca. 1 : 10 000 000

0   100   200   300   400 km

Tijuana
San Andreas – Störung
Ciudad Juárez
Hermosillo
BAJA CALIFORNIA
Golf von Kalifornien
Chihuahua
SIERRA MADRE OCCIDENTAL
ALTIPLANICIE MEXI
Bolsón de Mapimí
Becken von Sabinas
SIER
200
La Paz
Culiacán
Durango
Zacatecas
San Luis Potosí
León
Guadadalajára
CORDILLER
SIERRA MADR
BALSA
Lázaro Cárdenas
ACAPUL
Ostpazifischer Rücken
200